U0369990

张荣芳文集

第四卷 南越国史探索（两种）

张荣芳 黄淼章
周永卫 吴凌云 ◎ 著

中山大学出版社
·广州·

图书在版编目（CIP）数据

南越国史探索两种/张荣芳等著 . —广州：中山大学出版社，2023.12
（张荣芳文集；第四卷）
ISBN 978 - 7 - 306 - 07946 - 6

Ⅰ . ①南… 　Ⅱ . ①张 　… 　Ⅲ . ①南越（古族名）—民族历史—研究
Ⅳ . ①K289

中国国家版本馆 CIP 数据核字（2023）第 221108 号

NANYUEGUO SHI TANSUO（LIANGZHONG）

出 版 人：王天琪
策划编辑：王延红
责任编辑：王延红　管陈欣
封面设计：周美玲
责任校对：张陈卉子
责任技编：靳晓虹
出版发行：中山大学出版社
电　　话：编辑部 020 - 84111996，84113349，84111997，84110779
　　　　　发行部 020 - 84111998，84111981，84111160
地　　址：广州市新港西路 135 号
邮　　编：510275　　　　　传　真：020 - 84036565
网　　址：http://www.zsup.com.cn
　　　　　E-mail:zdcbs@ mail.sysu.edu.cn
印 刷 者：恒美印务（广州）有限公司
规　　格：787mm×1092mm　　1/16
总 印 张：239
总 字 数：4818 千
版次印次：2023 年 12 月第 1 版　2023 年 12 月第 1 次印刷
总 定 价：780.00 元（全九卷）

本卷说明

本卷收入南越国史探索两种。

第一种：张荣芳、黄淼章著《南越国史》（修订本）。

此书初版为广东人民出版社 1995 年版，是"岭南文库"的一种。"岭南文库"是广东人民出版社的品牌。1992 年我和黄淼章根据广东人民出版社岭南文库编辑部公布的选题，向编辑部提出编写此书的申请，由编辑部组织专家论证，最后确定由我们编写。1995 年出版。出版后，获 1997 年广州市社会科学研究优秀成果一等奖，1998 年获广东高校人文社会科学研究成果二等奖（广东省高教厅），1999 年获广东省第六届优秀社会科学研究成果三等奖（广东省社会科学院）。1997 年《广东社会科学》杂志第 3 期发表李庆新《南越丰碑　大块文章——〈南越国史〉读后》的评论文章。20 世纪 90 年代以来，广州发现了不少南越国方面的考古新材料，特别是在中山四路、中山五路一带，发现了南越国宫署遗址、御苑曲流石渠遗址和木构水闸遗址等，还挖掘出南越国一号宫殿殿基的部分散水。这些发现引起了国内外学术界的高度关注，其中 1995 年和 1997 年南越国宫苑考古新发现曾先后两次被评为当年中国十大考古发现之一。2005 年在南越国宫署遗址中发现的一口南越古井出土了 100 余枚南越木简，简文墨书，字迹清晰，字体多为成熟隶书。这些考古发现，对研究南越国史的研究有重大价值。随着新考古材料的出土和南越国史研究的不断深入，要求对《南越国史》进行修订的呼声越来越高。应"岭南文库"编辑部的要求，我们对《南越国史》进行修订。这次修订，基本保留了原书的章节和风格，主要增加了 20 世纪 90 年代以来近十几年间新发现的南越国考古材料。本卷收入的就是广东人民出版社 2008 年出版的《南越国史》修订本。

第二种：张荣芳、周永卫、吴凌云编著《西汉南越王墓多元文化研究》，中山大学出版社 2015 年版。

此书原来是 2002 年广州南越国遗迹申报世界文化遗产工作领导小组办公室（以下简称"申报办"）下达的四个研究课题之一——南越国遗迹多元文化研究，负责人为张荣芳，其他成员有周永卫、吴凌云、冯永驱、贺红卫。冯永驱、贺红卫二人，因为各自单位工作繁忙，没有参加具体的研究工作，由张荣芳、周永卫、吴凌云三人执笔，写成《南越王墓多元文化因素研究》一文，交"申报办"。"申报办"把四个研究课题成果汇编为《南越国遗迹研究》一书，由广东人民出版社 2011 年出版。2015 年，在该文的基础上增订为《西汉南越王墓多元文化研究》一书，作为西汉南越王博物馆编的西汉南越王博物馆研究丛书中的一种，由中山大学出版社出版。

以上两种书，为了尊重历史原貌，未作大的改动。经合作者黄淼章、周永卫、吴凌云的同意，收入本卷。特表感谢。

《南越国史》初次出版后，李庆新在《广东社会科学》杂志发表《南越丰碑　大块文章——〈南越国史〉读后》的评论文章。今把该文作为附录附于书后，供读者参考。

南越王墓
墓道与墓门

南越王墓
博物馆外景

文帝行玺龙钮金印　　　　　　　　泰子龟钮金印

青铜勾鑃（一组八件）

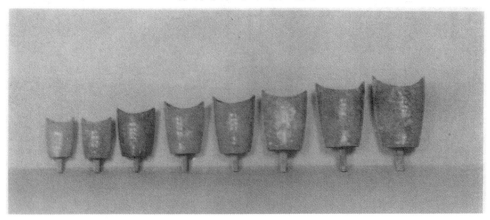

青玉角杯

承盘高足玉杯

凤纹透雕玉佩

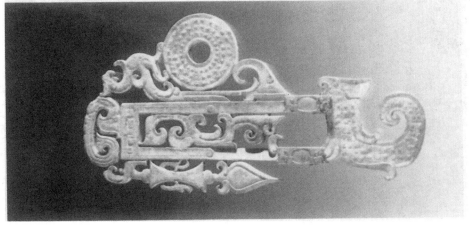

玉舞人

墓主人组玉佩

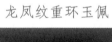

龙凤纹重环玉佩

鎏金屏风铜构件

铜印花凸版

丝缕玉衣

青铜提筒

东耳室铜器出土情形

铜虎节

铜熏炉

鎏金铜壶

铜钫

列瓣纹银盒

铜烤炉

南越国"万岁"瓦当

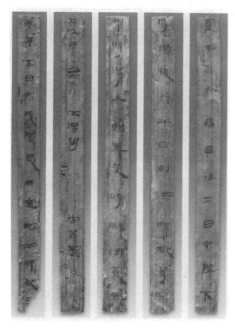

南越国木简

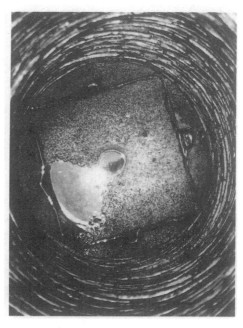

南越王井底部

南越国宫署遗址弯月形石池

南越国宫署遗址水渠

南越国宫署遗址水渠和去水暗木槽

南越国宫署遗址石渠去水闸口

目 录

上编 南越国史

序 言 ……………………………………………………… (3)

第一章 岭南地区的原始社会 …………………………… (5)

 第一节 岭南的旧石器时代 ……………………………… (5)

 第二节 岭南的新石器时代 ……………………………… (6)

 第三节 岭南不发达的青铜文化 ………………………… (7)

 第四节 古文献所见的先秦岭南社会状况 ……………… (9)

第二章 秦平岭南 ………………………………………… (11)

 第一节 秦对平定岭南的战争准备 ……………………… (11)

  一、秦平岭南的历史动因 ……………………………… (11)

  二、秦平岭南前的战争准备 …………………………… (13)

 第二节 秦平岭南 ………………………………………… (15)

  一、秦平岭南的相关问题的讨论 ……………………… (15)

  二、秦平岭南 …………………………………………… (19)

 第三节 秦营岭南 ………………………………………… (27)

  一、秦平岭南后的经营 ………………………………… (27)

  二、秦平岭南的历史作用 ……………………………… (35)

第三章 南越国的创立 …………………………………… (37)

 第一节 秦末农民起义与岭南形势 ……………………… (37)

  一、秦末农民大起义与楚汉相争 ……………………… (37)

  二、岭南形势 …………………………………………… (40)

 第二节 赵佗创立南越国 ………………………………… (42)

  一、赵佗继任南海尉 …………………………………… (42)

  二、南越国的建立 ……………………………………… (47)

 第三节 南越国的疆域 …………………………………… (49)

　　一、南越国疆域概说 …………………………………………（49）

　　二、南越国的北界 ……………………………………………（49）

　　三、南越国的西界 ……………………………………………（51）

　　四、南越国的南界 ……………………………………………（53）

　第四节　南越国的都城 …………………………………………（60）

　　一、南越国定都番禺 …………………………………………（60）

　　二、都城范围与王宫遗址 ……………………………………（64）

第四章　南越国的政治制度 ………………………………………（67）

　第一节　南越国的行政、军事、文化制度 ……………………（67）

　　一、郡国并行制 ………………………………………………（67）

　　二、实行户籍制度 ……………………………………………（72）

　　三、文化与礼制上积极汉化 …………………………………（73）

　　四、南越国的军事制度 ………………………………………（76）

　　五、预立太子制度 ……………………………………………（81）

　第二节　南越国的官制 …………………………………………（81）

　　一、南越国的中央官制 ………………………………………（81）

　　二、南越国的地方官制 ………………………………………（91）

　第三节　南越国与邻国的关系 …………………………………（93）

　　一、南越国与闽越国的关系 …………………………………（93）

　　二、南越国与长沙国的关系 …………………………………（95）

　　三、南越国与夜郎国的关系 …………………………………（96）

　　四、南越国与其他西南夷国家的关系 ………………………（97）

　第四节　南越国的民族政策 ……………………………………（98）

　　一、南越国内的诸民族 ………………………………………（98）

　　二、南越国民族政策的历史渊源 ……………………………（103）

　　三、南越国的民族政策 ………………………………………（104）

第五章　南越国与汉王朝的关系 …………………………………（107）

　第一节　刘邦时期的汉越关系 …………………………………（108）

　　一、历史背景 …………………………………………………（108）

　　二、陆贾首次使越 ……………………………………………（109）

　　三、陆贾首次出使之后的汉越关系 …………………………（111）

　第二节　吕后"别异蛮夷"政策 ………………………………（112）

  第三节 文帝时期赵佗的再次臣服 ……………………………………（115）

  第四节 赵眜与汉王朝的关系 ………………………………………（118）

   一、闽越国侵袭 …………………………………………………（119）

   二、严助谕南越 …………………………………………………（120）

   三、赵眜称病不入朝 ……………………………………………（120）

第六章 南越国的农业经济 …………………………………………………（122）

  第一节 铁器的使用与推广 ………………………………………（123）

  第二节 粮食和经济作物 …………………………………………（125）

  第三节 牛耕和畜牧业 ……………………………………………（127）

  第四节 渔业和捕猎 ………………………………………………（128）

  第五节 水资源的利用 ……………………………………………（129）

第七章 南越国的冶铸业和制陶业 …………………………………………（131）

  第一节 冶铸业 ……………………………………………………（131）

   一、青铜器 ………………………………………………………（132）

   二、铁器 …………………………………………………………（138）

   三、金银器 ………………………………………………………（140）

  第二节 制陶业 ……………………………………………………（142）

第八章 南越国的纺织、漆木器、玻璃及玉石制造业 ……………………（149）

  第一节 纺织业 ……………………………………………………（149）

  第二节 漆木器制造业 ……………………………………………（153）

  第三节 玻璃制造业 ………………………………………………（159）

  第四节 玉石制造业 ………………………………………………（163）

第九章 南越国的商业和交通 ………………………………………………（169）

  第一节 商业 ………………………………………………………（169）

  第二节 度量衡制度 ………………………………………………（172）

  第三节 海上交通与贸易 …………………………………………（176）

第十章 南越国的文化艺术 …………………………………………………（181）

  第一节 语言与文字 ………………………………………………（181）

   一、语言 …………………………………………………………（181）

   二、文字 …………………………………………………………（183）

  第二节 音乐与舞蹈 ………………………………………………（189）

   一、音乐 …………………………………………………………（189）

二、舞蹈⋯⋯⋯⋯⋯⋯⋯⋯⋯⋯⋯⋯⋯⋯⋯⋯（196）

第三节　纹饰⋯⋯⋯⋯⋯⋯⋯⋯⋯⋯⋯⋯⋯⋯⋯（199）

一、陶器装饰图案⋯⋯⋯⋯⋯⋯⋯⋯⋯⋯⋯⋯⋯（199）

二、铜器装饰图案⋯⋯⋯⋯⋯⋯⋯⋯⋯⋯⋯⋯⋯（201）

三、玉器装饰图案⋯⋯⋯⋯⋯⋯⋯⋯⋯⋯⋯⋯⋯（202）

四、金银器纹饰⋯⋯⋯⋯⋯⋯⋯⋯⋯⋯⋯⋯⋯⋯（202）

五、象牙器的装饰图案⋯⋯⋯⋯⋯⋯⋯⋯⋯⋯⋯（202）

六、漆器装饰图案⋯⋯⋯⋯⋯⋯⋯⋯⋯⋯⋯⋯⋯（202）

七、丝织品花纹⋯⋯⋯⋯⋯⋯⋯⋯⋯⋯⋯⋯⋯⋯（203）

八、壁画艺术⋯⋯⋯⋯⋯⋯⋯⋯⋯⋯⋯⋯⋯⋯⋯（204）

九、岩画艺术⋯⋯⋯⋯⋯⋯⋯⋯⋯⋯⋯⋯⋯⋯⋯（204）

第十一章　南越的风俗习惯⋯⋯⋯⋯⋯⋯⋯⋯⋯⋯（206）

第一节　生活习俗⋯⋯⋯⋯⋯⋯⋯⋯⋯⋯⋯⋯⋯（206）

一、迷信鸡卜⋯⋯⋯⋯⋯⋯⋯⋯⋯⋯⋯⋯⋯⋯⋯（206）

二、剪发文身⋯⋯⋯⋯⋯⋯⋯⋯⋯⋯⋯⋯⋯⋯⋯（207）

三、善舟习水⋯⋯⋯⋯⋯⋯⋯⋯⋯⋯⋯⋯⋯⋯⋯（208）

四、龙舟竞渡⋯⋯⋯⋯⋯⋯⋯⋯⋯⋯⋯⋯⋯⋯⋯（209）

五、干栏巢居⋯⋯⋯⋯⋯⋯⋯⋯⋯⋯⋯⋯⋯⋯⋯（209）

六、凿齿之俗⋯⋯⋯⋯⋯⋯⋯⋯⋯⋯⋯⋯⋯⋯⋯（210）

七、食蛇鼠蛤⋯⋯⋯⋯⋯⋯⋯⋯⋯⋯⋯⋯⋯⋯⋯（210）

八、厌胜解灾⋯⋯⋯⋯⋯⋯⋯⋯⋯⋯⋯⋯⋯⋯⋯（211）

九、喜嚼槟榔⋯⋯⋯⋯⋯⋯⋯⋯⋯⋯⋯⋯⋯⋯⋯（211）

十、贵重铜鼓⋯⋯⋯⋯⋯⋯⋯⋯⋯⋯⋯⋯⋯⋯⋯（212）

十一、猎首风俗⋯⋯⋯⋯⋯⋯⋯⋯⋯⋯⋯⋯⋯⋯（212）

第二节　丧葬习俗⋯⋯⋯⋯⋯⋯⋯⋯⋯⋯⋯⋯⋯（213）

一、竖穴土坑墓⋯⋯⋯⋯⋯⋯⋯⋯⋯⋯⋯⋯⋯⋯（215）

二、竖穴木椁墓⋯⋯⋯⋯⋯⋯⋯⋯⋯⋯⋯⋯⋯⋯（215）

三、带墓道的竖穴木椁墓⋯⋯⋯⋯⋯⋯⋯⋯⋯⋯（216）

四、石室墓⋯⋯⋯⋯⋯⋯⋯⋯⋯⋯⋯⋯⋯⋯⋯⋯（216）

第十二章　南越国的衰亡⋯⋯⋯⋯⋯⋯⋯⋯⋯⋯⋯（219）

第一节　汉越边境的斗争形势⋯⋯⋯⋯⋯⋯⋯⋯（219）

第二节　吕嘉擅权⋯⋯⋯⋯⋯⋯⋯⋯⋯⋯⋯⋯⋯（223）

第三节 汉武帝平南越 …………………………………………… （225）
第十三章 南越国的历史地位 ……………………………………… （231）
第一节 赵佗评价 …………………………………………………… （231）
第二节 南越国在岭南历史上的地位 ……………………………… （235）
后 记 …………………………………………………………………… （238）
修订版后记 …………………………………………………………… （240）

下编　西汉南越王墓多元文化研究

前 言 …………………………………………………………………… （245）
第一章 南越国的历史地位 ………………………………………… （247）
一、汉治理南越国的模式 ………………………………………… （248）
二、汉治理南越国的模式探源 …………………………………… （252）
三、经济发展的新阶段 …………………………………………… （255）
四、南越国时期岭南文明的形成 ………………………………… （265）
第二章 世所罕见的出土文物 ……………………………………… （266）
一、印玺 …………………………………………………………… （266）
二、玉器 …………………………………………………………… （269）
三、铜器 …………………………………………………………… （274）
四、铁器 …………………………………………………………… （276）
五、陶器 …………………………………………………………… （277）
六、玻璃牌饰 ……………………………………………………… （278）
第三章 岭南文化的多元性和兼容性（上） ……………………… （280）
一、秦汉时期文化区域的划分 …………………………………… （280）
二、秦文化因素遗物 ……………………………………………… （282）
三、巴蜀文化因素遗物 …………………………………………… （285）
四、匈奴文化因素遗物 …………………………………………… （287）
第四章 岭南文化的多元性和兼容性（下） ……………………… （294）
五、南越文化因素遗物 …………………………………………… （294）
六、吴越文化因素遗物 …………………………………………… （299）
七、齐鲁文化因素遗物 …………………………………………… （301）
八、楚文化因素遗物 ……………………………………………… （301）

　　九、反映多种文化因素的单件遗物···（303）

　　十、南越国时期多元文化融汇的根源和对岭南文化的影响·············（304）

第五章　海外文化遗物···（307）

　　一、银盒···（307）

　　二、焊珠金花泡···（311）

　　三、象牙···（312）

　　四、乳香···（317）

参考文献···（322）

附　录

附录一　南越国史研究论著、论文资料索引·································（331）

附录二　南越丰碑　大块文章——《南越国史》读后 ···············（377）

附录三　《史记·南越列传》 ···（381）

附录四　《汉书·西南夷两粤朝鲜传》（节选）·························（384）

上编　南越国史

序　言

麦英豪

由张荣芳、黄淼章合著的《南越国史》面世了，这是一件令人欣喜的事情。如果说这是中国秦汉史研究系列项目中的一个重要成果，那么更可以说这是岭南地方史研究工程中矗立的一幢新的高楼大厦。

研究历史，首先要有可靠的史料为据。由于年代久远而史料阙如，常令研究者深感困惑。第一位研究南越国史的清代学者梁廷枏曾慨叹："尉佗王南越几（近）百年。……大事之可记述必多，然当时别无记载！"西汉初年的南越国是岭南历史上第一个封建王国。《史记》的南越传、《汉书》的两粤传和散见于《史》《汉》的纪、传、表、志中有关南越的一些记述，都是了解和研究这一段历史的"信史基础"。因为《史记》的南越传属当时人记当时事，《汉书》的两粤传则为稍后的人所写，但当时有《史记》作蓝本，又有丰富的档案材料可作补充，都是可信的。但因《史》《汉》两传所记南越国的事偏重在政治方面，对当时岭南的经济、文化、民情风习等等却很少涉及。前人有鉴于此，已作出过一些努力。如梁廷枏的《南越五主传》，就力图在《史》《汉》两传的基础上，把以后的包括很晚的人所写的有关南越国的记述材料收入，甚至连一些传闻旧说、附会臆造之事如汉使陆贾二次南来至今德庆"以锦襄石为山灵报"、赵始与安阳王之女媚珠的故事等等，也作为信史而兼收并蓄，写入各主的传中，这样就难免有真伪杂陈之弊了。直到 1988 年，有余天炽、覃圣敏等人编撰的《古南越国史》问世，这可说是第一本成功运用考古发现材料结合文献史志记载进行较系统的研究岭南地方史的论著，在有关南越国史的研究上迈出了可喜的一步。地下考古材料的发现被视为无字的史书。本世纪 20 年代，广州龟岗的南越国时期有字的木椁墓、越南北部青化等地的东山文化墓葬，同属岭南地区南越文物与骆越文物的首次重要发现。自 50 年代以来，在广州近郊的华侨新村、淘金坑、瑶台的柳园岗等地以及广西平乐的银山岭和贺县、贵县等地都有属南越王国时期的墓群发现，而贵县的罗泊湾大墓和广州象岗第二代南越王墓的发现尤为重要，后者更因其保有完好、年代明确、墓主人的身份又最高，使得这批材料的科研价值之高，引人瞩目。我国史学大师范文澜曾著文指出，"地下发掘对历史研究至少有三种特殊的贡献。第一是创史。第二是补史。第三是证史。"这本《南越国史》正是在创、补、证上下功夫。首先，它搜罗了近 40 年来两广地区（包括越南部分地区）所发现大量南越国时期的地下发掘资料与文献记载相结合，作出分析研究。在材料的运用上力求周全，应该说是后来者居上的。其次，作者又从政治、经济、军事、文化艺术以至民情风习等方面较系统地反映南越国时期岭南大地的历史全貌，令人有耳目一新之感。再者，本书资料详尽，书后的附录《南越国史研究论著、论文资料索引》可谓搜罗备至，对读者、研究者来说都是很有用的。本书是一本很好的地方史读物和重要的参考书。我是一个多年在广州地区从事田野发掘的考古工作者，对南越历史可说未曾有过系统的研究，谨遵张荣芳教授之嘱写了以上几句话。并盼望借助本书出版的带动，日后将会有更多的地方史或专题研究的新著面世，俾有中国特色的社会主义新文化更繁荣兴旺。

一九九五年十月

第一章　岭南地区的原始社会

在我国南方的五岭（指大庾岭、骑田岭、都庞岭、萌渚岭、越城岭）以南的广大地区，历史上称为"岭南"，古文献中或称为"岭表""岭外""岭海"等。具体而言，指的是今天广东、广西两省（区）的绝大部分地区，海南省的全部及越南的北部地区。近几十年来的考古调查发掘表明，岭南地区是人类发源地之一，岭南人像其他地区的人一样，创造了光辉灿烂的远古文化。

第一节　岭南的旧石器时代

自古以来，岭南地区的生存环境就比较优越，土地肥沃，河网密布，气候湿热，冬季少霜无雪，在原始森林及珠江等众多的水系、滨河平原中，有着丰富的天然野生动、植物资源，狩猎与采集植物均较容易。优越的生存环境使得岭南广袤的土地上很早就生息着原始人类。

1958 年 5 月，广东曲江县（今韶关市曲江区）马坝镇西南的狮子山狮子洞发现了一个属于古人阶段的古人类头骨化石。经测定，该化石距今已有 12.9 万年的历史，这就是闻名中外的马坝人。这个马坝人头骨化石属于一中年男性，从对化石的分析可知，马坝人已具有了黄色人种的某些面部特征，而且与北京人相比，马坝人已有进步，其眉脊骨较粗壮，头骨较薄，前额较高。[1] 与马坝人化石同时出土的，还有剑齿象、纳玛象、大熊猫等多种古动物群化石，但没有发现石器。1984 年，在出土马坝人头骨化石的洞穴中，又先后发现了七枚人牙化石和两件石器，以及一批古生物化石。它们所代表的古人类虽然不可能与马坝人同属于一个时代，但可以肯定是比马坝人晚的另一支古人类化石，或者就是马坝人的后裔。[2]

马坝人是迄今为止岭南发现的最早的人类化石。它的发现充分证明了 13 万年前，在岭南的大地上就有着古人类的生息繁衍，揭开了岭南历史的篇章。

随着历史的缓慢发展，我国境内包括马坝人在内的古人，发展到了距今 4 万～3 万年前就进入了新人阶段，如著名的河套人、山顶洞人就属于新人。

---

[1]　参见吴汝康、彭如策《广东韶关马坝发现的早期古人类型人类化石》，载《古脊椎动物与古人类》1959 年第 4 期。

[2]　宋义方等：《广东曲江马坝狮子岩新发现的人类化石》，见《纪念马坝人化石发现卅周年文集》，文物出版社 1988 年版。

岭南的新人遗迹、遗物更加丰富。从 1958 年起，广东、广西两省（区）内就不断有属于新人的古人类化石、遗址的发现。1958 年，广西柳江通天岩就发现了柳江人化石，分属于男、女性个体各一，同时还发现大熊猫、箭猪等古生物化石。柳江市（今柳州市柳江区）、崇左市以及柳江沿岸的其他地区也都有属于新人阶段的人类牙齿化石和打制石器的发现。其打制石器有砍砸器、刮削器和石片，该批石器器形简单、制作粗糙，可能与柳江人为同一时期遗物①。柳江人的发现，证明我国广西地区远在旧石器时代就有了人类的活动。

1960 年，广东的灵山县（今属广西）郊区的东胜岩、葡地岩、洪窟洞等石灰岩溶洞发现分属于四五个个体的人类化石，同时还有炭屑、烧土、烧骨等遗物的发现。该古人类被命名为灵山人。灵山人距今数万年，其特征与柳江人、麒麟山人接近。1978 年，广东封开县渔涝区垌中岩内又发现了一枚属于人类的人牙齿化石，它与灵山人一样，都属于新人。

以上几种在岭南发现的新人较之马坝人更为进步，其在体质形态上已经没有了马坝人的原始性，而十分接近现代人了。从遗址出土的打制石器、炭屑和烧骨等遗物及华南巨獏、熊猫等动物化石来看，岭南的新人在劳动中已学会人工取火，并且有了原始小群体的出现。

第二节　岭南的新石器时代

岭南的新石器时代考古文化相当丰富多彩，遗物、遗址很多，仅广东一省在 1982 年的文物普查中，就复查和新发现了五六百处。② 根据经济生活、自然条件等因素，这些新石器时代的遗存可分为许多类型，如广东省内的可以分为洞穴、岗丘、贝丘、沙丘、台地等类型；广西壮族自治区内的可以分为洞穴、贝丘、山坡等类型。

属于新石器时代早期的遗址（距今 9000—7000 年）在岭南发现尚不多，主要有广东阳春独石仔洞穴、封开黄岩洞、翁源青塘洞穴、潮安贝丘、南海西樵山遗址及广西桂林甑皮岩、柳州大龙潭鲤鱼嘴贝丘、柳州内柳江沿岸台地、南宁地区贝丘等。

在岭南的新石器时代早期遗址中，所发现的打制石器为数不少，且在各遗址中普遍存在，其数量甚至超过了磨制石器，同时一般都有少量陶片出土，并且都有大量的动物化石共存。这些都是当时居民以渔猎采集为主，原始农业和原始畜牧业不发达的经济生活的反映。

---

① 文物编辑委员会编：《文物考古工作十年（1979—1989）》，文物出版社 1991 年版，第 229 页。
② 文物编辑委员会编：《文物考古工作十年（1979—1989）》，文物出版社 1991 年版，第 218 页。

到了文化大发展的新石器时代晚期，岭南的原始文化遗址被大量发现。这一时期，不仅遗址的地点增多，而且遗址的范围扩大，文化层堆积厚，遗迹和遗物丰富。如广西桂平的大塘城遗址和上塔遗址，其面积皆在1万平方米左右，文化堆积层达50～110厘米厚，遗物则有砾石、石核、石片、磨制石器和夹砂陶片多种。[①]

在广东，1978年发掘的高要金利茅岗遗址，范围将近10万平方米，文化堆积层竟厚达4.5～5米，仅就已发掘的地层来看，已出土了近万片陶器残片、石器、骨器、装饰品，此外，还保留有木柱、木契、草席等建筑构件的残片和象、牛、猪、龟、鳄鱼等化石，这是岭南地区迄今所见的一处规模最大的"干栏式"水上木构建筑遗址。[②]

在岭南的新石器时代文化遗存中，还出土了一些具有地方特色的器物，如广西桂南地区的形制奇特的大石铲，该石铲在桂南地区广泛分布，甚至在广东的封开、德庆、兴宁，以及越南北部也有零星发现。该石铲的用途及其与我国东南地区其他原始文化的关系，至今尚未完全论定，不过它具有的独特风格倒是学术界所公认的。可见，岭南文化在史前时期就有自己的特色，这为岭南地区先秦文化的发展奠定了基础。

第三节　岭南不发达的青铜文化

随着生产力的发展，岭南的原始社会逐渐走向解体。在岭南文化新发展的过程中，由于岭南和中原交往的增加，中原文化中的一些先进因素，如青铜器及其铸造工艺传到了岭南，促进了岭南社会的发展，使得岭南文化发展到一个新的阶段——青铜文化时期。

岭南的青铜文化是历年讨论热烈的课题之一。1962年，有学者首次提出，广东在石器时代的原始社会之后，曾经有过一个独立的青铜时代。但也有观点不承认岭南曾经历了青铜时代。随着青铜文物出土日渐增多，人们越来越相信先秦时期，尽管其不甚发达，但是岭南的确经历了一段青铜文化时期。下就广东、广西分述之。

广东目前发现的最早的青铜器是信宜县出土的西周铜盉，不过它不是在广东铸造的，而是在北方铸造后输入的。[③]广东本地铸造的最早的青铜器是饶平县出土的青铜戈。[④]迄1987年止，广东境内发现的青铜文化遗址已达三百多处，出土青铜器八九百件之多。

广东先秦青铜器不仅发现地点的范围较广，而且种类繁多，品种丰富，数量

---

① 何乃汉、陈小波：《广西桂平县石器时代文化遗存》，载《考古》1987年第11期。

② 杨豪、杨耀林：《广东高要县茅岗水上木构建筑遗址》，载《文物》1983年第12期。

③ 徐恒彬：《广东信宜出土的西周铜盉》，载《文物》1975年第11期。

④ 文物编辑委员会编：《文物考古工作十年（1979—1989）》，文物出版社1991年版，第220–222页。

较大。仅以大的种类而言，就有炊器、容器、乐器、兵器、工具和杂器等；以品种而言，则有鼎、罍、鉴、盉、壶、盘、缶、编钟、钲、铎、剑、矛、镞、钺、斧、凿、篾刀、匕首、削和人首柱形器等。①

广西发现的先秦青铜文化遗址，遗物也较多。如 1971 年，恭城一座春秋末期的墓葬就出土了鼎、尊、罍、编钟、车器等青铜器 30 多件②；1974 年，平乐银山岭又发掘了一批战国中晚期的墓葬，出土了多件青铜器；1985 年到 1986 年，武鸣勉岭发掘了一处先秦墓地，出土了大量铜器，如铜盘、卣、矛、镦等，有些铜器，如刀、钺、匕首、镞等，形制特殊，富有浓郁的地方特色。这批年代为西周至春秋的墓葬是迄今为止在广西发现的最早的一批青铜器时代墓葬。③ 此后，广西还发现了较多属于战国时期的青铜器。

广西的青铜文化，主要特点有三：一是它与岭南其他地区一样，皆是在中原文化的影响下发生的，所以，从它产生之初就伴随着中原青铜器的传入，如广西所见的商周青铜器皆是从中原直接输入的，从春秋起，广西本土制造的青铜器逐渐增多，但亦多以中原的青铜器为楷模；二是青铜文化发展缓慢，发展的程度也极不充分，这与岭南当时的社会经济水平是一致的；三是广西的青铜文化既有其特征，如吸收了毗邻的滇、楚文化的因素，同时又与广东等岭南地区有着共性。④

总之，两广的青铜文化皆属于同一个系统，其文化特征的地域性随着青铜文化的发展而增强。岭南青铜文化与中原、楚、滇文化系统的差别在器物形制上表现得十分明显，如广西的靴形钺和扁茎剑、广东的人首柱形器，皆为中原等地所未见，具有浓郁的地方特征。属于这种类型的青铜器还有篾刀、匕首、圆球形器、附耳筒、方印形器等。当然，岭南青铜文化也与中原等地文化有着某些相近或一致的地方，如两广青铜器从器形、纹饰特征等方面来看，不少与中原常见的类型相同。

以上的青铜文化说明，在春秋战国时期，岭南越族中已有少数的部族能够铸造青铜器，已经进入青铜文化阶段了。而且，由于岭南两广地区的文化属于同一个系统，具有较多的共同性，这就为秦时南方的统一奠定了良好的基础。

但是由于历史条件的不同，岭南越族各部的经济发展是很不平衡的，社会的进程也不尽相同。春秋战国时，多数的岭南越人尚处在由原始社会向阶级社会过渡的阶段，所以岭南的青铜文化发展程度不高，岭南的大部分越人仍处于原始社会的新石器时代。

① 文物编辑委员编：《文物考古工作十年（1979—1989）》，文物出版社 1991 年版，第 220 - 222 页。

② 广西壮族自治区博物馆：《广西恭城县出土的青铜器》，载《考古》1973 年第 1 期。

③ 广西壮族自治区文物工作队：《广西武鸣马头元龙坡墓葬发掘简报》，载《文物》1988 年第 12 期。

④ 蒋廷瑜、蓝日勇：《广西先秦青铜文化初论》，见《中国考古学会第四次年会论文集》，文物出版社 1985 年版。

第四节　古文献所见的先秦岭南社会状况

岭南地区很早就与中原地区有着往来。这正如列宁所说的："只要各个民族住在一个国家里，它们在经济上、法律上和生活习惯上便有着千丝万缕的联系。"①

早在远古的三皇五帝时代，据载这些圣人就曾到过岭南地区。

《尚书·尧典》就称尧"申命羲叔，宅南交"。大戴《礼记·少间》云，舜也曾"南抚交趾"。对此，《史记·五帝本纪》则称舜系去南方"巡守"，以致重病不回，"崩于苍梧之野"。同书又称夏禹治理洪水后，划天下之地为九州时也曾"南抚交趾"。

远古时代尚处于原始社会，在当时的社会经济、交通条件下，尧舜禹等先圣是不大可能到岭南的，不过它"在一定范围内，反映了我国南方越族地区与中原地区的相互往来，以及进行经济和文化交流的史实"②。

进入奴隶社会后，在夏朝时，《惠州府志》的记载就称夏政权的政治影响力已经到达了岭南，而且夏王能指令岭南各部族向夏进贡，此外，《史记》等书也有类似的记载。如此说来，这时的岭南与内地交往相比原始社会应有了很大加强。

商周之世，中原奴隶制经济已渐趋于繁荣，奴隶制政治制度的优越性也逐渐显示出来，这十分有利于中原与岭南的交往。不过，由于社会经济发展程度的明显差异，这种交往有时会以战争征服的方式进行，有时也是真正的政治交往。据《逸周书·王会解》记载，商初名臣伊尹曾下令，要求岭南地区的"桂国""产里""九菌""损子"之越人，上贡珠玑、玳瑁、象齿、文犀、翠羽、菌鹤、短狗、骆人大竹、苍梧翡翠等特产。此外，《吕氏春秋》还提到"越骆之菌"（竹笋）及"南海之矩"（黑黍）。

周时，中原与岭南的各种交往就频见于史籍，此时岭南"交趾之南有越裳国""以三象重译而献白雉"；③ 由于中原与岭南等周边地区的联系加强，周王朝甚至专设了"职方氏""象胥"等专门机构与官职来掌管有关边疆部族的事务，如职方氏这个机构即"掌天下之图，以掌天下之地，辨其邦国，都、鄙、四夷、八蛮、七闽、九貉、五戎、六狄之人民，与其财用九谷、六畜之数要。周知其利害，乃辨九州之国，使同贯利"。其中"七闽"就指东南一带的越族。④ 又如象

---

① ［苏］列宁：《论"民族文化"自治》，见《列宁全集》。
② 周宗贤：《百越与华夏族及其他民族的关系》，见《百越民族史论集》，中国社会科学出版社 1982 年版。
③ 《后汉书·南蛮西南夷列传》。
④ 《周礼·职方氏》。

胥之官，"掌蛮、夷、闽、貉、戎、狄之国使，掌传王之言而谕说焉，以和亲之。若以时入宾。则协其礼与其辞言传之。凡其出入送逆之礼，节币、帛、辞令，而宾相之"。①

春秋时，"南夷""仓吾""南瓯""南国""南海"等表示百越民族的铭文频见于中原的青铜器上，可推证此时中原与岭南的交往大幅增加。这时期，一些岭南越族中的人才还进入了中原地区，各显才能，其中既有宰相、大夫之类出谋划策的国家重臣，如勇获、梓臧、公师隅等，也不乏身先士卒的将帅，如高固等。这些史料虽不尽完全真实，但它反映了岭南越族与吴、越、中原的齐、魏以及江汉楚国的交往。

春秋后期，越族建立的越国与吴国互争雄长，使中原诸国受到一定的震慑，它反映出当时的越族日渐强大，已有实力与中原诸国争霸。

战国时，越与楚的关系逐渐密切。根据《左传》等书的记载，直到楚灭越之前，楚与越未发生过战争；但这期间，楚对越以外的其他百越民族是有过战争的，如楚悼王时，拜吴起为相，在公元前387年"南平百越"②。

到了公元前4世纪中叶，越国君王无疆伐楚，宣告了楚越两国友好关系的结束，对越国之出兵，楚自然举兵相接，结果"大败越，杀王无疆，尽取故吴地至浙江，北破齐于徐州。而越以此散，诸族子争立，或为王，或为君，滨于江南海上，服朝于楚"③。这对楚越双方都产生了重大影响：对楚而言，把势力扩展至越地区，成为南方一霸，并日益发展形成了南方民族融合中心；对越而言，岭南越族在政治上"厥朝于楚"，与楚文化的区别越来越少，二者越来越融合，为我国岭南地区的进步和发展作出了贡献。但是，越族在越国被楚国消灭后更加分散，越人的部族也变得更多，各部族间也时常发生冲突，它们的社会经济发展更加不平衡。

秦平岭南之前，岭南的越族就处于这种分离且发展不平衡的状况。

---

① 《周礼·象胥》。
② 《史记·吴起列传》。
③ 《史记·越王勾践世家》。

第二章　秦平岭南

秦朝统一岭南，是秦始皇在中国传统思想的影响下，考虑到岭南战略地位的重要性而作出的决策。为了顺利实现统一岭南的目标，秦在出兵前，曾做了一定的准备；出兵后，由于某些秦军统帅采取了蔑视越族等错误做法，遭到了岭南越族的强烈反抗；这使得秦平岭南经历了一个较长的过程。之后，秦易统帅，又凿灵渠，才得以统一岭南。秦平岭南之后，在历史上开始了中央政府对岭南的首次经略，具有伟大的历史意义。它促进了岭南社会经济的发展、汉越民族的融合以及秦汉时期海外交通线的开拓。

第一节　秦对平定岭南的战争准备

一、　秦平岭南的历史动因

公元前 221 年，秦国消灭了六国，统一了中原地区。但这时的秦朝并未真正统一中国，因为在南方尚有百越之地，北方也有强大的匈奴，对于北胡南越的存在，秦政府是不可能漠然置之的，相反，秦政府早已有自己的战略考虑。原因如下。

首先，自春秋战国以来，南越就与北胡一样，对中原地区存在着威胁，而中原地区为了获得一段时间的安宁，往往多对胡、越进行打击。

这类史例很多，如赵武灵王的胡服骑射、李牧御匈奴等。战国中期以来，北方的匈奴、东胡、楼烦、林胡等就时常侵扰秦、赵、燕三国，以致三国不得不筑长城以御之。秦统一中原后，正值匈奴崛起之时，对秦政府的威胁很大，所以，秦统一后不久，即派大将蒙恬率领 30 万大军征伐。

与匈奴相比，越族对中原的威胁要小一些，这主要有两方面原因：一是北胡皆为草原上的游牧民族，擅长射骑，进攻与撤退的速度很快，如当时的匈奴劲骑只需一天一夜就可以到达关中地区，在速度上稍胜中原骑兵，更为步兵望尘莫及；而南方的越族多为水兵，又有五岭等复杂的地理条件限制，所以，在短时间内不可能对中原王朝造成重大威胁。二是先秦时代，岭南越族虽然人数众多，但农业生产水平低。其又分为众多的部落联盟分居于东南及南方各地，而且各部之间常"好相攻击"。① 故岭南越族缺乏统一的领导，军事力量不集中，对秦的威胁自然不会很大。而且，岭南之地自然条件较优越，生存也就比较容易，不必像北胡，一旦遇上天旱等不虞之年，仅为了生存便南下对中原掠夺。

但是，越族的历史悠久，而且在春秋战国时，就多次与中原诸国交战，使中原诸国感到了威胁。如春秋时期，齐桓公欲伐北方的孤竹、离枝，又担心东南的越人趁机侵扰，他认为，"天下之国，莫强于越。"后果如齐桓公所料，齐北讨孤竹、离枝之时，越人侵齐，幸好早有管仲以"扶身之士五万人，以待战于曲菑"②，方才打退了越人。作为春秋五霸之首的齐桓公及他的国家，尚对越人存在着如此的戒心，其他的一些中原小国自不必言。后来，以越族为主组成的越国甚至一度逐鹿中原，与中原大国争霸，如越王勾践大会诸侯于徐州，就给中原诸国以震撼。

后来，越国虽灭于楚国，但越族的势力并未见减弱，而分为东瓯、闽越等支，各支皆有一定的实力，更使中原诸国担忧。以秦统一六国后出兵岭南为例，出征的士兵皆配备有中原先进的武器，其战斗力相当强。虽在征服过程中付出了相当大的代价：主帅身死，数万秦兵丧生，且费时达四五年之久，但亦可从侧面看出岭南越族强大的实力。

其次，中国奴隶社会以来的传统思想使秦始皇决心征服岭南。

在中国夏商周三代奴隶制政治制度发展过程中，逐渐形成了一种以中原某些地区为中心，求得中原及四周地区在政治、经济、文化上统一的观念，这种观念是在我国历史发展中逐渐形成的，如夏禹"合诸侯于涂山，执玉帛者万国"③；商朝初年成汤时，就使得"自彼氐羌，莫敢不来享，莫敢不来王，曰商是常"④；至周之世，这种思想观念更为明显，《诗经》就公开宣称："博天之下，莫非王土，率土之滨，莫非王臣"⑤。这些都表现了求得较大区域统一的思想，它是驱使中原有雄心的国君统一中原的强大文化因素。

而且，秦始皇更是强调中央集权的法家思想的支持者及施行者。法家的思想，如"事在四方，要在中央，圣人执要，四方来效"⑥ 无不为秦始皇所接受。

在这种情况下，秦始皇这位千古一帝必然要把平定岭南作为他的使命之一，至于《淮南子》所谓的秦始皇是由于"利越之犀角、象齿、翡翠、珠玑"⑦ 等奇珍异宝而出兵征服岭南，则不是主要原因。

---

① 《史记·南越列传》。
② 《管子·轻重十三》。
③ 《左传·哀公七年》。
④ 《诗·商颂·殷武》。
⑤ 《诗·小雅·北山》。
⑥ 《韩非子·扬权》。
⑦ 《淮南子·人间训》。

在秦统六国之前，秦国没有力量征服岭南，秦国统一中原后，秦始皇就有了充分的时间与力量。在这种情况下，北击匈奴、南平岭南就成为秦国最主要的任务。加之匈奴具有流动性，又有相当强的实力，根本不可能在短时间内消灭掉，只能采取攻守结合的措施。因此，秦统一六国后，便迅速开始了征服岭南的战争准备。

二、 秦平岭南前的战争准备

为了比较顺利地完成征服岭南地区的任务，秦朝政府在发动对岭南战争之前，做了一些准备工作。

（一）秦始皇出巡以镇抚四方

秦统一六国以后，秦始皇频频出巡四方疆土。他的出巡，绝不仅仅为了在帝国境内显示皇帝的威赫，而是有着深刻的政治原因。

从秦统一六国的第二年（前220）到秦发动对岭南战争的那一年（前218），仅三年时间，秦始皇就出巡了三次，可以说，这三次出巡有两次直接或间接与征服岭南有关。

第一次，公元前220年，北巡，"巡陇西、北地、出鸡头山，过回中"①。其具体路线，梁启超认为是："由长安循泾水旁西北，趋达甘肃固原以西也。"② 这次出巡主要是针对北方的匈奴，秦始皇亲抵北边，做好北方抵御匈奴的战略部署及安顿工作，以便集中力量对付南方的越族。

第二次，公元前219年，东巡。始皇上邹峄山、泰山，又经渤海以东，"过黄、腄，穷成山，登之罘"，还；过彭城、渔山、南郡，"由武关回"。这次是沿东北、东南之序的出巡，其具体路线，梁启超考证为："由长安经华县，出潼关，历洛阳、开封，以达济宁。由济宁至泰安，由泰安至诸城，直穷海滨。由海州经徐州，至临淮南渡。复由凤阳西趋，经信阳至襄阳，折而东南，浮江至汉阳、岳州，以达湘阴、长沙。其归途则经沙市、江陵、襄阳，入紫荆，道商县返长安也。"③ 这次东巡，曾到达今湖南中北部的湘山祠。湘山祠是祭祀湘君之庙，而"湘君当是舜"④，传说舜南巡，病死于苍梧之野，即今湖南、广西交界一带。20世纪70年代长沙马王堆三号汉墓出土的地图上也标有舜庙。所以，湘中南、桂北部是舜庙较多的地区，而秦始皇曾历湘山祠，可说是接近了岭南的毗邻地区

---

① 《史记·秦始皇本纪》。
② 马非百：《秦集史》（下），中华书局1982年版，第693页。
③ 马非百：《秦集史》（下），中华书局1982年版，第694页。
④ 《史记·秦始皇本纪》。

了。秦始皇的第二次出巡，深入江南地区最远，距岭南地区最近，其目的显然是与征服岭南地区有关。

可见，秦始皇的前两次出巡，其目标都是围绕着安抚四方、对付胡越而进行的，都含有为出兵岭南而准备之意，尤其是第二次出巡，其意相当明显。

（二）修道伐木

在第一次出巡的同年，秦始皇就下令"治驰道"①，道广达五十步，"三丈而树，厚筑其外，隐以金椎，树以青松"。驰道的路线很长，"东穷燕齐，南极吴楚，江湖之上，滨海之观毕至"②。这包括了通向岭南的驰道。

秦驰道的遗迹在以后历代的史志中都有记录。如"湖广永州府零陵县有驰道：府东八十里，阔五丈余，类今之河道。史记，秦始皇命天下修驰道以备游幸，此其旧迹也"③。

驰道的修筑，为秦出兵岭南提供了便利条件。

在第二次出巡时，史称秦始皇"之衡山、南郡、浮江，至湘山祠。逢大风，几不得渡。上问博士曰：'湘君何神？'博士对曰：'闻之，尧女，舜之妻，而葬此。'于是始皇大怒，使刑徒三千人皆伐湘山树，赭其山"④。对于《史记》的这段记载，表面上看是秦始皇作为统一六国帝王的虚荣心的膨胀使然，似乎他浮江而几不得渡与湘君施用神力有关；其实这仅是表面现象，实际上，伐木不仅有利于军队的前进，而且由于湘江近岭南，所伐的湘山木还可用以造船，以便从水路进攻岭南。⑤ 这才是秦始皇命令尽伐湘山树的真正原因。

综上所述，为了征服岭南，秦始皇采取了一些措施，做了一些战争准备，为以后出兵岭南起了一定的作用。就中原地区而言，人民久经战乱，需要一个休养生息的环境。在这种情况下，秦始皇把统治政策的重心转移到生产上来，休养生息，恢复与发展经济，才能顺乎时势，合乎人心。但秦始皇却置此于不顾，一意欲尽快征服岭南地区。所以，对于秦始皇出兵岭南，中原人民是有一定的抵触的。此外，由于秦的战争准备不全面、不充分，这就直接导致了秦对岭南战争初期的失利。

---

① 《史记·秦始皇本纪》。
② 《汉书·贾山传》。
③ 《读史方舆纪要》卷八一。
④ 《史记·秦始皇本纪》。
⑤ 何光岳：《百越源流史》，江西教育出版社 1989 年版，第 140 页。

第二节　秦平岭南

一、秦平岭南的相关问题的讨论

史学界对秦平岭南的开始年代、秦军的人数等问题，存在着争论。下面简要介绍一下各说的主要观点及理由，并表明我们所持的态度。

（一）秦平岭南战争的始年问题

在完成了一些出征岭南的战争准备之后，秦始皇不顾中原刚刚统一、民力亟须休养生息的国情，悍然发动了征服岭南的战争。

这场战争最终结束于前214年，这在《史记》《汉书》上皆有明确的记载，所以史学界的认识是统一的。但战争始于何年，《史记》《汉书》等书皆未明言，于是《史记》《汉书》以后的中外学者就围绕着这个问题，各抒己见，出现了四种说法。

第一种说法认为战争开始于秦王嬴政二十五年（前222），清人仇池石即持此说。在其编著的《羊城古钞》一书中，仇池石认为："始皇二十五年，遣王翦南征百粤，略定陆梁地。以为南海、桂林、象郡"①。可见，仇池石认为秦统一岭南的战争是从公元前222年开始，且于此年结束并设岭南三郡的。

第二种说法认为战争开始于秦始皇二十六年（前221），明人郭棐在《广东通志》、法国汉学家鄂卢梭在《秦代初平南越考》等论著中即主此说。如郭棐明确地把秦设南海等三郡的时间定于公元前221年②，鄂卢梭则根据《淮南子·人间训》的秦50万大军的有关说法，认为："好像《淮南子》所言之役，应在（纪元前）二二一年。"③

第三种说法认为战争开始于秦始皇二十八年（前219），余天炽在其所撰的《秦统一百越战争始年诸说考订》等文中④，即持此说。

第四种说法认为开始于秦始皇二十九年（前218），越南史学家陶维英即主此说，其在所著的《越南古代史》一书中即认为"秦朝发兵应在公元前218年"⑤。

以上四说中，究竟哪一说更符合史实，下简析之。

---

① 《羊城古钞》卷四《南越赵氏始末》。
② 〔清〕戴肇辰：《广州府志·引》。
③ 冯承钧：《西域南海史地考证译丛九编》，中华书局1958年版。
④ 百越民族史研究会编：《百越民族史论丛》，广西人民出版社1985年版，第303—311页。
⑤ 〔越〕陶维英：《越南古代史》，刘统文、子钺译，科学出版社1959年版，第116页。

首先，分析公元前 222 年说。我们认为，该说所依据的历史根据是不充分的。《史》《汉》两书都提到，公元前 222 年，王翦平定楚之江南地，"南征百越之君"①，而且设置了会稽郡，但是绝未把此事与秦平岭南、设置南海等三郡的时间系于一年之中。本年之中，仅是秦平江南地而已。其他古史所称亦同，如杜佑所言秦军"略定扬越，谪戍五方，南守五岭"②，根本没有说秦军到达岭南，最多可能是着手为征服岭南做了些准备工作而已。至于秦设置南海等三郡的时间，《史》《汉》等书皆有明确的记载，如《史记》"三十三年……取陆梁地，为桂林、象郡、南海"③，仇池石置此明白无误的史实于不顾，把王翦降服百越之君、置会稽郡与征服岭南越族、设南海等三郡系于一年，殊无根据，也不符合历史事实。

其次，分析公元前 221 年说。该说的主要赞同者法国汉学家鄂卢梭认为，秦 50 万大军中攻取东越、闽越的那支是在"公元前 221 年出发，因为取东越置闽中郡即在是年"④，故断定秦征服岭南的战争始于公元前 221 年。

该说认为秦取东越而置闽中郡，显系错误。按史学界对秦设闽中郡的时间，普遍皆认为是在秦统一六国，分天下为三十六郡之后，如《史记》明载："秦已并天下，皆废（闽越王等）为君长，以其地为闽中郡。"这以后的史籍皆用此说。20 世纪初期，王国维先生认为闽中郡置于公元前 222 年的考证是缺乏事实根据的。鄂卢梭又根据王国维先生的这一推断，认定秦发动统一岭南的战争也在这一年。

可见，鄂卢梭的提法比王国维先生的考证更为离谱，不仅没有事实的依据，而且他提法中用的许多不定性、模糊的词，如"据说""我想"等也表明了他自己也不敢肯定。这种推证的前提是错误的、过程是不充分的，故是不符合历史科学的实事求是原则的，所以，公元前 221 年说也不足凭信。

最后，分析公元前 219 年说，该说的主要依据有三条⑤。

第一条，《史记·南越列传》中曾载："秦时已并天下，略定扬越，置桂林、南海、象郡，以谪徙民，与越杂处十三岁。佗，秦时用为南海龙川令。至二世时，南海尉任嚣病且死，召龙川令赵佗……嚣死，佗即移檄……绝道……"对文中所说的"十三岁"，《集解》引徐广曰："秦并天下，至二世元年十三年。并天下八岁，乃平越地。"对此，公元前 219 年说的支持者认为，"徐广的算法是不符合《史记》的原意的"，他们认为这"十三岁"应当指从"'与越杂处'到任嚣

---

① 《史记·王翦列传》。
② 《通典》卷一八四。
③ 《史记·秦始皇本纪》。
④ 冯承钧：《西域南海史地考证译丛九编》，中华书局 1958 年版。
⑤ 百越民族史研究会编：《百越民族史论丛》，广西人民出版社 1985 年版，第 308－311 页。

病且死之间的时间，也即是从秦为统一百越，开始谪戍越地到嚣病危召佗语，佗移檄绝道之间的时间"，并考证出任嚣死于二世三年（前207），由此推出前219年"应是秦谪戍越地，与越杂处的始年，也应是秦开始统一百越战争之年"。

这个考证既有合理之处，也有不合理之处。合理之处在于它考证了任嚣的卒年。如沈起炜先生等也认为公元前206年任嚣将死，因而使赵佗行尉事，因为"按《史记》《汉书》所载任嚣之语，与本年情况最为近似"①，按沈先生之意，任嚣只能死于公元前206年，与以上的考证相当接近，但以任嚣病逝的这个年代而推断公元前219年应是"秦谪戍越地，与越杂处的始年，也应是秦开始进行统一百越战争之年"，则是不符合史实的。

公元前214年，秦"发诸尝逋亡人、赘婿、贾人"至岭南，这是秦移民岭南、与越杂处的开始。在此年之前，一直上溯到秦发动征服岭南的战争那一年，《史》《汉》皆未见秦移民岭南的记载，所以"秦谪戍越地，与越杂处的始年"根本不是"秦开始进行统一百越战争之年"。至于秦在发动对岭南战争之前，已在岭南的周边地区集结有数十万的大军，但这时秦军尚没采取正式的对越地的军事行动，所以不能把它当作"秦谪戍越地，与越杂处"。

所以说，公元前219年说的第一条理由是不成立的。

该说的第二条理由，可以分为两个方面：一方面认为秦发兵50万攻取百越，战争开始后不久，秦军就进入了"三年不解甲弛弩"的相持阶段，而在这个相持阶段之前，秦军已取得有越地，构成了对百越地区的楔形攻势，所以该说赞同者认为，秦始皇发动这场统一百越的战争，"不会是在三十年开始，而应该在此前一两年已开始"。这种分析包括了公元前218年和公元前219年，虽过于模棱两可，不过尚可以接受。另一方面，该说的支持者以自然气候对吕后时期及以后宋朝时有关史实的影响来说明"自古以来，北人南征利于秋冬，而不利于春夏"，因此，若考虑到岭南的气候因素，则秦军统一百越的战争"似应在始皇二十八年（前219）的秋冬发动"。我们认为，岭南气候虽然与中原不同，有所谓的瘴疬之气。但从秦始皇统一六国后不久就组织军队征伐岭南来看，秦时中原人未必十分了解岭南地区的瘴疬之气，即使知道，也未必因此而推迟军事行动的日期。至于吕后时期在九月出兵与汉军的失败是有一定关系的，但其失败的更主要原因在于吕后执行的错误政策。此外，研究历史不能用后来发生的事去证明以前的历史，这在方法论上也是不足取的。至于宋朝规定赴岭南的官吏的俸秩特优，并且景德年间曾规定"令秋冬赴治，使职巡行，皆令避暑夏瘴雾之患"等，不过是汉以后视岭南之地为蛮夷之地而给予赴任官吏的一种优待的方法。它并不能作为秦军出兵征服岭南就必在避瘴疬的冬秋之月的佐证。所以，公元前219年说的第二条理

① 沈起炜：《中国历史大事年表》（古代史卷），上海辞书出版社1983年版，第79页。

由也是欠妥的。

该说的第三条理由，认为秦始皇在第二次出巡之后，决心对百越采取军事行动，而这一年恰恰就是秦始皇二十八年，即公元前 219 年。这条理由，更有可以推敲之处。秦始皇第一次出巡，主要对秦的北方做了一定的安顿和部署工作。第二次出巡，公元前 219 年，这次东巡过程中，始皇所做之事颇多：东巡队伍从咸阳（今陕西咸阳）出发，经过今河南洛阳、开封一带，到达今山东的泰山，沿渤海向东又至之罘（今山东烟台北部），然后南下至琅琊，筑琅琊台［曾为山东胶南县（现隶属于青岛黄岛区南境）］，立石颂德，又历彭城（今江苏徐州），在彭城时，始皇忽生奇想，"斋戒祷祠，欲出周鼎泗水，使千人没水求之，弗得"①，最后只好西南渡淮水，至南郡（今湖北江陵一带），渡江时，"逢大风，几不得渡"，及渡，至湘山祠（今湖南湘阴北部），始皇大怒，"使刑徒二千人皆伐湘山树，赭其山"；之后，进入今陕西境内，由武关返。这一年中，秦还在衡山"治驰道"。②

可见，第二次东巡，秦始皇的浩大出巡队伍历经今河南、山东、江苏、湖北、湖南的广大地区，渡淮水、湘江等大河，一路上又有筑琅琊台、刻石、泗水求鼎、伐湘山树等兴土劳作之事。要在这样的一年发动征服岭南的战争，可能性很小，唯一的可能就是将有些举动（如伐木、筑道）视为秦发动征服岭南战争的准备。

综上所述，我们认为公元前 219 年说是不符合史实的，而公元前 218 年说比较符合史实。该说法是越南史学家陶维英提出的，其理由主要是：从公元前 214 年秦统一岭南，设三郡而上推三年（据《淮南子·人间训》所说的秦军"三年不解甲弛弩"）为公元前 217 年。而公元前 217 年这一年，《史记·秦始皇本纪》明确记为"无事"，所以秦发动战争之年就只可能是公元前 218 年了。③ 这个推断是符合逻辑的，并有史实作证的。

（二）秦平岭南的秦军人数问题

至于秦平岭南时动用了多少兵力，传统看法都依《淮南子·人间训》的记载，认为是 50 万之众，史学界从古至今普遍都认可这个数字。

但近期有文章认为，秦军不可能以 50 万之众南征岭南地区，而认为秦军逾岭南进攻者至多八万至十万④。

我们认为，对古史记载应采取审慎而稳妥的态度，在没有充分的材料证明八

---

① 《史记·秦始皇本纪》。
② 《史记·六国年表》。
③ ［越］陶维英：《越南古代史》，刘统文、子钺译，科学出版社 1959 年版，第 116 页。
④ 何维鼎：《秦统一岭南投放了多少兵力》，载《华南师范学院学报》1982 年第 2 期。

万至十万这个数字前，《淮南子·人间训》所记载的 50 万秦军的数字是可以相信的，理由如下：

其一，《淮南子·人间训》是西汉时人所撰，距秦平岭南的时间很近，所以，在没有其他可靠史料证明 50 万这个数字有误的情况下，《人间训》中的有关记载的可靠性是不容置疑的。

其二，秦政府之所以动用 50 万之众，在于秦政府对岭南地区越族的重视。正如前述，南越、北胡一直是中原政府担忧的"边患"问题，秦时亦然。为了彻底解除南方越族的威胁，秦始皇完全可能投入 50 万的大量兵力以求永久解决这个问题。

其三，公元前 221 年，秦既已完成统一中原六国大业，这以后，除在北部设置了抵御匈奴的几十万大军外，还有大量剩余的兵力，因国内已无战事，对军事力量的需求骤减。秦政府也完全有可能调集 50 万的重兵而全力征服岭南。

由此可见，《淮南子·人间训》所记载的 50 万兵力是可信的。

二、 秦平岭南

（一）屠睢、赵佗首次攻越

在做了伐木、修道、安顿北方等一些准备工作后，秦始皇便发动了征服岭南地区越族的战争。

公元前 218 年，秦"使尉（佗）、屠睢将楼船之士南攻百越"[①] 总共 50 万大军，分"为五军：一军塞镡城之岭，一军守九疑之塞，一军处番禺之都，一军守南野之界，一军结余干之水"[②]。

上述五军，实际上就是从五个方向向岭南进发或驻守："塞镡城之岭"的秦军驻守于今广西的镡城之岭（即今广西北部的越城岭）；"守九疑之塞"的秦军则驻守在毗邻今广东西北部的九疑要塞（即今湖南宁远县南）；"守南野之界"的秦军则扼守南野［曾为江西南康县（现隶属于赣州南康区）南部］；"结余千之水"的秦军则驻于余干（今江西余干、乐平县之地）；"处番禺之都"的秦军则从湖南出发，通过九疑要塞，过岭顺北江而下到达珠江三角洲，并占领了番禺，以这支秦军进军最为神速。

上述五支秦军中，除进攻番禺的这支秦军以外，东面出南野、余干的两支秦军的进展也比较顺利。

---

① 《史记·主父偃列传》。
② 《淮南子·人间训》。

南野，位于今江西境内的赣江上游，地理位置十分重要，它不仅是闽越人与岭南越族相互联系的岭口要冲，而且与闽越北部的会稽郡紧紧相连，秦军驻守南界，对进攻闽越族十分有利。

余干，位于余水之侧，而余水是闽越人到达江淮的通路。余干一带的地理位置也相当重要，顾祖禹认为，"越人欲为变，必先田余干界中，积食粮，乃入，伐材治船。盖其地当闽越襟领也。且北距大江，西隔重湘，兵争出人，常为孔道"①。所以，秦军占领了此地，就完全打破了闽越人北入江淮的可能性。

由于秦军中针对闽越人的两支，其地理优势尽得。这对于攻占闽越之地十分有利，兼之闽越之地又"僻处海隅，褊浅迫隘"，无什么险要之处可资凭依，"用以争雄天下，则甲兵粮粮，不足供也；用以固守一隅，则山川间阻，不足恃也"②。所以，秦军很快就击溃了闽越王无诸所率领的闽越人，占领了闽越之地。同年，秦在闽越之地设置了闽中郡。

镡城、九疑之军的进展起初也是比较顺利的。他们从湖南进攻在今广西聚居的越族人。众多的秦军队伍的到达，以先进的战术、精良的武器、密集的兵力，很快就将抵御的西瓯族人击散。

但是，以屠睢为首的一些秦军军官采取了错误的政策，急于推行中原"暴秦"的各项制度，并对被征服的越人采取歧视态度。所以，越人并不服从秦军的统治，他们不仅"皆入丛薄中，与禽兽处"，也"莫肯为秦虏"，而且还"置桀骏以为将"。西瓯等越人"夜攻秦人"③，扰得秦军不得安宁，疲惫不堪；同时，还袭击秦军的粮道，使秦军的"粮食绝乏"④。这样，西瓯族人发起的进攻也一度获得了胜利，他们大破秦军，使秦军"伏尸流血数十万"，伤亡惨重，主帅之一的屠睢也被杀死。

秦军统帅屠睢的被杀及数十万秦军的伤亡，使秦军受到了严重打击，兼之后勤的粮草军备接不上，岭南的秦军陷入了孤立无援、粮草缺乏的困境，于是暂停对西瓯族的攻势，改由赵佗等率领秦军采取守势。至此，秦征服岭南的战争进入了秦越对峙阶段，这个阶段前后持续了三年时间。

为了改变岭南秦军的困境，完成对岭南的征服，秦始皇下令开凿灵渠。

（二）史禄凿灵渠

秦始皇三十年（前217），为了接通运往岭南的秦军的粮道，始皇命令史禄

①《读史方舆纪要》卷八五。
②《读史方舆纪要》卷九五。
③《淮南子·人间训》。
④《史记·主父偃列传》。

"以卒凿渠"①。

史禄之所以决定采取凿灵渠的方式以沟通岭南秦军的粮道，是有其必要性和可能性的。

首先看看凿灵渠的必要性。秦时中原与岭南的通路有水路、陆路两种，除去陆路，只有两条路：其一，取道江西的赣江，运载物质到达大庾岭，然后以人力运输逾岭，到达岭南后，复通过浈水输向岭南；其二，取道湖南的湘水，亦抵五岭下，以人力运过岭，复顺漓水输向岭南。这些道路的运输都要经过人力的搬运，上船下船，极为不便，运输量不大，兵卒却苦不堪言。这种运输状况本来就与在岭南的数十万秦军的需求不相适应，不过在战争之前秦军无力顾及，战争爆发后的初期，又由于有一定的战争准备，所以运输能力与需求量的矛盾尚显得不那么突出。现在，战争已进行了一段时间，战前准备的一些粮草等军用物资也消耗得差不多了，兼之秦军受挫，急需后援。在这种情况下，重开一条运输量大又历时较短的通越新道成为必要的事，而有着征服岭南雄心的秦始皇势必不会无所作为。

再看看可能性。当时湘水、漓水的地理位置与形势使秦利用地势修建灵渠成为可能，如湘水源于"零陵海阳山"②，具体的是海阳山之北麓之海洋河，海洋河流至今广西兴安县地域时与漠川河交汇而称为湘水；漓水则源于今广西境内的猫儿山南麓的六洞河，流至今广西榕江镇地域，与灵河交汇而称为漓水，漓水逾岭经贺水、郁水而汇入珠江，注入南海。但是，灵河的支流始安水要流经兴安县境内的铁炉村才注入灵河，而铁炉村一带离湘水不到1.5公里，地理平面位置十分接近，加之两河流的地势差异很小，水位差仅6米左右，沟通起来较为便利；另外，两河流的分水岭——始安峤不过是"陆地广百余步"的小土丘③，其高度在二三十米之间，宽度亦不过三五百米，因此完全可能在铁炉村一带投入较少的劳力来开凿始安峤，接通两河流。

正是有着上述的必要性与可能性，史禄才率领秦兵卒于铁炉村一带开凿灵渠。

由于灵渠工程的劳动量不大，秦军很快就完成了。灵渠工程总长34公里，包括水铧嘴、大小天平、石堤、秦堤、南渠、北渠等部分。灵渠的开凿有着深远的历史意义与现实意义。

首先，灵渠的开凿沟通了湘漓两条河流，使湘水汇入漓水，这样就使属于长江流域的湘水与属于珠江流域的漓水连接起来，使得从长江流域出发的船只可以通过水路逾五岭而达岭南地区，甚至载重万斤的大船也得以通过，这使得岭南秦军粮饷的供应得以络绎不绝而来，为秦军的征服岭南提供了条件。秦以后，历代

① 《淮南子·人间训》。
② 《汉书·地理志》。
③ 《水经注·漓水》。

又对灵渠工程不断扩建，如唐代时又修建了陡门等新工程①，使得灵渠对秦以后我国南北交通运输，政治、经济、文化的交流及民族的融合等，曾经在一段较长的历史时期内起到巨大的作用。

灵渠的设计严谨，布局周密，工程量不大而又灵巧实用，是对我国先秦水利工程技术的继承，如为了使始安水与湘水的水位相一致，而在今广西兴安县城南约5公里处的美潭下，建修了大小天平坝以拦河，用蓄水的方式来提高水位；又如建泄水坝以排洪防险等，这些技术早在先秦时期李冰修都江堰等工程时就采用过。灵渠的修建还贵在创新，如凿南北溜渠引水，以连接两河流，筑铧嘴堤分流入渠，特意开凿纡曲的渠槽以降低渠流的比降等，这对古代水利工程技术而言，可谓是新发展。这一切充分体现了中华民族的聪明智慧，在中国科学技术史上留下了光辉的一页。

此外，灵渠在提供水源、便于越人的农田灌溉等方面也有积极作用，它促进了灵渠周围地区农业的发展。

灵渠的修建在当时更具有现实意义：它使得秦军的粮饷等军用物资得以源源不断地运到岭南。在这种情况下，秦始皇下令对岭南再次发起进攻。

（三）任嚣、赵佗再次攻越

秦始皇三十三年（前214），秦始皇命令任嚣、赵佗"将楼船之士南攻百越"②。

这次进攻，秦军势如破竹，很快就击溃了西瓯族的反抗，并将其首领西瓯君译吁宋杀死，终于占领了今广西等地的西瓯地区；随即任、赵二人又挥戈南下，击败了雒越族，占领了今越南中、北部的骆越地区。这样，从公元前218年发动的征服岭南的战争经历了四五年之久，终于在公元前214年以秦军彻底征服岭南越族的胜利而结束。

秦军之所以能在公元前214年改相持为进攻，并最终统一了岭南，是有其原因的：其一，灵渠的开凿，使秦军的粮饷等物资供应得以继续，这是秦军统一岭南在物质上的保证。其二，本年中，秦"发诸尝通亡人、赘婿、贾人"随大军南征，占领一地即移民其地，步步为营，稳扎稳打，不仅使秦军有了一些较稳定的军事据点，而且使秦军在人力上有所补充；同时，秦谪发商人到岭南，任商贾经营，可为兵略之助③。

---

① 关于史禄凿灵渠时是否修建了陡门，唐宋以来的传统看法都认为陡门确系史禄所创建，如范成大的《桂海虞衡志》甚至载有陡门三十六座等；但今人唐兆民认为其不确，考证出陡门系晚唐时才建，所言甚是。详见《灵渠文献粹编》，中华书局1982年版，第11－12页。

② 《晋书·地理志》。

③ 王孝通：《中国商业史》。

同年，秦军以岭南之地"为桂林、象郡、南海"①，这标志着秦经略岭南时期的开始。

（四）秦平岭南有关文物

秦统一岭南后，岭南地区归入中国的版图。秦王朝的时间虽然很短，但也留下了一些文物，为我们今天研究秦统一岭南的历史提供了极为珍贵的第一手资料。

区庄螺岗秦墓　1962 年 1 月，广州市文物管理委员会在广州区庄犀牛路的螺岗发掘了一座长方形竖穴木椁墓。古墓位于高约 10 米的圆形土岗顶部。墓坑长 3.6 米，宽 1.9 米，深 3.2 米，四壁垂直。

墓内随葬品以陶器为主，并有漆器和铜器。陶器分两种：一种是软陶，火候很低，质软如泥；一种是硬陶，火候很高，胎细质坚。陶器有瓮、罐、壶、盒、鼎、釜、小盒等共 12 件。漆器仅见有残迹，可辨种类有奁、盘、耳杯等。铜器有小带钩和戈各一件。

铜戈通长 26 厘米，援长 16.3 厘米，保存完好，锋刃完整无缺。但铜戈上绑接木柄的穿孔已磨蚀成凹形，表明铜戈已经过长期使用。铜戈的一面刻有文字，笔划断续相连，纹道极浅，细如发丝。经专家辨认是"十四年属邦工□戴丞□□□"12 字。铜戈的形式、铭文体例、字体结构都与湖南长沙秦墓出土的"四年相邦吕不韦戈"和《三代吉金文存》《金文丛考》著录的"五年吕不韦戈"相同。考古学家推断为秦王政十四年，即公元前 223 年之物。铜戈的主人应该是秦统一六国后南征百越的将士。这件铜戈是秦始皇统一岭南的历史物证。这也是广州地区首次在考古发掘中发现有秦代纪年铭文器物的一座古墓。

西村石头岗秦墓　位于广州西村石头岗。1952 年底清理。木椁用巨板累砌，墓发现时已被拆毁，估计原长约四米多。木棺髹漆，也被拆毁。随葬品种类多，且相当精美。出土的陶器全属南越式的，有瓮、罐、三足罐、三足盒、瓿等 13 件。铜器 20 件，除扁壶、鼎、釜、鍪、瓿、盉、盆、勺之外，还有瓿、提筒等南越式器物和楚式的龙纹镜两面。此外，还有大玉璧、玉印（无文字）和玉带钩各一件，玉璧和玉带钩的质地坚致，造型优美。漆器多已朽坏，其中一件镶嵌玉片的漆敦（残，只存盖）尤为罕见。另一件椭圆长形漆奁，长 28 厘米，木胎黑漆，盖面朱绘云纹，有"蕃禺"两字烙印。"蕃禺"即"番禺"，是秦汉时南海郡的郡治。这是"番禺"地名见于考古实物最早的一例。漆奁的烙印说明它是当时的番禺工官所制造。墓中还出土三把玉具铜剑、两把铜短剑和两把铜戈，因久埋地下，铜质腐蚀朽坏，墓主尸骨亦朽没无存。墓中所出的一枚铜钱为秦的大

　　① 《史记·秦始皇本纪》。

"半两"钱，所出陶器的器型花纹都很早，因而推定这是一座秦墓。此墓陪葬器物的珍贵及兵器如此之多，表明墓主的身份较高。

张义铜戈 1983 年南越王墓出土。通长 22.3 厘米，援长 13.7 厘米，内长 8.6 厘米。援部狭窄，微向上弯。胡狭长，三穿，有阑，阑末端有一扁平齿。内上有铭刻三行，文曰"王四年相邦义……"等 19 字。字体划线较细且草率。铭文中有"张义"两字。"义"古代与"仪"通，"张义"即战国纵横家张仪。"王四年"即秦惠文王四年（前 321），此铜戈可能是由秦平南越的将士带到南越的，是秦平岭南的重要物证。

广西平乐银山岭战国墓 银山岭位于广西平乐县张家公社平燕水大队，离平乐县城东约 40 公里，地处五岭山脉都庞岭的南侧。附近岗岳起伏，有燕水和同安河自南向北流过。同安河北流入恭城河（即茶江），溯恭城河北上，可过龙虎关进入五岭之北的湖南境；顺恭城河南下，则与桂江相通。从地理形势上来看，银山岭处在秦汉时期跨越五岭山脉的重要通道——湘桂走廊的东侧。银山岭海拔 397 米，地表为红壤土，地面长满松树和杂树。1974 年 10 月—12 月，考古人员在此发掘了一批古代墓葬，其中战国墓 110 座，都是竖穴土坑墓，除极个别在地面还有稍为隆起的封土堆以外，绝大多数都没有封土堆。墓室规模较小，形制简单。填土都用原坑土回填。有的填土经过夯打，夯痕隐约可见。极个别墓底还铺有一层薄薄的白膏泥或炭末。有 10 座墓墓底铺河卵石，占总墓数的 9%。河卵石大小不等，一般长 3～7 厘米。有 87 座墓墓底挖有腰坑，占总墓数的 79%。腰坑的形状有方形、长方形和圆形：以方形为最多，共 50 座；长方形次之，共 21 座；圆形九座；形状不明的七座。腰坑内放陶器一件，常见的是盒、三足盒、杯、罐、瓮、瓿等，以盒最为普遍。腰坑大小视所置陶器的大小而异，大腰坑放瓮、罐、瓿；小腰坑放盒、杯。出土时，陶器内大多塞满淤土，当是葬具朽坍后所形成，原盛何物，已无从观察、检验。葬具和人骨都已腐朽，从现存迹象可以推定，有的有棺有椁，有的有棺无椁，个别墓也可能无棺无椁。葬式不明。随葬品较简单，一般都是实用的兵器、生产工具、生活用具。组合比较有规律：兵器一般是铜剑、矛、镞共出；生产工具一般是铁锄、刮刀共出；生活用具一般是鼎、盒、杯共出。有铜兵器的墓不出陶纺轮，有陶纺轮的墓不出铜兵器。随葬品最多的可达四五十件，最少的仅一二件。陈放位置比较一致，兵器、生产工具和佩饰品放棺内，或死者随身佩带，陶器和铜容器一般置于棺外死者头端或一侧，排成一列，或呈曲尺形，砺石则常常同铜、铁等利刃器伴出。在银山岭战国墓中，出土了 380 余件青铜器。其中多数是兵器，其次是生产工具和生活用具。兵器中的剑、矛、镞和工具中的斧、刮刀等都有长期使用和磨损的痕迹。出土的一件铜矛长 15.3 厘米，宽 3.3 厘米，通体宽扁，脊两侧各有一道血槽。近矛叶处刻有"孱陵"二字。类似的铜矛在秦都咸阳故城和秦始皇陵兵马俑坑曾有出土，这是一件典型的秦式兵器。"孱陵"为地名，《汉书·地理志》记载汉代有孱陵县，属武陵郡，其地约在今湖北公安县南，离楚都郢不远。

据考古工作者考证，银山岭地处五岭山脉中的都庞岭南麓，位于秦汉时期湘桂走廊的东侧。平乐在秦代属于桂林郡，是秦始皇戍五岭、徙中原之民"与越杂处"的地带之一。因此，这批墓葬的墓主很可能就是当年秦始皇派来戍五岭"与越杂处"的秦军和当地的越人。"孱陵"铜矛据考证属楚地所产的铜兵器。秦灭楚国后，楚地为秦所有，这件铜矛也就落入秦军兵士手中；或者铜矛的主人楚国的兵士随楚军投降秦军，后来又参加了秦军平岭南的战斗，并在平乐地区留戍。因此，这件铜矛也是秦平岭南的重要物证。

灵渠　灵渠位于广西桂林北部57公里处的兴安县境内，是现存世界上最完整的古代水利工程，与四川都江堰、陕西郑国渠齐名，为中国古代三大水利工程之一，也是我国最古老的运河之一。当代著名学者郭沫若先生称之为"与长城南北相呼应，同为世界之奇观"。秦平岭南开始之时，秦军曾陷于困境。为解决秦军的粮草、装备等供给问题，尽快完成对岭南的全面征服，秦始皇下令史禄率领十万秦军和民工等开凿了沟通南北水运的水道——灵渠，于秦始皇三十三年（前214）建成。灵渠引湘水入漓江，漓水又汇入珠江，沟通了珠江水系和长江水系，对珠江流域的政治、经济和文化发展起到重要作用。灵渠全长37.4公里，由铧嘴、大小天平、南渠、北渠、泄水天平和陡门组成。灵渠设计科学，建筑精巧，铧嘴将湘江水三七分流，其中三分水向南流入漓江，七分水向北汇入湘江，沟通了长江、珠江两大水系。全中国几大水系中，其走向都是北水南流，而湘江水系却是南水北流。长江、珠江两大水系的建成完善成为秦代以来中原与岭南的交通枢纽，为秦始皇统一岭南起到重要作用。灵渠两岸风景优美，文物古迹众多，尤其是水街的亭台楼榭、小桥流水、市井风情都鲜活地再现着千年历史文化。

严关　秦城严关位于兴安县城以西约九公里的灵渠南渠西岸，是由湖南进广西的咽喉要地。宋人周去非的《岭外代答》说它"群山环之，鸟道微通，不可方轨"，人称桂北天险。古代桂林曾有"外险严关，内险濠水"之说。严关的西面为凤凰山，山形壁立，怪石嶙峋；东面为狮子山，山上有多处石刻，山势峻陡，巨石遍山，望而生畏。严关的关门就建在两山之间的狭长山谷之中。严关城墙犹如一把大锁，锁住这南北要冲。严关所在的狮子山与马头山、猪头岭、青石陡等山相连，构筑成天然屏障，灵渠之水绕着它们在这里迂回徘徊，写了一个大大的"之"字。严关，顾名思义，严者，"严当隘路而可畏"；关者，隘口也。有一种说法，此关之北面寒冷多雪，关之南多炎热，当地有民谚说"北雪南雨飞不过"，北雪南雨从这里隔断，被此地严格把关，所以得名。严关名字的来历，另外还有一种说法，相传是因为汉朝一位名叫"严"的归义侯南征攻破此关，后人为了纪念这位将军，故将此地取名为严关。汉朝归义侯戈船将军严在此击溃南越叛军当时桂林归南越管辖。他本是百越族人归附了汉代朝廷，所以叫"归义侯"，又受封为戈船将军。南越丞相吕嘉杀死汉朝使者、南越王赵兴与王太后公然反叛朝廷，脱离汉室。汉武帝派遣大军分别由湘、赣、桂出击南越，会师番禺。这几路兵马中，归义侯严指挥一支出湖南零陵，溯漓江而上，穿过灵渠，与南越驻军鏖战于严关。戈船将军英勇善战，在山地和舟楫作战中，突击穿插迂回包抄围剿，终于突破严关天险，击溃叛军，然后沿漓江南下桂林，直取番禺。

秦城遗址是秦始皇统一岭南的屯兵遗址，位于兴安县城西南 25 公里处大溶江与灵渠汇合的三角洲上，离严关十余公里，是目前全国保留下来的少数几座秦城遗址之一。秦城遗址于 2006 年被国务院公布为全国重点文物保护单位。

秦平南越开始之时，秦军进攻西瓯部落，遭遇了西瓯人的顽强抵抗，秦军一度陷于困境，只好扼守要道，挖壕筑垣坚守。为了打赢秦平岭南的战争，秦始皇强征和调拨十多万士兵和劳力，驻扎在如今大小溶江之间，开凿灵渠。灵渠是秦平岭南的重要交通线，秦军派有重兵把守，在灵渠西南出口，秦军还建立了"秦城"。秦城亦称"越城"，相传最早是百越族人据守的要地。秦军攻过严关后在大溶江三角洲掘壕筑城驻守，与百越之敌相峙，确保了开凿灵渠工程的安全。秦汉两代，岭南战乱起伏，秦城战略地位尤显重要，长期有重兵把守，故称秦城始建于秦汉，废弃于魏晋。

秦城紧靠严关，四周高山巍峨，地势险要，易守难攻，是越城岭和都庞岭的通道，漓江上游的灵渠和大溶江从这里流过。整个秦城遗址内部地势平坦，两边高山绵叠，四面江流环绕，地理位置十分险要，进可以攻，退可以守，是秦军拱卫灵渠屯兵扎营的最佳选择。秦城仅留下了大营小营两部分遗址残存的围墙，遗址范围 20 余平方公里。"小营"在大溶江、小溶江汇流的三角洲上，灵渠、大溶江三角洲上是"大营"。"大营"遗址范围北起马家渡，南至灵渠口，东濒灵渠，西临大溶江，纵约六公里，横约二公里，总面积约 12 平方公里。目前已发现的"大营"秦城遗址主要有四处：一是位于大营村的城墙埂子，二是位于七里圩村的王城，三是位于道济村的土城，四是位于灵渠出口处的水街土墙。除了这几处，在十多平方公里范围内，还散布着许多墩台、壕沟、土墙，布局纵横交错，古战场遗迹历历在目。近几年还出土有麻纹的筒瓦、板瓦和绳纹的秦砖等。正是有了严关和秦城，千百年来灵渠从未因战乱遭到大规模破坏。

横浦关 古称秦关，又称"梅关"。坐落在距广东省南雄县（今南雄市）城约 30 公里的梅岭顶部，两峰夹峙，虎踞梅岭，如同一道天然的城门将广东、江西隔开。横浦关古道始通于秦，是秦代沟通中原与岭南的五条交通要道之一。秦平百越在南海设立郡县的次年，即公元前 213 年，秦始皇下令"适治狱吏不直者，筑长城及南越地"。即遣有罪的官吏等修筑从中原通岭南的道路，史称"新道"。在秦平南越前，岭南与岭北有道路相通，但崎岖不平，路窄坡陡。秦平南越后修筑的"新道"，是对原有狭小的古道进行加宽扩展。据有关专家考证，秦代修筑的"新道"之一是从江西南安越过大庾岭进入今广东南雄的通道。在筑"新道"的同时，秦军还在"新道"的岭口要塞和战略要地修筑了关卡。南雄的大庾岭地势险要，秦军在此上修筑了横浦关，成为当时的重要关隘和军事要塞。秦汉时期的横浦关"南控北粤，北扼三江"，有"一夫当关，万夫莫开"之势，为粤赣两省的天然屏障，主要控制由江西入岭南的大庾岭道。秦末，中原爆发陈胜、吴广起义，中原动乱，赵佗乘乱据岭南称王，在岭南建立南越国。赵佗曾下令封闭这通往岭北的关口和关绝秦代开的"新道"。

唐开元四年（716），为适应当时南北经济文化交流的需要，张九龄又奉诏另凿新道。前后用了两年的时间，开通了一条宽一丈、长30华里，两旁广植松梅的大道。宋时，人们以砖砌路面，并在此设关楼。关楼坚固，建于分水岭南25米处，砖石结构，坐南朝北，东西横卧，紧接山崖，宏伟险峻。关南题字为"岭南第一关"，关北楼上刻"南粤雄关"，为明万历年间南雄知府蒋杰所题。这里也是古代沟通五岭的主要通道，"南北之官轺，商贾之货物，与夫诸夷朝贡，皆取道于斯"。明成化年间知府江璞谓梅关古道"内接京师，外通岛夷，朝贡使命，岁无虚日"，"商贾如云，货物如雨，万足践履，冬无寒土"，这是当年古道盛况的真实写照。关楼北面有一石牌，高2.4米刻着"梅岭"两个大字。关楼南北两面门楣嵌有石刻匾额，北门额书"南粤雄关"，南门额则是"岭南第一关"。梅关是历史上南来北往的重要驿道，又是游览胜地。北出关门，遥望赣南平原，大庾岭古城尽收眼底，令人心旷神怡。梅关被列为广东省级文物保护单位，是著名的旅游胜地。

第三节　秦营岭南

一、秦平岭南后的经营

公元前214年，秦朝终于统一了岭南地区，随即开始了对岭南的全面经营，直到公元前207年秦亡止，虽仅七八年时间，但秦对岭南的开发与经营，对岭南地区社会经济的发展有着重大的意义。

（一）推行郡县制

秦国的"县"出现得很早。早在春秋初期，古史即有秦置县的记录，如武公十年（前688），秦即伐"邦、冀戎，初县之"①，春秋末期出现"郡"后，战国

---

① 《史记·秦本纪》。

初期也见秦置郡，郡县二制并存，逐渐发展为郡县制。郡县制的实行，使封建国家形成了一套从中央到郡、县、乡地方组织的比较健全的行政系统，有利于封建主义的中央集权。所以，秦在统一六国后，就把郡县制在全国范围内推广。平定岭南后，亦援例在岭南地区推行郡县制。

秦在岭南推行郡县制，具体指秦在岭南设置了三郡及数县，如下所述。

1. 南海郡

《读史方舆纪要》云，"今广州府、肇庆府、德庆州、罗定州、韶州府、南雄府、惠州府、潮州府皆秦时南海郡地"[①]。可见，秦南海郡大体上相当于今广东省的大部分土地。

（1）番禺县

南海郡的郡治，政治中心，也是先秦以来岭南的经济贸易中心。

秦时，番禺作为南海郡的郡治，已经筑城，唐《元和郡县图志》称番禺故城在"今县西南二里"[②]。这是岭南最早的城市之一。

（2）龙川县

《史》《汉》二书皆称赵佗为龙川令，故秦置龙川县无疑。至于龙川县的得名，还有一番神话色彩，"有龙穿地而出，即穴流泉，因以为号也"[③]。龙川位于南海郡博罗县的西部，"龙川故城在河源县东北百七十五里"[④]。

赵佗任龙川令之初，即开始筑土城，兴衙署。现今广东龙川县佗城镇，就是赵佗所筑的秦城的旧址。此外，赵佗任龙川令时，还引导龙川汉越人民开荒辟田，"垦辟定规则"，[⑤] 以发展农业生产。今龙川佗城镇还有古井一眼，人称"越王井"，相传也是赵佗时所凿。历代有不少诗文提及此井，"自汉至今，以为尉佗之遗泽云"。

（3）博罗县

《读史方舆纪要》称，"县在惠州府西北三十里。秦置县，属南海郡"[⑥]。

博罗一词源于秦始皇所信的"浮来之说"："始皇尝使人入海求三神山，未能至，以其一峰渐来，傅于罗山，因以'博罗'名县。"[⑦]

秦博罗县大体上相当于今广东省博罗县及其以东一部分地区。

---

① 《读史方舆纪要》卷一〇一。

② 《元和郡县图志》卷三五。

③ 《史记·南越列传》。

④ 《读史方舆纪要》卷三四。

⑤ 《全唐文》卷八一六。

⑥ 《读史方舆纪要》卷一〇一。

⑦ 〔清〕屈大均：《广东新语·山语》。

（4）揭阳县

马非百先生认为揭阳县是秦置县之一①，《元和郡县图志》则称唐朝的潮州府即是"汉南海郡之揭阳县也"②。按，揭阳县在秦朝、南越国、汉朝时皆设，其地理方位的变迁大体相同。

2．桂林郡

桂林一词的得名也有其来历："（牂牁）江源多桂，不生杂木，故秦立为桂林郡"③，这也说明秦桂林郡的地理方位，是牂牁江流域的一部分。

桂林郡的辖地，《读史方舆纪要》称是"今桂林、平乐、梧州、浔州、柳州、南宁等府，及郁林州、象州、宾州、横州地，皆属秦桂林郡"，这大体相当于今广西壮族自治区的绝大部分。

（1）布山县

桂林郡郡治，位于广西贵县（今贵港）。文献及考古发掘资料都证明布山县是秦桂林郡的政治、经济中心。

（2）四会县

唐时"化蒙县，本秦四会县之地也""属桂林郡"④，又《读史方舆纪要》"在肇庆府北百三十里。秦置四会县，属桂林郡"，即广东省四会县（今广东省四会市）。

可见，秦四会县属桂林郡，有的学者认为四会县属南海郡⑤，误也。

3．象郡

关于秦象郡的地望，史学界尚有争论（详见本书上编第三章第三节），大体相当于今越南中北部地区的说法则为大多数人所接受。

（1）临尘县

《汉书·高帝纪》臣瓒注引《茂陵书》："象郡治临尘，去长安万七千五百里"⑥，以其为象郡郡治来看，临尘应是象郡的政治中心。

（2）象林县

《水经注》引《晋书·地道记》云，"（日南郡）去卢容、浦口二百里，故秦象郡象林县治也"。又称："浦西即林邑都也，治典冲。去海岸四十里，处荒流之徼表，国越裳之疆南。秦汉象郡之象林县也。东滨沧海，西际徐狼，南接扶南，北连九德。"⑦《读史方舆纪要》也有记载："象林故城在占城西北。隋改象浦。"

① 马非百：《秦集史》（下），中华书局 1982 年版，第 633 页。

② 《元和郡县图志》卷三四。

③ 《旧唐书·地理志》。

④ 《元和郡县图志》卷三四。

⑤ 余天炽等：《古南越国史》，广西人民出版社 1988 年版，第 66 页。

⑥ 《汉书·高帝纪》。

⑦ 《水经注·温水》。

此外，史念海先生在 20 世纪 30 年代时就认为象林为秦置县①。

通过上述可见，岭南也实行了郡县制。但岭南实行的郡县制与内地却不尽相同。如南海郡就不设郡守，而以主管军事的南海尉典之，即"南海惟设尉以掌兵，监以察事而无守"②。

之所以岭南与内地在推行的郡县制上出现差异，是因为其特定的历史背景。在平定岭南地区的过程中，岭南越族曾有过激烈的反抗，并使秦军付出了巨大的代价。越人各部族虽然最终为秦所败，但残存的越人部族的社会组织并未受到很大的冲击与破坏，他们的部族仍具相当的实力，随时可能起来反抗秦的统治。所以，为了对付随时可能发生的越人的反抗，在平定岭南的初期，强化军事统治是势在必行的，故秦考虑到岭南的特殊情况，而仅设郡尉以掌军、政大权，自然，南海尉也就"视他尉为尊，非三十六郡之比"③，成为"专制一方"④ 的"东南一尉"⑤。

南海尉的大权独掌固然有利于强化对岭南的统治，但也为郡尉由"专制一方"发展为割据提供了便利条件，如赵佗的割岭而王与他担任南海尉就有很大关系。

（二）筑通越新道

秦始皇统一中国之后，就在全国范围内大力兴修道路，如公元前 220 年始修的"东穷燕齐，南极吴楚"的驰道⑥；公元前 212 年始修的从秦王朝都城咸阳到抗击匈奴前沿阵地九原的直道⑦，又修通向西南夷的五尺道⑧；统一岭南后，为了加强对岭南的统治，又开始修筑"秦所通越道"⑨，这就是"新道"⑩。

秦所修筑的通越新道，其尚可考者有四条：

第一条，从江西南安（今江西南康），经过大庚岭，出横浦关（今广东南雄小梅关），复沿浈水西行，取北江顺江可抵番禺。这条道经过横浦关。横浦关故址在今广东南雄县西北的庾岭上，以后赵佗划岭而治时，即封闭和关绝了包括横浦关在内的秦关及通过的新道，这从侧面反映出经过横浦关的新道十分重要。

---

① 史念海：《秦县考》，载《禹贡》1937 年第 7 卷第 6、7 期合刊。
② 〔清〕顾炎武：《天下郡国利病书》卷九七。
③ 〔清〕屈大均：《翁山文钞》卷三。
④ 〔清〕屈大均：《翁山文钞》卷三。
⑤ 《晋书·地理志》。
⑥ 《汉书·贾山传》。
⑦ 《史记·秦始皇本纪》。
⑧ 《史记·西南夷列传》。
⑨ 《史记·南越列传》索隐。
⑩ 《汉书·西南夷两粤朝鲜传》。

第二条，从湖南郴州，跨骑田岭，出阳山关（今广东阳山县西北），沿湟水（今连江）东南行，经湟溪关、洭口，取北江南下可抵番禺。这条道路经过阳山关、湟溪关、洭口关，此三关，皆"秦关，名曰三关"①，这条路也是赵佗所绝的秦道之一；或从湖南道州跨桂岭，顺贺江而汇至西江，东去番禺。

第三条，从湖南湘江南下，再西南行，经过广西全州，再过秦城、严关，走湖桂走廊而至桂林，再由桂林南行到达郡治布山及象郡。此道见于史志，如"湖广永州府零陵县有驰道，阔五丈余，类大河道。《史记》秦始皇命天下修驰道，以备游幸，此其遗迹也"②。此外，《大清一统志》也有载，说零陵县外80里处有秦驰道。

第四条，从福建进入广东揭阳一路。这一路经过揭阳岭。揭阳岭就是今之莲花山脉，该山脉从福建戴云山脉而来，西南至大鹏湾处入海，呈东北—西南走向。这条新道，有较充分的考古资料可资取证。如1940年，揭阳岭曾出土了铸有篆文"秦"字的铜刀；1960年，又出土了许多秦代文物，如铜剑等，说明秦军曾经过此路③。法国汉学家鄂卢梭也是这样认为，他说，秦取闽中郡后的军队"从福州出发，应该沿着海边的通道往南走，到今日广东潮安一带，由是抵揭阳岭。这就是福建通广东直达的要道"④。

以上四条道路皆秦平岭南后所新筑的通越道路，为了保障新道的畅通无阻，在新道的要隘等地形险要之处，秦又修筑了城池关防。

（三）广筑关防

秦时在岭南所筑关防较多，下先叙在今广东境内的。

1. 横浦关

横浦关在今江西南野至广东南雄的大庾岭上。《南康记》称，"南野县大庾岭三十里至横浦，有秦关，其下谓之塞上"⑤。此"塞上"之秦关即为横浦关。乾隆年间《大清一统志》亦云："横浦关，在大庾县南三十里大庾岭上。"可见，横浦关处于第一条新道上，相当重要，正因为这个原因，不少史志对之皆有著录。横浦关还有"梅关"⑥"台关"⑦"红梅关"等称号⑧。

---

① 〔清〕邓淳：《岭南丛述》卷三《舆地》。

② 《读史方舆纪要》卷八一。

③ 蔡英文：《揭阳县旧城考证》，载《汕头文物》1984年第4期。

④ 冯承钧：《西域南海史地考证译丛九编》，中华书局1962年版。

⑤ 《史记·南越列传》索隐。

⑥ 〔明〕陈循等：《寰宇通志》卷一〇三。

⑦ 〔清〕李调元：《南越笔记》卷二。

⑧ 〔明〕陈循等：《寰宇通志》卷一〇三。

横浦关，"为东南至险之地，入交广第一关也"①，顾祖禹甚至称之为"岭南第一关"②。这些都一再说明了横浦关地理位置之重要。

2. 洭浦关

洭浦关又称"洭口关"③，位于"连州江口北岸"④，处于洭水（即湟水）与溱水（今武水及北江）交汇处，地处今广东英德西南连江口附近⑤。

在今洭水北岸江口嘴村后山，山高离江面约 50 米，坡度平缓。山顶上则较平坦开阔，四周高突土台隐约可见。在山顶的土层中，常可见泥质切口，表面光滑，里面为布纹的秦汉瓦筒残片，可证此处为秦汉遗址。

占据此关，不仅可以保障秦通岭南的"新道"的畅通无阻，还可以阻止岭南越族从东北和西北逾岭北击中原。

3. 阳山关

阳山关亦是秦所筑之关。秦"既定南越，遂于此置关""阳山关在县北，当骑田岭路"⑥，阳山关位于今广东阳山县城东北部的铜罗寨岭一带。

阳山关一带是水、陆交通的要冲，铜罗寨岭紧靠洭水。洭水一路上的险峡、险滩极多，水流异常湍急，但流至阳山县城地域之后，水势变得平缓，江面亦开阔，过阳山县地域后，江水又变得湍急，险峡、险滩极多，所以，阳山关地带的洭水十分险要。在铜罗寨岭附近，还有一条可通五岭，逾岭可达湖南郴州的古道。占据此关可控制水陆两道，具有重要的军事战略意义，所以不少史志皆言阳山关极险要。

4. 湟溪关

湟溪关，《史记》称其"在桂阳，通四会也"⑦，具体位于阳山县西北 40 里与连县（今连州）接界的茂溪口。

湟溪关附近的地理形势相当险要，"盖介五岭之口，为四出之途，岭南形胜，斯为最矣"⑧。尤其是洭水，既是秦通南越的新道之一，也是越人自西北抵达五岭，逾岭后进入内地和中原的唯一水道。因此，扼此关，可以"扃钥南北，襟带百蛮"⑨。

上述是秦在今广东境内所设的关防。此外，秦在今广西亦筑有关防。

---

① 《读史方舆纪要》卷八三。
② 《读史方舆纪要》卷八三。
③ 《元和郡县图志》和《读史方舆纪要》等书均持此说。
④ 朱汝珍：《清远县志》卷四。
⑤ 谭其骧：《马王堆汉墓出土地图所说明的几个历史地理问题》，载《文物》1975 年第 6 期。
⑥ 《读史方舆纪要》卷一〇一。
⑦ 《史记·南越列传》之集解。
⑧ 《读史方舆纪要》卷一〇一。
⑨ 《连山县志》卷十二《湟关铭并叙》。

秦在今广西所设的关防，主要集中在灵渠水利工程一线。自史禄凿灵渠以来，由湘南到广西全州的秦新道不仅有着交通上的便利，而且成为"三楚两粤之咽喉"① 及"宿兵之地"②，具有军事战略意义。

为了确保这一有着地理、军事意义的新道的畅通，秦还在湘水南部的灵渠口修筑了秦城，"城在湘水之南，融漓二水间"。

秦城也见于以后历代之史志。如明清之际，秦城的"遗址尚存，石瓮无恙"③，到了清朝，《广西通志》则称："秦城在县北四十里，旁有秦王庙，秦始皇筑以限越。今城废庙存。"④

此外，在秦城的北部约 20 里处，秦又修筑了严关，"城（指上述的秦城）北近严关，群山环之，鸟道不可方轨"⑤。

修筑了灵渠附近的一关一城后，秦军在灵渠一线的防卫力量大为加强。

综上所述，秦在今广东、广西等岭南之地所设的关防城池，皆傍地理险要、交通频繁之处（如灵渠、新道）而筑，其意即欲保证这些重要的地点、道路的通畅，以利于保持和加强对岭南的统治。

（四）徙民与越杂处

向新近征服的边地移民，是秦朝一贯奉行的政策。对秦的移民政策，马非百先生在其所著《秦集史》中专门列有《迁民表》，对秦的移民政策的来龙去脉及具体的移民史事论述甚详⑥，其中也论及秦向岭南的移民。

纵观各史，秦向岭南移民，较大规模的有四次。

第一次，秦始皇三十三年（前 214），"发诸尝逋亡人，赘婿、贾人略取陆梁地，为桂林、象郡、南海，以适遣戍"⑦。这次是随军进行移民，占领一地即移民其地。此处所说的"贾人"，包括了一般商人，"尝有市籍者"，"大父母，父母尝有市籍者"等⑧。至于秦始皇将商贾之人移民岭南，是有其用意的，即以"边地贫瘠，使内地商贾经营其地，或可为兵略之助"⑨。

第二次，秦始皇三十四年（前 213），"谪治狱史不直者，筑长城及南越

---

① 广西教育学院《兴安灵渠》写作组：《兴安灵渠·修复陡河碑》，广西人民出版社 1974 年版。
② 〔宋〕周去非：《岭外代答》卷十《古迹门》。
③ 《读史方舆纪要》卷一〇六。
④ 〔清〕谢启昆：《广西通志》卷二三〇《胜迹》。
⑤ 〔清〕谢启昆：《广西通志》卷二三〇《胜迹》。
⑥ 马非百：《秦集史》（下），中华书局 1982 年版，第 919 页。
⑦ 《史记·秦始皇本纪》。
⑧ 《汉书·晁错传》。
⑨ 王孝通：《中国商业史》。

地"①，所谓"狱吏不直"，按秦律原文，就是执法官吏在司法时"罪当重而端轻之，当轻而端重之"②，因此触犯秦律，成为知法犯法的官吏；所谓筑"南越地"，就是"筑城郭宫室也"，因为"中县民初至，必不能处深山丛林，势不能不筑宫室以居，城郭以守"③，按照清初著名学者屈大均的意见，秦三关也是这批发配到岭南的犯罪官吏修筑的④。

第三次，秦始皇三十五年（前212），始皇"益发谪戍边"⑤，这次未明确说是岭南，但按当时的历史情况，南方越地、北方的河套等地都不是没有可能的。

第四次，具体的年代不详于史。这次不是秦始皇决定对岭南移民，而是镇守岭南的赵佗主动提出请求的，史称赵佗"使人上书，求女无夫家者三万人，以为士卒衣补，秦皇可其万五千人"⑥。岭南地区当时以任嚣为首，而这次赵佗居然能派人直接向始皇上书，可知此时赵佗已在岭南有了一定的威望，掌有了相当的权力。这当在任嚣逝世前不久，也就是秦对岭南实行移民政策的后期。

对于秦向岭南的移民，历代古籍均有反映。如陶潜《搜神论》卷二载"秦始皇时，有王道平，长安人也"，后来"被差征伐，落陷南国"。对此事，句道兴一卷本《搜神记》也有基本相同的记载："昔有秦始皇时，有王道平者，九嶷县人也。……道平乃被征讨，没落南蕃。"⑦ 二书提到了"南国""南蕃"。对"南国"，郭沫若认为指的就是东南部的百越部落⑧。而"蕃"，也就是"番"，"九州之外，谓之蕃国"⑨，所以"南蕃"也有指南方的少数民族之意，皆指岭南。这从侧面反映了秦征百姓为兵卒征讨岭南的史实。

又如秦的移民政策。"秦徙中县之民于南方三郡，使与百越杂处，而龙川有中县之民四家"，其中有一家就是唐朝时龙川人韦昌明的先祖，系从陕西中部迁来。⑩ 唐朝开元名相张九龄为曲江客家人，也有人考证其为秦代戍卒的后裔⑪。

近期，有论文考证出，秦末戍卒陈胜、吴广等人也是走向岭南地区，而不是传统观点所指的北方的渔阳。⑫

① 《史记·秦始皇本纪》。
② 《睡虎地秦墓竹简·法律答问》，文物出版社1978年版。
③ 吕思勉：《吕思勉读史札记》（上），上海古籍出版社1982年版，第617页。
④ 〔清〕屈大均：《广东新语·水语》。
⑤ 《史记·秦始皇本纪》。
⑥ 《史记·淮南衡山列传》。
⑦ 参见〔晋〕陶潜著，汪绍楹校注《搜神后记》，中华书局1981年版。
⑧ 郭沫若：《两周金文辞大系图录考释》。
⑨ 《周礼·秋官·大行文》。
⑩ 《全唐文》卷八一六。
⑪ 赖雨桐：《客家源流新说》，载《嘉应乡情报》1989年7月21日。
⑫ 路百占：《陈涉戍边是走向南越——兼说陈涉的籍贯》，载《许昌师范专科学校学报》1988年第2期。

二、 秦平岭南的历史作用

秦平岭南，使岭南在历史上第一次归属中央政权，有着重要的历史进步作用，它主要表现在三个方面。

（一） 促进了岭南社会经济的发展

秦统一前，岭南地区的农业尚处于粗耕阶段，即"火耕而水耨"①，以及"渔猎山伐为业"②，手工业方面也大大落后于中原。

秦统一后，在先后几批移民中，许多是具有生产技能、生产经验的劳动者，如农民和手工业者，还有善于沟通各地物资交流的商人及具有一定知识和才干的犯罪官吏，他们来到岭南，带来了先进的生产工具（如铁制农具）和生产技术（如牛耕方式），带来了先进的生产关系（如收成作物的分配关系等），使得岭南的农业、手工业发生了很大的变化。在农业上，考古发掘材料就证明，20 世纪50 年代以来，两广地区出土了两汉的铁制生产工具，陶牛耕水田，羊、狗等各种家畜、家禽和仓、囷、水井等模型，是农业大大发展和丰收景象的反映，也是岭南地区生产力水平提高的重要标志，这与秦平岭南后采取的政策有关；在手工业上，由于中原移民的到来，岭南青铜冶铸的器物数量、种类都增加了，纹饰繁缛精美，并创制出了一些具有岭南特色的、达到了工艺新水平的青铜器。此外，随着中原商人来到岭南，他们对岭南各地及岭南、中原之间的物资交流起了很大的作用，对岭南商业的发展无疑也产生了一定的促进作用。所以，秦平岭南后，岭南地区得以在农业、手工业等方面有着较大的进步与发展。

（二） 促进了汉越各族人民的融合

秦军戍卒绝大多数是单身的，除了少数与中原派来的 15000 名女子通婚，其余的士卒则"皆家于越，生长子孙"③，与岭南地区的越族通婚。

另外，在秦的中原移民中，男子亦占绝大多数，他们也多与越族通婚。

汉越民族的通婚，不仅有利于汉越两族的互相了解，消除民族误解与隔阂，而且有力地促进了汉越民族的融合，为我国统一的多民族国家的发展作出了贡献。

---

① 《史记·货殖列传》。
② 《汉书·地理志》。
③ 〔清〕屈大均：《广东新语·人语》。

（三）促进了秦汉国外交通线的开辟

秦平岭南后所开的通越新道对控制与经略岭南，以及开通国外交通线具有重大意义。

秦开的通越新道，便利了以后汉代中央政府开通通向国外的交通线，汉武帝时，以岭南地区的徐闻（今广东徐闻县）等地为海上丝绸之路的起点都可以视为是秦通越新道向海外的延伸。

此外，秦时在岭南所实施的政策许多也为后世的政府所仿效，如征发罪犯往戍之的政策即为东汉所沿用：东汉政府就"颇徙中国罪人，使杂居"岭南之地①。

当然，秦平岭南的战争也"像一切战争一样不可避免地带来种种惨祸、暴行、灾难和痛苦，但是它们仍然是进步的战争，也就是说，它们有利于人类的发展，有助于破坏特别有害的和反动的制度"②，用这样的态度对待秦平岭南的战争是符合历史唯物主义的。

总而言之，秦平岭南的战争是秦始皇统一中国战争的组成部分，它在历史上第一次正式把岭南归入中国的政治版图，使得越族正式成为中华民族大家庭中的一员。秦在岭南实行的种种政策在岭南历史上是首次的，它促进了汉越民族的融合及岭南社会政治、经济和文化的发展，对岭南的开发有着重要的作用，因而其历史进步性是不容置疑的。

---

① 《后汉书·南蛮西南夷列传》。
② ［苏］列宁：《社会主义与战争》，见《列宁选集》。

第三章　南越国的创立

公元前 214 年，秦始皇统一了岭南，设置了南海、桂林、象三郡，在岭南大力推广先进的封建制度，有利于岭南地区社会经济的向前发展。但是秦的统治十分残暴，激起了广大劳动人民的反抗。始皇死后不久，陈胜、吴广就首先发动了农民大起义。从此中原陷入战乱，诸侯、豪杰互争雄长。赵佗接受任嚣遗训，趁机绝秦关道，划岭而治；又经过几年的经营之后，赵佗建立了南越王国，定都番禺。南越王国的疆域以秦三郡为主，又有所扩展。

第一节　秦末农民起义与岭南形势

一、秦末农民大起义与楚汉相争

秦末农民大起义是广大劳动人民不堪忍受秦的残暴统治而发动的。

秦之苛政相当酷烈，主要表现在三个方面：第一，人民的租赋负担极沉重。农民的"田租、口赋、盐铁之利二十倍于古"[1]，故有的学者认为秦的压榨是"异常残酷"的[2]。第二，秦的兵役频繁且"力役无厌"[3]。秦律就明文规定，每个男子在满 15 岁时"傅籍"，以备官府指派兵差与劳役，从此，直到满 60 岁时才能"免老"，即解除承担的徭役、兵役。秦朝时兵、徭役繁多，征用民力极其，如"北筑长城四十余万，南戍五岭五十余万，阿房骊山七十余万"[4]，这造成了"丁男被甲，丁女运输，苦不聊生，自颈于道树，死者相望"[5] 的惨象。第三，秦法极残酷。秦法之苛酷由来已久，在秦统一以前即有规定，盗人一片桑叶，赃值不达一钱者，即处以服徭役三十天之律文。[6] 秦统一全国后，苛法有增无减，族诛连坐等法使人民稍有反抗，即遭残酷镇压，有时甚至清白之室亦闭户受祸。在这种情况下，秦末天下到处是"赭衣塞路，囹圄成市"[7] 的景象。这只能造成

---

① 《汉书·食货志》。
② 何汉：《秦史述评》，黄山书社 1986 年版，第 213 页。
③ 〔东汉〕应劭：《风俗通义》卷一《皇霸》。
④ 〔西晋〕皇甫谧：《帝王世纪》。
⑤ 《汉书·严安传》。
⑥ 《睡虎地秦墓竹简》，文物出版社 1978 年版。
⑦ 《汉书·刑法志》。

"上下不相宁，吏民不相慭"① 的人心思变的局面。

本来，秦王朝建立后，饱受战乱之苦、热切渴望统一的广大人民，对秦朝曾抱有很高的期望，正所谓"元元之民冀得安其性命，莫不虚心而仰上。当此之时，守威定功，安危之本在于此矣"②，只要秦朝统治者略加以安抚，则天下不难出现升平的景象。但秦朝统治者恰恰相反，反而滥用民力，终于成为逆历史而动的势力。

秦的残暴统治自然激起人民的反抗。早在秦始皇的时代，就出现了如英布、彭越等的所谓"群盗"，并敢于与前来镇压的秦军对抗，沛县一亭长刘邦也亡命深山，聚结势力。

秦始皇死后，胡亥即位为二世。即位之初，即下令始皇"后宫非有子"之妃嫔"从死"；为了不使始皇陵中的机关为世人所知，下令"尽闭工匠臧者，无复出者"③，其残暴有增无已。在二世的残暴统治下，人们摇手触禁，动辄受谣。人民对秦朝的统治已完全丧失了希望，"人与之为怨，家与之为仇"④。饱受奴役与剥削的人民再也不能忍受下去了。

公元前 209 年，走投无路的戍卒陈胜、吴广等数百之众在蕲县大泽乡（今宿州市境内）揭竿而起，首先敲响了秦王朝的丧钟。大泽乡的一把火迅速燃遍了秦朝的国土，"天下云集响应，赢粮而景从"⑤。在这种境内鼎沸、天翻地覆的巨变中，各色人物纷纷出现，各自树起自己的大旗。这其中，项羽、刘邦的势力逐渐崛起。

项羽，名籍，字羽，楚国下相人，"其季父项梁，梁父即楚将项燕"⑥，他可谓出生于将军世家。项羽有着卓绝的军事才干，在他的号召下，对秦灭亡了他们的祖国而怀有强烈不满的楚人纷纷响应，如黥布、蒲将军等豪杰皆先后投奔于他，项羽这支队伍越来越庞大。

公元前 208 年，项羽破釜沉舟，发动了垂名青史的巨鹿之战，得道多助的"楚战士无不以一当十"⑦。是役，秦军主力尽丧，从此，秦亡成为定局。

次年，项羽入关，杀秦王，烧秦宫，正式埋葬了以苛暴统治闻名于史的秦王朝。

灭秦后，项羽成了中原最强大的势力。这时的项羽完全有潜能完成中国的重

---

① 《淮南子·兵略训》。
② 《史记·秦始皇本纪》。
③ 《史记·秦始皇本纪》。
④ 《汉书·贾山传》。
⑤ 〔西汉〕贾谊：《过秦论》。
⑥ 《史记·项羽本纪》。
⑦ 《史记·项羽本纪》。

新统一，因为他不但拥有数十万能征善战的军队，而且有着"诸侯皆附"①"诸侯兵皆以服属楚"②的广泛支持力量。但是项羽却未能利用这一有利条件，相反，他主观上欲恢复战国时代的诸侯并立之局，所以，在灭秦后，项羽"乃分天下，立诸将为侯王"③，自封西楚霸王，都彭城（今江苏徐州）。这种分封违背当时历史发展的潮流，所以不能长久地维持下去。

原仅为沛县一亭长的刘邦，在项羽的分封中亦得王汉中、巴蜀之地。刘邦有统一中国的雄心，但项羽分封时，刘邦势力尚弱小，所以他只得接受了项羽的分封，暗地里却发展势力，等待着时变。

公元前 206 年，山东果然发生了反对项羽的武装斗争，项羽于是驱兵前往镇压。刘邦趁机暗度陈仓，攻入关中，尽逐三秦王。于是楚汉战争爆发。

战争的初期，刘邦进展顺利，不断壮大起来，齐、赵等诸侯王皆叛项降刘，不久，刘又击败河南王、韩王等，进入洛阳。

这之后，项羽杀义帝的消息传来，刘邦趁机利用它来反对项羽，他"袒而大哭"，为义帝发丧，并通檄天下，声讨项羽的大逆无道。之后，刘邦率领 50 万军队进攻项羽，并且攻占了楚都彭城。

得知刘邦的反楚消息，项羽即从山东战场返回击刘，项军十分勇猛，仅以 3 万之众即打得几十万"汉军皆走，相随入谷、泗水，杀汉卒十余万人"，随即又追得"汉卒十余万人皆入睢水，睢水为之不流"，甚至把刘邦的父母妻子儿女也一并俘获。

正当刘邦一败再败，山穷水尽之时，另一支反楚势力在彭越的率领下，从东击楚，使得项羽只得掉过头来打彭越，刘邦遂得喘息之机，"稍收其士卒"，又得到萧何从关中发来的后援，汉军"复大振"，与楚军又在荥阳拉开战场。但刘邦复败，幸用部将的掉包计方得逃脱。

刘邦逃出荥阳，复招英布之军，并"行收兵"，不久"复入保成皋"，与项羽在成皋相持下来。

此时，项羽的后方很不安定，汉军的韩信、彭越等部扰楚后方，绝楚粮道，不断给项羽制造麻烦，使得项羽处于三面作战的不利境地；相比之下，刘邦则拥有较为安定的后方，军备充实，同盟及支持的力量较广，逐渐地在与项羽的对峙中占有了优势。

在这种情况下，项羽欲与刘邦速战速决，但老谋深算的刘邦此时却避而不战。项羽求战不成，于是留下部将，自己率兵往击彭越，刘邦趁机发动了著名的

---

① 《史记·高祖本纪》。

② 《史记·黥布列传》。

③ 《史记·项羽本纪》。

成皋之战，"大破楚军，尽得楚国金玉货赂"①。

这时，局势明显对刘邦有利，"汉兵盛食多，项王兵罢食绝"，项羽走投无路，刘邦则欲取回项羽手中的父母妻子儿女，于是刘项议和，以鸿沟为界，中分天下。

得到了项羽释放的人质，刘邦随即毁约，"追项王至阳夏南"，与韩信、彭越等"期会而击楚军"②。经过一番战斗，韩信、彭越、刘贾及叛楚归汉的周殷从各个方向进攻项羽，项羽遂被围垓下。刘项于是在垓下决战。

垓下决战，"力拔山兮气盖世"的项羽终于不能挽回败局。最后，楚军大败，项羽自刎于乌江。楚汉战争遂告结束。

同年，刘邦"即帝位于氾水之阳"③，建成了又一个新的封建统一王朝——汉朝（史称"西汉"），刘邦也就成了大汉帝国的开国皇帝——汉高祖。这样，中原经过几年混战，又重新归于统一。

这就是从陈吴起义到西汉王朝建立的历史过程。在这短暂的七年之中，一个貌似强大、无敌于天下的秦王朝灭亡了，无数英雄豪杰争夺天下，中原几易霸主，最后才又建立了一个新的统一的王朝。这种多变的政局，不可能不影响到岭南地区。

二、 岭南形势

中原所发生的一举一动都对岭南地区有着相当的影响。

如前所述，秦平岭南后，岭南最高首长是南海尉任嚣。

任嚣，中原人。他在从征战岭南到治理岭南的过程中，逐渐萌发了一套划岭而治的割据构想，这不仅是因为离秦朝不远的战国诸侯并立之局影响着任嚣，还在于岭南有着可以实行割据的政治、军事、地理等方面的有利条件。

（一）历史上，诸侯并立之局的影响

秦是经过兼并战争而于公元前221年统一中国的，到秦平岭南，不过十余年。其间，目睹六国灭亡的许多人（包括任嚣）都深有感触，他们试图恢复战国时期诸侯并立之局的势力，在秦统一六国后潜伏起来，因此他们仍是一股不可忽视的力量。秦始皇平定天下后，曾经采取了多种措施以防止这帮人的反抗，如秦"收天下之兵，聚之咸阳，销锋镝，铸以为金人十二"④，大修秦道等。

---

① 《史记·高祖本纪》。
② 《史记·高祖本纪》。
③ 《史记·高祖本纪》。
④ 〔西汉〕贾谊：《过秦论》。

此外，甚至在秦中央政府内也有官员主张分封制的，如秦并天下后，丞相王绾等人也认为四方之地，"不为置王，毋以填之"，而积极主张"立诸子"①。这都说明了战国诸侯并立之局对很多人仍有吸引力，这些人中更有一股欲伺机而起的势力。

自然，这种离秦世不远的诸侯分立割据之局也不可避免地对任嚣产生了影响，使他在独掌岭南军、政等大权后也滋生了据岭而守的割据念头。

（二）政治上，趁中原大变"可以立国"

陈胜、吴广在大泽乡揭竿而起后，获天下的热烈响应，各派政治力量纷纷自树旗号，麋沸蚁动，"数千人为聚者，不可胜数"②。其时，中原一片战乱，英雄豪杰虎争天下，谁都没有时间，也没有实力去考虑岭南的问题。在这种情况下，偏于东南一隅的岭南完全可以因中原的无暇顾及而割据。

就岭南的特殊性而言，政治上更为关键的一点是南海尉独掌了岭南的军政大权。如前所述，岭南初定，越人势力尚强大，而岭南与中央的联系又较困难，故号称"东南一尉"的南海尉被赋予了专制一方的大权。

此外，任嚣在任南海尉期间，吸取了屠睢失败的教训，在政治上颇有建树，他"抚绥有道""恩洽扬夷"，使得"民夷稍稍安辑"。这种"和辑粤众"的政策③，不仅巩固了秦在岭南的统治，还使他自己在岭南地区获得了较高的声望，这十分有利于任嚣以后可能实行的割据。

（三）军事上，有秦戍岭南的 50 万汉军

如前所述，秦戍守岭南的军队有 50 万，加上源源不断而来的中原移民，岭南的汉族人口总数十分可观。这些汉族军民在中原深受秦暴政的摧残，早有隔绝秦世的想法，在走向岭南之时，他们大多抱定留居南疆，不再言归的决心；移居岭南后，他们中的大多数人就在此安了家。兼之任嚣的治理较为"有道"，所以他们对岭南之地是"固未尝不深虑之而力卫之也"④，他们不会像秦屯戍北方以备匈奴的汉人，会趁天下大乱而"皆复去"⑤。这样，岭南就有人心思定的社会要求，为了保卫家园，他们自然会团结一心，支持任嚣。所以，任嚣也就"颇有中国人相辅"，在这些"中国人"中，中原秦军占了大多数，这支军队正是南海尉可以依靠的军事力量。

---

① 《史记·秦始皇本纪》。

② 《史记·陈涉世家》。

③ 〔清〕屈大均：《广东新语·坟语》。

④ 吕思勉：《秦营南方上》，见《吕思勉读史札记》（上），上海古籍出版社1982年版。

⑤ 《史记·匈奴列传》。

（四）地理上，南岭易守难攻

在秦代的交通条件下，"自北徂南，入越之道必由岭"①。正因如此，岭南北部的五岭成了岭南地区的天然屏障。屈大均认为，岭南的地理形势，首要在于西北。这说明五岭在地理上的重要性。所以，秦时于五岭之上设四关，筑一城，便于对岭南进行抚压。

此外，岭南还多江河水道、水流湍急、水流急转弯等处，其地理形势往往险要，皆可因而守之。倘若五岭已破，而凭之亦可步步为营；"番禺负山险，阻南海"②，其地形亦相当险要。可见，与为秦所消灭的关东六国多平夷之地相比，岭南多自然天险，进可攻中原，退则易守自存，诚为有利割据的天然之区。

上述岭南割据的条件，任嚣早有察觉。公元前209年大泽乡起义后，任嚣即已着手实施其割据的构想，准备据岭而守，"一以休息其民，一以割据为天命，亦以身本秦将，姑待诸侯之变而不忍言共诛无道也"③。

无奈，陈吴起义后不久，任嚣即病危，病中召来心腹龙川令赵佗，把自己的割据计划告诉了赵佗，并委托赵佗代理南海尉之职，不久任嚣即病死。这以后，赵佗的举动在很大程度上是对任嚣计划的逐步实现，所以史籍皆异口同声地称"佗之王，嚣成之"④；任嚣"卒教尉佗成其业""尉佗之自立也以任嚣"⑤；乃至称"天下大乱，而南海晏然，不被兵革"亦系"嚣之力"⑥，这些说法都是有一定依据的。

第二节　赵佗创立南越国

一、赵佗继任南海尉

任嚣病危，将南海尉之职托付给赵佗。赵佗，"真定人也"，据清代赵文濂《正定县志》记载："县在春秋属鲜虞国。战国属中山，为东垣邑，后属赵。秦置东垣县，属巨鹿郡。汉为正定县，属常山郡。武帝元鼎初，建正定国，始此。"所以此言真定人，实指汉，于秦则为巨鹿郡东垣县人。

任嚣死后，赵佗继任，分四个步骤实施的任嚣计划。

---

① 《通典》卷一八四。
② 《史记·南越列传》。
③ 〔清〕屈大均：《翁山文钞》卷三。
④ 〔清〕梁廷枬：《南越五主传·先主传》。
⑤ 〔清〕屈大均：《广东新语·坟语》。
⑥ 〔清〕阮元：《广东通志》卷二三一。

（一）绝秦道聚兵自守

这是赵佗继任为南海尉后所做的第一件事。史称赵佗"移檄告横浦、阳山、湟溪关，曰：'盗兵且至，急绝道聚兵自守！'"①，赵佗所说的"盗兵"，表面上指的是"诸侯兵"及"诸侯之客"②，实际上主要指中原可能派遣来镇压的秦军。因为横浦、阳山、湟溪关皆位于秦所开辟的通岭南的两条新道上，系"战守之争之地"③，绝了此三关道，也就断绝了秦军南下到岭南地区的通道。

绝道闭关，聚兵自守后，"盗兵即不便至"④，岭南成为一个暂时的封闭体。赵佗随即采取了第二个步骤。

（二）诛秦吏代以党羽

赵佗虽行南海尉事，但此时"南海犹多秦吏"⑤，他们不一定全部都听从赵佗的号令，即使听从的也有阳奉阴违者。这些异己势力的存在对赵佗统治岭南十分不利，所以赵佗必然要铲除他们。

众所周知，秦法苛严，可谓法网恢恢，无所不存，人民深受其害，官吏知法而犯法者也人数甚众；如前面所说的秦对岭南的移民中即有相当数量的犯罪官吏，这也给深谙秦律的赵佗提供了一个"方便"，即借刀杀人。赵佗正是利用多种借口，声称那些不服从自己的秦吏是违犯了秦律而尽杀之，此即《史》《汉》所称的"稍以法诛秦所置长吏"⑥。"长吏"，系秦在边郡之地所设置之官，隶属于郡尉，"掌兵马，秩皆六百石"⑦。

诛秦吏后，赵佗提拔拥护自己的心腹党羽担任郡守、令、长吏之类的重要职务。这样，赵佗才真正成了岭南的最高长官，为以后称王奠定了基础。

（三）定岭南政令归一

秦末中原大乱，桂林、象郡内的一些越人部族亦纷纷独立，如所谓的后蜀王子建立了"西瓯骆裸国"⑧，不再受南海尉的节制。同时，赵佗虽名为"东南一尉"，其实际控制之地不过为南海一郡，在桂林、象郡的统治力量则较为薄弱，这也是桂林、象郡越人部族趁天下大乱而纷纷自立旗号的重要原因之一。显然，

---

① 《史记·南越列传》。
② 〔清〕屈大均：《广东新语·事语》。
③ 《读史方舆纪要》卷八二。
④ 〔清〕屈大均：《广东新语·山语》。
⑤ 吕思勉：《秦营南方上》，见《吕思勉读史札记》（上），上海古籍出版社1982年版。
⑥ 《史记·南越列传》。
⑦ 《汉书·百官公卿表上》。
⑧ 《史记·南越列传》。

允许这些越人部族势力的存在，就等于打开了岭南两侧的门户，使赵佗已采取的绝秦关、守五岭等措施变得毫无意义，也将使划岭而守的割据计划化为泡影，这些都是赵佗所不能容忍的。所以赵佗下令进攻这些越人部族。

据记载，赵佗进攻桂林、象郡的战争是在公元前205年开始的。《交州外域记》称，"交趾昔未有郡县之时"，后蜀王子率兵三万人征服之，"因称安阳王"；安阳王有"神人名皋通，下辅佐，为安阳王治神弩一张，一发杀三百人"，使得赵佗的军队连吃败仗。后来，赵佗采用了太子始的"美男计"，潜入安阳国都，破神弩，方败安阳王。对此事，比《交州外域记》稍后成书的《广州记》也有类似的记载。

此二书的记载，是晋人根据传说而写成，其史实的可靠性是要大打折扣的，不应以信史待之；但它也给我们提供了一些历史线索，即赵佗绝关自守后，曾派遣军队前往镇压岭南内不服从自己的地方势力，正处于军事酋长制阶段的"安阳王"就是其中之一。他和他的部族不服从赵佗的号令，赵佗出兵征讨之，其结果如前所述是赵佗取得了胜利，得以"击并桂林、象郡"。由于象郡的越人部族势力在受赵佗打击后仍然十分强大，所以赵佗也只能采取特殊政策，他析象郡为交趾、九真二郡，"令二使者典主交趾、九真二郡民"[1]，在保留原有越人部族势力的前提下把其地归入政治版图。当然，由于赵佗治粤多年，在岭南享有较高的威望，所以，大多数越人部族对赵佗的统治是表示服从的，正如史籍所记载的能"和集百越"[2]。

通过武力镇压，赵佗基本上恢复了秦所置的岭南三郡，实现了岭南地区的统一。这种局部地区的统一，虽是赵佗为了划岭而治所采取的行动，但其实际目的是为将来的划岭而王准备条件，它在客观上保障了岭南地区免受战火之灾，使得岭南的生产力、社会经济并未受到战争的破坏；从这个意义上看，赵佗在岭南实行的局部统一，是有一定进步作用的。

（四）筑关城，加固防卫

赵佗在采取绝秦道等措施后，还迅速修筑关防城池，加强岭南的防御力量。

1. 筑乐昌"赵佗城"

乐昌是武水流经的重要地点，而武水是北江的重要支流之一，源于湖南南部的宜章，水流较湍急，流入广东后，历乐昌、韶关，与浈水合流为北江。故可在湖南顺武水而下，逾岭达于北江，然后下至番禺等地。因此，武水是一条有战略意义的河流，乐昌傍武水，近南岭，其战略重要性十分明显。

正因为如此，早在任嚣尉南海时，他即在乐昌傍武水，抵泷口处筑城，此即

---

① 《水经注》卷三七引《交州外域记》。

② 《史记·南越列传》。

是"任嚣城"①,并置备戍兵。公元前207年,赵佗又援故例,在任嚣城的河对岸"乐昌西南二里上抵泷口"处②(即今乐昌县南五里处),修筑了"赵佗城"③。20世纪80年代初,广东全省开展文物普查工作,在乐昌城南武水北岸洲仔发现了西汉早期建的城址,有石柱础、绳纹板瓦、筒瓦堆积以及利用河卵石而砌成的城墙基址。广东省考古研究所的朱非素等学者认为这可能是赵佗用以隔绝通岭北险要水道的屯兵防守城。④

任嚣、赵佗之所以傍水筑城,其一固然是因为河流为交通要道之一,其二是因为越人"水行山处""以船为本,以楫为马"。⑤越人习于水性,舟兵(即楼船兵)很有战斗力,水战对岭南有利。

而赵佗之所以傍"任嚣城"而修筑"赵佗城",除了考虑水战,还因为两点:其一,"秦新道惟此泷中(指武水的乐昌一段水域)最险,彼北从洣水、西从漓水以入者,险皆不及",所以,于此筑城不仅可以就近牢牢控制武水水道,还可以对湖南地理形势起一定的控制作用,即"扼楚塞"⑥,阻止敌军由此南下;其二,赵佗城与任嚣城夹武水而筑,互为声援,不仅加强了乐昌附近的防卫力量以更有效地阻击敌军南下,还可以与附近的秦关防联为一体,形成较大区域的军事防卫区。秦三关中的湟溪关可阻击从湖南郴州沿湟水而下至广东连州的敌兵,乐昌二城则可阻击从湖南宜章顺武水而下的敌兵,可以收到"壮湟溪"的军事效果。

2. 新筑仁化城

仁化亦紧邻湖南,为防卫前沿之一,赵佗于是在"仁化北一百三十里,即今城口筑城"⑦,到了明朝,"城址尚存,勒'古秦城'三字"⑧,清朝重修时曾勒"古秦城"之横匾。

仁化之城,可以阻敌军南下,正类似乐昌二城可以"壮湟溪"一样,仁化城可以"壮横浦"⑨,是号称"唇齿江湘,咽喉交广,当百粤之冲"的韶州的"唇齿咽喉"⑩。屈大均认为"仁化接壤桂阳,乐昌接壤郴州,当时东岭未开,入粤者多由此二道",而今赵佗在乐昌、仁化筑城,就可防备从南安(今江西境内)

---

① 〔明〕陈循等:《寰宇通志》卷一〇三。
② 〔清〕梁廷枏:《南越五主传·先主传》。
③ 刘远铎:《乐昌县志》卷十九。
④ 朱非素:《广东考古三十五年概述》,载《广东省博物馆馆刊》1991年第2期。
⑤ 〔东汉〕袁康:《越绝书》卷十。
⑥ 〔清〕屈大均:《广东新语·水语》。
⑦ 〔清〕屈大均:《广东新语·地语》。
⑧ 〔明〕胡居安:《仁化县志》卷五。
⑨ 〔清〕邓淳:《岭南丛述》卷三。
⑩ 〔明〕胡居安:《仁化县志》卷一。

间道从郴、桂直趋而入粤之敌军，"此佗设险之意也"①。

3. 广筑"万人城"

除了在毗邻边界之地修建关防城池，在稍靠五岭的岭南之地，赵佗亦广筑新城。

英德城南，有浈水（即今北江）流经浈阳峡，峡长 20 里，水流湍急，"尤险隘"②。浈水之上源为洭水。秦时即在洭水、浈水交接处设洭浦关。赵佗亦援故例，"为城于此山（浈山）中，名万人城"③。

清远离番禺仅一宿之路程，其北为英德，系"两粤之孔道，北来之门户"，地理位置亦重要，为了守住这一门户，赵佗亦"筑万人城"④，以利于清远的土卒北上驰援英德、南下屏藩番禺。

除乐昌、仁化、清远的城址外，近年的考古发现证明，汉时广东还存在着其他一些军事防守的城堡，如澄海两汉城址建筑在上华东溪两岸龟山上也是用以军事防卫的；又如 1983 年发现的始兴县汉代城堡遗址，也有人认为可能是赵佗时所筑。⑤

4. 强化郡治番禺的防卫

番禺系南海郡郡治，也是岭南的政治、经济中心之一，赵佗欲王岭南，势必要加强番禺的防卫。

首先，赵佗加固了任嚣时代所建筑的番禺城。史称他"益广嚣所筑"，俗称"赵佗城"⑥。这两座城是秦汉时岭南最早的城市。

其次，屯兵石门。石门是位于番禺西边北江的天然险要之一，明朝胡荣《粤会堂记略》称，"距番禺上流四十里，有山对峙曰石门"。可知石门系因两山夹江而得名，地理位置自然险要，也是交通（尤其是水路交通）的要冲，倘若石门被攻破，"则南越之险夺矣"⑦。后来吕嘉叛汉，也在石门重新构筑了防御工事。对这么险要之地，赵佗自然不会忽视，故他在石门驻屯了一支军队，以守卫番禺的北郊。

赵佗通过以上的举措，在岭南建立了以郡治番禺为中心的三道军事防线：最外面的一道防线主要是针对戍守边疆这一主旨而设，它以湟溪、阳山、横浦等秦关为主，又新建乐昌、仁化城，使得关、城连为一线，点面结合，互相呼应，互为掎角，这条防线的兵力最强。再往岭南内部为第二道防线，集中于南海郡中北

---

① 〔清〕屈大均：《广东新语·地语》。
② 〔清〕屈大均：《广东新语·山语》。
③ 刘远铎：《乐昌县志》卷十九。
④ 〔明〕黄佐：《广东通志》卷一二〇。
⑤ 廖晋雄：《广东始兴县的汉代城堡遗址》，载《广东省博物馆馆刊》1991 年第 2 期。
⑥ 《读史方舆纪要》卷一一〇。
⑦ 〔清〕屈大均：《广东新语·事语》。

部，以北江中游为中心，以英德、清远两座万人城与洭浦关夹江而布，形成了一个军事大三角，也配备了一定的兵力，这又在南海郡番禺北方筑起了一道防线。第三条防线则仅有石门要塞。

赵佗完成上述的关防后，使得秦军若要从北部陆地攻到番禺，需破这三条防线，才可能抵达已经加固的番禺城下，赵佗用心之良苦，于斯可见。

后来发生的战争证明，赵佗所构筑的军事防线是很有效的。如赵佗称帝后，吕后即遣周灶等人前来征讨，汉军"薄阳山岭"，而赵佗的南越国兵据岭上关防反击，终使汉军"不能逾岭"①。

综上所述，赵佗继任南海尉后，通过断绝秦道、任用党羽、平定内部、益筑关防、增驻屯兵等措施，把任嚣所设计的据岭而守的构想真正实现，获得了政治、军事、地理上的优势，并有了相当广泛的统治基础。随着条件的日渐成熟，赵佗也在等待着最后时机——"中原有变"的到来，因为只有中原有变，无暇顾及岭南时，赵佗才可能最终实现划岭而王的计划。

赵佗所盼望的"豪杰叛秦"而"诸侯变"的"中国扰乱"②的局面，终于在大泽乡的震天怒吼中到来了！

二、 南越国的建立

如前所述，项羽自立为西楚霸王后，大封诸侯，其中封番禺吴芮为衡山王③，都长沙，与岭南毗邻。这给赵佗以启示：这时自己已完全控制了岭南，为什么不能趁刘项逐鹿中原而称王呢？就是在这种情况下，赵佗亦自称王，建立了南越国。

赵佗建国的年代，史籍都未明言，我们只是从《史记》《汉书》的有关记载中推算而得。史载，汉武帝元鼎六年（前111）灭南越国，南越国"自尉佗初王后，五世九十三岁而国亡焉"④，由公元前111年上推93年，可知赵佗系于公元前204年称王建国，此时正值中原刘项鏖战正酣之时。南越国定都于故秦南海郡治番禺。

赵佗称王后，考虑到一旦中原归于一统，很可能会派人前来征伐；同时，也为了防备衡山国（汉长沙国）可能进行的突袭，他再一次加强了边防力量，主要是在南越国北部边界地形险要之处再建关筑城。

在今广西北部，赵佗强化了一关一城的防卫，并在桂岭设防。

① 〔清〕梁廷枏：《南越五主传·先主传》。
② 《史记·南越列传》。
③ 《史记·秦楚之际月表》。
④ 《史记·南越列传》。

"一关一城"，指的是"（明末）兴安县西南十七里"的严关及严关西南 20 里的秦城。桂岭，即萌渚岭，位于湖南、广西边界地带，是南越国与衡山国（汉长沙国）的交界处，逾桂岭，可顺西江的支流贺水而下，顺抵广东封川，然后折入西江，直抵番禺。秦时新道即通过萌渚岭，由此可见该地的重要性。因此，赵佗于此设关防，以加强第一条防线的抵御力量。赵佗所筑的关防工事颇为牢固，至清朝时，该"拒防遗迹犹传之"①。

在今广东北部与福建接壤地带，有三路可通福建。其中，有陆路一条，即通过盘陀岭而达福建的道路，盘陀岭位于福建漳州漳浦县西南 30 里的梁山西部，系福建通广东东部的必经之路。鉴于此，赵佗于盘陀岭岭口新筑蒲葵关。《读史方舆纪要》称，"南越蒲葵关，闽粤通道也"②，《漳州府志》也称蒲葵关是"南越故关也"③，可见其为赵佗时所建。

赵佗称王后，通过再次加强南越国北部的防卫力量，最终完成了南越国的边防建设，为南越国筑起了一条东西长达数千里的边防线。这条边防线东起今粤闽之交的蒲葵关，沿横浦关、阳山关、乐昌赵佗城、连州关防，历桂岭而到广西的严关、秦城，其中关城互为掎角，又与岭南内侧的第二条防线相互呼应，为南越筑起了一条较为严密的军事防线，基本上具备了与中原军队抗衡的边防力量。

赵佗称王及建立南越国，是秦末农民大起义之后，中原与岭南历史发展的必然，赵佗的割岭而王对历史发展有一定的积极作用。第一，加速了暴秦的灭亡。秦失其政，天下苦之，陈胜、吴广等奋起反抗，项羽、刘邦等虎争天下。在这种情势下，赵佗并不像李斯之徒抱住暴秦这根朽木不放，更不像章邯之属助秦为虐，与广大的农民起义军为敌，而是果断地断绝了与秦的政治等方面的联系。这虽然在主观上是为了划岭而守，但是它在客观上对农民起义军革命形势的发展是有利的，加速了秦朝的灭亡。第二，赵佗及时绝关自守，防止中原战火蔓延到岭南，及至赵佗击并桂林、象郡，又制止了岭南地区分裂混战的局面，在岭南建立了政令划一的政权，这对岭南社会经济的发展有进步意义；同时，在中原混战期间，赵佗在岭南和辑百越，保护移民，把境内治理得井井有条，使得刘邦都不得不称赞赵佗能在"会天下诛秦"的乱世把岭南治理得"甚有文理"，使"中县人以故不耗减"④。

所以，赵佗的绝秦关道及称王建国，对中原对岭南都是有益的：对中原而言加速了秦朝统治的瓦解；对岭南而言则不仅保证了汉越人民过上和平、安定的生活，而且保证了汉越人民经济的继续发展。可见，在当时条件下，赵佗的划岭而王是很有进步作用的。

---

① 〔清〕苏凤文：《广西全省地舆图说·始安县》。
② 《读史方舆纪要》卷九五。
③ 《漳州府志》卷七。
④ 《汉书·西南夷两粤朝鲜传》。

第三节　南越国的疆域

一、　南越国疆域概说

赵佗建立的南越国，主体为秦岭南三郡，所以南越国的疆域基本上与秦设三郡的辖区相当。以后吕后执政时期，赵佗曾一度进攻长沙国，但仅是"败数县而去"[①]，使"长沙苦之，南郡尤甚"而已，并未真正攻占长沙国的土地。至于闽越、夜郎等国，与南越国一样都是汉所册封的诸侯王国，虽然在历史上曾一度"役属"于南越国，但南越国对它们仅是通过财物贿赂而役属之罢了，并没有占领其土地。所以说，秦时所置的岭南三郡的范围也就是南越国的疆域。

南越国疆域的东西南北四向边界中，除东界濒南海外，其余皆是陆地，分别与长沙、闽越、夜郎等国交界。下文分北、西、南三个方向来叙述。

二、　南越国的北界

南越国的北界是以五岭为标志的。所谓五岭，就是南岭山脉上的五座山岭，它横亘于现今广东北部、江西南部、广西北部，把长江流域和珠江流域分隔开来。

至于五岭的名称，史书所载不一，其产生歧义的原因，岑仲勉先生认为"五岭之解释，实随北方势力之消长而变迁"，所以正确对待五岭名称的态度应是"随历史之变化，作自然观也"[②]。本此精神，从东往西，应是以下的五岭。

大庾岭：位于今江西西南的大庾县南，与广东南雄县接界。秦统一岭南后于岭上设横浦关。

骑田岭：位于今湖南郴县、宜章县之间，为湖南、广东两省的天然通道之一。秦统一岭南后于岭上设阳山关。

都庞岭：位于今湖南南部的蓝山县及广东西北部交界处。秦统一岭南后于岭上设湟溪关。

萌渚岭：位于今湖南、广西的交界处，系湘桂二省区的交通要道之一。秦统一岭南后未在岭上设关。

越城岭：位于今广西兴安县的北部，系湘桂的又一通道。赵佗曾于岭上设严关、筑秦城。

---

①　张荣芳：《略论汉初的"南越国"》，载《秦汉史论丛》第1辑，陕西人民出版社1981年版。

②　岑仲勉：《评〈秦代初平南越考〉》，见《中外史地考证》，中华书局1962年版。

上述南越国的北部边界，具体而言，正是南越国与长沙国、闽越国的国界。

（一）南越国与长沙国的边界

秦征服岭南之前，秦军即"南有五岭之戍"①。以后"尉佗逾五岭攻百越"②，平定岭南之地后，秦方设桂林、南海、象郡。所以，秦之岭南三郡的北境不应超过五岭，赵佗据岭南三郡称王建国，故南越国的北界也应不逾五岭。

下面先考察一下秦平岭南之前秦朝南界的情况。

《淮南子·人间训》称，秦始皇"使尉屠睢发卒五十万为五军，一军塞镡城之岭，一军守九疑之塞，一军处番禺之都，一军守南野之界，一军结余干之水"。这其中，"镡城之岭"指越城岭，"九疑之塞"指都庞岭，"南野之界"指大庾岭，皆在南岭之上，可分别与五岭中的三岭相对应。此外，"番禺之都""余干之水"也是否在五岭之上呢？

岑仲勉先生认为，"处番禺之都"的那支秦军，处于骑田岭上③。而蒙文通先生则考证出，"结余干之水"的那支秦军处于今江西余干水的上游、武夷山脉的北端，"所向为闽中"④。这表明，五岭在秦征服岭南以前已为秦所占据。

1972年，湖南长沙马王堆汉墓出土了三张西汉地图，其中有一张地形图明显反映了西汉初期长沙国南部的地理形势。谭其骧先生认为，秦王朝在平定岭南后所设之三郡，并不依照天然分界线——南岭而划界，而是把五岭以南的一部分土地划给长沙国，这种"犬牙相入"的郡界划分方法，"无疑是一项有利于巩固统一、防止割据的重要措施"。谭先生还认为汉初沿袭秦制，边界未有变化，并举汉武帝平南越国时史事推断，"设想当时桂阳、豫章的南界要是以五岭为界，南越得以在五岭上设置凭借山险的防线，汉兵就决不能如此轻易取得成功"⑤。此说有一定的根据。如前所述，知秦所立的横浦、阳山、湟溪关皆在五岭之上，赵佗绝道自守时已占领了三关；又，该地形图上有属于长沙国的"桃阳""观阳""桂阳"（分别位于广西全州、灌阳，广东连县）等县名，可知南越国的北界即与这些县相毗邻。所以，南越国的北界以广东连县、南雄县一线为宜。这一线，据长沙马王堆汉墓出土的地图得知应和长沙国呈"犬牙相入"之状，即部分地方属长沙国。

（二）南越国与闽越国的边界

这是南越国北界的东段。又可分为南、北两部分。其北，南越国与闽越国以

---

① 《史记·陈余张耳列传》。

② 《史记·淮南衡山列传》。

③ 岑仲勉：《评〈秦代初平南越考〉》，见《中外史地考证》，中华书局1962年版。

④ 蒙文通：《越史丛考》，人民出版社1983年版，第83、49页。

⑤ 谭其骧：《马王堆汉墓出土地图所说明的几个历史地理问题》，载《文物》1975年第6期。

余干为界，如南越国后期时汉淮南王刘安就曾说，"越人欲为变，必先田余干界中，积食粮，乃入伐材治船"①，顾祖禹亦认为余干之地，正当闽越之襟领，并称"璩岭，在（江西贵溪）县南八十里，亦日据岭，以闽越偏据时，以此为界也"②。所以，闽越国拥有部分余干之土地，余干亦为闽越与南越的分界线之一。

其南，据清代广东史学家梁廷枏《南越丛录》称，"绥安废县……东接泉州，北连山，数千里日月蔽藏，昔越王建德伐木为舟之处也"③。绥安县即今福建南部的漳浦县。既然南越国之君王能在此地伐木为舟，就基本可以断定绥安之地属于南越国。

可知，南越国与闽越国的边界系余干、漳浦地区；也可知南越国北界的东段已经达到了今福建的南部地区。

综上所述，南越国的北界，应西起今广西三江、龙胜县南境，经兴安严关、恭城、贺县（今贺州），历广东连山、阳山、乐昌、南雄等县这一段，部分地方与长沙国呈"犬牙相入"之状，再向南经连平，沿和平、蕉岭等县南境，经福建永定、平和、漳浦等地东达于南海④。

三、 南越国的西界

南越国的西部是以夜郎国为首的西南夷。西南夷包括夜郎、毋敛、句町等国，南越国与它们交界。

（一）与夜郎国的边界

关于西汉时期夜郎国的地望，向来是聚讼纷纭的。《史记·西南夷列传》引蜀贾人言"夜郎者，临牂牁江"。说明夜郎地望与牂牁江的方位是密切相关的。经过二十世纪七八十年代对"夜郎文化"的讨论，大多数学者都同意把牂牁江定为盘江。

盘江，发源于今云南境内，流经贵州、广西。盘江又因发源不同而分为南、北二支。北盘江古称豚水，发源于云南宣威；南盘江古称温水，发源于云南曲靖。南北盘江合流成为红水河（在今越南境内）。据此，夜郎应包括南北盘江之间的地域及红水河上游，其中心为贵州南部的关岭、镇宁、安顺一带。《云南通志·夜郎考》较详细地考证了夜郎国的具体疆域，认为夜郎国的疆域，大体相当于西汉的犍为、牂牁、益州三郡所属的南广、汉阳、郁邬、朱提、堂琅、鳖、平

① 《汉书·严助传》。
② 《读史方舆纪要》卷八五。
③ 〔清〕梁廷楠：《南越丛录》卷二。
④ 余天炽等：《古南越国史》，广西人民出版社 1988 年版，第 41 页。

夷、夜郎、谈指、同并、漏江、谈藁、毋单、铜濑等 14 县。这大体包括了现在贵州的大部分地区以及四川的南部、云南的东北部乃至广西西部的部分地区。具体而言，"约当四川珙县，贵州赫章、威宁、水城、遵义、大方、黔西、纳雍、织金、普定、普安、黔西、安顺、镇宁、贞丰、册亨、望谟，云南的宣威、昭通、鲁甸、永善、会泽、巧家、泸西、师宗、华宁、路南、陆良、沾益等县"①。

可见，夜郎的东南界已抵今广西西北部的南北盘江（红水河上段），东界已抵今湖南新晃一带。这就是南越国与夜郎国的交界，也是南越国的西部边界。

（二）与毋敛国的边界

毋敛国依附于夜郎国，但不是夜郎的直接辖地。毋敛处于南越的西边，其疆域大体上与西汉牂柯郡毋敛县相当②。

据莫与俦《独山江即汉毋敛刚水考》的考证："都匀府之八寨厅、独山州、荔波县、都江通判、废平州、夭坝、丹行、丹平、平浪诸司，黎平府之古州厅及广西之庆远府南丹州……其为汉毋敛县无疑。"③

又郑珍《牂柯十六县问答》谓："今贵州都匀一府，除清平、麻哈不在外，兼黎平之古州及广西接古州、荔波地，皆毋敛县地也。"④

又曾廉《牂柯容谈》谓："毋敛治今荔波县，而奄有独山州西境，并广西河池、东兰及南丹那地州。"⑤

可见，汉毋敛国约相当于今贵州都匀、独山、荔波一带地区，其东境抵达今广西环江、南丹、河池、东兰等地。这也就是南越国的西部边界的一段。

（三）与句町国的边界

句町国在西汉时期一度势力较大，称强于一隅，"势力所及者广，然其本土则仅一县之地也"⑥。即句町国的疆界与西汉牂柯郡句町县相当。

王先谦认为西汉"句町县当在宝宁、百色、泗城、镇安之间"⑦。杨守敬也认为"句町当今镇安府，开化府之间"⑧。

合而观之，"则今云南之广南、富宁，广西之西隆、西林、凌云、百色诸县，

① 何光岳：《南蛮源流史》，江西教育出版社 1988 年版，第 380 页。
② 余天炽等：《古南越国史》，广西人民出版社 1988 年版，第 45 页。
③ 〔清〕莫与俦：《贞定先生选集》。
④ 〔清〕郑珍：《巢经巢文集》卷二。
⑤ 〔清〕曾廉：《牂柯客谈·古迹水道》。
⑥ 方国瑜：《汉牂柯郡地理考释》，见《〈夜郎考〉讨论文集》第 3 集，贵州人民出版社 1983 年版。
⑦ 〔清〕王先谦：《汉书补注·地理志》牂柯郡句町下。
⑧ 〔清〕杨守敬：《水经注疏》卷三六《温水》。

即句町故地也"①。考古发掘资料还表明，在属句町国故地的今广西西林县曾发现鎏金铜棺葬和铜鼓葬②，发掘者推测与句町王有关。可见，句町国是以广西西林为中心的。

综观夜郎、毋敛、句町三国与南越国的边界情况，可知今广西环江、河池、东兰、巴马、百色、德保这一线为上述三国与南越国的边界，也就是南越国的西界。

四、 南越国的南界

秦始皇取岭南之地置三郡，其中有象郡；赵佗建立的南越国亦占有象郡；汉武帝于元鼎六年（前111）平定南越，置立七郡，其中在今越南境内设置了交趾、九真、日南三郡。武帝时，这些郡的设置是以南越国的后期疆域为基础的，所以，南越国的后期疆域应含此三郡之地。

由于史籍没有明确指出，于是后来学者便有了争议，南越国初期的疆域是否与后期疆域一样，即南越国初期的疆域是否包括今越南中、北部的一部分地区。这实际上可以归结为秦象郡在汉初的变化这么一个历史地理问题。

自1916年以来，一些中外学者在这个问题上，由于对史料的考证有别而逐渐形成了两种相去甚远的观点：一种观点认为象郡自秦置后，不久即因秦的灭亡而消失，但其地包括有汉时的交趾、九真、日南三郡，汉初南越国亦占有此三郡之地。这种观点是中国历史上的传统看法，它的主要支持者有班固、郦道元、杜佑、二十世纪初的法国汉学家鄂卢梭、覃圣敏等人③，为了叙述的方便，简称之为"三郡说"；另一种观点认为象郡自秦置后，一直得以延续，直到西汉中期的昭帝元凤五年（前76）才取消，秦象郡的地理位置大体相当于汉代的郁林、牂柯二郡之地。这种观点始出现于二十世纪一二十年代，其赞同者有法国学者马司帛洛，越南学者陶维英，中国学者蒙文通、谭其骧、周振鹤等④，简称之为"两郡说"。

"三郡说"与"两郡说"之争是学术界对秦象郡沿革问题的最具有代表性的看法，自从二十世纪二十年代法国学者马司帛洛对传统的"三郡说"表示异议，另提出"两郡说"以后，学术界对秦象郡的争论即分为两派。

---

① 方国瑜：《汉牂柯郡地理考释》，见《〈夜郎考〉讨论文集》第3集，贵州人民出版社1983年版。
② 广西壮族自治区文物工作队：《广西西林县普驮铜鼓墓葬》，载《文物》1978年第9期。
③ 分见他们所著的《汉书》《水经注》《通典》《西域南海史地考证译丛九编·秦代初平南越考》《古南越国史》等书。
④ 分见《西域南海史地考证译丛四编·秦汉象郡考》《越南古代史》《越南历代疆域》《越史丛考》《秦集史》等书。

结合有关文献史料、考古材料分析，我们认为三郡说有着雄厚的证据及历史可能性，其理由如下。

其一，直到二十世纪一二十年代，具体来说是 1916 年马司帛洛发表《象郡》一文提出两郡说之前，我国的史籍中传统的看法都是认为汉时的交趾、九真、日南三郡就是秦代象郡之地（即三郡说）。

我国历史上对象郡的传统看法都是有丰富的历史史料作为基础的。查诸史籍，最早的记载见于《汉书·地理志》之日南郡条，该条说："故秦象郡，武帝元鼎六年开，更名。"这明确记载了秦象郡包括有汉日南郡之地。又如《后汉书》记载，刘秀建武五年（29）夏，刘秀在赐河西窦融之玺书中说"必有任嚣效尉佗制七郡之计"；李贤注引《汉书·地理志》曰："苍梧、郁林、合浦、交趾、九真、南海、日南，皆越之分也，此为七郡也。"[1] 以上二例表明，在汉代人（从东汉初年的光武皇帝到写《汉书》的汉人班固）眼中，秦三郡就是汉七郡。所以，这以后，所有的史籍皆赞同三郡说，未提出任何异议。如《晋书》在提及汉代的南海、苍梧、郁林、合浦、交趾、九真、日南这七郡之时，也明确指出此七郡" 盖秦时三郡之地"[2]；《史记》的三家注引三国吴太史令韦昭的注释，称象郡为"今日南"[3]；唐杜佑《通典》亦认为秦象郡应有汉三郡之地[4]；陈循的《寰宇通志》、杨守敬的《嬴秦郡县图》等史籍均沿袭此说。

其二，看看历史的可能性。具体地分析一下秦时对岭南的关系，亦可以证明秦军到达了越南中、北部，并最终在那里设置了秦郡。

《淮南子·人间训》："使尉屠睢发卒五十万为五军，一军塞镡城之岭，一军守九疑之塞，一军处番禺之都，一军守南野之界，一军结余干之水，三年不解甲弛弩……与越人战，杀西瓯君译吁宋，而越人皆人丛薄中，与禽兽处，莫肯为秦虏，相置桀骏以为将，而夜攻秦人，大破之，杀尉屠睢，伏尸流血数十万，乃发适戍以备之。"

可见，秦军入越地，杀西瓯君。又《汉书·闽粤传》载"故瓯骆将左黄同斩西于王"。对此，沈钦韩以为"《淮南子·人间训》有西瓯君，《闽粤传》斩西于王，即西瓯也"[5]。罗香林先生等也赞同这个看法，他还进一步考证出"瓯""于"是同音通假[6]。所以，该西于王就是西瓯君的后代。又《汉书·地理志》的交趾郡条下有西于县，《后汉书》也云 "西于县，故城在今交州龙编县东"。

---

① 《后汉书·窦融列传》。

② 《晋书·地理志》。

③ 《史记·秦始皇本纪》。

④ 《通典》卷一八四。

⑤ 〔清〕王先谦：《汉书补注·两粤传》引。

⑥ 罗香林：《古代百越分布考》，见《中夏系统中的百越》，独立出版社 1943 年版。

这都说明了西于王活动中心当在今越南的北部地区。这可证秦军杀死西瓯君之地，应在今越南北部。秦军杀西瓯君后，西瓯族曾有过反抗，使秦军伤亡惨重，遭到了重大失败。后来秦通过"发适戍以备之"、凿灵渠等措施，才最终在西瓯族地区站稳了脚跟，并设象郡。

所以，历史记载表明秦军深入了今越南中、北部之地，并设置象郡，这就为三郡说提供了历史可能性。

其三，考古发掘材料也证明了秦代的政治力量达到了今越南的中、北部，这是秦象郡设置的实证。

越南的中、北部出土了大量的秦代文物。如越南北部的东山县就多次发现秦代文物。在越南取得民主主义革命胜利之前，法国税务官员巴若就在东山县发现了铜剑、铜镜、铜钺等青铜制品，其中有属于汉代的，但也有一些属于秦代的①。此后，东山县的大块、大作等地也出土了铜戈、铜矛等青铜制品，从形制上与在我国湖南长沙、安徽寿春以及朝鲜乐浪出土的秦代同类器物完全一样，而且这些铜戈、铜矛上还刻有文字，清楚地证明它是秦代的文物②。又，越南海防市越溪的一个木椁墓也有大量文物出土，参与发掘整理者认为这些文物中"完全没有汉代的遗物"，而将之定为战国时期中国贵族阶层的用物，包括铜鼎、铜壶、铜刀等③。但我们认为原发掘者的断代判断把时间定得太早，实际时间应以秦代为宜，即该墓出土的也是秦代文物。

至于被越南史学界视为"瓯骆国"的都城的古螺城遗址，也是一个出土秦代文物较多的地点。仅在古螺城南部约几百米的地方，即出土了上万枚铜镞，被越南史学界视为"安阳王"的"箭库"，这些铜镞系当地仿秦箭镞而制，它们"与中国箭头相比，一模一样"④，亦是秦汉之间的文物。

此外，在今越南中部的灵江、日丽江流域，亦时有秦代的铜剑、铜戈、铜镞等文物发现，"所有这些材料，都可以作为秦军曾经深入越南地区的佐证"⑤。

由以上三点论述可知，秦军占领今越南中、北部地区并置象郡是有历史记载为依据的。这以后，中国史书的传统看法都承袭这一观点。今越南中北部的许多地点出土的大量秦代文物是秦朝统治力量深入该地的实证。所以，我们认为三郡说是符合历史实情的。

现在，让我们回头来看看两郡说存在的主要矛盾之处。

---

① ［越］黎文兰等：《越南青铜时代的第一批遗址》，科学出版社 1963 年版。

② ［越］陶维英：《越南古代史》，刘统文、子钺译，科学出版社 1959 年版，第 181 页。

③ ［越］黎文兰等：《越南青铜时代的第一批遗址》，科学出版社 1963 年版。

④ ［法］埃德蒙·索兰等：《印度支那半岛的史前文化》，载《古代东方》1974 年，转载于《考古学参考资料》第 2 辑，文物出版社 1979 年版。

⑤ 余天炽等：《古南越国史》，广西人民出版社 1988 年版，第 50 页。

两郡说是法国学者马司帛洛于 1916 年提出的，他认为秦代象郡的位置在于汉代郁林、牂牁二郡之间，主要根据有三条：

第一条，这是最重要的一条，《汉书·昭帝纪》载，昭帝"元凤五年（前 76）……罢象郡，分属郁林、牂牁"。马司帛洛认为由此可证明秦象郡位于汉郁林、牂牁二郡之间。

第二条，臣瓒注《汉书·高帝纪》引《茂陵书》"象郡治临尘，去长安万七千五百里"，认为此条可证象郡治临尘位于汉郁林郡内。

第三条，根据《交州外域记》《广州记》等书对安阳王的记载，将之与《史记》《汉书》所记载的赵佗称帝后，使西瓯、骆等役属连挂在一起。

现简析一下马司帛洛的以上三点依据。

对于第一条。这条记载是两郡说"最有力"的证据，认为象郡在未罢撤之前是位于郁林、牂牁二郡之间的，但是《昭帝纪》的这条记载在《汉书》的其他篇卷及《史记》中是找不到其他可作根据的记载的。也就是说，在《史》《汉》中找不到任何一条与《昭帝纪》的记载相一致的记载。

秦平岭南后，曾经在岭南设有象郡，秦象郡的地理位置，按记载是在南海、桂林郡之南方，至赵佗划岭而治，击并桂林、象郡后，考虑到象郡中骆越族人部族势力的强大，故不再设象郡，而以其地分置交趾、九真二郡，象郡之名从此不见于南越国史。

退一步说，假设把象郡存在的最后期限往后延一些，象郡最迟也应该在元鼎六年（前 111）罢去。因为该年中，汉武帝平定了南越国，"遂以其地为儋耳、珠崖、南海、苍梧、郁林、合浦、交趾、九真、日南九郡"[①]，这九郡中已没有象郡之名。作为汉武帝同时代的史学家司马迁在叙述他自己所处时代南方疆域时，亦指出："自番禺以西至蜀南者置初郡十七。"这十七郡，三家注引晋灼云为："元鼎六年，定越地，以为南海、苍梧、郁林、合浦、交趾、九真、日南、珠崖、儋耳郡；定西南夷，以为武都、牂牁、越巂、沈黎、汶山郡；及《地理志》《西南夷传》所置犍为、零陵、益州郡，凡十七也。"[②] 十七郡中亦无象郡之名。所以，我们完全可以推断，象郡最迟至汉武帝平南越国，于其地分置郡县后就不存在了，自然"继武帝而继位的昭帝，又何得象郡而罢之？"[③] 故《昭帝纪》的这条记载是可疑的，它在学术史上也早就引起了不少学者的疑问、质诘。如清朝学者周寿昌就提出了疑问，说："武帝立郡既无象郡名，自以其地分属各郡，何以至昭帝始罢象郡分属也？"[④] 另一学者齐召南更是明确表示："此文可疑。秦

---

① 《汉书·西南夷两粤朝鲜传》。
② 《史记·平准书》。
③ 余天炽等：《古南越国史》，广西人民出版社 1988 年版，第 43 页。
④ 〔清〕周寿昌：《汉书注校补》卷二五。

置象郡，后属南越。汉破南越，即于故象郡置日南郡，以地理志证之，此时无象郡名，且日南郡固始终未罢也。"① 此类的质诘还有不少。

所以，《汉书·昭帝纪》的这条记载不仅与《史记》相矛盾，而且与《汉书》的其他各篇（如《西南夷两粤朝鲜传》）的有关记载亦相矛盾。由此，我们完全可以断言这条记载是不可信的。按照《史》《汉》的常例，当二者的记载互有抵牾之时，一般以《史记》的记载为准，尤其是对西汉史事的记载更是这样，因为《史记》是西汉史学家司马迁所写，写西汉史就是写他所生活的时代，即当代史，所依据的"金匮石室"之书、官方档案等材料很多，所以可靠性很大；而《汉书》则主要是依据《史记》而写，其资料来源又多了一个中间过程，正因为如此，清代著名史学家梁廷枏才认为《汉书》"不如《史记》之确然可信"②。试举一事证之。对西汉初期吴氏长沙国丞相的记载，《史记·惠景间侯者年表》记载为"轪侯""利仓"，而《汉书》却记载为"黎朱苍"。1972—1973 年，湖南长沙马王堆一号、二号汉墓相继得以发掘，出土了大量西汉初期长沙国的文物，其中就有"长沙丞相""轪侯之印""利仓"等三印，证实了西汉初期吴氏长沙国的丞相是轪侯利仓，《史记》的记载准确无误，而《汉书》则有误矣。

所以，《汉书·昭帝纪》关于象郡的该条记载是缺乏历史事实根据的，与史籍的其他记载也有矛盾，也就是说，两郡说的第一条证据是不足为据的。

现在简析一下马司帛洛的第二条证据。这实为怎样对待《茂陵书》史料价值的问题。《茂陵书》，或称《茂陵中书》，据《汉书》记载，西汉末期的更始三年（25），赤眉军攻入长安城，将长安近郊的刘氏"宗庙园陵皆发掘，唯霸陵、杜陵完"③。清代学者姚振宗就认为《茂陵书》系此时由赤眉军在发掘武帝的茂陵时所得。④ 该书早已佚失不传，但作为成书于武帝时期的史书而言，其记载大部分应是可信的（自然间有谬误之处），也正因为如此，在晋臣瓒注《汉书》时，才常征引书中记载。

该条云："象郡治临尘，去长安万七千五百里。"我们认为，该条对临尘与长安的距离的记载是不可信的，因为据《茂陵书》载珠崖郡治瞫都去长安"七千三百一十四里"，而儋耳郡治去长安"七千三百六十八里"，以这两个数字推测，临尘至长安是不可能有上万里之遥的。

但该条云象郡郡治临尘，这是正确的记载。对此，三郡说与两郡说均无异议，但马司帛洛具体地认为临尘是汉郁林郡的属县，显然是不正确的，在历史

① 〔清〕王先谦：《汉书补注》。
② 〔清〕梁廷枏：《南越五主传·二主传》。
③ 《汉书·王莽传》。
④ 〔清〕姚振宗：《汉书艺文志拾补》。

上，临尘之地位于今越南境内①。

最后，分析一下马司帛洛的第三条主要根据。他引用《交州外域记》《广州记》等书，并将之与《史记》《汉书》中赵佗称帝后役属西瓯、骆相连，两郡说的其他赞同者则阐述为："（秦）象郡以南之交趾地（今红河三角洲一带）为蜀王子安阳王所在。秦亡后，南海尉赵佗据南海自立，随之击并桂林、象郡。吕后、文帝时，赵佗南越国之势鼎盛，以兵威边，灭象郡以南之安阳国，置交趾、九真二郡，形成地东西万余里的大局面。"②

为了证明上述论证的不正确，有必要先引出《交州外域记》等书的有关原文来略加分析。

首先，蜀王子（安阳王）有关事迹，不见于任何秦汉时代成书的史籍，最早记载是晋人的《交州外域记》。

"交趾昔未有郡县之时，土地有雒田，其田从潮水上下，民垦食其田，因名为雒民。设雒王雒侯主诸郡县。县多为雒将，雒将铜印青绶。后蜀王子将兵三万来讨雒王、雒侯，服诸雒将。蜀王子因称为安阳王。后南越王尉佗举众攻安阳王。安阳王有神人名皋通，下辅佐，为安阳王治神弩一张，一发杀三百人。南越王知不可战，却军住武宁县。按晋《太康记》，县属交趾。越遣太子名始，降服安阳王，称臣事之。安阳王不知通神人，遇之无道，通便去，语王曰：'能持此弩王天下，不能持此弩者亡天下。'通去。安阳王有女，名曰媚珠，见始端正。珠与始交通。始问珠，令取父弩视之。始见弩，便盗，以锯截弩讫，便逃归报南越王，南越进兵攻之。安阳王发弩，弩折，遂败。安阳王下船径出于海。"又"越王令二使者典主交趾、九真二郡民，后……路博德讨越王。……诣路将军，乃拜二使者为交趾、九真太守。诸雒将主民如故"。③

稍后的晋人著《广州记》亦载云："交趾有骆田……人食其田，名曰骆人，有骆王、骆侯。诸县自名为骆将。……后蜀王子将兵讨骆侯，自称为安阳王，治封溪县。后南越王尉佗攻安阳王，令二使者典主交趾、九真二郡人。"④

以上二书所云，其神话色彩相当浓厚，显系据传闻而记，若要以之为历史，必须本着实事求是的态度，加以客观的分析。通过剔除二书中的神话等非史实部分，我们可以得到如下历史线索：

其一，骆越族在为蜀王子征服以前，已是处于原始社会的末期了，已有了一定的社会组织，有较为固定的部族首领。关于这一点，正如越南史学家陶维英所说："雒将是部落的酋长，雒王则必定是部落联盟的首领，而雒侯是部落联盟的

① 覃圣敏：《秦代象郡考》，《历史地理》1983 年第 3 辑。
② 周振鹤：《西汉政区地理》，人民出版社 1987 年版，第 196 页。
③ 《水经注·叶榆水》引。
④ 《史记·南越列传》索隐。

军事领袖或者是辅助雒王的官职。这是原始公社社会末期阶段所具有的政治组织和等级制度。"①

其二，蜀王子及其所率的部众（即"将兵三万"），属于另一个部族，其族属因缺乏材料的证明而不可定，但从当时的民族分布及蜀王子来自骆越的西部来分析，蜀王子的部族当与西仆较接近。他们这支部族在由西向东迁移时，与骆越族发生了冲突，蜀王子的部族在战争中取胜，征服了骆越族（"服诸雒越"），蜀王子因而成为了骆越族的首领（"因称为安阳王"）。

其三，安阳王统治骆越一段时间之后，赵佗开始了统一岭南的战争，这过程中，不可避免地与"安阳王"等骆越族首领的利益发生了冲突，于是双方发生了战争。由于安阳王的部族本身的社会发展程度较于当时的其他越人部族高，因此已有了较好的武器（"神弩""一发杀三百人"），使赵佗在平定岭南的过程中遇到了比征服其他越人部族更难以对抗的强敌。赵佗也因此一度失败，后几经战斗，终于战胜了安阳王。

此外，二书皆未提及蜀王子攻骆越人的时间及赵佗击败安阳王的时间。

在这种情况下，按照两郡说一派的赞同者那样认为安阳王被赵佗击败是在吕后、文帝之时，是缺乏根据的。第一，《史记·南越列传》等虽然记载了西瓯、骆越役属于南越国，但这其中的骆越人是不是赵佗击败安阳王时的那支，《史》《汉》皆未提及，甚至《史》《汉》的注释各家在此条下亦未提及安阳王；第二，《史》《汉》等皆明确记载，赵佗是以财物贿遗的方法使骆越人役属于南越国的，而不是上述二书所记载甚详的激烈战争，二者一点也不吻合。

还有，我们知道，赵佗建立南越国后，实行了较为符合岭南情况的"和辑百越"的有效政策，不复见赵佗为平定岭南而通过战争的方式来处理国内的民族问题。恰恰相反，《史》《汉》所载的赵佗与岭南越族的战争皆发生在赵佗建立南越国之前，如《史记》所称的赵佗首次入越的"南攻百越"②，到第二次"尉佗逾五岭攻百越"③，到南越国建国前夕的"击并桂林、象郡"④，联系骆越族居住的地理位置而言，以赵佗继任南海郡尉后，于公元前205年"击并桂林、象郡"之时的可能性最大。因为击并象郡，赵佗必然要与骆越族遭遇，爆发战争。在《史》《汉》等书没有其他的材料说明赵佗对聚居于秦象郡的骆越族人发起军事进攻的前提下，我们只能把赵佗击败安阳王系于赵佗"并击桂林、象郡"之时，这也从一个侧面证明了秦象郡包括了汉时交趾、九真、日南三郡。

综合上述，通过对三郡说主要证据的阐述及对两郡说的所谓证据的剖析，可

---

① ［越］陶维英：《越南历代疆域》，钟民岩译，商务印书馆1973年版。

② 《史记·平津侯主父列传》。

③ 《史记·淮南衡山列传》。

④ 《史记·南越列传》。

见无论从秦汉时的历史条件，从《史》《汉》等史书的确凿记载和以后我国史书的传统看法，以及翔实的考古材料都可以证明：两郡说有许多自相抵牾的记载，而三郡说与两郡说相比较，就更加符合历史。因此，可以说，秦象郡基本上包括了汉代交趾、九真、日南三郡之地。

既然已证明了这一点，就可以具体地划定南越国的南界了。概而言之，南越国之南部疆域，已包括今越南的大部分北部地区，其南界已抵今越南中部，具体而言，南越国的南界已抵今越南中部的长山山脉以东及大岭一线以北之地①。

可见，南越国的疆域，向东与闽越相接，抵今福建西部的安定、平和、漳浦；向北主要以五岭为界，与长沙国相接；向西到达今之广西百色、德保、巴马、东兰、河池、环江一带，与夜郎、句町等国相毗邻；其南则抵达越南北部，南濒南海。

第四节　南越国的都城

一、　南越国定都番禺

公元前204年，赵佗建立南越国，定都番禺。

早在秦代时，番禺就以南海郡的郡治而成为岭南的政治中心，成为岭南地区最早的城市。番禺处于东、西、北三江交汇处，内河航道发达，海道东可通闽越、吴越故地，西可到达当时正在兴起的重要港口徐闻、合浦，地理位置十分重要。

关于广州早期建城的历史，岭南地方文献曾有"楚庭"和"南武城"之说。楚庭又称"楚亭"。顾祖禹《读史方舆纪要》引唐《通历》"周夷王八年，楚子熊渠伐扬越，自是南海实楚，有楚亭。"现在广州越秀山上还有"古之楚庭"牌坊，为清朝人所立。周夷王八年（前878），楚子熊渠伐扬越，《史记·楚世家》载，"熊渠甚得江汉间民和"，又指出熊渠伐扬越"皆在江上荆楚之地"。而周夷王时，楚的势力还在湖北的北部，未到湖南，更未能逾五岭。因此，楚庭是后人附会出来的，不是广州最早的城市。

另一种说法是广州城始见于战国，即南武。广州一些地方志有吴王子孙始筑，公师隅、高固修筑南武城的记载，但都是比较晚的记载。三国以前史料，未见岭南有南武城的记载。《汉书·地理志》中会稽郡娄县注，娄县"有南武城，阖闾所起以候越"。这里明确指出南武城是吴王所筑监视越国人，地址在浙江的娄县。把南武城从浙江移到岭南，也是后人附会出来的。有人说赵佗曾称为南越

---

① ［越］陶维英：《越南历代疆域》，钟民岩译，商务印书馆1973年版。

武王，其城叫南武城，此说穿凿附会得十分明显。

近年来，有不少文史专家考证并指出，"楚庭"和"南武城"是后人附会出来的，并不是广州最早的城市。从目前已发现的文献资料和出土文物看，秦统一岭南后南海尉任嚣所筑的"番禺城"才是广州最早的城，也是目前已知的岭南最早出现的城市。

"番禺"一名在古籍中最早见于《淮南子》"一军处番禺之都"。秦朝派遣五路大军进攻岭南，有一路很快顺利到达番禺。《史记》记汉军进取南越之战云："元鼎六年冬，楼船将军将精卒先陷寻陜、破石门……至番禺。（赵）建德、（吕）嘉皆城守。"[①] 当时的番禺城是南越国的都城。南越国丞相吕嘉叛乱时，曾据番禺城之险与汉武帝派来的楼船将军及伏波将军相对峙。楼船将军杨仆攻城不下，纵火烧城。火借风势，人凭火攻，汉军大败番禺守军，吕嘉和最后一位南越王赵建德弃城出逃。这是番禺城见诸于早期历史文献的重要记载。

顾祖禹《读史方舆纪要》广州条云："秦以任嚣为南海……既乃入治番山禺……其治在今城东二百步，俗谓之任嚣城。""及赵佗代（任）嚣，益广（任）嚣所筑城，亦在今治东，今谓之赵佗城。"由此可见，任嚣城和赵佗城都是俗称或后人的称谓。当时的城名，应为番禺城。任嚣在靠近越秀山的地方倚山傍水筑城，主要是出于军事防卫的目的，城的面积并不大。

番禺城的得名是从南海郡治番禺县而来的。"番禺"又作"贲禺""蕃禺""鄱禺"等。为什么叫番禺？过去有说此地有番山和禺山，因山而得名。而番山、禺山的位置，有多种说法。今广州中山四路原市文化局大院内的高地，清代称为禺山，在上建有禺山书院。而唐宋时曾称越秀山为番山。其后还有番北禺西、番南禺北、番东禺西、番西禺东之说。近来有的学者提出，番禺最初本义为"岭外蕃邦蛮夷之地"，"番禺二山说，是在古番禺县名出现之后，把县名分拆附合于境内的二处山冈而产生的"。[②]

除早期文献有番禺城的记载外，考古材料亦提供了番禺城存在的史实。1953年，广州西村石头岗一号秦墓出土一件漆盒，盖上有"蕃禺"二字烙印，"蕃禺"即"番禺"。这是番禺地名最早见于考古实物。1983年，广州象岗发现的第二代南越王墓出土一批越式和汉式铜鼎，部分鼎身和鼎盖刻有铭文。有一件汉式铜鼎盖上刻"蕃禺少内"；鼎身刻"蕃少内一斗二升少半"。有一件越式铜鼎，唇沿刻"少内蕃一斗一升"。同墓出土的汉式鼎中亦有仅刻"蕃"字的。1995年，广州市考古工作者在中山四路忠佑大街西侧的建筑工地发现一座南越国时期的大型石构水池，在池中清理出一批砖、瓦、木、石等建筑构件，很有特色。这

---

① 《史记》卷一一三《南越列传》。

② 麦英豪：《广州城始建年代及其他》，见《中国考古学会第五次年会论文集》，文物出版社 1985年版。

次发掘被评为 1995 年全国十大考古发现之一。在这个南越国石池南壁的砂岩上，发现一石板上刻有篆文"蕃"字，长 25 厘米，宽 17 厘米。这个"蕃"字应是番禺的简称，对考证南越国的都城有重要意义。① "蕃"字古通"番"，西汉时称"蕃禺"，"蕃"字应有草字头，到了东汉才把草字头去掉，成为"番禺"。广州南越王墓出土的铜鼎，盖刻"蕃禺"，而器身仅刻"蕃"字，显然后者是前者的简称。《周礼·秩官大行人》称："九州之外，谓之蕃国。"蕃国即番邦之意。今广州地区称外国人仍曰"番人"，称去南洋为"过番"。"禺"可作区域解。"番禺"一词原意应是"岭外蕃邦蛮夷之地"。而任嚣始建的番禺城，是广州地区目前已知最早的城，推测当时建的是一座土城。任嚣筑番禺城的年代，应是秦朝统一岭南后在此建南海郡之时，即秦始皇三十三年（前 214）。任嚣率秦军攻取岭南后，很快就选中了番禺建城，其最初建城应出于军事上的目的，即新建的番禺城成为南下秦军的指挥中心和秦军的驻扎地，同时也可稳定南越的地方局势。

公元前 204 年，赵佗建立南越国，除绝道封关自守外，又立即扩展了任嚣筑的番禺城为都城。而原作为南海郡治的小城——任嚣城，当时主要用于军事防御，因为城址太小显然不能适应南越国都城功能的需要。赵佗把任嚣城扩大为周围十里的都城，后代称为"赵佗城"或"越城"。据班固《汉书·地理志》的记载："南海郡……县六：番禺，尉佗都。"这是史书中南越国以番禺为都城的最早记载。

秦汉时番禺城的位置在哪里？历史记载较为含糊。任嚣为南海郡尉始建番禺城，城址就选择在越秀山麓的南面。番禺古城北面有越秀山作为屏障，易于防守；又面临珠江，水上交通十分方便；城内地势高于四周平原，且比较平坦，地基也稳固，既易于取得水源供给，又能免遭洪水为患，是理想的建城地址。任嚣城的规模较小，它具体位置据考证大约在今广州仓边路以西一带，靠近甘溪水道。秦汉时期，珠江的水面较今广阔，咸潮可以涌至番禺城下。据南宋代方信孺《南海百咏》转引北宋初郑熊的《番禺杂志》云："今城东二百步，小城也。始（任）嚣所筑，后呼东城，今为盐仓，即旧番禺县也。"宋代的盐仓在今广州旧仓巷和仓边路一带，离越秀山较近。任嚣在靠近越秀山的地方倚山傍水筑城，除军事上借地理位置险要而使城池牢固达到防御敌人侵袭和免受水淹外，还便于取得流入城内的淡水。

赵佗之所以定都番禺，使其成为南越国的政治中心，就是看中了这块风水宝地的优越地理环境。这里背负白云山，濒临南海，地理位置十分险要。同时，番禺本身地势倚山傍水，中间有一片宽阔的平地，史书称番禺城"负山带海"，有人形容其地势像"飞龙吸水"，即白云山像一条巨大的苍龙盘踞在珠江的北部。在此筑城，易守难攻。在秦末汉初，战火在中原蔓延的情况下，赵佗选择这一块

---

① 广州市文化局编：《广州秦汉考古三大发现·南越国宫署遗址》，广州出版社 1999 年版。

地作为南越国的都城确实是非常难得和有远见的。

除地理位置优势外，番禺城中的水资源特别充足，也是其成为都城的重要条件之一。由于古代生产水平不高，人们对建都城的自然环境看得十分重要。水和人类生活非常密切，人离不开水，城市也需要水，水是城市的血液。中国的古城大都选在山川附近，水资源充足，才适合古人居住。《史记》卷四《周本纪》云："夫国必依山川，山崩川竭，亡国之征也。"古代城市因川竭（缺水）而迁徙或消亡的事常有发生，反映出古都城对水资源的依赖。综观番禺的地理环境，岭南的第一条大江——珠江经番禺城而过，川流不息，而番禺城背负白云山，山中蕴藏有丰富的泉水，来自白云山的泉水又流经城内，可供民众饮用。同时，番禺城下多甘泉。据传赵佗曾在天井岗凿越王井，俗称"九眼井"，"深百尺，泉味甘冷"。此井至今仍在广东科学馆后面。① 而近年在南越国御苑遗址中发现一口造型特别考究的南越王井，为一砖井，残存深 8.8 米，井台、井栏已无存。井壁外径 1.11 米，每层用 11 块弧形青灰或红黄色的薄砖错缝叠砌，井底铺石板，钻有 5 个圆形的透水孔，地下水从透水孔涌出，石板之下垫有厚约 8 厘米的一层细砂，为滤水层。井坑圆形，直径 3.33 米，井坑与砖井壁之间留有 1.11 米的空余，用红黄色纯净的山冈土夯打坚实，以隔断井坑外的污水渗入，显示出这口食用水井设计的周全，对饮用水卫生要求极为讲究。经采集水样送请两个单位化验，结果符合现代饮用水卫生标准，这使我们亲眼看到了 2000 多年前的南越王井的真容。② 在南越国御苑遗址中，竟发现了 82 口井，其中有的井是南越国时期的，可见当年番禺城的地下水确实非常丰富。赵佗充分利用这一有利的地理条件将任嚣所建的番禺城扩展为南越国的都城，从而奠定了广州城历 2000 多年而不衰及城区中心位置不改变的基础。

另外，番禺又处于珠江三角洲的腹地和东、西、北三江交汇处。这里河道纵横，内河航运可通广西、贵州，还可以经由秦筑灵渠通长江水系。而海道更可通闽越、吴越等地，穿过浩瀚的南海更可与东南亚诸国进行海上交通贸易。从考古新发现来看，在南越国时期，番禺已开始海上贸易。在南越王墓中，出土有与海上贸易有关的乳香、象牙、圆形银盒和金花泡饰等。在广州市农林下路南越国的墓葬中，亦出土有船模，反映当时的造船技术还是比较先进的。"越人善舟"，近年来我国考古工作者又在南海西沙群岛上发现有南越国陶器，证明当时番禺已开始与东南亚一带进行海上贸易。海上贸易使番禺成为海外许多奇珍异宝和中原产品汇集的交换市场，有力地促进了番禺经济的发展。《史记》称："番禺亦其一都会也，珠玑、犀、玳瑁、果、布之凑。"③《汉书》亦载：番禺"处近海，多

---

① 参见广州市文物志编委会《广州市文物志》"九眼井"条，岭南美术出版社 1990 年版。

② 广州市文化局编：《广州秦汉考古三大发现》，广州出版社 1999 年版。

③ 《史记》卷一二九《货殖列传》。

犀、象、毒冒、珠玑、银、铜、果、布之凑，中国往商贾者多取富焉。番禺，其一都会也。"① 由此可见，番禺城是岭南重要的海上交通港口和贸易集散地。

二、 都城范围与王宫遗址

关于赵佗建的南越国都城——番禺城，其中心位置在哪里，规模有多大？史籍的记载极为模糊。近年来，随着广州地区地下考古材料的不断增多，使我们对赵佗建的番禺城有了较多的认识。

1975 年，在今广州中山四路的原广州市文化局大院内，考古人员在距地表深约 4～5 米处，发现一处规模巨大的秦汉遗址。在遗址的东南面发现了部分属南越国时期的王宫建筑遗迹，内有一段制作非常考究的王宫走道，宽 2.55 米，长 20 多米，用大型砖铺砌，在砖石路面下铺垫一行大型印花砖夹边。印花砖边长 70 厘米见方，厚 12～15 厘米，砖面印有几何图案花纹，在这条宫署走道的北面还发现烧制的窗棂、灰塑脊饰等建筑残件，并有印"万岁"两字瓦当和卷云纹瓦当等，还发现有"公""官""卢"等文字戳印的板瓦。这些情况表明，这是南越国王宫遗址②。

1988 年，广州市中山五路百货商店改建为"新大新百货商店"时，在其地下 6 米处揭露出一片属于南越国时期用大阶砖砌筑的约 130 平方米的地基，还发现有"万岁"瓦当及云树纹瓦当等③，这也是南越国番禺城遗址的重要发现。

1995 年夏秋，在广州市中山四路忠佑大街广州城隍庙西侧工地，考古人员在距地表深 5～8 米处又发现一处南越国宫署遗址，揭露出一个面积 400 余平方米的斗形池状建筑，其池状壁面用砂岩石板精心铺砌。池东北角处有一由大石板叠成的石柱、门楣石板、铁门枢、石栏杆等构件，并有"万岁"瓦当等。令人惊喜的是，在池壁石板上发现一个斗大的"蕃"字刻铭，"蕃"即番禺的简称。这一重要发现证明这个遗址就是南越国的番禺城所在地④。

原广州市文化局大院内南越国宫署遗址的南面，还出土了南越国王宫御苑的一部分遗址。遗址的主体为一条石渠，蜿蜒长约 150 米。其由北而南，急转向东连接一弯月形的大石池，再由石池西出，贯穿整个遗址。渠两壁用石块垒砌，口宽 1.3～1.4 米，底宽 1.3。现存渠壁最高 1.7 米。渠底铺砌冰裂纹状的石板，其上密排灰黑色的河卵石。还发现有 3 个用石板筑的"斜口"和由 2 个弧形石板筑成的"渠陂"。石渠的西部有长 1.3 米的平板石桥，桥侧铺砌小石板为踏步。

---

① 《汉书》卷二八下《地理志》。
② 广州市文物管理处等：《广州秦汉造船工场遗址试掘》，载《文物》1977 年第 4 期。
③ 黄淼章：《大新掘宝记》，载《广州文博》1989 年第 12 期。
④ 陈伟汉：《广州发现西汉南越国宫署遗址》，载《中国文物报》1996 年 2 月 11 日。

在这座曲流石渠中，南越国的工匠把大自然中溪涧的潺潺流水与人工的园林相融合，水景层出不穷：由东头开始打开宫池的导水暗槽闸门，激流由此而西，冲向急弯的半圆渠壁而出现漩涡，转而流入放养龟鳖的弯月形石池，渠底是密排黑色的河卵石，当中散置较大的黄白色卵石，呈"之"字形点布，还特设两道拱形的阻水渠坡。流水涌过，映出粼粼碧波，锦鳞在大卵石间静静地游来游去。整段石渠安设 3 个"斜口"给渠中的龟鳖爬出渠外休息，将近尽头处，还有供漫步的石板与步石。这一南越国御苑遗址规模宏大，保存较好，是了解 2000 多年前南越国宫苑制度的第一手资料，对研究广州早期的城市发展史也有重大价值。①

2000 年，考古人员在原儿童公园内的发掘中，发现了南越国一号宫殿遗址，这座宫殿坐北朝南，面积近 600 平方米，东西两侧各有一条连接宫殿的通道。宫殿原是高台建筑，台基四周用砖包砌，台基外面的散水用精美的印花大方砖和小卵石铺砌而成，最外边再用侧砖包边，整体制作十分考究。另外，在一号宫殿的西南面，2004 年考古人员又清理出另一座宫殿的东南角部分，宫殿的结构与地砖的铺砌形式与一号宫殿基本相同。令考古人员惊喜的是，在该宫殿的散水（古建筑中接散雨水的一种地面建筑基础）中出土了一块戳印有"华音宫"三字的陶器残片。考古人员推测，这座宫殿很可能就是"华音宫"②。在已知的中原秦汉宫殿中，不见有名为"华音宫"的宫殿，因此，华音宫应是南越的宫殿，为当年南越国朝臣议事之所。据史书记载，汉高祖建立汉朝后，曾派陆贾到南越国，封赵佗为南越王。赵佗曾对陆贾说，我久居南越很久没有听到华夏之音了。考古学家认为，"华音宫"的由来可能与这段历史记载有关。在此之前，1983 年发现的南越王墓曾出土有"长乐宫器"戳印的陶罐，据此推测，南越国中有"长乐宫"和"华音宫"等宫殿。在一号宫殿的南面还发现一条南北走向的长廊，廊道宽近六米，现已发掘 43 米长。廊的两侧是砖铺散水和排水明沟，排水沟是用特别烧制的弧形凹面砖一块一块拼接而成的。沟的南端有一石板地漏，下面与木暗渠相连接，可见当时南越王宫内已有较为完善的排水系统。

长廊的南面与一条砖石走道相连接，走道中间铺砂岩石板，两边铺印花大方砖，最外侧再用立砖包边，砌法十分讲究。走道宽达三米，北高南低，南端折向东。考古人员从这条走道的位置及走向判断，它很可能与 1975 年发现的南越国宫署建筑遗迹砖石走道相连接。在走道的上面叠压有一层红烧土和大量烧焦的木材、"万岁"瓦当等堆积物。这正好印证了《史记》《汉书》中关于南越国的都城被汉武帝派兵纵火烧毁的记载。

2000 年，考古工作者在广州市西湖路光明广场大楼的建设工地，发掘清理

① 《广州发现南越国御苑遗迹》，载《中国文物报》1998 年 1 月 25 日。
② 《"南越国宫殿遗址"露真容穗建城历史开端地确定》，载《南方都市报》2004 年 9 月 10 日；陈琦钿：《南越国遗址挖出大型宫殿有纵火烧城痕迹》，载《新快报》2004 年 9 月 10 日。

出一座大型木构遗址——南越国木构水闸遗址。遗址距今地表深约 4 米，其上叠压有东汉、晋、南朝等朝代的建筑遗迹。据考古工作者研究，这个南越国木构水闸位于当日的珠江北岸，南北向，闸口宽 5 米，南北长 35 米，闸口的南北均呈"八"字形敞开。水闸的构造是底部用方或圆形的枕木横放，形成基座，两侧竖木桩用榫卯嵌入枕木的两端，木桩内横排三块挡土木板，残高 1.7 米，闸口中间有两根木桩凿出凹槽，用来插板闸水，闸板仅留最底的一块。从发掘现场得知，水闸的底部北高南低，水是由北向南排入珠江的。当珠江潮水升高时，放下闸板可防倒灌；提起闸板又可汲江水入城内。这是 2000 多年前广州城市防洪、排汲水设施的一座重要木构遗存。它的发现，对了解南越国时期的都城防洪设施以及城址的布局、结构及南城墙的位置坐标提供了重要的线索。

以上几处有关南越国时期番禺城的重要发现，都集中在今广州市中山四路至中山五路一带，这对探求南越国宫殿区域及番禺城的具体位置提供了一个准确的坐标。结合有关历史文献记载，赵佗建的南越国都城已具有一定的规模，其范围大致为其南界大约在今中山四路向南约 300 米处，即广州市第一工人文化宫东侧，西界大约至今人民公园，北界与宋代子城北界相接，约当于今东风路以南，东界在今仓边路。

南越国时期的番禺城在广州的城建史上有重要的意义，它上承番禺城建史的开始阶段，下启番禺回归中央政府、复为郡县的时期。汉武帝平定南越后，番禺城仍旧作为南海郡的郡治。它初步固定了以后历代广州城的地理位置，同时也对岭南地区农业、手工业的发展及商业的繁荣起到促进作用。

第四章 南越国的政治制度

南越国的政治制度很大程度上是对秦在岭南实施的政治制度的沿袭。这是由南越国本身所处的特殊历史条件决定的。

与西汉初年所封的其他诸侯王国相比，南越国的存在本身就可谓相当特殊：一方面，汉初，赵佗接受了汉王朝的册封，成为汉朝的诸侯王国，南越国从此也重新隶属于中央王朝；另一方面，赵佗虽受汉之册封，臣属中原，不仅"入贡方物"，而且"遣使入朝请"[①]，但在国内仍然"称制与中国侔"[②]，独立性很大。

南越国的这种特点决定了南越国政治制度的特征。一方面，南越国是沿秦三郡旧地而建，其开国之君原亦为秦南海尉，所以南越国的政治制度必然承袭秦朝。汉朝建立不久，南越国又臣属汉，所以汉制也不可避免地会对南越国产生影响；另一方面，南越国的独立性由来已久，从秦设三郡时即然，汉初依然如此，所以南越国的政治措施也有一些系由南越国统治者自行决定的，故其有一定的独特性。

总而言之，南越国的政治制度的独创仍是少数的，其大部分仍为对秦汉之制的沿袭，即以仿秦、汉之制为主。

南越国的政治制度包括行政制度、军事制度、文化制度、民族政策，以及对邻近王国的外交政策、与汉朝中央的关系等。因为南越国与汉王朝中央的关系需要较大的篇幅才能阐述清楚，故另辟一章叙述。

第一节 南越国的行政、军事、文化制度

下文依次就郡国并行制、户籍制、文化政策、军事制度等分项叙述。

一、 郡国并行制

秦王嬴政统一中国后，继续推行郡县制，并依然奉行法家学说，认为要"政在中央"就不能分封诸侯，所以终秦之世，没有分封诸侯王。汉初由于历史条件的不同，在承袭秦郡县制的同时，也实行了分封制度，先后分封了一大批同姓、

---

① 《汉书·西南夷两粤朝鲜传》。
② 《汉书·西南夷两粤朝鲜传》。

异姓诸侯，这就是汉朝实行的郡国并行制。

赵佗仿汉之制，在南越国内亦实行了郡国并行制，下面以郡县制、分封制为序分述之。

（一）郡县制

南越国的郡县制是秦平岭南后所推行的郡县制的继续。史称，公元前214年，秦"取陆梁地，为桂林、象郡、南海"①。

赵佗称王后，仍旧设有南海郡、桂林郡。

对于秦象郡，赵佗考虑到其情况特殊，故罢之分其地为交趾、九真二郡。"交趾有骆田……人食其田，名曰骆人……诸县自名为骆将……后蜀王子将兵讨骆侯，自称为安阳王，治封溪县"，后来"南越王尉佗攻破安阳王，令二使者典主交趾、九真二郡，即瓯骆也"②。

此事又见于《交州外域记》："交趾昔未有郡县之时……设雒王、雒侯，主诸郡县……后蜀王子将兵三万来讨雒王、雒将，服诸雒将，蜀王子因称为安阳王，后南越王尉佗举众攻安阳王。"③。

对待这两段记载，应采取科学的态度：第一，后蜀王子称安阳王一事，具有很大的神话成分，不能视为完全的信史。考虑到当时交趾的社会经济状况，其所称的"王"绝不能与我们通常所说的阶级社会中的"王"相等同，安阳王仅是处于原始社会末期的军事联盟首领罢了。第二，二书中所提到的地名，皆是后来的地名。如后蜀王子称安阳王后，治封溪县，而"封溪县至后汉建武十九年始罢，其实谓'安阳王昔治后汉时之封溪县'是也"，所谓"'主诸郡县'者，主后来秦设之郡县，'诸县自名为骆将'者，后来秦设之诸县，昔时自称骆将也"④。因为秦设象郡是岭南历史上的首次，于此之前无郡县之设也。

赵佗征服安阳王等军事联盟的首领，他们自然很不情愿。因为秦之象郡天高地远，秦的政治势力于此尚"薄弱，大抵不过如唐代羁縻州，徒有虚名"，所以他们在秦朝之世实际上仍是"自据一隅，事同化外"⑤。而现在，赵佗征服了他们，已使他们产生了抵触的情绪，假若赵佗还固执成见，在象郡仍采取同于南海郡的政策，则势必促成安阳王等的反抗。对于这些部族势力较强大的地区，赵佗只能因时而异，实行特殊的政策，所以赵佗变通地"令二使者典主交趾、九真二

---

① 《史记·秦始皇本纪》。
② 《史记·南越列传》索隐。
③ 《水经注》卷三七引《交州外域记》。
④ 岑仲勉：《中外史地考证》（上），中华书局1962年版，第54页。
⑤ 岑仲勉：《中外史地考证》（上），中华书局1962年版，第54页。

郡民"①，实际上仍让"雒将主民如故"②，这就是说赵佗仅派遣行政官员到交趾、九真二郡，主持处理二郡的重大事宜，而具体的一般事务仍由原来的军事部落联盟首领管理，这实际上是一种有着较大权力的地方自治。由于实行了这种政策，原来的部族首领的权力得到了很大程度的保留，因此他们也就接受了赵佗的统治。

南越国郡下的县，史籍记载不多，且多语焉不详，其尚可考者如下。

1. 南海郡

（1）番禺县

番禺是秦南海郡的郡治，也是岭南地区最早的城市，手工业、铸造业集中的地方，还是岭南的政治、经济中心。

南越王国的王宫就建筑在番禺城内，考古发现可以说明此点。1975 年广州在发掘秦汉造船遗址时，在船台遗址的上层揭出了一段做工极其讲究的南越王国宫署的砖石走道，这是首次发现南越国王宫建筑的遗址，走道上出土有涂朱的"万岁"瓦当，打印有"公""官""户"等文字戳印的绳纹筒瓦、板瓦、砖质窗棂，涂朱、绿色的砖雕脊饰等建筑残件。有学者推测，在该条砖石走道的东北端，即清代广州城隍庙或其附近地方，就是当时南越国王宫所在地③，这也从侧面证明了番禺确为南越国首都。

（2）龙川县

秦置南海郡时，即设龙川县。

赵佗称王后，"以龙川为兴王地"，沿设不废。此外，赵佗还曾在龙川县郊的五华山"筑台曰长乐"④，这就是龙川长乐台，已为考古发现所证实，是一个整体建筑面积达 1400 平方米的宫殿式建筑⑤。

由《史》《汉》等所云，赵佗为龙川令时，即开始了对龙川县的经营，所以发展到南越国时代，龙川县应是南海郡乃至整个岭南三郡中有较大规模的县。

（3）博罗县

秦置县，其地名源于秦始皇所信奉的"浮来之说"。至赵佗建立南越国后，仍设此县，其地大体相当于今广东博罗县一带。

（4）揭阳县

秦时已置⑥，南越国时沿设不废，如南越国后期见于《史》《汉》的就有

① 《水经注》卷三七引《交州外域记》。

② 《全校水经注》。

③ 广州博物馆、香港中文大学文物馆编：《穗港汉墓出土文物》，香港中文大学文物馆，1983 年。

④ 《南越五主传·先主传》。

⑤ 广东省文物考古研究所等：《广东五华狮雄山汉代建筑遗址》，载《文物》1991 年第 11 期。

⑥ 马非百：《秦集史》（下），中华书局 1982 年版，第 633 页。

"揭阳令"，地居今广东揭阳县及其以东部分地区。

（5）浈阳县

南越立国后新设之县，《清远县志》称赵佗划"浈阳峡以上者为浈阳县"①，此为有关浈阳置县的唯一记载。县境内有涅浦关。西汉平南越后沿袭不改，地在今广东英德县附近。

（6）含涅县

南越立国后新设之县，《清远县志》称赵佗划"小北江以内者为含涅县"②，此为有关含涅置县的唯一记载。含涅县位于浈阳县之南，与浈阳县以涅水为划分标志。

2．桂林郡

（1）布山县

秦置县，南越国仍沿设之，地约广西贵县辖境，大体上相当于今广西都阳山以东、越城岭以南，系桂林郡之郡治，政治、经济的中心。贵县罗泊湾1号汉墓漆器上有"布山"烙印文字。

（2）四会县

秦旧县，南越国时仍设之，地约当今广东四会县及附近地区。

3．交趾、九真二郡

秦设象郡，其郡治临尘县。

临尘县的地望，多有争议，顾祖禹以为在"今象州界"③。南越建国后，废象郡而置交趾、九真二郡。

关于交趾、九真二郡，下辖之县除象林县外，其余的不见于记载。不过，从武帝平南越时，二使者以二郡户口簿来呈献汉朝将军一事，可以推知，这二郡虽与南海、桂林郡有异，但亦应设有县，或是相当于县的其他行政单位，如"道"，按秦朝的旧制，在有少数民族聚居的地区设"道"，并以其原来首领，即"臣邦君长"等治之，④ 故赵佗也完全可能模仿秦制，在交趾、九真设"道"。

由上述可见，由于岭南地区地域宽广，越人部族众多，各地社会经济的发展极不平衡，与此相对应，赵佗亦在南越国内实行两种不同的郡县制：一种是完完全全地仿秦而设，如桂林、南海郡；一种则是特制，设"道"或类似的行政单位，由南越派遣官员和该地越人部落首领联合治理。

---

① 《清远县志》卷一。

② 《清远县志》卷一。

③ 《读史方舆纪要》卷一〇一。

④ 《睡虎地秦墓竹简·法律答问》，文物出版社1978年版。

(二) 分封制

在实行郡县制的同时，南越国在岭南还俨然以中央王朝的姿态，沿用汉制，又分封了几个王、侯，形成了"国中之国"。

按《史》《汉》等文献记载，南越王所封的王、侯有三位。

1. 苍梧王

苍梧王，姓赵名光①，亦作"苍梧秦王"②，系赵佗之宗室。秦末，桂林郡之西瓯族人趁机而动，至有"南面称王"者③，赵佗平定之，及至称王之时，为了强化对西瓯的统治，赵佗特册封了一个同姓王，并把该地从桂林郡中划出而王之，以便就地处理政务。

赵光的苍梧国在今广西梧州市及其附近一部分地区。

2. 西于王

赵佗分象郡为交趾、九真二郡，并在交趾地区分封了一位"西于王"。

王先谦认为，"《淮南子·人间训》载有西瓯君。《汉书·闽粤传》斩西于王，即西瓯也"④，又据罗香林先生之《古代百越分布考》，"瓯雒之瓯，亦似为于越之于所转"，且"瓯""于"二字，"求之于古，本同部也"⑤。可见，古代"瓯""于"二字可通，因此"西于"即是"西瓯"，西于王也就是西瓯王。赵佗所封的西于王当是秦军平岭南时所杀的西瓯君的后代。

由于在西瓯族聚居地区，部族势力相当强大，不便于直接统治，赵佗于是封西瓯君之后裔为王，借助西瓯君在当地越族中的威望而治之，可说是以越制越。

西于王及西于国的存在也为考古发掘所证实。中华人民共和国建立后，在广西合浦县风门岭的五号汉墓中，曾出土了一件刻有"西于"铭文的铜镶壶，至于该铜镶壶究竟是西汉初年南越国地方诸侯的传世品，抑或是西于人的历史遗物，由于缺乏旁证，尚不能确定，不过它可以作为西于的历史见证则属无疑⑥。

3. 高昌侯赵建德

《史记·建元以来侯者年表》称赵建德是"南越王兄，越高昌侯"。

赵建德是南越三主赵婴齐之长子，系婴齐与越族女子所生，后来婴齐到了长安，与汉族女子邯郸樛氏生赵兴后，废长立幼，以赵兴为太子。赵婴齐死后，赵兴继位，建德作为王兄，被封为高昌侯。吕嘉叛汉时，杀赵兴，立赵建德为南越

---

① 《史记·建元以来侯者年表》。
② 《汉书·西南夷两粤朝鲜传》。
③ 《汉书·西南夷两粤朝鲜传》。
④ 〔清〕王先谦：《汉书补注·两粤传》。
⑤ 罗香林：《中夏系统中的百越》，独立出版社 1943 年版。
⑥ 中国考古学会编：《中国考古学年鉴 1985 年》，文物出版社 1985 年版。

王，武帝平南越，赵建德降汉后被封为术阳侯，三千户。

至于高昌是南越国内何地，尚不详；但术阳，据《史记》云"在下邳"①。

除了文献材料所记载的上述三位王侯，考古材料表明，在南越国内至少还封有两位王侯：

1979 年 4 月，在广西贵县罗泊湾二号汉墓中，出土了"夫人"玉印，联系起墓内数量较多的其他随葬品及其"圭禾后"印戳之大陶盆及"家啬夫印"封泥，以及玉龙拐杖头和金饰等物，推测墓主人为统治阶级中的女性成员。据汉制，只有皇帝的妻妾、诸侯王及列侯的妻室才能称为"夫人"，如《汉书》所称："汉兴，因秦之称号，嫡称皇后，妾皆称夫人。"② 所以，该墓主生前可能是南越国分封于桂林郡的相当于侯一级的人员的配偶③。

1980 年，考古工作者在广西贺县金钟一号汉墓中，又发掘出土了"左夫人印"玉印，该墓早年已被盗，但犹残存不少实用器与礼器，并且墓葬的规模很大，等级类似侯王。该墓的男主人很可能是南越国派驻当地的相当于侯王一级的官员④。

所以，由上述文献、考古材料可知，南越王国先后至少分封了五位王侯。

此外，对于广西贵县罗泊湾一号汉墓的墓主身份⑤，学术界还存在着争议，有的意见认为是中原南下的将领，不是王侯，而是桂林郡的郡守、尉⑥，也有的意见认为是南越国册封为王侯的骆越族首领⑦。

郡县制和分封制并行是西汉统治者针对汉初形势而制定的首创制度，它对汉初安定社会、发展经济起到了不可忽视的作用⑧。南越国仿效汉朝制度，在岭南也实行了郡国并行制度，同理，它也应该起到了类似中原汉朝的作用。

二、 实行户籍制度

战国末年，中原各国纷纷实行了户籍制度，秦国亦然。早在秦献公时就制定了户籍制，商鞅变法时使之更加完善，这在云梦秦简中也时见有关记载。秦统一中国后，在全国实行。汉时，仍因之。该制度对封建国家统治下的每个人出生的郡、县、里、爵位、姓名、性别等都有详细的记录。南越国也实行户籍制度，当

---

① 《史记·建元以来侯者年表》。

② 《汉书·外戚传》。

③ 广西壮族自治区文物工作队：《广西贵县罗泊湾二号汉墓》，载《考古》1982 年第 4 期。

④ 广西壮族自治区文物工作队：《广西贺县金钟一号汉墓》，载《考古》1986 年第 3 期。

⑤ 广西壮族自治区文物工作队：《广西贵县罗泊湾一号墓发掘简报》，载《文物》1978 年第 9 期。

⑥ 蒋廷瑜：《贵县罗泊湾汉墓墓主族属的再分析》，载《学术论坛》1987 年第 1 期。

⑦ 蓝日勇：《试论罗泊湾一号墓墓主身份及族属》，载《广西民族研究》1986 年第 2 期。

⑧ 李孔怀：《汉初"郡国并行"政体刍议》，载《复旦大学学报》1985 年第 2 期。

系仿效秦制而行。

汉武帝平南越时，"桂林监居翁谕告瓯雒四十余万口降汉"①；陆贾第二次出使南越后，带回的给汉文帝的书信中，赵佗自称"闽粤其众数千人"，而南越国仅"带甲"即"百万有余"②。

上述人口、军队的数字，其中有夸大其数的，如南越国不可能有上百万的军队，但也有比较接近事实的，如瓯骆人口有 40 余万。这就给我们提供了一个线索：之所以能知道这些人口数字，可能与各郡已实行了户籍制度有关。

现存的有关古籍中也有明确记载南越国实行户籍制度的，如《交州外域记》称，武帝平南越国时，"路将军（路博德）到合浦，越王令二使者赍牛百头、酒千钟及二郡民户口簿诣路将军"③。可知南越国中比较落后的交趾、九真二郡皆已推行户籍制度，自然，在社会经济相对比较发达的南海、桂林二郡更应推行户籍制度。④

户籍制度的设立，有利于南越国地方政治制度的建设，也有利于差派拘役、征调兵员。不过这方面的史料太少了，使我们难以对南越国的户籍制度做更多的论述。

三、 文化与礼制上积极汉化

（一）积极推广汉语言文字

古越语在读音、语法上都与古汉语有差异，这由来已久。在周朝时，百越民族中的一支越裳氏"以三象重译而献白雉"，但"音使不通"，只能"重译乃通"⑤。春秋时，楚令尹听不懂划船越人所唱的越歌，又十分好奇，于是只好招来"越译"方才明白⑥。可见古汉语、古越语之不同。汉代扬雄所著《方言》，对此有所阐述。

赵佗统一岭南后，为了推广中原先进的文化、礼乐制度，"以诗书化国俗，以仁义团结人心"⑦，采取了兴办学校、推广汉文字等一系列措施。

---

① 《汉书·西南夷两粤朝鲜传》。
② 《史记·南越列传》。
③ 《水经注》卷三七引《交州外域记》。
④ 李炳东等：《广西农业经济史稿》，广西民族出版社 1985 年版。
⑤ 《后汉书·南蛮西南夷传》。
⑥ 《说苑·善说》。
⑦ 《大越史记全书·越鉴通考总论》。

史称，"赵佗王南越，稍以诗礼化其民"①，使得岭南"华风日兴""学校渐弘"②。

这些推广、使用汉字的措施在考古资料中得到了广泛的反映。在迄今为止已发现的南越国时期的墓葬中，发现书写有汉文材料的器物十分丰富，如广西贵县罗泊湾一号墓出土的木牍《从器志》，其上写有汉字竟达 372 个③，此外，还有"封泥，匣上墨写的文字，木器、漆器上刻划和烙印的文字，铜器上錾刻的文字"等④。再综合其他考古材料，可发现这些汉字的应用范围也十分广泛：简牍、皇帝印玺、公私印章、御用乐器、随葬器物、常用各种质料的器物（如陶器、铜器、漆器以及棺椁）等，均刻有汉字。

（二）广泛推行中原度量衡制

秦统一中国后，在全国推广促进政治、经济、文化统一的六大政策，其中之一即统一度量衡。

赵佗建立南越国后，亦效秦制，于岭南推行统一的度量衡，这方面为丰富的考古资料所证实。

1976 年，广西贵县罗泊湾一号汉墓出土了计量实物多件，有竹尺 1 件，木尺 2 件，足部刻有重量的铜鼓、铜桶各一件，铜钟两件，刻有容量单位的铜鼎四件，可谓度、量、衡俱全⑤，这是研究南越国度量衡的珍贵资料。经实测，可知南越国的度量衡制如下⑥：

1 尺 = 23 厘米

1 斤 = 256. 25 ～ 268 克

1 升 = 192. 8 毫升

而与之基本上同时期的中原度量衡制（指西汉文、景、武时期）为⑦

1 尺 = 22. 5 ～ 23. 5 厘米

1 斤 = 244 ～ 250 克

1 升 = 188 ～ 200 毫升

两者相比较，可见南越国的度量衡制与中原汉制基本一致，这说明南越国内曾广泛推行过中原的度量衡制度，使得南越国内的"度量衡同全国各地是统一

---

① ［越］黎崱：《安南志略》。

② ［明］黄佐：《广东通志》卷四〇。

③ 广西壮族自治区文物工作队：《广西贵县罗泊湾一号墓发掘简报》，载《文物》1978 年第 9 期。

④ 蒋廷瑜：《贵县罗泊湾一号汉墓出土的纺织资料》，载《广西文物》1987 年第 2 期。

⑤ 广西壮族自治区文物工作队：《广西贵县罗泊湾一号墓发掘简报》，载《文物》1978 年第 9 期。

⑥ 张荣芳：《略论汉初的"南越国"》，见《秦汉史论丛》第 1 辑，陕西人民出版社 1981 年版。

⑦ 天石：《西汉度量衡略说》，载《文物》1975 年第 12 期。

的"①，南越国的经济贸易活动虽然不如中原兴旺，但是统一的度量衡制对它的发展仍然是有很大促进作用的。

（三）礼仪葬制等的汉化

如前所述，赵佗在南越国内"以诗礼化其民"，大力推广中原礼制文明。此外，南越国的葬制受汉族影响也比较深。

由考古发现可知，南越国时期的墓葬，其形制以土坑墓、土坑木椁墓为主，随葬品之中往往也配有一套效法中原的陶制礼器，如鼎、钫、壶、盒等。据《广州汉墓》一书统计，这种效法中原葬制组合的墓葬，竟占已发掘的南越国时期墓葬的70%②。广西贵县罗泊湾一号汉墓中出土的《从器志》木牍，与中华人民共和国成立后全国各地，如江苏连云港、湖北云梦、湖北江陵凤凰山、湖南长沙马王堆等墓葬出土的作为遣策的木牍，从形式到内容都是一致的③。

1983年，广州象岗南越文王墓的发掘，更可以明显看出汉代礼仪葬制对南越国的影响：第一，南越文王墓凿山为墓，系仿中原汉室帝王之葬制。史称，汉文帝死后，"因山为藏"，首先采用了凿空大山以为墓葬的葬式，南越文王亦凿象岗以葬，其仿效文帝可谓明矣。第二，南越文王入殓时身着丝缕玉衣，亦系仿中原汉代王侯之制。汉时，中原皇室、贵族、官僚地主都普遍视玉为神奇之物，认为具有防腐的功能，所以入葬时盛行殉以玉，如含于口的"玉蝉"等，王室、贵族死后则按等级可着金缕玉衣、银缕玉衣。他们认为这样就可以保持尸体之不腐，以求有朝一日能死而复生。南越文王的玉衣及大量精美玉器仿效汉制也可谓明矣。第三，墓中出土了数套青铜编钟、编磬、勾鑃，不仅证明南越国设有仿效汉朝乐府的主管音乐的机构，而且证明南越国统治阶级也盛行汉朝的礼乐制度。第四，南越文王墓中也出土了一些"特殊"的物品，如雄黄、赭石、紫水晶、硫磺、孔雀石等五色药石，铜杵、铁杵、铜臼等配药用具。这些器物中有的是药物与药具，但有的则是炼仙药的原料与用具，这表明南越国的统治阶级也相信通过人工炼取并服食仙药，可以长生不老。这实际上是西汉以来汉朝统治阶级的神仙迷信思想在岭南的反映，如汉武帝就深信"祠灶皆可致物，致物而丹砂可化为黄金，黄金成，以为饮食器则益寿，益寿而海中蓬莱仙者乃可见之，以封禅则不死"④的一大套迷信说法，淮南王刘安则爱"神仙黄白之术"⑤等。由上述分析可见，南越文王墓集中反映了中原的礼仪葬制对南越国的影响。

---

① 张荣芳：《略论汉初的"南越国"》，见《秦汉史论丛》第1辑，陕西人民出版社1981年版。
② 广州市文物管理委员会等编：《广州汉墓》（上、下），文物出版社1981年版。
③ 张振林、张荣芳：《广西贵县罗泊湾一号汉墓出土的"从器志"考释》（待刊稿）。
④ 《汉书·郊祀志》。
⑤ 《汉书·淮南王传》。

通过以上从普遍性的墓葬（70% 的已掘墓）到特殊性的墓葬（南越文王墓）的分析可知，南越国仿效中原的礼仪和葬制，从而使得南越国的礼仪、葬制普遍表现出与中原一致或近似的特征。

（四）实行尊老政策

汉兴，吸取秦时"习俗薄恶，民人抵冒"的教训，而"制礼以崇教，作刑以明威"，其中的措施之一便是实行尊老政策。

尊老政策与汉政府提倡以孝治天下是相吻合的。所以，在汉初就逐渐开始执行。惠帝时就曾下诏称，"民年七十以上，若不满十岁，有罪当刑者，皆完之"[①]；景帝即位之初，即下诏称，"赏赐长老，收恤孤独，以遂群生"[②]；等等。

尊老政策的一项重要内容就是赐老人以鸠杖。鸠杖就是带有鸠首的木杖，受鸠杖的老人"比六百石，入官府不趋，吏民有敢殴辱者，逆不道，弃市"。汉朝的鸠杖出土较多，如甘肃武威就曾出土过三根鸠杖。

考古发掘资料表明，南越国也实行了尊老政策。1982 年 8 月，广州瑶台柳园发掘清理了一座保存完好的西汉古墓，墓中就出土了一根鸠杖。该鸠杖表面髹漆，全长 1.28 米，杖首为一鸠鸟，鸠身还绘有彩点，造型别致。这是广州汉墓中首次发现的完整鸠杖[③]。

这根鸠杖是南越王国实行尊老政策的见证，其具体政策内容当同于汉朝。

（五）仿汉实行纪年

根据南越文王墓的发掘，表明南越王国也仿汉制实行纪年。

汉朝武帝以前的帝王都是用在位的年序纪年，如汉文帝五年、八年等，一直到文帝驾崩。这种纪年方式也为南越国所采取。

南越文王墓东耳室就出土了一套勾鑃，皆阴刻有篆书"文帝九年乐府工造"及"第一"到"第八"的序号[④]，查诸《史》《汉》，可知南越文王九年为汉武帝元光六年（前 129），表明南越国仿汉实行了纪年制度。

四、 南越国的军事制度

军事制度包括军队官职的设置、兵种的配备、军队的众寡等方面。南越国的军事制度以仿效汉制为主，同时又有其特点，下分而述之。

---

① 《汉书·惠帝纪》。

② 《汉书·景帝纪》。

③ 小马：《广州出土的鸠杖》，载《羊城晚报》1982 年 9 月 5 日第 3 版。

④ 广州市文物管理委员会等编：《西汉南越王墓》（上），文物出版社 1991 年版，第 40－42 页。

(一) 南越国军官的设置

秦平岭南时，共有50万大军，平定岭南后，这支军队的大部分人留了下来。南越国建立后，一批越族也被吸收入军队。要统帅南越国这人数不少的军队，必然有相应的军官。

毫无疑问，南越国王是南越国军队实际上的最高领袖；在其下，则是大大小小的各级军官，这些军官的具体名称有将军、左将军、校尉等，详见本章第二节。

南越国的众多军官在历史上的存在也为考古材料所证实。仅以广州地区为例，在华侨新村、麻鹰岗、淘金坑发现的大批南越国时期的汉墓中，出土了不少与军事有关的文物，如铁剑、铁戈等，其墓主多系南下将领[1]，又如前面提到的出土鸠杖的那座瑶台柳园的墓主，也是一位军官。[2]

(二) 南越国军队的数量

南越国军队的总数量，不可能是赵佗自夸的"带甲百万有余"[3]，但根据史、汉的有关记载推测，整个南越国的军队有数十万是完全可能的。

秦始皇平岭南的军队即达50万之众，他们后来留在岭南，因此成了南越国的主要兵力。大约50万军队，这应是南越国军队的总数的最低起点。赵佗称王后，为了对付中原可能进行的征伐，曾一度进行过较大规模的战争准备，如大修城池、增筑关防、屯兵险要之地等，很可能又进行过较大规模的征兵。据此，南越国军队总数宜定为50万人以上。

公元前154年，吴王刘濞发动反叛汉中央的"七国之乱"。反叛之初，他在给各诸侯王的文书中宣称："寡人素事南越三十余年，其王诸君皆不辞分其兵以随寡人，又可得三十余万。"[4] 又，公元前112年，武帝决定平定南越国时，第一次仅派遣韩千秋、摎乐二人"将二千人往"[5]，被南越国尽数全歼，使武帝明白了南越国的确有相当的军事实力。于是武帝第二次出兵，这次规模就大多了：不仅有"罪人及江淮以南楼船十万师"，而且有"驰义侯因犍为发南夷兵"[6]，此外，尚有余善的东越"卒八千人从楼船将军击吕嘉等"[7]。所以，这次出兵共发

---

① 杨式挺：《关于广东早期铁器的若干问题》，载《考古》1977年第2期。
② 小马：《广州出土的鸠杖》，载《羊城晚报》1982年9月5日第3版。
③ 《汉书·西南夷两粤朝鲜传》。
④ 《汉书·吴王濞传》。
⑤ 《史记·南越列传》。
⑥ 《史记·西南夷列传》。
⑦ 《史记·南越列传》。

"南方楼船卒二十余万人击南越"①，兵力之众，说明武帝的重视。从上述两件史事可证，南越国军队应有数十万之众。

（三）南越国的兵种构成

由于战争越来越激烈和复杂，军队的分工也越来越细，从单一全能的步兵分化出其他兵种来。春秋战国之世，吴越国已有舟兵。至于步兵，本来就是中原诸国的重要兵种之一，骑兵则由于灵活性大、作战能力强等原因而日趋重要起来。

结合有关历史文献、考古材料分析，可知南越国军队已如同春秋战国时代的中原诸国，或吴、越国一样，军队分化出了步兵、舟兵、骑兵等兵种。

1. 步兵

步兵是最古老的兵种。在秦平岭南时的五路大军中，步兵应占相当分量，这些步兵不少是秦统一六国时历经战争考验的精锐之师，配备有先进的武器，有着丰富的战斗经验，因而战斗力很强。赵佗建立南越国后，他们多留在岭南，为南越政权效力。

公元前 183 年，赵佗对抗汉中央，"据险""筑城"于阳山岭，屯兵以守，不久汉军"薄阳山岭"②，但终"不能逾岭"，汉军进攻失利，这可证南越国步兵具有相当的战斗力。

2. 舟兵

舟兵，也就是水兵，《史》《汉》等史籍也称之为"楼船兵""楼船卒""楼船之士"等。

岭南地区河网密布，溪涧众多，其南方又是浩瀚的南海，所以越族很早就学会了使用舟。考古发掘中曾见越族先民使用过的原始独木舟等，所以"越地幽昧而多水险，其人皆习水斗""善用舟"③，即"以船为本，以楫为马"④。所以，蒙文通先生很早就指出，吴越"国既水乡，舟楫又众，故其军队亦多舟师"⑤，以至于后来秦平岭南时，秦始皇"使尉佗、屠睢将楼船士卒平越"⑥，动用了一些水兵，这是因为秦朝有相当数量的舟兵，如"巴蜀之水军"⑦"黄河之水军"⑧等。平定岭南后，留守岭南的汉兵中也有这些汉族水兵。但是，南越国军中更多的舟兵是由岭南越族担任的，原因如下：其一，越族习水善舟；其二，在历史

---

① 《史记·平准书》。
② 〔清〕梁廷枏：《南越五主传·先主传》。
③ 〔清〕屈大均：《广东新语·舟语》。
④ 〔东汉〕袁康：《越绝书·越绝外传记地传》。
⑤ 蒙文通：《越史丛考·吴越之舟师与水战》，人民出版社 1983 年版。
⑥ 〔清〕屈大均：《广东新语·舟语》。
⑦ 《战国策·燕策二》。
⑧ 《史记·张仪列传》。

上，越族在春秋时期就有了舟兵。春秋时期越国舟兵很有战斗力，与楚作战时还取得过胜利①；勾践为其父允常作冢时，曾令"楼船卒二千八百人，伐松柏以为樗"②；勾践伐吴时，竟有"戈船三百艘"③。

据清代梁廷枏《南越丛录》记载，"绥安废县在郡之东，东接泉州，北连山，数千里日月蔽藏，昔越王建德伐木为舟之处也"④。绥安在今福建漳浦县，这里曾是南越国战船制造工场之一。

考古发现也可以证明。1975年，广州市就发现了秦汉造船工场。⑤据测定，当时就已经可造宽度为3.6～8.4米，长度为20～30米，载重量达20吨～30吨的大型木船；⑥若并台造船，则可生产出装载容量更大的船只。这种规模的兵船当为楼船。

另外，武帝平定南越国之前，为了对抗南越国的舟兵而特地在长安西部"大修昆明池，列馆环之，治楼船，高十余丈，旗帜加其上，甚壮"⑦。除了训练汉族士兵的水战，汉武帝主要还是以越族人充当舟兵的。早在建元三年（前138），"东瓯请举国徙中国，乃悉举众来，处江淮之间"⑧。这些越人中的一部分成了武帝用以进攻南越国的舟兵。所以元鼎五年（前112），武帝伐南越国时，才能命令"粤人及江淮以南楼船十万师往讨之"。统帅舟兵的将领也有不少是深悉水战的越将，如归义侯郑严、归义侯田甲、驰义侯何遗。从武帝采取的上述一系列措施中，也可从侧面反映出南越国不但有舟兵，而且其舟兵具有相当强的战斗力。

另外，据史籍记载，春秋时期吴越的舟兵制度已相当完备，如以战船而言就可分为"大翼、小翼、突冒、楼船、桥船"等多种。⑨由此，我们或许可以推测南越国的舟兵内部也有类似的分工。

3. 骑兵

一般看法都认为岭南越族擅长行舟，但事实上，越族中还有部分善于骑射。

岭南越族，支系众多，分布于各种地形区。虽然岭南水系发达，河流密如蛛网，但亦不乏山丘之地，自然岭南越族也就"近水者善舟战，山居者善骑马"⑩。

关于越人中的一部分是否充当了汉朝"越骑"的问题，在历史上曾有过争

---

① 《墨子·鲁问》。

② 〔东汉〕袁康：《越绝书·越绝外传记地传》。

③ 〔东汉〕袁康：《越绝书·越绝外传记地传》。

④ 〔清〕梁廷枏：《南越丛录》卷二。

⑤ 广州市文物管理处等：《广州秦汉造船工场遗址试掘》，载《文物》1977年第4期。

⑥ 杨渫：《水军和战船》，载《文物》1979年第3期。

⑦ 《汉书·食货志》。

⑧ 《史记·东越列传》。

⑨ 《太平御览》卷七七〇引。

⑩ 何光岳：《百越源流史》，江西教育出版社1989年版，第38页。

论，这在《汉书》的早期注释中即已出现了。譬如，三国魏人如淳认为"越人内附，以为骑也"。晋人晋灼则认为越骑得名，系"取其材力超越也"。元朝时，马端临认为汉武帝用兵四夷，发中尉之卒，远击南越；恐内无重兵，或致生变，于是置八校尉，募知胡人事者为胡骑，知越人事者为越骑。

对上述的三说，我们认为如淳之说较为合理，理由如下。

其一，文献记载。《汉书》之颜师古注称，"《宣纪》言饮飞射士、胡越骑，又此有胡骑校尉，如说是"①。

秦末汉初越人中有为骑兵之将者。如汉初越将丁复、华毋害皆以越将入汉，二人先后皆曾与北方的骑马民族楼烦、匈奴等交战，可证二将之善骑。

汉武帝平定南越国前夕，史籍则明言有相当数量的越族善骑射。"南海人郑严、田甲首归汉，并封归义侯，帝先令选越人善骑射者为'越骑隶'，二人号'越侯兵'。"②

王国维先生在其所著《古本竹书纪年辑校》中认为先秦时期岭南公孙隅"来献乘舟始罔，及舟三百，箭五百万"是有一定历史根据的。

综上引文献材料，我们可以肯定岭南越族中亦有善骑射者。

其二，考古发现的材料也可证明岭南越族使用箭的普遍。

早在新石器时代，岭南土著居民就大量制造和使用石箭镞。1985 年发掘的南海县西樵山鱿鱼岗遗址中，就出土有三棱形和圆锥形骨镞及三棱石镞③。春秋战国时期，岭南越族墓葬中凡有青铜兵器随葬处，几乎皆有铜镞，如 1983 年广东罗定县罗平背夫山战国墓、1988 年广东始兴县沈所旱头岭春秋墓的发掘都是这样④。南越文王墓中也出土了 519 枚镞及铅弹丸、弩机⑤。确凿的考古发现证明了越族中存在着善骑射的支系。

因此，我们有充分的理由肯定，汉朝设"越骑校尉掌越骑""越骑尤重，率以所亲信领之"等记载是符合史实的。

弄清了汉朝选用善骑射的越人为骑兵这一问题，有助于考察南越国的骑兵。

据前面的讨论，我们完全有理由认为岭南地区也如同汉朝统治下的汉族地区一样，存在着善骑射的越族，赵氏政权正是征募他们为骑兵的；另外，秦平岭南的 50 万大军中也有少数骑兵，这两种骑兵构成了南越国骑兵的主体部分。

通过以上对南越国各级军官、军队、兵种等的叙述，可以说明南越国的军事

---

① 《汉书·百官公卿表上》。

② 〔清〕梁廷枏：《南越五主传·五主传》。

③ 中国考古学会编：《中国考古学年鉴 1986 年》，文物出版社 1988 年版。

④ 分见广东省博物馆《广东罗定背夫山战国墓》，载《考古》1986 年第 3 期；始兴县博物馆《广东始兴县发现两座春秋墓》，载《考古》1988 年第 6 期。

⑤ 广州市文物管理委员会等编：《西汉南越王墓》（上），文物出版社 1991 年版，第 161 - 164 页。

制度已有相当程度的发展，虽然这种发展的完善性还不及中原汉朝，但正是依靠这一套军事制度，南越国才得以存在90余年。

五、 预立太子制度

按照汉朝制度，嗣位的皇子与诸侯王之王储皆称太子。那么，南越王国是否也仿效了此制呢？

赵佗时，曾立太子始，而这位太子也曾在打败安阳王的战争中立过功①。其事迹，因阙于文献记载，后不见著录。

1983年南越文王墓发掘后，出土了"泰子"龟钮金印、覆斗钮玉印各一枚，《西汉南越王墓》的作者认为："如果太子确是赵始，这两枚'泰子'印当是赵始之遗物。"②。

"泰""太"互通，"泰子"即是"太子"，可见，南越国也仿效汉制，实行了预立太子制度。我们同意"南越国亦仿汉而立太子"③的说法。

综观本节所论述的南越国的郡国并行制、户籍制度、军事制度、积极汉化的文化政策等，都表明了南越国已建立了一套比较完整的政治制度，也可从中看出中原汉制对它的影响。

第二节　南越国的官制

从《史记》《汉书》等有关文献记载，结合丰富的考古发掘材料，可以看出，南越国已建立起了一套由上而下、体系庞大的官制系统。

南越国的官制可以分为中央官制、地方官制两方面，下分述之。

一、 南越国的中央官制

（一） 相傅类重臣

1. 丞相

南越国设有丞相官职，越人吕嘉就曾长期担任此职。

汉朝中央丞相的俸禄是2000石，其职掌，据《汉书·百官公卿表》（以下简称《百官表》）记载："掌丞天子，助理万机。"

---

① 《水经注》卷三七引《交州外域记》。

② 广州市文物管理委员会等编：《西汉南越王墓》（上），文物出版社1991年版，第199页。

③ 余天炽等：《古南越国史》，广西人民出版社1988年版，第59页。

汉初诸侯王国的丞相俸禄亦是 2000 石，"诸侯之相，号为丞相，黄金之印"，与中央的丞相"尊无异等"①，可见汉初诸侯国丞相地位之高。据史载，王国丞相掌有广泛的权力，如曾参为齐相，不但辅佐齐王刘肥之政事，还掌军事，如"以齐相国击陈豨、将张春军""以齐相国从悼惠王将兵车骑十二万人，与高祖会击黥布军，大破之"②，可见汉初王国丞相集军政大权于一身，相当显赫、重要，非德高望重、才能卓绝者不能任之。

南越王国的情况也应同于汉，从越相吕嘉的情况可以得出这个结论。吕嘉的宗族中为南越政权官吏者达 70 多人，男尽娶赵氏王室女子，女尽嫁王室宗亲，家族势力相当大；而吕嘉，"居国中甚重，越人信之"，甚至"得众心愈于王"；以后樛太后要求内附，吕嘉反叛，获得南越国的普遍响应。可见吕嘉的确享有重大声望，并因位至丞相而掌握了大权。

2. 内史

《史记》《汉书》皆记载樛太后、赵兴请求内附后，武帝赐吕嘉及内史、中尉、太傅以印。可见，南越中央设有内史之职。

内史，《百官表》谓，"周官，秦因之，掌治京师"。汉初，中央设内史以掌治京师，"汉置内史一人，秩二千石，治国如郡太守"③，内史与太傅、中尉、丞相同属要职。

内史治国民，是丞相的助手，于史亦时见，如淮南国中，"诸从蛮夷来归谊，及以亡名数自占者，内史、县令主"④。

此外，据《史》《汉》分析，内史还掌刑狱，如西汉后期的何武说"往者诸侯王断狱治政，内史典狱事"⑤。

南越国的内史，其职掌亦应同此。另外，从史籍中仅提到的南越内史到长安请求吕后改变对南越国的政策一事来看，南越国的内史的确与从事政务有关。

3. 御史

御史，当为御史大夫的简称，御史大夫在汉乃三公之一，亦为要官。《百官表》称，"御史大夫，秦官，位上卿""掌副丞相"及"掌图籍秘书，外督部刺史，内领侍御史员十五人，受公卿奏事，举劾按章"，可见御史直接负责督察地方官员及监察中央百官。

南越国曾有"御史平"，其职掌应同于汉朝。

---

① 〔西汉〕贾谊：《新书·等齐》。

② 《史记·曹相国世家》。

③ 《汉官旧仪》补遗卷一，见周天游点校《汉官六种》，中华书局 1991 年版，第 48、47 页。

④ 《汉书·淮南王传》。

⑤ 《汉书·何武传》。

4．中尉

《史记》等皆载南越国有"中尉高"。

尉是什么？应劭曰："自上安下曰尉，武官悉以为称。"①

中尉又是什么？《百官表》说，"中尉，秦官，掌徼循京师"，如淳注："所谓游徼，徼循禁备盗贼也。"当初沿袭秦制，仍设此官。

除了设在京城的中央直属的中尉，包括南越国在内的诸侯王国也设置中尉之官职，不过，诸侯王国的中尉"不得与国政，辅王而已"②。

此外，结合南越国"中尉高"曾出使长安请求吕后改变对南越国的政策一事来看，可能南越国的中尉还兼管一些政务。

5．大傅

《史记》等史籍皆提到南越国设有大傅一官职。

大傅，即太傅，古代"大""太"互通。《百官表》称，"太傅，古官……位在三公上"，周朝时太傅与太保、太师皆为周朝之古官，系随侍周王的重要辅佐人物，享有崇高的地位。

秦统一中国以前，曾仿周制亦设太傅之官职，如秦孝公即以公子虔等为太子之太傅③，秦王嬴政也曾"立茅焦为傅"④，但公元前221年秦统一六国后，未见设太傅之职。

汉初，刘邦时代亦不设此官；刘邦死后，吕后执政，吕后乃仿效周制，设立太傅而架空王陵之相权⑤。此后，太傅一官的废置因时而异。

各王国也设太傅，"王国置太傅……一人，秩二千石，以辅王"⑥，南越国的太傅的职掌也应同样是"辅王"。

上述的丞相、内史、御史、中尉、太傅皆系南越国的重臣，从其职掌分工来看，他们实际上起着中原汉王朝"三公"的作用，把持了南越国的内政外交，在南越国中地位的重要性自然不必多言，就是在汉朝统治者看来，他们也是十分重要的。如樛太后、赵兴请求内属，"比内诸侯"，武帝大喜，"赐其丞相吕嘉银印，及内史、中尉、太傅印，余得自置"，汉廷认为有亲自任命这些高官的必要。可见，丞相、内史、御史、中尉、太傅的确是诸侯王国的重臣。

---

① 《汉书·百官公卿表》太尉之下引《路温舒传》。
② 《汉官旧仪》补遗卷一，见周天游点校《汉官六种》，中华书局1991年版，第48、47页。
③ 《史记·商君列传》。
④ 《史记·秦始皇本纪》。
⑤ 《史记·吕后本纪》。
⑥ 《汉官旧仪》补遗卷一，见周天游点校《汉官六种》，中华书局1991年版，第48、47页。

（二）其余文武百官

1．郎

《史记》云汉军破番禺后，"越郎都稽得嘉"。对越郎，《集解》引徐广曰，"南越之郎官"；《汉书》亦引孟康曰，"越中所自置郎也"。可见，南越国有郎官。

郎官为郎中令所管，《百官表》称"郎中令，秦官，掌宫殿掖门户，有丞……属官有大夫、郎、谒者，皆秦官"，"郎掌守门户，出充车骑，有议郎、中郎、侍郎、郎中，皆无员，多至千人"。可见，郎有多种，有文职之郎，如议郎、侍郎；有武职之郎，如郎中、中郎。

诸侯王国亦设郎官，"郎、大夫、四百石以下自调除"①，如齐国有"郎中令循""中郎破石"等②。

南越国亦当同汉制。南越国的郎官都稽③能够擒获拥有数百残部的吕嘉，从此点看，这位郎官为"掌守门户"类的武官无疑。

2．中大夫

上海博物馆藏有一枚"南越中大夫"鱼钮印④，亦著录于《秦汉南北朝官印征存》等书。

大夫，"大夫为言大扶进人也"⑤。《百官表》之郎中令条云，郎中令属官有"太中大夫、中大夫、谏大夫，皆无员，多至数十人"。可见，汉朝有三种大夫，而太中大夫地位高于中大夫。诸大夫等系谏官，无什么实权，于史亦常见，如文帝时，便"以中大夫令勉为车骑将军"⑥，"拜（张释之）为中大夫"⑦ 等。

南越中大夫应同汉制。有的学者仔细研究该枚鱼钮传世印后，认为该印与西汉前期的官印风格一致，从而认为该官印应系南越王国樛太后、赵兴等请求内属后，汉中央赐给南越国的官印，但查诸《史》《汉》皆云，南越内属后，汉朝赐给南越王国以丞相、内史、中尉、太傅之印，而今据此南越中大夫之印，可知汉赐给南越国的官印还应包括秩在四百石（中大夫）以上的官员，而与其他的诸侯王国相同，此可补史籍记载之缺佚⑧。

---

① 《汉官旧仪》补遗卷一，见周天游点校《汉官六种》，中华书局1991年版，第48、47页。

② 《史记·仓公列传》。

③ 《汉书·景武昭宣元成功臣表》作"孙都"，不知孰是，录此备考。

④ 叶其峰：《西汉官印丛考》，载《故宫博物院院刊》1986年第1期。

⑤ 《太平御览》卷二四三"大夫"条引《白虎通》。

⑥ 《史记·文帝本纪》。

⑦ 《资治通鉴》卷十三文帝纪三年。

⑧ 王人聪：《西汉越族官印试释》，载《东南文化》1991年第1期。

3．将、将军

《汉书·西南夷两粤朝鲜传》："粤将毕取以军降，为瞭侯。"查《汉书·景武昭宣元成功臣表》之"瞭侯毕取"条，知毕取"以南越将军降，侯，五百一十户"。可见，将即将军，另外，《史记》也云吕嘉之弟为将。

《百官表》："前后左右将军，皆周末官，秦因之，位上卿……汉不常置，或有前后，或有左右，皆掌兵及四夷。"

南越国的将军大致也应同于汉，执掌军事。

4．左将

《汉书·景武昭宣元成功臣表》，黄同"以故瓯骆左将斩西于王功侯，七百户"。

左将，于《史》《汉》常见，如"左将伐朝鲜，开临洮"①，这"左将"即左将军杨仆，可见，汉代人习惯上将左将军简称为"左将"。

上引《汉书》的"瓯骆左将"，蒙文通先生指出是"南越之命官"的"官号"，它的职责犹如汉朝的胡骑都尉、越骑都尉分别为主胡、越骑之职官一样，"瓯骆左将"是"南越所置以主瓯、骆军众之职官也"②。

此外，据《史》《汉》分析，黄同可能是取汉名的越族将领，更可能是为赵氏政权信任的汉族将领。因为中原人是赵氏政权得以巩固其在岭南的统治的重要支持力量。

5．校尉

南越国有校尉之职，司马苏弘曾任此职。

校尉在汉史中屡见，如成帝时，王延世就"以校尉领河堤"③，余天炽等据《汉书·王尊传》，认为校尉为将军属官，其职与军事有关。④

南越国的校尉也是职掌军事的武官。

6．食官

广州 1006 号汉墓出土了铭文为"食官第一"的陶鼎⑤。

食官，《周礼·天官》引郑玄注，"膳夫，食官之长"，在发现的青铜器、陶器上又常作"飤（饲）官""饮官"。

《百官表》，"奉常，秦官，掌宗庙礼仪，有丞……属官有……诸庙寝园食官令长丞"，同表的"詹事"条下亦云："皇后之官"（颜注）有"食官长令丞"。

———————————

① 〔西汉〕桓宽：《盐铁论·地广》。

② 蒙文通：《越史丛考·骆越与西瓯》，人民出版社 1983 年版。

③ 《汉官仪》卷三。

④ 余天炽等：《古南越国史》，广西人民出版社 1988 年版，第 79 页。

⑤ 陈直：《广州汉墓群西汉前期陶器文字汇考》，载《学术研究》1964 年第 2 期。

汉初，袭秦之制，设"食官长，秩六百石，丞一人"①。汉的食官有两种：一是奉常手下"掌宗庙礼仪"的食官，这是主管祭祀所用食物，为死人服务的食官；另一种是詹事属下皇后之官的食官，由于皇帝的膳食有太官负责，而皇后、太后的膳食则由食官负责，这是为生人服务的食官。

汉初的诸侯国应该同于汉中央，也设有相应的食官，这些诸侯国的有"食官"铭刻的文物（如封泥、铜器）也时有出土发现，如齐国之"食官"②，代国之"代食官"③ 等。

南越国的这件带有"食官第一"铭刻的陶鼎，既不系南越国君的庙寝园中出土，又未冠以庙寝庙的称谓，故应定为詹事属下食官官署之器。该陶器之所以用作殉葬品，当是墓主人的身份与食官令有关之故。

7. 景巷令

南越文王墓出土有"景巷令印"铜印，系鱼钮，阴刻篆书，出于前室一殉人身上，所以推定"景巷令"为此殉人之官职④。

景巷令，于《史》《汉》不见，但是"景""永"同音通假，故景巷即是永巷。

永巷令见于《百官表》有二种：一是少府属官。"少府，秦官"，属官有"中书谒者、黄门、钩盾、尚方、御府、永巷、内者、宦者八官令丞"。二是詹事属下的"皇后之官"，辖有"中长秋、私府、永巷、仓、厩、祠祀、食官令长丞，诸宦官皆属焉"。作为皇后之官的永巷令之下设有"永巷仆射"之官，《百官表》云："古者重武官，有主射以督课之，军屯吏、骑、宰、永巷宫人皆有。"孟康曰，"永巷则曰永巷仆射"，永巷仆射是仅次于永巷令之官，广川王"使其大婢为仆射，主永巷"⑤。

对于永巷令，《汉官仪》载长公主官属为"永巷令丞"，盖为永巷令的另一称谓。

永巷也是汉廷嫔妃居住的地方。汉人王肃说，"今后宫称永巷，是宫内道名也"⑥。广川王以"崔修成为明贞夫人，主永巷"，实际上也就是"主诸姬"，都可说明此点。

永巷之中，还有监禁宫女之处，如刘邦死后，吕后即"令永巷囚戚夫人"⑦。

南越王墓出土的这枚"景巷令印"，是南越国仿效汉制设有永巷令的见证。

① 《汉官旧仪》补遗卷一，见周天游点校《汉官六种》，中华书局 1991 年版，第 48、47 页。
② 山东省淄博市博物馆：《西汉齐王墓随葬器物坑》，载《考古学报》1985 年第 2 期。
③ 解希恭：《太原东太堡出土的汉代铜器》，载《文物》1962 年 12 期。
④ 广州市文物管理委员会等编：《西汉南越王墓》（上），文物出版社 1991 年版，第 300 页。
⑤ 《汉书·景十三王传》。
⑥ 《尔雅·释宫》邢疏引王肃语。
⑦ 《汉书·景十三王传》。

此印是作为墓中殉人的随葬品出土的，按此，该永巷令不可能为少府属官，只可能是詹事属官，职掌为南越王室家事，亦由宦者充任。

8. 私府

广西贵县罗泊湾一号汉墓出土的漆器上有"私府"字样[①]。

《百官表》詹事属官有"中长秋、私府、永巷……令长丞"等官，可见詹事之下有私府长以管皇后太子家事。

"私府"系"私府长"之省文，汉时各王国设置有"私府长"，譬如路温舒曾为"广阳私府长"[②]。

私府为詹事下属，管皇后太子之事，主要是财政，但有时也兼管相当于武库令的一些职责，如西汉梁王刘立"收兵杖藏私府"[③]。

南越国的私府也应同此，主要执掌太子、皇后家事。

9. 私官

南越文王墓主棺室棺椁的足箱中出土有"私官"铭刻的银盒一件。

"私官"不见于《百官表》，陈直先生认为私官为初名，"最后改称私府"，并详细分析了其中的演变过程[④]。不过，他对此并不表示肯定，只说"私官疑为私府之初名"[⑤]。南越王墓的发掘，纠正了陈直先生的说法，证明私府、私官为两官。

私官于《史》《汉》有载。如张放娶皇后之妹为妻，"上为供张，赐甲第，充以乘舆服饰，号为天子取妇，皇后嫁女，大官、私官，并供其第"[⑥]。对此，应劭云："私官，皇后之官。"另《汉旧仪》，"大官尚食，用黄金钿器；中官、私官尚食，用白银钿器"。这与南越王墓的发现相吻合。

南越王墓出土的这件"私官"银盒，器盖上、器外底均有草隶铭刻，笔刀刻划浅细，从总体看，似一人一次刻成，出土时，银盒内有药物[⑦]。

由该枚银盒可知，南越国也设有私官，以专掌南越王后的饮食起居。

10. 乐府

南越文王墓东耳室出土的勾鑃上有"乐府工造"铭刻。

《百官表》云少府属官有"乐府""考工"等十六官令丞。

汉初，仿秦制，中央亦设乐府，以主管音乐事宜。据考古资料表明，"乐府"一词至迟在秦代已经出现[⑧]。

---

① 广西壮族自治区文物工作队：《广西贵县罗泊湾一号墓发掘简报》，载《文物》1978 年第 9 期。
② 《汉书·百官公卿表》太尉之下引《路温舒传》。
③ 《汉书·文三王传》。
④ 陈直：《汉书新证》，天津人民出版社 1979 年版，第 112 页。
⑤ 陈直：《文史考古论丛·汉封泥考略》，天津古籍出版社 1988 年版。
⑥ 《汉书·张汤传》。
⑦ 广州市文物管理委员会等编：《西汉南越王墓》（上），文物出版社 1991 年版，第 210 页。
⑧ 袁仲一：《秦代金文陶文杂考三则》，载《考古与文物》1982 年第 4 期。

《汉书》记载，惠帝二年时夏侯宽曾任乐府令①。关于此点，也有学者持不同看法，认为汉高祖时设太乐官署，在灭掉南越王国后，汉武帝才建乐府②。

另外，少府属下有考工之官，是专司金属等器物制造的工官，这类专司铸造器物的官职在乐府中有相对应的。如《续封泥考略》录有"乐府钟官"封泥③，陈直先生考证后，认为是"乐府令之属官"；而钟官是水衡都尉所管的上林三官之一，是主铸钱之官，可见"乐府钟官"是乐府令下专司铸造乐器之官。

南越文王墓出土的成套的编钟、编磬、勾鑃，器形与中原战国末年、西汉初期的同类乐器相同，可知南越国的乐府应与汉乐府职同，并且也有下属之官。

11. 泰官

南越文王墓随葬品中出土篆书"泰官"的封泥15枚。

"泰""太"古通，故泰官即太官、大官。"泰官"在秦国统一六国之前就已出现，如云梦秦简有"大官、右府、左府、右采铁、左采铁课殿，赀啬夫一盾"④的记载，这里的"大官"即"泰官"。《百官表》："少府，泰官，掌山海池泽之税，以给共养，有六丞。属官有……太官……十六官令丞"，颜师古注云："太官主膳食。"如《汉旧仪》所言，"太官令一人，秩六百石，掌鼎俎馔具""太官、汤官、奴婢各三千人"。

细言之，《汉旧仪》称"太官尚食……主饮酒""上林苑中……饮飞具缯缴以射凫雁，应给祭祀置酒，每射收得万头以上给太官"。可见，太官管酿酒，主饮食，如汉武帝在淋池的桂台之下"钓一白蛟"，"付太官为鲊，而肉紫骨青，香美无伦，诏赐臣下"⑤。太官还主管皇帝对群臣的食物赏赐，如汉武帝元狩四年，"其（霍去病）从军，天子为遗太官，赍数十乘"⑥。陈直先生还据《古文苑》等文献及考古、文物资料，认为太官还"兼管四时进献果实"，如"枇杷橘栗桃李梅"⑦。另，杨鸿年先生有专文论太官，可参考。⑧

《汉书》有"宦官尚食比郎中"⑨之句，陈直先生以《汉旧仪》"太官尚食，用黄金钿器，中官、私官尚食，用白银钿器"的记载，认为："盖汉初大官，中官，私官，或用中人，或用士人，本文谓宦官有尚食之资历者，可与郎中身份相

① 《汉书·礼乐志》。

② 姚恺之：《谈西汉"乐府"官署的职责》，载《河北师院学报》1984年第2期。

③ 周明泰：《续封泥考略》卷一。

④ 《睡虎地秦墓竹简·秦律杂抄》，文物出版社1978年版。

⑤ 《太平御览》卷二四引《拾遗记》。

⑥ 《资治通鉴》卷十九武帝元狩四年。

⑦ 陈直：《汉书新证》，天津人民出版社1979年版，第101页。

⑧ 杨鸿年：《汉魏制度丛考·太官》，武汉大学出版社1985年版。

⑨ 《汉书·惠帝纪》。

等"①，所以，太官有以宦官充任者。

南越王墓出土了"泰官"封泥 15 枚，证明南越国亦设此职。这 15 枚封泥大多出于漆器、铜鋞、铜鼎、烤炉、陶盒之内或是陶鼎、铜鋞、铜鼎之下，多为饮食器物，故可推断南越国的泰官是主管南越王膳食的官职。而南越王墓中挂有"泰官"封泥匣标签的器物，就是南越国泰官令检署、封缄后才放入墓中随葬的。

12. 居室

1982 年广州柳园岗十一号汉墓出土的三件陶罐上有"居室"戳印②。

《百官表》云，少府属官有"居室、甘泉居室"等令丞。汉初的居室令是执掌诏狱的主要官员之一，同时也主管一部分陶器（如瓦）等的监制。

今据三件陶罐上的居室戳印文字，可知该陶器的监造者为南越国的居室令，南越国居室令的职掌应同于汉制。

13. 长秋居室

广州淘金坑十六号汉墓出土的陶器上有"长秋居室"字样③。

查《史》《汉》，秦汉不见有"长秋居室"之官职，但是"长秋""居室"二官却是有的。长秋有二：一是詹事属下的"中长秋令"，一是"将行"。《百官表》："将行，秦官，景帝中六年更名大长秋，或用中人，或用士人。"应劭曰，将行"皇后卿也"。颜师古曰："秋者收成之时，长者恒久之义，故以为皇后官名。""居室"已如前述，为少府属官，主诏狱及监造陶器及砖瓦。

南越王国的"长秋居室"，大概是把汉官"长秋""居室"相合并而成，"可视为特制"④，很有可能是南越国在仿效汉制而改革官制时，根据国内实际情况，将原属少府的居室令与原置的长秋令相合并而成。所以"长秋居室"主要应是宫官，同时可能兼管一些属于居室令的事务。

14. 大厨

广州市发掘的编号 1120 号、1121 号汉墓中出土的三件陶罐及两件陶瓮上均有"大厨"戳印⑤。

陈直先生认为，"京兆尹属官，有市厨两令丞，右扶风属官，亦有雍厨长丞，皆不称为大厨"。他还根据建昭雁足灯上的铭文"胡家，后大厨，今阳平家卷一至三，阳朔元年赐"，认为此铭文系西汉后期阳平侯王凤受赐后补刻的文字，表示雁足灯原为阳平侯家大厨所用之物，所以陈直先生认为"大厨二字，与本陶文

---

① 陈直：《汉书新证》，天津人民出版社 1979 年版，第 15 页。

② 黄淼章：《广州瑶台柳园岗西汉墓群发掘纪要》，见《穗港汉墓出土文物》，香港中文大学文物馆，1983 年。

③ 麦英豪：《广州淘金坑的西汉墓》，载《考古学报》1974 年第 1 期。

④ 余天炽等：《古南越国史》，广西人民出版社 1988 年版，第 75 页。

⑤ 广州市文物管理委员会等编：《广州汉墓》（上、下），文物出版社 1981 年版。

适合，亦指南越国王之大厨而言"①。

而这三件带有"大厨"戳印的陶器，当是南越王国少府属下掌管陶工之官专为厨官署监造，后由南越王室赏赐或者是赙赠与墓主的。《西汉南越王墓》的作者还进一步认为，广西贵县罗泊湾一号汉墓随葬针刻"厨"字的漆器②，说明了"南越王国册封的西瓯君家也有厨官署的设置"③。

15. 厨官

广西贵县罗泊湾一号汉墓出土的漆器上，有"厨官"铭文④。

《百官表》詹事属下有"厨厩长丞"之官，属系"太子之官"（颜师古语），主管太子的厨事，从"厨厩长丞"之职掌及该漆器的用处来看，厨官是为太子厨事服务之官，也可能不仅为太子，还为皇后、太后服务。

南越国的厨官当亦相当。

16. 厨丞

南越王墓西侧室陶罐内出土有篆书"厨丞之印"的封泥3枚。

《百官表》，詹事下有"厨厩长丞"之属官。即詹事之下有为太子服务的"厨长""厨丞""厩长""厩丞"，南越国之厨丞当同此。

既然出土了"厨丞之印"，证明了南越王国也设厨官署，并置有"厨丞"官职。而南越王墓出土的"厨丞"封泥则说明了西侧室的随葬器物为厨丞所缄封。

17. 常御

广州西汉前期墓所出土的陶器上，有"常御""常御第十三""常御第廿""常御三斗"等印文⑤。

对"常御"，《史》《汉》未载。但汉人喜以"常"字代替"长"。如广州西汉前期墓葬中出土的蟠螭纹镜中，有铭文为"常相思，毋相忘，常富贵，乐未央"者，这里即是"常""长"互代。所以，陈直先生认为南越国的"常御"就是汉之"长御"，是南越王国后宫婢女的称号⑥。

麦英豪先生则认为，以常御的词义及该戳记、刻文皆在瓮、罐、壶等诸容器中推之，把常御定为"官署名较为切合，大概是主管赵氏皇家中起居馈膳事宜的"⑦。嗣后，麦先生又发展了他的观点，认为"常"与"尚"通假，故"常御"也就是"尚御"，并以20世纪70年代在山西发现的西汉初年的常方半（即"尚方半"）铜椭量为证。汉少府属官有尚方、御府二职，所以，麦先生据此认为常

---

① 陈直：《广州汉墓群西汉前期陶器文字汇考》，载《学术研究》1964年第2期。

② 广西壮族自治区博物馆：《广西贵县罗泊湾汉墓》，文物出版社1988年，第70页。

③ 广州市文物管理委员会等编：《西汉南越王墓》（上），文物出版社1991年版，第309页。

④ 广西壮族自治区文物工作队：《广西贵县罗泊湾一号墓发掘简报》，载《文物》1978年第9期。

⑤ 麦英豪：《广州淘金坑的西汉墓》，载《考古学报》1974年第1期。

⑥ 陈直：《汉书新证》，天津人民出版社1979年版，第470页。

⑦ 麦英豪：《广州淘金坑的西汉墓》，载《考古学报》1974年第1期。

御实为南越王国中少府所属尚方、御府的合称，"是职掌王室服饰、车驾、用具、玩好的机构"①。我们认为麦先生之说更为合符史实。

18．少内

南越王墓后藏室出土了5件带有"少内"铭刻的铜鼎。

这几件铜鼎字皆阴刻古隶体，与"蕃""蕃禺"互见或连文，可证南越国设有"少内"官署②。

少内，战国时期秦国即置有此官职，统属于内史，分掌财货，在云梦秦简中"少内"有中央、地方之分，汉朝建立后，亦沿设，如《汉书》有"少内啬夫白吉"之语③，颜师古注称："少内，掖庭主府臧之官也。"

南越国少内应与汉制相同。

二、 南越国的地方官制

南越国地方官职中可考者有假守、郡监、使者、县（令）长、啬夫等。

（一）假守

在古代，"假者，兼摄之也"，所以假有摄事之意，假以官谓之假官。

秦汉之际，假官甚众，见于《史》《汉》者比比皆是，如项羽为假上将军、韩信为假齐王、汉初曹参为假左丞相等。于考古中亦常有实物发现，如发现的汉代"假司马""假侯"之印等④。

同理，假以郡守之职则谓之假守，故"假守，兼守也"⑤，这在秦国的历史上是早有先例的。如秦王嬴政十六年时，有南阳假守腾⑥，二世元年亦有假守殷通等⑦。赵佗深谙秦制，故援例设假守之职，其职掌，《百官表》云为"掌治其郡"，南越之假守当同。

（二）郡监

秦国统一六国后，分天下为30余郡，"郡置守、尉、监"⑧。其中所说的

---

① 广州市文物管理委员会等编：《广州汉墓》（上、下），文物出版社1981年版。

② 参见广州市文物管理委员会等编《西汉南越王墓》（上），文物出版社1991年版。

③ 《汉书·丙吉传》。

④ 王青龙：《介绍两方汉代铜印》，载《考古与文物》1991年第3期。

⑤ 《汉书·项籍传》。

⑥ 《史记·秦始皇本纪》。

⑦ 《史记·项羽本纪》。

⑧ 《史记·秦始皇本纪》。

"监"就是郡监。对郡监，杜佑又称之为"监察御史"或"监察史"①。其职责，《百官表》云为"掌监郡"。见诸《史》《汉》，郡监又简称为"监""史"，如秦时的"泗川监平"②、凿灵渠的史禄等。

南越国也设有郡监一职，如《史记》载有"桂林监居翁"，《集解》称："桂林郡中监，姓居名翁也。"③ 南越国后期，居翁掌治郡民，从这点看来，南越国郡监之职同于秦汉。

（三）使者

南越国的"使者"之意与通常意义的使者不尽相同，因为它除有使节的含义外，还是南越国的一种官职。

《水经注》卷三十七引《交州外域记》称，赵佗平定象郡反抗的越人部族力量后，析象郡而置交趾、九真二郡，"令二使者典主交趾、九真二郡民"，同时让原来的部族首领"雒将主民如故"④。这里的"使者"就是南越任命的官员的官职，它仅在名义上"主民"，而当地部族首领仍保留原来的特权。

所以，使者系南越国根据实情而特设，是南越国特制的官职。

（四）令

县令、长，《百官表》云"皆秦官，掌治其县。万户以上为令……减万户为长"，县令、长之下有县尉、县丞等属吏。可见，县令、长为治理一县的最高长官。

南越国亦设县令，如"揭阳令定"即南越国所任命的南海郡揭阳县的县令，其职掌应与秦汉的县令、长相同。

（五）啬夫

在秦制中，啬夫种类甚多，不论是作为单独特指或泛指都在史籍、简牍中常见。仅以1975年末湖北云梦县十一号秦墓中出土的秦简《秦律十八种》为例，即有"田啬夫"（管理农事，诸如养牛小吏，见《厩苑律》）、"县啬夫"（泛指管理一县事务的某些小吏，见《仓律》）、"仓啬夫"（管理仓库的小吏，见《仓律》）、"离官啬夫"（指与都官相对而言的地方小吏，见《金布律》）、"官啬夫"（泛指地方小吏，见《金布律》）、"大啬夫"（指京师的内史、司空下属之小吏，见《内史杂》《司空》）。此外，散见于该墓出土的其余竹简的还有"都仓啬夫"

---

① 《通典》卷三三。
② 《史记·高祖本纪》。
③ 《史记·南越列传》。
④ 《水经注》卷三七。

"库啬夫""亭啬夫""发弩啬夫""厩啬夫""苑啬夫""皂啬夫""司空啬夫"[①]。可见，秦之啬夫为小吏，职掌广泛，且县、乡、亭等皆设。

至汉，啬夫仍设，且有十三四种之多：乡有"乡啬夫"，关有"关啬夫"，邮传系统有"传舍啬夫"，厨有"厨啬夫"，厩有"厩啬夫"，库有"库啬夫"，仓有"仓啬夫"，管理钱财的有"少内啬夫"，上林苑下属的虎圈还设有"虎圈啬夫"，掖庭所属的主管织作染练的暴室设有"暴室啬夫"；此外，基层政权的工官、寝庙园陵等也无不设"啬夫"官。汉代的"啬夫"是乡及相当于乡一级这类基层职能机构的官吏的名称。

那么，南越国是否也设有啬夫之官呢？20世纪70年代广西贵县罗泊湾二号汉墓出土了"家啬夫"印，可能是南越国所册封的王侯之国的属官，更可能是仿汉制有寝庙园陵啬夫之例，而在南越国王侯封地的陵园设有啬夫这一官职。

如果南越国所封的王侯之国中有啬夫这一官职，那么，郡县也可能设有啬夫之职。

通过上述对南越国中央、地方官制的考证，可知南越国的官制以仿中原汉制为主，同时又根据具体历史情况有所变易，设置了一些特别的官署。南越国官职的这种特点与南越国政治制度的总特征是一致的。

第三节　南越国与邻国的关系

南越王国除了北与汉王朝的长沙国接壤，在东、西方还分别与闽越国、西南夷如夜郎国等毗邻。

这些与南越国毗邻的小国中以长沙国的实力最强，在西南夷国家中以夜郎国实力最强、地域最广，但是它们都比不上南越国。这些王国都接受了汉朝中央政府的册封，故在名义上与南越国是平等的，同为西汉王朝的诸侯王国，但是它们中的某些国家距汉朝较远，汉朝对它们的影响不如南越国对它们产生的影响大；同时在某些时期，它们中的一部分也不得不接受南越国的经济援助，从而对南越国产生了一定的依附性。所以，这些小国同时具备了对汉王朝和对南越王国的双重依附性，这种对南越国的依附性随历史条件的不同而有所变化。这就是南越国与闽越、夜郎等国关系的基本情况；南越国与邻国的关系实为南越与汉关系的组成部分。下分述之。

一、南越国与闽越国的关系

闽越王国位于南越国的东方，"以闽江流域为中心"。在秦汉之际，闽越人的

---

① 《睡虎地秦墓竹简·秦律杂抄》，文物出版社1978年版。

活动范围为"东及于今台湾、澎湖、琉球等海岛，而西则威力所届，似直达于赣东北等地"①。但闽越人的主要活动范围在今福建省境内。

秦统一中国之前，闽越人就存在着闽越王国，由国王无诸统治着。后来，秦平闽越，以其地置闽中郡，将无诸"废为君长"②，作为"越王勾践之后"的无诸自然对此不满，盼望有一天能恢复王位。秦末，天下大乱，无诸趁机率领闽越人，投奔鄱君吴芮而"佐汉"。及至刘邦称帝，建立西汉王朝，无诸也因"佐汉"有功，得以在公元前202年复立为闽越王，恢复了在闽越地区的统治。公元前196年，赵佗亦受汉朝册封，建立了南越王国对汉的臣属关系。所以，两国在名义上应是平等的。这种平等关系是两国关系史上的初期阶段。

吕后五年（前183）春，禁止与南越交往，赵佗遂抗汉称帝并发兵攻长沙国，败数县而去，旋阻击南下的汉军，终使汉军未能逾岭。赵佗这一对抗中央的行动获得胜利，提高了南越国的威望。赵佗以兵威边的同时，趁机对闽越、夜郎等国施以"财物"。闽越国不得不受之，因而对南越国产生了一种"役属之"的关系③，也就只得"奉佗政令"④。从此，两国的平等关系结束，闽越国开始了对南越的役属关系。也就是说，闽越国开始了对汉王朝、南越国的双重依附关系。文、景二帝时，这种关系仍保持不变。

武帝即位初期，赵佗逝去，闽越王郢趁机"兴兵南击边邑"，欲乘南越国君王新旧交替之际而掠夺一些财物。闽越王郢对南越的袭击，标志着闽越对南越役属关系的结束。

面对闽越国的趁火打劫，南越二主赵眜一方面下令加强防守，一方面使人上书汉廷，请求汉廷干涉。赵眜的这一温顺的举动深获好大喜功的汉武帝的好感，于是，武帝赞赏南越王守天子之约，遵臣职，乃派遣将军王恢、韩安国分别从豫章（今江西南昌）、会稽（今浙江绍兴）出兵，征讨闽越国。

汉王朝的直接发兵干预，大出闽越国统治阶级的预料，面对大敌当前的紧迫形势，闽越国上层统治集团发生了分裂。闽越王郢之弟余善杀郢而降，"使奉王头驰报天子"，汉军于是停止进攻，上报汉廷，武帝乃更立无诸之孙"繇君丑为越繇王，奉闽越先祭祀"⑤。但在闽越国统治集团的内讧中，余善以杀其兄而"威行于国，国民多属"，拥有了相当的支持力量，因而"窃自立为王"。面对闽越国出现的这种情况，汉王朝采取了分而治之的策略，下令立余善为闽越王，从此闽越国一分为二，国土上越繇王、闽越王并存。

① 罗香林：《中夏系统中的百越》，独立出版社1943年版。
② 《史记·东越列传》。
③ 《史记·南越列传》。
④ 〔清〕梁廷枏：《南越五主传·先主传》。
⑤ 《史记·东越列传》。

余善本来就是发动对南越国袭击的主谋之一，及至汉廷出兵，事情闹大了，又杀其王兄以求自保，是个相当狡诈之人。到了南越国后期，汉武帝平南越时，余善又主动向汉上书，并发兵 8000 人助汉攻越；但东越兵到达揭阳时，余善却忽然下令停止进攻，甚至派人向南越国通风报信，"阴使两端"，企图两方讨好，以获渔翁之利。从余善派人把汉兵的情况向南越国做了通报一事来看，在余善被立为闽越王后，余善及其国家保持了对南越国比较友好的关系，两国的关系也恢复到了汉初的那种平等关系。至于从闽越国分裂出来的越繇王的国家与南越国的关系，根据历史记载，则基本上是友好的。

可见，南越国与闽越国的关系实际上经历了三个阶段：汉初两国立国后一段时期内的平等关系；击退吕后所遣的征伐南越国的军队后，闽越国开始了对南越国的役属关系，这一关系保持到公元前 135 年闽越袭击南越国时宣告结束；南越国后期，国力有所下降，两国恢复了汉初的平等关系，基本上处于和平友好的状态。

二、 南越国与长沙国的关系

长沙国位于南越国的北边，大体相当于今湖南大部分及江西的部分地区。

长沙国是汉初所封的王国，其第一代王为吴芮，"所谓鄱君者也"①，曾为鄱阳县令，"甚得江湖民心"②。楚汉相争时，吴芮曾率领其部将英布、梅鋗及前面所述的闽越王无诸等人"佐汉"，以耿耿忠心深获刘邦的赏识，故刘邦分封时，一是为了酬答吴芮的耿耿忠心，二是为了"塞岭南之口"③，特将今湖南、江西的长沙、豫章及岭南的南海、桂林、象郡等共五郡分封给吴芮，建立了长沙国。

显然，名义上吴芮封有五郡之地，但由于岭南三郡之地为赵佗实际掌握，所以吴芮立国之初，长沙国仅实领长沙、豫章二郡之地。而吴芮认为汉廷已将岭南三郡封给自己，所以名义上岭南三郡已归属长沙国，这就不能不使他对赵佗产生敌意。受封仅一年之后，吴芮便死去，其子嗣位，但长沙国、南越国之间的敌视未消。

由于长沙国对汉王朝的依附关系及其对南越国怀有敌意，也就听任汉王朝在长沙国南部与南越国的交界区域设置重兵，并且很可能是吕后时期对南越国实行"别异蛮夷"政策的提议者，其理由略有：一是吕后执政，为巩固统治，有意拉拢长沙王等异姓王，以对抗刘氏集团；二是如前所述，长沙国有吞并南越之心。所以，很可能是长沙王的进谗，吕后才下令对南越国采取"别异蛮夷"政策，也

---

① 《史记·东越列传》。
② 《汉书·吴芮传》。
③ 《读史方舆纪要》卷一〇〇。

正因为此，赵佗才认为是"长沙王图己"而进谗汉中央。

可见，长沙国的政令完全听从于汉中央朝廷，这与西汉初年刘邦大量铲除异姓王，迫使长沙国不得不更加"贤""忠"于汉而苟且得以"特王"有关。[1] 它迫使长沙王不得不在政治上与汉中央保持完全一致，兼之在经济利益上又与汉王朝的一致，所以长沙国实际上与西汉初年的其他同姓王国是一样的。汉中央对南越国的政策，也就是长沙国对南越国的政策，所以，长沙国与南越国的关系就是汉对南越国关系的组成部分之一，长沙国不存在闽越国那样对南越国的附属关系。

三、 南越国与夜郎国的关系

夜郎国属于西南夷国家，早在先秦之世即已存在，它位于南越国的西部，辖今贵州、云南及四川南部地区。

夜郎国因在西南夷国家中历史最为悠久，所以其社会发展程度也最高，地域也最广阔，物产也比较丰富，盛产雄黄、雌黄等物。[2] 夜郎国与周边国家、地区的贸易活动也十分频繁，如蜀郡产的枸酱就大量运入夜郎国，这些枸酱除满足夜郎本国的消费需要外，还向南越国输出。

夜郎国具有相当的实力，史称夜郎迫胁"旁二十二邑"[3]。又，唐蒙在向汉武帝的上书中也称"夜郎所有精兵，可得十余万"[4]。可知夜郎国具有的军事力量不可小觑。

夜郎国与南越国的交往较早，原因之一正如罗香林先生在《中夏系统中的百越》一书所说，南越与夜郎皆属百越，二者的族属相近，所以民族隔阂少，易于沟通；原因之二是二者的利益一致。夜郎国与南越国在政治上是休戚相关的，这其中包含地缘政治因素，如南越强盛则夜郎依以并存，若南越灭亡则夜郎无所依恃，也只得屈服于汉朝的统治。这种关系为以后历史的发展所证实。

赵佗也认识到了南越国与夜郎国的这种特殊关系。所以，在南越国建国之初，他就遣使与夜郎联系。赵佗抗汉成功后，夜郎国更加倚重、役属于南越。夜郎的役属，壮大了南越国的势力。

夜郎从赵佗时代起就役属于南越国，由《史》《汉》看来，这种役属关系一直继续到南越国的灭亡才结束。

武帝元鼎五年（前112），武帝出兵讨南越，使人征发夜郎军队，准备从牂牁江沿江而下击南越，但夜郎之君居然"与其众反，杀使者及犍为太守"。表面

---

① 《汉书·英布传》注引邓展曰。
② 《续汉书·郡国志》。
③ 《汉书·西南夷两粤朝鲜传》。
④ 《史记·西南夷列传》。

上，夜郎提出的借口是"恐远行，旁国虏其老弱"，但实际上与南越国在夜郎享有较高的声望，使夜郎觉得南越可为己"倚"有很大关系。①

可见，自从赵佗时代起夜郎对南越建立起一种较松散的役属关系后，两国的关系就基本上在这个前提下发展着，双方的政治、经济往来不断。汉武帝灭南越国后，这种关系才宣告结束。

四、 南越国与其他西南夷国家的关系

西南诸夷是南越国的西邻，广布于今云贵高原和四川的西部和南部。西南夷的君长有几十个，除夜郎国外，还有毋敛、邛都、句町、滇等，还有一些处于原始社会末期的部族。

据史籍的记载，西南夷国家与地区大都由古老的部落发展而来，历史悠久，民风强悍，情况复杂。西南夷国家各自为政，各霸一方，早在战国时期，西南夷与中原就已有往来。秦统一六国后，曾派将军常领征调巴蜀士卒经略西南夷，并开通了连接西南夷的五尺道，还在西南夷建立了一些郡县，但基本上还是由当地人自治。秦亡之后，西南夷原来的许多地方割据政权又死灰复燃，各自为政，各霸一方。到了汉初，因为路途遥远而鞭长莫及，西汉王朝对西南夷诸国来不及控制。直到公元前126年，公孙弘任御史大夫，他根据以前对西南夷的了解，认为山高水远，地方偏僻，情况复杂，不好统治，所以上书主张放弃西南夷，而将汉朝的兵力放在北面，加强防御朔方郡，才能集中兵力对付匈奴。如果南北兼顾，就会分散汉朝兵力，造成两面俱失的局面，汉武帝命朱买臣与公孙弘辩论，后来，采取了一个折中的办法，放弃西夷，"独置南夷夜郎两县一都尉"，即在南夷地区设置了夜郎、且兰两县，由一个都尉来管理。相反，南越王赵佗却重视西南夷，他在叛汉自立后，就乘机拉拢西南夷，以壮大南越国势力。赵佗的使者曾西行至位于今云南西部保山县一带的同师。南越国通过向其君长赠以财物进行收买拉拢。按照赵佗的军事实力，南越国当时完全有可能用武力征服西南夷的一些小国。但是，赵佗并没有这样做，只是用财物赂遗，收买拉拢。这大概是因为西南夷多处于云贵高原的崇山峻岭，交通不便，住地分散，用武力攻打极为困难，即使能取得胜利，也难以保持有效的统治。同时，这些地方经济文化落后，各国首领和部落主多是贪婪之人，易为财物动心，所以赵佗用财物收买他们。虽然赵佗并没有达到让西南夷臣服的目的，但也加强了南越和西南夷在经济上的联系。而这些西南夷国家、部族也对南越国建立起一种比较松散的役属关系，并将这种关系一直保持到南越国的灭亡。

---

① 《史记·西南夷列传》。

第四节 南越国的民族政策

南越国地跨三郡，虽实际上并未真正达到"东西万余里"，但其地域仍可说是相当广阔的。在南越国境内生活着的民族除了数十万中原移民外，还有为数众多的越人各支系、部落，如聚居于桂林郡的西瓯、骆越族就有三四十万人。处理好各民族之间的相互关系对南越国的存在与发展是至关重要的。为了长治久安，赵氏政权在民族关系上也采取了不少措施。由于这些措施在很大程度上尊重越族，促进社会经济的发展，与实际十分接近，因此取得了较为成功的效果，南越国能存在93年，与此不无关系。概而言之，南越国的民族政策在一定程度上是任嚣治粤时期民族政策的继续，同时也有一定的发展而更为全面与完善。南越国的民族政策包括因地制宜，以越制越，尊重越族风俗，促进汉越融合等。

一、 南越国内的诸民族

南越国内的民族也就是战国以来居住于秦岭南三郡之地的各民族。

越族是生活在岭南的主要民族。这些越族由各地区的历史发展情况不同，又"各有种姓"①，支系众多，所以文献中的记载不尽相同。梁启超曾说："五岭以南，古称百粤，以其族类繁多，不能知名也。"② 见诸史书，岭南的越族有"百越""扬越""外越""陆梁"及"南越""西瓯""骆越"等名称。下分述之。

（一）百越

"百越"最常见的含义是泛指越族各部，该词最早见于《吕氏春秋·恃君》篇"扬汉之南，百越之际"。高诱注"百越"曰："越有百种。"所以，迄今而言，"百越"的最初含义是越人各族的总称。这个含义也是百越最常见的含义，在其他史籍中用此义之例不胜枚举。

但史籍中亦有以百越专指岭南越族的，如贾谊《过秦论》中有云，"（秦）南取百越之地，以为桂林、象郡。百越之君，俯首系颈，委命下吏"③；又"（秦）使尉佗逾五岭攻百越"④；又"孝武皇帝攘九夷，平百越"⑤ 等，皆用此义。

---

① 《汉书·地理志》。
② 梁启超：《饮冰室合集》。
③ 王洲明、徐超：《贾谊集校注》人民文学出版社1996年版，第5页。
④ 《史记·淮南列传》。
⑤ 〔西汉〕桓宽：《盐铁论·复古》。

可见，百越的常见含义虽是指所有的越人部族，但也有用以特指岭南越族的。

（二）扬越

扬越的含义也比较多，其所指代的对象也较杂。如《战国策·楚策》，"吴起为楚收扬越"，这里所说的扬越，主要是居于今湖南、江西一带的越族。又如《史记·楚世家》，"熊渠甚得江汉间民和，乃兴兵伐庸、扬越，至于鄂"，这里所说的扬越，据罗香林先生的考证，指的是处于今"江汉中流一带"的越族①。

林惠祥先生早在20世纪30年代就指出，扬越"似在今江西地"②。还有学者认为，扬越是西周时期"栖处于今湖北汉水下游的江汉地区和湖南、江西等地"的越族③。

除上述所指外，扬越也有用以特指岭南越族的，如《史记》称，"秦时已定天下，略定扬越，置桂林、南海、象郡"④，即是此义。

甚至，史籍中还时见扬越和百越的互相替代，如"九疑、苍梧以南至儋耳者，与江南大同俗，而扬越多矣"⑤，对此条，扬越即是百越。又如《史记·吴起列传》称吴起"南平百越"，而在《史记·蔡泽列传》中则记为"南收扬越"。所以，在某些情况下，扬越就是百越之义，二者所指相同。

（三）外越

"外越"一词出现较早。在春秋时代已有所见。如"娄门外力土者，阖庐所造，以备外越"⑥。又如"富阳里者，外越赐义也"⑦。在这里所言的外越，指的是春秋时期"越王勾践本国以外的越人，其中包括臣属于勾践的越人，如东越、闽越等，在今浙江南部和福建、澎湖、台湾一带；以及不臣属于勾践的越人，如南越、西瓯、扬越、于越、骆越等，在今广东、广西、湖南、江西、越南等地"⑧。这是春秋时期的外越，也就是最初的外越。

这以后，外越的含义随着历史的发展而不断有变化。秦统一中国后，把秦军

---

① 罗香林：《中夏系统中的百越》，独立出版社1943年版。
② 林惠祥：《中国民族史》（上册），上海文艺出版社1990年影印本，第111页。
③ 傅举有：《关于湖南古代越族历史的几个问题》，见《百越民族史论集》，中国社会科学出版社1982年版。
④ 《史记·南越列传》。
⑤ 《史记·货殖列传》。
⑥ 〔东汉〕袁康：《越绝书·越绝外传记吴地传》。
⑦ 〔东汉〕袁康：《越绝书·越绝外传记吴地传》。
⑧ 傅举有：《内越、外越考》，见《百越史研究》，贵州人民出版社1987年版。

尚未占领的东南越族地区称为外越，如"闽越、东瓯、西呕、南越、骆越为外越"①；及至赵佗统一了岭南，外越的含义又有变化：吕后五年春，下令"毋予蛮夷外越金铁田器"②。在这里，外越就明确成为了南越国的代名词。

为什么将岭南称为外越呢？这与东汉的流行称法有关。自夏、商、周以来，中原素有内华夏外蛮夷的思想，至汉亦然。同时，汉时称谓地理方位时多以己方为中心，称自己之外的地区为"外"，如以三秦所在的地区为"关中"，其周围及以外地区概称为"关外"。汉时，常有汉人取名"外人"的（如《汉书·霍光传》中的"丁外人"），其意即为"关外之人"③。又如《后汉书》中称秦平岭南、"始开岭外"亦同义④。这就是汉代"外"的地理学含义。

所以，"外越"在汉代实为汉人以自己所处为中心而对五岭以南地区的称呼，这一称法形成后，后世遂相沿用，如《岭外代答》之"岭外"等皆用此义，指的都是岭南地区。

（四）陆梁

陆梁一词也是岭南地区的代名词。

秦始皇三十三年（前214），"略取陆梁地，为桂林、象郡、南海"⑤。在这里，陆梁所指为岭南地区可谓明矣！

对于什么是"陆梁"，古今学者有三种解释：一说是《史记》中所提出的"南方之人，其性陆梁，故曰陆梁"；一说亦为《史记》中所提出的"岭南之人，多处山陆，其性强梁，故曰陆梁"⑥；还有第三说是覃圣敏先生提出的，他认为陆梁应是岭南古代越语的译音，其意不能根据汉字的表面含义来理解。他认为，"陆梁（亦即骆佬）既是岭南越人的自称，也是兼称岭南之地，所以陆梁一词是人、地兼称"⑦。

此外，《史记·高祖功臣侯者年表》记载有："陆梁，诏以为列侯，自置吏，受令长沙王。"这个陆梁侯，也见诸《汉书·高惠高后文功臣表》，并且湖南长沙还曾发现过"陆梁尉印"。可证汉初存在着一个陆梁侯。对此，周世荣先生认为"陆梁侯"，应是鄱君吴芮所率领佐刘邦的"'百越长'中的一个"。刘邦定鼎中原后，也援封海阳侯、长沙王等例，封陆梁侯以遥领陆梁之地。陆梁侯封地在

---

① 傅举有：《内越、外越考》，见《百越史研究》，贵州人民出版社1987年版。

② 《汉书·西南夷两粤朝鲜传》。

③ 《汉书·霍光传》。

④ 《后汉书·南蛮西南夷列传》。

⑤ 《史记·秦始皇本纪》。

⑥ 《史记·秦始皇本纪》。

⑦ 覃圣敏：《有关"陆梁"的几个问题》，见《文史》第24辑，中华书局1984年版。

长沙国内，受命长沙王，是一种寓居性质。①

以上所述的百越、扬越、外越、陆梁四词在史籍中皆有指岭南越族或岭南地区的含义，但其所指的岭南越族都是对聚居岭南地区越族的泛称，至于岭南越族可以划分为哪几个具体部族则未有说明。

著名民族学家林惠祥先生早在 20 世纪 30 年代就指出，"越以百称，明其种类之多"，而"汉有瓯越、闽越、南越、骆越"②，明确指出了汉时生活在岭南的越人部族有四个，即瓯越族、闽越族、南越族、骆越族。其中，除闽越族外，皆生活在南越国境内，下分述之。

1. 南越族

"南越"一词出现较早，如《越绝书·越绝外传记吴地传》中有"南越宫"，《双剑誃吉金图录》也著录有楚王酓璋戈，上也有"南越"字样的铭文。

在《史》《汉》中，"南越"一词大量出现，如《史记·南越列传》，吕后对南越国实行别异蛮夷、隔绝器物，赵佗于是"自立为南越武王"。

对南越之得名，学术界有三说：一说是徐松石先生提出的，他认为"（商）汤定四方献令，两广地方始名南越"③。一说是罗香林先生提出的，他认为"以其地为扬越南部，故称为南越"④。还有一说是笔者为百越民族史第一次年会提交的论文中提出的，认为南越是"以地域而得名"⑤。以上三说虽有差异，但亦有一致之处，即三说皆以为南越是以地理方位而得名。

有人认为以汉时的"南越"作为生活在粤中、北一带越族的称谓是不妥当的，其实，南越族之称除有丰富的文献记载外，还有坚实的考古实物作为基础。

考古发现的原始文化遗址表明，粤北越人的发展自有其特色，与邻近的西瓯、骆越族的文化特征有较大差别。有的学者曾根据大量的考古材料的比较研究，认为距今约 13 万年前的"马坝人"，是"目前发现南越人最早的祖先"⑥。这个观点得到了学术界的广泛赞同，如蒋炳钊先生就认为"这个分析有说服力，也是合乎南越形成发展的历史事实"，并进一步断定："南越族的来源不是战国晚期越国南迁的遗民，也不可能是从福建迁过来的。"⑦

所以，南越族是由远古时代生活在粤北的土著居民——马坝人发展形成的，其主要聚居地也在粤北、粤中一带，今桂东地区也有一些。

---

① 周世荣：《"陆暴尉印"应为"陆梁尉印"》，载《考古》1979 年第 4 期。

② 林惠祥：《中国民族史》（上），上海文艺出版社 1990 年影印本，第 111 页。

③ 徐松石：《粤江流域人民史》，中华书局 1939 年版。

④ 罗香林：《中夏系统中的百越》，独立出版社 1943 年版。

⑤ 张荣芳：《略论汉初的"南越国"》，见《秦汉史论丛》第 1 辑，陕西人民出版社 1981 年版。

⑥ 徐恒彬：《南越族先秦史初探》，见《百越民族史论集》1982 年。

⑦ 蒋炳钊：《百越族属中的几个问题的探讨——兼论南越及其来源》，见《百越史研究》，贵州人民出版社 1987 年版。

2. 西瓯族

西瓯,又称西呕。该词最早见于《史记·南越列传》:"佗因此以兵威边,财物赂遗闽越、西瓯、骆,役属焉,东西万余里。"据颜师古的意见,西瓯系因与东瓯对举的地理形势而得名①。

西瓯族的记载见诸史者不多,但《尚书》等古文献中提到岭南越族时,实际已包括了西瓯族。

西瓯族主要生活在今广西西江中游及灵渠以南的桂江流域。越南史学家陶维英认为除上述地域外,西瓯族还居于越南的沪江、锦江、求江、商江上游地区②。

据《淮南子》等书的记载,至少在战国末年,西瓯已处于军事联盟制的原始社会末期,已有了一定的社会组织。所以,他们能在首领西瓯君译吁宋的领导下,顽强地抗击秦军,还曾一度取胜。但后来秦通过凿灵渠等,终于征服了西瓯族,并于其地置桂林郡。

赵佗建立南越国前,占领了桂林郡,建立南越国后,赵佗鉴于西瓯族聚居地区的特殊历史情况,决定采取"自治"的政策,于是立西瓯君之后裔为西于王,以西于王治西瓯族人。及汉武帝灭南越国时,仅桂林郡的西瓯族就有数十万之众。可见西瓯确为生活于岭南地区越族中的一大支系。

3. 骆越族

骆越,又作"雒越",该词得名于战国末年该支越族的善垦"雒田"(即"骆田")。"雒田"之说最早见于《交州外域记》,该书载:"交趾昔未有郡县之时,土地有雒田,其田从潮水上下,民垦食其田,因名为雒民。"③故雒民就是垦耕雒田以生存的越族,即骆越族。骆越之本义源于此。

那么为什么骆越又称"雒田"呢?在岭南越族所起的地名中,"雒"字是常见之字,其同音异义之词亦作六、陆、禄、骆、洛、渌等,意为"山坡""山麓",所以,"'骆田'就是'六田',就是山麓岭脚间的田。岭南特别是广西左、右江及越南红河三角洲一带,丘陵很多,不少田地是在山岭间辟成",这种田,壮语叫"那六","照汉语写就是'六田'或'雒田'"。④

骆越族越人主要聚居于西瓯族的西部与南部,即今天广西的左、右江流域,越南的红河三角洲及贵州省的西南部。

据《交州外域记》及稍后的《广州记》记载,战国末年时骆越族已发展到了原始社会末期,有一定的社会组织,并有自己的部落联盟首领。但后来另一支西来的强大部族在其首领"蜀王子"的率领下征服了骆越,自称"安阳王",成

---

① 《汉书·西南夷两粤朝鲜传》。
② 〔越〕陶维英:《越南历代疆域》,钟民岩译,商务印书馆1973年版,第45页。
③ 《水经注·叶榆水》引。
④ 张一民:《西瓯骆越考》,见百越民族史研究会编《百越民族史论丛》,广西人民出版社1985年版。

为骆越族的首领。

秦时平定岭南，因力量所限，虽设有象郡以治骆越之地，但统治力量十分薄弱，类似于后代的羁縻州（岑仲勉语），所以对骆越族的社会组织也基本上没有触动。赵佗称王以后，率军征讨安阳王，经过交战，终于征服了骆越族，鉴于该地区的特殊情况，赵佗也只能采取类似秦朝的做法，让其自治。

可见，骆越族是南越国境内不可忽视的又一大越人支系。

二、 南越国民族政策的历史渊源

因为南越国境内民族众多，所以实行符合实际情况的民族政策十分重要。南越国民族政策的成功不是偶然的，它有着深刻的历史渊源。

秦初伐岭南时，以屠睢为统帅。由于屠睢等人照搬秦制，"以苛法钳制粤人"[1]，遭到了越人各部的强烈反抗，他们即使"皆入丛薄中，与禽兽处"，也"莫肯为秦虏"[2]。后来，越人采取疲兵之计使秦军"士卒劳倦"[3]，又断绝秦军粮道，使秦军"粮食绝乏"[4]，终于大败秦军，连屠睢亦为越人所杀。屠睢治粤的失败给赵佗留下了一条历史教训：若用"苛法钳制粤人"[5]，则必然失败。

任嚣继任后，吸取了屠睢失败的教训，史称他"不敢以秦虎狼之威"施于岭南越族，而代以"和辑粤众"的"有道""抚绥"，使得岭南"民夷稍稍安辑"，尤其是"粤人皆附"，也使得秦所置的南海等三郡才真正为秦所掌握。在当时"北胡南越"问题困扰中原的情况下，任嚣能在岭南对越人进行卓有成效的治理，其历史作用不可低估，屈大均甚至把其作用提到与蒙恬抗击匈奴同等的地位上，"当是时，秦北有蒙恬，威詟漠庭，南有任嚣，恩洽扬越，而始皇乃得以自安"[6]。阮元甚至认为后来秦末天下大乱，"而南海晏然，不被兵革，嚣之力也"[7]。

屠睢的苛法钳粤与任嚣的抚绥安越，这两个截然相反的政策，收到了迥然相异的结果：前者兵败身死，百越骚动；后者民夷安揖，恩洽扬粤。这给赵佗提供了失败与成功两个截然相反的史例。正因为如此，赵佗继任南海尉后，吸收了任嚣成功的经验，戒以屠睢失败的教训，在南越国实施了比较切时的民族政策，获得了极大的成功。

---

① 〔清〕屈大均：《广东新语·坟语》。
② 〔西汉〕刘安等：《淮南子·人间训》。
③ 《汉书·严助传》。
④ 《史记·平津侯主父列传》。
⑤ 〔清〕屈大均：《广东新语·坟语》。
⑥ 〔清〕屈大均：《广东新语·坟语》。
⑦ 〔清〕阮元：《广东通志》卷二三一。

三、 南越国的民族政策

南越国的民族政策，概而言之，是"和辑百越"，这既包含了对任嚣抚绥安辑政策的延续，又有了新的发展。南越国的民族政策具体可以分为四方面。

（一） 以越制越，吸收越人进入政权

秦征服岭南及赵佗建立南越国之时，都是以中原汉人为主要依靠力量的，即有"中国人相辅"。而建立南越国后要想南越国长治久安，必须取得越人上层的谅解与合作。

因此，赵佗第一步就要争取越人上层的承认，打消其疑惑，让越人的上层人士加入政权，使其利益与南越国统治集团一致，完成双方的"合流"。

在这种情况下，许多越人被吸收入南越政权。如吕嘉，号称"越人之雄"，深为广大越人所看重，赵佗拜之为丞相，并以其弟为将军，吕氏家族中许多人都得以担任官职。这样，"因越人之所服"而治之，获得了"南越以治"的效果[1]，这对争取其他越族有着关键作用。

在赵佗政权的政策吸引下，越人上层统治者纷纷表示对赵氏统治的支持，除吕氏家族还有其他一些部族领袖外。

此外，南越国册封的一些王侯，如西于王，驰义侯何遗，归义侯郑严、田甲，瞭侯毕取；及任命的一批文武官员，如瓯骆左将军黄同、桂林监居翁、越郎都稽、揭阳县令史定，交趾、九真二郡的典郡使者中，也有相当的人是越族。

通过对上层越人的争取及吸收其参预政权，南越政权成功地使上层越人的利益与南越国统治集团相一致，消除了他们的疑虑，使他们对南越政权产生了认同感。这就扩大了南越国的统治基础，以越制越相当顺利，获得了成功的统治效果。

（二） 入境随俗，遵从越人风俗习惯

岭南越族各部在历史发展过程中，逐渐形成了自己独特的文化体系与风俗习惯。对此，近年来许多学者已有论述[2]，其特点如下：饮食上，喜食蛇蚌；服饰上，断发文身；生活上，干栏而居，水处舟行；宗教上，巫祝盛行，使用鸡卜等。

这些越族的风俗习惯都属于一个民族共同的心理因素，越族人民能常行之，

---

① 〔清〕屈大均：《广东新语·宫语》。
② 参阅百越民族史学会编辑出版的《百越史研究》等书、论文。

以成为风俗，这其中就注入了越族人民的强烈民族感情。对于越俗，政府如果轻蔑地加以否定，无疑会伤害广大越族人民的民族感情，其结果只能是加深汉越之间的民族隔阂，不利于统治；但如果遵从之，则会有助于汉越人民的相互了解与和睦相处，有利于统治。

赵佗居粤多年，对此很有体验，他对越俗采取的态度是：良则从之，恶则禁之。

他抛弃了孔孟之说，不用中原的"冠带之制"，而与越族"同其风俗"，首次接见陆贾时，他就从越俗，"椎结箕倨"，俨然以真正的蛮夷大长自居。"椎结"，就是"谓为髻一撮似椎而结之"①，与中原的束发戴冠大相径庭；所说的"箕倨"，就是席地交股而坐，更是一种为孟子等人很反感的坐态。对这些越族风俗习惯，赵佗皆从之。在国君的带领下，其他"居蛮中久"的中原汉族官吏也纷纷接受了越族的风俗习惯。

当然，对越人之俗，赵佗也不是完全遵从的，他也明令禁止一些恶习。如"越人好相攻击"②，这实因为岭南越人各族发展程度不一样之故，也可说是原始社会末期部族战争的残存形式。赵佗若遵从此攻斗之俗，则南越必无宁日，所以，赵佗下令禁止，经过官方的一番努力，"粤人相攻击之俗益止"。这十分有利于岭南越族各支系之间的和睦共处，也有利于岭南社会经济的发展。

（三）促进融合，大力提倡汉越通婚

自古以来，两个民族通过联姻而消除隔阂，建立和睦关系，是一条重要的历史经验，因而汉初对强敌匈奴也从娄敬之议，与之和亲，使得双方的民族矛盾有所缓解。这些史例及汉之现行政策无不给赵佗以教益。

赵佗亦仿此例，与越族通婚。吕嘉家族中"男尽尚王女，女尽嫁王子弟宗室"③，使赵氏与吕氏两大族的关系盘根错节，利益趋于一致。如南越所封的苍梧秦王赵光与吕氏家族联姻，第二代南越王的一位夫人赵蓝也可能是越女④，第三代南越王婴齐也娶越女为妻，并生有子赵建德。

在赵氏统治集团的带头及鼓励下，中下级官吏兵卒及其他中原汉人与越族的通婚应是更为普遍，尤其是数十万之众的秦兵，他们除了极小部分与中原派来的15000名女子组成家庭外，大部分的秦兵士卒当主要与驻地的越族通婚。

汉越的通婚有利于汉越民族的相互了解及融合，促进岭南经济的发展，为我国统一的多民族国家历史的发展谱写了新的篇章。

---

① 《史记·陆贾列传》。
② 《史记·南越列传》。
③ 《汉书·西南夷两粤朝鲜传》。
④ 广州象岗汉墓挖掘队：《西汉南越王墓发掘初步报告》，载《考古》1984 年第 3 期。

（四）因地制宜，让部分越人"自治"

岭南为百越聚居之地，越族支系众多，各部越人在社会经济的发展上是极不平衡的。因此，这些支系、部族不同的越族，其势力亦参差不齐。针对这些不同情况，赵佗政权因地制宜，采取了一些比较灵活、变通的统治政策。

赵佗在兼并象郡后，针对象郡一带的历史情况，实行了由越人"自治"的办法。交趾一带，越族的部落势力十分强大，并且原部族的社会发展程度也比较高，已形成了比较严密的部落组织。针对此情，赵佗仅派二使者前往"典主"（前面已详），同时又在交趾地区分封了一位"西于王"，这位西于王，正是组织杀死屠睢的原西瓯君译吁宋的后裔，在西瓯族越人中有着崇高的声望及广泛的影响，赵氏政权封之为王，以安抚之策让其自治，并通过不断的经济援助增强西瓯地区的向心力，以加强对西瓯地区的控制。

综上所述，赵佗对南越国采取了较为切时的民族政策，所以比较成功地处理好民族关系，也收到了较好的效果。他不仅"和辑百越"，使得岭南"粤人相攻击之俗益止"，还使"中县人以故不耗减"[①]。所以，在赵佗的有效治理下，南越国内民族关系和睦，汉越人民友好相处。可见，赵佗的确有功德于岭南各族人民。取得这样的政绩，连汉高祖刘邦也不得不称赞。赵佗在位时岭南地区民族关系的和睦也增强了南越国的实力，赵佗时代之后的南越国后期，南越国内的民族问题逐渐尖锐起来，以致出现了"瓯骆相攻"的情况，这种力量的内耗大大削弱了南越国的实力。所以，司马迁说"瓯骆相攻，南越动摇"是很符合史实的[②]。

---

① 《汉书·高帝纪下》。
② 《史记·南越列传》。

第五章　南越国与汉王朝的关系

南越国立国后，十分重视与汉王朝的关系。这首先因为赵佗是中原人氏，受中原文化的影响很深，因此比较容易通融，建立关系也比较容易。其次，南越国是以秦的南海等三郡为主体而建的，而这三个新郡从建立到南越的建国仅有十年时间，所以南越国也就不可能在这么短的时间内使岭南的经济有较大的发展，与中原相比较，南越国的实力（如经济、军事等）是十分弱小的，甚至在经济上它还不能完全独立，必须从中原输入铁器以及牛、羊、马等牲畜，所以政治上也不可能不对中原产生一定的依赖性。这种汉、越间实力的对比决定了南越国在大多数时间里对汉的俯首称臣。

但是，随着南越国经济实力的增强，南越君主是不会甘心称臣于汉的，一旦有了借口，他们也会做出某种造反的表示，或以这种造反的姿态作为外交、政治手段迫使汉朝改善对南越的政策。不过，纵观南越国史，南越采取这种对抗汉廷方式的时间是很短的。

在南越国 93 年的历史中，它与汉朝的关系可以划分为三大时期：

1. 南越首次对汉臣服时期（前 196—前 183）

公元前 204 年，赵佗建立南越国，此时汉朝刚建立，及至中原归于一统，到汉越通使已过 10 年矣。前 196 年，陆贾使越，赵佗受封，建立了对汉的臣属关系。前 183 年，吕后听信谗言，禁南越关市、别异蛮夷，于是赵佗反汉，汉越关系中断。

2. 南越称帝、抗衡汉廷时期（前 183—前 179）

公元前 183 年，赵佗反汉，旋即称帝，吕后遣兵征讨，赵佗针锋相对，阻击汉军，汉军未能逾岭，赵佗抗汉成功，南越国声望提高，赵佗公开称帝达 4 年之久。

3. 南越再次对汉臣服时期（前 179—前 111）

公元前 179 年，文帝继位之后，陆贾再次受命出使南越，赵佗遂去帝号，复上书称臣，重新恢复了对汉的臣属关系，这种关系一直延续到南越国的灭亡。

可见，在南越国与汉的交往中，友好往来占了绝大多数时间，而汉越关系的恶化与断绝仅有短暂的四年。

第一节　刘邦时期的汉越关系

一、历史背景

南越首次对汉臣服时期，主要在刘邦时代，这个时期比较关键，因为它奠定了汉越关系的基调。汉越关系的建立不是偶然的，有其特殊的历史背景。这时候，西汉王朝刚刚建立，其形势是十分严峻的，呈现一种凋敝、窘迫的景象。其主要表现在两方面。

（一）人口锐减，经济凋敝

经过秦朝内征外伐及秦末战争的消耗，汉初的人口较之秦世可谓锐减：秦朝2000万人口的主要消耗在——"北筑长城四十余万，南戍五岭五十余万，阿房、骊山七十余万。十余年间百姓死没，相踵于路。陈、项又肆其余烈，故新安之坑二十余万，彭城之战，睢水不流，至汉祖定天下，民之死伤，亦数百万。是以平城之卒，不过三十万，方之六国，五损其二"①。刘邦既平项羽，大封群臣，陈平得封曲逆〔曾为河北定县（今定州）〕，后刘邦过曲逆，看见曲逆的人口甚众，不由连声赞叹，认为曲逆是个"壮哉"之县，于天下唯洛阳可与比也！按秦时曲逆有户三万，至汉初仅存五千，这种情况居然能获得刘邦的称赞②，可见，汉初人口大减之一斑。

随着人口锐减带来的是经济凋敝。汉初，"自天子不能具纯驷，而将相或乘牛车"③，国家极为困窘，"民失作业而大饥馑"，人民也贫困不堪，忍饥挨饿，举国一片萧条的景象。

（二）匈奴的外侵及异性诸侯王的内逼

在4年的楚汉战争期间，刘邦忙于逐鹿中原，未对匈奴进行抗击。而匈奴此时在冒顿单于的统治下，国势鼎盛如日中天，"控弦之士三十余万"④，对汉朝的北部边境地区，乃至帝都所在的关中地区都造成了极大的威胁。楚汉战争后，刘邦才能将注意力放在匈奴这边，在国穷民困、准备不足的情况下，公元前200年，刘邦仓促率领20万大军往征匈奴，被围于平城白登山，七天七夜后用陈平之计方才解围。这使刘邦认识到了汉初国力的真正水平，之后他果敢采用娄敬的

---

① 〔晋〕皇甫谧：《帝王世纪》。
② 《史记·陈丞相世家》。
③ 《汉书·食货志》。
④ 《史记·匈奴列传》。

"和亲"之策，对匈奴采取了守势。

同时，西汉初刘邦所分封的诸侯王也不断反叛，如公元前202年，燕王臧荼反；公元前197年，赵相国陈豨反，勾结匈奴，自立为代王；公元前196年，彭越反。这使刘邦不得不忙于镇压国内各地的反叛。

在这种情况下，汉朝统治者即使有征服岭南之心，在征募兵卒、筹集物质上也都有一定的困难。内政上的山穷水尽，外交上的屈辱退让，甚至应付那些反叛诸侯们都疲于奔命，在这种情况下，刘邦的汉朝怎有余力顾及五岭以外的南越国呢！所以，刘邦只好对南越国的存在"置之不理"。稍后，国内稍略安定了，也只能对南越采取怀柔之策，寄望于南越国勿为边患而已！同时，赵佗建立南越国及经营岭南，已有一定的时间，也具有了一定的实力，这也是刘邦不得不引起重视的原因。

二、 陆贾首次使越

在内外交困的背景下，为了不使岭南为边害，刘邦只能顺水推舟，承认赵佗称王的既成事实。至于《史记》所称"高帝已定天下，为中国劳苦，故释佗弗诛"①，实为溢美之辞！汉封赵佗为南越王也是由当时历史条件所决定的。汉出使南越的任务由楚人陆贾完成。

陆贾，楚人也，"以客从高祖定天下，名有口辩"。可知陆贾有着游说之才。同时他还"居（刘邦）左右，常使诸侯"，有着丰富的出使经历。在楚汉战争中，刘邦就曾"遣陆贾说项王，请太公"②。陆贾甚至能凭着口辩之才说服刘邦！史籍记载，陆贾常在刘邦面前称说诗书，劝刘邦"马上得之，不能马上治之"，而应当采取"文武并用"的"长久之术"。凭着口舌，竟然说服了以讨厌儒生而闻名的刘邦。陆贾还专为刘邦写了《新语》十二篇，篇篇皆获刘邦称赞。③ 正因为如此，刘邦认为他是出使南越的最佳人选。

陆贾初到南越国，赵佗的反应不热不冷。他"椎结箕倨"而接见陆贾。赵佗此举可能是为了向陆贾表明自己作为百越君长，已深得岭南越族各部的支持；同时也是为了维护自己在南越国的君主形象。在当时的形势下，赵佗这样做似乎不可厚非。

作为一位有着长期出使经验的辩士，陆贾对赵佗的举动早有预料。故他对赵佗的"椎结箕倨"并未表示惊奇，他不动声色，先从赵佗与中原的关系入手，说，"足下中国人，亲戚昆弟坟墓在真定"，以此先稍缓一下僵硬的局面。随即话

① 《史记·南越列传》。
② 《史记·项羽本纪》。
③ 《史记·陆贾列传》。

锋一转，抛出惊人之语："今足下……欲以区区之越与天子抗衡为敌国，祸且及身矣。"完全是战国时代奔走天下的纵横家的游说风范。这一下子引起了赵佗的注意，然后陆贾给他分析了其中的原因。

陆贾首先赞扬了汉高祖刘邦的丰功伟绩：刘邦起于微弱，后来却入主关中，击败了"可谓至强"的项羽，而终于平定海内，"鞭笞天下"，"此非人力，天之所建也"。陆贾向赵佗暗示刘邦的入主中原实为天意，不可违抗，南越国自然也不应例外。接着他又分析了赵佗及其南越国的弱点：岭南地区系"新造未集之地"，举国民心趋向尚未完全一致，广大的越人也尚未完全听令于赵氏政权。所以，南越国的内政是不稳定的，倘若还要对汉"倔强"而不接受汉朝册封的"君主印"，那么，惹怒了刘邦，则刘邦完全可能杀掉赵佗在中原的宗族，夷平赵佗先人坟冢，断绝与岭南地区的交往，并派军队进攻岭南。假如到了这种地步，南越国内外交困，则"越杀王降汉，如反覆手耳"①。

陆贾一番话击中了赵佗心中所最担忧之事。赵佗最担心的正是他在岭南地区的统治地位，于是他蹶然起坐，对陆贾表示了歉意，自称"居蛮夷中久，殊失礼仪"②。此后，二人的话题才逐渐多了起来。谈话间，陆贾"每因便讽之"③，从各个方面劝说赵佗。

赵佗以开玩笑的口气问陆贾："我孰与萧何、曹参、韩信贤？"陆贾曰："王似贤也。"赵佗复问："我孰与皇帝贤？"这下子陆贾又有了发挥的机会，他说，"皇帝起丰沛，讨暴秦，诛强楚，为天下兴利除害，继五帝三王之业，统天下，理中国。中国之人以亿计，地方万里，居天下之膏腴，人众车舆，万物殷富，政由一家，自天地剖判未有始也"，而相比之下，南越国"众不过数万，皆蛮夷，崎岖山海间，譬如汉一郡，王何乃比于汉！"这也是实情，赵佗也明白，不过，居蛮夷久，兼之他治岭南又卓有成效，所以他还是大笑曰："吾不起中国，故王此。使我居中国，何遽不若汉。"④

赵佗自比于汉的夜郎自大与他见陆贾之初的"椎结箕倨"及接着"蹶然起坐"等都是一致的，他满足于独霸岭南，但又不能得罪汉廷；同时，他以这种井蛙式的表现，向汉廷暗示他"欲自外乎蛮夷"，"无远大志"，以此求"杜兼并之祸于无形"⑤。可见赵佗还是相当明智的。

最后，赵佗接受了汉朝的册封，"愿奉明诏，长为藩臣"⑥。赵佗钦佩陆贾的

---

① 《史记·陆贾列传》。
② 《汉书·陆贾传》。
③ 〔清〕梁廷枏：《南越五主传》。
④ 《汉书·陆贾传》。
⑤ 〔清〕梁廷枏：《南越五主传》。
⑥ 〔清〕梁廷枏：《南越五主传》。

才干和"威仪文采",认为"越中无足与语,至生来,令我日闻所不闻"①,所以"留与饮数月"②。

陆贾临走之时,赵佗送陆贾以值二千金的财物,算是钱行。这亦是沿用先秦时期中原古俗。如《战国策》载赵恢谓使者曰,"今予以百金送公也,不如以言"③。秦时,刘邦为亭长,一次,"以吏徭咸阳,吏皆送奉钱三,何独以五"。对此,《汉书·萧何传》颜师古注曰,"出钱以资行"④;汉朝建立后,娄敬献和亲之计时也说:"彼知汉女送厚,蛮夷必慕,以为阏氏。"⑤ 可见,赵佗赠资陆贾,系沿用中原之俗。这也表明了赵佗是个相当明智的人,他在越行越俗,对汉人行汉俗。

陆贾出色地完成任务回到长安,高祖大悦,拜陆贾为太中大夫,以资奖励。

在汉越的首次通使过程中,陆贾起了关键的作用。所以,几乎所有的学者都异口同声地颂扬陆贾"凭其学识与口才,把赵佗说服了"⑥;陆贾的"功劳是很大的"⑦。

三、 陆贾首次出使之后的汉越关系

陆贾出使南越,使赵佗接受了汉朝的册封,南越国对汉朝的臣属关系算是建立了,南越国也就正式成为西汉的一个诸侯王国,从此开始了南越国的首次臣服汉朝时期。

此外,南越国接受了汉的册封,也就"限定越界,与长沙相接"⑧。更为重要的是,它使汉越贸易成为合法,双方贸易互有所补,各获其利;中原地区获得了南越国的特产,丰富了中原人民的生活,而南越国也获得了发展农业生产所必需的金铁、田器及马、牛、羊等牲畜,有利于南越国社会经济的发展。

此后,南越国"岁修职贡,尝献鲛鱼、荔枝",还曾"贡石蜜五斛,蜜烛二百枚,白鹇黑鹇各二",以不定期对汉交纳土特产的方式履行着一个诸侯王国的贡职;汉廷亦投桃报李,给予南越国一定的回赐,如"以蒲桃锦四匹报之""厚报遣其使"等⑨。

---

① 《史记·陆贾列传》。
② 《史记·陆贾列传》。
③ 《战国策·燕策》。
④ 《汉书·萧何传》。
⑤ 《史记·娄敬列传》。
⑥ 张其昀:《中华五千年史》第9册,台湾"中国"文化大学出版部1982年印行。
⑦ 周乾荣:《陆贾研究》,见《秦汉史论丛》第2辑,陕西人民出版社1983年版。
⑧ 〔清〕梁廷枏:《南越五主传》。
⑨ 〔清〕梁廷枏:《南越五主传》。

刘邦死后，惠帝刘盈亦遵循高祖之制，对南越国"时有所赐"；赵佗亦守职约，不定期入贡岭南特产，如惠帝"三年秋七月，佗犹循故事入贡方物"①。汉越之间的这种关系一直维持到吕后执政的第五年（前183）时才中断。

这一段时间，汉越关系虽然表面上看很友好，但是实际上双方都互有猜疑，各有提防。

汉朝对南越的戒心由来已久。早在西汉王朝建立之时，刘邦就无视南越国已据有岭南原秦三郡的现实，而将之连同长沙、豫章之地封给忠于汉室的长沙王吴芮，这实为"遥虚夺以封芮"②，别有用意地给赵佗树敌，以求从长沙、南越二国的对抗中制衡，而长久地控制二国。以后，又虚封了一侯一王，即"海阳侯摇毋余"③ 及"南海王织"④。学术界一般认为这一侯一王的封地在岭南地区，但也有认为南海王织之地不在岭南的⑤。其用意亦相同。此外，汉还在汉越边界布置了重兵，派遣两位将军率军常驻长沙国，以监视南越国。从长沙马王堆三号汉墓中出土的《驻军图》中，就可以看到西汉前期、中期，汉军在南岭山脉的越城岭至骑田岭一线有着严密的布防。可见，刘邦对南越国采取的是既安抚又孤立的政策，说明汉对南越国存有戒心。

同样，赵佗虽然表面上臣服于汉，但那是缘于南越国与汉王朝实力对比太悬殊之故，所以他"欲自外乎蛮夷，示无远大志，俾汉之君臣荒陋置之"⑥。但在内心深处，"彼其心实隐虑高帝之不相容，边关之不足恃"⑦ 也！可见，赵佗内心也充满了对汉的猜疑。

不过，无论汉越内心的盘算如何，双方在表面上都保持了友好往来，双方的政治、经济来往不断，两国皆有收益。这种关系一直到吕后五年（前183）才中断。

第二节　吕后"别异蛮夷"政策

陆贾使越后，汉越建立了正式关系，次年（前195）刘邦去世，惠帝继位。惠帝执政期间，汉越友好往来得以继续发展。惠帝在位七年而崩，吕后执政，吕

---

① 〔清〕梁廷枏：《南越五主传》。

② 《汉书·高帝纪》。

③ 《史记·高祖功臣表》。

④ 《汉书·高帝纪》。

⑤ 关于此说，历来有主张者，如全祖望、潘莳等。潘莳认为南海王织所在之地，不在岭南地区，而在"今江西之东南以迄福建之西南，界于闽越与南越之间"。详见潘文《汉南海王织考》，载《文史汇刊》第1卷第2期。蒋炳钊先生亦主张此说，详见《闽越史几个问题的探讨》，载《中南民族学院学报》1986年增刊，总第23期。

⑥ 〔清〕梁廷枏：《南越五主传》。

⑦ 〔清〕梁廷枏：《南越五主传》。

后执政的前四年，汉越双方的关系维持了原状，第五年（前183）春，汉越关系发生了变化。

史载，吕后五年春，汉廷"以有司请禁绝南越关市金铁、田器，及马、牛、羊、畜毋得关以牝，著令于边"①。颁布所谓"别异蛮夷，隔绝器物"的政令，不但有断绝与南越国贸易的内涵，而且有歧视南越的意味。

秦平岭南推动了岭南经济的发展，在岭南许多地区逐渐推广了先进的生产工具（如金铁、田器等），使岭南地区对这些生产工具的需求量日渐增大。但由于社会经济发展水平的差异，岭南地区发展到了南越国时期，仍然不能制造这些用于生产的工具，而必须从中原输入，也就是说在经济领域，南越国对中原有着相当程度的依赖关系。如今吕后偏偏禁止向南越国输出这些生产工具与牲畜，无异于对南越国实行了经济封锁，必将给南越国的经济以重大打击；同时中原人民也得不到岭南的特产。实际上这是一种对汉越双方都不利（对南越尤不利）的政策。

那么吕后为什么突然改弦更张，对岭南实行所谓"别异蛮夷，隔绝器物"的政策呢？原因在前面的章节已有所提及，这里结合吕后执政后中原的政治形势来考察。

刘邦建立西汉王朝后，先后分封了一批异姓王，又逐渐消灭了他们中的绝大多数，同时大封刘氏宗室为王，临死前不久，刘邦还召集大臣立下了"白马之誓"，明确规定"非刘氏而王者，天下共击之"②，其目的就是保障刘氏宗族的永久统治。刘邦不久即崩，吕后专政，大封诸吕（如吕台等）为王，违背了刘邦的"白马之誓"。为了扩大吕氏集团的统治基础，吕后笼络了一批人，对仅存的异姓王国——长沙国，加以拉拢。面对吕氏集团的厚待，长沙国也就很有可能趁机进谗，要求打击南越国，夺回高祖初封长沙王的岭南三郡，变"遥虚夺以封"为实得封土。③

对于长沙国所进的谗言，吕后可能也明白这样做的后果，但南越国对她来说太遥远了，她迫切需要解决目前的燃眉之急，即先结成以自己为中心的吕氏集团，以压制刘氏集团。因此她就可能顺水推舟而对南越国采取"别异蛮夷"政策。

赵佗正是这样估计的："今高后听谗臣，别异蛮夷，隔绝器物，此必长沙王计也，欲倚中国，击灭南越而并王之，自为功也。"④ 据以上的分析，我们推测吕后之所以突然改变对南越国的政策，可能的确是因为与听信了长沙国的谗言有关。

① 〔清〕梁廷枏：《南越五主传》。
② 《汉书·王陵传》。
③ 《汉书·高帝纪》。
④ 《史记·南越列传》。

无论原因如何，结果却是显而易见的："别异蛮夷"政策给南越国的经济造成了很大危害，作为南越国最高统治者的赵佗更是"患之"，但谙于政治的赵佗明白，在这种情况下，派人向汉廷说明才是上策，如若此时反汉，则未必能取得胜利，甚至由于反汉的理由不能成立，以至连道义上的优势也未必能占。所以他先后派遣南越国的高级官员"内史藩、中尉高、御史平凡三辈"前往汉都长安①，请求吕后改变政策。但是吕后扣留了赵佗派去的三位南越国高级官员，这不仅激起了三位官员在南越国的亲属对吕后政权的强烈不满，同时也使南越官吏、百姓看到了吕后政权的不守信用与暴戾无常。在这种情况下，他们自然更加支持赵佗。

吕后也可谓过于残忍、暴悖了！她还派人诛杀了赵佗在中原的宗族，并捣毁赵佗父母在中原的坟墓。

自古以来，对葬礼的重视是各民族发展中的共同规律之一。在孔子时代就已强调孝事父母的中原汉族人民更是这样，焚毁别人父母坟冢之举只会导致仇恨。这一点，考之前的战国之世，核之后的武帝平南越之时都是可以说明的。如战国时，燕昭王与其他几国联合进攻齐国，占领了齐国的绝大多数城池。这时齐仅剩下即墨、莒二城，但是攻即墨的燕军十分残暴，公然在即墨城外"尽掘垄墓，烧死人"，焚毁即墨人民逝去亲人的遗体，使守城的"即墨人从城上望见，皆涕泣，俱欲出战，怒自十倍"②，此为前证。又如武帝平南越时，楼船将军杨仆"素残酷"，"使军士发掘死人，自夸多获"，使南越军民大为愤怒，不投降杨仆而"尽降博德"③，此为后证。

此外，在越人看来，祖冢、宗庙遭毁是比国破家亡并沦为他国奴隶还要可畏之事。④ 因此，赵佗"闻汉掘烧其先人冢而有反意"⑤。而南越国的吏民也再次看到了吕后的残忍，他们对赵佗只会更加同情与支持。

兼之，赵佗治南越已 30 余年（称王已达 25 年），南越国的社会经济实力已有了相当程度的增强，这也加强了赵佗反汉的信心。

在几经努力皆毫无成果的情况下，赵佗明白通过政治手段已无法解决了，他终于决定付诸武力，以反汉来对抗吕后政权。

公元前 183 年，赵佗"自尊号为南越武帝"，"乃乘黄屋左纛，称制，与中国侔"⑥。赵佗自谥为"武"，这是与中原自周朝以来实行的谥法不相符的。按周

---

① 《史记·南越列传》。
② 《史记·田单列传》。
③ 〔清〕梁廷枏：《南越五主传》。
④ 〔清〕梁廷枏：《南越五主传》。
⑤ 〔清〕梁廷枏：《南越五主传》。
⑥ 《史记·南越列传》。

朝之谥法，只有君王死后，众臣才能根据其生前的功德而给予一个谥号。但明末学者屈大均认为赵佗自称武帝亦系仿中原秦制，因为秦王嬴政自称为始皇帝之后，废除了谥法，赵佗仿之，故屈大均认为是"始于秦政也"①。

赵佗称帝后，"恨长沙王图己"②，于是发兵攻打长沙国，取得了"败数县"的小胜。长沙王以闻于汉，吕后不料赵佗竟敢抗汉称帝，并进攻长沙国，大怒。公元前181年9月，吕后下令"削佗前封南越王爵"，并遣汉将"隆虑侯周灶、博阳侯陈濞同率兵来讨"③。由于赵佗在南岭上早已遣兵"据险筑城"，占据了战略要点，汉军进展不利，兼之"会暑湿，（汉）士卒大疫"，于是汉"兵不能逾岭"④，双方处于胶着的对峙状态。汉军只得"退屯长沙备之，相持岁余"⑤。不久"高后崩，即罢兵"⑥。

吕后之伐南越，不但没有达到降服赵佗的目的，反而使赵佗以一个抗击汉中央王朝的叛逆者的形象而获胜，这使得南越国的威望大大提高，它的许多邻国对之不得不另眼相看。赵佗趁机"因此以兵威边，财物赂遗闽越、西瓯、骆，役属焉，东西万余里"⑦。南越国的势力影响范围大大拓展了，同时，赵佗在国内的统治也更加稳固了。

汉越的这种政治上的对抗状态一直持续到吕后死去才逐渐有所改变。

从公元前183年吕后采取"别异蛮夷"政策到公元前179年陆贾第二次出使南越前夕，南越国与汉的经济上的交流基本中断，政治上的友好往来也因两军的针锋相对而产生的敌意所代替。这一时期是赵佗称帝的时期。

赵佗的称帝，很大程度上是吕后"别异蛮夷"政策所致，这固然与吕后听信长沙王的谗言有关，但也可能与吕后对岭南地区的歧视、偏见有一定的关系。不管怎么说，只要汉朝方面存在着这种错误政策，汉越关系就不可能得到改善。

第三节　文帝时期赵佗的再次臣服

公元前179年，吕后病死。吕氏集团失去了主心骨，开始走下坡路。吕禄、吕产继续擅权，"欲发乱关中"，建立吕氏王朝，又恐刘氏集团及大臣的反对，正"犹豫未决"时，被太尉周勃等人一举消灭。

同年，周勃等迎立刘邦之子，代王刘恒为帝，是为历史上著名的汉文帝。

① 〔清〕屈大均：《广东新语·地语》。
② 〔清〕梁廷枏：《南越五主传》。
③ 〔清〕梁廷枏：《南越五主传》。
④ 《史记·南越列传》。
⑤ 〔清〕梁廷枏：《南越五主传》。
⑥ 《史记·南越列传》。
⑦ 《史记·南越列传》。

文帝即位后，"使告诸侯四夷从代来即位意，喻盛德焉"①，并开始纠正吕后对南越采取的错误政策。

正当汉朝中央变动频繁之时，赵佗请求和解之书也被送到了汉廷。赵佗之所以首先提出和解，是因为南越国虽然成功地阻击了汉军的南下，但南越国与汉的对峙，对南越国尤为不利，其对地广物博的中原的影响相对较小得多。赵佗采取主动，派人送书给守长沙国的汉将周灶，"请罢长沙两将军兵，求还兄弟之在真定者，将与汉和"②。周灶受赵佗书，马上"以佗书闻于朝"。赵佗的主动请求和解为汉越关系的改善带来了转机。

文帝接到赵佗的和解书，马上作出反应，"乃为佗亲冢在真定置守邑，岁时奉祀"，又"召其从昆弟，尊官厚赐宠之"，同时，还"罢将军博阳侯"。③汉越双方的互动为双方关系的解冻及走向正常化开辟了道路。

采取了上述措施后，文帝"欲使佗去帝号称臣，乃诏丞相陈平等，令举可使南越者"④。陈平作为善于筹谋的贤相，认为陆贾"先帝时习使南越"，对南越的情况比较熟悉，于是推荐了陆贾。文帝从其言，"乃召贾以为太中大夫，往使"⑤。

陆贾此时已是一位七十五六岁的古稀老人了，他本来完全有理由推辞这个差事，但是为了汉越两族化干戈为玉帛，他毅然再次受命，带上文帝的诏书、一名副使以及文帝赐给南越王赵佗的礼物——"上褚五十衣，中褚三十衣、下褚二十衣"⑥，踏上了通往岭南的道路。

陆贾作为汉朝使者的到来，虽然是赵佗预料之中的事，但是他没有料到新即位的文帝会这么快就作出了相应的答复。这反而使他有些惊慌不安，带着既有所希望又"甚恐"不安的心情接见了陆贾。

赵、陆见面后，史称陆贾"宣朝廷德意"⑦。之后，即递交了文帝的诏书，"劝佗内附"。

可以说，文帝给赵佗的诏书是比较客观的。诏书中文帝首先承认了吕后对南越国的政策是"悖暴乎治"的，过在汉朝方面；其次，又告诉赵佗，汉朝为恢复与南越国的关系也采取了一些措施，如撤去了靠近南越国边界的一支汉军，修葺赵佗父母坟冢等；再次，诏书中还认为，汉越交兵，"必多杀士卒，伤良将吏，寡人之妻，孤人之子，独人父母，得一亡十"，对汉越双方都是不利的；最后，

---

① 《史记·南越列传》。
② 〔清〕梁廷枏：《南越五主传》。
③ 《史记·南越列传》。
④ 〔清〕梁廷枏：《南越五主传》。
⑤ 《史记·南越列传》。
⑥ 《汉书·西南夷两粤朝鲜传》。
⑦ 〔清〕梁廷枏：《南越五主传》。

文帝委婉地告诉赵佗，南越国与长沙国一样，都是高祖所封，其土地界限不能更改，希望赵佗"分弃前患，终今以来，通使如故"。

文帝的诏书使赵佗除接受之外，几乎毫无选择，于是他也"为书谢"。赵佗在给文帝的回信中，先解释自己称帝系"高后隔异南越，窃疑长沙王谗臣，又遥闻高后尽诛佗宗族，掘烧先人冢"之故；接着表示从今之后去帝号而对汉称臣，"愿长为藩臣，奉贡职"①；并表示马上通令国内。

赵佗的举动，有古代学者认为是"君臣之间，以至诚感应，如响与声，信一时之盛事也"②；近来还有看法认为是"汉文帝的恳切态度感动了赵佗"之故③。这些说法都有值得推敲的地方。

列宁在《论民族自决权》一文中指出："在分析任何一个社会问题时，马克思主义唯物主义的绝对要求，就是要把问题提到一定的历史范围之内。"④ 赵佗在秦时就进入岭南，后又任南海尉以至划岭而王，执政已达 38 年，他对岭南的政治、社会经济等十分了解，他深知岭南虽然有了 40 余年的开拓史，而且社会经济水平比秦平岭南时增强了许多，但与中原汉朝相比，仍是"绵力薄材"⑤，不可同日而语。所以，南越国对汉的抗衡也是不能持久的，一旦中原"贤天子"出，则完全可能趁势消灭南越国。故赵佗深知南越"诚非汉之敌"，可谓"明哲炳于机先，故能变逆为顺，以相安于无事耳"，自然也就"固不待贾之再来，而帝号之削，在佗意中久矣"⑥。赵佗唯一没有料到的是陆贾如此之快就到了南越。及至陆贾来到并交代清楚了汉朝天子的意图后，赵佗"顿首谢"，完成了汉越关系的最终改善。赵佗的两次对汉俯首称臣，实为当时汉越实力对比的结果，也就是说，它是由当时双方的社会经济水平决定的，不能说是"文帝的恳切态度感动"的结果，更不是什么"君臣之间""以至诚"而"感应"的缘由，充其量可以理解为文帝不仅在诏书中客观而且有点甘心自降其天子声威，因而使赵佗觉得比较容易接受罢了。

陆贾这次出使南越，由于赵佗、陆贾早已相识，因此赵佗也以"与贾有旧，相待有加礼"，并带着陆贾"游览国中名胜"⑦，尽欢而散。

陆贾还朝时，赵佗"因贾献文帝白璧一双，翠鸟千，犀角十，紫贝五百，桂蠹一器，生翠四十双，孔雀二双"⑧，皆岭南地区的特产。赵佗一次上贡，即达

---

① 《史记·南越列传》。
② 〔清〕屈大均：《广东新语·文语》。
③ 余天炽等：《古南越国史》，广西人民出版社 1988 年版，第 216 页。
④ 〔苏〕列宁：《列宁全集》第 2 卷。
⑤ 〔清〕屈大均：《广东新语·器语》。
⑥ 〔清〕梁廷枏：《南越五主传》。
⑦ 〔清〕梁廷枏：《南越五主传》。
⑧ 〔清〕梁廷枏：《南越五主传》。

1000 多件物品、珍禽，可见赵佗之内心是愿意与汉友好的。

陆贾胜利地完成了使命回到长安，文帝十分满意。

陆贾的第二次出使，达到了使赵佗再次对汉称臣的目的，南越国与汉恢复了以前的关系，完全实现了双方关系的和好，赵佗对汉称臣，行诸侯之职，时时遣使入贡。公元前 156 年，文帝崩，太子启即位为景帝。景帝统治期间，赵佗仍奉臣职，犹"称臣，使入朝请"①。

陆贾先后两次受命出使南越，使南越俯首称臣，可谓是"不战而屈人之兵"的上上之谋②。更重要的是，汉越的友好不但使"汉越无兵争流血之惨，而生灵得免涂炭，天下阴受其赐多矣"③，还增强了中原与岭南的政治、经济联系，为祖国统一的多民族国家的发展作出了贡献。

赵佗的再次对汉称臣，在名义上再次成了汉的诸侯国，但在南越国内，赵佗仍以武帝自居，"窃如故号名"，直到南越第三代王婴齐继位后才"藏其先帝玺"④。

到了汉景帝三年（前 154），御史大夫晁错建议汉景帝"削藩"，使藩王所属的郡县地盘逐步归中央直辖。早怀异心的吴王刘濞于是煽动吴楚七诸侯以"清君侧"之名，发动叛乱，请求汉景帝诛晁错。汉景帝把晁错杀了，但七国仍不退兵。后来汉景帝派周亚夫为太尉，带兵一举平定了"七国之乱"。吴王刘濞在煽动诸侯国叛乱时，曾声称他在南方经营多年，并认为长沙、南越是其南面的势力范围。但实际上南越王赵佗并没有参与吴王刘濞的叛乱行动。《汉书》记载，汉景帝时南越王赵佗"称臣，使入朝请"，赵佗特意向汉景帝表明其立场，忠于汉王朝而不与吴王刘濞同流合污。汉宫上林苑有高达一丈二尺的珊瑚树，又高又大，枝柯甚多，色红透亮，被誉称为"烽火树"，就是南越王赵佗所贡献。

无论如何，在汉文景之世，汉越结束了吕后时期的敌对状态，恢复了友好往来，这对汉越双方都是有利的，有着不可忽视的历史意义。

第四节　赵眜与汉王朝的关系

汉武帝建元四年（前 137），赵佗去世。由于赵佗享寿达 100 余岁，故其太子始等已先他死去。赵佗死后，南越国的王位由赵佗之孙、《史记》《汉书》所载的"赵胡"继位，是为南越二主。

---

① 《史记·南越列传》。

② 〔春秋〕孙武：《孙子兵法·谋攻》。

③ 张其昀：《中华五千年史》第 9 册，台湾"中国"文化大学出版部 1982 年印行。

④ 《史记·南越列传》。

1984 年广州象岗南越王墓发掘后，种种考古材料证明南越二主应作"赵昧"①。广州象岗汉墓发掘队发表在《考古》杂志 1984 年第三期的《西汉南越王墓发掘初步报告》认为："（象岗）墓主身着玉衣，身上有'文帝行玺'金印，故确定为第二代南越王。《汉书·南粤传》记赵佗僭号为武帝，第三代南越王婴齐去僭号，而'藏其先武帝文帝玺'。今本《史记·南越列传》脱失'文帝'二字。这枚'文帝行玺'的发现，证明《汉书》记载是正确的，第二代南越王曾僭号为'文帝'。《史》《汉》本传均谓赵佗传孙胡，但发现的名章作'赵昧'，又有'泰子'二印考虑，与《史》《汉》皆不合。我们认为，如果单从'赵昧''泰子'二印考虑，似可斟酌，但'赵昧'印'文帝'印同出，说明这个赵昧只能是《史》《汉》中的第二代南越王赵胡。《史记》误'昧'为'胡'，或出自司马迁所据档案资料不实，致误；或司马迁并不误，后被班固传抄笔误，后人又据班固误抄改订《史记》正字，遂致一误再误。现在应据此印文改赵胡为赵昧，还他本来名字。"我们同意发掘简报的意见，认为应以南越二主生前的种种实物（即考古发掘出的印章等文物）为准，还"赵昧"以其原名。

　　关于赵昧在位时间，《史》《汉》皆称为"十余年"，留下了一桩历史公案。近年来海峡两岸学术界对此有所考证，形成了三说：一说是何光岳先生在其所著《百越源流史》一书中提出的观点，认为赵昧在位为 13 年，即从公元前 137 年至前 124 年②。一说是余天炽先生在《古南越国史》一书中的见解，认为是 15 年，即从公元前 137 年至公元前 122 年③。一说是台湾学界的一种看法，认为赵昧在位期间为 12 年，即从公元前 137 年到公元前 125 年④。分析上述三说，我们认为余天炽的考证较为合理，故赞同 15 年说。

　　赵昧在位的 15 年，南越国势已逐渐走下坡路，日趋衰落，赵佗时代的勤勤勉勉、艰苦创业的精神已不多见。在这种趋势下，南越与汉的关系也基本上遵循赵佗时代所开创的模式。但这 15 年中，汉越关系史上也发生了几件大事，下文分述之。

一　　闽越国侵袭

　　公元前 137 年，赵昧即位，"立三年"，即公元前 135 年，"闽粤王驺郢欲广已所封地"，盘算着南越国新君刚立不久，国内人心未定，遂"举兵侵南越边邑"⑤。

---

① 广州象岗汉墓发掘队：《西汉南越王墓发掘初步报告》，载《考古》1984 年第 3 期。
② 何光岳：《百越源流史》，江西教育出版社 1989 年版，第 147 页。
③ 余天炽等：《古南越国史》，广西人民出版社 1988 年版，第 245 页。
④ "中华"文化基金会编：《中华文化百科全书》第 6 编，黎明文化事业公司 1989 年版。
⑤ 〔清〕梁廷枏：《南越五主传》。

此时赵眜本可兴兵痛击闽越，但可能考虑到国家未定且战争又损耗甚巨，故上书武帝，请求天子处理此事。上书中称："两越俱为藩臣，毋须擅兴兵相攻击。今闽越兴兵侵臣，臣不敢兴兵，唯天子诏之。"① 这既向武帝表明了南越国忠于臣属之职，不兴兵互相攻击，同时又要求汉政府出面干涉。这样就巧妙地把难题推给了汉中央。

武帝对赵眜的举动表示赞赏，"多南越义，守职约"。武帝迅即派遣王恢、韩安国二将军率兵前往征讨闽越。中央汉军的压境，引起闽越国内最高统治集团的分化，"闽粤王弟余善杀郢以降，于是罢兵"②。

在这场战争中，闽越出于掠夺财物的企图而发起侵袭，是非正义的，而南越国的处置十分得体，既未损己之兵，又退了敌军，对南越国而言是十分有利的。

二、 严助谕南越

闽越王弟余善杀郢以降后，汉廷另立余善为闽越王，"奉闽粤祀"。事毕，即"命中大夫严助以处分闽越事谕南越"③。

严助，会稽吴人，"严夫子子也……郡举贤良，对策百余人，武帝善助对，由是独擢助为中大夫"④。严助亦善辩之士，曾"与大臣辩论，中外相应以义理之文，大臣数诎"。所以武帝对之另眼看待，"唯助与（丘）寿王见任用，而助最先进"。故武帝特遣严助往谕南越。

严助至番禺，告以天子已"处分闽越事"，赵眜顿首谢曰："天子乃为臣兴兵诛闽越，臣死无以报德！"表示了对汉的感谢。

严助返时，赵眜遣太子赵婴齐随助"入宿卫"，并称自己本愿"身从使者入谢"，不奈"国新被寇"，自己又"有狗马之病，不能胜服"，一旦"病有瘳"，即"入见天子"。⑤

严助返都，"见帝具言胡（眜）愿入朝意"，武帝大喜。

三、 赵眜称病不入朝

严助返汉后，南越君臣劝谏赵眜，"汉兴兵诛郢，亦行以惊动南粤"，并且"先王言事天子期毋失礼，要之不可以怵好语入见，入见则不得复归，亡国之势也"。

---

① 《史记·南越列传》。
② 《史记·东越列传》。
③ 〔清〕梁廷枏：《南越五主传》。
④ 《汉书·严助传》。
⑤ 〔清〕梁廷枏：《南越五主传》。

赵佗的遗训也勾起了赵眜对往事的回想，引起了他对南越、汉之间由来已久的互存戒心的注意。于是他对汉"称病，竟不入见"。此后，赵眜在统治南越的12年中，也未入朝见汉天子，但是与汉保持了赵佗时所恢复的友好关系。

　　有的古代学者认为赵眜既然答应了严助要亲自入长安朝见，后又"背入朝之约"，"一再售汉以疑"，造成了汉对南越的"益疑"，则"祸速"也，认为只要入朝见天子，"一修朝觐，礼成而还，恭恪之节愈昭，君臣之义愈密"，则南越国的江山愈固矣①。对这种看法我们不敢苟同。

　　经过汉初的70余年的休养生息，汉王朝的国力正达到了最高峰。《汉书》称当时是"国家亡事，非遇水旱，则民人给家足，都鄙廪庾尽满，而府库余财。京师之钱累百钜万，贯朽而不可校；太仓之粟陈陈相因，充溢露积于外，腐败不可食"②。在这种大气候下，有雄才大略欲"变更制度"的汉武帝要加强中央集权③，势必要解决封国问题，打击割据势力。如武帝元朔二年（前127）采纳主父偃的建议，下达"推恩令"等④。联系当时形势，武帝对南越国是有征服的想法的。当然，这种想法能否实现，还要看具体情况。所以，赵眜若入朝，其所起的历史作用，也不会有多大。

　　总之，赵眜由于守赵佗遗训及的确本身长期患病，未曾入见汉武帝，但他也一直奉行了对汉的友好政策。所以赵眜在位的15年，汉越双方保持了友好往来。

　　① 〔清〕梁廷楠：《南越五主传》。
　　② 《汉书·食货志》。
　　③ 《资治通鉴》卷二三。
　　④ 《汉书·武帝纪》。

第六章　南越国的农业经济

　　岭南地区濒临南海，气候炎热，水量充沛，土地肥沃，物产丰盛，是我国水稻作物发展较早和较快的地区。古代越族人过着以捕猎和从水边捞捕鱼类及介壳软体动物为食的经济生活，进而在丘陵陆地耕种稻谷等农业经济作物。在岭南地区新石器遗址中，发现不少石锄、石刀、石铲、蚌刀、石杵、石磨等农业工具，在广东曲江马坝的新石器遗址中，发现了栽培稻的稻秆和谷壳①。这说明新石器时期岭南已出现了早期的农业种植。

　　岭南的越人最早采取的是"刀耕火种"的种植法，即先在荒地上点一把火烧荒，将烧成灰的杂草小树等作肥料，然后种植。后来又用"火耕水耨"法，用火烧荒，然后灌水种稻。草、稻一起在田中生长，中间把草除掉，再灌以水，使田中的草不再长出。这两种原始的农业种植，产量不高，在生产上还有一定的局限性。人们还要靠捕捞水中食物以维持生活。司马迁在描写江南一带的经济状态时云："楚越之地，地广人稀，饭稻羹鱼；或火耕而水耨，果隋蠃蛤，不待贾而足。地势饶食，无饥馑之患。以故呰窳偷生，无积聚而多贫。"② 这就是说当时的先民已种稻为饭，捕鱼为汤，谷类果品、贝类、虫蛇不用购买而且数量较多。大家安于现状，自给自足，过着贫困的日子。

　　秦的统一使岭南地区进入了封建社会，社会历史发展进入了一个关键的转折时期。赵佗建立南越国后，岭南一度比较安定，亦十分重视发展南越国的经济，推广中原先进技术，从中原地区输入铁农具和马、牛、羊等。在与长沙国接壤的边境设有进行贸易的"关市"，汉越产品在此交换。南越急需的铁具和牲畜不断输入岭南，这极大地推动了岭南农业经济的发展。

　　南越国时期是岭南农业经济发展的重要时期，而历史文献在这方面的记载则极为贫乏。《史记·南越列传》及《汉书·西南夷两粤朝鲜传》对研究南越国史非常重要，但是两传均偏重于政治方面，即南越国与汉朝关系、南越王朝的王位更迭、统治阶级的内部权力之争等，而对王国的社会经济则极少涉及。近40年来，考古工作者在岭南地区发现了400余座南越王国时期墓葬，还发现有秦汉之际造船工场遗址一处③、宫室建筑遗址一处、高台建筑一处。特别是1983年在广州象岗发现的第二代南越王墓，如同一座南越经济文化宝库，其丰富的随葬品为

----

① 杨式挺：《谈谈石峡发现的栽培稻遗迹》，载《文物》1978年第7期。

② 《史记·货殖列传》。

③ 广州市文物管理处等：《广州秦汉造船工场遗址试掘》，载《文物》1977年第4期。

研究南越国的农业经济提供了珍贵的资料。从目前掌握的材料看，南越王国的农业、手工业、商业、交通和宫室等已发展到一定的水平，比前代有极大的提高。南越国农业经济的发展，为岭南地区汉唐的经济发展奠定了稳固的基础。下面我们凭借出土文物资料，结合有关的文献记载，对南越国的农业经济状况进行逐一介绍。

第一节　铁器的使用与推广

本章前文谈到，岭南地区在先秦时期基本上处于落后的原始农业耕作阶段，即"刀耕火种"或"火耕水耨"。当时的生产工具十分落后，主要使用的是磨制的石器。岭南地区使用铁器的时间比中原地区晚了一步。考古发现，中国最早的人工铸造铁器属于春秋时期，而战国时期铁器的使用已经较为普遍。而岭南地区只是在始兴白石坪战国晚期窑址中发现过一件铁盂、一件铁斧[①]，封开利羊墩战国晚期墓出土一件铁锄。这些是已知的岭南地区最早的铁器标本。这些铁器是楚人进逼岭南后流入的，当时，铁器流入岭南的数量极其有限，流通的范围亦不大。

秦统一岭南后，随着大批中原人南下，许多铁器才在岭南普遍使用。西汉时期的墓葬遗址中出土的铁器数量急剧增加。据不完全统计，属于南越国时期的铁器就已出土 700 余件。出土铁器的品类有农具、手工业工具、炊具、武器和杂具等。与农业有关的铁器种类有锄、锸、铲、镰、镢、斧、凿、锤、锛、削、刀、弯刀、劈刀、铲刀等。这一大批品类丰富的铁器发现，使我们对南越国铁器的推广与使用有了感性的认识。

在出土的南越国铁器中，属于农具的锸、锄、镰、镢等特别引人注目。如南越王墓出土的三件锸（编号 83 象岗 M2B39、B40－2、B41），呈凹字形，刃口圆弧，两刃角向上微翘，内侧有空槽以纳木叶。出土时，槽内多残存木叶朽木，可见是用实用器陪葬[②]。这是我国古代流行的一种农具，文献中记载颇多。如《盐铁论·国疾》："举锸为云。"《汉书·王莽传上》："负笼荷锸。"刘熙《释名》云："锸，插也，插地起土也。"它可用来翻土、修埂、开渠、挖掘等。锸是使用非常方便且广泛的农具，时至今日，广东珠江三角洲一带还使用锸来干农田活，其模样基本上和 2000 多年前南越国时期的锸相同，可见这种农具非常实用。

锄，也是南越常见的农具。南越王墓东耳室出土一件铁锄（编号 83 北象 M2－B40－1），作凹字形。器身较宽大，刃宽平，銎部两侧平直，剖面呈 V 字

---

①　莫稚：《广东始兴白石坪山战国遗址》，载《考古》1963 年第 4 期。

②　广州市文物管理委员会等编：《西汉南越王墓》（上、下），文物出版社 1991 年版。

形，刃宽 17 厘米，銎内仍存禾叶①。刘熙《释名》云："锄者，助也，去秽助苗长也。"锄用于松土、除草、中耕、培土、间苗等。锄是古代南方农业生产中的"万能工具"，也是自古一直沿用至今的一种主要农具。修水利时亦要用到它。

镬，和锄的用途有些相类。南越王墓东耳室出土两件镬（编号 83 北象 M2 - B37）②。这种农具对开荒造田、特别是刨树根等有极高的效率。

当时，铁斧已用于砍伐森林，还有劈刀、弯刀等用于砍伐灌木丛林，开荒割草，并兼作劈竹、伐木、砍柴之用，是农业和手工业兼用的工具。而收割水稻等农作物已用铁镰。南越王墓西耳室出土一件铁镰（编号 83 北象 M2 - C72），是南越时期墓葬中出土的第二件铁镰，弯月形，前端渐收束，后端平齐，通长 27.5 厘米，宽 3.5 厘米，与今天我们所见的铁镰大体相同。另一件铁镰出土于广州建设大马路蛇头岗一座南越国墓葬中。

另外，广西贵县罗泊湾一号墓出土两件记田器的木牍，其中一件自题为《东阳田器志》，上面列出不少农具，对研究南越国的农具使用情况有极大的帮助。这件木牍不完整，出土时下部已残断，正面可见四行字，其他字迹已褪不明。第一行是隶书"东阳田器志"五字。"田器"是汉人称农业生产工具的常见语，《汉书·龚遂传》云："诸持钼钩田器者皆为良民。""田器志"，就是墓中随葬农具的登记单。"东阳"是地名，有人认为指秦时的东阳县，在今江苏盱眙县，或泛指太行山以东的平原地区。总之，不在岭南境内。因此，《东阳田器志》是一份从中原地区引进农具的清单，反映出南越对从中原引进先进农具十分重视。同墓出土另一件木牍，比较清楚地记载了一些农具的名称和数字，正面是：

　　　　楉田八其一郎
　　　　钼一百廿具
　　　　钪十五具
　　　　□□□□具

背面为：

　　　　□具一十二
　　　　□□□钪一百二榴
　　　　楉五十三
　　　　钼一百一十六

楉即锸，钼即锄。钪，没有见到实物出土，《说文解字》释为"锸属"，应是和锸相近的一种起土农具。《东阳田器志》所开列陪葬农具的清单，每一项最少十八件，多则四五十件至一百余件。虽然其所列数量不一定是实数，但是这亦

---

① 广州市文物管理委员会等编：《西汉南越王墓》（上、下），文物出版社 1991 年版。
② 广州市文物管理委员会等编：《西汉南越王墓》（上、下），文物出版社 1991 年版。

表明南越国自中原输入农具量是很大的，铁农具的使用是很普遍的。

南越国时期铁器的大量推广和使用，意义深远。在先秦时，岭南地区经济落后，基本上处于原始社会末期或不发达的奴隶制社会。人们聚居在山冈或河流湖泊的台地上，用简陋的工具和大自然搏斗，以渔猎、捕捞和采集果实等为生，农业种植并不发达。当时岭南人口稀少，"地广人稀，饭稻羹鱼"，过着贫困而自足的生活。有许多被森林所覆盖的地区未能开垦。秦统一岭南后，设立南海三郡，在岭南确立了郡县制。秦始皇为开发这块落后的地区，派50万大军屯戍岭南，又从中原谪戍移民"与越杂处"，还"适治狱吏不直者，筑长城及南越地"，即筑"秦所通越道"，并派15000名妇女入越为士卒补衣随军。这几批岭南历史上最早的南下移民大军，把中原地区先进的生产技术包括铁制农具等带入岭南，对岭南地区的农业发展是一个极大的促进，改变了原来那种"刀耕火种""火耕水耨"的原始农业生产的状况，使大规模砍伐森林、开垦荒地、兴修水利、深耕细作成为可能的事，为南越国农业经济的发展奠定了基础。这亦标志着岭南地区生产力水平发展到了一个新的台阶，跨进了铁器时代，翻开了岭南历史的新的一页。

第二节　粮食和经济作物

岭南人喜欢吃稻米饭。这种以大米为主食的生活习俗起源很早。由于岭南地区高温多雨，河流湖泊众多，十分适宜水稻的生长。而广东是中国野生稻的主要分布区之一。粤北的曲江马坝新石器时代晚期的石峡遗址发现炭化和半炭化的稻谷壳，据鉴定，属于人工栽培的籼稻和粳稻类型[1]。这证明广东地区人工栽培水稻的历史早在新石器时代晚期已经开始。

秦始皇统一岭南和南越国建立后，岭南地区受中原先进文化、经济的影响，原来刀耕火种的原始耕作迅速被铁具牛耕所代替，农业生产经济结构迅速改变。水稻开始了大面积的推广种植，并且已经掌握了选择、培育和引进优良稻种的技术，以适应本地发展所需。在罗泊湾一号汉墓中，出土的炭化稻谷与石峡遗址出土的籽粒相同，同属于我国现在栽培稻的 O. S. L 种。同墓还发现一块木牍，提到"仓种"，这种仓种就是经过挑选的种子。另两块木牍上写有"客籼米一石"和"客籼"等字[2]。"籼"即"籼"。籼稻，属栽培稻的一种亚种。与粳稻比较，籼稻分蘖力较强，米质黏性较弱，胀性大，比较耐热和耐强光。"客"者，是外来的意思，就是说这客籼是从外地引进来种植的。由此可以推断，当时已有把外地的水稻良种引进岭南的做法。

---

① 杨式挺：《谈谈石峡发现的栽培稻遗迹》，载《文物》1978 年第 7 期。
② 广西壮族自治区博物馆：《广西贵县罗泊湾汉墓》，文物出版社 1988 年版，第 85 页。

除了水稻，南越国还种植其他的粮食作物。墓葬中出土了黍、粟、菽、薏米、笋、大麻子等，反映出岭南种植的农作物种类颇多。在与南越国邻近的长沙国，与南越王墓同时期的马王堆汉墓出土了稻、小麦、黍、粟、大豆、赤豆、麻子等粮食作物，而稻谷产量约占粮食作物三分之一①。当时，长沙国是汉代农业生产发达地区，农业种植仍需杂种五谷。南越国地形复杂，山多田少，自然条件逊于长沙国。杂种五谷，发展旱地作物是极其自然而然的事。同时，秦汉之际进入岭南的数十万军民又是北方人，水稻并非他们传统喜爱的食粮，发展五谷也是为了适应中原汉人的口味。

在南越王墓和其他南越国时期的墓中，发现了不少盛酒的器皿，有温酒樽、瓿、提筒、壶、钫等，质地有铜和陶。当时，南越王国已有酿酒技术。广州东汉初期墓出土了一件釉陶提筒，内盛高粱，器盖上墨书"藏酒十石令兴寿至三百岁"② 11 个字。这似可说明东汉时期广州地区已用高粱酿酒了。

除了粮食作物，人工栽培的瓜果，亦发现了不少种类，广州、贵县、梧州、合浦等地南越国时期墓葬或稍后一些汉墓中屡有发现，经鉴定，有柑橘、桃、李、荔枝、橄榄、乌榄、人面子、甜瓜、木瓜、黄瓜、葫芦、梅、杨梅、酸枣等，反映出南越国的园圃业非常之盛。据《西京杂记》，赵佗曾将岭南佳果——荔枝作为珍品进贡给汉高祖。在广西合浦堂排二号汉墓中，出土了一件铜锅，盛满稻谷与荔枝，其果皮、果核仍保存完整。③ 岭南自古就为荔枝主要产地，今天两广佳荔仍然享誉全国。广东的从化、增城、东莞是中国荔枝的主要产地，这三地在汉初同属番禺。另外，过去有学者认为"橄榄出波斯，在汉代时从西域传入我国"④。但在广州中山四路发现的秦汉造船工场遗址出土橄榄核 28 个⑤；另外，广州西汉中期墓葬出土不少橄榄，有的还能保存果、核和橄榄叶。榄分为两种，一种是白榄，又称青榄或山榄；一种是乌榄。白榄出土时仅存硬核，最长 2.9、径 1.3 厘米；有的乌榄出土时外果皮及肉质尚存，其两端被切去，显然是准备浸制的乌榄，最长 3.7、径 2.1 厘米。⑥ 上述橄榄的出土，确证早在 2000 多年前岭南地区就普遍栽培并掌握浸制乌榄的技术了，这种果品为本地区的土产果品之一。过去认为它是汉武帝通西域以后才传入中国的说法，是不够准确。

南越国重视发展园圃业，为岭南水果、蔬菜发展打下了坚实的基础。汉武帝

---

① 周世荣：《从马王堆出土古文字看汉代农业科学》，载《农业考古》1983 年第 1 期。

② 广州市文物管理委员会等编：《广州汉墓》，文物出版社 1981 年版，第 323 页。

③ 广西壮族自治区文物工作队：《广西合浦堂排汉墓发掘简报》，见《文物资料丛刊（4）》，文物出版社 1981 年版。

④ 陈竺同：《两汉和西域等地文化交流》，上海人民出版社 1957 年版。

⑤ 广州市文物管理处等：《广州秦汉造船工场遗址试掘》，载《文物》1977 年第 4 期。

⑥ 广州市文物管理委员会等编：《广州汉墓》，文物出版社 1981 年版，第 249 页。

平南越国后，岭南佳果源源北上，北方出现了"民间厌橘柚"[①] 的事。《汉书·地理志》记载，汉时南海郡设有圃羞官，掌握岁贡龙眼、荔枝、橘、柚等珍果。当然，这些果树是在南越国时期就广泛种植的。

由于铁工具的推广使用、中原先进的技术的传入，南越国的农业生产发展较快，耕种面积日益扩大，粮食产量亦有较大提高，所生产的粮食除可供南越国人口食用外，尚有余粮储备。广州汉墓中出土有用于储藏粮食的陶仓、陶囷模型器，均作干栏式构筑。仓囷的出现，是农业发展、粮食增多并有储备的反映。《汉书·西南夷两粤朝鲜传》记载："元鼎六年（前111）冬，楼船将军将精卒先陷寻陿破石门，得粤船粟，因推而前挫粤锋。"这段文字明确记载楼船将军杨仆奉汉武帝令平南越，攻陷寻陿，破石门，缴获大批南越的运粮船粟，使汉军给养得以补充。这一记载亦说明，当时南越国敢于反叛汉廷，除拥有一定数量的军队外，南越国内的粮食有较大的储备也是原因之一。

第三节　牛耕和畜牧业

南越国是否使用牛耕，这仍是一个值得探索的问题。南越国墓葬遗址中还没有发现铁犁铧及其他有关牛耕的遗物。岭南目前出土最早的铁犁铧是在广西贺县莲塘的东汉墓中，共发现两件[②]，都作三角形，底面平，正面隆起，中空，可容犁头。这说明当时已用犁耕，但南越国时期是否有牛耕呢？以史料推断，这是有一定的可能性的。汉高祖死后，吕后临朝执政，实行"别异蛮夷"的政策，并把控制铁器农具的输出作为限制南越赵佗势力发展的手段，下令关闭与南越贸易的关市，据《汉书·南粤传》载"毋予蛮夷外粤金铁田器，马牛羊；即予，予牡毋予牝"。赵佗因国中缺乏马牛羊和金铁田器，三次上书谢罪，并因此引起赵佗发兵攻打长沙，叛汉自立为南越武帝。这表明赵佗急切需要马、牛，并把它们和金铁田器相提并论。其中，牛除用于运输外，也用于耕作。赵佗所需的牛，应指黄牛。黄牛在南越王墓中亦有出土，黄牛残骨大部分出自后藏室器物中，东西侧室亦有部分出土。"其中，陶瓮（G18）所出全为牛骨，其中黄牛肋骨长度都在6—8 厘米之间，似乎是有意砍成相近长度以后才放入罐中随葬的。陶罐（G19）内黄牛肋骨出土的情形亦同陶瓮（G18），骨骼呈黄白色，出土时有微香，也可能是经过一定加工后随葬的。"[③] 可见，当时南越国内已有黄牛了。岭南本身亦有水牛出产。广东新石器时代和汉代遗址都有水牛的骸骨出土，但当时水牛是否用于耕田，目前还未能找到确凿的佐证。

---

①　《盐铁论·未通》。

②　蒋廷瑜：《广西汉代考古农业概述》，载《农业考古》1981 年第 2 期。

③　广州市文物管理委员会等编：《西汉南越王墓》（上、下），文物出版社 1991 年版，第 466 页。

南越国的畜牧业生产，亦可从文献或出土文物中见其一斑。《汉书·地理志》记载，粤地"亡马与虎，民有五畜，山多麈麖"。五畜为"牛、羊、豕、鸡、犬"。广州南越国时期的墓中发现鸡骨和其他家畜的骸骨装在陶器或铜器中，而在象岗南越王墓中，还发现了大量猪、牛、羊和鸡的骨头，可见它们已成为饲养的家禽家畜。

猪，在我国饲养的历史十分悠久，可以追溯到新石器时代。《日知录》认为，养猪在古代畜牧业中占重要地位，也是人们拥有财富的标志。养猪既可以解决肉食，又可以积肥，一举两得，"夫一豕之肉，得中年之收"①。除南越王墓出土家猪的遗骨证明当时岭南已养猪外，广州的西汉中晚期墓亦发现不少养猪的文物。在广州汉代墓葬出土的陶屋中，早期的都是干栏式建筑，分为上下两层，上为人居，下为畜栏，"人栖其上，牛羊犬豕畜其下"②，其中不少干栏屋下面设猪圈。居屋上下相通，人粪可以从楼上落下猪圈供猪食。汉代广州的养猪方式，主要是栏养。当时人们已十分注意积存人粪、猪粪等家肥，以增加农田肥料，提高粮食产量。猪圈内存猪，一般在两头以上，有的墓另用几头陶猪作陪葬品。猪的造型非常生动，有卧的，有立的，有对槽进食的，还有公猪母猪在一起，公猪站一旁，母猪卧地正在给猪仔喂奶。有的陶屋圈栏内还置有猪槽，旁有一俑双手持箕作喂饲之状，非常逼真。广州大元岗西汉晚期墓出土一对陶猪③，头短宽，耳小直立，颈短阔，猪背腰宽广，四肢粗短。据考证，属于品质优良的华南猪类型。这种早熟易肥、肉质鲜美的良种猪在岭南地区已有 2000 多年的饲养历史了。

第四节　渔业和捕猎

岭南地区濒临南海，有漫长的海岸线，境内河道纵横，湖泊遍布，有各种各类的水生动物。因此，岭南的水产捕捞业一直比较发达。早在新石器时代，岭南的先民就选择在江河冲积的台地、湖泊或海湾附近的山冈、沙丘，以捕捞鱼类和水下软体贝类和狩猎为生，他们吃剩废弃的贝壳、鱼骨连同采集工具等，堆积成丘，被称为"沙丘遗址"或"贝丘遗址"。到南越国时期，由于农业的发展，再也不见以前那种堆集大量贝壳的"贝丘遗址"了，但是水产捕捞仍在经济生活中占重要地位。南越王国的墓葬和遗址中，屡有鱼骨、龟足、笠藤壶、青蚶、楔形斧蛤等发现。在南越王墓中，还出土了 14 种水产品，计有耳状耳螺、沟纹笋光螺、青蚶、楔形斧蛤、河蚬、龟足、笠藤壶、真虾、大黄鱼、广东鲂、鲤鱼、真

---

① 《盐铁论·散不足》。
② 〔明〕邝露：《赤雅》。
③ 广州市文物管理委员会等编：《广州汉墓》（上、下），文物出版社 1981 年版。

骨鱼类（未定属种）、中华花龟等①。在这批水产品中，鲤科鱼类、龟鳖类均为典型淡水生物；软体动物，如耳螺、笋光螺和河蚬等为淡水—半咸水生物，主要栖息于珠江三角洲河口地区；青蚶、楔形斧蛤、龟足等都是我国南方沿海常见的种类。据有关专家研究，这些水产品习性各异。如青蚶是以足丝固着于岩缝或洞穴，不易被发现，要凿开岩洞，用镊子之类器物夹取。龟足的柄部有伸缩性，一遇触动即缩入缝中，很难采掘。而墓中青蚶、龟足等动物的大量出土，说明南越国时期岭南的劳动人民由于长期采集、捕捞鱼类、鳖类等水产动物，"已积累了丰富的生产经验，掌握了从事渔业生产的娴熟技能"②。

当时，捕猎也是南越国的一项副业。南越王墓出土黄胸鹀（禾花雀）200余只，还有竹鼠等残骸。③ 禾花雀每年10月从东北飞到闽粤一带过冬，喜欢吃正在灌浆的稻谷，但生性怕人、怕光和怕影。它们白天出来采食稻谷，黄昏栖于禾田，只有了解禾花雀的习性，懂得张网捕捉，才能获得较多的个体。有趣的是，南越王墓后藏室出土的200余只禾花雀都在下葬前切掉了头和爪，显然是经过南越王的御厨加工处理后才入葬的。

第五节　水资源的利用

水，是人们生活中必不可缺的。农业生产亦离不开水。岭南地区水资源丰富，为水利事业的发展提供了极大的便利。秦始皇时期，为了解决平定岭南的秦军给养不足的危机，于始皇三十年下令"监"史禄"以卒凿渠，以通粮道"。这就是著名的灵渠。灵渠是我国伟大的水利工程，开凿后，引湘水入漓水，沟通了长江水系和珠江水系，使北水南流，北舟可经渠越岭。这样，解决了秦军用船运给养的难题，为统一岭南发挥了重要作用。秦平定岭南后，灵渠成为沟通五岭南北文化交流、加速岭南开发的大动脉，灵渠经过的广大南越地区，许多农田也得到了灌溉。

南越国时期，也已开始重视凿井取水，今广州越井岗下，仍有一口"越王井"，又称"九眼井"。屈大均《广东新语》云，九眼井"相传尉佗所凿。其水力重而味甘，乃玉石之津。志称佗饮斯水，肌体润泽，年百有余岁，视听不衰"，"广州诸井此最古"。近年来，广州的考古人员在南越国御苑遗址中发现一口造型考究的南越王井，为一砖井，这是一口名符其实的南越王井。另据古书所载，赵佗任龙川令时，曾建池凿井，"井围周二丈，深五丈，虽与亢旱，万人汲之不

---

①　广州市文物管理委员会等编：《西汉南越王墓》（上、下），文物出版社1991年版，第468页。
②　王将克等：《广州象岗南越王墓出土动物遗骸的鉴定》，见《西汉南越王墓》一书中。
③　王将克等：《广州象岗南越王墓出土动物遗骸的鉴定》，见《西汉南越王墓》一书中。

竭"①。南越国时期的墓亦发现用陶井模型陪葬②。证明 2000 多年前的广州地区已有水井存在。南越国时期所凿的水井和修筑的水池主要是供应人们汲饮之用，但部分也被用来灌田。到今天为止，岭南地区不少地方还保存着凿井灌田这种古老的汲水灌溉的习俗。

总的来看，秦的统一使岭南地区的社会历史发展进入了一个新的发展时期。赵佗在岭南建立南越国，采取了有利于农业发展的重农政策，积极推广中原的先进生产技术和农业生产工具。大批秦军留戍岭南和后来秦朝中原人士的南迁使人口的激增，这让岭南地区垦荒种植形成了一个高潮。岭南地区基本摆脱了"火耕水耨"的原始耕作状况，南越国时期的农业经济迅速发展为岭南地区早期社会经济和文化的繁荣奠定了坚实的物质基础。

---

① 《全唐文·越井记》。
② 广州市文物管理委员会等编：《广州汉墓》（上、下），文物出版社 1981 年版。

第七章　南越国的冶铸业和制陶业

秦始皇统一岭南后，大批的中原人民南迁"与越杂处"，其中有不少怀有各种技术的手工业生产者。赵佗建立南越国后，积极推行有利于南越发展的各种措施，中原地区先进的生产技术得到应用和传播。南下的能工巧匠在此大显身手，使南越国的手工业生产比起先秦时期有突破性的发展。自 1916 年在广州东山龟岗发现一座大型南越国时期木椁墓并出土一大批南越青铜器以来，考古工作者陆续在广东、广西的南越国遗址和墓葬中，发现了不少青铜器、铁器、金银器、陶器等。对这批珍贵的南越考古资料的整理和研究，使我们对南越王国的冶铸业和制陶业有一定的了解。

第一节　冶　铸　业

中国最早的金属冶炼是从炼铜开始的。铜矿的熔点较低，储藏量亦较大。大约在新石器时代晚期，开始有了铜器的制造。人类最早利用的是红铜，红铜熔点低、质地软，制造工具有很大局限性。后来，人们发现在铜中加入锡，能使铜的熔点降低、硬度提高、化学性能稳定等。这种铜锡合金后来被称为青铜。青铜器的出现，在人类历史上起了划时代的作用。黄河流域是中国早期冶铜业中心之一，到了商周时期，中国青铜器的生产已达到很高的水平。

岭南地区青铜器时代是从什么时候开始的，这是学术界关注的一个问题。从目前考古发现的材料看，大概是从春秋时期开始的。据中国社会科学院考古研究所的黄展岳先生考证："中原青铜器在两广出现，最大可能是在楚国势力直接进逼岭南时传入，时间最早不超过春秋晚期。"[①] 两广地区考古学界把本地区发现的秦汉以前的青铜器称为"先秦青铜器"。目前两广发现先秦青铜器的地方有广东的广州、清远、肇庆、广宁、龙门、佛冈、怀集、德庆、罗定、四会、饶平、潮安、揭阳、惠来、海丰、五华、兴宁、河源、连平、曲江、连县、惠阳、增城、从化、博罗等；广西的宾阳、田东、贺县、武鸣、柳江、兴安、象州、容县、横县、灵山、恭城等。出土的青铜器多数为容器、乐器和兵器，如鼎、壶、盉、卣、罍、缶、鉴、铙、甬钟、钮钟、铎、钲、錞于、戈、矛、剑、镞、削等。香港特别行政区的大屿山也发现了青铜器。这批青铜器，无论从造型、纹饰

---

① 黄展岳：《论两广出土的先秦青铜器》，载《考古学报》1986 年第 4 期。

或工艺都和中原地区或长沙楚地出土的相似，应是由岭北传入，有一部分可能是本地仿制。还有一部分青铜器，如铜鼓、提筒、盘口扁足鼎、羊角钮钟、靴形钺、斧、匕首、扁茎剑、蔑刀、戚（一种兵器）及"人首柱形器"等，具有南越文化的特征，专家们认为是岭南自铸的。有一类斧、钺、矛、刮刀等小件器物，上面有"王"字标志，是典型的南越早期青铜器，可能是部落的一种标志，以后逐渐成为百越文化的标志。

考古工作者在广西武鸣马头春秋墓中，还发现了铸造铜镞、钺、斧等器物的石范，证明岭南当时已有铜器铸造。据研究，当时已采用了单范、多范、复合范铸造铜器。铸造工艺有浑铸法、铸接法和铸后焊接法，并且已掌握了热处理、退火工艺等，表明当时岭南的青铜铸造水平得到了较快的发展。

秦始皇统一岭南和赵佗建立南越国后，岭南地区的冶铸业有了进一步的发展。考古工作者在岭南发掘了400余座南越时期的墓葬并发现一批遗址。这些地方出土了不少青铜器，特别是1977年广西罗泊湾一号墓出土了200余件铜器以及1983年广州南越王墓出土了500多件铜铁器。这些出土文物是南越国青铜冶铸技术最高水平的代表，为研究当时冶铸业发展的情况，提供了宝贵的第一手资料。下面分类叙述之。

一、青铜器

在南越国的冶铸业中，青铜器的制造占的比重最大。从目前出土的南越国青铜器来看，明显受到了中原文化的影响，其器型和花纹大多数都和西汉初年中原地区所出相同。这时期南越国青铜器基本上摆脱了中原地区商代和西周时期的青铜器那种庄严、厚重、古拙的作风，追求实用为主，器型一般比较轻巧、生动和多样化。铜器上复杂的花纹和富丽的装饰并不多见，素面的青铜器普遍流行，有铭文的铜器相当少。同时，南越王墓出土的不少铜器，表面还进行过鎏金处理，或镶有宝石金银等。出土的青铜器包括生产工具、生活用具、娱乐品、兵器及专门为陪葬而制的"冥器"，还有其他杂项，器型多种多样，丰富多彩。分类如下。

生活用具：鼎、壶、钫、盉、瓶、盆、盘、匜、锅、鍪、釜、甑、提筒、筒、蒜头瓶、缸、案、勺、樽、熏炉、灯、烤炉、奁、钏、姜磋、镜、刷柄、卮、屏风构件。

娱乐器：编钟、鼓、勾鑃、铎、铙、铤、铃、轸钥、瑟柄、琴轸、棋盘。

兵器：剑、矛、戈、钺、弩机、镞、镦、镈、刀、匕首。

生产工具：犁、铧、斧、锛、凿、锯、锥、削刀、刮刀、铲、锄头、锉刀、印花凸版、棘轮、杵、臼。

冥器：人俑、马俑、椁铺首、各类动物铸像。

装饰器：指环、环、带钩、牌饰、仪仗顶饰。

杂器：虎节、阳燧、印章、钱币、盖弓帽、衔、镳、冒、衡末饰、舆饰、当卢、缨座、带扣、络管饰、节约、泡钉。

从以上所列器物可以看出，南越国的青铜器品类丰富。这一时期，在中原地区以及长沙等地，由于铁器的推广和漆器的大量使用，青铜器已逐渐退居次要的地位。如著名的长沙马王堆一号汉墓出土了大量完整如新的漆木器和丝织衣物，全墓却仅有一件铜器——铜镜陪葬，反映出青铜器的地位在长沙地区已逐渐被漆器等代替。但在南越王墓和罗泊湾一号汉墓中，青铜器仍占十分重要的地位。从目前出土的青铜器来看，其来源主要有两种，一种是从中原地区或邻近的楚地输入，一种是本地制造。

在中原或邻近地区输入的青铜器中，以兵器占最大的比例，如南越王墓出土的铜戈、铜矛、铜剑、铜弩机、铜镞等。还有日常用品铜镜、铜带钩、铜牌饰、铜钱、提梁壶、蒜头扁腹壶以及短兽蹄足的铜鼎等。这些铜器的器型和纹饰与中原地区或长沙等地出土的相同。广州螺岗秦墓和南越王墓还分别出土刻有秦代纪年铭文的铜戈[1]，证明这两件铜戈都是从中原输入的。在广州的南越国墓葬中，出土过多件长方形铜牌饰[2]，南越王墓亦出土多件，形制为长方形，表面鎏金，中间有一龙二龟纹样，周边饰穗状纹带。这一类铜牌饰，又称为"带饰"，具有典型的北方草原地区少数民族的风格，被定为匈奴族人的革带饰物。这种牌饰在远离匈奴万里的南越墓中出土，证明在当年南征百越的秦军将士中，有的曾是北却匈奴的猛将，铜牌饰随主人留戍岭南而遗在番禺。另外，两广南越国墓中还出土了大量铜镜。从铸造工艺、铜镜的纹饰等都和中原秦墓和长沙楚墓及西汉前期墓出土的相同，经过提供标本化验分析，广州出土的"楚式镜"合金配比（含锡量均在20%以上）和金相组织，与原楚地出土的铜镜完全相同[3]，可以肯定是从与南越毗邻的长沙楚地输入的。

南越国本身铸造的青铜器数量比较多，主要有铜鼓、越式铜鼎、铜壶、铜钫、铜提筒、铜鍪、铜编钟、铜勾鑃、竹节铜筒、铜羊角钟、铜靴形钺、铜瓿、铜匜、铜鉴等。

下面介绍几组具有南越特色的典型的青铜器。

"文帝九年"铜勾鑃　南越王墓东耳室出土，一套八件。器体厚重，柄、身合体铸出，柄作扁方形实柱体。勾鑃身上大下小，口部呈弧形。一面素身无纹饰，另一面阴刻篆文"文帝九年乐府工造"，分两行排列，其下还有"第一"至

---

①　麦英豪：《广州东郊螺岗秦墓发掘简报》，载《考古》1962 年第 8 期。

②　参阅广州市文物管理委员会等编《广州汉墓》（上），文物出版社 1981 年版，第 148 页。

③　北京科技大学冶金史研究室：《西汉南越王墓出土铜器、银器及铅器鉴定报告》，见广州市文物管理委员会等编《西汉南越王墓》（上），文物出版社 1991 年版，第 397 页。

"第八"的编号。"第一"的最大，通高 64 厘米，重 40 公斤；依次递减，"第八"的最小，通高 37 厘米，重 10.75 公斤。8 件共重 191 公斤，勾鑃为越族乐器，为南越乐府所铸。"文帝"当为第二代南越王赵眜，"文帝九年"是西汉元光六年（前 129）。铸造这样大的器物，还要求做到形状一致，器壁厚薄均匀，才能使敲出的乐音准确，而南越乐府能较好掌握其浇铸工艺。青铜勾鑃在岭南还是首次发现，据文化部文学艺术研究院音乐研究所派专家测试，其音质清脆纯正，仍可奏乐曲。

越式铜鼎　南越王墓出土，编号 G9，出土于后藏室，通高 40.8 厘米，口径 33.7 厘米。形为盘口、圆腹、大平底、无盖，两个绞索形耳附于盘口的直唇外。底附三条扁长足，微向外撇。盘口阔边内沿处刻有"重二十斤容六斗大半斗"篆文，实测重 6.7 公斤，表明当时南越国衡制与中原汉制相同。这一类鼎制作较粗，表面无纹饰，鼎底部多数还留下铸范的痕缝。目前这类鼎多出于两广地区的汉墓中，与内地出土的表面光滑、圆腹、方耳、兽蹄形短足的鼎区别较大，是典型的南越国铜鼎，所以称为"越式鼎"。

船纹铜提筒　提筒是典型的南越器物，主要发现于两广地区和越南。有铜提筒和陶提筒两种，是藏酒用的。广州汉墓出土一件陶提筒，有"藏酒十石"等墨书文字，可证其用途。南越王墓出土大小九件铜提筒，此船纹提筒出土于东耳室，圆筒形，器身上部稍向外凸，下部微向内收，平底圆足，高 40.4 厘米，口径 35 厘米。器身有四组纹带，有三组为岭南地区铜器、陶器常见的几何形纹带，另一组为主纹。饰羽人船四只，四船首尾相连，船身修长呈弧形，每船有羽人五人，戴长羽冠，额竖羽纛，细腰，下着羽毛状短裙，跣足。其中一人立于船台高处，左手前伸持弓，右手执箭，似属主祭祀的首领形象。船台前三人，头一人亦左手持弓，右手执箭；第二人坐鼓形座上，左手执短棒击鼓，右手执一物；第三人左手执一裸体俘虏长发，右手持短剑，船尾一人划桨。船侧饰以水鸟、海龟、海鱼。从主要人物活动来看，应是渡河作战得胜归来的场景。

铜熏炉　铜熏炉是古代焚香所用的器物。使用时，把香料放在炉内点燃，香烟可透过盖上的镂孔而冒出，使室内充满香气。南越王墓出土 13 件铜熏炉，还有一批陶熏炉，其中有五件铜熏炉器制奇特，还未见有其他墓葬出土类似的铜熏炉，应是南越宫廷专门为王室所制。其炉体由四个方口圆底小盒组成，平面呈"田"字形，各小盒互不通连，四个盒体共组成一方形炉盖，每个小方盖顶尖隆起如四阿顶式，上各有半环钮一个。盖顶及炉体上部的透气孔均作菱形镂空。炉通高 16.4 厘米。这种专用的王室燃熏香料的炉可同时焚烧四种不同质地的香料，目前仅发现于南越王墓中，其他地方发现的熏炉均仅有一个熏香炉体。

铜鼓　铜鼓是岭南地区最有代表性的文物，被越人视为首领权力重器和财富象征，也是当地青铜冶铸业高度发展的重要标志。广西罗泊湾一号墓出土两面铜鼓，一大一小，造型大致相同。鼓面小于鼓胸，胸部膨大凸出，腰部收缩为圆柱形。大铜鼓通高 36.8 厘米，面径 56.4 厘米，足径 67.8 厘米，鼓面中心太阳纹二十芒，芒外七晕圈，饰栉纹，勾连雷纹，翔鹭和锯齿纹，主晕为十只衔鱼飞翔的鹭鸟。鼓身九晕圈，第四晕圈在胸部，饰六组羽人划船纹，船头向右，每船六人，其中三船的划船者全戴羽冠，另三船各有一裸体人；第六晕圈在腰部，饰八组羽人舞蹈纹，舞人头戴羽饰，下身系展开羽裙，双腿叉开，作翩翩起舞状。据科学分析，知这件铜鼓是岭南自铸的，反映出南越国青铜冶铸业已日臻成熟。

提梁漆绘壶　出土于广西罗泊湾一号汉墓。形似竹筒，直腹，有盖，圈足，盖顶有一环钮，上腹部有一对铺首衔环耳，上系活动提梁。器身分为两节，仿竹节形。提梁壶外表绘漆彩画，每节分为两段，每段又自成为一个完整的画面。内容有人物、禽兽、花木、山岭、云气等。所绘人物图像线条流畅，形象生动，画风笔意明显受楚国漆器绘画的影响，但这一类竹节筒不见于其他地区出土，应是南越国自铸的。其彩绘很可能是出自于楚地的"与越杂处"的画师手笔。[1]

铜烤炉　南越王墓后藏室出土铜烤炉大小各一件。小烤炉平面近方形，长27.5 厘米，宽 27 厘米，高 11 厘米。四角微翘起，四壁外各附一铺首环，在稍长的两侧面近足处铸有小猪，共四头，猪嘴朝天，中空，用以插放烧烤用具。炉下附四个鹗形足，鹗两足着地挺立，脊背顶负炉盘，炉外壁饰两两勾连的斜线纹、鸟纹和圆涡纹等。出土时，炉腔仍填满范土。大烤炉高 11 厘米，长 61 厘米，宽52.5 厘米。底设四个带轴的轮，可以推动。外壁饰有蟠缠蛇纹等，炉内也填满泥土，这两件烤炉也是南越国自铸的。[2]

另外，比较典型的南越国青铜器还有靴形铜钺、铜瓿、铜鍪、铜姜礤等，限于篇幅，不再一一介绍。以上所述的主要是广州南越王墓和广西罗泊湾一号墓出土的颇具地方特色的青铜器。前者墓主是南越国的国王，后者是南越国高级王侯。这批铜器显示了南越国青铜冶铸所达到的最高技术水平。其中的铜鼓、铜提筒、钢钫、铜烤炉等，器型硕大而胎壁较薄，上面还铸出各种复杂的花纹，表明南越工匠已有很高的青铜冶铸技术。

据专家们研究鉴定，南越国的青铜器可分为铸造、锻造两种，其中以铸造的铜器数量最多。

铸造的铜器可分为范铸法和失腊铸造法两种，以前者为主。

范铸法在铜器中占大多数。越式铜器主要是二分式铸出，如越式铜鼎和铜提筒等，器体均为两块范合铸，铜器底部还留下合铸的痕迹。比较复杂的器物则采取分铸法（见图1），即先分铸出各个附件，然后再与器物本体合铸为一，如铜鼎的盖

① 广西壮族自治区博物馆：《广西贵县罗泊湾汉墓》，文物出版社 1988 年版。
② 李京华：《南越王墓出土金属器制造技术试析》，见广州市文物管理委员会等编《西汉南越王墓》（上），文物出版社 1991 年版，第 411－416 页。

钮、附耳，烤炉的铺首和炉足等。这种方法是中原地区周代以来所常用的技术，反映出南越国铜器制造技术源于中原地区，或许其工匠不少就是中原的汉人。

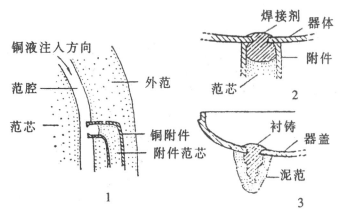

1. 分铸法　2. 铸接法　3. 补铸附件法

图 1　铸造工艺示意图

令人感到惊奇的是，南越国部分铜器已采取了"失腊铸造法"。失腊法是中国的一大发明。用失腊法可以制出非常精细复杂的花纹图案。过去认为失蜡法这种铸造工艺出现于汉代。1978 年，湖北随县擂鼓墩一号墓即战国时期曾侯乙墓出土一件青铜曾侯尊盘，拆开来是一尊一盘两件铜器，放在一起又浑然成一体。尊沿饰玲珑剔透的蟠虺透空花纹，尊颈饰有四只豹形爬兽，由透空的蟠螭纹构成兽身，还有高浮雕的虬龙及蕉叶等。整个器物纹饰精致繁缛，藤连瓜悬，鬼斧神工的透雕堆饰，使人击掌叫绝。此铜器就是用失腊法铸造的。[①] 而南越王墓出土的屏风铜构件——座足、力士和蛇的形体，均为自然的浑圆体，缠绕扭曲的蛇体也是无法分铸，其表面亦没有任何范缝。因此，这个铜座足是用失蜡法铸成的。

用锻造法制的铜器不大多，只有铞、盆和一件铜釜最为明显。G70 铜釜出土于南越王墓后藏室，釜壁极薄，素面光洁，表面和边沿均遗留有锤锻的痕迹。锻制铜容器，在中原地区西汉时期已不多见，但南越国仍保留了这种工艺。

和先秦时期相比，南越国的铸造业已有了飞跃的发展。"与越杂处"的汉人，带来了中原地区先进的手工技术，但囿于地理位置等各种原因，其铸造业和同时期中原地区相比，仍存在一些差距。如两分范合铸容器，在中原地区一般用于铸制小型而无花纹的简单器物，南越国则用此法铸造大中型并带有浅花纹的器物。又如活芯垫的应用，中原地区多见于东周时期，秦汉之际已大为减少，而岭南仍广泛采用。再如大型铜编钟浇注溶液仍采用方形的孔道，不利于内范的脱落和铜

---

① 湖北省博物馆：《曾侯乙墓》，文物出版社 1989 年版。

冷却时的质量，中原的产品已采用较为先进的圆形浇注孔道了。这反映出南越铸铜工艺水平和中原仍有一些距离。

铸铜器需要铜矿、锡矿等。南越境内有丰富的铜、锡、铅矿。《汉书·地理志》记载，岭南"处近海，多犀、象、毒冒、珠玑、银、铜"。《旧唐书·地理志》云，铜陵县汉属合浦郡，"界内有铜山"。《太平御览》卷一八五说："铜山，昔越王赵佗于此铸铜。"铜陵县在广东阳春县（今阳春市）北部。从考古材料看，1966年，在广西北流县（今北流市）铜石岭和容县西山等地发现两处汉代冶铜遗址和采矿遗址。其中北流铜石岭遗址规模最大，遗址位于民安乡北面的圭江东岸，西距县城约13千米，南距民安墟约三公里。冶铜遗址位于大铜石岭西南的山脚下，长约500米，宽40米，面积达两万余平方米。遗址堆积的炉渣、灰烬等一般为0.1～0.4米，最厚处一米。与冶铜有关的遗迹主要有炼炉、灰坑和排水沟等。炼炉共发现14座，灰坑（储料池）九个，排水沟两条。[①]

铜石岭遗址发现的炼炉上部都已残，原高度与上部结构不明，仅存炉基部分，炉底为圆底，外径40～50厘米，内径36～43厘米，残高15～25厘米。炉壁经长期使用受热火烤，内壁呈青灰色，外壁呈红褐色。炉底下方均有一个宽约10～15厘米的呈圆弧形的炉口，炉口外的地面上，多有一片面积大小不等的红烧土，应是清除炉渣时地面受其高温烧烤而成的。在炉基旁边，发现九个灰坑，形状为袋形、筒形和亚腰形，小灰坑口径30～42厘米，底坑28～40厘米，深40厘米；大灰坑口径200厘米，底径85厘米，深170厘米。坑内有大量炉渣、鼓风管、陶片和木炭等。这批灰坑形式多样，大小各异，分布似无规律，但均位于炼炉附近，和炼炉应有密切的联系，应是炼矿的备料池。

在遗址中还发现两条排水沟，其中一条是横贯坡脊的"T"形水沟，其拐角处正好围着分布密集的炼炉，因此，沟是为了拦截从山上流下来的雨水并将其引入冲沟，以保护冶炼场地不受山水冲刷。在遗址的南面100米处，还发现有3口古矿井，井口朝西，井巷深入岭腹中，井口已崩塌，未能对其进行发掘清理。

铜石岭冶铜遗址出土有陶罐、陶鼎、陶钵等，还采集有铜锭、铜矿石等，并有鼓风管20余节，风管呈圆筒形，用粘土掺和谷壳、稻秆及石英砂等耐火材料手制烧烤而成，外径一般7.7～9.8厘米，内径3.5～4.2厘米，末端较细小，管壁亦薄，表面有铜绿色或灰黑色的琉璃状晶体，应是插入炉体内受高温烧烤或与溶液接触所致。

从灰坑出土的水波纹与弦纹相间的陶罐及泥质灰陶罐等来看，它们的形制与纹饰和两广早期汉墓出土的陶器相同，因此冶铜遗址最早的年代可达南越国时期。这一发现对了解南越国的青铜冶铸业有极为重要的意义。科技工作者应用物

① 广西文物工作队：《广西北流铜石岭冶铜遗址的试掘》，载《考古》1985年第5期。

料平衡法计算出铜石岭遗址年产量可达到 3.2 吨，[①] 它为南越宫室制造铜器提供了铜料的来源。另外，在广西的容县、桂平出土有古铜锭、古铅锭，博白的周旺、北流的石窝和桂平的西山均有锡矿砂，[②] 阳春县岗美乡曾发现古铜锭，其出土地点离石录铜矿不远，这古铜锭应是当地所产。由此说明，岭南地区在南越国时期不但已具有开采铜、锡、铅矿的能力，而且已具有一定的规模和水平，为南越国的铜器铸造提供了原料的来源。

二、 铁器

1974 年，考古工作者在河北藁城台西遗址（商代中晚期）第 112 号墓中发现了一件铁刃铜钺，[③] 经化学成分分析鉴定，铁刃部分是用陨铁加热煅成。这一发现表明中国早在 3000 多年前就已认识和利用铁了。但中国冶铁和使用铁器时代是在春秋时期。从考古材料看，岭南地区使用铁器的时代较中原地区晚，大概是在战国晚期。韶关始兴白石坪战国晚期窑址发现一件铁锸和一件铁斧，是岭南地区出土铁器中年代最早的标本。[④] 始兴地处大庾岭南麓，浈水之滨，位居沟通岭南与岭北的要冲。战国时期，楚国已是冶铁技术最为先进的国家，始兴这两件铁器，应是从楚国流入的。广东发现战国的铁器极为有限，可能当时从楚流入的铁器数量很少，流布范围亦有限。由于过去广东发现早期铁器的材料贫乏，而《史记》《汉书》又记载，吕后时期，曾对南越国进行封锁，不向岭南输出"金田铁器"。所以，对于广东汉代有无冶铁业，一直存在争论。[⑤] 有人因此认为，南越国和整个汉代，岭南地区的铁器主要从原楚地输入，直到南朝时代，岭南才出现冶铁业。

近年来，由于岭南地区考古不断发现西汉早期的铁器，使我们对岭南铁器的冶铸有了新的认识。下列几批重要的铁器可作为代表：

广州南越王墓出土铁器 236 件[⑥]；

广州秦汉造船工场遗址出土铁器 14 件；

广西罗泊湾一、二号汉墓出土铁器 28 件；

---

① 孙淑云等：《广西北流县铜石岭汉代冶铜遗址的调查研究》，载《自然科学史研究》第 5 卷 1986 年第 3 期。

② 引自万辅彬、彭子成《铜鼓矿料来源的研究》，中国南方与东南亚铜鼓和青铜文化国际学术会议论文，1988 年 10 月昆明。

③ 河北省文物管理处台西考古队：《河北藁城台西村商代遗址发掘简报》，载《文物》1979 年第 6 期。

④ 莫稚：《广东始兴白石坪的战国遗址》，载《考古》1963 年第 4 期。

⑤ 杨式挺：《关于广东早期铁器的若干问题》，载《考古》1977 年第 2 期。

⑥ 参见广州市文物管理委员会等编《西汉南越王墓》（上），文物出版社 1991 年版，第 511－513 页，器物总表，其中铁针 500 件统算为一件。

广西平乐银山岭 123 座南越墓有 98 座墓出土铁器 206 件；

广州 182 座①南越墓有 51 座墓出土铁器 156 件；

广州淘金坑 22 座南越墓有 8 座墓出土铁器 15 件。

以上这六组较重要的出土铁器达到 665 件，还有一些零散的铁器出土未统计在内。出土铁器的种类有农业和手工业用具、武器和日常用具等。

农业和手工业类：锄、镬、锸、斧、锛、刀、刻刀、弯刀、劈刀、铲刀、服刀、刮刨、镰、削、锉、凿、锥、锝、杵。

武器类：剑、镞、铤、戟、铍、铳、甲、铜。

日常用具类：鼎、釜、抓钩、钎（烧烤用）、叉、三足架、针、码钉、鱼钩、马衔。

从出土的铁器数量和品类看，南越国时期使用铁器已经十分普遍了。广州汉墓中还有一个特殊的现象，西汉前期墓（这里指南越国墓）出土的铁器的数量种类远远超过汉武帝灭南越国后的西汉中后期墓。有人据此认为南越国墓中出土的这批铁器，大抵都是秦统一岭南战争前后从中原内地输入的。吕后"禁粤关市"，停止向南越输出"金铁田器"，使南越国的铁器极缺，物以稀为贵，所以南越不少人死后将铁器放到墓中陪葬。由于越来越多的南越时期铁器从地下出土，这种推论值得商榷。南越国本身有无铁器铸造，成了岭南学术界需弄清的一个历史之谜。

由于岭南地区气候潮湿，土质含酸性，所以出土的大部分铁器锈蚀严重，部分仅可分辨器形，只有少数保存外形和内部未完全锈蚀。如果仅从外观来鉴别出土的铁器是否由南越国铸造抑或从中原传来，有一定的困难。北京科技大学冶金史研究室曾对南越王墓出土的鼎、甲片、剑、方锉、锛、铲、削、箭杆、锝等九件铁器进行检验鉴定，② 研究的结果表明，除大铁鼎外，其他铁器都是用加热锻打方法制成的，其锻造的铁原料与中原地区的差别不大。但是，用锻造方法来制造铲、锛、锉这一类小件工具在中原地区汉代是罕见的，中原这一类器物应为铸造。另外，还发现了废料重新加工锻制的铁器，如铁箭杆，是利用不同的原料和废料反复锻打在一起，这表明了当时缺乏铁原料，而中原地区铁原料充足，不会利用这种方式，所以这些铁器只能在缺少原料的南越国生产。研究报告认为："南越王墓葬出土的九类九件铁器的检验尚不能完全反映广州地区冶铁技术的全貌。但就这批铁器的检验结果至少可以认为，在西汉早期，铁器在岭南地区尤其手工业中已得到广泛应用，并掌握了铁器的加工及淬火处理技术。"

除了锻造加工一些小件铁器，南越国是否已有铸铁生产呢？答案是肯定的。

---

① 这里所指的 182 座墓是指收入《广州汉墓》一书中的南越国时期墓。

② 北京科技大学冶金史研究室：《西汉南越王墓出土铁器鉴定报告》，见广州市文物管理委员会等编《西汉南越王墓》，文物出版社 1991 年版，第 389－396 页。

南越王墓出土一件大铁鼎，高 48 厘米，腹径 47.5 厘米，重 26.5 公斤。此铁鼎为岭南地区目前仅见的最大的铸铁鼎，采用泥范法用生铁铸造而成。器形为小口、直唇、圆腹、圜底、三直足，肩处附两个环耳。其造型与广州西汉前期墓出土的南越式陶鼎相类似，可称为"越式大铁鼎"，由于其造型颇具地方特色，可以肯定是在南越国当地铸造的。因此，南越国已有铸铁业生产了。

至于汉武帝平南越后，广州汉墓反而少发现铁器陪葬，或许是因为汉代将盐、铁生产由国家控制，郡、国不允许私铸铁，更不允许私铸铁器。南越灭国后，从相对独立的王国变成汉朝的郡县，而岭南地区没有设铁官，本地区的铸铁业因此中断。所以，才会出现南越国墓葬多用铁器陪葬而其他汉墓极少用铁器陪葬的现象。

铁器在南越王国的普遍推广和应用有积极的意义。它使落后的岭南地区迅速进入铁器时代，加速了岭南的开发。铁器由于较青铜器坚硬，有利于森林的砍伐、荒地的开垦、水利的兴修和农田的深耕细作。铁器还关系到国计民生和军备国防，对加强军队的战斗力起一定的作用。南越国有一段时间和汉廷处于对峙的状态，除赵佗自称拥有"甲兵百万"外，恐怕也与其武器精良有关。南越王墓出土多把长达一米以上的铁剑，最长的达 1.46 米，还有矛、戟、镞、铠甲等铁兵器，可见其武器精良。从两广汉墓出土许多青铜器可以了解到南越国已有发达的冶铜技术。南越与长沙接壤，在冶铜的基础上从楚地引进先进的冶铁技术是有可能的。南越国的铁器是在特定的条件下发展起来的。然而，岭南地区迄今为止还未发现有汉代铁矿遗址，当时是否有铁矿的开采，还不得而知。《汉书·地理志》记载当时全国有不少产铁的地点，还设置了 40 余处铁官，其分布东起山东、江苏，西到甘肃，东北到辽宁，西南到四川、云南之间，范围十分广大，而岭南却没有。这虽然是汉武帝平南越后的记载，但仍反映出南越国时期本身的冶铁生产规模仍然十分有限，主要是利用废旧铁进行加工锻造，属于宫廷作坊小规模生产，主要供南越国王室贵族使用；而大量用于生活和生产的铁器农具等基本仍然要从长沙地区等地输入。

三、 金银器

金银器是以贵重金属黄金和白银为原料加工制成的器皿和饰件。黄金和白银均属稀有贵金属。古代中国把黄金白银视为珍宝，因为它们有美丽的色彩和光泽，耐腐蚀，又有良好的延展性。黄金可制成金箔和金丝，适用于制作精细工艺品和器皿，也可对其他质地的器物表面进行装饰，如包金或鎏金等，使普通的器物平添光彩夺目之色，达到富丽堂皇的特殊效果。

考古发现证明，中国早在商代就已开始使用黄金。在安阳殷墟，就发现过眼部贴金的虎形饰及金片、金叶、金箔等。金箔的厚度只有百分之一毫米，可见当时人们已能掌握和利用黄金富于延展性这一特点。到了秦汉时期，中国的金银器制品有较大的发展。这既见于史籍记载，也有不少汉代金银器出土，这些实物成为了解中国古代金银工艺发展史的非常重要的资料。

南越国有无金银器的铸造或加工，史书无证。由于金银是稀有金属，又有很高的经济价值，所以普通平民百姓也不会拥有金银。在过去发掘的南越国墓葬中，只有广西罗泊湾一号墓出土一件金耳挖、一件银戒指和三件银针；二号墓出土一块金饼。广州先烈路西汉前期1182号墓出土一件金带钩，1120号墓出土一件银镯[①]。由于材料极为贫乏，因此还不能肯定这些金银是当地制作还是从中原地区输入。

南越王墓出土了不少金银器，还有金银服饰品和金银配饰等。最引人注目的是南越王墓出土了三枚金印，即"文帝行玺"龙钮金印、"泰子"龟钮金印和"右夫人玺"龟钮金印。此外，墓中发现的重要金银器有金带钩、玉龙金钩、漆杯金座、金钿象牙卮、金珠、金花泡饰，覆盖在墓主面上的杏叶形金箔片，小金羊以及银洗、银盒、银匜、银卮、银带钩等。有关部门曾将南越王的两枚金印送去检验，结果见表1。

表1　金印（D79、D81）化学成分表[②]

器号	测试部分	Au（金）%	Ag（银）%	Cu（铜）%	Fe（铁）%	合计	附注
D79（文帝行玺）	前侧面	98.52	0.93	0.19	0.37	100.01	铁锈污染
	右侧面	98.19	1.17	0.30	0.34	100	
	左侧面	68.15	/	/	31.85	100	
D81（泰子）	前侧面	98.18	1.33	0.40	0.09	100	
	右侧面	98.18	1.42	0.31	0.09	100	

考古学家根据金印的铭文、铸造的工艺和化学成分分析，认为南越王的金印是当地自铸的。

南越王墓出土的金银器，制作精美，工艺比较成熟。其中不少是国内罕见的珍品。如虎头金钩衔玉龙，由一青玉镂雕的玉龙和一个金质虎头带钩组合而成，虎头金钩铸成，器表打磨光滑，钩尾为一虎头，双眉上扬，额顶刻一"王"字，金钩的钮后面有一长方形銎孔，玉龙尾部套在銎孔中，构成金碧辉煌的龙虎斗图像。西耳室出土的一个金带钩亦十分别致，钩体为一长喙雁形，作回首状，长喙

①　广州市文物管理委员会等编：《广州汉墓》，文物出版社1981年版。
②　本表引自广州市文物管理委员会等编《西汉南越王墓》（上），文物出版社1991年版，第207页。

突出于体外，双翅合敛，眼睛以细线刻划出。钮扣呈一圆形薄饼状，有凸榫套入钮柱中，钮扣仍可转动。金花泡饰制作工艺精细，呈半球形泡壁极薄，直径仅1.1厘米，高0.5厘米。泡面有十组图纹，均用金丝和小金珠焊接而成，这些小如细沙粒的金珠，制法是将金溶液滴入温水内，使其凝结成一个个金珠，再进行粘焊。在20倍显微镜下可看到焊接点，每一圈和每粒小珠都焊接固定好。这种微细的制作工艺，现代工艺水平也很难达到，这反映出其时金银钿工娴熟。有人认为，这种造型考究的金花泡饰是海上舶来品。南越银器的制作亦很精美。如一件银带钩，钩尾分叉，钩身有七星纹，造型十分别致。另外，由于黄金的延展性极佳，可以制成金丝或金箔，用它们来对其他质地的器物表面进行装饰，即利用鎏金或贴金技术，使非金银的器物表面穿上一层特殊的"金衣"，产生耀人眼目的黄灿灿的光泽，既节约了黄金，又提高了器物的档次，使普通器物变得金光灿烂，富丽堂皇，如南越王墓出土的鎏金铜壶、鎏金铜匜、鎏金铜印、鎏金带钩、漆屏风的鎏金铜框架、错金铭文的铜虎节和错金银薄片的铜矛镦、错金银伞柄箍等。由此可见，当时贴金、鎏金、错金银等工艺在岭南地区广泛使用。

南越王墓出土的金银器皿、金银饰品及其他金银工艺品，使我们具体了解到岭南地区2000多年前已使用金银制品了。究其来源，有部分可能是中原地区传入的，有部分如银盒等是海外输入品，但大部分应是南越王室工匠所制，如金印、玉龙衔金钩、漆杯金座、小金羊等，这反映出南越国的金银工艺已达到一定的水平。其制法有铸、压、锤镍、抽丝、焊接、镶嵌等工艺。南越国王室有不少汉人，南越国的工艺亦受中原地区及楚的影响，因此可以说，南越国金银器工艺制作技术是在中国传统的金银器制造工艺基础上发展起来的一种新的工艺，代表了南越国金银器工艺的特色和水平，堪称南越的艺术瑰宝。

第二节　制　陶　业

南越国的制陶业继承和发展了岭南地区新石器时代几何印纹陶的制陶工艺。闻名遐迩的广州汉陶，即由南越陶器发展而来。因此，南越国时期陶器承前启后，成为岭南地区古代陶瓷业发展的第一个高峰。

早在新石器时期，岭南地区就已经开始烧造陶器了。迄今为止，岭南发现最早的陶片是广西桂林甑皮岩遗址中出土的，据碳—14测定，其年代距今有8000年以上[①]。其后，在岭南地区的许多新石器时代中晚期遗址中，有不少陶片出土，证明当时陶器已被普遍使用了。岭南早期陶器可分为"软陶"和"硬陶"两种。

---

① 北京大学历史系考古专业 C^{14}实验室、中国社会科学院 C^{14}实验室：《石灰岩地区碳—14样品年代的可靠性与甑皮岩等遗址的年代问题》，载《考古学报》1982年第2期。

前者陶土较粗，质地松软，烧成温度约在 680℃ 至 800℃ 之间，出土时往往不能成型。而硬陶陶土经过精炼，质地较细，陶质坚硬，烧成温度大约在 1000℃ 左右，这类硬陶，多发现于岭南新石器时代晚期遗址中。其表面常见有四方形、菱形、小方格形、曲尺形、圆形等纹饰，不少纹饰中又填充三角形和"米"字形、"F"形（夔纹）字纹。由于这些花纹图案很多都是几何图形，因此，这一类陶器就被考古学界命名为"几何印纹陶"。到了春秋战国时期，几何印纹陶达到鼎盛阶段，形成了独具岭南地方特色的一个陶系，有别于中原地区的仰韶文化的彩陶陶系和龙山文化的黑陶陶系。就广东地区来看，几何印纹陶的发展可划分为四个阶段：最早出现的是曲折纹陶，曲江马坝石峡遗址下文化层可为代表，属新石器时代晚期，根据放射性碳素断代，年代为公元前 2900—前 2700 年①；第二阶段是夔纹陶，石峡遗址上文化层为代表，年代相当于西周至春秋时期②；第三阶段是米字纹陶，以增城西瓜岭，始兴白石坪战国中、晚期两处遗址为代表③；第四阶段以方格纹带几何图形戳印为特征的印纹陶，以南越国时期的墓葬和遗址为代表。

南越国时期的制陶业既继承了本地区前代几何印纹陶的传统，又受到中原汉文化的影响，制陶技术和工艺进一步发展和提高，即它以各种几何印纹的图案作为主纹，用方格纹作地纹相衬，这种做法受中原青铜器的装饰花纹手法的影响，如战国铜镜就常用云雷纹作地纹以衬托主纹。同时，南越陶器的品种更加适应岭南经济急剧发展的需要而品种繁多，对以后岭南制陶业发展起很大作用。在南越墓葬和遗址中，出土的器物以陶器最为大宗，所有的墓葬和遗址都发现有陶器，数量以万计。以墓葬为例，最少的一墓出土一件陶罐或几件陶碗，最多的一墓出土大小陶器二三百件。南越王墓中共出土陶器 991 件，是出土陶器最多的一例。陶器在南越墓中所占比例是最大的，一般达到 70%～80%，其中主要是储容器、炊具器、日用器，也有少数模型器和砖、瓦等，器形共计有 58 种，包括鼎、盒、小盒、三足盒、套盒、双联盒、三联盒、四联盒、八联盒、壶、匏壶、温壶、钫、提筒、尊、镳尊、温酒尊、熏炉、瓿、瓮、四耳瓮、罐、双耳罐、四耳罐、三足罐、双联罐、三联罐、四联罐、五联罐、卮、杯、豆、碗、钵、盂、勺、盆、甑、甗、铜、釜、盘、案、鼓、纺轮、象牙、犀角、弹丸、网坠、壁，还有井、灶、板瓦、筒瓦、瓦当、铺地砖以及用来伴乐的扁圆响器、鱼形响器等。这几乎涉及了日常生活中所需的各种器型。

---

① 广东省博物馆等：《广东曲江石峡墓葬发掘简报》，载《文物》1978 年第 7 期。
② 广东省博物馆等：《广东曲江石峡墓葬发掘简报》，载《文物》1978 年第 7 期。
③ 广东省博物馆等：《广东增城、始兴的战国遗址》，载《考古》1964 年第 3 期。

（一）胎质与火候

南越陶器都是用当地的泥土烧制的，原料就地取材，烧制容易，大多数陶器都是为了适应当时人们日常生活所需而制作的，死后则当作陪葬品放入墓中；部分陶器是专为随葬而制的明器，如陶象牙、陶犀角、陶璧、陶井、陶灶等。南越陶器的陶质可分为夹砂粗陶和泥质陶两种。其中，以呈灰白色胎的泥质硬陶为主，占97%左右，其陶土经过精心的淘洗，并掺有少量的细沙，肉眼可以见到；煅烧的火候高，胎质坚硬，胎骨硬度一般为摩氏3～5度，有少数刻划水波纹的罐、瓿，胎质特别细腻，呈紫红色，硬度达到6度（与普通玻璃相同）。普通的粘土的烧结程度在950℃～1050℃左右，温度再高就容易烧塌变形。广州市文物管理委员会曾选取南越泥质硬陶罐由广东佛山石湾陶瓷研究所作重烧试验，在倒焰窑中烧成温度达1280℃，其胎骨并无显著的变化，表明广州南越陶器已接近原始瓷的烧成温度了。有一部分泥质陶属于软质陶类，其胎质与硬陶基本相同，但烧成的温度较低，多呈灰红或红黄色，硬度较低，出土时较难得到保存完整的器物。夹砂粗陶类占总数仅为3%，器型只有鼎和釜两种炊器，由于胎质掺入较多粗砂和石英，陶土的淘洗又没有泥质陶精，且火候很低，因此松软易碎，完整出土的器型很少，这显然是专为陪葬而烧制的明器。

（二）制坯工艺

南越陶器制坯工艺采用手捏、模制和轮制三种方法。手捏的仅限于一些陶塑的象牙、犀角、网坠、弹丸、纺轮及个别井、灶模型等。模制而成的器物也很少，主要是钫、器物的铺首、部分盖钮等。大量的陶器均采取轮制。凡属圆形的器物，大都是轮制。轮制是将炼好的陶器泥坯放在木头制成的木盘上，一边慢慢转动木盘，用双手盘泥条成型，再修整胚胎的口沿，拍印纹饰等。轮制又分为慢轮和快轮两种。慢轮成形多用于瓮和罐这两种器形。慢轮盘筑外加器底的做法是南越陶器制作工艺中的一个明显制式。慢轮成型的陶器器壁往往会出现厚薄不大均匀的现象，器物亦不大规整。在慢轮的基础上发展了快速转动的陶轮。各种小罐、小盒、小碗等器体较小的器形，是身底一次用快轮旋出，再把底部多余的陶土切去。这种快轮制作的陶器，胎壁厚薄均匀，器形十分规整。快轮制陶技术在当时是较进步的工艺，要经验丰富的陶工才能旋制出大小基本相同的器物。从出土的许多陶器工艺来看，当时南越国的陶工是比较熟练掌握了快轮制作工艺的。

（三）施釉

岭南地区新石器时期的印纹硬陶，表面上大多数是没有釉的。中原地区在3000多年前的商朝时代已出现了釉，而岭南地区在年代约相当于战国时期的增城西瓜岭和始兴的遗址中出土的陶器只有少量施釉，但比例甚低，约为 5% 以下。南越国时期，随着制陶技术的发展，陶器种类急剧增多，施釉的方法也被广泛使用；仅广州地区这一时期的陶器中，就发现属于泥质硬陶类的 34 种陶器表面都施了釉。但南越国陶器中施的釉，釉层薄而不匀，胎釉系数不结合，因此出土时多已剥落，明显可以看出其技术并不很成熟。这批釉都呈透明玻璃状，它们虽然没有进行过化学分析，但基本可以断定属高温玻璃釉系统，与中原内地的低温铅釉有所区别。施釉的方法，秦代以前只是把已晾干的陶胎倒提起来，放到釉浆里蘸一下就拿起来，即"蘸釉法"，此法操作简易，但器里无釉，底露胎，釉层不匀，有的地方较厚，极易剥落。到南越国时期，施釉方法得以改进，除瓮、罐等较大型的陶器仍保留蘸釉法外，对壶、钫、瓶、盒、碗等较小的器物采用"刷釉法"。采用刷釉法施釉的陶器，釉层薄且均匀，刷釉法保存比蘸釉法好。在南越陶器的盖、身等处，常也有粘着大块从窑顶上坠下来的聚釉，据此遗留下来的痕迹观察，其陶器的烧造，是用陶窑烧成的。

（四）装饰工艺

当时的陶器的装饰方法有模印、拍印、施压、刻划、镂孔、附加堆纹、彩绘等七种。在拍印纹中最具代表性的是几何图形戳印，成为岭南地区汉代几何印纹陶的代表。根据《广州汉墓》中的统计，几何形印纹共有 124 个不同结构的图案花纹。它们采用方格纹作陶器的地纹，其上再拍印各种几何图形的小戳印，以每一个戳印作为一组构图单位，地纹中衬托出主纹，纹样繁而不乱，且富有变化，独具南越地方特色。刻划纹饰亦是南越陶器中一个特色，其刻划特别精细，纹样有篦纹、圆点、水波纹、陶纹、斜线纹、横线纹等，一般都刻划在器物最显眼部位。其中篦纹使用最为普遍，通常刻制成旋转状纹带，给人一种动态的感觉。

（五）彩绘纹饰

南越陶器的装饰艺术另一个特色是彩绘。陶器的彩绘流行于中原地区新石器时代，岭南亦有少量发现。南越国陶器彩绘仅见于鼎、盒、壶、盆等几种泥质软陶器物上。彩绘陶器均为汉文化中的礼器，但它们的质地较差，不实用，显然是专为陪葬而烧制的陶器。彩绘装饰方法是先用白色颜料将陶器表面涂一遍，即上陶衣，使之洁白细腻，然后再蘸上红、黄、黑、白四色颜料，用手工在器胎上描绘。多用黄色和白色为底色，红色绘主题花纹，黑色用来勾轮廓线。彩绘纹饰多为云色纹亦有少量水波纹、弦纹等，和南越漆器上的纹饰风格基本相同，纹样流畅自然，繁而不俗。

（六）陶文与刻划符号

南越陶器中的陶文亦是一个特色。陶文可分为打印与刻写两种，其中大多数为打印，主要是打印在瓮、罐、壶、鼎等陶器的肩部，如在器物上盖一个印章。已发现文字有公、众重、臣辛、大厨、新口、居室、常御、长秋居室等。刻划陶文有食官第一、常御第十三、常御第廿等。

在已发现的陶文中，有四种官职未见于《史记》《汉书》的南越传中，即"居室""长秋居室""食官"和"常御"。前三者在《汉书·百官表》中可见。南越王国的百官制度是仿效汉廷的。"常御"不见于文献记载，古代常尚通假，"常御"即"尚御"，汉代少府的属官有尚方和御府，"常御"就是尚方、御府的合称，为职掌王室服饰、车驾、用器、玩好的机构。"居室"是拘禁犯人的住所，"长秋"是宫官，长秋居室是后宫所设的拘留犯人的监狱，表明南越有些陶器为犯人所制。这一类带有宫官标志的陶器，应是南越王国主管陶业的官署监督所制。据考古资料研究，西汉政府主管陶业的官署主要是宗正属官都司空令，其次是少府属官左右司空，南越王国当亦有这类官署的设置，南越陶文为研究南越国史添补了新的内容。

另外，有200余件陶器上刻了不同的符号，约近百种，绝大多数符号是刻在瓮、罐的肩部。在陶器上刻划记号的做法早在新石器时期就已出现。我国仰韶文化、龙山文化和东南沿海的印纹陶中都有不少发现，是陶工们长期沿袭使用的代表一定意义的符号。南越陶器中发现的近百种记号，其所代表的意思还无法究明，但可以肯定不是文字而是一种特定的刻划符号。初步认为这有两种可能，一是代表不同的数码，二是陶工本身的记号，即"物勒工名"。

（七）装窑方法

器胎经过装饰、模印或彩绘后，就要送进窑内煅烧。南越国的陶器装窑方法分叠烧和仰烧两种。叠烧主要用于瓮罐类较大的器物和其他可叠在一起烧的器型，出土的南越陶瓮、陶罐的器底及口沿处常可见到有泛白色的痕迹。据考古人员分析，这是两个以上的器坯相叠置在一起焙烧后留下的，为了防止器坯在窑中烧成后粘在一起，陶工们在坯体相叠的接触面之间放一泥垫隔开，这些痕迹就是夹泥垫而留下的。叠烧反映出当时装窑方法的先进。可利用窑内较少的地方空间，烧制出较多的器物。还有一种是仰烧法，适用于一些不能相叠的器物，如小罐、小盒、钫鼎、壶、提筒等。它们的器身底部等不见有垫烧的痕迹，是单个排列在窑床上仰烧的。

（八）陶窑

到目前为止，属于南越王国时期陶窑遗址还十分缺乏。广州地区在东山龟岗曾发现过南越国时期瓦窑遗址，可惜的是，未能对这处窑址进行正式发掘。其文化内涵不明。1981 年，广西壮族自治区文物工作队在象州县运江牙村旧瓦厂和腊村的柳江边，发现两处汉代窑场[①]，每一窑场原来分布有几个窑室，占地面积各约近 3000 平方米。其陶窑为龙窑。龙窑，就是一种依山冈而建的长方形陶窑。旧瓦厂村窑址有一窑室所存地面残迹残长 30 米，宽 3.80 ～ 4 米，在残存的废址中发现有不少饰有大小方格纹、米字方格纹、带戳印方格纹、水波纹、篦纹等瓮、罐、钵之类的残废品，还有带黑陶衣素纹的瓮、罐、碗等器类，这批器物的造型和纹饰，与广西西汉早期墓和广州地区南越贵族墓出土的陶器有部分相类，因此，可以推断，这两处窑场烧造陶器的年代，应当包括西汉初年的南越国时期。据考古资料，广东地区在战国时期已出现了龙窑，如增城西瓜岭发现一条战国龙窑，残长 9.8 米，宽 1.4 米，而广西象州龙窑长 30 米，宽 3.80 ～ 4 米，可见南越国的龙窑在长度、宽度及容积上都比前代大幅度增加。

（九）陶器在建筑上的应用

南越陶器主要是日常生活用具，其中也有不少是专门烧制来陪葬的明器。从整体来看，一个墓葬中出土的陶器胎色、陶质有时不一致，纹饰精粗有别，刻划符号亦有相同及各异等情况。据分析，同一墓葬中出土的陶器并不是一个陶窑专门烧制的，而是在若干窑场中预烧，墓主家属通过交换购买等渠道而获得入葬的。

南越制陶业的另一个主要内容是烧造砖瓦等建筑材料。广东地区何时开始用砖瓦建房？过去一直认为是在唐朝才开始的，《旧唐书·宋璟传》记载："广州旧俗，皆以竹茅为屋，屡有火灾。璟教人烧瓦，改造店肆，自是无复延烧之患。"不少研究历史的人认为，广州地区在唐以前还是伐草结茅为房。1975 年，考古工作者在广州中山四路发现了一处秦代造船工场遗址，在属于这个遗址的 7B 层东部，发现了一段长约 20 余米的砖石走道，走道上面铺有石和砖，两侧砌有大型的印花砖夹边，砖质极硬，宽 70×70 厘米，厚 12 ～ 15 厘米，砖面印有几何印纹图案，全为菱形纹。有意思的是，菱形纹为横五竖九，寓意"九五之尊"（砖）。在走道南侧还发现有大量残筒瓦与板瓦，部分瓦上还印有"公""官""卢"等戳印，还有"万岁"残瓦当。同时，还出土有砖质窗棂，以及涂朱、绿的砖雕等建筑残体，考古报告认为，"砖石建道是属于赵佗称帝之后营建的大型

---

① 引自余天炽等著《古南越国史》，广西人民出版社 1988 年版。

宫室的一个附属部分"①。另外，考古人员在广州中山五路新大新公司大楼楼基下，发现一片约 130 余平方米的汉代大型陶砖铺砌的地面，共发现数百块大型的砖，还发现有完整保存的"万岁"瓦当，这是两广目前保存下来范围最大、年代最早的汉代砖砌地面建筑。砖为长方形，长 65 ～ 75 厘米，宽 40 ～ 46 厘米，厚 10 厘米，砖面划有方格似棋盘状②。这两处属于南越国的建筑遗址表明，早在 2000 多年前，岭南地区就已用砖瓦造房子。不过，当时砖瓦主要用于南越宫室建筑，而砖瓦普遍用于居民宅第和修建坟墓等应在东汉时期，这也是为考古发现所证明了的史实。

综上所述，可以看到，南越陶器是岭南地区古代陶瓷史上发展的第一个高峰时期的代表作，它继承了本地区前代几何纹陶的工艺传统，又为岭南汉代陶器的大发展奠下了的坚实的基础。在南越陶器工艺基础上发展而来的汉陶（以广州汉墓出土的汉陶为代表），其影响遍及整个岭南和岭北的衡阳、长沙及贵阳等地。南越陶器包括了人们日常生活用品的各个方面，还有专门为殉葬用的明器，以及专门为建筑而烧造的砖瓦等。这反映出陶器生产已成为南越手工业中的重要部门。同时，南越陶器也反映出汉越民族文化的融合。墓葬出土陶器有三种组合：一是全属南越陶器组合；二是全为汉式陶器组合；三是汉越陶器共存。属于第一种的墓主应是越人，属于第二种的墓主为汉人，属于第三种的墓主可能是汉人亦可能是越人。陶器的组合亦反映出赵佗推行的"和辑百越"和"与越杂处"的民族政策。

---

① 广州市文物管理处等：《广州秦汉造船工场遗址试掘》，载《文物》1977 年第 4 期。

② 黄淼章：《广州大新掘宝记》，载《广州文博》1982 年第 2 期。

第八章 南越国的纺织、漆木器、玻璃及玉石制造业

由于受中原地区先进文化经济和技术的影响，和冶铸业、制陶业一样，南越王国的其他手工业和先秦时期相比，也有了飞速的发展。这一时期南越的纺织、漆木器及玉石制造业等逐渐成为南越王国的重要手工业。虽然史书在这方面的记载仍较贫乏，但来自考古发掘方面的材料却较丰富。下文分别叙述。

第一节 纺 织 业

古代中国以"丝国"闻名于世，古罗马、古希腊把中国称为"赛里斯"，意思就是"丝国"。勤劳智慧的中国人民是世界上最早养蚕、缫丝及织绸的。根据考古发现的材料，早在距今约四五千年前的新石器时代晚期，在黄河流域和长江流域就已经出现了纺织业。不同时期的纺织品是衡量人类进步和文明发达的尺度之一。商周时期，宫廷和王室贵族对纺织品的需求量日益增加，促进了纺织业的发展。周朝还设立了与纺织有关的官职，负责生产和征收纺织品。春秋战国时期，丝织品已经比较丰富多彩了。到了秦汉时期，中国的纺织业达到很高的水平，其工艺和织造技术比前代有极大的提高。秦汉时期以湖南长沙马王堆汉墓、江陵秦汉墓出土的最具代表性，数量多，花色品类也最为齐全。如重49克的素纱单衣、凸花锦、菱形花罗、隐花孔雀纹锦、印花敷彩纱和泥金银印花纱等珍贵的纺织品[1]，充分反映出秦汉时期纺织业的高度成就。同时，通过"丝绸之路"的传播，对世界纺织科学技术的发展，产生了深远的影响[2]。汉文帝派太中大夫陆贾第二次出使南越时，赐给赵佗的衣物有"上褚五十衣，中褚三十衣，下褚二十衣"[3]，正好是100件衣物。而赵佗作为对汉文帝赐赠褚衣的答谢有"白璧一双，翠鸟千，犀角十，紫贝五百，桂蠹一器，生翠四十双，孔雀二双"。赵佗贡献给汉文帝的应是南越的土特产，而汉文帝赐给赵佗这100件不同质地的丝绵衣物，似乎是南越所缺的，或可以说是南越难得的高级丝织品。这样，使人们产生了南越可能没有丝织品生产的看法。在广州和广西贵县的南越国时期墓葬中，断断续续出

---

① 上海纺织科学研究院等：《长沙马王堆一号汉墓出土纺织品的研究》，文物出版社1980年版。

② 夏鼐：《考古学与科技史》，科学出版社1979年版。

③ 《汉书·西南夷两粤朝鲜传》。

土了一些不完整的纺织品①，但由于岭南土壤含酸度高，丝织品在地下多腐朽碳化残碎，基本不成型，材料少且不完整，使我们无法考据这些丝织品是南越国自产的还是由岭北输入的。

1983年，在广州第二代南越王墓中发现了一大批丝织品，其数量和品类之多，不亚于著名的马王堆汉墓。但是这批丝织品保存状况甚差，全部碳化，织物早已失去强度，手指一碰就成为齑粉。经过专家们的认真加固和科学检测，在放大镜下，丝织物的组织结构还比较清晰，印染的各种花纹图案也可以分辨清楚。更为难能可贵的是，西耳室随葬的一套铜制印花凸版，被认为是到目前为止发现的世界纺织史上最早的一套彩色套印工具，②为研究2000多年前的岭南纺织业提供了极为重要的实物资料。这使我们对南越国有无纺织业这个问题得到了肯定的回答。

南越王墓出土的丝织品数量多，品类丰富，可分为三类。

（1）原匹织物。主要出土于西耳室。丝织品多层叠放，全部碳化，其堆积厚近20～30厘米，专家们估算原匹织物不下100匹。丝织物表面有残木板、竹笥或草笥，证明当年随葬时丝织物是装在竹木器中入藏的。

（2）包裹各类器物用的织物。墓中出土的器物，多数有丝织物包裹的痕迹，包裹的织物主要是平纹绢，用绢包裹不同质地的器物，其中铜器占80%以上，玉石器占78.7%，铁器占30%以上。包裹时用绢数目十分惊人，这既表明南越王的奢侈，也反映出当时南越国有一定规模的纺织业。

（3）穿丝随葬物的织物。指铜镜绶、镜袱、玉璧的绶带等。

以上三类随葬的丝织物，经科学检测，织物的原料大多数是蚕丝，少数是苎麻纤维。按质地可分为绢、罗、纱、锦、麻五类织物，还有手工编织的组带，分述如下。

绢，可分为普通绢、超细绢、砑光绢、绣绢、黑油绢、朱绢六种。以普通绢出土量最大，超细绢质地细密，外观平滑，肉眼难辨经纬，色泽为涂棕黄色或棕褐色，有人认为此即为所谓的"冰纨"。其经纬密度为每平方厘米320×80根纱，在10倍以上的放大镜下才能观察清楚（马王堆汉墓出土的闻名遐迩薄如蝉翼的素纱单衣经纬密度为50×40根纱），这是目前已知的汉代平纹绢中经纬密度最高的织物。南越王墓出土的"超细绢"，很可能是官营的纺织作坊为南越王室生产的"冰纨"一类高级丝织品。云母砑光丝绢系在绢上涂云母粉末后加以辗轧，使织物轻薄坚牢且平整，产生泛光感。黑油绢是用植物油类涂抹织物以防雨。岭南

---

① "残绢，分见于墓1097和墓1134，俱为残片，无花纹"，见广州市文物管理委员会等编《广州汉墓》（上），文物出版社1981年版，第179页；另罗泊湾一号汉墓中出土有缯、布、绢、纱等，见广西壮族自治区博物馆《广西贵县罗泊湾汉墓》，文物出版社1988年版，第86页。

② 广州市文物管理委员会等编：《西汉南越王墓》（上、下），文物出版社1991年版。

高温多雨，这种织物是当时上佳衣料。朱绢出土数量较多，以朱砂为原料，经特殊工艺处理，使绢成为红色。朱绢是在织造前，先用朱砂涂染织丝，然后上机织制，即所谓"先染后织"，使织物涂染均匀，保证织物无糊孔现象。此种织物外观美丽，是汉代比较高级的织物之一。

罗，是质地轻薄透亮、经纱互相绞缠后呈椒孔的丝织品。南越王墓出土的罗可分为菱纹罗、朱染菱纹罗两种，前者出于铜镜背面，可能是镜袱，朱染菱纹罗似为整匹入埋，色泽鲜红，罗组织结构清晰。

纱，包括假纱类织物、绉纱、朱纱、纚纱、绣花纱和印花纱六种。其中一件纚纱标本出自西耳室，外观疏朗硬挺，漆液涂布均匀，色漆黑，出土时已碎成小块。汉代官吏有以纚纱作冠，马王堆三号墓曾出土一顶漆纚纱冠。南越王墓的纚纱残片有可能是纱帽的一部分。

锦，有素面锦、朱黑二色锦和绒圈锦三种，保存状况甚差。

组，绶带。出土不多。西耳室一铜镜背附有一缕"组"，已被铜绿染成铜绿色。部分镜钮有双绶带，但保存状况甚差。

南越王墓还出土帛画残片，画面仅如拇指盖，是在绢底上用红、黑、白三色绘画，有花瓣纹、直线纹等。

麻织物。在南越王墓中发现有麻织物，一般见于铜匜、铜镜等表面，多用于包装，西耳室 C90 铜匜底部所出麻布，经鉴定为苎麻，经纬密度每平方厘米为 15×15 根，织作不甚规整，麻纤维有粗细不匀的现象。

另外，在广西贵县罗泊湾一号墓中出土有丝织品、麻鞋布、织锦、漆纚纱帽等残片。同墓出土的一件"从器志"木牍上还列有了不少纺织品的名称，计有缯、苎、布、绸、线、絮、丝等，可分为蚕丝和麻织品两类。在罗泊湾汉墓中，还发现了一些实用织机和模型织机的部件。经整理可辨出器型的有打纬刀、卷布轴、经轴、梭、引经杆、分经杆、挑经刀、提综杆和"马头"（织机上的一种部件）。从出土这件织机的各种木构件分析，南越王国已有织机。但是，罗泊湾一号汉墓被盗严重，出土的织机的木构件与其他木器混杂在一起，使考古工作者无法辨认出织机的种类。

从以上南越王墓和广西罗泊湾出土的丝织品，并结合《史记》《汉书》中一些零散的记载，我们已大致可以了解南越国的丝织业的状况。

首先是织造的原料。以丝、麻两种纤维为主，其中又以蚕丝纤维占绝大多数。中国是世界上最早的养蚕缫丝的国家，早在商代的甲骨文中，就有"桑"和"蚕"字。到汉代，中原地区养蚕和纺织业已十分发达。《汉书·地理志》提到，岭南地区的儋耳、珠崖（今海南岛）是"男子耕农，种禾稻苎麻，女子桑蚕织绩"。因此，岭南地区当时已有养蚕业。从南越王墓出土大量丝织品看，大部分应是本地生产和织造的，王国的纺织工业有一定的规模。南越王墓西耳室出土一筲丝绵，说明当时已经懂得利用缫丝后的碎乱蚕丝，同时亦反映出有缫丝工匠和作坊，这样才能将缫丝后的碎丝集中梳理，打制成绵。

从墓中出土一种“超细绢”来看，南越国的缫丝、织造工艺技术相当高，当时缫出的细丝，经线的投影宽度仅有0.02毫米，比一根头发丝还细得多。“超细绢”经纬密度每平方厘米320×80根纱，为目前所见汉代绢中经纬密度最高的织物。织造这种精细的织物，除要选择优质的蚕茧使经纬丝特别纤细外，还要在织造作坊中保持一定的温度和湿度，以防止丝线断裂起毛。而岭南地区高温多雨，故适合制作这种超细绢。

在西耳室出土的丝织物中，还发现部分绉纱的残片。这是一种表面自然绉缩而显得凹凸不平的绉纱。虽然织物很轻薄，却给人以一种厚实的感觉。绉纱是用拈丝作经，两种不同拈度和张力的拈线作纬，以平纹组织织成。由于绉纱表面布满了谷粒状的绉纹，因此汉代称这种织物为“谷”。南越王墓出土绉纱反映出南越国工匠已熟悉地掌握了这一纺织技术。

在印花工艺方面，南越王墓出土有印花纱，由于碳化残缺，完整的图案找不到，但仍可观察到局部花纹，有白色火焰纹、红色小圆点纹等。在长沙马王堆一号墓中，出土了“金银色印花纱”，专家们研究认为是采用了三套色型版颜料印花①，这种印花纱和南越王墓所出花纹图案基本一致，但色泽有所差异。“南越王墓所出印花纱的曲线为黄褐色（可能原为金色）、银白色，而小圆点为朱色，显微镜下观察为朱砂。这种纹样，应当也是用两至三套型版分次套印的”②。令人惊喜的是，在西耳室丝织品附近，出土了两件珍贵的青铜印花凸版，其表面有凸起的花纹，和马王堆一号墓金银色印花纹相似，但尺寸稍大。这两块印花凸版的发现，证明了当时南越国已有印花工艺了。据专家研究，马王堆出土印花纱，每米织物上一共要打印1200次，而南越王墓版稍大，每米印花纱内只要打印600余次。这两种铜印花凸版是目前世界上发现的最早的彩色套印版，这在科学技术史和印染工艺史以及雕版印刷史上都有重要的意义，在此之前所知的印版是公元7世纪的，比南越王墓所出要晚了六七百年。

在涂染工艺方面，南越国工匠已掌握了多种涂染工艺。如上面提到的朱绢，是用朱砂来染色的丝织物。西耳室出土的漆缅纱，色泽漆黑，漆液涂布十分均匀，推断是纱帽的残件。西汉时的冠帽有以漆纱制的，马王堆三号汉墓出土了一件完整的漆缅纱帽③，用孔眼稀疏的纱加工而成，制作十分精细，外表有一层厚

---

① 上海纺织科学研究院等：《长沙马王堆一号汉墓出土纺织品的研究》，文物出版社1980年版，第155页。

② 王㐨、吕烈丹：《象岗南越王墓出土丝织品鉴定报告》，见广州市文物管理委员会等编《西汉南越王墓》（上、下），文物出版社1991年版，第435页。

③ 何介钧、张维明：《马王堆汉墓》，文物出版社1982年版，第64页。

厚的黑漆，看上去就像乌丝编就一般，是名副其实的"乌纱帽"。这种帽子硬挺且有弹性，美观实用，通爽凉快，非常适宜岭南地区炎热天气中戴用。

南越王墓出土的"黑油绢"，表面泛黑有光泽，可以防雨防潮，上面浮了一层植物性的油类。岭南地区潮湿多雨，这种"黑油绢"可用来作防雨的衣料和车篷帐等。就目前材料看，全国西汉墓中还是第一次发现涂油绢。

砑光工艺和砑光后涂以云母粉粉末的加工方法也是南越国纺织工业一大特色。在绢的表面，用石块等重物进行碾压，使绢面平滑光洁，就是所谓的"砑光绢"。部分绢涂上云母粉末后再加以辗轧，织物轻薄平整，云母产生泛光感，使织物非常美丽华贵。这种云母砑光绢，汉墓中只在南越王墓中才有发现。

另外，当时也还掌握了人工刺绣技术。

西汉时期，中原地区纺织手工业十分发达，分为官、私营纺织业两种。当时，官营纺织手工业主要是供应皇室纺织品之所需，西汉在京师长安设有东西两织室，由"织室令丞"主管，东西织室俱属少府。当时民间手工业最普遍的是纺织业，有"一夫不耕或受之饥，一女不织或受之寒"之说，纺织手工业一般说来是与农业密切相关的。南越国的情况应和汉朝类似，在南越国内应有官营和私营的手工业。在南越王墓中随葬的锦、朱绢、罗等汉代名贵织物都是成匹出土的。多数的器物，如铜器、铁器、陶器等都留下了用绢包裹的痕迹，在几个铜熏炉上还发现有绣花绢、绒圈锦（一种富有立体效果的花纹图案织锦）等高级织物，大量使用丝织品如同今人使用包装纸，反映出南越王室的丝织品是十分充裕的，当时应有官营的织室专供丝织品给王室之用。

南越王墓出土的丝织品种类丰富、工艺精湛，丝织物的原料、色泽、图案和工艺技术等，有很大一部分与中原地区同期织物十分相似，它们之中有些可能是汉朝赐与南越王的。从南越王墓出土的大量丝织品、印染工具以及罗泊湾出土的织机零件来看，南越国的纺织业已达到一定的水平。据《史记》载，秦朝末年，赵佗曾"使人上书（秦皇），求女无夫家者三万人，以为士卒衣补。秦皇可其万五千人"。另外，秦始皇还迁徙不少中原人来岭南。这一大批人中，当含有纺织手工业者。他们和越族人民杂处，利用南越国优越的自然条件，使岭南早期的纺织业得到极大的发展，基本上赶上了中原地区的水平。

第二节　漆木器制造业

漆是一种涂料。用漆涂在各种器物的表面所制成的用具和工艺品，称为"漆器"。漆来自漆树，它是中国原产的漆科木本植物漆树的生理分泌物。在漆液中加上各种各样的颜料，便可配制出不同的色漆，将漆涂在器物的表面，干燥后能结成坚韧而美观的保护膜，光彩照人。漆又具有耐温、耐碱、耐腐蚀等特殊功能。漆器既美观又轻巧，历来受到人们的喜爱。

我国是世界上最早发现并使用天然漆的国家。考古工作者在距今约 7000 年的浙江余姚河姆渡新石器遗址中，发现一个木碗，内外有朱红色涂料，色泽鲜艳。经用化学方法和光谱分析，结果鉴定为生漆，这是迄今为止我国最早的涂漆制品①。到了商周时期，不少雕花的木器上已施有漆。春秋战国时期，漆器的制造业达到很高水平，江陵、信阳、长沙楚墓及随县曾侯乙墓中都出土了不少精美的漆器。到了汉代，漆器的制造达到了一个高峰。作为饮食器皿，漆器比青铜器更具优越性，它既耐温又轻巧，故为汉代统治者所喜爱，并在一定的程度上取代了青铜容器。如著名的长沙马王堆汉墓，出土漆器 500 件。这批漆器大都完整如新，品类繁多，令人叹为观止，是我国古代漆绘和漆雕工艺品中的奇葩。

岭南地区何时出现漆器制造，学术界目前还未有定论。迄今为止，岭南发现最早的漆器是广州东郊螺岗秦墓出土的盘、奁、耳杯等漆器残迹，② 同墓出土一件刻有"十四年属邦工□戴丞□□□"铭文的铜戈，因此墓主被推断为秦统岭南的将士。由于出土的漆器仅存残痕，因此无法考证它们是本地制造的还是从中原带来。在广州发现的秦汉造船工场遗址出土黑色漆皮十余片，横断面呈椭圆形，为兵器的秘上髹漆残片。其中一块有针刻"丞里□"三字铭文③。从字体上看，与湖北云梦睡虎地十一号墓出土秦简书体相同，应是秦代兵器上的漆秘。秦朝统一岭南后仅七年多就灭亡了，当时岭南是否有漆器制造业，由于出土的材料过于零散，不敢下结论。但秦时岭南地区已使用漆器，是毫无疑问的。

南越国时期是岭南地区漆器发展的一个重要时期。迄今为止，南越墓葬中出土的漆器已经超过了 1000 件。较重要的是 20 世纪 50 年代在广州发掘的 182 座南越国墓葬中，有 11 座墓共出土漆器 89 件，其中敦 1 件、扁壶 1 件、盆 5 件、奁 5 件、盘 31 件、耳杯 33 件、案 1 件、环 1 件、玦 1 件、镂孔漆器 2 件、泡钉 8 件。④ 70 年代，广西罗泊湾一、二号墓出土漆器 800 余件，其中一号墓仅漆耳杯就达 700 余片，盘 100 余片，较完整的器型有耳杯、盘、奁、盆、豆、梳篦盒、方盆、桶、盾、器足、器盖、拐杖等，还有三副漆棺。罗泊湾汉墓出土的漆器是南越漆器方面出土最多、最为重要的收获⑤。1980 年，广西贺县金钟一号汉墓出土一批耳杯、奁、盆、壶等漆器⑥。1982 年，在广州柳园岗南越国墓群中，

---

① 中国社会科学院考古所：《新中国的考古发现与研究》，文物出版社 1984 年版，第 145 页。

② 有学者认为岭南出土最早的漆器是广东肇庆松山的战国墓。近年有人考证，肇庆松山大墓的年代是南越国时期，参见黄展岳《论两广出土的先秦铜器》，载《考古学报》1986 年第 4 期。笔者同意黄说，故认为广州螺岗秦墓出土漆器为岭南目前为止最早的漆器。

③ 广州市文物管理处等：《广州秦汉造船工场遗址试掘》，载《文物》1977 年第 4 期。

④ 广州市文物管理委员会等编：《广州汉墓》（上），文物出版社 1981 年版，第 174－177 页。

⑤ 广西壮族自治区博物馆：《广西贵县罗泊湾汉墓》，文物出版社 1988 年版，第 69－78 页。

⑥ 广西壮族自治区文物工作队：《广西贺县金钟一号汉墓》，载《考古》1982 年第 4 期。

11 号墓和 17 号墓等出土耳杯、奁、盒、钫、杯、壶、璧、梳、盆、鸠杖等漆器共 40 件。① 1983 年，广州南越王墓出土漆器数量不少，但均腐朽严重，其中能分辨出外型的漆器共 43 件，计有盆、盒、盘、奁、卮、耳杯、案、屏风、木匣、博局、木俑、柲等器型。② 1986 年，广州农林东路 3 号南越国时期墓出土漆器一批，有耳杯、漆奁、漆盒、漆壶、漆匜等器型。以上这几批南越国漆器，数量上超过千件。它们都是经过科学发掘的墓葬中出土的，资料翔实可靠，使人们对南越国的漆器制造业有了具体的认识。

根据出土资料来看，南越国的漆器种类繁多，包括有日常用具、乐器和兵器等。计有耳杯、卮（有铜钫、银钫和金钫漆卮）、豆、盆（圆盆、方盆）、壶、扁壶、钫、敦、盆、桶、盂、奁、梳篦盒、梳、工具箱、簨（悬挂铜编钟的木横梁）、博局、筹码（算数用）、拐杖、鸠杖、伞顶轴、屏风、泡钉、剑鞘、刀鞘、矛柄、盾、甲、环、玦、犀角、球和棺等器型。另外，南越王墓还出土漆画铜镜，广西罗泊湾一号墓出土漆画铜筒、漆画铜盆等。此外，还有少数器形不明的漆器座、镂孔漆器等。

南越漆器以木质胎为主。木胎还可以分为旋木胎、斫木胎和卷木胎等。《辍耕录》中，有中国古代漆品制造的一段详细记录："凡造碗碟盘盂之属，其胎骨则梓人以脆松劈成薄片，于旋床上胶粘而成，名曰卷素。髹工买来，刀刬胶缝，干漆平正；夏月无胶泛之患，却炀牛胶和生膝微嵌缝中，名曰捎当；然后胶漆布之，方加粗灰，令日久坚实，再加细灰，谓之糙漆，再停数月，才用黑光。"这段元人的记载对了解中国古代漆器的制造有极大的帮助。

南越漆器的胎质还有一种是类纻胎，数量不多，以小型妆奁器物如奁或小件酒器为主。③ 类纻胎漆器的制法是先用泥土或木头等制成器型，作为内模，然后用麻布和丝织品贴在上面，再用生漆一层一层地漆在初坯上，待干涸后，把它脱下，里外都上漆，再抛光，彩绘或镶嵌玉片、金银钫等。类纻胎又称为"脱胎"，其制作技术比较复杂和进步。脱胎漆器质薄体轻、结实耐用，是我国漆器工艺中的独特创造。

在南越漆器中，还有一种用铜、金、银、玉器来嵌扣的漆器，称为"钫器"。钫器即是在漆器的口部、腰部、底部及耳部等部位加以金属或玉的箍，可使漆器更为名贵，色彩更加富丽堂皇。《盐铁论·散不足》篇云："今富者银口黄耳……夫一文杯得铜杯十。"说明当时钫器十分珍贵，价值在铜器十倍之上。广

---

① 黄淼章：《广州瑶台柳园岗西汉墓群发掘纪要》，见《穗港汉墓出土文物》，香港中文大学文物馆，1983 年。

② 参见广州市文物管理委员会等编《西汉南越王墓》（上），文物出版社 1991 年版，第 511－513 页，器物总表，其中铁针 500 件统算为一件。

③ 广州柳园岗南越国墓中出土的漆奁和南越王墓中出土的一件金钫耳杯，都是类纹胎。

州西汉前期墓出土的一件漆敦，盖面髹黑漆，嵌青玉片九片，玉片周边绘各种图案花纹①，造型别具一格，又被称为"舒玉绖器"。南越王墓出土有用金、铜、铜鎏金来嵌扣的漆卮，雕漆嵌金箔片或银箔片的漆盘、六博盘等，其制法是在上了底漆的器物上雕出凹槽，再把云纹金箔片或银箔片嵌贴在漆器凹槽上，制作出来的漆器表面镶金嵌银，光彩夺目，与战国时期流行的铜器上错金银有异曲同工之妙，呈现了类似"金银平脱"的效果。令人遗憾的是，广州象岗是一处风化的花岗岩石山，石质差，空隙多，南越王墓因此多次进水，随葬的大批漆器在时干时湿的环境下几乎全部腐朽，仅留下原来镶嵌在漆器上的铜框、鎏金铜框、黄金饰件、金银箔片、鎏金泡钉等。但透过这些遗物，我们仍可想象出南越王漆器的富丽堂皇。

南越漆器色调以黑红为主。大多数是外表髹黑漆，器内壁髹红漆，黑地朱绘是南越漆器的基本色调。在黑色漆底上，常用红、白色绘彩，也有绿、墨绿、褐、黄、金色等。金彩，是南越漆器的一种特色，五岭以北的其他地区甚少用金色来绘花纹。收入《广州汉墓》的广州1134号墓出土的一件圆漆盆，"里髹朱漆，表髹黑漆，盖上有凹形宽弦纹带两周，把盖面分为内外两区，两区原来均涂金色作地，上绘云纹图案，疏落处又以细线勾勒的圆涡纹相衬"②。

南越漆器大部分都饰有花纹图案，其中最主要的是彩色漆绘。用色漆绘出的花纹，色彩鲜艳，不易剥落。南越花纹图案可分为三类。一类是几何纹图案，常见有几何云纹、方连纹、雷纹、波浪纹、菱形纹、B形纹、涡纹、栉纹、点纹等。这一类纹饰显然是受到南越几何印文陶器纹饰的影响。一类是龙凤、云气、花草纹图案，有云纹凤纹、云龙纹、云凤纹、卷云纹、星云纹、鸟首形纹图案等。还有一类是写生动物图案，有鱼纹、蝉纹和犀牛纹等多种。总的来说，纹饰的特点是细致、流利，还常用线条勾勒，图案富丽且复杂。

到目前为止，西汉前期墓出土漆器最多、保存最为完整的是长沙马王堆汉墓。其一号墓出土漆器184件，三号墓出土316件，合共500件。令人惊叹的是，这批马王堆漆器出土时不少完整如新，是汉代漆器的代表作。其品种有鼎、盆、壶、钫、钟、卮、勺、耳杯、匕、具杯盆、盘、沐盘、平盘、盂、案、匜、奁、几、屏风、博具、兵器架等。③马王堆汉墓和南越国墓葬同属西汉前期，年代一致，两地在地理位置上又紧紧相连，因此，两地漆器的相互比较，有助于我们进一步加深对南越漆器的研究了解。

在器型方面，两地漆器以耳杯、盘、案、奁、盒、壶为主，但马王堆的鼎、壶、钫、钟等较大型的饮食器，表面饰满图案花纹，十分富丽，南越则少见，广

① 参见广州市文物管理委员会等编《广州汉墓》（上），文物出版社1981年版，第174页。
② 参见广州市文物管理委员会等编《广州汉墓》（上），文物出版社1981年版，第175页。
③ 湖南省博物馆等：《长沙马王堆一号汉墓》，文物出版社1973年版。

州柳园岗汉墓各出一对漆壶和漆钫，但器型较小，表面素身。漆耳杯，又称为"酒觞"。椭圆形，两侧各有一半月形的耳。这是汉代漆器中最常见的器型，广州南越墓葬和长沙马王堆汉墓均出土较多耳杯。但两地耳杯亦有所不同。马王堆耳杯两耳和杯外、杯内黑漆书"君幸酒""君幸食"，杯耳背朱书有关容量方面的文字。而南越耳杯绝大多数不见用途和容量方面的文字，而杯底没有烙印戳记和朱书人名。在纹饰方面，两者均有几何纹、龙凤纹、花草纹，这是共同的，但南越漆器有鱼形纹、蝉形纹等，马王堆漆器不见上述纹饰，大概是南越国近海多鱼，炎热夏天则多蝉。另外，还有动物纹饰。马王堆漆器有猫纹和龟纹，南越漆器是犀牛纹。由此可以看出，南越的漆器和马王堆的漆器在装饰工艺上不相同，应是南越国自己制造的，这亦反映出南越国漆器制造业的发达。

在岭南漆器中，还发现不少烙印戳记、针刻和漆书文字。广州方面有"蕃禺"烙印，印在西村石头岗一号墓出土的漆奁上。[1] 还有朱漆书"高乐""龙中"等。广西罗泊湾有"布山""市府草""市府□"等烙印文字。漆奁上烙"蕃禺"印，"蕃"即"番"，这是番禺地名见于考古实物最早的一例，也是秦平岭南在此推行郡县制的历史物证。秦始皇三十三年（前214）统一岭南后，设桂林、南海、象三郡，郡下设县。南海郡治为番禺县。赵佗立南越国后，番禺为都城，即今广州。这件漆奁烙印即说明它是当时番禺市府经营的漆器作坊所造。"布山"烙印发现于罗泊湾出土的耳杯外底[2]，字外加方框，表明是布山市府漆器作坊所造。"市府草"和"市府□"烙印各数个，有烙在耳杯底部，有烙在器型未明的漆器上，字外不加方框。有人考证，这是一种省文："'市府草'戳印前面把市的地名省略了。"应是布山市府的漆器作坊制造。这亦表明，当时南越的漆器制造业应是官营性质。

当时，南越的漆工还熟练地掌握了将漆绘于铜器上的技艺。漆绘铜器成为南越一个特色。罗泊湾一号墓出土一件铜提漆绘筒，器表满绘漆彩画。画面分四段，均作人物、禽兽、花木、山峦、云气，每段自成一个完整的画面，整体似在描述一个长篇的神话故事。[3] 漆绘铜盘的口沿上和腹壁内外都有精美漆画，口沿上绘菱形图案，腹内壁绘龙、鱼和卷云，两条巨龙构成整个图案的主体。龙口含珠。外壁似为战争叙事画。[4] 这两件漆画是难得的艺术珍品。所绘人物图像线条流畅，形象生动，故事情节安排、人物之间关系的照应，都颇具匠心，画风笔意，明显地继承了楚国漆器绘画的传统，反映出南越国的漆画受到长沙等楚地的

---

① 参见广州市文物管理委员会等编《广州汉墓》（上），文物出版社1981年版，第175页。
② 广西壮族自治区博物馆：《广西贵县罗泊湾汉墓》，第36－38页，图版一四一一六，彩版三、四。
③ 广西壮族自治区博物馆：《广西贵县罗泊湾汉墓》，第36－38页，图版一四一一六，彩版三、四。
④ 广西壮族自治区博物馆：《广西贵县罗泊湾汉墓》，文物出版社1988年版，第41－42页，彩版五、六、七。

影响。南越王墓出土 3 件绘漆画的铜镜，最大的一件是 C145－73①，直径 41 厘米，三弦钮，无钮座，平缘，缘内为 15 个内向连弦纹绕成一周。镜中以一圈凹面宽带纹分割为两区，内区绘卷云纹，外区绘人物，中间有两人跨步弓腰作斗剑表演，两侧各有人站观，作笼手而立状。这是目前已知中国考古发掘最大的一面西汉绘画镜，也是广东地区最早的一件漆画艺术作品，弥足珍贵，其绘画艺术风格和长沙马王堆一号汉墓出土的帛画相类似。

南越王墓还出土一件漆木大屏风，这是首次发现的西汉前期的实用漆屏风。在以往发掘的战国和汉墓中出土的屏风，多属模型，即陪葬的明器，极个别墓出土有少数铜质的屏风构件。南越王墓出土的漆木屏风放在主棺室的东侧，是墓主赵眜生前使用过的实用屏风。整体是"一"形，高 1.80 米，正面宽三米，等分三间，每间一米，左右的次间为固定的屏壁，正中的明间为两扇屏门，可向后启合。两侧为屏障，与可折叠铜构件接连，能 90 度展开，成为一幅宽一米的翼障。屏风顶立朱雀一对，铜兽首三个，上面均插有彩翎。翼障之下有铜蟠龙托座，屏风下角折叠构件为一鎏金操蛇之力士俑。屏风正背面均用漆木制成，中间鬃黑漆，边框两面鬃朱漆，并饰有数百枚鎏金泡钉。此屏风规模大，结构复杂奇巧，将铸铜、鎏金、镶嵌和漆木工艺等萃众于一体，使其光彩夺目，异常华丽。《盐铁论·散不足篇》云，"一杯棬用百人之力，一屏风就万人之功"，用此来形容南越王屏风，似乎并不夸张。这座华丽的漆屏风一方面反映出南越工匠的高超技艺，另一方面又反映出南越王生活上的奢侈豪华。

漆器不仅是实用品，而且是艺术欣赏品。一件漆器的制成需要有多道工艺。在我国出土的汉代漆品中，有详细的铭文记录漆器年代、工官名称、器物名称和容量、制器工人和各级官员名字，这对了解汉代漆器制作工序有极大帮助，如贵州省清镇出土的一件漆杯铭文如下：

> 元始三年，广汉郡工官造乘舆鬃汨画木黄耳杯，容一升十六龠；素工昌、休工立、上工阶、铜耳黄涂工常，画工方、汨工平、清工匡、造工忠造。护工卒史恽，守长音，丞冯、掾林、守令史谭主。②

从铭文看出，漆工分为"素工"制木胎；"休工"即初鬃漆工；"上工"是进一步涂漆工；"铜耳黄涂工"是在漆杯所镶的铜耳上镀金；"画工"是在漆器上画花纹；"汨工"或被认为是雕工的"清工"，将制成的漆器加以修整清洗，

---

① 参见广州市文物管理委员会等编《西汉南越王墓》（上），文物出版社 1991 年版，第 84 页，图 58，彩版二一。

② 引自王仲殊《汉代考古学概说·汉代的漆器》，中华书局 1984 年版；黄淼章《广州瑶台柳园岗西汉墓群发掘纪要》，《穗港汉墓出土文物》，香港中文大学文物馆，1983 年。

也可以说是检验员；"造工"是工场主任；最后要送有关各级官员验收，才算大功告成。此铭文反映的是广汉郡制造御用漆器的过程。南越国制漆业是否如此复杂不得而知，但南越国的漆器业是十分发达的。

到目前为止，南越墓葬中出土的漆器已超过了千件，其器型达到数十种。从小至耳杯、泡钉，到钫、壶、盒等都有生产，更为复杂和更大器型者有漆棺、漆屏风等，表明南越国的制漆业已和制陶业、冶铸业一样成为国内重要的手工业。从漆器的铭文来看，南越国都番禺和桂林郡治布山两地都设有市府作坊监造漆器，成为南越漆器制造中心。所以，南越国的漆器属于官营性质。至于其他地区，如象郡等有无漆器制造，仍有待于今后的出土资料印证。

南越国漆器既有本身地方特色，也明显受到楚地风格的影响。西汉初期，四川成都、湖南长沙是中国漆器的重要产地。秦平百越时，数十万大军和戍边的罪人等逾岭南下，其中也可能杂有漆工。所以，在战国时代，岭南还未发现建立漆器业，而到了南越国时期，漆器业急剧发展，外来人才的因素是极其重要的。

除漆器外，南越工匠还掌握了竹木工艺制造。南越墓中发现有木瓢、尺、梳、镜、琴瑟、鼓、削、纬刀、绞线棒、六博具等木制品，还有船模、车、马、剑、鸠杖、鼓槌、器座等木制明器，木俑有立俑、座俑、踞坐俑、武士俑和拱卫俑等。[①]岭南高温多雨，竹生长较快，南越国的竹制手工业亦有发展。在广西的罗泊湾一号墓中，出土有竹笛、竹尺、竹篓、竹筐和竹器盖等[②]。南越王墓有竹笥、竹牌和竹制的剑鞘等等。所有这些都反映出南越国竹木手工业亦有一定发展。

最后要指出的是，汉代中原地区和长沙等地漆器业的急剧发展，造成了青铜器制造业的衰退。而南越地区，在漆器手工业大量发展的同时，青铜器的制作亦达到高峰。漆器、陶器、青铜器同时发展，是南越经济的一个特色。

第三节 玻璃制造业

古埃及、古罗马的高级玻璃器皿价值竟高于黄金。史载中国南北朝时，一些王侯贵族斗富也用玻璃器皿以显示其豪华奢侈。据研究，古埃及是发明玻璃制造技术最早的国家之一。在埃及的菲费城附近的一座古墓，发现一颗不大透明的玻璃珠，已有 5500 年历史了。在中东的美索不达米亚的幼发拉底河流域，这类玻璃样物质在当时也会制造了[③]。早期的外国玻璃，其成分中含有较多的钠和钙，

① 引自王仲殊《汉代考古学概说·汉代的漆器》；黄淼章《广州瑶台柳园岗西汉墓群发掘纪要》，见《穗港汉墓出土文物》，香港中文大学文物馆，1983 年。

② 广西壮族自治区博物馆：《广西贵县罗泊湾汉墓》，文物出版社 1988 年版，第 56 – 57 页。

③ 沈菊云、陈学贤：《玻璃新世纪》，上海科学出版社 1984 年版。

称之为钠钙玻璃系统。中国玻璃亦以其历史悠久和成分独特而自成体系，称为铅钡玻璃系统。早在"汉通西域"之前，中国就发明了玻璃制造术。在古籍中，玻璃又称为"流离""璆琳""陆离""颇黎"等。考古发掘的中国早期玻璃制品，经科学分析可以肯定为玻璃的是河南固始侯堆一号春秋末年墓出土的蜻蜓眼玻璃珠①；辉县出土吴王夫差剑格上嵌的三块玻璃②；江陵望山一号墓出土越王勾践剑格上嵌的蓝色玻璃③。这三组玻璃的年代是春秋末年战国初期。也有人认为中国玻璃还可上溯到西周④。由此可见，中国玻璃的起源也是很早的。

南越国是否有玻璃制造业，这是近年来考古学界研究探索的一个课题。在广东和广西的南越国墓葬中，陆陆续续有玻璃珠、璧、耳珰等出土，⑤引起了学者们的注目。特别是 1983 年发现的南越王墓，出土了 22 件平板玻璃，数以千计的小玻璃珠、玻璃璧和蜻蜓眼玻璃珠等，这一珍贵的材料更引起了国内外玻璃研究学者的极大兴趣。考古部门曾提供了部分出土的玻璃样品进行科学实验，为南越国的玻璃研究提供了甚为宝贵的资料。保存较好的玻璃样品如表 2 所示。

另外，还有四件玻璃璧出土于广州南越国墓葬中，但保存甚差；广西罗泊湾还出土了碎玻璃，但器型不明。

从上页表中可看出，南越国玻璃全部出土于墓葬之中。器型有耳珰、鼻塞、璧、蜻蜓眼珠、小串珠、平板玻璃、玻璃贝饰等七种。色泽有青白、黄白、深绿、浅蓝、深蓝、青绿、黑色等，大多数是透明或半透明的，主要以单色为主，仅有三件玻璃珠是复色的，俗称"蜻蜓眼"。这批玻璃是目前已知岭南出土的最早的玻璃。

在出土的这批南越国玻璃中，提供了部分样品进行科学检验，其成分分析用电感偶合等离子发射光谱法（ICP－ES），其中二氧化硅（SiO_2）用常规湿化学法分析。对于蓝色小玻璃珠，因其较小，应用能散 X 射线法（EDX）分析，此方法有试样用量少的优点。其测试结果如表 3⑥ 所示。

---

① 张福康、程朱海：《中国古琉璃研究》，载《硅酸盐学报》第 11 卷第 1 期。

② 崔墨林：《吴王夫差剑的考究》，载《中原文物》1981 年特刊。

③ 后德俊：《谈我国古代玻璃研究的几个问题》，载《江汉考古》1985 年第 1 期。

④ 杨伯达：《关于我国古代玻璃研究的几个问题》，载《文物》1979 年第 5 期。

⑤ 在早期已发现的南越墓葬出土的材料中，一般称不大透明而有光泽的玻璃饰件称为料器；而呈半透明状有光泽的饰件称为琉璃。它们之间其实仅是透明程度不同而已，并非有本质的区别。近年来，学术界已主张将"料器""琉璃"等统称为玻璃。

⑥ 参见广州市文物管理委员会等编《西汉南越王墓》（上），文物出版社 1991 年版，第 423－426 页，器物总表，其中铁针 500 件统算为一件。

表2 南越国墓葬出土玻璃统计

名称	数量	色泽	尺寸(厘米)	形状	保存状况	墓号	资料来源
璧	1件	青白色	径11.5 厚0.5	圆形、两面谷纹	稍残	53 石头冈 M8	《广州汉墓》
璧	1件	黄白色	径11.3 厚0.3	圆形、两面谷纹	残碎	53 石头冈 M31	《广州汉墓》
璧	1件	深绿色	径14 厚0.3	圆形、谷纹、涡纹	残复原	53 石头冈 M10	《广州汉墓》
璧	5件	青白色	径11.6 厚0.3	圆形、两面涡纹	C191 保存完好	南越王墓	《西汉南越王墓》
蜻蜓眼珠	1件	黑色	径2 高1.8	扁圆形镶嵌红色绿色圈	完好	56 黄花冈 M3	《广州汉墓》
蜻蜓眼珠	1件	灰黑色	径21 高1.6	扁圆形镶嵌绿白色圈	完好	南越王墓西侧室	《西汉南越王墓》
蜻蜓眼珠	1件	青绿色	径1 高0.6	扁圆形镶嵌蓝白色圈	完好	南越王墓东侧室	《西汉南越王墓》
珠	101颗	绿、黑、白、蓝	径2	圆珠形或扁圆形	完好	54 登峰路 M1	《广州汉墓》
珠	30颗	深蓝色	不明	圆珠形	完好	贺县高寨	《中国古玻璃研究》
珠	1件	不明	长3.0 径0.6	长条椭形	完好	罗泊湾一号墓	《广西贵县罗泊湾汉墓》
小串珠	约2100件	蓝色、黄白色	径0.3	扁环形，有竖孔，器壁极薄	基本完好	南越王墓东侧室	《西汉南越王墓》
小串珠	一批	浅蓝色	径0.3～0.4	扁环形，有竖孔，器壁极薄	基本完好	南越王墓主棺室	《西汉南越王墓》
贝饰	70件	浅蓝色	长1.4～1.5 宽0.9～1.1	仿贝造形	基本完好	南越王墓主棺室	《西汉南越王墓》
鼻塞	2件	蓝色	长1.1～1.2 径0.65～0.70	短柱形，断面为八角形	基本完好	南越王墓西侧室	《西汉南越王墓》
耳珰	1件	绿色	长1.4 上口径1.8 下口径0.5	圆柱形，上小下大，中穿孔	完好	罗泊湾一号墓	《广西贵县罗泊湾汉墓》
平板玻璃	22件	浅蓝色	长8.5～10 宽3.5～5	长方形原嵌在铜牌饰上	有的完整	南越王墓	《西汉南越王墓》

表3　南越王墓出土玻璃的成分（重量%）

序号	氧化物名称	SiO_2	Al_2O_3	CaO	MgO	PbO	BaO	K_2O	Na_2O	Fe_2O	CuO	MnO_2
1	平板玻璃（C181）	42.64	0.18	3.79	0.43	33.73	12.83	0.05	5.01	0.09	0.04	0.06
2	平板玻璃（C211）	40.49	0.95	5.41	0.89	33.35	11.93	0.34	6.03	0.09	/	/
3	乳白色玻璃璧（C192）	42.03	1.56	1.24	0.67	38.73	10.85	0.77	4.40	0.03		
4	蓝色珠串（D140）	41.0	1.71	2.74	1.2	25	21.89	/	5.8	0.73		

平板玻璃密度测定，利用 Archimedes 原理测定结果如下：

平板玻璃（C181）　　　密度：$3.686g/cm^3$

平板玻璃（C211）　　　密度：$3.682g/cm^3$

平板玻璃光谱透光率测定：玻璃可见光波长为 4340 埃～5500 埃范围内的透过率在 70% 以上。在波长 5500 埃左右的透过率为 70% 左右，其透明度低于近代平板玻璃，但在可见光范围内，已具有较好的透光、透视的功能。

从科学成分分析结果来看，南越王墓出土的玻璃，属于铅钡玻璃系统。广西罗泊湾一号墓出土的管形珠，经鉴定，亦属铅钡玻璃。据中外古玻璃学专家研究，凡含大量的氧化铅（PbO）和氧化钡（BaO）的古玻璃制品，属于中国独创的古玻璃。而在长沙楚墓中，出土不少铅钡玻璃制品。专家们比较一致地认为，长沙是中国最早制造玻璃的地区之一。[1]

南越国和长沙国相连，汉朝立国后，汉高祖刘邦就曾将南海郡虚封给长沙王吴芮。长期以来，南越文化受楚文化的影响，经济上的联系也十分密切，南越不少金铁田器、先进技术亦从长沙地区传入，因此，南越国墓葬中出土的玻璃璧在器型、成分上和长沙、衡阳等地出土的相同，有可能是从长沙输入的。"但平板玻璃、小串珠和玻璃耳珰等则为长沙内地及中原内地所未见。由此，我们初步认为，南越国的玻璃制造业应是在原楚地（主要是长沙）的影响下建立起来的。归王国工官监造。"[2]

上述这段引自《西汉南越王墓》发掘报告的文字，实际上已经肯定了南越国

---

[1]　高至喜：《湖南出土战国玻璃璧和剑饰的研究》，见《中国古玻璃研究》，第 57 页。

[2]　引自广州市文物管理委员会等编《西汉南越王墓》（上），文物出版社 1991 年版，第 340 页，器物总表，其中铁针 500 件统算为一件。

已有玻璃制造业。从南越国出土的玻璃、珠、耳珰、贝饰及牌饰等造型、纹饰来看，都和中国传统的器物相似，具有地方特色，应是当地制造的。我们在谈到南越陶器时，曾指出不少南越泥质硬陶表面施釉，呈黄白色或黄绿色透明状，属高温玻璃系统，光洁莹润。这种高温玻璃釉与南越玻璃成分是否相同，因前者未有化验，不敢贸然下结论。但是，陶瓷与玻璃的发明有密切的关系，专家们认为，"具有达到 1200 ℃ 或 1300 ℃ 高温窑炉是完全可以进行玻璃制造的"[①]。南越陶器烧成温度，已达到 1250℃ 左右，因此，南越国是完全有能力进行玻璃制造的。

令人瞩目的是，南越王墓出土的 22 件蓝色小平板玻璃，在中国范围内的汉代墓葬中属首次发现。这批小平板玻璃嵌入长方形的铜框中，作为一种牌饰使用。铜框周边为一匝穗状纹，鎏金，背面的盖板有两个半环小钮突起，钮内有木条穿贯，尚存朽木，出土时每件牌饰都有丝织物包裹，可见当时十分珍贵。玻璃长 8.5～10 厘米，宽 3.5～5 厘米，厚约 0.3 厘米。平板玻璃内部光洁度较高，色泽浅蓝，晶莹透明，只有极少气泡，玻璃本身厚薄一致，可见其制作技术已达到很高水平。据专家研究，其制作是先将石英砂等原料在高温中溶化，再浇铸成薄板状，切割成形。这批玻璃是中国到目前为止时代最早的平板玻璃，弥足珍贵。

从上面的材料可以看出，所发现的南越国玻璃制品都是经过科学发掘的墓葬中所出，其资料完整，年代可靠，充分证明了南越国已有玻璃的制造。根据科学化验的结果，南越国玻璃属铅钡玻璃系统。这一类玻璃属低温玻璃，质地脆而不耐热，只适合做珠饰、璧等，与西方钠钙玻璃烧成温度高耐温性能好适合制造饮食器皿等不同。另外，南越玻璃品类单调，常和玉石、水晶、玛瑙等装饰物共置在一起，只是当作玉石、水晶一类的珍玩使用，其实用价值不大。这样就影响了南越玻璃业的发展和普及。相反，实用价值大的南越陶器成为当时王国不分贵贱均必须使用的日常用品，制陶业也就因此比玻璃业要发达得多，并形成了其独特的南越陶器的风格。

第四节 玉石制造业

在中国，玉是一种带有神秘色彩和享有崇高地位的器物。许慎《说文解字》玉部载："玉，石之美，有五德者。"晶莹璀璨的古代玉器是中华民族古代文明的象征之一。古人把质地坚韧、颜色晶润光洁、石质细腻而透明的美石统称为玉，包括水晶、玛瑙、宝石、孔雀石、琥珀、青金石、绿松石等，都列入玉的范畴，这是广义的说法。狭义来说，指矿物学上的玉，可分为软玉和硬玉两种。软玉即

---

① 干福熹等：《我国古代玻璃的起源问题》，载《硅酸盐学报》第 6 卷第 1、2 期。

闪角石类，其主要成分是硅酸钙的纤维矿物，硬度为 6～6.5 度。我国古代的羊脂白玉、黄玉、青玉、碧玉、墨玉等属软玉类。硬玉属辉石类，又称为翡翠，硬度为 6.75～7 度。其成分以硅酸钠和硅酸铝为主，质地硬，密度高，具有玻璃光泽，晶莹透彻。硬玉主要产于缅甸，其玉质坚硬，伴有红色和绿色色团，颜色之美宛如赤色羽毛的翠鸟或绿色羽毛的翠鸟，故名翡翠。翡翠在清代才大量被中国玉匠采用。

中国是世界上主要产玉国，有"东方玉国"之称。玉器制造源远流长。在距今约 8000 年以前，生活在中华大地的先人就已采集色彩艳丽的玉石，经简单加工制成装饰品和生产工具。在距今四五千年前的新石器时代中晚期遗址中，就发现不少玉制品。长江流域良渚文化、辽宁红山文化遗址中都出土大批精美的玉器，引起世人瞩目。商周至春秋战国时期，玉器除作为工具和装饰品外，还成为礼器和宗教祭品，玉器的生产和使用达到鼎盛时期。汉代玉器继承了春秋战国玉雕的精华，并有所发展。汉玉分为礼玉、饰玉、陈设玉和葬玉四大类，品种繁多，工艺颇精，为中国古玉文化奠下基本格局。

在岭南地区的南越国时期墓葬中，曾发现过一批玉器。20 世纪 50 年代至 60 年代发掘的广州地区 182 座南越国墓葬共出土 70 件玉器，[1] 1972 年发掘的广州淘金坑七座南越国墓葬共出土玉器八件。[2] 1983 年发掘的广州瑶台凤凰岗西汉前期大型木椁墓出土玉器 20 余件，其中一件玉舞人高 6.8 厘米，雕一年少舞女，头盘发髻，后梳长辫，宽袖束腰，罗裙曳地，左手上扬，作翩翩起舞态。这座木椁墓是到目前为止广州地区发现的最大的西汉木椁墓，墓主是南越国的高级官员。在广西，最为重要的南越国玉器是 1976—1979 年发掘的贵县罗泊湾一、二号汉墓。其中一号墓出土玉器五件，二号墓出土玉器八件。平东银山岭 123 座墓有 15 座墓出土 40 件玉器，仅有玦一种器形。[3]

在以上所列的南越国墓葬出土的玉器中，其造型和设计风格与中国其他地区出土的汉代玉器没有多大的区别。因此，其常常被看作是从长沙地区或中原等地传来。有专家认为，南越"墓中出土的玉器与中原地区西汉各王侯墓出土玉器风格一致。据此推测，这批玉器亦系中原玉工所雕琢，后传入岭南"[4]。所以南越国本身有无玉器的制造，成为摆在考古学家面前的一道难题。

令我们感到欣慰的是，1983 年发现的广州南越王赵眜墓出土了各种各类的玉器近 244 件（套）。其随葬玉器数量之多、品种之繁和保存之好，不但在岭南

---

① 参见广州市文物管理委员会等编《广州汉墓》（上），文物出版社 1981 年版。

② 广州市文物管理处：《广州淘金坑的西汉墓》，载《考古学报》1974 年第 1 期。

③ 广西壮族自治区文物工作队：《平乐银山岭战国墓》，载《考古学报》1978 年第 2 期，按原报告把这批墓定为战国，年代偏早了，应是南越国时期。

④ 杨东明：《龙虎并伴玉带钩》，见《国宝大观》，第 32 页。

地区汉墓中是空前的，就是在全国已发掘的汉墓中也是前所未见的，堪称"汉玉大观"①，为汉代玉器工艺史写下了光辉灿烂的一章，也为我们研究南越王国的玉石制造提供了极为珍贵的第一手材料。

南越王墓出土的玉器全属软玉制品，分为四大类，即礼仪用玉、丧葬用玉、装饰用玉和器用之玉。按考古学上的器型和用途又可分为玉衣、鼻塞、玦、璧、璜、环、组玉珮、舞人、各类珮饰、剑首、剑格、剑璏、剑珌、带钩、六博棋子、铜框镶玉卮、铜框镶玉盖杯、角形杯、盒、承盘高足杯、翁仲、印章等。南越王墓玉器有不少是以往见所未见的，堪称为绝品。其中有部分玉器构图奇特，打破了春秋战国以来中国玉器讲究对称的格局，成功地运用琢玉技巧，大胆突破，不拘形式，求得作品的变化，追求灵活的艺术效果，与中原地区玉器较为规矩的圆形状构图有别，使小小的玉器制品充满了动态和灵气，给人一种清新的感觉。

南越国玉器的纹饰多种多样，依纹样主要分为几何纹和动物纹两大类。

几何纹类又可分为单一线纹和组合纹两种，计有弦纹、宽带纹、陶纹、斜网格纹、涡纹、游丝纹、蒲纹、蒲格涡纹、谷纹、勾连雷纹和花瓣纹等。

动物纹类可分为线刻图案化动物纹和浮雕、圆雕、镂空双面雕刻的写实型动物纹两种。计有兽面纹、龙纹、夔龙纹、虎纹、螭虎纹、尖嘴兽纹、熊纹、猴纹、犀纹、鹦鹉纹和凤纹等。以龙凤纹为最常见。凡属龙凤相配出现的，以龙为主，居中，凤居于附属的位置，部分鹦鹉纹或变形鸟纹应是凤纹的演化。南越王墓中出土的玉器数量大、品种丰富、雕工细腻，在岭南考古中是空前的。其中玉器有不少是动物纹样，以高浮雕和镂空双面雕的动物纹为主，做工精绝，不但代表了南越国的雕玉水平，也代表了汉代玉雕艺术的高峰。

为使读者对南越王墓出土的玉器有所了解，下文介绍部分重要玉器。

丝缕玉衣 玉衣是汉代皇帝和高级贵族专用敛服，又称之为"玉匣"或"玉襦"。整套玉衣由头套、衣身、两袖筒、两手套、两裤筒和两只鞋所组成，全长1.73米。共用玉片2291片。外观和人体形状一样，丝缕玉衣的玉片质料欠佳，玉色较杂，多数玉片不透明，以黄褐、黄白色为主，间有透明状青玉片。片形以长方形、正方形为主，杂有梯形、三角形、五边形等。所用玉片形状大小不同。玉片间的组连是通过玉片边角上的孔眼以丝线连缀的，内面用丝绢贴衬以增加玉片间的组合强度。到目前为止，丝缕玉衣还是第一次在中国出土，弥足珍贵。《后汉书·礼仪志下》记载，汉代皇帝玉衣用金缕，诸侯王、列侯始封、贵人、公主用银缕，大贵人、长公主用铜缕。南越王赵眜是得到中央承认的诸侯

① 见《西汉南越王墓》（上、下），文物出版社1991年版。1991年香港中文大学举办了《南越王墓玉器》展览，并出版了精美图录《南越王墓玉器》，麦英豪先生为此书专门撰写了《汉玉大观——象岗南越王墓出土玉器概述》文章。

王，按《后汉书》所载，可用"银镂玉衣"，但实际上他用的是丝缕玉衣，因此，它不会是汉廷颁赐的，应是南越宫廷所制。

青白玉角杯 出自南越王墓棺内，是南越王生前喜爱的实用玉杯（觥）。通长18.4厘米，口径5.8～6.7厘米。仿犀角形，由整块青白玉雕成，玉色青中透白。纹饰分三层，近口处的底纹为细单线勾连雷纹，中部的第二层为浮雕双线勾连雷纹，靠近尾部为高浮雕绳索纹，从杯底向杯身回卷形成圆雕，线纹流转自如，器的造型与纹饰浑然一体，新颖别致。这是首次发现的西汉角形玉杯，堪称国宝。

玉璧 璧是礼仪用玉，为"六瑞"（璧、璜、琮、琥、圭、璋）之首，可作为祭天的礼器、装饰和敛尸的葬玉。南越王墓共出土71件玉璧，是我国已发掘的西汉墓中出土玉璧最多的墓葬。南越王墓出土的玉璧不单数量多，而且器型硕大保存完好，其中最大的是主棺室出土的青白玉兽纹璧（D49），直径33.4厘米，内径9厘米，厚0.7～1.1厘米。此璧出土时置于墓主棺椁头箱位置，玉质较坚，硕大厚重，堪称璧王。两面纹饰相同，纹分三区，内外两区为兽面纹，中间一区为棱格涡纹。外区兽首双眼圆突，两角较长，延伸弯曲与双臂交缠成"X"形纹。内区等分为三个兽面纹，当中以两个"S"形相交如箭刀形的图案隔开。这种组合纹样，与中原地区汉墓出土的迥异，尚属首见。另外，南越王墓中还出土几件大玉璧，其中有部分表面还未经打磨抛光，只有粗率的刻划图纹，据考证，是没有完成玉璧全套工序就送入墓中随葬了。这也证明了随葬的璧是南越国自制的，为南越国已有玉器制造业提供了确凿的证据。

龙虎并体玉带钩 青玉质，半透明，晶莹光洁。长18.9厘米，宽6.2厘米。钩首作虎头形，末端为龙首，虎龙双体并列，弯曲呈"S"形，两体间镂出一条线缝以示分体，钩上部透雕一环，龙口张而咬环，虎亦伸一爪攫环。两兽回首相视，张手舞爪呈"龙虎夺环"之势。这件带钩造型奇巧，打破了以往固定单一的形式，在小小的方寸之间用精湛高超的雕刻技法雕出龙虎争斗的激烈场面，龙虎形象矫健有力，使整个玉带钩充满神韵，是南越王墓玉器中的珍宝。

龙凤纹重环玉珮 直径10.6厘米，厚0.5厘米。选用上等青玉琢制。形如璧状，两面透雕。用镂空透雕及雕刻圆角技法，雕出龙凤纹套环，内环雕一弯曲成"S"形龙，粗壮刚健，昂首挺胸，张口露齿，呈腾飞之势。玉琢匠师还突破内环圆形构图的局限，把龙足、龙尾伸延至外环，一凤鸟立于外环，昂首伫立在龙爪上。凤身纤细苗条，灵气通人，夸张的凤尾和凤冠变化为卷云纹。惹人喜爱的是，凤作回首状与龙首相视，似在窃窃私语。此重环玉珮构思奇特，线条流畅，龙凤生动活泼，姿态极妍，充满美的韵律，表现了龙凤呈祥的喜庆场面。其图案当之无愧地被选作为西汉南越王墓博物馆的馆徽。

凤纹形牌饰 金器由扁平玉雕出，双面透雕，当中为一长方框，框外上端连一朵如意云头纹，框内透雕一倒悬变形凤鸟纹，框右侧雕一凤，呈"S"形，凤爪和修长弯曲的凤尾巧妙地拱护着一个玉璧，框左侧是一串璎珞，下倒垂一花蕾，框下连一兽，原已断，墓主心爱此玉饰，特命工匠用两个金𨱏扣衔接，使全器复为一体。牌饰长14厘米，宽7.4厘米。这件玉饰出自南越王棺内，位于玉衣左肩上方，是南越王生前喜爱的珍宝。其造型巧妙别致，纹饰繁多却布局疏密得宜，突破了传统玉器对称、均衡的手法。这种形式的汉玉，目前仅见此件，是极为难得的稀世珍宝。

兽首衔璧 全器由一块玉雕成。主纹为一兽首和一谷纹璧。兽鼻出长方形銎，璧的上端相应琢出方孔，与銎相衔接，可上下转动。兽首左侧雕一螭虎，右侧光平，形成不对称的布局。螭虎作直立状，独角，头朝下，虎身和虎尾图案化呈卷云纹状，全器采用镂空、浅浮雕、线雕等三种技法，线纹流畅，镂刻精工，反映出当时玉匠技艺之精湛。

舞人 用一小块青玉圆雕构成。舞人头梳横出螺髻，左袖上扬，右手甩袖，扭腰并膝呈跪姿状，广袖轻舒，口微张似在合节拍而唱。应是玉雕工匠攫取了南越舞姬翩翩起舞那一刹那间的动态，雕成回旋若风举的曼形舞姿，将2000多年前南越舞姬的优美舞态，凝固在一小小玉石上。玉雕舞人在战国至汉代的墓葬中曾有发现，但都是用扁平的玉片线刻而成。这件圆雕的舞女尚属初见。弯弯的舞姬身躯呈"S"形，呈现无限的曲线美和动态美，令人爱不释手。

南越王墓出土的精美的玉器轰动了中外考古学界，引起了不少学者研究这批玉器来源的兴趣。有关部门提供了18件玉器样本请中国地质科学院地质研究所闻广先生进行鉴定，其中玉衣标本10个，还有角形玉杯、玉盒、玉珮、大小玉璧等。化验结果是18件样品仅有1件是假玉（玉衣片），可能是云母石英岩，其余全为软玉（真玉），未发现硬玉类翡翠及广东信宜玉。[①] 所有软玉样品，全是透闪石〔Fe/(Fe + Mg) p. f. u. % =0 -7〕，其主体系取自镁质大理岩中的软玉，这种地质条件，岭南地区本身存在，有可能是广东曲江所产。但由于玉器鉴定的标本不多，一些专家认为，从器型和石质分析，应有一批玉料从岭南之外所获。可能是南越国从其他地方运进玉料，再在南越宫室内加工。

不管南越王墓出土的玉器材料来源在哪里，但南越国中已有了高超技艺的雕玉工匠这一点是可肯定的。《汉书·西南夷两粤朝鲜传》记载，汉文帝时期，赵佗向汉文帝进献了"白璧一双"。白璧在中国古代是非常珍贵的礼物，著名的和氏璧就价值连城。赵佗献的璧是否南越国制造的，过去未有答案，从南越王墓出土许多精美的玉器来看，其玉雕工艺已达到非常高的水平。送给汉文帝的一双玉

---

① 闻广：《西汉南越王墓玉器的考古地质学研究》，见广州市文物管理委员会等编《西汉南越王墓》（上），文物出版社1991年版，第372 - 379页。

璧应是南越国自制。因此，从史书透露的信息来看，南越国已有了玉雕手工业。

根据南越国已发现的玉器遗痕和结合中国古代琢玉方法分析，南越国治玉方法主要有开料、造型、钻孔、琢制、抛光、改制等，还掌握了镶嵌工艺。钻孔有管钻和杆钻两种。据治玉专家考证，当时钻孔的工具只是简陋的竹木器、骨器等。可以说，治玉的工具是简陋的，而琢玉的技巧是高超的。

到目前为止，我们还不能最后确定南越国的玉料是自产抑或来自岭北。但有一点可确认，当时南越国王室对玉器的追求是多方面的，而玉石的原料又较为缺乏，所以，南越王墓中少数器物是利用旧玉料改制。如丝缕玉衣中有少数玉片是利用残璧、边角料、其他残破玉器改制成玉衣片的，玉衣头部的小璧也由旧料改用，玉璜也有用残璧改制的。

南越王墓中玉器还有一个引人注目的地方是使用于镶嵌工艺。墓中发现一件铜框镶玉卮和一件铜框镶玉盖杯，铜框表面有一层鎏金。在汉代，以玉为主体运用镶嵌工艺制成的容器，还是第一次发现。

除了玉器制造，南越王墓还发现有滑石烤炉、滑石耳杯、滑石猪、滑石枕及石砚、研石、砺石、磨刀石及石斧等。

南越王墓西耳室还发现六件磨制精细的石斧，用灰色板岩磨制，长条梯形，刃弧形。刃缘整齐无使用痕迹。石斧表面通体磨光。陪葬时出丝绢包裹，最大一件长10.3厘米，刃宽4厘米，首宽3厘米，厚2.5厘米；最小长7.2厘米，刃宽3.9厘米，首宽1.9厘米，厚1.6厘米。这表明南越王在大量拥有玉器的同时，也将这六件磨制精细的石斧当成珍宝放入墓中陪葬。

在南越王墓，还发现了五支大象牙和不少精致的象牙雕刻品。有象牙卮、象牙印、象牙筒、象牙六博子和其他象牙雕刻品。西耳室出土一件金钿象牙卮，卮的盖与身相合如圆筒形，盖面为一块圆饼形象牙板，外钿金质圆箍，盖面分立3个金质环形钩尾立钮，卮身是一个象牙筒，上口套入金钿，下有一个三蹄足的金质底座。象牙卮外表有针刻线画，主纹为四神兽，张口衔绶，作回首张望状，足长似鹿蹄，前肢蹲踞，后臀耸起，姿态威猛生动，兽身还分别染出红、蓝色。此针刻填色金钿象牙卮，在汉代墓葬中乃属首次发现，其制作精巧，立体感强，是一件极为珍贵的象牙雕刻工艺品。岭南古代多象，《汉书·地理志》和《淮南子·人间训》均有岭南产象记载。这件牙雕是否用当地象牙雕刻，仍有待进一步研究和探讨。

第九章 南越国的商业和交通

南越国时期的农业经济、手工业经济已获得了长足的发展；与此同时，交通也比以前更便利；随着秦始皇统一岭南，金属货币传入岭南，统一度量衡的政策在岭南实施。这一切都为岭南商业的发展提供了有利条件。

第一节 商 业

在秦始皇统一岭南以前，岭南多数地区仍然处于一种"各有首领"的部落联盟的社会状态之中，还未有建立起统一的国家政权。在一些交通比较发达的地区，或许已经迈入奴隶制社会的门槛，但商品交换活动大多数还停留在实物交换的阶段。从现有考古材料来看，中原地区很早就进入了货币商品经济时期，如河南安阳殷墟"妇好"墓出土了海贝近 7000 枚，这就是以海贝作为我国最早的实物货币的一个例证。1953 年，河南安阳大司空村商墓发现三枚无文铜贝；1971年，在山西保德林遮峪村商墓出土铜贝 109 枚，这是我国考古发掘中出土年代最早的青铜铸币。它是商品经济发展由实物货币向金属货币过渡的一种形态。春秋战国时期，商品经济急剧发展，作为商业流通的中间媒介——金属铸币也多种多样，中原地区流行各种刀币、布币和环钱，楚地有形似贝币的鬼脸钱和印子金——郢爰金版，说明当时各地的商品经济比较发达。但是到目前为止，岭南地区不见有先秦货币发现，这对研究岭南的商品经济来说，是一个值得注意的现象。司马迁曾这样描述楚越之地经济状况："楚越之地，地广人稀，饭稻羹鱼；或火耕而水褥。果隋蠃蛤，不待贾而足。地势饶食，无饥馑之患。以故呰窳偷生，无积聚而多贫。"从这段记载和考古资料来看，岭南地区属百越之地，先秦时期商品经济生产远比中原落后，当地土著居民日常交往、经济生活还处于原始的物物交换的状态，还未进入货币经济的阶段。

秦统一岭南后，大量的汉人南迁，秦军南下，商品经济开始冲击岭南地区的原始贸易方式。《淮南子·人间训》载，秦平南越其中原因之一是"利越之犀角、象齿、翡翠、珠玑"等岭南奇珍异宝。随着秦的统一，岭南开始进入金属货币时期。秦始皇统一中国后，在全国实行统一的度量衡和货币制度，规定外圆内方的"半两"钱为全国流通的货币，并下令废止春秋战国时期各国的布币、刀币、蚁鼻钱等。《汉书·食货志》云："秦并天下，币为二等，黄金以溢为名，上币；铜钱质如周钱，文曰半两，重如其文。"货币的统一稳定了秦朝的经济，促进了各地的商业贸易交流。根据两广地区出土的材料表明，岭南地区正是在这个时期有了金属铸币的流通。

南越国时期是岭南历史上第一次大开发的时期，整个社会生产和经济都取得很大的发展。赵佗十分重视与周围邻国及汉朝的关系和商业贸易，充分利用秦平南越时开辟的新道。赵佗本身是汉人，从中原来到岭南地区，并成为这个地区最高的统治者，深感南越地区的落后，因此急需引进中原的先进文化和先进技术，为此，必须进一步加强与中原地区的贸易往来。汉朝建立后，汉高祖派陆贾到岭南封赵佗为南越王，陆贾不费一兵一卒，就使南越"臣服于汉"，除政治和文化等原因之外，经济上要和汉朝开展贸易，要得到中原的先进技术和工具也是一个重要原因。当时，赵佗曾大量从中原输入"金铁田器、马、牛、羊"。到吕后临朝时，实行了"别异蛮夷"的政策，"禁粤关市铁器"，对南越实行经济封锁。赵佗曾三次派出内史藩、中尉高、御史平等使者出使汉廷，请求恢复汉越关市。①由此可见，南越国与中原的关市贸易十分密切，并直接影响至南越国的对外政策。赵佗后来一度叛汉称帝，吕后对南越进行经济贸易封锁应是一个重要的原因。吕后死后，汉文帝即位，派陆贾再次出使南越，纠正了吕后的"别异蛮夷"的政策。汉越修好，断绝了数年的汉越关市又得以恢复。从南越国存在的93年历史看，绝大部分时间都和中原地区以及西南夷、东越、夜郎等保持着密切的商业贸易关系。这从南越国的墓葬、遗址中可以找到许多出土文物作证据。

关于钱币。先秦时期南越族没有金属铸币，秦统一岭南后，"半两"钱流通至岭南。赵佗立国后，南越国没有铸自己的钱币，国中使用的是秦汉时期的"半两"钱。1974年底，在广州中山四路发掘的秦汉造船工场遗址中，文化堆积层第八层和第七层属西汉文化层共出土13枚"半两"钱②，而无其他铸币发现。收入《广州汉墓》的属于南越国时期的墓葬共182座，其中六座墓出土了秦汉"半两"钱，仅出土一枚的有两座，其余最少的出土13枚，最多的出土120枚。③

在广西发现属南越国时期的墓葬中，也有部分墓出土了秦"半两"铜钱。如1974年发掘的广西平乐银山岭墓群，即有一座南越时期的墓发现有"半两"钱五枚。贵县罗泊湾汉墓是广西最为重要的南越国时期墓葬，一号墓和二号墓虽不见一枚铜钱，但二号墓却出土一块重239克的金饼。④

然而引人注目的是，1983年广州发掘的象岗南越王墓出土文物虽甚为丰富，日常生活用品几乎一应俱全，但墓中却不见一枚铜钱，也没有其他的金属铸币。这个现象引起了考古学者的思索。

---

① 《史记·南越列传》《汉书·西南夷两粤朝鲜》。
② 广州市文物管理处等：《广州秦汉造船工场遗址试掘》，载《文物》1977年第4期。
③ 参见广州市文物管理委员会等编《广州汉墓》（上），文物出版社1981年版，第148页。
④ 广西壮族自治区博物馆：《广西贵县罗泊湾汉墓》，文物出版社1988年版。

从以上列举的出土资料反映出，南越国的货币经济是不够发达的。铜铸钱币仅见"半两"钱一种，与秦和西汉前期的"半两"钱相同，这些钱应该是由中原地区流通到岭南的。目前，我们还未有确凿的证据证明南越国曾自铸钱。此外，南越国的埋钱的风气也不太盛行，中小型墓极少用铜钱陪葬。规模宏大的罗泊湾汉墓和南越王墓也没有一枚铜钱陪葬，这和同时期的长沙马王堆汉墓、河北满城汉墓等出土大量的铜钱和冥币有极大的差异，这个现象亦反映出南越国的货币流通极为有限。从目前所知的考古材料看，当时南越国除番禺、布山等交通发达的首府已用铜钱外，大多数的边远交通不便的地区还是处于以物易物的阶段，铜钱在南越国的商业贸易中的作用并非很大。另外，南越国墓葬中，还没有发现"五铢"钱。"五铢"钱是在汉武帝元狩五年（前118）铸造的，南越国在其后七年才灭亡，这一段时间，南越国与汉廷的交往，还是比较频繁的。武帝"五铢"钱未在南越发现，一方面反映出南越货币经济不发达，另一方面也可能是囿于考古材料的缺乏。如果仅认为是"五铢"钱发行时间短，或所谓交通不便，似乎还不能解释得通。

南越国的货币经济不发达，究其原因，应有多方面的因素。《史记·平准书》记载："汉连兵三载，诛羌灭南越，番禺以西至蜀南者署初郡十七，且以其故俗治，毋赋税……"这说明南越国内是不收税的。"毋赋税"是相对而言的，主要是指南越国不像汉朝一样定期向臣民收取实物和钱粮作为国家的税收，南越采取的是劳役和实物"地租"这一类的初级赋税的形式。臣民们每年为王室无偿劳动一段时间，或将实物交给统治者。这种制度下的货币经济是不可能发展太快的。另外，对于刚刚进入封建社会门槛的广大南越国臣民来说，祖传的贸易方式是以物易物，铜钱在商业流通中并不常用。因此，他们的墓葬中也往往不随葬铜钱而代之以实物。

南越国的货币经济虽然不发达，但并没有影响南越国的商业贸易。据史书记载，南越国与附近的邻国，如长沙国、东越、西南夷即夜郎、巴蜀等国都有贸易商业往来，甚至和海南诸蕃亦有海上贸易往来。

南越国与长沙国及中原等地的贸易往来是南越最为主要的商业贸易活动。当时，开发南越所需的先进工具铁器及马、牛、羊等都从长沙国等地通过贸易换得，其交换主要是利用秦时所修筑的大庾岭道、骑田岭道、萌渚岭道和灵渠、严关等所谓秦筑通岭南的新道。汉高祖时，为防范赵佗北侵，将长沙国和南越国界划成"犬牙交错"状，今广东的连平县等属长沙国的桂阳郡，当时既是汉朝防范南越的桥头堡，也是长沙国与南越国商业贸易往来的交换地点。而长沙国所辖的湘、赣等地，亦是南越和中原贸易的地区。不少中原的器物从这些地区输到了岭南。如在罗泊湾一号墓出土的两件汉式铜鼎①上，一刻有"斄"字，"斄"是地名，汉时置有斄县，在今陕西武功县。另一件刻有"析"字，汉时置有析县，在今河南内乡县。这两件铜鼎，与盘口撇足的越式鼎形制绝然不同，为汉式铜鼎，应是从中原输入南越的铜器。罗泊湾一号墓出土记录陪葬品的《从器志》木牍上，有"中土瓿卅""中土食物五筒"等②。"中土瓿卅"是指中原制的陶瓿（一种小罐）30 个，说明中原的食物和陶器一起输往南越。在广州南越王墓中，出土一大批铜器，"多数属于南越王国赵氏宫廷中的专用品，由南越王国工官在本地铸造。有一部分楚式器，汉式器，则可能是汉廷赐与或从内地购置的"③。从史书所记述来看，南越国与中原的交易，最为迫切的需要应是开发岭南所必需的"金铁田器、马、牛、羊"等，而南越向汉朝输出的，主要是土特产等，如南越出产的白璧、珠玑、玳瑁、犀牛角、翠鸟、紫贝、桂蠹、生翠、孔雀、能言鸟，还有珊瑚树、荔枝、岭南佳果等。汉武帝平南越后，"除边关"，大批南果北运，北方竟出现"民间厌橘柚"的现象，可见当时南北贸易的兴盛。

南越与西南夷、巴蜀、夜郎等也有商业贸易往来。《史记·南越列传》载，吕后禁南越关市铁器时，赵佗叛汉自立为南越武帝，一方面发兵攻打长沙，一方面用"财物赂遗闽越、西瓯、骆，役属焉"。同时，"南越以财物役属夜郎，西至同师……夜郎侯始倚南越"。夜郎与南越的商业贸易交往，主要是利用牂柯江道（即今红水河）。关于南越和西南夷的贸易，《史记·西南夷列传》还记载了一段小插曲。当汉武帝派王恢和韩安国征闽越时，鄱阳令唐蒙奉王恢之命，出使南越。唐蒙在南越食得蜀产枸酱，"蒙问所以来，曰：'道西北牂柯，牂柯江广数里，出番禺城下。'蒙归至长安，问蜀贾人，贾人曰：'独蜀出枸酱，多持窃出市夜郎。'夜郎者，临牂柯江，江广百余步，足以行船。"唐蒙在番禺食到四川产的枸酱，并从蜀商口中，发现了牂柯江这条水道，并建议汉武帝可利用这条水道，出奇兵进攻南越。从这段记载亦反映出，南越与西南夷已有广泛的贸易往来。

第二节　度量衡制度

度量衡器是中国古代测量长度、容积、重量的器具，是古代社会经济发展到一定的阶段而出现的产物。在河南安阳殷墟中出土有商代的骨尺和牙尺，是目前中国所见最早的测长的工具。春秋战国时期，各国推行不同的度量衡，造成了贸易往来的不便。秦始皇平定六国后，于公元前 221 年颁布统一度量衡诏书，以秦

---

① 广西壮族自治区博物馆：《广西贵县罗泊湾汉墓》，文物出版社 1988 年版，第 33、34 页。

② 广西壮族自治区博物馆：《广西贵县罗泊湾汉墓》，文物出版社 1988 年版，第 83 页。

③ 参见广州市文物管理委员会等编《西汉南越王墓》（上），文物出版社 1991 年版，第 332 页，器物总表，其中铁针 500 件统算为一件。

旧制为统一的标准。汉承秦制，汉尺出土较多，长度一般在23～23.7厘米之间。满城汉墓出土一件错银铁尺，长23.2厘米，正、背面各等分为十寸，这是迄今为止出土的最为精确的汉尺。

秦平岭南后，在岭南推行郡县制，全国统一的度量衡制度也在岭南得以实施。赵佗建立南越国后，秦朝的度量衡制度仍然继续使用，而汉又承秦制，所以南越国的度量衡制度和汉朝基本相同。广州南越王墓和广西罗泊湾汉墓出土许多有关计量的器物，为研究南越国的度量衡制度提供了十分宝贵的实物资料。

度　罗泊湾一号墓出土木尺两件、竹尺一件。其中一件木尺（M1：323）保存完整，用杉木制成，长条形，表面光洁平整，正面刻出十等分，中间刻一交叉十字，刻槽内填红色，一端有圆孔，穿上绳子可以系挂，每一刻分实测为2.3厘米，当为一寸。木尺全长23厘米，宽1.2厘米，厚0.2～0.25厘米[①]。同墓出土另一件竹尺（M1：357），残存七个刻度，长16.1厘米，每一刻度也是2.3厘米，刻度内填红漆。罗泊湾汉墓出土的木尺是实用尺，一尺相当于23厘米，这个数字与长沙出土的楚尺相等，与满城汉墓出土的一件错银铁尺（1尺＝23.2厘米）十分接近。考古人员认为，此尺是秦统一岭南后推行的和全国相同的标准尺，也是南越国标准测量长度的尺。另外，在罗泊湾汉墓中出土的《从器志》有"缯六十三匹三丈""七尺矛"，在木简写有"尺七寸"等文字，证明南越国的测量长度单位为寸、尺、丈，并以十进制为递进单位，和西汉时期中原地区长度单位一致。

量　有关南越国出土的容器较多，南越王墓和罗泊湾汉墓都有出土。南越王墓实测了八件自铭容量的铜器，罗泊湾汉墓实测了八件自铭铜容器。经实测和换算，罗泊湾一号墓出土的四件记容铜鼎，平均值是1升＝194.37毫升。南越王墓出土的铜器，八件实测的平均值是1升＝197.655毫升，详见表4[②]。

目前我国已发现的秦汉时期容器的容量如下：

中国历史博物馆藏始皇诏铜方升每升为210毫升；

战国时期的商鞅方升每升为202毫升；[③]

湖北云梦睡虎地出土秦陶量每升为200毫升；[④]

西汉前期容量标准是每升为188～200毫升，通常以200毫升为准。[⑤]

---

①　广西壮族自治区博物馆：《广西贵县罗泊湾汉墓》，文物出版社1988年版，第83、57、25页。

②　参见广州市文物管理委员会等编《西汉南越王墓》（上），文物出版社1991年版，第349页。南越王墓出土记重记量器由黄展、全洪测定。罗泊湾一号汉墓记重记量器由邱隆测定，参见广西壮族自治区博物馆《广西贵县罗泊湾汉墓》，文物出版社1988年版，第143页。

③　俞伟超：《秦量》，见《中国大百科全书·考古卷》，中国大百科全书出版社1986年版，第393页。

④　张泽栋等：《参加云梦秦墓发掘的几点认识》，载《文物》1976年第5期。

⑤　天石：《西汉度量衡略说》，载《文物》1975年第12期。

表4 南越国出土记重记量器物实测表

出土墓号	器名（器号）	自 铭	实测数	折 合	备 注
广州象岗南越王墓	铜鼎（C9）	重廿八斤 容六斗大半头	6725 克 12300 毫升	240.18/斤 184.52 毫升/升	保存完好，有薄锈未清除
	铜鼎（G10）	重十六斤 容三斗大半头	4025 克 7000 毫升	251.56/斤 190.94 毫升/升	保存完好，有薄锈未清除
	铜鼎（G36）	三斗	5715 毫升	190.50 毫升/升	器底有动物骸骨痕迹
	铜鼎（G55）	一斗一升	2200 毫升	200 毫升/升	器底有少量海贝遗骸
	铜鼎（G54）	容一斗大半	3300 毫升	198.10 毫升/升	测点在口沿上线
	铜鼎（G53）	一斤九两（盖） 容一斗一升	350 克 2600 毫升	224 克/斤 236.36 毫升/升	器底有动物骸骨痕迹，测点在口沿下线
	铜灯（G62－1）	重十三斤十一两	3475 克	253.89 克/斤	
	铜灯（G62－2）	重十三斤十二两	3325 克	241.82 克/斤	
	铜匜（F56）	容二斗	3950 毫升	197.50 毫升/升	流上口处稍残缺，估计可多容50 容升
	银洗（G82）	六升 三斤二两	550 克 1100 毫升	176 克/斤 183.33 毫升/升	
	银卮（C151－7）	一升十二			刻外底部，极浅细，未测
	银盒（D2）	一斤四两 三升大半	275 克	220 克/斤	盒身已残漏，容量未测
	铜鼎（G64）	容二斗二升			器底有较厚的海贝遗骸层，无法测量
	铜壶（G46）	三斗			已残破，未测
	铜鼎（G66）	一斗二升少半			器底有较厚的海贝骸层，无法测量

出土墓号	器名（器号）	自 铭	实测数	折 合	备 注
贵县罗泊湾一号汉墓	铜鼓（1:10）	百廿斤	30750 克	256.25 克/斤	
	铜钟（1:35）	布八斤四两	2190 克	265.45 克/斤	
	铜钟（1:36）	布七斤	1870 克	267.14 克/斤	
	铜提筒（1:4）	布十三斤	3485 克	268.08 克/斤	原报告作"铜桶"
	铜鼎（1:30）	二斗少半	4060 毫升	199.68 毫升/升	
	铜鼎（1:28）	二斗二升	4200 毫升	190.91 毫升/升	
	铜鼎（1:31）	析二斗一升	4000 毫升	190.50 毫升/升	
		二斗大半斤		193.60 毫升/升	
	铜鼎（1:32）	一斗九升	4000 毫升	210.50 毫升/升	流入布山后刻铭
		蕃二斗二升		181.80 毫升/升	流入蕃禺时刻铭
		析二斗大半升		193.60 毫升/升	析地刻铭

广州南越王墓和广西罗泊湾一号墓铜器实测的容量分别每升为 197.655 毫升和 194.37 毫升。根据云梦出土的《秦律·效律》规定，秦的容量允差范围为 5%，南越国出土铜器容量实测误差在此范围内。排除测量上和铜器生锈等方面的小差异可以得出如下结论：南越国推行的容制和秦及西汉的容制标准是相一致的，并以斗和升为容量单位。

衡 广西罗泊湾汉墓出土 4 件有记重铭文的铜器，经实测与铭文对照的结果如表 5。每斤的重量在 256.25～268.1 克。[1] 广州南越王墓出土记重器七件，其中铜鼎三件，铜灯两件，银盒一件，银洗一件，经去锈和用天平仪实测，七件记重器的平均值是 1 斤 = 229.634 克。

表 5 南越国出土记重铜器实测表

标本号	名称	自 铭	实测重量（克）	折合每斤量（克）
4	铜桶	布十三斤	2485	268.1
10	铜鼓	百廿斤	30750	256.25
35	铜钟	布八斤四两	2190	265.45
36	铜钟	布七斤	1870	267.1

① 广西壮族自治区博物馆：《广西贵县罗泊湾汉墓》，文物出版社 1988 年版。

西汉前期的重量标准是一斤为 242～250 克，通常以 250 克为准。①

南越王墓和罗泊湾一号墓的衡量标准分别为 229.634 克和 264.23 克，与西汉前期重量标准有少许偏差。偏差数值不到 15 克。罗泊湾铜器衡值较南越王墓高，这应和出土铜器两地保存状况不同有关。南越王墓铜器出土时，器物普遍严重腐蚀，表面有一层厚厚的铜锈，有的薄胎铜器，铜质已完全矿化，显得异常脆弱，去掉一层厚厚的铜锈后，本身铜器当然会比 2000 多年前轻了一些。而罗泊湾汉墓出土的铜器，"食器、乐器、兵器保存良好，有的容器经多次修补，说明使用时间较长，且长期掩埋于地下而不锈"②，不少罗泊湾一号墓出土的铜器，完整如新。这就出现了南越王墓和罗泊湾一号墓铜器衡值的差异（两者的平均值差为 34.6 克）。当然，出现差异或许还有衡器皆手工铸造，精密度不能像今天一样绝对准确，出现小小的误差是不足为奇的。由此可知，南越王墓和罗泊湾墓出土的铜器重量标准都与西汉前期容器标准相接近。因此，当时的衡制亦和西汉一致。

在广西罗泊湾一号墓出土的《从器志》木牍和木简上有"石""斤"，广州南越王墓铜器铭文有"斤"和"两"，说明当时衡量单位为"石""斤""两"。罗泊湾一号墓出土的铜鼓记重铭为"百廿斤"，按秦汉量制，刚好为一"石"。铜鼓重 30750 克。西安高窑村阿房宫遗址出土的秦代高奴石权也是 30750 克，与铜鼓相等。因此，南越王国的衡制为 1 石 =120 斤，1 斤 =16 两。

根据两广地区南越国墓葬出土的资料表明，南越国的度量衡制度和西汉相同。这也说明，秦统一中国后，确向全国推行了统一的度量衡制，这一制度亦在岭南三郡实行，赵佗立南越国后，度量衡沿袭了秦制不改。

第三节　海上交通与贸易

岭南地区濒临南海，海岸线长，大小岛屿星罗棋布，沿海有不少良港。早在四五千年前的新石器时代晚期，居住在南海之滨的南越人祖先已利用舟楫，在东南沿海巡游并已涉足太平洋群岛，从事季节性的生产活动。在中国台湾、菲律宾及太平洋的玻利尼亚岛、苏拉威西岛和北婆罗洲一带，曾发现有越族新石器时代文化的典型器物——有段石锛，有专家考证认为，这是越族先人越洋过海来到上述地区的遗物。从考古发现的材料来看，古越人是开发海上航路的先驱。

在广东和香港等沿海地区，近十年来考古工作者发现不少属于新石器时代的沙丘遗址。如"万山群岛东澳岛南沙湾；淇澳岛石沙湾、东澳湾、婆湾；三灶岛

---

① 天石：《西汉度量衡略说》，载《文物》1975 年第 12 期。

② 广西壮族自治区博物馆：《广西贵县罗泊湾汉墓》，文物出版社 1988 年版，第 83、57、25 页。

草堂；南水高栏岛及香港南丫岛深湾和大屿山东湾均发现新石器时代晚期至春秋战国时期古遗址，出土了夹砂陶釜、陶支脚、彩陶盆、豆和石锛、石网坠及稍晚时期的铜质石范、夔纹陶罐、米字纹、水波纹陶罐等"[1]。这些遗址和遗物的发现，说明古代越人已掌握舟楫之术，并向海洋拓展。在春秋战国时期，到广东沿海活动和捕捞的南越人，还在海湾的石壁上凿刻岩画。如 1989 年珠海市南水高栏岛发现宝镜湾岩画，长 5 米，高 2.9 米。内容为用线条刻画出人、船、蛇、鸟、波浪纹等。据初步分析，与古越人渡海活动有着密切的联系。

要向海洋拓展，首先要有出海的工具——船。在广东和广西都曾发现有早期的船——独木舟。在岭南发现的属于战国—西汉时期的铜鼓上也发现有不少船纹，有体积较小、首尾不分的独木舟，亦出现了平底的小船。反映出先秦时期，岭南的越族已掌握了一定的造船技术和航海技能。《淮南子·原道训》云："九疑之南，陆事寡而水事众。于是民人被发文身，以象鳞虫，短绻不绔，以便涉游，短袂攘卷，以便刺舟。"这段记载亦反映出古越族善于驾舟出海的特长。

先秦时期，岭南地区仍主要处于原始社会末期，生产力低下，出海的舟船主要还是一些简单、原始的独木舟和木筏一类。从铜鼓上的船纹来看，翘首尾的平底船也开始出现。秦汉时期是开发海上交通贸易并将航海向远洋发展的重要时期，岭南的造船业在这一时期得到飞跃的发展。

秦平岭南时期，战争曾打得相当艰苦。秦越对峙，进入了"三年不解甲弛弩"的阶段，秦始皇于三十年下令史禄"以卒凿渠，以通粮道"，这就是沟通南北水运的著名的灵渠。这条水路成为南北水上往来的大动脉，北船可以直接逾岭，进入岭南。秦始皇于是派任嚣、赵佗将楼船之士南攻百越，得到人力和物力支援的秦军很快击败了越人的反抗，取得平定岭南的重大胜利。据考古材料发现，"处番禺之都"的一支秦军，就曾在番禺建造大量的船只，以供平定西瓯越之所需。

1975 年，在广州中山四路发现了秦代造船工场遗址[2]。1994 年七八月，又在原址的西北面作了进一步的试掘，[3] 获得新的重要发现。两次试掘和钻探的初步结果得知，这处造船工场深埋在地表五米以下，建造在属于海相地层的灰黑色的沉积粘土层上。船台的规模很大，共有三个呈东北—西南走向的造船台，平行并列。船台的东端揭出横列的轨道式结构，俗称"水上横阵"，表明船台东边已到尽头，由此往西延伸至曾经的广州儿童公园内。一号船台在南边，二号船台居中，三号船台在北边。一号船台由枕木、滑板和木墩组成。一号船台中宽 1.8 米，长度据钻探在 88 米以上。三号船台原压在曾经的市文化局大楼下，仅露出

① 引自《南海海上丝绸之路图录》，广东科技出版社 1991 年版。
② 广州市文物管理处等：《广州秦汉造船工场遗址试掘》，载《文物》1977 年第 4 期。
③ 《广州秦代造船工场遗址发掘令人振奋》，载《羊城晚报》1994 年 8 月 16 日。

一端，经1994年夏发掘亦露出真容。一号和三号船台按推算可建造载重30吨的木船。二号船台滑板的中心间距为2.8米，可以建造载重50～60吨的木船。值得注意的是，在第二号船台的木墩下面都有个小榫头，而相应的滑板中则有一小孔，这些木墩通过小榫头插入滑板的孔中可起定位作用，而一、三号船台的木墩下没有木榫，其木墩的排列是以二号船台为准。因此，第二号船台是整个工场的定位台。另外，三个船台的枕木与滑板无固定的榫卯等作连结的结构。因此，每个造船台的两行滑板间距可以随需要放宽或收窄，即滑板可以移动，拉宽可造大一些的木船，收窄则造小一些的木船。而三个造船台滑板上的每对木墩，纵向排列的间距是不均匀的，宽窄不同，据推测，每对木墩的间距可能与船体的肋骨或船舱的位置相关。

在这个造船台的南边，发现有木料加工场和用来烘烤造船木料的"弯木地牛"设施。在加工场地发现许多烤烧造船木板时遗留的炭屑和砍劈下来的薄木片，有的地方木片成堆，说明船台曾使用过一定时间。

造船用的木料，经过科学鉴定，有杉木、格木两种，这些都是造船用的优质木料。而船台使用的木料又有所不同，铺底的大枕木用杉木，小枕木用覃木，巨大的滑板用香樟，木墩则用格木。樟木坚硬，结构细密，耐腐蚀，同时又能防虫蚁，用其制滑板，历经2000余年，其结构仍旧细密，刮掉表皮，内部完整如新。杉木质轻且具弹性，历来就是造船的上等材料。船体、木墩、滑板等均选用不同的木料，能适应不同功能的要求，证明当时造船的工匠在用料选择方面，已有相当丰富的经验。

在船台中发现四件造船工具，包括铁锛、铁凿、铁铲凿和木质垂球各一件，还有方、圆一类的铁钉，反映出当时造船主要用榫接法拼合，并用木钉、竹钉钉联。一些重要的船台则用铜钉或铁钉钉联。这比原始社会末期用绳索或皮条捆扎连接船体的原始接船板方法有了跨时代的进步，船体的防漏能力已提到一个极高水平。

根据造船专家和考古专家对船台的研究，这个造船工场主要生产的是平底船，吃水较浅，适应内河和沿海岸航行，建造船只载重为30～60吨之间[①]。而船台，始建于秦朝统一岭南时期，即秦始皇派军平南越"一军处番禺之都"时，一直沿用至西汉初年的文景之际。这表明在南越国时期，在国都番禺已建立起能够成批生产在内河和沿海航行的船只的造船基地。

秦代造船工场遗址的发现在中国科技史和造船史上有重大的意义，为我们了解秦汉时期的海上交通贸易提供了宝贵的资料。

关于南越国海上交通的其他考古方面的资料，近年来亦发现不少。在1983

---

① 广州市文物管理处等：《广州秦汉造船工场遗址试掘》，载《文物》1977年第4期。

年发掘的广州南越王墓中，出土有镂孔铜熏炉、象牙、乳香、圆形银盒和金花泡饰等，在广州、贵县和梧州的南越国墓葬中，亦发现有铜熏炉、陶熏炉、陶象牙、陶犀角模型等，这些器物只有南越国墓葬和与南越毗邻的长沙等地有部分出土，在当时的中原地区则较为罕见，它应和海外贸易有关。下面介绍几件与海上贸易有关的器物。

银盒 通高 12.1 厘米，腹径 14.8 厘米，重 572.6 克。出土于南越王墓主棺椁的"足箱"中。盖与身饰以蒜子形互间排列的纹带，捶镻而成，子口合盖，在腹盖相合处各饰一条很窄的穗状鎏金纹带。银盒的造型与纹饰工艺与中国传统器具的风格迥异，但和西亚的波斯帝国时期（前 550—前 330）的金银器类同。这个银盒是海外舶来品。有趣的是，这件银盒传入中国后，盖面及底部都刻写了汉字铭刻，南越王喜爱这件舶来品，生前用它盛放药物，死后一起陪葬。这个银盒是目前已知广州地区发现年代最早的一件舶来品。

象牙 南越王墓西耳室陪葬有原支大象牙五支，成堆叠放，象牙每支长度在 120 厘米以上，牙体粗壮，已呈片状风化。经鉴别认为与纤细型的亚洲象牙有明显的区别，为非洲象牙。

金花泡饰 32 枚，直径 1.1 厘米，高 0.5 厘米。出土于南越王墓主身上，系珠襦上的饰物，形体为半圆球形，泡面用金丝和小金珠焊接出九组排列对称的立体图纹，其中有四堆小金珠，每堆由四粒小金珠作三下一上堆叠焊接，小珠直径 1 毫米左右，焊珠工艺极为高超，与中国传统的金银钿工不同，而与西方出土的多面金珠上的小珠焊法相同，这批金花泡钉与蒜瓣纹银盒一样，应是从海外输入。①

另外，在广州发现的南越国的其他墓葬中，有用陶象牙、陶犀角来陪葬，说明当时已有犀角和象牙从海路输入南越国。《汉书》记载南越王赵佗向汉文帝进献的贡品有"犀角十"，推测应是从海路输入而转送汉文帝的。

1986 年，在广州东山农林下路发现一座南越王时期木椁墓②，出土一艘彩绘的木船模型。船上前舱有 12 名划桨木俑，后部是两层木楼，此船模出土时已散，未能复原，但可肯定是一件楼船。船板外面还有彩绘，这是属于南越国时期墓葬中出土的唯一的一件木"楼船"模型。在广州的汉墓中还出土了木船和陶船的模型，种类较多，共 12 件（不包括南越国墓葬出土的）。"如此众多的陶、木船模型集中出现在广州汉墓中，无疑是当时岭南地区造船与航运交通发达、商业贸易繁荣的反映。"③ 这批船模，有的是货艇，适合在河涌使用；有的为渡船，为渡

---

① 参见广州市文物管理委员会等编《西汉南越王墓》（上），文物出版社 1991 年版，第 511–513 页，器物总表，其中铁针 500 件统算为一件。

② 黄淼章：《广州东山西汉木椁墓发掘记》，载《广州文博》1986 年第 4 期。

③ 广州市文物管理委员会等编：《广州汉墓》，文物出版社 1981 年版，第 475 页。

江专用；还有的是楼船，其型体高大，结构复杂，如广州先烈路龙生岗发现的东汉木椁墓出土的一件大型木船模型，"经初步斗合，长1.3米，中宽约0.15米。船上建重楼，有十桨一橹，部分船板仍有彩画。从这里可以约略看到秦汉楼船的雄伟身影"[①]。

通过对南越国时期及其以后汉墓出土的木船模型的观察，我们可以了解到当时船舶的设备情况，如推进器有楫、桨、橹等，以及尾舵、爪锚等，虽然多数木船模型出土于南越国亡国后的广州汉墓中，但从秦代造船工场遗址及东山农林路南越国时期墓葬出土的船模看，南越国的造船技术应是比较先进的。有了船，再加上越人习水性，掌握海洋季风的变化，利用星辰来辨别方向，南越国完全可以进行海上贸易活动。最近，我国考古工作者又在海南西沙群岛的甘泉岛上发现有与南越王墓出土的相类同的南越陶器[②]，证明南越国时期已开始和东南亚一带进行贸易交流。

汉武帝平南越前，已经注意到番禺对外贸易的存在及其益处，平南越后，即派使者沿着民间开辟的航路，带领船队出使东南亚和南亚诸国。对此，班固《汉书·地理志》上有详细记载："自日南障塞、徐闻、合浦船行可五月，有都元国；又船行可四月，有邑卢没国；又船行可二十余日，有谌离国。步行可十余日，有夫甘都卢国。自夫甘都卢国船行可二月余，有黄支国，民俗略与珠厓相类，其州广大，户口多，多异物，自武帝以来皆献见。有译长，属黄门，与应募者俱入海，市明珠、璧琉璃、奇石、异物，赍黄金、杂缯而往，所至国皆禀食为耦；蛮夷贾船，转送致之。亦利交易，剽杀人。又苦逢风波溺死，不者数年来还。大珠至围二寸以下……自黄支船行可八月，到皮宗；船行可二月，到日南、象林界云。黄支之南，有已程不国，汉之译使自此还矣。"（日南在今越南中部，当时在中国境内，汉朝在这里设有边防营垒，即障塞；徐闻、合浦都是汉代南方边防港口；都元国位于马来半岛；邑卢没国、谌离国、夫甘都卢国都在缅甸境内；黄支国在印度半岛南部；皮宗在新加坡之西；已程不国则在斯里兰卡的锡兰岛。）大规模的官办商船出海从事官方对外贸易，标志着海上丝绸之路的正式形成。自汉以后，海上丝绸之路上的东西方贸易不断发展，历2000余年长盛不衰，贸易区域不断扩大，至遍布世界各地，对世界经济、文化的交流作出了卓越的贡献。海上丝绸之路在世界文明史上占有重要的地位。

南越国与长沙国、闽越、西南夷等都有贸易往来。在本章的第一节中已有叙述，故不再赘述。

---

① 《南沙中国魂》，载《广州日报》1995年2月12日。

② 广西壮族自治区博物馆：《广西贵县罗泊湾汉墓》，文物出版社1988年版，第33、83页。

第十章　南越国的文化艺术

　　文化是构成一个民族的基本要素之一。各民族在形成、发展过程中都会产生自己的文化，每个民族的文化都有自己的特点。南越民族地处南陲，越族先民早在 10 多万年前就在这里生息、繁衍，不断地改造自然，缔造了岭南远古文化。大约在五六千年前，岭南地区进入母系氏族公社的繁荣阶段。到了 4500 年前，广东粤北、粤中等地一些氏族部落开始进入父系氏族社会①。古南越族先民因地制宜，创造了以捕捞和种稻为主的渔猎锄耕文化（《史记》称为"饭稻羹鱼"）。到了夏商周时期，南越族与中原地区华夏族，特别是与东南沿海的百越族等逐步建立了经济文化联系。到春秋战国时期，岭南和吴、越、楚有所往来，特别是与楚国的关系较为密切，楚文化开始慢慢渗透到这一地区。楚文化、吴越文化传播至岭南，对本地区文化的发展起了一定的作用。

　　秦统一岭南和赵佗建立南越国是岭南文化发展极为重要的时期。随着秦军屯边和大量汉人南迁，秦王朝推行的"书同文、车同轨"和"统一度量衡"等制度亦在岭南实行。中原文化在岭南的传播推广进入一个新时期。南越国建立后，在国中实行"和辑百越"的政策，积极推广中原的文化，使岭南的文化艺术既有本地的特色，又深深受到中原文化的影响。另外，南迁的中原人士也逐渐接收了南越的文化艺术和生活习俗，南越文化在其发展进程中，不断地吸收和融合汉、楚及邻近地区其他民族的先进文化，从而使南越文化在保持本身特点的基础上不断发展，灿烂多彩。

第一节　语言与文字

一、语言

　　语言是人类最重要的交际工具，是人类区别于动物的主要特征之一。语言又是构成民族共同体的要素之一。由于地理位置和五岭天然屏障所阻隔，先秦时期，岭南地区与中原在语言上有很大的区别。古代越语与汉语在基本词汇和语法结构上是不相同的，历史上有汉越交往须"重译乃通"的记载。今天流行于广东中部和西南部以及广西东南部的方言称为粤语，俗称"广府话"。粤语的形成十

---

① 参见蒋祖缘、方志钦《简明广东史》，广东人民出版社 1987 年版。

分复杂，"是伴随着两广越人与其他地区的汉人或越人盘根错节的关系而来的。至少有两广越语、中原汉语、楚语、吴越语、闽语等，其中两广越语是主要的基因，也是现代粤语有别于北方汉语的首要原因"①。但是，不似文字或其他古代器物，语言是一种看不见、摸不着的东西，因此，要研究南越族的语言是十分困难的。现代粤语保留了一些古越语的成分，有人认为广西的壮侗语，是古代越语的一个分支。古越语有不少词汇特征保留在壮侗语中。据专家研究表明，粤语和壮侗语共同因素很多，主要有"声母简单，韵母齐全，表达富于变化；有长短元音之别；声调达八至九个以上，保留喉塞音和舌边清擦音〔ɬ〕、〔m－〕、〔n－〕、〔ŋ－〕、〔l－〕；有阴阳两读；有复辅音和连音词；修饰语和被修饰语倒置；量词单独修饰名词……音无字词较多；共有一些音义特别的词和地名词。这些现象绝少见于中原汉语，显然是粤语和壮侗语亲缘关系的反映"②。

研究越族语言最珍贵的资料是《越人歌》，在西汉刘向著的《说苑·善说篇》一书中，记载了春秋战国时期楚国令尹鄂君晰在游船上听越人榜枻唱歌，鄂君晰开始无法听懂这首歌，请懂越语的人翻译，鄂君晰非常喜欢《越人歌》，隆重礼遇歌者。这首歌当时曾用汉字来记音，歌词云："滥兮抃草滥予？昌桓泽予？昌州州湛。州焉乎秦胥胥。缦予乎昭澶秦踰渗，惿随河湖。"鄂君晰听不懂越语，请人翻译，翻译成当时的楚语是："今日何夕兮，搴洲中流；今日何日兮，得以王子同舟。蒙羞被好兮，不訾诟耻。心几顽而不绝兮，得知王子。山有木兮木有枝，心悦君兮君不知。"③《越人歌》的作者榜枻是一位越族歌手兼船夫，他是一位在楚国以渡舟献唱为生的越民，当时在楚国有不少越人，也有不少通越语的楚人，这位不懂楚语的榜枻才因此可以找到船客过日子。有人用现代汉语翻译《越人歌》为："今晚是什么佳节？舟游如此隆重；船正中坐的是谁呀？是王府中大人。王子接待又赏识，我只有感激。但不知何日能与您再来游，我内心感受您的厚意。"④

在今天不少南方的古地名中，可以找到越语的残留，如南方有大量含"步"或"埠"的地名，"埠"是"步"字俗书。《青箱杂记》云，"岭南谓水津为步"，"步"是码头的意思。还有一个是"浦"字，有合浦、荔浦、四浦、营浦、十八浦等，广东人称水边或河流入海的地方为浦。"浦"字地名还只是集中于南方，"浦"和"步"很可能出于古越语同一个字。

---

① 张永钺：《粤语和壮侗语的现象比较与人类学考察》，见《百越史研究》，贵州人民出版社 1987 年版。

② 张永钺：《粤语和壮侗语的现象比较与人类学考察》，见《百越史研究》，贵州人民出版社 1987 年版。

③ 〔西汉〕刘向：《说苑》卷上一《善说》，见《龙溪舍丛书》第五函。

④ 《越人歌》的译义转引自韦庆稳《试论百越民族的语言》，见《百越民族史论集》，中国社科出版社 1982 年版。

还有一个与水有关的"濑"字，"濑"是古越语。《论衡·书虚》："溪谷之深，流者安详，浅多沙石，激扬为濑。"濑本意指水流湍急。见之文献记载的濑字地名，均分布于南方。今江苏溧阳有濑水，为伍子胥乞食投金处。汉武帝平南越时，封平越大将为"下濑将军"。

还有一个"罗"字。在壮侗语中"山"字读为〔lu：k〕，与"罗"字上古音很接近，广东不少地方有罗浮山、罗山、大罗山等。罗是古越语，本身就是山，汉人不明其意，在罗后加山，似是同一名词重叠了。

二、文字

文字是记录和传达语言的书写符号，它扩大了语言在时空上的交际功能，对人类文明起到很大作用。中国文字起源很早，新石器时期的先民最初是"刻木为契""结绳记事"，到距今五六千年前左右（大汶口文化）出现了陶器上的刻划符号，到夏商时期，有了甲骨文，以后又依次演变为金文、大篆、小篆、隶书和楷书。汉字成为中华民族最主要的文字。

百越是一个历史悠久的民族，越族有没有自己的文字，至今还是学术界争论的历史悬案。分布在江浙一带的吴、越，在春秋时代曾建立起强大的吴国和越国，并先后称霸于中原，这样一个高度发达的民族，究竟使用什么文字，这是越文化史上一个重要问题。根据考古材料，在出土的不少吴越兵器中，发现刻有一种"鸟篆文"，据著名的古文字学家容庚先生考证，"鸟篆皆书自吴越"[①]。后来的研究者认为"鸟篆"是吴越人创造和使用的，流行于春秋晚期至战国时代。但是，鸟篆文的结构与周代金文的篆书是基本一致的，并不属于另一种文字，有研究者认为，鸟篆文虽然奇异，但"这显然是有意识把文字作为艺术品，或者使文字本身艺术化和装饰化"[②]。因此，鸟篆文只是一种具有地方特色的篆书，不能证明越人有独立的文字。

由于地理位置所隔，岭南地区的越人有没有接受吴越的鸟篆文，到目前为止，我们尚不能证实，也没有发现南越有自己的文字。先秦时期，五岭是一道极难逾越的屏障，古代交通落后，造成岭南与中原的交往并不广泛，但断断续续还是接受了少许汉字。如在两广发现的一些先秦时期的青铜斧、矛和刮刀，上面刻铸有双钩的似王字或门字纹样，有人认为是文字。[③] 但也有人认为这是越族"各

---

① 容庚：《鸟书考补正》，载《燕京学报》1934 年第 16 期。

② 郭沫若：《古文字之辩证的发展》，载《考古》1972 年第 3 期。

③ 参见蒋祖缘、方志钦《简明广东史》，广东人民出版社 1987 年版，第 48 页。

上编 南越国史

183

自称王的大小奴隶主首领"喜爱的一种标志。①

岭南地区的先秦遗址或墓葬中还有一个可能与文字有关联的现象，如广东浮滨类型墓葬的陶器上，已出现20多种不同的刻划符号，其中的"⼉""ᕰ"可能是族徽②。在秦汉时期的陶器上，这种刻划符号发现得更多。根据广州方面的统计，共有63种刻画符号，③ 大部分刻在陶瓮和陶罐的肩部，少数刻在陶壶、三足陶罐或陶罐的肩部和鼎、盒的器盖上及器底。这种标志的刻划，纹道很深，是在制陶时陶坯还未干前就用竹刀一类东西刻划的，基本上是每件陶器上刻一个记号，个别刻二至三个记号。以直线条为主，也有平行线、交叉线、折线、曲线等，如"十、T、∧、∨、冂、↑、N、F、E、X、⻊、ⅲ、七、Y、∾"等。这些刻划符号刻划草率，形象简单，没有什么规律性，可能是陶工们使用的代表某种意义的符号。它们不能完整地记录语言，所以不能归属于文字，而是属于南越陶工原始记录的一种图形符号。

岭南没有发现鸟篆文，陶器上的刻划符号不属于文字，南越族自己未有文字。从考古发现的资料来看，先秦时期，汉字已慢慢传到岭南，但这只是个别的现象。秦统一岭南，在此推行封建制，为中原文化在岭南的传播奠下基础。南越王赵佗在岭南推行"和辑百越"的民族政策，加快了汉越文化的交流和传播。《粤记》说："广东之文始尉佗。"随着大批中原人士的南迁，秦汉之际，岭南地区开始广泛应用汉字，汉字成为南越国的文字。

在岭南地区秦汉时期的遗址和墓葬中，出土了不少汉文字材料，有刻在铜器和陶器上的，有烙在漆器和刻在木头上的，也有墨书在陶器和木牍、竹简上的，另外还有封泥、印章（见表6）等。广州南越王墓和广西贵县罗泊湾一号墓出土的文字材料最多，内容也最广。

到目前为止，两广地区发现秦汉早期的文字材料，是1975年在广州中山四路曾经的市文化局大院秦汉造船工场遗址第一号船台枕木上，刻凿有"东□八"三字，形体结构类似战国字形，"东"是小篆，最后两笔已带隶法④，无疑是战国以后的字体，与湖北云梦睡虎地11号墓出土秦简的书体相同。据船台遗址发掘报告称：这个造船工场始建于秦代统一岭南时期。在船台上刻"东□八"的工匠应是秦军南下中的一员。这三个汉字可以说是迄今为止发现的在岭南书写的最早的汉字。另外，在广州西村石头岗发现一座秦墓，出土一件椭圆形漆奁，上有"蕃禺"两字烙印。这是秦在番禺（今广州）由工官所监制的漆器，也是番禺地

---

① 何纪生：《略论广东东周时期的青铜文化及其与几何印纹陶的关系》，载《文物集刊》第3集，1981年3月。

② 张永钊：《粤语和壮侗语的现象比较与人类学考察》，见《百越史研究》，贵州人民出版社1987年版。

③ 参见广州市文物管理委员会等编《广州汉墓》（上），文物出版社1981年版，第90页。

④ 广州市文物管理处等：《广州秦汉造船工场遗址试掘》，载《文物》1977年第4期。

名见之于考古实物最早的一例。① 另外，属于秦代文字的有广州螺冈秦墓出土的一把铜戈，上有"十四年属邦工□戠丞□□□"12 字②和秦汉造船工场遗址出土的一块漆柲残片，有针刻的"丞里□"三字。丞是秦的职官。另外，在广西平乐银山岭四号墓中出土一把"江鱼"戈，同墓地采集一把"孱陵"矛，这二戈一矛是秦统一岭南战争的遗物，它应是秦军从岭北带到岭南的。

属于南越国时期的文字材料主要集中于广州南越王墓、南越国宫署御苑遗址和广西罗泊湾一号汉墓。南越王墓出土文字资料可分为两大类，一类是印玺、封泥、陶器戳印文字，另一类是铜器、银器上的铭刻和陶器上的墨书。另外，还有一个"金滕一"墨书竹签。南越王墓共出土 23 枚印章，其中有 10 枚有文字，质地有金、玉、象牙、铜等。详见表6③。

南越王墓出土封泥共 35 枚，文字有"眜""帝印""衍""厨丞之印""泰官""邻乡侯印"等，另外在三件陶瓮和一件陶鼎上发现"长乐宫器"戳印。这批印章、封泥和戳印上的文字，都是标准的秦篆，说明秦统一岭南后，推行的"书同文"政策，一直影响至整个南越王国。

广西贵县罗泊湾一号墓出土有关文字材料也很丰富，其中最重要的是一件自名为《从器志》的木牍（编号 M1：161），保存完整，长 38 厘米、宽 5.7 厘米，中部厚 0.7 厘米，两端厚 0.2 厘米。正反两面墨书文字，清晰秀丽。全牍共 372 字，19 个符号，字体为秦汉之际通行的略带篆书笔意的隶书，内容包括衣、食、用、玩、兵器等项，品类 70 余种④。罗泊湾一号墓共有木牍 5 件，木简 9 件，封泥匣五块。除《从器志》外，另一件本牍（编号 M1：162）右上角残缺，长 25.2 厘米、宽 4.8 厘米、厚 0.15 厘米，正背都有字，正面存 13 字，背面存 16 字，是为农具随葬的清单。木简用杉木制成，宽 1 ～ 1.5 厘米，厚 0.3 厘米，均残断。文字不多，有"客秈米一石、尺七寸、典偌、巴蕉心、甗、滕、荣器不格、金盂、铫各"等字。封泥匣有两件上墨书文字，一为"画皁犆六十""縶涺"等字。另外，在铜鼓、铜钟、铜鼎、铜匜等上面亦刻有文字，主要是重量单位。漆器上有"布山""市府草"等烙印，在两具殉葬的棺盖上，一刻有"胡偃"文字，一墨书"苏偃"文字，应是为墓主殉葬的人的名字。

到目前为止，南越国最重要的出土文字资料，是 2004 年 11 月—2005 年 1 月在广州南越王宫署遗址中发现的一口南越国古井（考古编号 J264），井中出土了一批木简。这是广东地区考古发掘中第一次发现简类的文物，极为珍贵。

---

① 参见广州市文物管理委员会等编《广州汉墓》（上），文物出版社 1981 年版，第 148 页。

② 麦英豪：《广州东郊罗冈秦墓发掘简报》，载《考古》1962 年第 8 期。

③ 参见广州市文物管理委员会等编《西汉南越王墓》（上），文物出版社 1991 年版，第 303 页，器物总表，其中铁针 500 件统算为一件。

④ 广西壮族自治区博物馆：《广西贵县罗泊湾汉墓》，文物出版社 1988 年版第 83 页。

表6 南越王墓玺印登记表

器号	质料	印文	特征	钮式	长×宽×高(厘米)	重量(克)	出土情形
A42	铜	景巷令印	有田字格	鱼	2.4×2.4×1.8	27.97	
C97	玛瑙	(无文字)		覆斗钮对穿孔	2.2×2.2×1.5	15.1	
C260	水晶	(无文字)		覆斗钮未穿孔	1.9×1.9×2 1	14.5	
C139	绿松石	(无文字)		覆斗钮对穿孔	1.5×1.5×1.8	7.8	经电子探针分格,含AL_2O_3为39.27%
D79	金	文帝行玺	有田字格	龙	3.1×3×1.8	148.5	有磨擦痕迹印泥痕迹
D33	玉	赵眜	有边栏,有竖界	覆斗钮对穿孔	2.3×2.3×1.6	16.7	有朱砂痕
D34	玉	帝印	有边栏,无竖界	螭虎	2.3×2.3×1.7	18.2	
D80	玉	泰子	无边栏,无竖界	覆斗钮对穿孔	2.05×2.05×1.25	12	有朱砂痕
D81	金	泰子	有边栏,有竖界	龟	2.6×2.4×1.5	74.7	钮座斜边呈弧形凹下,极精工
D78-1	玉	(无文字)		覆斗钮	2.2×2.25×1.8	18.5	有微损痕
D78-2	玉	(无文字)		覆斗钮	2.3×2.3×1.65	18	有撞伤痕,外染朱砂痕
D82	绿松石	(无文字)		覆斗钮	2.15×2.15×1.65	16.7	有微损痕
D83	玉	(无文字)		覆斗钮	2.2×2.2×1.9	18.5	有微损痕
E90	金	右夫人玺	有田字格	龟	2.2×2.2×1.6	65.0	
E45	铜鎏金	左夫人印	有田字格	龟	2.4×2.4×1.7	26.2	
E56	铜鎏金	泰夫人印	有田字格	龟	2.5×2.5×1.7	21	
E123	铜鎏金	〔部〕夫人印	有田字格	龟	2.5×2.5×1.8	29.6	第一字锈蚀严重,字迹不清
E141	象牙	赵蓝	有边栏,有竖界	覆斗钮	1.9×1.9×1.4	8.4	"赵"字残蚀
E140-1	绿松石	(无文字)		覆斗钮	2.1×2.1×2.2	19.2	外染朱砂痕
E140-2	玉	(无文字)		覆斗钮	2.1×2.1×1.6	15.3	外染朱砂痕
E140-3	玉	(无文字)	长方条形,纵穿孔		2.4×1.2×0.7	4	外染朱砂痕
E81	玉	(无文字)		覆斗钮	1.5×1.5×1.2	6.2	出RⅧ殉人旁
E44	铜	(无文字)		覆斗钮	1×1×1.2	2.7	锈蚀严重,有无印文不明,出RIX殉人旁

这座南越古井内共出土整简和残简 100 多枚，均为木质。完整的木简长 25 厘米、宽 1.7～2.4 厘米、厚 0.1～0.2 厘米。绝大多数为单行文书，仅一枚为两行半文字。简文均墨书，字数不等，完整木简的文字最多为 23 字，最少者三字，一般以 12 字左右居多。木简上的文字字体多为成熟隶书，少数文字含有宛转圆润、端庄凝重的篆书风格，隶书的总体书写风格与湖南长沙马王堆汉墓出土简、帛书文字和湖北江陵张家山汉简文字接近，与湖北云梦睡虎地秦简文字有一定区别，具有很高的书法艺术价值。

经初步考察，这批木简的性质主要有籍薄和法律文书两种，从多个侧面反映出南越国的各项制度和南越国王宫生活，可大大弥补南越国史的记载。

如简 067：

远我等击盈，已击，乃归南海。

南海 郡名，秦置。《汉书·西南夷两粤朝鲜传》："秦并天下，略定扬越，置桂林、南海、象郡，以適徙民与越杂处。"《汉书·地理志》："南海郡，秦置。"

简 073：

野雄鸡七，其六雌一雄，以四月辛丑属中官租　纵。

野雄鸡 鸡名，不见于文献记载。

中官 《汉旧仪》："中官私官尚食，用白银钼器。"《汉官旧仪》："汉置中官，领尚书事。中书谒者令一人。成帝建始四年罢中书官，以中书为中谒者令。"传世文献未见南越国设"中官"。

简 091

张成，故公主诞舍人，廿六年十。

月属　将常使□□□蕃禺人。

张成 "成"为秦汉习见人名，如宜春侯成、杏山侯成。

公主 皇帝之女的封号。蔡邕《独断》："帝之女曰公主，仪比诸侯。帝之姊妹曰长公主，仪比诸侯王。"《初学记》第十卷："至周中叶天子嫁女于诸侯，天子至尊，不自主婚，必使诸侯同姓者主之，始谓之公主。"《史记》和《汉书》均不见记载南越国设置公主。据此简，南越国不仅设公主，而且其下有舍人，表明南越国公主有一定势力。南越国不受汉代法律约束，可见文献中记载南越王称帝无误。

诞 南越国公主之名字。"诞"为秦汉习见人名，如袁诞。

舍人 官名或身份的名称。《史记·秦始皇本纪》："李斯为舍人。"《集解》引文颖曰："主厩内小吏官名。或曰侍从宾客谓之舍人也。"舍人是当时晋升良阶。《史记·李斯列传》："至秦，会庄襄王卒，李斯乃求为秦相文信侯吕不韦舍人；不韦贤之，任以为郎。"汉设置舍人，为职官。《汉书·百官公卿表》："太子太傅、少傅，古官。属官有太子门大夫、庶子、先马、舍人。"当时诸侯、官吏亦自有舍人。

简 099：

丙午，左北郎取等下死灵泰官　　出入。

左北郎　不见于文献记载。

取　人名。

泰官　同"太官""大官"。文献多作"太官"。《汉书·百官公卿表》有"太官"，颜师古曰："太官主膳食。"《汉官仪》上卷："太官令，两梁冠，秩千石，丞四人。"在一些集录的封泥著作中，汉代封泥多为"大官""泰官"甚少。西汉南越王墓中出土有"泰官"封泥。这次发现的简文"泰官"与南越王墓出土"泰官"封泥写法一致。

简 116：

受不能□痛　迺往二日中陛下

陛下　中国古代对帝王的尊称。《史记·秦始皇本纪》："今陛下兴义兵，诛残贼，平定天下，海内为郡县，法令由一统，自上古以来未尝有，五帝所不及。"蔡邕《独断》卷上："谓之陛下者，群臣与天子言，不敢指斥天子，故呼在陛下者而告知，因卑达尊之意也。"

在这批木简的文中出现了"陛下""公主""舍人""左北郎""泰官"等官职，其中"左北郎"在文献未见记载，而简文中的"陛下""公主"更是自南越王墓发现"文帝行玺"等重要文物后又一次发现关于南越王称帝内容的文物；地理内容方面，简文中出现了"蕃禺""南海""横山"等地名，对南越国政区地理、疆域沿革、秦汉地理等的研究意义重大。

此次出土 100 余枚南越国早期木简，填补了广东地区简牍考古的空白，是近年来南越国考古的重要突破，大大丰富了南越国史的研究内容。从传世文献看，《史记·南越列传》作为目前所见的最早记载南越国历史的资料，全文仅 2400 字左右，而这次出土的简文文字的数量已经逾千，不仅数量几近其一半，而且其时代还要远远早于《史记》成书 80 余年。从考古学史看，在王宫御苑原址上出土简牍的情况较为罕见，木简可能是当时在文件废弃后将其扔进井内，是最原始的档案资料，也是最直接的第一手文献，是名副其实的南越王宫档案。它们的发现不仅会大大地扩展南越国史及秦汉史的研究范围，还以其出现的"守苑""宫门"及明确的纪年等内容，彰显出南越国遗址的历史真实性和完整性，进一步证明以往对该遗址定性、定位和定名的正确，为南越国考古的分期断代树立起新的标尺。该批木简的发现不仅填补了广东地区简牍考古的空白，改写了广东地区无简牍的历史，而且极大地扩展了南越国史的研究范围，从很多方面弥补了南越国史料记载之不足，具有十分重要的学术价值。①

另外，在两广地区发现的南越国中下层臣民墓中，亦发现一些文字材料，如"大厨""居室""常御""食官第一""常御第十三""长秋居室"等陶文，还有一些印章文字，如"李嘉""臣辛""臣偃""辛偃""赵望之""赵安""郑未""家啬夫印""梁奋""得之"等。这反映出当时南越国中下层官员也已使用与汉制相同的印章，汉文字也在陶工中流行。据史载，南越丞相吕嘉作乱时，曾行文南越国，下令国中曰樛太后专欲内属，是"取自悦一时之利，无顾赵氏社稷"等等，为自己叛汉辩护。从《史记》记载中保留的此文看，其语气、文法完全是用汉文来书写并颁发至南越全国的。因此可证明汉文字在南越国一般平民百姓中亦有所流行。

综上所述，我们可以看到，南越族自己没有文字，先秦时期，岭南和汉字有少许接触，秦始皇统一岭南后，汉字在岭南开始流通。经过南越国时期近一个世纪的推广和普及，汉字已成为南越国的官方文字并在国内普遍流行。汉字的推广使岭南地区向文明社会迈出了重要的一步，加速了汉越民族融合的过程，使南越地区文化水准迅速提高。汉武帝平南越后，岭南地区的文化开发更加深入，岭南出现了越来越多的学校；西汉末东汉初，苍梧郡的陈钦、陈元父子已成为全国闻名的经学大师，汉文化已替代南越文化成为这一地区的主要文化。

第二节　音乐与舞蹈

南越民族是一个能歌善舞的民族，在长期的生活和生产中，创造和发展了南越的艺术，还在与其他地区的文化交流中融进了汉楚等文化艺术，从而形成了南越音乐、舞蹈多姿多彩的风貌，并成为秦汉时期中国艺术的一朵绚丽的奇葩。

一、　音乐

早在先秦时代，人们就将舞乐分为雅乐和俗乐。雅乐是我国古代祭祀天地、祖先、朝会、宴享时使用的正统舞乐，表演庄重严肃。俗乐是指民间的歌舞，表演形式自由奔放轻松活泼。从乐器来看，雅乐以钟磬为主，为金石之乐；俗乐以管弦为主，为丝竹之乐。南越国的音乐如何，史书极少提及。本章第一节曾提到，西汉刘向著的《说苑·善说篇》中，记载了楚国令尹鄂君晳在湖中游船时听到越人榜枻唱的《越人歌》。这首歌非常委婉动听，使鄂君晳如痴如醉，并召见了榜枻还隆重礼

---

①　引自广州市文物考古研究所等撰《南越国宫署遗址出土木简》，见广州市文物考古研究所编《羊城考古发现与研究》，文物出版社 2005 年版；《广州市南越国宫署遗址西汉木简发掘简报》，载《考古》2006 年 3 期。

遇。这位越族歌手是一位船夫，在楚国以渡舟献唱为生。《越人歌》的曲调未能流传下来，令人遗憾。南越国时，还有一种音乐，称为"越讴"，当时在南越较为流行，并流传至中原地区。据《百越先贤传》记载，西汉惠帝时，粤人张贾"能为越讴"，受到人们的喜爱。

乐曲和语言一样是看不见摸不着的，加上史书在这方面的记载非常贫乏，因此，对南越的音乐研究，存在不少困难。近40年来，考古工作者在南越墓葬中，发现一批珍贵的出土文物，有不少与南越音乐有关，其中有钟、磬、勾鑃、羊角钟、铙、钲、鼓、琴、瑟、笛、陶响器等，包括了打击乐、管弦乐和吹奏乐多种。这些出土文物使我们了解到南越的音乐也是雅乐和俗乐并存的。

《尚书·舜典》载："八音克谐，无相夺伦，神人以和。"早在先秦时期，人们已将乐器分为金、石、土、革、丝、木、匏、竹八类，即所谓"八音"，在演奏时注意到各种乐器的配合。从考古资料看，南越乐器种类多，地方特色浓厚，可分为八类。

（一）金类

有钟、钲、勾鑃、铎、铃、錞于、铜鼓等。

钟 一般分为铜甬钟和铜钮钟，其中成组依大小秩序悬挂者，称为"编钟"。广州南越王墓出土一套钮钟共14件，一套甬钟共五件。这两套钟皆有正鼓音和侧鼓音，即所谓的双音钟，其音域跨度较广，七个音阶齐全，经鉴定，这两套钟皆为南越国自己铸造，参见图2。

南越出土的甬钟与中原楚式钟相比，钲部较短而鼓部较长，应是所谓的越式甬钟。[1] 越式甬钟目前所见时代最晚者为湖南桃源大池塘东汉遗存中出土的，[2] 说明它在汉代受中原文化和艺术的影响而走向衰亡。

一般来说，青铜编钟敲奏时余音较长，比较适应演奏中速或慢速、节奏比较松散而悠慢的旋律乐章。[3] 因此，越式铜编钟和中原编钟功用相同，应是用于演奏雅乐的。除上述两类钟外，南越国还存在两种形制与中原迥异的铜钟，即半环钮筒钟和形式奇特的羊角钮钟。其中前者为半环钮，钟体呈圆筒形，目前仅见广西贵县罗泊湾一号汉墓中出土的一大一小两件。这两件铜钟上分别刻有"布，八斤四两"与"布，七斤"字样，说明是南越国布山所铸造。[4] 这一类钟在云南、四川曾有出土，不同之处在其钲部与舞部转折处呈直折，且皆为单音钟。罗泊湾

① 何纪生、何介钧：《古代越族的青铜文化》，见湖南省博物馆等编，《湖南考古辑刊》第3集，岳麓书社1986年版。

② 高至喜：《湖南桃源大池塘东汉铜器》，载《考古》1988年第7期。

③ 高鸿群：《曾侯乙钟磬编配技术研究》，载《武汉音乐学院学报》1988年第4期。

④ 广西壮族自治区博物馆：《广西贵县罗泊湾汉墓》，文物出版社1988年版。

出土的钟鼓部正中节线位置共发基音分布大钟为$^{\#}C_4 + 10$，小钟为$E_4 + 5$。据有关考古专家考证，半环钮筒钟流行于战国和西汉初期，为川、滇古代"百濮"文化的产物，演奏时一般以六个筒钟为一组。[①]

羊角钮钟横截面呈橄榄状，上小下大，顶部有竖长形透穿孔，顶端有两羊角形钮。羊角钟分布的区域为云南、贵州、广西、湖南南部和越南北部，广州博物馆藏有一件，来源不明。广西浦北县出土羊角钟最多，贵县罗泊湾一号墓出土一件，经测音，正鼓音为$^{\#}C_5 - 27$，侧鼓音为$E_5 - 4$[②]，从出土情况及音乐性能看，羊角钟既可独自演奏，又可与其他打击乐合奏。羊角铜钟流行的时间不长，从春秋晚期至西汉，东汉不复见。它是一种古老且极富地方特色的民族乐器，为岭南和西南地区有代表性的器物，对研究我国南方古音乐有重要的意义。

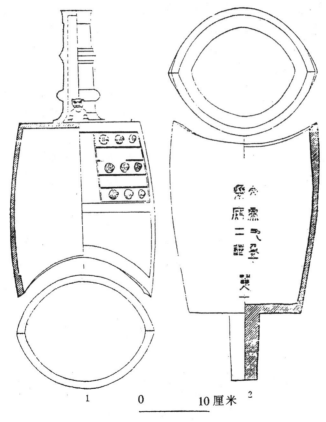

1. 铜甬钟（B95－2）   2. 铜勾鑃（B96－7）

图2　广州南越王墓出土铜甬钟、铜勾鑃[③]

①　肖亢达：《汉代乐舞与百戏艺术研究》，文物出版社1991年版。

②　广西壮族自治区博物馆：《广西贵县罗泊湾汉墓》，文物出版社1988年版。

③　本图引自广州市文物管理委员会编《西汉南越王墓》，文物出版社1991年版。

勾鑃 为古吴越乐器，在安徽、江苏、浙江、湖北都有出土，个别铭刻中自名"句鑃"。广州南越王墓东耳室出土勾鑃一套八件。上有"文帝九年乐府工造"铭刻。经测试每件勾鑃也是双音钟，七个音阶齐全。铭刻"文帝九年"当指南越文帝九年，即汉元光六年（前129）。青铜勾鑃在岭南还是首次发现。从刻铭看，这是本地铸造的。①

铙 属打击乐。似铃而稍大，似钲又稍小。其口部呈凹弧形，横截面如橄榄形。一般可用于宴享奏乐；用于军事则作为军队退却的信号②。从现有汉代击铙画像石（砖）上看，一是一般拥有铙的乐队大体人数都较多，规模较大；二是凡有铙必有鼓类乐器。另外，在汉代的雅乐和俗乐当中，铙还具有"止鼓"退舞的作用③。目前南越地区在广州汉墓中有三件（M1097:38，M1095:43）④。

铎 较前两者为小。一般以舌质的不同，分为金铎和木铎。大致是"文事奋木铎，武事奋金铎"⑤。铎也可用作舞具，一般亦是武舞用金，文舞用木。⑥ 目前在广州南越文王墓的东耳室与后藏室中分别有一件。⑦

铃 两件，同出于广州汉墓（M1139）中⑧。

錞于 形制为上大下小内空，肩部鼓起，体圆如筒。使用年代大致为春秋至东汉，延续时间较长，形制多变，汉代以虎钮或马钮者占绝大多数。錞于目前见于湘、鄂、川、黔、桂、粤、赣、皖、陕、豫、鲁、滇、浙十三省，大致由越人首创，后又盛于巴人地区。錞于演奏时多以绳系钮，悬于梁架上用木槌敲击，"其音极清"⑨。錞于是一种主要的军乐器，还可用于多种祭祀活动，用于宴乐时则多成编出现，起和乐的作用。多与钲、鼓同时配合使用。广东地区在连平有发现。⑩

铜鼓 使用的延续时间达2000多年，可能是由炊具中的釜发展而来的，流行于我国滇、贵、川、桂、粤、湘、琼及东南亚越南、老挝、柬埔寨、泰国、缅甸等地，起源于云南广西等地区。铜鼓用途广泛，可用于祭祀、集会、娱乐、战争乃至贮藏财货和随葬，在南方少数民族中同中原的礼乐器一样，为权力的象征，同时也是雅乐重器。铜鼓的发音多清朗、明亮，可单独使用，也可配合使

---

① 参见广州市文物管理委员会等编《西汉南越王墓》（上），文物出版社1991年版。
② 《周礼·地官·鼓人》云"以金铙止鼓"。
③ 肖亢达：《汉代乐舞与百戏艺术研究》，文物出版社1991年版。
④ 参见广州市文物管理委员会等编《广州汉墓》（上），文物出版社1981年版，第147页。
⑤ 《周礼·天官·小宰》。
⑥ 肖亢达：《汉代乐舞与百戏艺术研究》，文物出版社1991年版。
⑦ 参见广州市文物管理委员会等编《西汉南越王墓》（上），文物出版社1991年版。
⑧ 参见广州市文物管理委员会等编《广州汉墓》（上），文物出版社1981年版，第148页。
⑨ 《北史·斛斯椿传》。
⑩ 肖亢达：《汉代乐舞与百戏艺术研究》，文物出版社1991年版。

用①。属南越时期的铜鼓目前有越南的玉缕鼓、沱江鼓、黄下鼓、庙门鼓等②，在我国的广西贵县罗泊湾一号墓中亦见有一大一小两面，③ 此外，各地零星发现亦不少。有专家曾分析了铜鼓早期的音程关系的生律法倾向，认为驮娘江—右江—郁江水系的广南、贵县地区主要为纯律或纯律与三分损益律复合律制的分布区，反映出古代濮、越民族不同的地区特点和相互交流融合的情况。④

铜锣 属古南越国者为罗泊湾一号墓中出土的一面，⑤ 这是我国目前所见的最早的铜锣实物。过去，人们还曾从云南的开化铜鼓上见到了编锣的图形⑥，但南越地区是否也使用编锣，目前尚缺乏资料证明。一般来说，铜锣为古代百越和百濮民族所使用的乐器，可用于舞蹈伴奏或器乐合奏。

（二）石类

主要是石磬。目前见有广州南越王墓所出的石编磬八枚、十枚各一套。⑦ 石磬在演奏时一般是敲击鼓部。它与钟一样同为雅乐不可缺少的乐器，汉代俗乐中则很少使用。

（三）土类

考古资料表明，目前在南越国地区一般不见中原地区流行的演奏乐器——埙，却代之以一种地方乐器——响器。响器有扁圆和鱼形两种，以泥捏作两片再合成空心鱼形或扁圆形烧成，质硬，内装沙砾，摇动可出响声，为舞蹈作拍节之乐器，其作用应与汉代同期的"节"或现代轻音乐乐器中的"沙锤"近似。响器目前见有扁圆形的七件、鱼形的九件，皆出于广州南越文王墓中。⑧

另外，唐杜佑的《通典》中还记载有："角，书记所不载，或出羌胡，以惊中国马。马融又云，出吴越。"目前的考古发掘确实在南越地区发现了不少犀牛角等，但还找不出它作为乐器的迹象，因此，古百越是否存在有"角"这种乐器，目前是很难下结论的。

---

① 中国古代铜鼓研究会：《中国古代铜鼓》，文物出版社 1988 年版。
② ［越］阮文煊、黄荣：《越南发现的东山铜鼓》，越南历史博物馆，1975 年。
③ 广西壮族自治区博物馆：《广西贵县罗泊湾汉墓》，文物出版社 1988 年版。
④ 蒋廷瑜：《铜鼓艺术研究》，广西人民出版社 1988 年版。
⑤ 广西壮族自治区博物馆：《广西贵县罗泊湾汉墓》，文物出版社 1988 年版。
⑥ 闻宥：《古铜鼓图录》，上海出版公司 1954 年版。
⑦ 参见广州市文物管理委员会等编《西汉南越王墓》（上），文物出版社 1991 年版。
⑧ 参见广州市文物管理委员会等编《西汉南越王墓》（上），文物出版社 1991 年版。

（四）革类

主要是鼓。

建鼓 一般鼓形较大，横置；以一柱贯通鼓腔，竖立在鼓座上。南越建鼓目前只见于广州南越王墓铜提筒（B59）的水战庆功或海神祭祀图案上，形制与中原同期的同类建鼓同，① 但表演方式远不及同期中原各式"建鼓舞"的热烈奔放而显得较为死板。南越的建鼓似乎仅仅只是用于祭祀等礼仪性场合的，与汉代以后的中原王廷使用情况相同。

木腔皮鼓 仅见于广西罗泊湾一号墓中，两只。② 亦属打击乐器。

（五）丝类

琴 为相和歌中的主要伴奏乐器。汉代为我国古琴一个重要的发展期，当时社会上流传的琴曲是很多的。南越的琴曲如何，目前尚缺乏资料，南越古琴则见于广州的南越王墓东耳室中，出土时琴的木胎已朽，仅有铜琴轸 37 个。发掘报告的编写者根据出土情况，认为应有"七弦琴"一件及"至少十弦琴三件或五弦琴六件"，这个结论是对的；但在同一"铜琴轸"条中又说"与琴轸同出还有象牙质的弦柱十多枚，大多残断"，这似乎有些不妥。汉琴是无柱的，这些柱无疑当属出于其旁的瑟。因此，这句话应放到"瑟枘"条中方显完美。③

瑟 与琴同为汉代比较流行的一种弹奏乐器。在长沙马王堆三号墓出土的"遣策"中，曾记有"郑竽瑟""楚竽瑟""河间瑟"等不同地区名称的瑟④，这说明汉瑟应该存在有地域性，而与此关联的瑟的构造、演奏方法及调弦方法都可能有所差别。至于南越的瑟如何，由于目前在广州南越王墓及广西罗泊湾一号墓中出土的瑟的漆木瑟胎均朽，形制已不可辨。其中南越王墓的发掘者根据残留的12 枚铜瑟枘，推测墓中可能原有三件瑟，同墓中还出有铜轸钥，应是调弦之物。⑤

越筑 筑一般"状似琴而大，头安弦，以竹击之，故名曰筑"⑥，是一种击弦乐器。从考古资料来看，汉代的筑也存在着明显的地域差异。南越的筑，目前仅见于广西罗泊湾一号汉墓，墓中木牍《从器志》载有"越筑"一件。在清理

① 参见广州市文物管理委员会等编《西汉南越王墓》（上），文物出版社 1991 年版。

② 广西壮族自治区博物馆：《广西贵县罗泊湾汉墓》，文物出版社 1988 年版。

③ 参见广州市文物管理委员会等编《西汉南越王墓》第四章第三节"铜琴轸"条，文物出版社 1991 版。

④ 何介钧、张维明：《马王堆汉墓》，文物出版社 1982 年版。

⑤ 参见广州市文物管理委员会等编《西汉南越王墓》（上），文物出版社 1991 年版；广西壮族自治区博物馆《广西贵县罗泊湾汉墓》，文物出版社 1988 年版，第 511 – 513 页。

⑥ 《汉书·高祖纪》应劭注。

椁室时，考古工作者见到一件残乐器，大致呈细长条状，正面平，上部两侧起棱，形成纳弦之槽，筑头后弯，已残，但仍存弦孔部分，有弦眼五孔①。联系长沙马王堆三号墓中所出的筑②，可知这时的筑大致应均为五弦而未有品柱，与许慎《说文解字》"筑，以竹曲，五弦之乐也"所言近似。

卧箜篌　这种箜篌，与今天常说的箜篌，即胡箜篌（竖箜篌），是有区别的。《史记·武帝本纪》云："其年既灭南越……于是塞南越，祷祠泰一、后土，始用乐舞，益召歌儿，作二十五弦及箜篌瑟自此起。"田边尚雄在《中国音乐史》中说道："由南越输入哈铺，名为空侯。"③　由于我们目前尚未发现有一件有关南越存在箜篌的资料，因此，这个问题是很难下结论的。

（六）木类

祝　为传统木类乐器，"如桶，方二尺八寸，中有椎柄，连底动之，令左右击，以节乐"④。广西罗泊湾一号汉墓出土的《从器志》，对其最末一行文字，曾有人释为"柷、越筑各一"⑤。考之《说文解字》，确有"柷，祝乐也"的说法。但由于"柷"字不清，出土时又不见实物，因此该字是否释为"柷"，乃至肯定南越存在祝这一乐器，都尚难定论。

夯杵　汉时，中原演奏的夯杵曲有《睢阳曲》⑥，大致为夯歌（古称"相"）性质。唐代刘恂《岭表录异》载："广南有春堂，以浑木刳为槽，一槽两边约排十杵，男女间立，以舂稻粮，敲磕槽舷，皆有遍拍，槽声若鼓，闻于数里……"这种夯歌舞后来发展为今天壮族人民春节时跳的《春堂舞》。壮族与古越族有着较深的渊源关系，现代的印度尼西亚人的宗教仪式也常有以杵、臼为乐器者。⑦夯歌的资料还见于铜鼓图案上，如越南出土的玉缕鼓、黄下鼓、沱江鼓，大体图案为一男一女在演奏春杵和演唱，其前有一队乐人在舞蹈。⑧　由此不难看出，在南越国时期，这种产生于劳动生产，后来带有贺祝丰年仪式性质的歌舞和乐器也是存在的。

---

① 广西壮族自治区博物馆：《广西贵县罗泊湾汉墓》，文物出版社 1988 年版。
② 中国艺术研究院音乐研究所：《中国音乐史图鉴》，人民音乐出版社。
③ ［日］田边尚雄：《中国音乐史》，陈清泉译，上海书店出版社 1984 年版，第 104 页。
④ 《隋书·音乐志下》。
⑤ 余天炽等：《古南越国史》，广西人民出版社 1988 年版。
⑥ 《史记·梁孝王世家》。
⑦ 凌振声：《东南亚铜鼓装饰纹样的新解》，见中国铜鼓研究会编《中国铜鼓研究会第二次学术讨论会论文集》，文物出版社 1982 年版。
⑧ ［越］阮文煊、黄荣：《越南发现的东山铜鼓》，越南历史博物馆，1975 年。

（七）匏类

主要是笙和竽。这两种乐器均见于楚墓、长沙汉墓和古滇人地区，在今西南少数民族当中亦较盛行。南越地区仅有芦笙见于越南的玉缕鼓和黄下鼓①。

（八）竹类

目前南越已见的竹类乐器为广西罗泊湾一号汉墓中出土的一支竹笛。该笛为双吹孔竹笛，应为越族独特的乐器。该笛由一段带两个竹节的竹管制成，共开八孔，其中七孔在同一竹节内，仅一孔开在头端竹节之外，与其他七孔隔开。八个孔的表面竹青皆被刮去，大体其中第一、二孔为吹孔，隔竹节成为一组；第三、四、五孔及第六、七、八孔各为一组，尾端竹节打通，原有塞否不知。② 该笛的特点与曾侯乙墓及长沙马王堆三号墓中所出的汉式竹笛不同，有双孔二吹，且为竹节隔开；又八孔处在同一平面上，与西汉式"篪"的结构也不相同。考古学家萧亢达先生在其《汉代乐舞与百戏艺术研究》一书中曾从吹孔与按音孔排列顺序、形制结构等方面详细考察了这只竹笛，认为该笛大体吹奏时应是以"对握"的方式，采用类似现今流行于云南德宏傣族景颇族自治州的"吹良"吹奏法进行演奏，其结构特点与《新唐书·南蛮骠国传》中的"两头笛"相似。因此，该笛对反映南方百越与中南半岛各族人民的友好往来和文化交流可能有一定的参考作用。

二、舞蹈

舞蹈与音乐关系密切。秦汉时期舞蹈可分为两大类，一类为在祭祀祖先等大典上跳的，称为"雅舞"；另一类为娱乐性舞蹈，为帝王群臣欢宴时所设，称为"杂舞"。从出土文物看，南越舞蹈既有"越式舞"，又有中原的"杂舞"。目前所见的南越国的"雅舞"大多数是"越式舞"，民间舞蹈也以越式舞为主，并很大程度上带有巫祝祭祀的性质，大概是当时南越王室从越俗所致。而汉、楚式"杂舞"目前仅见于王畿之中，估计流行范围不大。

（一）越式舞

周代宫廷流行有大舞（"六代舞"）和小舞，这些舞蹈又可分为文舞和武舞两个大类。其中文舞执羽、龠；武舞执干、戚。两类舞多用于祭祀。目前南越国

---

① ［越］阮文煊、黄荣：《越南发现的东山铜鼓》，越南历史博物馆，1975 年。
② 广西壮族自治区博物馆：《广西贵县罗泊湾汉墓》，文物出版社 1988 年版。

所见的越式舞不仅姿态与上述相近，且也多与祭祀有关。这表明南越的舞蹈与中原地区先秦的古乐舞是有着密切关系的。

翔鹭舞　见于广西贵县罗泊湾 M1:10 号铜鼓。该鼓环腰饰有八组舞人图案，大致每组两三人，共 20 人；舞人头戴羽冠，头顶插矛头形羽牌四只，自腰以下围以鹭尾舞裳，呈模仿翔鹭展翅飞翔状；在舞人的头顶还饰有衔鱼的翔鹭图像[①]。类似的舞姿还见于广西西林普驮铜鼓和云南查家山 M24:42B2 号铜鼓图案上[②]，在东南亚的越南沱江鼓及老挝铜鼓上亦有发现[③]。这种舞姿与周代小舞中的"皇舞"很相似，《周礼·春官·乐师》载"皇舞者，以羽冒覆头上，衣饰翡翠之羽"，《皇舞》在周代用在"（祭）四方以皇"[④] 或"旱叹以皇"[⑤] 的祭祀典礼上，大致采其"鹭，白鹭也，小不逾大，飞有次序，百官缙绅之象……人以鸿鹭之群拟官师也"[⑥] 这一意思。因此，这种舞是有明尊卑等级的深刻含义的。从今天的出土文物来看，大概这种舞蹈与鼓还有着密切关系，是以一直到汉代仍见以这种鹭作为鼓饰者[⑦]。总之，越人铜鼓上的"翔鹭舞"应该反映了它与汉族文化的密切关系。

羽舞　该舞人的装束、舞姿与"翔鹭舞"基本同，差别在于"翔鹭舞"的舞人多空手或执鹭状饰物；而"羽舞"舞人多执有析羽，或饰羽之矛。这类舞与中原周代小舞中的"羽舞"，即"析羽"之舞极为近似[⑧]，先秦时大多"宗庙以羽"[⑨] 或"四方以羽"[⑩] 也是用于祭祀典礼上的。"羽舞"的图案目前以云南晋宁石寨山 M12:1 号贮贝器上的最为典型，广东、广西和越南发现的铜鼓图案上亦多见此类形象，多含有祭祀的意义。

武舞　多见于铜鼓图案上，舞人的扮相亦如"翔鹭舞"，不同的是"武舞"的舞人手中多执干（盾）、矛、干钺、干戚、干矛、戚矛、弓箭等兵器，个别的武器上还装饰羽毛。这类舞在南越地区见于越南的玉缕鼓、庙门鼓、黄下鼓的图案上[⑪]，而以广州南越王墓 B59 号铜提筒上的杀俘祭河（海）神或水战庆功图像

①　广西壮族自治区博物馆：《广西贵县罗泊湾汉墓》，文物出版社 1988 年版。
②　中国古代铜鼓研究会：《中国古代铜鼓》，文物出版社 1988 年版。
③　肖兀达：《汉代乐舞与百戏艺术研究》，文物出版社 1991 年版。
④　《周礼·春官·乐师》郑司农注。
⑤　《周礼·春官·乐师》郑玄注。
⑥　《禽经》张华注。
⑦　肖兀达：《汉代乐舞与百戏艺术研究》，文物出版社 1991 年版。
⑧　《周礼·春官·乐师》。
⑨　《周礼·春官·乐师》郑司农注。
⑩　《周礼·春官·乐师》郑玄注。
⑪　中国古代铜鼓研究会：《中国古代铜鼓》，文物出版社 1988 年版。

最为典型①。此外，在我国云南、广西出土的铜鼓及泰国南奔鼓上也见有这类图案②。"武舞"也是多用于祭祀的，其情节当与先秦中原地区大舞中的"大武"、六小舞中的"干舞"相同。《周礼·春官·乐师》郑司农注云"兵事以干"，郑玄注则云"山川以干"。

芦笙舞 该舞以云南开化鼓上所见的图案时代为最早，舞人捧一匏笙边吹边舞，类似的图像又见于越南的玉缕鼓与黄下鼓。③ 以上三铜鼓所表现的仍为祭祀的场景。

建鼓舞 见于广州南越王墓 B59 号铜提筒图案上，舞者亦作羽人装束，箕坐击鼓④。其姿态较同期中原建鼓舞死板许多，概建鼓在南越仍属礼乐用具。

盘鼓舞 见于山东济宁出土的汉画像石乐舞图。画面表现有四个椎髻文身的越人在汉族乐队的伴奏下，在盘鼓上翻腾跳跃的情景。⑤ 我们注意到他们的舞姿和中原常见的这类舞是有很大不同的，应是南越原有盘鼓舞的反映。

群舞 多见断发、文身、椎髻的越人呈舞蹈状，一般场面宏大，兼有多种舞姿。这种舞目前以广西花山崖壁画的舞蹈场面最为壮观，舞者达 1800 多人，表现的应是部落盛大集会的集体歌舞场面。⑥ 又山东济宁画像石中也见八个断发、文身越族乐人围着一圆形毯席腾跳的舞蹈图案。⑦

杵臼舞 与祈求丰收有关。

我们注意到，在上述八种越式舞中，前五种舞的舞人装束基本上都是羽人状的较正规舞服，且都有明显的祭祀意义；而后三类舞的情况就比较复杂。这样看来前五种舞蹈应当属于南越的雅舞。

（二）汉式舞

南越的汉式舞目前仅见"长袖舞"一种。该舞的特点是舞人无所持而以手袖为威仪，从而表现出"罗衣从风，长袖交横"⑧ "裙似飞燕，袖如回雪"⑨ 等种种艺术造型，舞蹈比较重视手袖和腰肢的动作。这种舞目前见于广州南越王墓中出土的 C137、C258、E125、E135、E158 五件玉舞人造型上，广州西村凤凰岗的

---

① 参见广州市文物管理委员会等编《西汉南越王墓》（上），文物出版社 1991 年版。
② ［越］阮文煊、黄荣：《越南发现的东山铜鼓》，越南历史博物馆，1975 年。
③ ［越］阮文煊、黄荣：《越南发现的东山铜鼓》，越南历史博物馆，1975 年；闻宥：《古铜鼓图录》，上海出版公司 1954 年版。
④ 参见广州市文物管理委员会等编《西汉南越王墓》（上），文物出版社 1991 年版。
⑤ 山东省博物馆等编：《山东汉画像石选集》，齐鲁书社 1982 年版。
⑥ 广西少数民族社会历史调查组：《花山崖壁画资料集》，广西民族出版社 1963 年版。
⑦ 山东省博物馆等编：《山东汉画像石选集》，齐鲁书社 1982 年版。
⑧ 〔东汉〕傅毅：《舞赋》。
⑨ 〔东汉〕张衡：《舞赋》。

南越墓也曾见有类似的一件。这其中，C137 玉舞人作跪舞歌咏状，E135 作漫舞状，C258 可能是对舞，剩下的三件都是呈折腰翘袖之态，表演的舞姿十分动人。[①] 至于南越国除长袖舞外，是否还有西汉中原常见的巾舞、拂舞等其他杂舞，同时，是否有汉式的雅舞，由于目前材料仍缺乏，难以下结论，有待于进一步的考古新发现。

第三节 纹　饰

普列汉诺夫说过："任何一个民族的艺术都是由它的心理所决定的，它的心理是由它的境况所造成的，而它的境况归根到底是由它的生产力状况和它的生产关系所制约着的。"[②] 在世界考古学的范畴内，作为器物装饰艺术的纹饰和图案一直是属于考古类型学中的一个重要标尺。作为特定时期、特定环境下人们心理的反映物，纹饰和图案不仅反映着人们的审美观念、生活习俗，而且反映出他们特有的宗教信仰、图腾崇拜和生产力的发展水平。就南越国来说，一方面它继承了岭南越族先民特有的几何印纹陶的装饰传统，另一方面又受到中原汉文化的影响，从而形成了一种独特的装饰风格。下面所引用的材料多出土于两广地区西汉前期墓或遗址中，其年代属南越国无疑。有些纹饰如岩画等，其年代有人认为属南越国时期，有人认为可能属先秦时期，这里暂且引用，就教于识者，亦期望今后的考古发现能解决岩画的确切年代问题。

一、　陶器装饰图案

南越国时的陶器装饰图案，充分反映着南越国独特的社会风貌。总的来说，这时南越国的汉越两大类别的陶器其纹饰大多较为繁杂而富于变化，通常一器都施多种花纹，某几种花纹常配于某几种陶器上，从而形成器形与纹饰之间一定的配合施用关系。这时的纹饰按其施制方法大体可分为模印、拍压、施压、刻划、镂孔、附加和彩绘七种，在不少的陶器上还见有各种不同的刻划记号和戳印文字。

在各种纹饰中占主体的是印纹和划纹，其构图基本上都是一种几何形的图案。常见的纹饰有绳纹、方格纹、米字形方格纹、几何图形戳印纹、弦纹、绚纹、水波纹、锯齿纹、篦纹、涡点纹、鳞纹等，种类很多。关于这类几何形纹饰的起源和演化，历来说法不一。有人认为，方格纹、米字纹等实是仿竹、麻、芦类编织物的图案而来；而水波纹、涡点纹、圆圈纹、叶脉纹、锯齿纹及动植物纹等

---

① 参见广州市文物管理委员会等编《西汉南越王墓》（上），文物出版社 1991 年版。
② 〔俄〕普列汉诺夫：《没有地址的信·艺术与社会生活》，曹葆华等译，人民文学出版社 1962 年版。

则似是取自江河溪流、植物等自然和社会现象的真实写照；曲折纹、菱形纹为图腾崇拜的反映；变体兽面纹、夔龙纹则是统治阶级至高无上权力的象征，带有荒诞神秘的恐怖色彩①。更有人认为，上述属南方百越民族的几何形纹饰，都是"蛇的形状和蛇的斑纹的模拟、简化和演变，其原因是由陶器主人（古越族）对蛇图腾的崇拜"②。民族学的资料说明，现代的中国台湾土著民族和南美的卡拉亚（Karaya）人用于文身的各种几何形图案即模拟于蛇皮肤上的花纹。③ 考诸文献，可知南方古越人是有"断发文身"习俗的。④但几何形印纹的真象具体如何，我们认为，上述的解释大都来自直观的感觉。这仍是一个综合且长远的问题。

南越国时期这种几何形纹饰，即古越族传统纹饰的继续普遍流行，充分反映出南越国汉越融合及尊崇越俗这种独特的文化风貌。与前代所不同的是，南越国这时的各种几何纹大多与旋（弦）纹相结合，构成环带组合纹，层次分明地装饰于器物的腹部；有些纹饰的装饰部位也较为固定，如箆点纹，就多饰于器物的器盖、肩部和上腹部。这种逐层装饰的风格应该是受中原早期文化影响的结果。南越国的陶器装饰受中原文化影响的第二个特点，是出现了主纹和地纹的装饰手法。具体说来，就是先在陶器上打出小方格纹作地纹相衬，再用戳子打上圆形、四叶形等图形为主纹。值得注意的是，这种富有特点的几何戳印纹目前仅仅是在广州地区，即南越国的中心地区发现最多，而在广西贵县、平乐、贺县等属南越国西部瓯骆人的居住区则不见或少见。这是否代表着族属或文化等级上的差别，这是很值得研究的。

从考古资料来看，南越国的陶器上除了有"居室""常御第廿""公"等戳印文字外，尚刻划有数十种结体的各类记号。这些记号似随意所划，无规律可循。这种刻划记号或原始的陶文很早即有，并从新石器时代一直沿袭下来，在我国仰韶文化、大汶口文化与东南沿海的印纹陶中都有不少发现。南越国的这批刻划符号，虽其意义目前尚无法清楚，但大体上应属"陶工们长期沿用代表着一定意义的符号"，可能"一是代表不同数码的；二是陶工自己的记号"⑤。这表明南越的陶工构成既有汉人的工匠，也有越族的陶工，且国内应存在着若干不同的窑场。

南越国陶器的彩绘多施于鼎、盒、壶、钫、熏炉等汉式陶器上，数量不多。一般是先施粉彩，然后再用朱、黄、黑、白等色进行描绘；大体以朱绘为主，黄白二色多为地色，黑色作勾勒用。这种彩绘的纹饰大多是卷云纹，间或也有水波纹。

---

① 彭适凡：《中国南方古代印纹陶》，文物出版社 1987 年版。

② 陈文华：《几何纹陶与古越族的图腾崇拜》，载《考古与文物》1981 年第 2 期。

③ 何廷瑞：《台湾土著诸族文身习俗之研究》，载《台湾大学考古人类学刊》第 15、16 期合刊，1960 年 11 月出版；［德］格罗塞：《艺术的起源》，商务印书馆 1937 年版。

④ 如《汉书·严助传》等的记载。

⑤ 广州市文物管理委员会等编：《广州汉墓》（上），文物出版社 1981 年版，第 148 页。

二、 铜器装饰图案

铜器作为秦汉之际的礼仪重器，其装饰风格是当时社会上层文化的真实体现。南越国的铜器花纹总的来说呈现出一种汉、越、楚诸文化因素并存的风貌，且纹饰的精美和繁缛居各类器物之首。这时的铜器纹饰图案可分为铸印和彩绘两种，构图也多采用上述之环带组合及主地纹相衬的纹饰布局。纹饰中既有谷纹、瓣叶纹、摺带纹、八角星纹、涡纹等代表百越传统文化的几何形图案，又有饕餮纹、山字纹、龙纹、勾连雷纹、蟠虺纹、卷云纹等中原汉文化的因素。并且这时南越的铜器还多见以雕铸手法制成的各种动物与人物形象，姿态十分逼真动人。

南越铜器的铸印纹饰中除一般简单的纹饰构图外，在铜鼓、提筒等大中型器物上还出现了一些构图较为复杂的写实性图案。这种图案一般主次分明，在主要的写实图案周围多装饰有其他较简单的纹饰带，以起衬托或揭示主题的作用。其内容以反映巫祝祭祀场面的居多，这是越人巫祝文化盛行的反映。如广州南越王墓东耳室中出土的 B59 号铜提筒，近口沿及近器底处均有三组以勾连菱形纹为主，上下缀以弦纹、点纹和锯齿纹的辅助纹饰带，在器腹中部即以占全器近三分之一的篇幅向人们清楚地展示了一幅古南越国杀俘祭河（海）神或水战庆功图。作者在这里仅仅想向人们说明他生活中遇到的一个场景，虽说画面的主题是祀神，但人们看到的却是现实生活中的芸芸众生。这也是南越这类图案的一个显著特点。如广西罗泊湾一号汉墓中带有浓重滇文化色彩的 M1：10 号铜鼓与广西西林普驮铜鼓上的翔鹭舞与羽人划船图案，越南出土铜鼓上的芦笙舞、羽人舞图案等，莫不带有这个特点。这些图案多方面地反映了当时南越的社会生活。不仅如此，从中还可看出，此时岭南的美术水平显然是属于成熟期了。各种画图上不仅人、动物的比例比较准确；而且作者对各种姿态的掌握也比较熟悉，对整个画面的布局也已开始注意，等等。这些都使南越的写实性图案流露出一种清新的自然主义风格。

南越铜器图案装饰的另一个特点是采用了漆绘的美术工艺。采用这种工艺的铜器大约在当时价值不菲，因此目前只见于广州南越王墓中所出的三件楚式铜镜及广西罗泊湾一号墓的越式竹筒形器、铜壶和铜盘上。这种彩绘除绘卷云纹、花瓣纹、波浪纹等外，主要是用于绘制如人与兽搏斗、神怪、云雾中出没的神仙等属于汉文化的神怪、典故之类的叙事性主题图案。这类图案勾勒人物造型、衣纹等的笔法也多与长沙马王堆汉墓帛画等中原的绘画作品相似。这反映出当时岭南的画工受汉文化影响是很大的，或许其中一部分人本身就是来自中原地区。西汉是我国神仙思想、儒家思想发展的重要阶段，统治阶级除了自己信奉，还通过各种通俗的形式如叙述故事等来进行宣扬。这也决定了南越的这类图案带有很强叙事性的特点。南越王墓中出土的 C145 - 73 号绘画镜就绘有二人持剑相斗，旁有几组人"袖手旁观"的情景。罗泊湾一号墓的漆绘铜盘更以四组连续的画面描述了两人持械争斗、人兽搏斗、坠马的骑士、接受部下参拜的主人等情节，颇似今天的连环画。虽然这些画面所讲述的故事我们尚无法知晓，但这些由白色、青绿色等颜料所绘成画面中表现出的种种生动技艺，却不得不令人叹为观止。

此外，在南越的铜镜、戟等器物上还见有用错金银，镶嵌红铜、绿松石等手法构成的乳钉、花瓣纹及几何图形等图案。

三、 玉器装饰图案

南越玉器的纹饰和图案多与铜、陶器近似，采用几何纹饰及汉式诸纹，今见有谷纹、涡纹、蒲纹（主见于玉璧）、龙纹、凤纹、兽面纹、鹦鹉纹、云纹、勾连雷纹、柿蒂形纹、弦纹、绞索纹、鳞纹等。但此时南越玉器的总体造型则大多是以线刻、浅浮雕、高浮雕、镂空、圆雕、双面透雕等雕刻工艺制作的各种人物与动物的立体造型，并多与金属、漆工、钿工结合，以错金嵌玉诸手法组成装饰纹样。

四、 金银器纹饰

多用锤鍱、焊接工艺构成整体造型。南越王墓出土的金花泡钉以点焊法制成绞丝形纹和重叠的小金珠，工艺精细，反映了金钿工的高水平。

五、 象牙器的装饰图案

南越王墓出土的一件圆柱形金钿象牙卮，杯盖表面刻四叶花形和雁纹，里面以单线刻划凤鸟一只，杯身刻似豹的四只神兽，兽身用针尖分段刺出密密麻麻的小点，再以红、蓝二色分别染出，从而形成红蓝相间的色带。作品通过双线勾刻兽身和锥刺纹染色的手法把弓腰张口的神兽表现得立体感十分强烈。这件牙雕笔意生动，是目前国内首次发现的汉代针刻填色画作品。

六、 漆器装饰图案

南越漆器大多表里髹漆，一般外表髹黑漆，内里髹红漆；然后再在黑地上施彩绘（多为漆绘），采用的颜色多以红、白为主，也有绿、墨绿、褐、黄、金色等。装饰花纹主要有三种，一为几何云纹、方连纹、B型纹等几何纹，是传统的象征性图案；二为云纹、凤纹、卷云纹等龙凤、云气、花草纹类，是秦汉以来流行的吉祥图案；第三种是目前仅见于南越中心地区，即广州一带的特有写生动物类图案，如鱼纹、龟纹、蝉纹、犀牛纹等。总的来说，南越的漆器彩绘与底色对比比较强烈。如广州汉墓 M1048 号中出土的 17 件漆盒，"盘面外圈髹朱漆，盘心黑漆为地，以金色涂绘四组凤形纹，或鱼形纹，再以朱漆勾勒"。整个器形金光夺目，华丽非常。这种漆器上施用金色的做法，也少见于其他地区。[①]

七、 丝织品花纹

南越国的丝织品目前主要见于广州南越王墓中，计有绢、纱、绮、锦、罗、麻、手工编织物等几大类。丝织品的颜色大致有深褐、棕褐、黄、棕黄、赭黄、黑、棕灰、红、浅绛紫等数种。根据研究，这时南越国丝织品的纹饰一般是采用印染、刺绣和绘画三种方法构成的。如南越王墓的绣绢上就有用朱、黑二色丝线绣出的类似长沙马王堆"乘云绣"的卷云图案及似"信期绣"的花纹；绣"纱"的表面还见有黑丝线挑绣出的叶脉状的植物图案；出土的罗更是用肉眼即可分出它的罗纹、朱红的地纹和菱形状的主花纹。[②] 过去，曾有人用"双色锦、朱红绫"来称赞南越纺织业的成就。[③] 事实的确如此。南越国的印花技术更是颇值称道的。在南越王墓西耳室叠置丝绢的附近曾发现两件青铜铸造的印花凸版，二版分别雕成凸起呈小树状分布的火焰纹和云纹，纹饰正好与同出的那件地罗呈黑色、表面印有朱色小圆点和白色线条状的印花纱是一致的。其图案总体上似呈云气纹状，与长沙马王堆一号墓所出的金银印花纱图案相似。虽然该印花纹的小圆点纹未见印版，对此曾有人分析或者该版未放入墓中，或者这些红色小圆点本身就是用手绘上去的，[④] 但这都不影响我们对南越彩色套印织物技术的肯定。这两件印花凸版也是我国目前所见最早的彩色套印工具。

另外，在南越王墓的绣品绣线下面，我们还发现了南越工匠起草纹样的墨线痕迹。

综上所述，目前所见南越丝织品的花纹大致是有云气纹类和几何纹类两类，风格皆与中原近似，这同样说明了其受中原文化影响之深。但是我们也注意到，同期中原丝织品上常见的如鸟兽纹类、文字图案类及人物骑猎纹类等装饰花纹尚不见于南越地区。

这里特别需要提出的是，南越还存在着专门供欣赏的帛画艺术品。这件作品出土于南越王墓放置物品的西耳室，可惜因保存环境不好而朽烂了，只剩下三小

---

① 黄展岳、麦英豪：《南越国的考古发现和研究》，见《西汉南越王墓》，文物出版社 1991 年版。
② 王㐤、吕烈丹：《象岗南越王墓出土丝织品鉴定报告》，见《西汉南越王墓》，文物出版社 1991 年版。
③ 吕烈丹：《南越王墓与南越王国》，广州文化出版社 1990 年版。
④ 王㐤、吕烈丹：《象岗南越王墓出土丝织品鉴定报告》，见《西汉南越王墓》，文物出版社 1991 年版。

块残片。通过对残片的研究可以看出，当时是先在绢面上打上黑灰及黄白色的两层腻子，在腻子表面又涂上粉，然后再用红、黑、白三种颜色绘画的。遗憾的是画面已经全朽，只能看到一些黑色的直线、点块，红色的点块等。

八、壁画艺术

壁画发现于广州象岗南越王墓前室的四壁、室顶及南北两道石门上，是用红、黑两种颜料勾勒的大型卷云图案，图案布满全室。壁画的作者在这里显示了他在构图、运笔用线方面的高度技巧，整个壁画线条流畅，舒卷自如，构图均匀又有变化，风格华丽而没有单调或呆滞感。这幅壁画的发现使象岗南越王墓成为我国最早的绘画石室墓之一。在前室的顶门石及西耳室的入口处，我们还发现了两套石砚和研石，同出的还有一斤多的墨丸，砚上还留有朱、黑二色的墨痕，与黑中微微泛红的小墨丸颜色一致，这说明象岗壁画正是用这套石砚研墨绘制的。典型中原风格的象岗壁画再次证明了以研墨为颜料的中国传统绘画艺术的悠久。

九、岩画艺术

南越的岩画艺术品主要发现于广西明江和左江流域的凭祥、大新、宁明、龙川、崇左、扶绥几县境内，地点达 70 多处，其中以宁明县耀达花山和龙川县棉江花山的岩画规模最大，图像最多，场面最为壮观。宁明花山的各种图像达 1900 多个。全部的岩画均为用赭红色的赤铁矿粉在高崖绝壁上涂绘而成，岩画线条简约，作风粗犷，大多表现了古代骆越部族在形象高大的首领或大祭司的率领下，进行祭铜鼓、祀河、祀鬼神、祈田（地）神、祈求战争胜利等各种祭祀舞蹈的场景[①]。

属于古越人的岩画还有近年发现于珠海高栏岛宝镜湾的石刻岩画。这些岩画的年代可能稍早，内容多是表现古代越民居于海边，观察到的海中落日景象及祀海图案等，石刻岩画的图案同样也比较原始和抽象[②]。

由上面的叙述不难看出，南越国时期的器物纹饰图案艺术覆盖面广，表现形式和采用的工艺多种多样，所涉及的内容和体裁更已兼括了象征性、纪实性、叙事性、实用性的特征。在南越这块古老的土地上，越文化的美学也好，楚人的图案也好，最后都融入了中原汉文化这个大海，一起从不同的角度补充、完善和发展着东方传统的图案艺术，即以简练、生动的笔法重在捕捉事物神韵的抽象或表

---

①　广西壮族自治区文化厅文物社、广西壮族自治区博物馆：《广西左江岩画》，文物出版社 1988 年版。

②　珠海市博物馆等编：《珠海考古发现与研究》，广东人民出版社 1991 年版。

意艺术。这个时期，在南越社会的各个阶层、各个地区和各个部落，不论是精致婉约如漆绘铜器汉式图案的飞扬，还是粗犷到甚至连如何表现人骑于马上这个动作都未能掌握的骆越岩画的朴拙，其总体构图莫不带有独特的神韵，从而共同造就了南越美术繁荣的局面。

第十一章 南越的风俗习惯

　　风俗是一个民族或一个社会群体在特定范围内因自然条件和生产、生活方式的不同而长期形成的不同的风尚和习俗，是人类文化生活的重要组成部分。风俗习惯对民族的发展和进步有着重要的影响，同时它又反映出民族的文化水平、生产力水平和宗教信仰等。

　　岭南各族是我国南方百越族的组成部分，地处岭南边陲，其风俗与中原地区殊异。先秦时期，中原人对南方的认识，只限于江浙一带的吴越，他们很难来岭南，所以对岭南的认识也是很贫乏的。《隋书·地理志》载："自岭以南，二十余郡，大率土地下湿，皆多瘴疠……其人性并轻悍……其俚人质直尚信，诸蛮则勇敢自立，皆重贿轻死，唯富为雄，巢居崖处，尽力农事，刻木为符契，言誓至死不改。父子别业，父贫乃有质身于子，诸僚皆然，并铸铜为大鼓。"几乎把岭南视为荒芜之地。"刻木为符""巢居崖处"，仍处于原始社会之中。不可否认，隋唐时期岭南一些边远地区还很落后，但大部地区不会如此。一些中原人对南越风俗不甚理解，或穿凿附会，或夸大其辞，不足为凭。下文据史籍、民族调查和考古材料，叙述南越风俗。

第一节　生活习俗

一、迷信鸡卜

　　迷信是古代人类对许多大自然的现象无法解释，在大自然面前无能为力而产生的相信鬼神、命运、风水、卜筮、星占的一种愚昧无知的思想。地处中原的汉人自己也相信鬼神，而被中原人称为"南蛮之地"的岭南，"俗信巫鬼"更甚，一些迷信风俗亦有异于中原。"鸡卜"就是越族流行的一种迷信活动。

　　《史记》载："是时既灭两越……乃令越巫立越祝祠，安台无坛，亦祠天神上帝百鬼，而以鸡卜。上信之，越祠鸡卜始用。"[①] 可以看到，南越国灭亡后，汉武帝竟在长安立了一个越祝祠，请越巫在京师搞"鸡卜"来定凶吉。占卜起源很早，商周时期中原就非常流行用龟甲牛骨等占卜。越族的鸡卜怎样卜凶吉呢？

---

① 《史记·封禅书》。

一种说法是"用鸡一，狗一，生，祝愿讫，即杀鸡狗煮熟，又祭，独取鸡两眼，骨上自有孔裂，似人物形则吉，不足则凶"。根据宋代范成大《桂海虞衡志》记载："鸡卜，南人占法，以雄鸡雏，执其两足，焚香祷所占。扑鸡杀之，拔两肱骨洗净，线束之，以竹筳插束处，使两骨相背于筳端，执竹长祝……各随窍之自然以定吉凶。法有十余变，大抵直而正，或近骨者多吉，曲而斜或远骨者多凶。"20世纪40年代海南岛黎族地区仍保留有"鸡卜"，其过程为杀鸡之后，取去掉头毛的鸡头骨，在火上烤，根据鸡骨受热以后开裂的形状来判断所卜的事情的吉凶。越族古代的鸡卜，用的是鸡骨，而唐宋以后，岭南又流行"鸡卵卜"或称"蛋卜"，以鸡卵煮熟后黄白的厚薄分布来定吉凶，或将熟卵投地，看破与不破及裂缝形状等定凶吉。

在广州象岗南越王墓中，还发现有龟甲片，置于主棺室的头箱内东侧，原盛在一漆盒中，龟甲板里面磨平，厚0.1～0.15厘米，磨面用朱色分划出垂直线纹，行距0.7厘米，其中有数片在两条垂直的朱线中间钻孔，孔形分长方圆角形和卵圆形两种①。可以肯定这是南越王用来占卜的甲片，南越王本身是汉人，中原商周卜骨的遗风亦由他们带到了岭南。可知汉代岭南亦存在着龟甲占卜。

二、剪发文身

在许多史籍中，都有百越民族"文身断发"的记载。

《史记·越世家》："夫剪发文身，错臂右衽，瓯越之民也。"

《汉书·严助传》："越方外之地，断发文身之民也。"

《汉书·地理志》："今之苍梧、郁林、合浦、交趾、九真、南海、日南，皆粤分也……文身断发，以避蛟龙之害。"

《淮南子·原道训》："九疑之南，陆事寡而水事众，于是民人被发文身以像鳞虫。"

剪发，又作"断发"，意思是剪断头发。《左传·哀公七年》载，仲雍在吴，"断发文身，裸以为饰"。看来，吴越之民，裸以为饰，但由此理解为越民全部断发裸头却又不尽然。越民的发式除断发外，还有椎髻与被发两种。《史记》《汉书》都记载，赵佗曾椎髻箕倨见汉朝派来的使者陆贾，而陆贾认为赵佗本为汉人，却反天性，弃冠带②。椎髻就是将发束起成椎髻状，实际上是赵佗久居南越地，发式亦顺应了当地的习俗。根据蒙文通先生考证，椎髻不独为南越之俗，西瓯、夜郎以及其他西南夷等均有此俗③。被发，是另一种发式，《淮南子》高诱

① 广州市文物管理委员会等编：《西汉南越王墓》（上）第六章，文物出版社1991年版。

② 《史记·陆贾列传》。

③ 蒙文通：《越史丛考》，人民出版社1983年版。

注："被，剪也。"把被发和剪发混为一体。其实，被发和剪发虽一字之差，意义迥殊。被发是指长发，断发则为短发。《交广春秋》云："朱崖、儋耳二郡……被发雕身，而女多皎好白晰，长发美鬓。"《太平御览》卷三七三引《林邑记》云："朱崖人多长发，汉时郡守贪残，缚妇人割头取发，由是叛乱，不复宾服。"可见，被发为长发，与断发同为越人之发式。汉人认为身体发肤受之父母不敢毁伤，所以过去男女都留长发终身不剪，发盘在头上，再戴上帽子、头巾之类。而越民却剪发，有时剪得很短，有时又留长一些，披至肩上，汉人因此以为奇。

在身上刻刺花纹，并涂上颜色，在皮肤上留下永久的标志称为文身。《淮南子·泰族训》："刻肌肤，镶皮革，被创流血，至难也，然越人为之，以求荣也。"越人把这种血淋淋的文身视为一种荣誉。近代海南黎族和台湾高山族等还保留有文身的习俗。对这种习俗，有种种解说，如美饰说、尊荣说、巫术说等，还有一种是图腾说，"作为图腾制度表现形式之一的文身，尽管在其发展中，因民族和地域的不同，而有着不同的形态，但其之初的根本目的，却大都出于共同的图腾共体化的考虑"[1]。而《汉书·地理志》载："文身断发，以避蛟龙之害。"据说，蛟龙不会伤害被发文身的人，因为这些人身上带彩，在水中游动似龙子。屈大均说："南海龙之都会，古时入水采贝者皆绣身面为龙子，使龙以为己类，不吞噬。"[2] 近年，还有学者考证："古吴越民族的'文身'，就是标志型成人礼的遗存！""文身礼，乃是（吴越）曾有过普遍流行和特殊意义的成人礼。"[3] 由此分析，文身是中国古代越族一种多功能的文化习俗，它包含了部落标志、图腾崇拜和成人礼等，是带有神秘色彩的古老越族的习俗。

三、 善舟习水

南越濒临南海，有较长的海岸线，境内河网交织，水道纵横，越人熟习水性，善于用舟。《淮南子·原道训》载："九疑之南，陆事寡而水事众，于是民……短袂攘卷，以便刺舟。"《越绝书》云，越人"水行而山处"。由于南越族位居河湖海畔，这里的捕捞业一直较为发达。两广地区的沿海、沿江附近，发现不少新石器时期贝丘、沙丘遗址，出土不少海中软体动物的贝壳和用于渔猎的工具。在曾经的广州中山四路广州文化局大院，发现一座规模宏大的秦汉造船工场遗址[4]，发现并排三个船台，推断可以造出载重 50～60 吨的木船。另外，广州

---

① 徐一青、张鹤仙：《信念的活史：文身世界》，四川人民出版社 1988 年版，第 21－22 页。

② 〔清〕屈大均：《广东新语·鳞语》。

③ 陈华文：《吴越文身习俗研究——兼论文身本质》，见《中国民间文化》第 7 集，学林出版社 1992 年版。

④ 广州市文物管理处等：《广州秦汉造船工场遗址试掘》，载《文物》1977 年第 4 期。

汉墓中出土 10 余只陶船和木船，有货船、渡船、楼船等，是全国汉墓中出土船模最多的地区。广州先烈路三号汉墓出土的陶船，① 还有舵、锚等设备。这些考古资料反映南越在秦汉时期造船技术已有较高水平。史书记载，汉武帝平南越前，大修昆明池，修建楼船，训练水军，还起用熟知水战的越人为水军将领。这也反映越人善舟习水的风俗。

四、 龙舟竞渡

竞渡之俗，许多人认为是起于吊念屈原，即端午竞渡。其实，竞渡之俗原是南方古代越族的传统习俗之一。它"起于越王勾践"，唐代亦有学者指出，竞渡"救屈原以为俗，因勾践以成风"②。南越族由于经常用舟，往往在龙舟的首尾，刻画上龙、凫等动物形象作为本族的图腾或保护神。将舟画上龙首龙尾，这和越人文身以像龙子的意义是相同的，都是为了求得海神的保护。至于竞渡的时间，也不一定拘泥于端午节举行。《旧唐书·杜亚传》载："江南风俗，春中有竞渡之戏。"而广东在宋代亦有在元宵节举行龙舟竞渡的遗风。闻一多先生在《端午节的历史教育》一文中，对龙舟竞渡有颇有见地的考证，认为，端午节是断发文身的越族人民，为祈求生命得到安全保障举行图腾祭的节日，而龙舟竞渡便是这种祭仪中的娱乐节目。③ 近年来，有学者指出，在岭南地区发现的铜鼓有的铸有船纹，分单体船和两体船。船纹一般铸在铜鼓的胴部，有船四至六只，首尾高翘，船上刻画有纹饰，船上人物多寡不一，头戴羽冠，有的在奋力划桨，有的似在指挥，动作整齐，将生动活泼的越族龙舟竞渡习俗凝固在汉代铜鼓上④。

五、 干栏巢居

古代干栏建筑盛行于我国江南、岭南及西南的水乡和山区丘陵地带。晋代张华的《博物志》载："南越巢居，北朔穴居，避寒暑也。"巢居是南越先民为适应岭南森林稠密、高温多雨、瘴气较多、地下还有毒蛇猛兽等而发明的居所，就是将住所营建在树上。这种巢居住人有限，又极受树木等条件限制，于是，越族先民又发明了"干栏"建筑。干栏建筑是下面用多根柱子作支撑，房子建在柱子上，人栖其上，下面围栏拦起可养六畜等。广州汉墓中出土许多干栏建筑模型可资为证。

---

① 参见广州市文物管理委员会等编《广州汉墓》（上），文物出版社 1981 年版，第 426－429 页。
② 〔唐〕韩鄂：《岁华纪丽》第二卷"端午"条。
③ 参见闻一多《闻一多诗文选集》，人民文学出版社 1955 年版。
④ 蒋廷瑜：《铜鼓船纹与龙舟竞渡》，载《广西日报》1980 年 6 月 20 日。

六、 凿齿之俗

凿牙又称拔牙。百越民族很早就有拔牙习俗。凿牙即越族青年男女出于传统信念将健康的门齿或犬齿人为地拔除。《管子》说吴人及干战有"摘（拔）其齿"的习俗。《太平寰宇记》载，广西贵县"有俚人，皆为乌浒……女既嫁，便缺去前齿"。同书谓钦州"僚人椎髻凿齿"，邕州（今南宁）"悉是雕题凿齿，画面人身"①。明田汝成《行边纪闻》载仡佬僚"父母死，则子妇各折其二齿投入棺中，云以赠永诀也"。凿齿之俗，与成年、婚姻有一定关系。考古发现证明，新石器时代晚期，岭南地区就已流行凿齿风俗。在广东增城金兰寺、佛山河宕和马坝石峡等遗址中，一共发现 24 例遗骨有凿齿的现象，说明凿齿之风起源很早，据韩康信、潘其风同志研究及统计，"不管时代早晚，普遍流行的是拔除一对上颌侧门齿，这种形态占全部明确拔牙形态的大约 92.8%"②，广东新石器时代遗址中发现拔牙的实例也基本如此。另外，越人中还有一种漆牙的习俗，称为"黑齿"。

七、 食蛇鼠蛤

由于岭南地区近海和多河湖，渔捞经济特别发达，南越族人很早就喜欢吃鱼类及江河湖海的各种蚌蛤蚶螺等贝类，同时，还把蛇、禾虫、鼠类等视为美食。历史上许多初来岭南的中原人对此习深感惊奇，认为不可思议，《淮南子·精神训》载："越人得髯蛇以为上肴，中国得而弃之，无用。"晋代张华《博物志·五方人民》记载，"东南之人食水产"，"食水产者，龟、蚌、蛤、螺以为珍味，不觉其腥臊也"。桓宽《盐铁论》云："盖越人美蛤蚌而简大牢。"张鷟《朝野金载》卷二云："岭南僚民，好为蜜唧，即鼠胎未瞬，通身赤蠕者，饲之以蜜，钉之筵上，嗫嗫而行，以箸挟取啖之，唧唧作声，故曰蜜唧。"李昉《太平广记》卷四百八十三引《南楚新闻》说："百越人好食虾蟆，凡有筵会，斯为上味，先于釜中置水，次下小竿烹之，候汤沸如鱼眼，即下其蛙，乃一一捧竿而熟。"这些史书记载都反映出古代越族喜欢吃蛤虫鼠蛇。虫鼠一类并非古代越人个个喜欢，而海河所产的蛤、蚶、蚌等软体动物，则是南越国时期上至王公贵族下至平民均喜爱的食物。在更早的新石器时代岭南地区遗址中，有不少是"贝丘遗址"，其文化堆积层，大量发现被食后遗弃的各种各类的贝壳，这是南越先民喜食蚌蛤的证据。在南越国的墓中，出土有不少鱼骨、龟足、笠藤壶、青蚶、楔形斧蛤

---

① 〔宋〕乐史：《太平寰宇记》第 166、167 页。

② 韩康信、潘其风：《我国拔牙风俗的源流及其意义》，载《考古》1981 年第 1 期。

等。南越王墓发现的水产品更多，除上所述外，还有虾、龟鳖、笋光螺、耳状耳螺、河蚬及各种鱼类遗骨等[1]。这些海鲜食物从新石器时期一直延至今天，仍被广东人视为佳肴。

八、 厌胜解灾

南越有一种风俗，即流行用祭祀卜筮等迷信方法来治病及解灾。《朝野佥载》卷五记载：“岭南风俗，家有人病，先杀鸡鹅等以祀之，将为修福，若不差即次杀猪狗以祈之，不差，即次杀太牢以祷之，更不差，即是命，不复更祈。”而唐代沈既济《雷民传》中记载，雷州人治病之俗：“人或有疾，即扫虚室，设酒食，鼓吹幡盖，迎雷于数十里外，既归，屠牛彘以祭。”《汉书·郊祀志》中还有一段十分有趣的记载，汉元鼎二年（前 115）春，汉武帝为求长生，在京师建一座“柏梁台”，上置铜人托承露盘以承露水，供汉武帝饮用。到了太初元年（前 104）十一月，柏梁台火灾，一位将鸡卜引进京师并受汉武帝重用的越巫名叫勇之的人说：“‘粤俗有火灾，复起屋，必以大，用胜服之。’于是作建章宫，度为千门万户，前殿度高未央，其东则凤阙，高二十余丈。其西则商中，数十里虎圈。”汉武帝接受了越巫勇之的建议，烧了柏梁台后，建了一个更加高大的建章宫来胜服火灾。

九、 喜嚼槟榔

南越产槟榔，当地人喜欢咀嚼之。唐代刘恂《岭表录异》记载：“槟榔，交广生者，非舶槟榔，皆大腹子也，彼中悉呼为槟榔。交趾豪士皆家园植之，其树叶根干与桄榔、椰子小异也。安南人自嫩及老，采实啖之，以不娄藤兼之瓦屋子灰，竞咀嚼之。自云交州地温，不食此无以祛其瘴疠。广州亦啖槟榔，然不甚于安南也。”粤人将槟榔视为送礼佳果，宴请客人必先进槟榔。槟榔有各种各类，实未熟者称“槟榔青”；熟者称“槟榔肉”，亦称“玉子”；熟而干焦连壳者称“枣子槟榔”；用盐渍者称“槟榔咸”；日暴既干，心小如香附者称“干槟榔”[2]。屈大均对食槟榔有十分精彩的描述：“当食时，咸者直削成瓣，干者横剪为线，包以扶榴，结为方胜。或如芙蕖之并蒂，或效蛱蝶之交翾，内置乌爹泥石灰或古贲粉，盛之巾盘，出于怀袖，以相酬献。入口则甘浆洋溢，香气熏蒸，在寒而暖，方醉而醒。既红潮以晕颊，亦珠汗而微滋，真可以洗炎天之烟瘴，除远道之

---

[1] 王将克等：《广州象岗南越王墓出土动物遗骸的鉴定》，见《西汉南越王墓》（上），文物出版社 1991 年版，第 463－472 页。

[2] 〔清〕屈大均：《广东新语·木语》。

渴饥，虽有朱樱、紫梨，皆无以尚之矣。"① 今海南黎族，还有喜嚼槟榔的习俗。过去还将槟榔陈于二伏波将军祠之前以为敬。

十、 贵重铜鼓

在岭南的风俗中，铜鼓是一种特殊的器物，象征着权力与庄严，与中原贵重鼎、视鼎为国家象征相类。有关铜鼓的记载在地方史籍中相当普遍。两广地区陆陆续续出土不少铜鼓，经过对史料和出土铜鼓的整理，我们大概可以了解越人使用铜鼓的一些情况。

《汉唐地理书钞》辑晋代裴渊《广州记》载："俚僚铸铜为鼓。鼓唯高大为贵，面阔丈余，初成，县于庭，剋晨置酒，招致同类，来者盈门。豪富子女以金银为大钗，执以叩鼓，叩竟，留遗主人，名为铜鼓钗。风俗好杀，多构仇怨，欲相攻击，鸣此禁鼓，众到者如云。有是鼓者极为豪雄。"可见铜鼓象征权力，是发号施令的重器，打仗时敲击铜鼓来召集部众，鼓声是信号，也是命令，闻鼓而动。在战争中，夺取对方的铜鼓，就等于夺了敌方的指挥权和旗帜。对某些部落头人来说，失去了铜鼓就意味着统治地位的丧失。

铜鼓用于饮宴作乐，是为乐器。《旧唐书·南蛮传》说："东谢蛮……有功者以牛马铜鼓赏之，宴聚则击铜鼓，吹大角，歌舞以为乐。"许多古文献也把铜鼓归于"蛮夷乐器"类。明代魏濬《西事珥》说："夷俗最尚铜鼓，时时击之以为乐。"屈大均《广东新语》云："粤之俗，凡遇嘉礼，必用铜鼓而节乐。"因此，铜鼓也是古代越族一种极为普遍的传统乐器。

铜鼓还作为珍贵的物品被赏赐给有功者。同时，越族还把铜鼓作为贡品进献给中央王朝，以表示臣服和忠顺。

铜鼓的用途是很广泛的。它由一般的乐器演化为南方民族首领的权力重器和财富象征，又进一步演变成被人虔诚礼拜的神器，还用于祭祀等。它在越族当中有着极为重要的地位，并蒙上一层神秘的色彩。

十一、 猎首风俗

不少古籍记载，南方越人有猎首风俗。《礼记》谓南方曰蛮，亦曰雕题。雕题就是文首的一种。其实，猎头是不少原始部落所拥有的一种习俗。早在良渚文化时期的墓葬中，就发现有人头随葬的现象。在两广地区发现的古代铜鼓和铜提筒上的纹饰中，也发现有杀俘猎头的图案。如广州南越王墓东耳室出土的一件铜

---

① 〔清〕屈大均：《广东新语·木语》。

提筒,外壁有四组船纹,每艘船的船头都倒悬着一具首级,船中间有一戴长羽冠的武士,右手执短剑,左手正按着一个被缚住双手的俘虏,作斩刺状,船后部高台上站一指挥者,左手执钺,右手倒提一个首级。[1] 这幅船纹图生动地描写了古代南越人在战争中获得不少俘虏,并正将其猎首献祭的场面。猎首往往与原始宗教的祭祀礼仪密切相连。隋唐以来,百越民族的后裔的猎首活动仍见诸文献记载,《太平御览》载钦州僚人,"得一人头,即得多妇"。《太平寰宇记》"儋州风俗"条说黎人"杀行人取齿牙,贯之于项,以炫骁勇"。这种猎头风俗一直延至近代。

南越族的风俗习惯和汉族迥异之处还有不少。岭南地区自古就盛产多种香料,因而越族上层有焚香之俗。在南越国墓中,曾出土不少熏炉,熏炉形如豆,器盖镂孔,是一种专用于燃熏香料木的室内生活用品,熏炉有陶制和铜制的,做工都很精致,出土时,炉腹内常有灰烬或炭粒状香残存。古代南越多潮湿和瘴气,熏香,可除湿气并给房间带来清香。一些香料还兼有药用,驱湿去毒,并避蚊虫,深为越人所喜爱。越人还有蛇、龙、鸟等图腾崇拜。此外,越人还有生食之习俗,即嗜食鱼生等。

第二节　丧葬习俗

中国古代先民们认为灵魂不灭,死不过是向另一个世界即阴间过渡,因此丧葬成为古人生活中的要事。"入土为安"的土葬是中国古代社会最为流行的埋葬方式。用葬具装殓死者,然后埋入土中的土葬法,可以上溯到新石器时代,再早以前是将死者直接放进土中埋葬。

丧葬习俗是过去南越国史研究中讨论较少的题目。由于南越国留下的史料十分缺乏丧葬习俗方面的材料,史书中只有赵佗死后,留下一个极为神秘的陵墓的点滴记载,这就对研究南越国的丧葬习俗增加了不少难度。40多年来,现代田野考古发掘工作在岭南地区迅速发展,许多南越国时期的墓葬被发掘出来。20世纪50年代至60年代,在南越国的都城番禺(今广州市)发掘了182座南越国墓葬。[2] 70年代又在广州淘金坑发掘了22座墓,[3] 80年代在广州柳园岗发掘了43座墓,[4] 1983年在广州凤凰岗发掘了一座大型木椁墓。另外,广州东山等地还

①　广州市文物管理委员会等编:《西汉南越王墓》(上),文物出版社1991年版,第50页。

②　见广州市文物管理委员会等编《广州汉墓》(上),文物出版社1981年版。

③　广州市文物管理处:《广州淘金坑的西汉墓》,载《考古学报》1974年第1期。

④　黄淼章:《广州瑶台柳园岗西汉墓群发掘纪要》,见《穗港汉墓出土文物》,香港中文大学文物馆,1983年。

陆陆续续发现一批南越国墓葬，在肇庆松山发掘南越大墓 1 座，[①] 在韶关乐昌县亦发掘一批南越国墓。在广西方面，有 1974 年发掘的平乐银山岭南越西瓯戍卒墓 123 座，[②] 贵县罗泊湾一、二号墓，[③] 贺县河东高寨、金钟等地南越墓 6 座。[④] 此外，广东的曲江、南海，广西的梧州、柳州等地，亦有零星南越国墓发现。最为重要的是，1983 年在广州发现的第二代南越王赵眜的陵墓，[⑤] 出土文物之精和数量之多，为两广汉墓之最，为研究南越国历史提供了极为丰富的第一手资料，对探索南越国的丧葬习俗，亦提供了宝贵的资料。

广州地区已正式发掘的南越国时期墓葬约 250 座，是南越国墓葬发掘最多的地区。当时，广州（即番禺）是南越国的都城，聚集的人口最多，市区东、西、北郊一带的山冈是附廓之野，南越国墓葬多集中在这里。至今广州地区还未发现土著越人的专门墓地，汉人和越人同葬在一起。赵佗实行的“汉越杂处”的政策，亦反映在丧葬制度上，南越国统治者尊重越人的习俗，在丧葬上实行了有利于民族团结和文化融合的政策。在不少南越国时期墓葬中，其随葬品既有汉文化的器物，又有典型的越式器物，反映汉越文化的融合。而在广西平乐银山岭，发现了一批土著越人的墓葬，都是竖穴土坑墓，无墓道，无坟丘，多数墓底约当棺位中部设一腰坑。墓主可能是南越国派去戍边的土著南越人。

从目前考古发现的材料看，南越国的墓葬葬式都是采用仰身直肢一次葬，即人死后，用棺椁装殓，直接埋入土中，死者仰面朝天，四肢平放。这是中国古代最为流行的葬式。汉越民族在葬式上是相同的。迄今为止，还未发现有南越墓葬用二次葬或屈肢葬。另外，南越国墓葬还有如下特点，墓多分布在当时郡县所在城市的郊区（戍边者墓地除外），大墓、中小墓分区，各在山冈埋葬。中小墓数十座围在一冈上，成为一个墓群。大墓往往独占一个山冈。总体来看，南越国墓葬是“聚族而居，合族而葬”。由于当时的人们相信人死后灵魂不灭，在阴间另一个世界继续生活，越人重视丧葬，“事死如事生”，因此，厚葬亦成为南越国中上层人士丧葬习俗中一个显著的特色。综观南越国时期的墓葬，可分为四种类型：竖穴土坑墓、竖穴木椁墓、带墓道的竖穴分室木椁墓和石室墓。

---

① 《广东肇庆市北岭松山古墓发掘简报》，载《文物》1974 年第 11 期。

② 《平乐银山岭战国墓》，载《考古学报》1978 年第 2 期；《平乐银山岭汉墓》，载《考古学报》1978 年第 4 期。原报告定 110 座战国墓，经专家最近研究认为是南越墓，详见《论两广出土的先秦青铜器》，汉墓 45 座，其中南越国墓 13 座。

③ 广西壮族自治区博物馆：《广西贵县罗泊湾汉墓》，文物出版社 1988 年版。

④ 《广西贺县河东高寨西汉墓》，见《文物资料丛刊（4）》，文物出版社 1981 年版；又《广西贺县金钟一号汉墓》，载《考古》1986 年第 3 期。

⑤ 广州市文物管理委员会等编：《西汉南越王墓》（上、下），文物出版社 1991 年版。

一、竖穴土坑墓

土坑墓是南越国时期的一种葬俗。这种葬俗的起源很早，在广东马坝石峡遗址中，就发现有这一类的墓葬。死者被掩埋于长方形的土坑中，[①] 墓坑比较规整，墓坑壁经火烤焙过。广东佛山河宕遗址也有这一类的墓葬。到了南越国时期，这一类墓葬十分普遍。

竖穴土坑墓一般规模较小，无墓道，无坟丘。四壁较平整，填土用原坑土回填，长宽比例约为2∶1。随葬品少，器型有罐、壶、鼎、盆、釜、三足盒、瓿等。墓葬出土时，人骨、葬具等都已腐朽，从部分遗存痕迹看，多数有木棺，以单人葬为主。广州柳园岗46号墓，是一典型土坑墓，墓坑狭小而长，长3.54米、宽0.9～0.98米，棺木全朽，随葬品仅有瓮、罐、碗等陶器六件，均十分粗简且少。在墓底，发现一个腰坑，出土一件陶瓮。墓主应是南越族人，其地位低下，很可能是平民。

二、竖穴木椁墓

这是与竖穴土坑墓并存的一种南越国时期墓葬，其数量占南越国墓葬中的多数。墓的规模比竖穴土坑墓大，随葬器物也较多，有的墓底铺河卵石、棺底设腰坑，腰坑内放一件陶瓮。凡是有腰坑或墓底铺河卵石的墓，不见有汉文化的陶器、铜器陪葬，所出的陶器全部带有南越地方特色，主要有瓮、罐、瓿、小盆、盘口鼎等。据分析，这一类的墓主是土著越人。当时，南越国内有不少中原汉人，也有不少汉化的越人。其墓葬多数是竖穴木椁墓，地表部分有坟丘，随葬器物以陶器为主，有汉、楚文化特点的鼎、盆、壶、钫等组合和带南越特色的印纹硬陶瓮、罐、瓿、小盆等。最具代表性的是1982年发掘的柳园岗11号墓。[②]

柳园岗11号墓保存完好。墓坑长四米，宽三米，深六米。葬具为一棺一椁，椁室保存较好。椁盖面置一个高52厘米断发纹身的木俑。木棺外髹黑漆。尸骨无存。随葬品绕放在棺外四周，以漆、木、陶器为主，还有铜器，共101件。漆器有奁、耳杯、盆、碟、盒、钫、壶等。木俑24件，有立俑、跪坐俑等。陶器有罐、瓮、瓿、盒、盆、碗等。铜器有鼎、壶、瓿、镜、盆、勺等。还出土两件原始青瓷碗和小罐。此墓椁盖上置一箕踞而坐的断发文身木俑，似为墓主而设，有护墓之意。在一件陶瓿的两耳部，发现有"臣辛"的戳印，墓主臣辛看来应是南越国的下级官吏。

---

① 广东省博物馆等：《广东曲江石峡墓葬发掘简报》，载《文物》1978年第7期。

② 黄淼章：《广州瑶台柳园岗西汉墓葬群发掘纪要》，见《穗港汉墓出土文物》，香港中文大学文物馆，1983年。

三、 带墓道的竖穴木椁墓

这是南越国时期墓葬中规模比较大的一种类型。它和竖穴木椁墓不同的是前面带有斜坡墓道，墓室大多数分为前室和后室两部分，都设椁室。椁室结构可分为井椁室、封门式、上下双层、前后分室等四种。后室是主室，前室用于祭奠。广州北郊马棚岗一号墓的木椁结构很特殊，外椁为井椁式结构，椁内正中有一座四面辟门的木构"棺房"，在"棺房"与椁壁之间又用横枋与木板组成上下两层的回廊，两侧有板梯以供登降。这一类墓规模大，随葬器物较多，一般除了陶器，还有铜器、铁器、漆器、玉石器等。墓主多是南越王国中上层官员。在墓中出土的陶器中，常有戳印职官或官署的陶文。重要的铜器有鼎、钫、壶、鍪、盆、熏炉、带钩等，铁器有剑、矛、凹口锄、削等，玉器有璧、璜、环、佩饰和耳珰等。不少这一类墓葬还有印章随葬，如赵安、李嘉、梁奋、得之、辛偃、赵望之、如心、须甲等。这类墓最具代表性的就是广西贵县罗泊湾一号墓。

1976年罗泊湾发掘一号汉墓，该墓椁室前接斜坡墓道。椁室结构复杂，用木板分隔成前、中、后三室，前室和中室又各隔成三部分，后室隔成六部分。椁室前端，增设前堂，其制似仿自汉的黄肠题凑的前室或甬道。共有漆棺三具，尸骨已朽，可能是夫妇或亲子合葬。在椁室底板下，有七个殉葬坑和两个器物坑。在墓道东侧设车马坑。整个墓制是沿袭了中原商周以来的贵族墓制度。墓内共出土随葬品1000多件。部分铜器如鼎、钫、壶、匜等和中原出土的相同，另一部分如铜鼓、铜钟、铜筒、越式鼎等，富有地方特色。墓主可能是西汉初年南越国的高级官员。

四、 石室墓

石室墓仅发现一座，即1983年广州象岗发掘的第二代南越王赵眜的陵墓。南越王墓构筑在象岗腹心20米深处，从外形看，是摹仿汉文帝霸陵"因山为藏"的建制。但它又有所不同，南越王墓采用大揭顶深挖墓圹，由山顶凿出一个深20米如"凸"字形的土圹，再在土圹中以大石板砌筑墓室，南辟斜坡墓道。总的来说，墓坑采用竖穴加掏洞的形式，然后用红砂岩石块贴靠坑壁砌筑墓室。共分为前后两部分七个室。墓道和前室、主室之间，有两道石门封闭，前部三室，分别是前室、东西耳室；后部四室为主棺室、后藏室、东侧室和西侧室（分见图3、图4）。显然墓室的布置是从楚制的椁室设置头箱、足箱、左右边箱的形制演化而来的。南越王赵眜的葬具为一棺一椁，墓主身穿丝缕玉衣，腰侧挂十把铁宝剑，头部放有金钩玉饰等，胸前佩戴金玉珠串，玉衣上下左右，铺盖数十件直

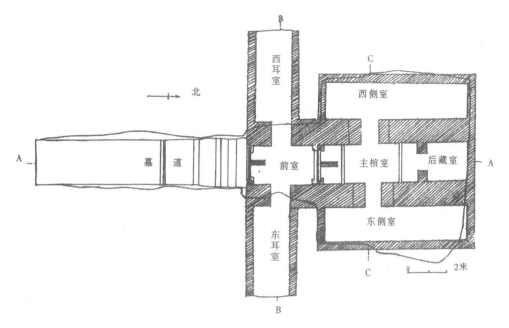

图 3 南越王墓平面图

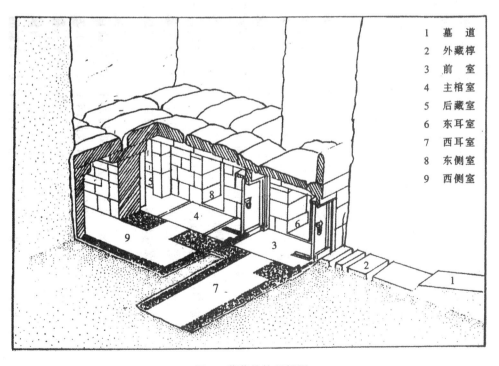

1 墓　道
2 外藏椁
3 前　室
4 主棺室
5 后藏室
6 东耳室
7 西耳室
8 东侧室
9 西侧室

图 4 墓葬结构透视图

径 30 厘米左右的大玉璧，还有"文帝行玺"龙钮金印和"赵眜"玉印，"泰子"龟钮金印等九枚印章陪葬。另外六个墓室，分别是礼乐、酒器及御用器物贮藏室。共发现有妃嫔、御厨、乐师、车夫、门亭长等 15 人殉葬。

秦汉时期，所谓"灵魂不灭"的观念在中国大为流行。所以厚葬便成为这一时期丧葬习俗中最显著的特色；厚葬之风对南越国的影响亦很大。地方史志记载，第一代南越王赵佗死后，修了一个十分神秘的陵墓，葬积珍玩，把生前的许多珍奇异宝都放入了墓中。因此，厚资多藏的赵佗陵墓竟引起了三国时吴王孙权的垂涎。赵佗的陵墓我们还未能发现，详情如何，不得而知，但其孙第二代南越王赵眜墓就蔚为大观。其陪葬品包括金银铜器、礼乐用器、玉石珍玩、甲胄弓镞、车马帷帐、五色药石、丝织衣物、竹木漆器、象牙制品、印玺封泥、墨丸石砚、铁石陶器等，举凡南越王生前所用的东西，都放在墓中陪葬。南越王墓是目前岭南地区发现规模最大，随葬品最丰和殉人最多的一座墓葬。

汉代帝陵尚未发掘，其玄宫形制如何，未明。但就目前地面及资料所见，绝大部分帝陵沿袭战国至秦汉累土为坟的形式，筑起高大封土堆，称为"方上"。据《周礼·春官·冢人》郑玄注引《汉律》说，"列侯坟高四丈，关内侯以下至庶人各有差"。据杨宽先生研究，汉代诸侯王坟墓的高度一般在五至八丈之间，高于《汉律》所说的列侯冢的高度，而帝王陵墓又比诸侯王墓高大。《续汉书·礼仪志》刘昭注西汉诸帝的"坟高十二丈，武帝坟高二十丈"。实测武帝的茂陵高约当汉尺20 丈，景帝阳陵高 14 丈。唯汉文帝别出心裁，"因山为藏，不复起坟"，他主要是吸取了历代陵墓被盗的教训。南越王赵眜墓的形制是仿效文帝霸陵的，也是"因山为藏"，其地面亦没有留下坟堆，因此十分神秘，才得以完整保存至今。

汉朝天子的殓服不详。汉初诸侯王用的是多层衣衾包裹（如马王堆汉墓），而高级贵族出现了玉衣，有金、银、铜缕玉衣之分。赵眜的殓服是一套丝缕玉衣，由头套、衣身、左右袖筒、左右手套、左右裤筒及左右鞋共十部分组成。全长 1.73米，共用玉片 2291 片。[1] 这套玉衣用丝缕穿成，应是南越国工匠自制的殓服。

从南越王墓葬的设计意图来看，也反映其"灵魂不灭"的观念，其丧葬礼俗模拟生前，把地下玄宫模拟为生前宅第。如它的七个墓室，各有功用。主室居中，是墓主的寝宫。前室是墓主的厅堂，四壁布满朱墨两色卷云纹图案，寓意"魂气升于天"，也象征生前富丽堂皇的厅堂。东耳室是墓主宴乐的场所，主要陈置宴乐用具。西耳室是墓主库藏之所。东侧室是姬妾的藏所，殉葬四位夫人，模拟墓主生前的后宫。西侧室是模拟为庖丁厨役之室，殉人七个，还有供墓主享用的猪牛牺牲。后藏室是储放珍馐食品库房，层层堆叠着上百件大型炊具与容器，器内多数还有猪、牛、蛋、鱼、海产及果品等大量食物。

---

[1] 广州市文物管理委员会等编：《西汉南越王墓》（上，下），文物出版社 1991 年版。

第十二章 南越国的衰亡

大汉王朝到了汉武帝时期，经过高祖、吕后、惠帝三代的"休养生息"，特别是经过"文景之治"，汉帝国的实力已进入最强盛的时期，国力伸张，疆域扩展，声威四方。在这种形势下，解决始终雄踞于岭南的南越王国，已经是势所必然。

第一节 汉越边境的斗争形势

早在楚汉相争时，刘邦为了争取群雄的支持，就分封过一些功臣为王。汉朝建立后，刘邦在推行中央集权制、郡县制的同时，也实行封国制，先后封异姓功臣为王，共有八国。但他深感异姓王不利于大汉王朝，便打击诸侯王，先后将异姓王消灭，仅有长沙王吴芮因势弱得以自保。刘邦在消灭异姓诸侯王后，与大臣定下"白马之盟"：非刘氏为王，天下共击之。但此时赵佗的南越国却逐步崛起，成了汉朝南边的隐患。而北边的匈奴，又对汉朝威胁甚大，公元前200年，刘邦亲率大军迎战匈奴遭到惨败，只好采用和亲之策，把汉宫人女嫁给匈奴单于以求短暂的和平。这样，"天下匈匈，劳苦数岁，成败未可知……"①，刘邦只好顶住朝中主战派进军岭南的压力，"为中国劳苦，故释佗不诛"②，并派陆贾出使南越，封赵佗为南越王，南越和汉朝出现了藩属的关系。

但是，历史教训使汉朝统治者时刻警惕那个"名为汉藩，实自行号令，官吏将卒咸自设，专于古诸侯"③的南越，并将之与匈奴并称为"南强北劲"④，且把为反叛的西汉诸侯王视为后盾和逃亡之所的南越割据王国当作心腹大患，必欲除之而后快。

我们知道，在汉初的六七十年间，困于社会经济的残破及国力空虚，不得不在求得南越表面遵从的前提下，对其割据局面采取了一种容忍和安抚的政策。但就是在这种情况下，汉廷也未曾忘记来自南方的威胁。吕后临朝称制时期推行的"别异蛮夷"的政策，就是明确地把矛头指向赵佗，企图置南越国于死地。从1973年长沙马王堆三号墓中出土的《驻军图》中可知，西汉在长沙国与南越国

---

① 《汉书·高帝纪》。
② 《汉书·西南夷两粤朝鲜传》。
③ 〔清〕梁廷枏：《南越五主传》。
④ 《史记·建元以来侯者年表》。

的交界处始终驻有重兵①。图中显示，防区南界附近"徐都尉"的两支军队和另一支军队，部署于长沙国与南越交界的沿山脊北侧，大体呈一线形配置，组成前沿第一线；"周都尉"的军队和另一支"徐都尉"的军队设在山背面的三条大谷内，距离一线约 15～20 公里，组成第二线兵力；"箭道"指挥中心附近的"周都尉"军构成第三线。另有两支标明为"司马得军"的部队布置于上述防线后翼，作为预备兵力。此外，在防线的右后侧更有四支标为"甲钩（钩）""甲英（缨）""甲攸"的供应甲胄、马具、兵器、弓箭等的后勤部队。整个防区的结构十分严密，在其防区前沿及与友邻的"桂阳军"防区交接处均设有"封"，即烽燧点，以便警戒和沟通联络；防区后侧则以"郭""部"等军事要塞和堡垒为依托，并备有"波（陂）"等水漳或训练水军的用地②。总的来看，该防区以"箭道"城堡（今湖南江华瑶族自治县县治）为中心，纵深达 50 余公里，面宽 40 余公里，以深水流域的营浦（今湖南道县）全县、春陵（今宝盖山下柏家坪）南半县、泠道（湖南宁远县九疑山肖韶峰下，俗称东城盐坛罐）中西部大半县、龁道（今湖南蓝山县西大麻营的钟水东岸，称所城）和南平（今湖南蓝山县古城乡腹雷村）二县西部为镇守主区。③ 并对桂阳（曾为广东连县）、桃阳（今广西全州永岁镇大塘乡梅塘村后）、观阳（今广西灌阳县西南 11 公里处的古城岗）三地的防务施加影响。上述八县一带地域，正是史书所载西汉长沙国与南越的"地犬牙相入者"。此处的驻军连同邻近的友军像楔子一样虎视南越，使历代南越王都深感不安。对此南越的武帝赵佗就曾特地向汉文帝提出，要汉廷罢撤设于长沙国境内隆虑侯周灶、博阳侯陈濞二将军的军队。这件事发生在汉文帝元年（前179）。此后传统上一直都认为汉廷罢撤了长沙两将军，似乎南线兵力从此大大地减弱了。马王堆三号墓的下葬年代为汉文帝十二年（前 168）④，正值汉廷"罢长沙两将军"后不久。《驻军图》的出土使我们认识到以下三点。

　　第一，汉廷所谓的"罢两将军兵"，实际上只是相应地裁撤了部分军队，由进攻势态转入防守势态，而南界仍保留有相当的兵力。仅图中所反映的"箭道防区"，或叫"深平防区"，就提及了最少三个都尉、八支驻军。有汉一代，都尉计有护军都尉、强弩都尉、骁骑都尉、车骑都尉、长铗都尉、军门都尉、农都尉、属国都尉等，种目繁多，隶属关系不一，名称亦时时改变。每都尉统兵的数

　　① 詹立波：《马王堆汉墓出土的守备图探讨》，载《文物》1976 年第 1 期；马王堆汉墓帛书整理小组：《马王堆三号墓出土驻军图整理简报》，载《文物》1976 年第 1 期。

　　② 周世荣：《有关马王堆古地图的一些资料和几方汉印》，载《文物》1976 年第 1 期；朱桂昌：《关于帛书〈驻军图〉的几个问题》，载《考古》1979 年第 6 期。

　　③ 谭其骧：《二千一百多年前的一幅地图》，载《文物》1975 年 2 月；周世荣：《马王堆三号墓地形图古城邑的调查》，见湖南省博物馆等编《湖南考古辑刊》第 2 集，岳麓书社 1984 年版。

　　④ 中国大百科全书出版社编辑部等编：《中国大百科全书·考古学》"马王堆帛书条"，中国大百科全书出版社 1986 年版。

目更是史无明文。查《史记》《汉书》记载，我们认为当时的都尉大体上可分为两类。一类是在中央王朝、诸侯王国中执掌警卫者，其统兵数目大体上应为500～1000①；另一类，即《驻军图》上这一种，为在外征战、作为负责一方防务的军将者。从《汉书·樊哙传》上樊哙所歼秦武关守军，"斩都尉一人，首十级，捕虏百四十六人，降卒二千九百人"来看，很像是秦军一都尉军的编制。又《汉书·靳歙传》亦载有靳歙破蓝南邢说军时，"身得说都尉二人，司马、侯十二人，降卒四千六百八十人"，亦极似秦汉之际两个都尉军的编制。又都尉的军序在将军下、骑将上，而骑将又有骑千人将之称，② 意即统兵千人，由此而推，我们认为这种都尉统兵数目在 2000 ～ 3000，相去应不会太远。若如此，则仅"深平防区"的兵员总数就当在万人以上，再加邻近的"桂阳军"等，可以认为，汉在长沙国与南越交界处的驻军始终保持在数万之众，兵力十分雄厚。

第二，图中的驻军应是属于西汉中央的部队，是为防守南越而专门布置于此的。西汉初期，各郡的最高军职先是称为郡尉，至景帝中元二年（前 148）方改称为都尉，③ 时间上是马王堆三号墓入葬后 20 年，因此这里驻扎的各都尉军不应是属于汉高祖时就已设置的武陵或桂阳郡的部队。④ 又这时各诸侯王国的最高军职先称为中尉，其职"如郡都尉"，武帝时改称执金吾，⑤ 一般不设都尉一职；目前仅见诸侯国设的都尉，只有阴谋反叛的吴王濞一例，⑥ 且亦似是一般的禁卫军将。长沙立国之初，"乃在二万五千户耳"，⑦ 到了西汉末期亦不过 4.3 万余户，23 万多人。⑧ 要派出这么多军队驻扎一个不大的区域，这是长沙国办不到的。结合秦和汉初时的兵役制度⑨，我们认为，这里的驻军只能是属于西汉中央的部队，这一点应没有疑问。由此，还可进一步推出，西汉政府从高祖时武陵、桂阳两边郡的设置，到深平诸防线的建立，实际上已将南越北界的防卫控制权从长沙国手中收回至中央。这个步骤的完成时间大致应在吕后遣周灶等两将军反击南越之时或以后不久。南越灭亡后，汉武帝于元鼎六年（前 111）建零陵郡，辖有零陵、营道、如安、夫夷、营浦、都梁、泠道、泉陵、洮阳（即桃阳）、钟武

---

① 《汉书·萧何传》载有上令五百人，一都尉为何卫；又《汉书·爰盎传》亦记吴王使一都尉，以五百人围守盎，其中守盎者似为都尉下一司马军的编制。

② 《汉书·靳歙传》。

③ 《汉书·景帝纪》《汉书·百官公卿表》。

④ 《汉书·地理志》。

⑤ 《汉书·百官公卿表》。

⑥ 《汉书·爰盎传》《汉书·地理志》。

⑦ 《汉书·贾谊传》，贾谊曾任长沙王太傅。

⑧ 《汉书·地理志》。

⑨ 秦和汉初，多兵、徭役制结合，一般男士在 23 ～ 56 岁间，服兵役两年，一年在本郡为材官（步兵）、楼船（水军）或骑士，称正卒；另一年在京师为卫士，或边郡为戍卒。参见翦伯赞《中国史纲要》，人民出版社 1983 年版。

十县①，正是该防区与其西侧防区的升级。长沙国南界的大量驻军，除主要负责对南越的威慑与防备任务外，客观上对长沙国也起到了控制的作用，这也是异姓的长沙国能较为顺利地按着称臣、内属、废除封国的秩序实现政治上统一于西汉王朝的一个重要因素。

第三，过去有的学者在论及南越的国界时将其北界定在广东连县、南雄县的北界，并认为"赵佗绝道自守时则已将此境界北移到五岭之上"②。《驻军图》的出土，向我们清楚地揭示：深平防区的前沿警戒烽燧点——"封"实际已部署在萌渚岭上，而其东侧正是"桂阳军"的防区。与《驻军图》同出的《地形图》（或称《汉初长沙国南部地图》）也清楚标明"桂阳"位于今湟江东岸，图上未书水名，而实际上就是《水经注》所说的洭水，或称之为湟水③，其位置正是今天的广东连县地域。按马王堆出土各图的图例，凡南越境内的郡县一概不予注记。《地形图》上所标"桂阳"应是汉桂阳郡的桂阳县，这一点谭其骧教授早有论述④。1960 年长沙子弹库（或作紫坛铺）二号墓出土有"桂丞"滑石印一枚，可能是桂阳县丞之印，该墓年代相当于武帝时期⑤，也证明了桂阳至少到汉武帝早期仍有县这一事实。这一切都无可争议地说明广东连县部分地域，即桂阳一带在西汉初期就属汉无疑，这也可以解释为什么南越王会对这一"地犬牙相入者"始终耿耿于怀。因此，"深平防区"在某种意义上可以理解为"桂阳军"防区的后援，它至少控制了萌渚岭的北界，对南越的苍梧地区北部构成了严重威胁，且由此逾岭至富川，即可顺贺水、西江，直通番禺。观阳、营浦二县的设置，可能亦使南越丧失了都庞岭的部分关防。而五岭之南的"桂阳"县的设置，更造成了对南越国的重大威胁。

从马王堆出土的这份珍贵的《驻军图》来看，汉初长沙国与南越国的分界并不全依五岭自然山界而划分。受长沙国所辖的桂阳县（即连县）就越过了南越的天然屏障，直插南越国的后方，与南越国的北界成"犬牙相入"。这是汉军监视南越和越军对峙的桥头堡，对南越北面的威胁最大。所以汉文帝时，赵佗才会对汉廷提出"桂阳"的要求，想改变这种"犬牙相入"的局面。汉文帝以此是高祖所定，不便更改为由巧妙地拒绝了。后来汉越的争端证明，这里是当时双方争夺的战略要地。《驻军图》长沙方面守备重点是东南方，这个位置恰恰是桂阳的所在。汉军的预备部队和加强部队都设在这里，这样配置兵力，便于相互支援，

---

① 《汉书·地理志》。

② 余天炽等：《古南越国史》，广西人民出版社 1988 年版。

③ 马王堆汉墓帛书整理小组：《长沙马王堆三号汉墓出土地图的整理》及其附图，载《文物》1975年第 2 期。

④ 谭其骧：《马王堆汉墓出土地图所说明的几个历史地理问题》，载《文物》1975 年第 6 期。

⑤ 周世荣：《有关马王堆古地图的一些资料和几方汉印》，载《文物》1976 年第 1 期。

严防南越的偷袭。到汉武元鼎四年（前113）汉使安国少季出使南越，游说南越内属，同时派卫尉路博德屯兵桂阳作后盾。元鼎五年（前112）秋，平南越的战役序幕拉开，被任命为伏波将军的路博德又从桂阳出发向南越进兵。这一点亦说明，汉越边境的局势时松时紧，一直未停。

第二节　吕嘉擅权

　　南越王国丞相吕嘉在西汉王朝要求南越内属时发动了一场反内属的叛乱，给早已觊觎着南越的汉武帝找到了出兵南越的借口，南越国因此而亡。从司马迁开始，封建社会许多史学家都据此认为吕嘉和南越国樛太后是造成南越灭亡的两个关键人物[①]，吕嘉也因此"青史留名"了。

　　吕嘉，从现有的史料看，我们只知道这位南越国丞相是个越人。有人考证吕嘉的故乡在南越"都城南去百里"的地方[②]，而这个地点就在今天的广东顺德[③]。至于吕嘉是何时和怎样步入南越政坛并成为南越风云人物的，史书无征。只有清代梁廷枏的《南越五主传·四主传》中引用了已失传的《粤记》一书中记载，说吕嘉"本越人之雄，佗因越之所服而相之，而南越以治"。这是一个孤证。从吕嘉长期担任南越丞相和历代史家评吕嘉有"忠心"来看，我们推测吕嘉应是当地的越族贵族，他是在南越赵氏王室为巩固统治而采取"和辑百越"的民族政策，争取越人首领参加政权时步入南越政坛的。作为越人首领，吕嘉颇有些政治才能，又很得越人的信服，赵氏王室需要他来和辑百越。赵氏王室的重用使得吕嘉感激涕零，他死心塌地为南越王国着想的程度甚至超过了当初随赵佗南下的秦军部众，从而备受赵氏王室的赏识。总之，吕嘉靠着他的忠心、出身与政治方面的才能和手腕而官至丞相。

　　南越国作为一个独立的割据王国，对汉称臣实际上是一种效仿周代的诸侯对于周天子似的称臣，也可说是一种应付强敌的权宜之计。而在政治、军事、经济等各个方面，南越国是完全自主的。南越丞相的设置，就不同于同期汉朝各诸侯王国的丞相是由中央王朝委派的，"不得与国政，辅王而已"[④]。南越的丞相是由南越王直接任命，其实际职能应该与西汉中央王朝的丞相一样，能直接参与处理军国大事，掌有重权。吕嘉最终有能力发动叛乱，也反过来说明了这一点。自从吕嘉坐上南越丞相位置之后，从南越的文王赵眜、明王婴齐，直至四主赵兴，在长达20多年的时间内，南越的丞相再未易人；南越的相权在吕嘉手中达到了登

　　①　《史记·南越列传》。
　　②　〔清〕梁廷枏：《南越五主传》。
　　③　见《广州府志》。
　　④　《汉旧仪》。

峰造极的地步。到赵兴时，吕嘉已经"年长矣，相三王，宗族官任为长吏者七十余人，男尽尚王女，女尽嫁王子兄弟宗室，及苍梧秦王有连。其居国中甚重，越人信之，多为耳目者，得众心愈于王"①。吕嘉不但在朝内擅权，而且在外与拥有重权的南越藩王相勾结，造成内外呼应的掎角之势这便更加强了他在南越国中的特殊地位。就目前所知，吕氏家族中除吕嘉任丞相外，还有吕嘉的弟弟为南越的"将"②，即掌握着兵权的将军。联系后来吕嘉发动叛乱的有关细节，我们推测这个将军还极有可能就是负责保卫王室、护守都城的宫廷卫队的最高首脑。吕氏家族其余的70多人都在朝中为官，估计职位也不会低。吕嘉本人及其家族又培养了一批亲信与部属，他还博得了越族贵族的支持和南越国的中下层——广大越族百姓的信任。南越国这个建立在岭南越族地区的由汉人担任国王和越人为主的国家，越人的信服程度就像是当权者政治天平上一个最重的砝码。吕嘉掌握了越人，实际上也掌握了南越国的权力。而赵佗之后的几位继任者只懂得吃喝玩乐，作威作福，面对这位三朝重臣，除尽力去拉拢他寻求支持之外，似乎别无他法。

南越王国自赵眜开始，便再未出现过像赵佗那样的"一代雄主"，不但如此，还颇有一代不如一代的味道。奇怪的是，在这种情况下，吕嘉虽然拥有倾覆朝野的权势，然而史籍的记载却无不称道他对南越、对王室的"忠心"，就连他的叛乱也还是被冠以"小忠"的评价。③ 这到底是因为吕嘉吸收了那套汉族的封建礼仪，又佩服赵氏王室制止"粤人相攻击之俗"④ 的功劳，感激赵氏的知遇之恩而真正地忠心耿耿，还是别有原因？

吕嘉长期为相，造成了擅权专制，激发了南越统治者之间的矛盾，樛太后等对他不满，吕嘉对此未能及时加以弥补；另外，南越国后期对五岭的防守也显不足。可以说，南越国后期对西汉王朝实际上是采取了一系列消极、被动的应付性措施，这就决定了南越国最后的结局，只能是内讧争权，反叛挣扎，束手被擒，走上灭亡的道路。从这个意义来说，作为南越百官之长的吕嘉丞相是难辞其咎的。

吕嘉越族出身，身为越相，这些决定了他对南越的"小忠"，可惜他却缺乏大智。"小忠"令他"执着"，因此，当西汉王朝对南越进攻时，吕嘉的顽强抵抗是必然的。吕嘉的本意是要报答南越先王知遇之恩，继续维护南越国的独立，但弄巧成拙，反而加速了南越国的灭亡。

---

① 《史记·南越列传》。
② 《史记·南越列传》。
③ 《史记·南越列传》。
④ 《汉书·高帝纪》。

第三节　汉武帝平南越

汉越双方的摩擦很早就已开始。汉文帝时，将军陈武就提议武力南征，文帝认为"兵，凶器，虽克所愿，动亦耗病，谓百姓远方何？……愿……结和通使……且无议军"①。当时汉廷实际上是军力有限，颇有自知之明，所以未对南越动武。汉武帝时，形势发生了很大变化。经过景帝的"削藩"和平吴楚"七国之乱"，同姓诸侯王的权势大不如前。汉武帝行"推恩令"，强令诸侯王分封自己的子弟，使封地越分越小；又借口取消不少封爵，使中央王权得到了巩固，皇帝独揽朝政大权。这样，戡定边患，开拓疆域，建立大一统的汉帝国成了汉武帝的当务之急。雄心勃勃的汉武帝再也不满足于南越国表面臣服，实质上仍是半独立的藩属关系了。政治上的稳定、经济上的繁荣、军事上的强大使汉武帝决心屏弃安抚政策，用武力解决南越国的问题。

建元四年（前137），年逾百岁的南越国创立人赵佗辞世，其孙赵眜（胡）继位。建元六年（前135）闽越王郢趁赵佗新丧赵眜王位未牢固之机，发兵进攻南越，赵眜没有出兵迎敌，而是派人上书报告汉武帝，说"两越（闽越与南越）俱为藩臣，毋得擅兴兵相攻击，今闽越兴兵侵臣，臣不敢兴兵，唯天子诏之"②。汉武帝认为南越遵守规矩，表示满意，就派大行王恢出豫章，大农韩安国出会稽，率汉军去讨伐闽越。汉军还未过岭，闽越国中自乱，闽越王的弟弟余善杀郢，向汉朝投降请罪。汉武帝下诏立无诸孙繇君丑为越繇王，立余善为东越王。这样，赵佗称帝时期"佗因此以兵威财物赂遗闽粤、西瓯骆，役属焉"③的闽越，和南越脱离了役属关系，直接受制于中央王朝。南越国实际上被孤立起来。

汉武帝派兵讨伐闽越，以解南越之急，此举汉武帝有更为深刻的用意。据《汉书·西南夷两粤朝鲜传》载，汉武帝在击闽越之时，曾"使番阳令唐蒙风晓南粤"，讽谕南越王赵眜应到长安向天子谢恩，接着又派严助到南越国，表面上是表彰赵眜能谨奉藩臣之职，实则再请赵眜赴京朝见天子。赵眜磕头谢曰："天子为臣出兵讨闽越，臣死亦不能报答此恩德！"于是就派太子婴齐入侍长安，实为人质。赵眜还对严助说，国家新遭侵扰，请你先回长安，我将日夜整理行装入朝谢天子恩。严助走后，南越大臣纷纷劝谏赵眜："汉兴兵诛郢，亦行以惊动南粤，且先王言，事天子期毋失礼，要之不可以说忱语入见，入见则不得复归，亡国之势也。"④于是，赵眜称病，一直不到长安入朝谢恩。

---

① 《史记·律书》。
② 《史记·南越列传》。
③ 《汉书·西南夷两粤朝鲜传》。
④ 《史记·西南夷列传》。

在唐蒙出使南越时，因食蜀产枸酱，无意中发现了从西蜀至夜郎，再从牂牁江浮舟而下，可至番禺城。唐蒙发现这条通道后，上书汉武帝曰："南粤王黄屋左纛，地东西万余里，名为外臣，实一州主。今以长沙、豫章往，水道多绝，难行，窃闻夜郎所有精兵可得十万，浮船牂牁，出不意，此制粤一奇也。诚以汉之强，巴蜀之饶，通夜郎道，为置吏，甚易。"① 唐蒙建议汉武帝利用这条水道出奇兵制越。汉武帝大喜，拜唐蒙为中郎将，让其带一千兵和许多汉帛丝绸财物等，到夜郎国。夜郎国在赵佗执政时期曾受赵佗赠给财物，与南越关系密切，有役属关系。唐蒙对夜郎侯厚送财物，晓谕威德，恩威并施，说服夜郎归汉；其附近的小部落也相约归附汉朝。汉武帝在夜郎设犍为郡，为平定南越伏下了奇兵。

元狩年间（前122—前117），汉武帝又以南越将叛，欲与越军用船进行水战为由，在长安西南开凿昆明池，周40里，建造楼船，训练水军，做好与越军进行水战的准备。

当汉武帝正在一步步部署用军事解决南越国的问题时，北方的匈奴累犯边关，抢掠财物，残害边民，对北部人民的生活和生产造成很大的破坏，也对汉朝造成巨大的政治和军事威胁。曾南来闽越的大行王恢认为匈奴反复无常，背负信义，极力主张放弃汉初对匈奴采取的和亲政策，"兴兵击之"。元光二年（前133）六月，汉武帝采纳王恢的意见，对匈奴变和为战。经过20余年的战争，匈奴大败，远遁而去，汉朝在西域取代了匈奴的地位和影响，势力扩充，西达葱岭。

在汉武帝集中全力平匈奴期间，南越国本身亦发生了变化，赵婴齐在长安时，曾娶邯郸樛氏为妻，生子赵兴；而他在南越时，已娶越女为妻，生子赵建德。婴齐接南越王位后，向汉廷请求立樛氏为王后，赵兴为太子，汉武帝批准了他的请求，此举舍长立幼，种下了祸根。当时，南越丞相吕嘉等人曾在立嗣的问题上劝谏过赵婴齐，"盍于婴齐择立太子之日，积诚极谏，以去就争，使改立建德，嘉为国重臣，争之不已"②。可惜婴齐不听劝谏。婴齐是一个荒淫的暴君，《汉书》载他"犹尚乐擅杀生自恣"，汉武帝多次派使者到南越国，讽谕婴齐到长安朝见天子。婴齐恐入长安后"要以用汉法，比内诸侯"，多次称病留在南越国。只派了儿子次公去长安当皇宫卫士。

婴齐不久病死了，汉朝追封他为"明王"，太子赵兴接王位，母亲樛氏就是王太后。这位太后长在长安，在未嫁婴齐之前，与一名叫安国少季的人有过暧昧关系。元鼎四年（前113），汉武帝派安国少季为使者，带上辩士谏大夫终军和勇士魏臣等到番禺，还派卫尉路博德将兵屯桂阳，以接应使者，给南越造成内外

---

① 《史记·西南夷列传》。
② 〔清〕梁廷柟：《南越五主传》。

压力，劝谕南越王赵兴和樛太后到长安朝见天子。

当此之时，南越王赵兴接位不久，年纪轻轻，樛太后汉女入越，孤家寡人。朝中的实权实际上掌握在丞相吕嘉手中。这位樛太后徐娘半老，却行为不检，竟与旧日情人汉使安国少季再次私通。"国人颇知之，多不附太后。"[1] 樛太后知自己不得南越国民心，恐国中发生动乱，于是力劝赵兴和南越大臣，向汉武帝请求内属，"比内诸侯，三岁一朝，除边关"，[2] 自动放弃南越立国以来一直保持的相对独立的地位。或许樛太后此举是想借汉朝的力量来削弱吕嘉的大权，使势弱力孤的樛氏和赵兴，重掌实权，保住赵氏王室。

汉武帝接到南越王赵兴请求内属的上书，非常高兴，立即按汉朝之例，给越相吕嘉颁发银印，并赐给内史、中尉、太傅等南越高级官吏印章，其余由南越国自行备印。此举意味着由中央朝廷直接对南越国高级官员进行任免。汉武帝还明令废除南越野蛮的黥劓罚等，推行汉朝法律，改其旧俗，同内诸侯。还命令使者全部都留镇南越都城番禺，力求南越局面平稳。樛太后和赵兴接旨后，整理行装，准备入朝见天子谢恩。

在本章上一节中，我们谈过南越国丞相吕嘉是南越三朝之相，即从赵眜起至婴齐到赵兴，他都担任丞相，宗族中任官吏者多人，又与越王室联姻，在国中威望甚高，越人信任他甚于南越王赵兴，是南越实权派。他拼命反对内属，并多次劝谏赵兴，但未能奏效。吕嘉因此借病不朝，不肯见汉使者。

樛太后注意到吕嘉可能要作乱，于是想借汉使之力杀死吕嘉。樛太后在南越宫中设宴，宴请汉使及吕嘉等。在宴席上，汉使朝东坐西，王和太后南北对坐，吕嘉及众大臣则坐东向西，樛太后借酒后对吕嘉说，南越国内属是利国的事情，丞相总是不赞成，是为什么呢？她想用这番话来激怒汉使，假汉使之手杀掉吕嘉。由于吕嘉之弟是将军，带领士兵守在宫外，安国少季等因此犹豫，呆若木鸡。那个在汉武帝前夸下海口，要用长缨缚南越王到京师的终军此时也失去勇气，不敢对吕嘉下手。吕嘉见情势不妙，立即起身离席出宫。樛太后大怒，操起长矛欲投掷吕嘉，被南越王赵兴阻拦。樛太后精心策划的南越"鸿门宴"就这样流产了。

吕嘉在其弟保护下安全回到家中，一直托病不朝，私下却与其弟密谋作乱。吕嘉知道赵兴不想把事情闹大，所以几个月没有采取行动。樛氏欲自己动手杀吕嘉，却没有合适的人。

南越政权危机四伏，汉武帝获知，怪安国少季等怯弱无决断。汉武帝认为，南越王赵兴和樛太后已经归汉，只有丞相吕嘉犯上作乱，不必兴师动众，决定派

---

[1] 《汉书·西南夷两粤朝鲜传》。

[2] 《汉书·西南夷两粤朝鲜传》。

庄参带 2000 人出使南越，即可解决吕嘉的问题。庄参认为，如果是以友好姿态去的话，几个人就够了；如果是准备去动武，区区 2000 人无济于事。汉武帝于是罢庄参。其时，郏人故济北相韩千秋自告奋勇说，一个小小南越有什么了不起，又有王做内应，只是吕嘉一人为害，给我勇士 300 人，一定斩吕嘉的头颅回报。汉武帝就派韩千秋和樛氏的弟弟樛乐于元鼎五年（前 112）四月带 2000 人往南越，讨伐吕嘉，拉开了平定南越战争的序幕。

汉武帝下的这一步棋，是个失着。他低估了吕嘉的能量。当韩千秋、樛乐带兵南下时，吕嘉孤注一掷，公开发动叛乱。他首先造出舆论，说南越王赵兴太年轻，太后是中原人，与汉人有奸情，并不顾赵氏社稷，只求汉皇帝的恩宠。又说她以入朝为名，要把先王遗下的珠宝都献给汉帝，以讨好谄媚，还说她到长安后就会把众多的南越随员卖为奴仆，使他们有家不能归。这使越人对太后等反感。吕嘉又乘机指挥弟弟带兵杀入王宫，杀死了南越王赵兴、樛太后及安国少季等使者。他派专人通告苍梧秦王赵光及南越王属下郡县，"为万世虑计之意"，起兵杀死赵兴、樛太后和汉使者，并立婴齐越妻所生的长子术阳侯赵建德为南越王。

吕嘉叛乱时，韩千秋、樛乐已率 2000 汉军逾岭进入南越，并攻下几个边境小邑。随后，南越人佯装不抵抗，还"开道给食"。韩千秋等因此轻敌，冒进至离番禺还有 40 里的地方，南越突发奇兵，韩千秋、樛乐兵败被杀，2000 汉卒全军覆没。

吕嘉见南越王赵兴、太后及南征汉军相继被杀，更加肆无忌惮，他将汉使者的凭信——使节包好，连同一封"好为谩辞谢罪"的信，置于汉越交界的边塞上，又发兵据守南越各个关塞，作好与南下汉军决一死战的准备。

这一切震怒了汉武帝。他一面抚恤死难者的亲属，封韩千秋、樛乐之子为侯，一方面下达征南越诏[1]。元鼎五年（前 112）秋，汉武帝调遣罪人（《汉书》记载为粤人）及江淮以南楼船将士 10 万人，分兵五路进攻南越。五路大军进攻路线分别是：

一路以卫尉路博德为伏波将军，从长沙国境内桂阳下湟水，从湖南入连州，再沿江而到石门。

二路以主爵都尉杨仆为楼船将军，出豫章郡（今属江西），下横浦。从江西入南雄。

三路、四路以归义侯郑严为戈船将军，归义侯甲为下厉将军，出湖南零陵，或下漓江，或下贺水，由湘江，利用灵渠入漓江至苍梧，沿西江而下，可直逼番禺。

第五路以驰义侯何遗率巴蜀的罪人及夜郎国军队，沿牂牁江而下直抵番禺。

---

① 又名"赦罪人诏"，文见《史记·南越列传》："天子微，诸侯力政，讥臣不讨贼。今吕嘉、建德等反，自主晏如，令罪人江淮以南楼船十万师，往讨之。"

这场平南越之战十分激烈，吕嘉凭借南越国的天险和汉军周旋，战争持续了一年。到元鼎六年（前113）秋，楼船将军杨仆率精兵攻陷寻陜，又攻破番禺城北30里的石门①，缴获了南越大批军粮船只。杨仆派军扼守石门等待路博德将军。两路大军会师后，以楼船将军为前锋，向番禺进击。楼船将军在番禺城的东南面，伏波将军在城的西北面，两面夹攻。吕嘉、赵建德节节败退，固守孤城。

番禺城虽不很大，但依山靠水而筑，自任嚣始筑、赵佗增筑到以后历任南越王及吕嘉的扩建，十分牢固。吕嘉等关起城门固守。汉军围城多日，未能破城。杨仆杀得性起，放火烧城。伏波将军路博德则在西北的营中大开营门，派人招纳降者，赐予印绶，又让降者入城去招降。入夜，城中火起，杨仆在东南发起总攻，越军久闻伏波将军大名，又不知汉军有多少人，就纷纷投奔到西北的伏波将军帐下。天亮之时，番禺守军大部向伏波将军投降，只剩下一座空城。伏波将军询问降将，获知吕嘉、赵建德率几百人逃亡海上，立即派兵追赶，结果，伏波将军的校尉司马苏弘擒赵建德，被汉武帝封为"海常侯"，原是南越国的"郎"官孙都擒吕嘉，被封为"临蔡侯"。

吕嘉和南越王赵建德被擒后，南越国附属郡县不战而下，诸王侯官吏，纷纷向汉朝投降。苍梧王赵光，闻汉兵至即投降，被封为"随桃侯"。揭阳县令史定，投降后被封为"安道侯"。原越将毕取，率军投降，封为"瞭侯"。桂林郡监居翁，劝谕骆越40万人一起归汉，被封为"湘城侯"。从赵佗乘中原动乱之机建南越国至元鼎六年汉武帝灭南越国止，共传五世93年。南越国世系表如下：

```
                                  ┌─子赵兴
赵佗─孙赵眜（胡）─子赵婴齐─┤
                                  └─子赵建德
```

汉武帝平南越后，将其地分置为七郡：南海（治番禺，今广州）、合浦（治广西合浦北）、苍梧（治广信，今广西梧州）、郁林（治布山，曾为广西贵县）、交趾（今越南北部，治赢陵）、九真（今越南中部清化、河静两省等地）、日南（治西卷，今越南广治省）。后又增设二郡：儋耳（今海南西部，治儋县）、珠崖（今海南省东北部，治瞫都，今琼山东南）。岭南地区重新成为汉朝郡县。

汉武帝平南越，是岭南历史上又一重大事件。岭南重归中央王朝管辖，设立九郡，使岭南地区的郡县制终于稳定下来，中央王朝的政令可直接贯彻到岭南的郡县，从而加强了对南陲地区的管理。南越割据消除后，除边关，撤哨卡，促进岭南与中原地区的经济文化交流。中原大批先进生产工具和生产技术传入岭南，岭南的珠玑、犀、象等珍物和土特产源源不断地运往中原。南北交流，日益频繁，使岭南的经济有了急剧发展，地处岭南中心的番禺成了汉代全国十九个著名的大都会之一，并成为我国官方与南洋诸国通商贸易的海港城市。从考古材料来

① 石门，地名，在今广州。

看，西汉前期即南越国墓葬的分布范围主要在今广州的东山、越秀、荔湾等老城区内，由此推知当时的"赵佗城"并不大，墓葬在城的附廓之野。而汉武帝平南越后，广州汉墓分布愈来愈远，表明番禺人口日增，城区不断扩展。此外，在西汉中期至东汉墓中，原南越墓葬常见的地方特色浓厚的器形如瓿、三足罐、三足盒等几乎绝迹，代之而起的是炫耀封建地主阶级财富地位的屋、仓、井、灶等模型明器。这从一个侧面反映出汉平南越后，岭南文化面貌风俗等已和中原基本一致。同时，西汉中期以后的墓中，用仓、囷模型随葬相当普遍，陶塑的牛、羊、鸡、鸭、鹅、猪、犬等亦常见，反映出当时广州农业经济生产兴旺发达的情景。

第十三章　南越国的历史地位

从赵佗称"南越武王"建立南越国起，一直到汉武帝元鼎六年（前113），平定吕嘉叛乱，消灭南越国止，南越国在历史上总共经历五世93年。对南越国的历史地位如何评价？对南越国的主要开创者及奠基人赵佗其人如何评价？这是研究岭南历史必须回答的问题。

第一节　赵佗评价

唐代诗人许浑在唐宣宗时任监察御史，奉命出使南海郡，他曾写过一首题为《登尉佗楼》的诗，其诗曰：

> 刘项持兵鹿未穷，自乘黄屋岛夷中。
> 南来作尉任嚣力，北向称臣陆贾功。
> 箫鼓尚陈今世庙，旌旗犹镇昔时宫。
> 越人未必知虞舜，一奏薰弦万古风。

尉佗楼是供奉有南越王赵佗的南越王庙内一座建筑，坐落在广州越秀山上。《南越志》有云赵佗葬于附近，其侧立有庙，庙号曰"灵庙"，加谥号为"昭襄王"。事实上，赵佗死后葬于何处，众说纷纭，莫衷一是，至今仍未有定论，越秀山只是其中的一说①。因此，所谓赵佗的"灵庙"是汉代以后，人们为思念赵佗而建的，后人还在庙侧建有尉佗楼，以祀奉南越王赵佗。今庙、楼均已圮毁。

许浑的诗前半段概述赵佗称王和归汉的事，后半段是概述赵佗的功绩。舜是中国古代传说开创文明的君主。"薰弦"是指中原高尚的音乐。"一奏薰弦"就是传播舜的德育之声。此诗最后两句意思是，当地处南陲的南越人还处于未知舜的德音之时，赵佗把中原文化传播到岭南，使岭南接受了中原文明，造福万代。我们在前面几章已对南越王赵佗作了比较详细的介绍。这位岭南地区历史上第一个封建割据政权南越王国的创立者是一位长寿之君，他在位执政67年，整个南越王国93年的历史，他独占了三分之二还多。因此，赵佗对岭南地区的历史、社会发展产生了极为重大的影响，成为岭南叱咤风云的历史人物。对赵佗的评

---

① 黄淼章：《赵佗陵墓考》，载《岭南文史》1991年第2期。

价，与南越王国的历史地位密切相关。

长期以来，史学界对南越王赵佗的评价存在相反的两种意见。一种认为，赵佗在秦末中原豪杰相继叛秦时，"倔强一隅，乘机僭越，窃甘与冒顿分南劲北，强以苦汉"，因此，"佗诚越之罪也"。①"赵佗的立国使我国古代地图呈现出一个不和谐的结构，原来已是'政由一家'的岭表与中原，出现了赵越与刘汉两个并存、对峙的政权，重新退回到书使不通的老路上去。"② 更有人认为，赵佗是搞分裂的人物，是"破坏统一""复辟倒退"的两面派，对赵佗的历史作用和南越国的历史地位给予全盘的否定。

但也有不少学者认为，赵佗是一个值得肯定的人物，"为岭南社会的进步和发展作出了巨大贡献，是开发岭南的第一功臣"③。赵佗"为维护祖国的统一事业，为南北经济文化交流，为岭南地区的开发和发展，立下了不可磨灭的业绩，是 2000 多年来，为岭南人民所缅怀的英雄人物"④。

评价赵佗，首先是如何看待赵佗的割据，这是评价南越国历史作用的一个根本问题。

我国地大物博，人口众多。在先秦时期和秦汉之际，各地社会经济发展的水平极不平衡。当黄河流域和长江流域已进入青铜器时代，相继建立夏、商、周王朝并逐步演进至春秋战国时，地处岭南的珠江流域，却仍被中原人视为不开化的"南蛮之地"。考古资料证明，直到秦平岭南前，这里还是处在一种原始的世袭军事酋长制阶段或者是不发达的奴隶制阶段。岭南进入封建社会，自秦平岭南到汉武帝时期的百余年，是赵佗主要活动时期，从岭南政治、经济、文化等方面发展来看，正是这一时期，岭南这个原来十分落后的地区，接近或赶上了中原地区。而赵佗建立的南越国虽是一地方政权，但其所推行的封建制对岭南地区经济、文化的发展和民族的融合都起了重要的促进作用。

上编第二章已经谈到，赵佗是秦始皇平岭南时的主要将领之一，是秦统一岭南的主要功臣，在南征战役中发挥了重要作用。到秦二世时，中原动乱，陈胜、吴广揭竿而起反抗暴秦，刘邦、项羽亦"兴兵聚众，虎争天下"，中原烽烟四起，民生凋敝，社会秩序经济文化都受到很大的破坏。当时，掌握南海郡军政大权的南海尉任嚣认为，"秦为无道，天下苦之"，"中国扰乱，未知所安，豪杰畔秦相立"⑤。任嚣正确地全面地分析了岭南面临的严峻形势，决定利用"南海僻远"

① 〔清〕邓淳：《南越丛述》卷三。
② 何维鼎：《论西汉前期的形势及岭南的回归》，见广东省社会科学院编《学术论文选 1979—1982》（历史学）上卷。
③ 徐恒彬：《论南越王赵佗》，见暨南大学历史系编印《中国古代史论文集》第 1 辑，1981 年版。
④ 张维：《试论南越王——赵佗的历史地位》，载《广东文博》1984 年第 2 期。
⑤ 《史记·南越列传》。

"番禺负山险，阻南海，东西数千里"的险要的地理环境，在岭南拥兵自立。可惜任嚣自己病重无能力完成这一使命。于是，他将自己的心腹龙川令赵佗召至番禺，嘱赵佗拥兵自立。赵佗就是在这紧急的情况下登上岭南历史中心舞台的，可谓受命于危难之际。他果然不负任嚣之重托，成为一个颇具魄力和治国才华的历史风云人物。

当时，秦王朝已是腐朽的政权。赵佗继任南海尉后，立即下令横浦、阳山、湟溪关等"急绝道聚兵自守"，并"因稍以法诛秦所置长吏，以其党为假守"。又"击并桂林、象郡，自立为南越武王"①。于是，南越国在中原豪杰叛秦、楚汉相争之际诞生了。它的建立，使岭南地区免受兵燹之灾，但它又脱离了中原版图，成为岭南建立的第一个封建割据政权。邓淳据此认为当时赵佗不举兵从楚（跟项羽灭秦），又不从汉灭楚，"诚越之罪也"。这种指斥是不客观和苛刻的。赵佗虽然没有率兵和中原豪杰一起反抗暴秦，但他在岭南亦诛杀了秦的官吏，建立南越国同时脱离了秦王朝，极大地削弱了秦的军事力量。事实上，这一举动对项羽、刘邦等人的反秦是有帮助的。赵佗应是反秦队伍的一支同盟军。赵佗拥兵自立，叛秦自守，更是适应当时岭南地区时局发展的积极措施。

赵佗不单是一个英勇善战的骁将，也是一个治理国家的高手。他接任南海尉后，很快就将整个岭南地区控制在自己的手中。当时岭南正处于"新造未集"的阶段。但因赵佗的统治"甚有文理"，所以"中县人以故不耗减，粤人相攻击之俗益止"②。赵佗在统治南越时期，努力加强岭南与中原的联系，早在当秦龙川令时，赵佗就上书秦始皇，要求派女无夫家者三万人到岭南来为士卒补衣。因为在统一岭南的过程中，50万大军南下，胜利后都屯驻在岭南。这些士兵大部分是中原人，必有恋家之念。赵佗这一措施，对安定这部分人的情绪，为他们建立家庭，使其长留岭南起了一定的作用。赵佗将原来的士卒和南迁人士"与越杂处"，一方面把中原先进工具和生产技术传给越族人民，另一方面又尊重越人的风俗习惯，推行了"和辑百越"的民族政策，平等对待越族人民。这和以前中原统治者视南越为南蛮之地，鄙之而不愿交往或不屑一顾的做法有天壤之别。赵佗自己也学习越族"椎结箕倨"之俗，自称"蛮夷大长"。这样从各地来越的人士和当地越人友好相处，潜移默化，在共同的生产斗争中，创造出了巨大的物质财富，使岭南地区的经济、文化迅速发展，国力日益强大。

赵佗在南越国推行郡县制，要岭南各族首领"俯首系颈，委命于吏"，即各族首领，都要听命于郡县的官吏。同时，也分封一些势力特别大的首领为王，而这些王亦听命于南越国。其目的是要稳定岭南各族首领，制止他们"好相攻击"

---

① 《史记·南越列传》。

② 《汉书·高帝纪》。

之俗，从而逐步改变他们的社会性质，适应新的封建统治秩序。赵佗这一措施收到了良好的效果，所以汉高祖也称赞他能"和辑百越"，治理"甚有文理"。

在对待汉朝方面，赵佗基本上奉行了对汉朝既有臣服关系又有独立性的国策，这与当时的特殊历史条件是相应的。刘邦经过连年征战，刚刚建立汉朝时，国力空虚，内部地位不够巩固。但刘邦一开始就对南越国采取不承认的态度。汉高祖五年（前202），刘邦封吴芮为"长沙王"，领地有"长沙、豫章、象郡、桂林、南海"。把赵佗占据的岭南遥封给长沙王吴芮，表明了中央朝廷是不承认赵佗及其南越国的。当时，长沙王吴芮虽然得到中央的批准，将岭南划为长沙国属地，然而吴芮并没有力量来吞并南越。汉朝方面虽有许多将领对赵佗称霸岭南不满，劝汉高祖刘邦出兵南越，兵戎相见，但刘邦鉴于汉初政治之不稳定及经济之孱弱，不同意对南越采取军事行动，而对赵佗采取了"故释佗弗诛"的策略。《史记》这个"释"字，用得非常之巧妙，"释"者，放下也，当然只是暂时放你一马，暂时承认了南越国的存在。汉高祖十一年（前196），刘邦遣陆贾出使南越，"立佗为南越王，与剖符通使，和辑百粤，毋为南边害"①。不论这个安抚政策是否出于刘邦的真心还是无奈，当时的汉朝毕竟改变了不承认南越的政策，这不失为顺乎历史发展的正确决策。赵佗是一个善于审时度势权衡利弊关系的人，他听从了陆贾的劝说，接受了汉朝的南越王的封号，臣服于汉。汉朝凭一介之使，鼓动如簧之舌，不费一兵一卒就得到南越为藩属。如果赵佗不配合，臣服于汉能这么顺利吗？所以赵佗在这个问题上，能以国家和民族的统一和安定为重，使岭南不受兵灾之害，为岭南创造了一个稳定的局面，促进了社会的安定和经济的发展。《交广春秋》称赞赵佗"生有奉制称藩之节"，是一个中肯的评价。这也是汉文帝时期，陆贾第二次出使南越，赵佗立即下令去掉帝号，再次臣服于汉的原因。

由此可见，南越王赵佗的历史地位，是值得肯定的。评价一位历史人物，应该以当时的历史条件和历史环境以及本人行动和影响为根据。赵佗这个历史人物，不论在岭南历史上，还是在中国古代历史上，都有其重要性。赵佗从秦统一岭南的功臣，后来成为南越国的创立人。在其统治期间，岭南避免了秦末汉初的一场战乱，为岭南创造了一个安定的环境。赵佗在开发岭南，在促进岭南各族人民和中原地区人民的融合中起了重要作用。汉朝建立后，他接受了汉的招抚，称臣于汉，以后虽有反复，但基本上还是"愿奉明诏，长为落臣，奉贡职"。这是赵佗所表现出来的极其明智的政治态度。同时，赵佗作为一个南下汉人，尔后成为南越的统治者，而南越又受制于汉朝，南越国就在平衡之中得到了较大的发展。赵佗处于乱世，他创造并适应了当时特定的环境和政治气氛，他是一位成功

---

① 《汉书·高帝纪》。

者。"人创造了环境，同样环境也创造了人。"①

当然，赵佗作为一个岭南地区封建割据政权的统治者，离不开他的阶级和他所处的时代。在吕后临朝执政时期，他曾经一度称帝，不管其动机如何，在客观效果上是不利于中央集权的，因而是不足取的。同时，为了巩固南越政权，他在国内拥有众多的军队，沉重的军事负担在一定程度上影响了岭南社会经济的发展，也加深了对各族人民的剥削和压迫。不过，在当时的南越国，北境有长期与之为敌的长沙国，东面有剽悍好斗的闽越，西境有不羁汉法的西南夷，境内又有西瓯、骆越等族，大汉王朝又在时时刻刻觊觎着南越，赵佗因此不得不拥有众多的军事力量。在这一点上，我们似不应苛求于古人，更不应以他的缺点错误去否定他。

第二节　南越国在岭南历史上的地位

南越国从创立到灭亡，时间将近一个世纪。在此期间，在赵佗等人的积极经营下，岭南地区的历史发生了巨大的变化，岭南从原始社会后期（部分为奴隶制社会）进入了封建社会，因此，南越国对岭南地区的封建制起了推动和巩固作用。

考古发现证明，早在 10 多万年前的旧石器时代中晚期，马坝人就在岭南繁衍、生息。到了新石器时代，整个岭南大部分地区都已有人类活动和居住。但是，岭南社会的发展极不平衡，到春秋战国时期，大部分地区仍处于原始社会末期。落后的生产关系使岭南的发展比较缓慢，这里山高水长，交通闭塞，多数地区仍处于部落联盟的阶段，各有种姓，君长繁多，互不统属，未能形成一个统一的政权。

将岭南地区带入封建制社会门槛的是千古大帝秦始皇。公元前 214 年，秦军平定了岭南，在此设立了南海、象、桂林三郡，结束了当地原始的或半原始的无政府状态，三郡成为秦王朝的地方行政区，并由秦始皇直接委任郡县长官进行治理。秦末，秦王朝在农民起义中风雨飘摇，中原战火纷飞，而作为集南海政治军事大权于一身的任嚣又在此紧急关头患了重病，岭南面临着严峻的考验。农民起义、诸侯逐鹿、楚汉相争的战火随时可能延及岭南。而本地区越人的头领、酋长也不甘心自己失去权力，也可能乘动乱之机推翻封建制，再次回到过去酋长执政、各无君主的老路上去。在这关键的时刻，赵佗以代行南海尉事"绝新道聚兵自守"，并凭借武力，兼并了桂林、象郡，避免了"新造未集"的岭南地区的一场动乱。赵佗在岭南继续推行秦的封建制。因此，南越国的建立，对历史的贡

---

① ［德］马克思、恩格斯：《德意志意识形态》，见《马克思恩格斯全集》第 3 卷，第 4 页。

献,主要在于它阻止了岭南的分裂和复辟,继续和巩固了封建制。

南越国统治集团为了巩固和维持本阶级的利益,使封建制在岭南巩固下来,实行了一系列的积极措施和政策。南越国仿效中央王朝的做法,在国中推行郡县制,并分封了王侯,而王国的政权却牢牢掌握在赵氏王室手中。南越的官僚地主也控制着岭南大范围的土地和许多生产资料。南越的商业、手工业、与汉朝进行的贸易往来多数由官方控制,赵氏王室的主要执政者是汉人,他们自然而然地大力推广封建制,因此,南越国时期,实际上是岭南地区逐步汉化时期。

从经济上来看,南越国时期又是岭南经济第一次全面开发的时期,岭南地处边陲,由于五岭山脉的阻隔,影响了和先进的中原地区的交往,使这里的经济发展比较缓慢。秦统一岭南后,开始建立封建秩序和先进的生产关系,大批中原人被谪徙到岭南。南越国建立后,这批人继续留在岭南,他们带来了中原地区先进的生产技术和经验,并传给当地的越族人民。汉越两族和睦相处,出现了一个政治安定的局面,这样就给经济发展提供了十分难得的机遇,南越国大力发展农业生产,除利用与汉朝建立"互市"关系大量换回开发岭南所急需的铁器和牲畜外,南越国本身也发展了铸铁业。铁器和牛耕在生产上得到广泛的使用。这是南越国社会生产力迅速提高的重要标志。

冶铁业的建立,对南越王国是十分重要的。它使砍伐森林、开垦荒地、深耕细作、兴修水利等都可以有较大规模的开发,也是南越国社会生产力发展到一定水平的标志。岭南的西江、北江、桂江和东江流域都在这一时期得到逐步的开发,并形成了以珠江三角洲为中心的中国重要的水稻产区。因此,南越国时期是岭南农业经济发展的第一个高峰。

随着南越国农业经济的发展,王国的手工业生产也日益扩大,青铜冶铸、纺织、制漆、制玉、制陶、纺织、造船业等都有了迅速的发展,王国内出现了较大规模的官府手工业,其中不少手工业都是在南下中原汉人的影响下发展起来的,对岭南地区的社会物质文明起了重要的推动作用。

南越国又是处于民族融合、文化发展的新时期。南越国建立之后,赵佗推行"和辑百越"的民族政策,尊重越人的生活习惯,任用越族首领为官,与越人通婚,还推广中原先进技术和先进文化,提倡"汉越杂处"。南越国政权,除最高层的王室外,以丞相为首及其他不少高官都由越人出任。南越国实际上又是汉越联合而治的政权。这种形式有利于汉越两族间的合作与往来,两族人民之间建立了友好关系。南迁汉人为适应当地生活,学习越族文化和风俗,而汉族的文化水平和先进生产技术成为相对落后的越族学习和借鉴的重要对象。出现越人逐步汉化,汉越民族融合的局面。

岭南地区由于地处南陲,文化比较落后。目前,我们还未能发现越族有自己的文字。秦的统一和南越国的建立,汉文化和汉文字的传入,使越族文化落后的状况有极大的改观。"广东之文始尉佗"①。从南越王墓和罗泊湾一号墓出土的铜器、陶器、竹简上的刻铭、墨书来看，汉隶和秦篆等文字在南越国统治者和中下层官吏及部分手工业者中流行。在音乐方面，除保存具有越民族传统的乐器如青铜勾鑃、羊角钟、铜鼓等外，还有不少是汉族的乐器，如铜编钟、石编磬、琴、瑟、竹笛、木鼓等，这时期的音乐呈现了以汉族音乐为主，越族音乐为辅的现象。从目前已知的考古材料看，南越国的舞蹈可分两大类。一是中原"杂舞"，二是"越式舞"。前者包括单人长袖舞、双人舞、沐猴舞等，越式舞主要是羽毛舞。从出土的玉舞人来看，南越宫廷中流行的舞蹈是以汉族舞蹈为主。而南越的绘画艺术和汉代长沙地区的风格非常相似。如南越王墓出土的漆绘大圆镜，镜背用白色颜料绘有卷云纹和几组人物，有二人斗剑图，有袖手旁观的三位妇女和作慢步徐行的妇女，其人物的造型、衣纹的勾勒用线等，和长沙马王堆一号墓出土帛画的风格一致，简练而具神韵。这面铜镜的绘画艺术家深受汉文化的艺术影响，或者本身就是"与越杂处"的中原来的工匠。从以上这些方面可知，南越国时期，汉文化因素在南越国中逐步占据了重要地位，而越文化虽然保留下来，却逐步被汉化了。

综上所述，南越国的历史地位可归纳如下。南越国是岭南地区第一个封建制的国家，它的建立和聚兵自守，在特定的历史条件下，保证了岭南地区社会秩序的稳定，使岭南免受战乱之苦。赵氏集团承袭秦汉制度，在岭南推行封建制，并实行了一系列的有利于当地发展的政策和措施，对这一地区的经济文化的发展起了积极的作用。同时，南越国时期又是汉越民族大杂居、大融合的时代。当地的越族在南下中原人的影响下，经过近一个世纪的杂处，已被不同程度地汉化，到汉武帝平南越后，西瓯、骆越等族已经很少见诸文献记载了，可以说，岭南越族在很大程度上被汉化了。岭南地区发现西汉中期至东汉时期墓葬，其丧葬习俗和出土器物已经很少带有南越民族色彩，基本上被汉文化所代替。除和汉武帝平南越、中原文化大量传入岭南有关外，也和南越国时期实行"和辑百越"的民族政策有极大的关系。

---

① 《南粤丛录》引《粤记》。

后　记

　　《南越国史》是 1992 年我和黄淼章同志根据广东人民出版社"岭南文库"编辑部公布的选题，向编辑部提出编写此书的申请，由编辑部组织专家论证，最后确定由我们撰写的。

　　我们根据自己的特长，对写作进行分工。我对文献资料较为熟悉，分工写运用文献材料较多的第一章至第五章。黄淼章同志长期从事广州地区的文物考古工作，对考古资料比较熟悉，分工写运用考古资料较多的第六章至第十三章。分工完不久，我就被中山大学领导派去北京昌平国家高级教育行政学院学习四个月。行前与当时在读的以秦汉史为研究方向的硕士研究生王川同志商量，由他先编一个《南越国史研究论著、论文资料索引》。他很好地完成了这一工作，现把它作为本书的附录。以后我们二人共同研究，搜集资料，拟定提纲。由于我的行政、教学工作太忙，编写、修改，一拖就是两年。在此期间，王川同志对我帮助很大，我要衷心感谢他。黄淼章同志执笔的部分，由于他的工作也很忙，也是断断续续地把稿子交给我，至 1994 年 6 月交来最后一章。我用半年时间，在完成行政、教学工作之余，对全书进行修改、统稿。1995 年 3 月才把全书稿子交给出版社。

　　中国考古学会理事、广州市博物馆名誉馆长麦英豪研究员是广东考古学界的老前辈，中华人民共和国成立后广州地区的重大考古发掘大都是在他主持下进行的，他对广州的文物考古工作作出了重大贡献。他对南越国的历史及考古资料研究有素，造诣甚深，每谈及南越国的历史，就如数家珍，对我们教益匪浅。1973 年 10 月，我从北京中国科学院哲学社会科学部（今中国社会科学院的前身）历史研究所调来中山大学历史学系考古专业任教，教授"战国秦汉考古"课程。因为我是学历史专业的，不懂田野考古。当时考古教研室主任梁钊韬教授要我向麦英豪先生及其夫人黎金女士请教。从此我参加了一些广州地区的墓葬及遗址的发掘工作。我的一点点田野考古知识就是从他们那里学来的。而我对南越国史产生兴趣，也是从那时开始的。黄淼章同志从中山大学历史学系考古专业毕业之后，一直在麦英豪先生领导下在广州市文物管理委员会办公室从事文物考古工作。所以，麦英豪先生是我和黄淼章同志的老师。当把书稿呈请麦老师审阅时，他工作实在太忙，于是把书稿带在身边，利用出差机会，在飞机、火车上，或在夜晚，抽空阅读，字斟句酌，足足写了八页纸的修改意见，态度之认真，实在令我们感动。他还在百忙中为本书写了序言。在此谨向他致以衷心的感谢。

本书的出版，得到广东人民出版社编审庄昭同志，副编审、"岭南文库"编辑部主任曾宪志同志，副编审、"岭南文库"编辑部副主任冯伯秋同志等的大力帮助与支持，他们在审稿中提出过许多宝贵的意见。广州西汉南越王墓博物馆为本书提供了珍贵的文物照片。本书列入广州市社会科学基金会重点研究课题，研究工作得到该基金会资助。在此一并致以由衷的感谢。在读的硕士研究生唐浩中和广州市文物管理委员会考古队丁巍同志为核对资料、誊写稿件也做了不少工作，谨致以谢忱。

我们在编写过程中，吸收了国内外许多学者在南越国史研究方面的成果，一般都注明出处，或者有个别地方，一时疏忽，未注明出处者，请方家多多包涵。本书的缺点、错误在所难免，敬请读者不吝指教。

张荣芳

1995 年 10 月 18 日

于广州中山大学

上编　南越国史

修订版后记

收入广东人民出版社"岭南文库"的《南越国史》是中山大学张荣芳教授和我合写的一本专著。

南越国是两千多年前赵佗在岭南建立的一个封建王国，传五世93年，公元前111年被汉武帝所灭。南越国历史虽然不到一百年，但它是岭南早期历史极为重要的一页。由于年代久远，南越国留下的史料不多，因此，过去人们对其历史了解甚少。自1983年考古工作者在广州象岗发掘第二代南越王赵眜的陵墓以来，其神秘的地下玄宫和丰富多彩的出土文物吸引了许多人的眼球，南越国的历史也引起了包括专家学者在内的社会各界人士的关注，有不少人希望能更进一步了解南越王国的政治、经济和文化等方面的情况。

张荣芳教授是我国秦汉史方面的研究专家，曾担任中山大学副校长和中国秦汉史学会会长，南越国史一直是他重要的研究课题。我是张荣芳教授的学生，在中山大学历史系考古专业学习，毕业后分配到广州市文物部门，长期在广州地区从事文物考古工作。广州在两千多年前是南越国的都城，其地下保留了不少南越国时期的文物遗迹。本人曾有幸参加了著名的南越王墓的发掘，还参与不少南越国时期墓葬和遗址的调查及发掘工作，因此，我们对南越国历史和文物有一定的了解。为了让更多的人认识南越国，进一步推进南越国历史的研究，1992年，我们应广东人民出版社"岭南文库"编辑部之约，利用近四十年来岭南地区出土的南越国时期的考古材料并结合文献史料记载，撰写了《南越国史》一书。此书出版后，在社会上反响较好，受到有关专家学者的好评，也引起社会各界人士对南越国史的广泛关注。

近十多年来，随着改革开放的进一步深入，广州的城市建设日新月异，城市考古也面临千载难逢的机遇与挑战，许多埋藏在古城地下的文物重见天日，其中有不少南越国方面的考古新发现，特别是在广州闹市中心的中山四、五路一带，发现了南越国宫署遗址、御苑曲流石渠遗址和木构水闸遗址等，还发掘出南越国一号宫殿殿基的部分散水。这些南越国考古的重大发现，引起了国内外学术界的高度关注，其中1995年和1997年南越国宫苑考古新发现曾先后两次被评为当年中国十大考古发现之一，同一处古遗址两次被评为十大考古发现也是中国考古的一个奇迹。令人惊喜的是，在 2005 年南越国宫署遗址中发现了一口南越古井，出土了 100 余枚南越木简，简文均墨书，字迹非常清晰，字体多为成熟隶书。这些考古新发现，对研究南越国的政治、经济、文化、地名、官制和都城建设以及民俗风情等方面都有重大价值，是我们今天研究两千多年前神秘王国最为珍贵的第一手资料。

《南越国史》问世后，一晃十多年过去了，第一版早已销售一空。随着南越国考古新材料不断出土和南越国史研究不断深入，要求对《南越国史》修改和再版的呼声越来越高。为了使《南越国史》更加完善和吸收更多的考古新发现，广东人民出版社"岭南文库"编辑部于是决定请作者对该书作进一步的修改和补充，再版发行。

根据张荣芳教授的意见，此次对该书进行修改着重于补充近年来考古发现的南越国新出土资料。由于我长期在广州地区搞田野考古工作，对考古资料较为熟悉，因此，张教授委托我负责再版的修改补充工作。此次修改补充《南越国史》，基本上保留了原书的章节和风格，主要是增添了 20 世纪 90 年代以来近十几年间新发现的南越国地下考古材料，还补充了一些新出土的南越国文物图版。同时，我们还邀请了西汉南越王墓博物馆的吴凌云和李郁同志将近年来发表的有关南越国史研究的 600 多篇文章进一步系统整理，并加入到本书的附录《南越国史研究论著、论文资料索引》中，加大了本书的学术信息量，也使读者能更好地更全面地了解南越国的历史。

本书的修改和再版，得到了广东人民出版社"岭南文库"编辑部的大力支持，岑桑先生、赵殿红和李锐锋同志还提出了很好的修改建议，南越王宫博物馆（筹）为本书再版提供了珍贵的文物照片，在此，我们表示深深的谢意！并向所有为本书修订版付出辛勤劳动的同志表示感谢和致敬。

黄淼章

2008 年 5 月 1 日

于广州东山

下编 西汉南越王墓多元文化研究

前　言

近三四十年来，广州发现西汉南越国遗迹多处。其中 1983 年 6 月，在广州象岗发现的南越国第二代王赵眜（又名赵胡，前137—前122 在位）墓葬，是一处重要遗迹。该墓出土 1000 余件（套）文物，为中国汉代考古的重大发现。该墓与已发掘的汉初诸侯王墓比较，有其特殊价值：它是岭南最早的石室彩绘壁画墓；墓主在《史记》《汉书》中有传记，史事清楚，年代精确，为岭南地区考古学确立了断代标尺；未被盗掘，保存完好，该墓进行的是科学发掘，因而对科学研究具有特别重要的价值。发掘后，在原地建立了"西汉南越王博物馆"，对古墓加以保护、利用和开发。

1991 年 10 月，文物出版社出版了《西汉南越王墓》发掘报告，公布了全部材料，在国内引起了强烈反响，研究南越国史、南越王墓的论著不断出现，把秦汉时期岭南地区历史的研究推向新的高潮。

广东地处岭南，是岭南文化的发祥地。岭南文化源远流长，它是在土著文化的基础上，接受中原及各地优秀文化并吸收海外文化精华，从而形成有自己特色的本地区文化。岭南文化在其形成过程中显示出兼收并蓄、勇于开拓、大胆革新、讲究实用的特点。研究历史，固然要靠传世的文献资料，但考古的出土文物也是我们研究历史的重要资料。尤其是秦汉时期的岭南，文献资料十分匮乏，考古资料因而显得特别重要。本书就是通过南越文王赵眜墓出土的资料，并结合文献记载，研究岭南文化特色的专著。

本书是 2002 年 3 月广州市文化局、南越国遗迹申报世界文化遗产工作领导小组办公室下达的"广州南越国遗迹申报世界文化遗产研究课题"之一的结项成果。按照列入世界文化遗产所依据的标准，该墓出土的一些文物，属于"标准一"，即"代表人类创造天才的一种杰出作品"；或"标准三"，即"为一种现存的或已消失的文化传统或文明提供独一无二或至少是特别的见证"。通过研究，我们可以负责任地说，西汉南越王墓是岭南文化特点之多元性、兼容性的历史见证。

本书第一章由张荣芳负责，第二章由吴凌云负责，第三、四章由周永卫、吴凌云负责，第五章由周永卫负责。初稿写出之后，由周永卫负责统稿，最后由张荣芳修改审定。课题组的负责人是张荣芳。

本书内容曾为 2011 年由广东人民出版社出版、广州南越国遗迹申报世界文化遗产工作领导小组办公室编的《南越国遗迹研究》中的一部分。该书出版后，读者对南越王墓多元文化甚感兴趣，因此，著者特将此部分内容加以扩展，独立成书，以答谢广大读者的厚爱。希望读者通过南越王墓的多元文化研究，更全面地了解岭南历史文化。

第一章 南越国的历史地位

西汉实行郡国并行制，即郡县制与封国制并行存在。西汉立国后，刘邦先后封异姓功臣为王，共有八国。一是韩王信，二是赵王张耳，三是齐王韩信（后封为楚王），四是梁王彭越，五是淮南王黥布（即英布），六是燕王臧荼，七是燕王卢绾，八是长沙王吴芮。以上异姓诸侯王，有六个皆因谋反的罪名而被诛或逃亡。张耳以智慧得以保全，至其子时也失国；长沙王吴芮因势力弱小无罪得以自保，后嗣传国至汉文帝后元七年（前157），才因无嗣国绝。对于异姓诸侯王的兴亡，《汉书·韩彭英卢吴传》"赞"做了如下概括：

> 昔高祖定天下，功臣异姓而王者八国。张耳、吴芮、彭越、黥布、臧荼、卢绾与两韩信，皆徼一时之权变，以诈力成功，咸得裂土，南面称孤。见疑强大，怀不自安，事穷势迫，卒谋叛逆，终于灭亡。张耳以智全，至子亦失国。唯吴芮之起，不失正道，故能传号五世，以无嗣绝……

刘邦先后用七年时间，基本削平异姓王国，维护了西汉统一的局面。但是在消灭异姓王之后，他又分封同姓为王，即所谓"封王子弟，大启九国"：一是楚元王刘交，二是齐悼惠王刘肥，三是荆王刘贾，四是赵隐王刘如意，五是淮南王刘长，六是淮阳王刘友，七是梁王刘恢，八是代王刘喜，九是燕王刘建。以上九国加上异姓长沙王吴芮，合计十国。

为什么刘邦如此大封同姓诸侯王呢？如果说对异姓王的分封是迫不得已的话，那么，对同姓王的分封，则完全出于自愿，是为了维护汉朝的统治。刘邦总结秦朝短促灭亡的经验教训，认为秦代二世而亡是由于没有分封子弟为王。《汉书·高五王传》"赞"曰："以海内初定，子弟少，激秦孤立亡藩辅，故大封同姓，以填天下。"刘邦分封同姓王是主动的、自愿的，是想用同姓诸侯王屏卫汉室，以维护其长期而稳定的统治。

西汉初期的南越国，与以上异姓王、同姓王都有所不同。它是秦统一岭南时的功臣赵佗利用秦末汉初天下大乱的形势，据岭南而称王所建立的王国。《史记·南越列传》对赵佗建立南越国有较详细的记载：

> 南越王赵佗者，真定人也，姓赵氏。秦时已并天下，略定杨越，置桂林、南海、象郡，以谪徙民，与越杂处十三岁。佗，秦时用为南海龙川令。

至二世时，南海尉任嚣病且死，召龙川令赵佗语曰："闻陈胜等作乱，秦为无道，天下苦之，项羽、刘季、陈胜、吴广等州郡各共兴军聚众，虎争天下，中国扰乱，未知所安，豪杰畔秦相立。南海僻远，吾恐盗兵侵地至此，吾欲兴兵绝新道，自备，待诸侯变，会病甚。且番禺负山险，阻南海，东西数千里，颇有中国人相辅，此亦一州之主也，可以立国，郡中长吏无足与言者，故召公告之。"即被佗书，行南海尉事。嚣死，佗即移檄告横浦、阳山、湟溪关曰："盗兵且至，急绝道聚兵自守。"因稍以法诛秦所置长吏，以其党为假守。秦已破灭，佗即击并桂林、象郡，自立为南越武王。高帝已定天下，为中国劳苦，故释佗弗诛。汉十一年，遣陆贾因立佗为南越王，与剖符通使，和集百越，毋为南边患害，与长沙接境。

《汉书·南粤传》的记载与此大体相同。根据《史记》《汉书》的记载，赵佗立国，建都于番禺，传五世93年而亡，立国将近一个世纪。其疆域：向东与闽越相接，抵进福建西部的安定、平和、漳浦；向北主要以五岭为界，与长沙国相接；向西到达今之广西百色、德保、巴马、东兰、河池、环江一带，与夜郎、句町等国毗邻；其南则抵达越南北部，南濒南海。[①] 在如此广阔的土地上统治了将近一个世纪的南越国，在岭南的历史上，乃至中国的历史上都有其独特的、重要的地位。那汉朝中央政府是怎样治理南越国的呢？

南越王墓出土金、铜、玉、绿松石等质料的印玺共23枚。墓主贴身随葬的有九枚，分盛于三个小漆盒中，置于胸部的有"文帝行玺"金印和两枚无字玉印；置于胸腹之间的有"泰子"金印和"泰子"玉印及一枚无字玉印；腹部的有"帝印"玉印、"赵眜"玉印及一枚无字绿松石印，印文皆阴刻篆书。这些印章为确定墓主的身份、姓名及墓葬的年代提供了确切的物证。其余的印章如"景巷令印"铜印、"右夫人玺"金印等为我们了解南越国的百官制度、殉葬制度等提供了极为重要的实物资料。

一、 汉治理南越国的模式

南越国与西汉初年所封的其他诸侯国相比，有其相当的特殊性：一方面，赵佗虽自立为王，但后来刘邦派陆贾出使，赵佗接受了汉王朝的册封，成了汉朝的诸侯王国，隶属于中央王朝；另一方面，赵佗虽受册封，"入贡中原"并"遣使入朝请"，但在其国内仍然"称制与中国侔"，独立性很强。这一特点决定了南越国政治制度的特征。一方面，南越国是沿秦在岭南设的三郡旧地而建，其开国

之君赵佗亦为秦原南海郡尉。汉朝建立后不久，南越国又臣属汉朝。因此，其政治制度必然承袭秦汉。另一方面，南越国域内百越民族聚居，民族关系十分复杂，汉文帝曾经致书赵佗，表示赞同"服领（五岭）以南，王自治之"①。这就决定了南越国可以根据不同情况，自行决定一些制度或措施，故其有一定的独立性。

就其承袭秦汉制度而言，举其要者有如下数端。

郡国并行制。汉初实行郡国并行制。赵佗仿汉制，在南越国内亦实行郡国并行制。根据文献记载和考古材料可知，南越国设的郡是秦于始皇三十三年（前214）"略取陆梁地，为桂林、象郡、南海"② 三郡的延续。仍设南海郡、桂林郡，取消象郡，而于其地设交趾、九真二郡③。南海郡下设的县，可考的有番禺、龙川、博罗、揭阳、浈阳、含洭等。桂林郡下设的县，可考的有布山、四会等。交趾、九真二郡下设的县，除象林县之外，其余的不见于记载。南越国除行郡县制之外，还仿汉朝分封王侯，据文献记载，有苍梧王赵光、西于王、高昌侯赵建德等。此外，根据考古材料，南越国内还有下列王侯：1979 年 4 月，广西贵县罗泊湾二号汉墓中，出土了"夫人"玉印及"家啬夫印"封泥，根据出土文物推测，墓主生前可能是南越国分封于桂林郡的相当于侯一级的官员的配偶④；1980 年，在广西贺县金钟一号汉墓中，出土有"左夫人印"玉印，从墓葬的规模推测，等级类似侯王，该墓的男主人可能是南越国分封于当地的相当于王侯一级的官⑤；至于广西贵县罗泊湾一号汉墓墓主的身份，学术界还存在争议，或以为是中原南下的将领，是桂林郡的郡守、尉⑥，或以为是南越国册封为王侯的骆越族首领⑦。所以，根据文献和考古资料，南越国分封的王侯至少有五六个。郡县制和分封制并行，是西汉统治者针对汉初形势而首创的制度，它对汉初安定社会、发展经济起了一定的作用。南越国仿此制度并在岭南实行，也起到了相同的作用。

职官制度。南越国仿照汉朝建立起一套从王国中央到地方王侯的体系庞大的官职体制系统。南越国中央设有丞相、内史、御史、中尉、太傅等职位，也设有郎、中大夫、将、将军、左将、校尉、食官、景巷令、私府、私官、乐府、泰官、居室、长秋居室、大厨、厨官、厨臣、常御、少内等文武百官。南越国地方王侯官职中可考者有假守、郡监、使者、县（令）长、啬夫等。南越国的官制

---

① 《汉书·西南夷两粤朝鲜传》。
② 《史记·秦始皇本纪》。
③ 《史记·南越列传》索隐引《广州记》。
④ 广西壮族自治区文物工作队：《广西贵县罗泊湾二号汉墓》，载《考古》1982 年第 4 期。
⑤ 广西壮族自治区文物工作队等：《广西贺县金钟一号汉墓》，载《考古》1986 年第 3 期。
⑥ 蒋廷瑜：《贵县罗泊湾汉墓墓主族属的再分析》，载《学术论坛》1987 年第 1 期。
⑦ 蓝日勇：《试论罗泊湾一号墓墓主身份及族属》，载《广西民族研究》1986 年第 2 期。

以仿中原汉制为主，同时又根据实际情况，设置一些特别的官署。这一特点与南越国政治制度的总体特征是一致的。

汉初统治者要求南越国在实行与汉王朝大体相同的政治制度的前提下，可以根据南越国是多民族聚居之地的特点，实行一些相对独立的制度和民族政策。

首先，南越国拥有一支包括步兵、舟兵和骑兵的军队。

这支军队的数量，赵佗自夸"带甲百万有余"①，虽然不一定有那么多，但从汉武帝平南越时共发"南方楼船卒二十余万人击南越"②的记载来看，南越国的军队应有数十万之众。而广州象岗南越文王墓出土的错金铭文"王命命车徒"虎节，证明南越王可以自行调遣这支军队。南越国不用汉帝纪年，而用南越王纪年。南越文王墓出土了一套勾鑃，皆阴刻有篆书"文帝九年乐府工造"从第一到第八的序号③，据查，南越文王九年为汉武帝元光六年（前129），表明南越国不用汉纪年，而用南越王的纪年。这是南越国"自治"的一个证明。

其次，南越国实行以"故俗"治国的特殊政策。

汉朝给南越国以免征赋税的优待，汉武帝初年，南越国仍然是"以其故俗治，毋赋税"④。第二代南越王赵眜（胡）墓中殉葬者十五人，第三代南越王婴齐则"尚乐善杀生自恣""惧用汉法"，直到第四代王赵兴时，才"除其故黥、劓刑，用汉法"⑤。此表明南越国保留了越人的许多"故俗"，这是南越国"自治"的另一证明。

最后，南越国根据民族众多的特点，采取了许多特殊的民族政策。

在南越国境内生活的民族，除数十万中原移民外，主要是土著居民——越族。但越族"各有种姓"⑥，支系众多，所以文献中的记载不尽相同。见诸史书的有"百越""扬越""外越""陆梁"等。这四个词在史籍中皆有"岭南越族"或"岭南地区"的含义，是一个泛指。至于汉代岭南地区的越族有具体哪几个部落，著名民族学家林惠祥早在20世纪30年代就指出，"越以百称，明其种类之多"，而"汉有瓯越、闽越、南越、骆越"⑦，明确指出汉代时生活在岭南的越族部落有上述四个，除闽越外，其余三个都生活在南越国境内。大体说来，南越族聚居于今广东北部和中部一带，也有一些生活在今广西东部地区。西瓯族主要生活在今广西西江中游及灵渠以南的桂江流域。越南史学家陶维英认为，除上述

① 《汉书·西南夷两粤朝鲜传》。

② 《史记·平准书》。

③ 广州市文物管理委员会等编：《西汉南越王墓》（上），文物出版社1991年版，第40-42页。

④ 《汉书·食货志下》。

⑤ 《汉书·西南夷两粤朝鲜传》。

⑥ 《汉书·地理志》。

⑦ 林惠祥：《中国民族史》，上海文艺出版社1990年影印本，第111页。

地区外，今越南的泸江、锦江、求江、商江上游地区，也有西瓯族居住①。骆越族分布于西瓯族的西部和南部，即今广西的左江流域和右江流域，贵州省的西南部以及越南的红河三角洲。南越国境内的民族众多，所以实行符合实际情况的民族政策是十分重要的。赵佗吸取秦朝屠睢和任嚣在越统治的经验和教训，制定了比较切合实际的治理制度和民族政策，获得了极大的成功。这些民族政策具体可以概括为以下四项。

一是吸收越人进入政权，以越制越。赵佗建立南越国时，以中原汉人为主要依靠力量，即"中国人相辅"。但要使南越国能长治久安，必须取得土著居民——越人的认同。因此，赵佗第一步就是争取越人上层集团的承认，并吸收其进入政权，使其利益与南越国统治集团的利益相一致。在这种思想指导下，许多越人被吸收到南越国政权中来，如吕嘉，清代屈大均于《广东新语》中说："嘉本越人之雄，尉佗得之，因越人之所服而相之，而南越以治。"② 赵佗拜吕嘉为丞相，并以其弟为将军，吕氏家族中许多人得以担任官职。以吕嘉任丞相为契机，越人的上层贵族纷纷表示对南越国的支持，一些部族的领袖相继被吸收到南越国政权中，或被册封为王侯，如西于王；或被任命为文武官员，如瓯骆左将军黄同、桂林监居翁、越郎都稽等。南越国的这一政策，使越人上层集团的利益与南越国统治集团的利益相一致，消除了他们的疑虑，使他们对南越国政权产生认同感。南越国也因此获得成功的统治效果，达到了以越制越的目的。

二是入境随俗，遵从越人风俗习惯，使汉越人民和睦相处。越族在其历史发展过程中逐渐形成了独特的文化体系和风俗习惯，如喜食蛇蚌、断发文身、椎结箕倨、干栏而居、水处行舟、盛行巫祝、使用鸡卜等。对于越族的风俗习惯，如果不加以尊重，轻蔑地否定，必然会伤害越族人民的感情。如果遵从之，则可使汉越人民互相了解、和睦相处。赵佗居越多年，对此深有体验。他入境随俗，按越族的风俗习惯生活，俨然以"蛮夷大长老夫"自居③。当他第一次接见汉使陆贾时，"弃冠带"，即不用汉朝的"冠带之制"，而用越族的"椎结箕倨"之俗。据《史记·陆贾列传》索隐曰，"椎结"，"谓为髻一撮似椎而结之"，"谓夷人本被发左衽，今他（佗）同其风俗，但椎其发而结之"。"箕倨"，就是席地交股而坐，这也是越族的习惯。赵佗后来对陆贾歉称"居蛮夷中久，殊失礼仪"④，说明赵佗实际上是一个越化的汉人或汉裔越人。在赵佗的带动和提倡下，居住在南越国的中原汉人遵从越人的风俗习惯，使这些习惯蔚然成风，大大削弱了民族间的隔阂，有利于南越国统治者稳定统治秩序。

---

① ［越］陶维英：《越南历代疆域》，钟民岩译，商务印书馆 1973 年版，第 45 页。
② 李育中等注：《广东新语注》，广东人民出版社 1991 年版，第 418 页。
③ 《史记·南越列传》。
④ 《史记·郦生陆贾列传》。

　　三是大力提倡汉越通婚，促进民族融合。自古以来，民族间通过联姻消除隔阂，建立和睦关系。这是一条重要的历史经验。赵佗吸取这一历史经验，在南越国大力提倡汉越通婚。吕嘉家族中"男尽尚王女，女尽嫁王子兄弟宗室"①，而吕氏家族与苍梧秦王赵光也有结亲。第三代南越王赵婴齐也娶越女为妻，并生子赵建德。南越国的下级官吏、兵卒及其他中原汉人与越族的通婚应更为普遍，尤其是南下的数十万秦兵，除了极少部分与中原派来的 15000 名女子组建家庭外，大部分士卒当主要与土著越族通婚。汉越通婚大大促进了民族的融合。

　　四是因地制宜，让部分越人"自治"。越族支系众多，各部越人社会经济发展极不平衡，其势力亦参差不齐。针对这些不同情况，赵氏政权因地制宜，采取了一些灵活变通的政策，让一部分人"自治"。赵佗兼并象郡之后，取消象郡之名，于其地置九真、交趾二郡。交趾一带，越族部落势力十分强大，有严密的部落组织，赵佗仅派二使者前往"典主"②；同时又在交趾地区分封了一位"西于王"，这位"西于王"，正是杀死秦将屠睢的原西瓯君译吁宋的后裔③，在西瓯族中有着崇高的声望及广泛影响。赵氏政权封之为王，以安抚之策让其"自治"，加强了对西瓯地区的控制。

　　由此可见，西汉中央王朝治理南越国的模式，就是考虑到南越国境内民族众多的特点，要求臣属中央王朝的同时，又保持其相对独立性，正如汉文帝在致赵佗书中所说的"服领（五岭）以南，王自治之"。赵佗在南越国的统治，也仿照西汉王朝对其的治理模式，在境内的一些民族复杂的地区，封少数民族的首领为王、侯，让其"自治"。这种治理模式，稳定了岭南的政治局面，不仅"和辑百越"，使得岭南"粤人相攻击之俗益止"，同时，也使"中县人以故不耗减"④。这为岭南地区经济的发展、文化的交流、民族的融合奠定了基础。

二、 汉治理南越国的模式探源

　　中国疆域辽阔，民族众多，从夏、商、周开始，就存在一个中原王朝的政治实体，在这个政治实体的周围分布着许多少数民族。怎样治理这些地区，中国古代已形成了一套完整的思想和政策。《尚书·禹贡》称夏朝王室统治的中心为"王畿"，以王畿为中心，根据距王畿近远而分为"五服"：

---

　　① 《汉书·西南夷两粤朝鲜传》。
　　② 《史记·南越列传》索隐引《广州记》。
　　③ 王先谦在《汉书补注·两粤传》中认为："《淮南子·人间训》载有西瓯君，《汉书·闽越传》斩西于王，即西瓯也。"又据罗香林之《古代百越分布考》，"瓯骆之瓯，亦似于为越之于所转"，且"瓯""于"二字，"求之于古，本同部也"（参阅罗香林《中夏系统中的百越》，独立出版社 1943 年版）。可见，古代"瓯""于"两字可通。因此，"西于"即"西瓯"，西于王也是西瓯王。
　　④ 《汉书·高帝纪下》。

五百里甸服，百里赋纳总，二百里纳铚，三百里秸服，四百里粟，五百里米。五百里侯服，百里采，二百里男邦，三百里诸侯。五百里绥服，三百里揆文教，二百里奋武卫。五百里要服，三百里夷，二百里蔡。五百里荒服，三百里蛮，二百里流。①

《国语·周语上》记载周穆王伐犬戎，大臣祭公谋父进谏说：

　　夫先王之制：邦内甸服，邦外侯服，侯卫宾服，蛮夷要服，戎狄荒服。甸服者祭，侯服者祀，宾服者享，要服者贡，荒服者王。日祭，月祀，时享，岁贡，终王。②

　　这两书对"五服"的记载，尽管略有不同，但"五百里要服""五百里荒服""蛮夷要服""戎狄荒服"，都是指东南蛮夷之族和西北戎狄之族所居住的地区。祭公谋父说的"甸服者祭，侯服者祀，宾服者享，要服者贡，荒服者王"，是指"五服"对周王有不同的职贡。荒服的少数民族首领，必须向周王进献。根据"荒服"的制度，所有居住在"荒服"地区的大小部落首领都必须终身"来王"。所谓"来王"，就是来到王的居处，朝见周王而推尊以为王；接受分封低下爵位而服事周王。③ 楚是被周人看作蛮夷的，《史记·楚世家》说："周文王之时，季连之苗裔曰鬻熊，鬻熊子事文王。"所谓"子事文王"，就是接受低下的"子"爵，从而服事于周王。
　　对《禹贡》的"五服"说，司马迁、班固是全盘接受了的。《史记·夏本纪》和《汉书·地理志》关于"五服"的论述，除改了个别字外，几乎全文照抄《禹贡》。此外，《汉书》还多次提到"水土既平，更制九州，列五服，任土作贡"④、"圣王分九州，制五服"⑤ 等。当然，"五服"说的是儒家理想化的东西，不能完全当作当时的统治规范。但它说的以王畿为中心，由近及远地将统治推向四方，而统治也由近及远地逐渐减弱，这确是事实。对于"服"字，郑玄《周礼注》解释："服，服事天子也。"程大中《四书逸笺》卷一引《丛说》："《禹贡》五服之内所封诸侯，朝贡皆有时，各依服数以事天子，故曰服事。"⑥
对于"荒服"，《史记·夏本纪》《集解》引马融曰："政教荒忽，因其故俗而治

　　① 参阅《十三经注疏·尚书正义》（附校勘记）（上），中华书局 1980 年版。
　　② 参阅徐元诰《国语集解》，中华书局 2002 年版。
　　③ 参阅杨宽《西周史》第三编第七章，上海人民出版社 1999 年版。
　　④ 《汉书·地理志》。
　　⑤ 《汉书·西域传》。
　　⑥ 文渊阁版《四库全书》，台湾影印本。

之。"《汉书·地理志》师古注曰："此五服之最在外者也。荒，言其荒忽，各因本俗。"对于"五服"，南宋蔡沈《书集传》解释，"甸服，畿内之地也。甸，田服事也"；"侯服者，侯国之服"；绥服者，"绥，安也。谓之绥者，渐远王畿而取抚安之义"；"要服，去王畿也远，而经略之者视要服为尤略也"[1]。在这里，蔡沈认为中原王朝统治者因为"去王畿已远，皆夷狄之地，其文法略于中国"，所以治理"要服""取要约之义，特羁縻而已"；而其治理"荒服"则比"要服为尤略"更为松弛。即朝廷对"要服""荒服"的治理是"羁縻"而治，这是夏、商、周时代的情况。在战国时代的兼并战争中，秦对一些少数民族也采用羁縻政策。秦兼并巴蜀之后，因为少数民族的统治者在当时还有一定的号召力，于是也采用了羁縻政策[2]。

既然《史记》《汉书》全盘接受了"五服说"，汉代的政治家在讨论边疆问题时，也以"五服说"为立论基础。如《汉书·严助传》记载，淮南王刘安在上书谏闽越用兵一事时说："自三代之盛，胡越不与受正朔，非强弗能服，威弗能制也，以为不居之地，不牧之民，不足以烦中国也。故古者封内甸服，封外侯服，侯卫宾服，蛮夷要服，戎狄荒服，远近势异也。"《汉书·匈奴传》中在讨论怎样处理匈奴问题时，萧望之说："戎狄荒服，言其来服荒忽无常，时至时去，宜待以客礼，让而不臣。"（《萧望之传》也有类似记载）班固在《汉书·匈奴传》中总结对边疆的治理时说：

> 故先王度土，中立封畿，分九州，列五服，物土贡，制外内，或修刑政，或昭文德，远近之势异也……夷狄之人……其慕义而贡献，则接之以礼让，羁縻不绝，使曲在彼，盖圣王制御蛮夷之常道也。

班固认为，先王"分九州，列五服"，对于"荒服"，用羁縻之治，乃"圣王制蛮夷之常道"。

"羁縻"一词，在《史记》中凡五见，在《汉书》中凡八见。其意义有三种：一种是泛指统治方式，如《史记·律书》："会高祖厌苦军事，亦有萧、张之谋，故偃武一休息，羁縻不备。"一种是对方士而言，如《史记·封禅书》（《史记·武帝纪》《汉书·郊祀志》同）载："而方士之候祠神人，入海求蓬莱，终无有验。而公孙卿之候神者，尤以大人之迹为解，无有效天子益怠厌方士之怪迂语矣，然羁縻不绝，冀遇其真。"这是指对方士保持联系，控制方士的活动。此外，更多的是指对边疆戎狄的一种统治方式，如《史记·司马相如列传》：

"盖闻天子之于夷狄也，其义羁縻勿绝而已。"《索隐》对"羁縻"的解释："羁，马络头也。縻，牛缰也。《汉官仪》'马云羁，牛云縻'。言制四夷如牛马之受羁縻也。"这虽是对边疆少数民族的一种蔑称，但它说出了当时的统治者对边疆的一种统治方式。又如《史记·大宛列传》："宛以西，皆自以远，尚骄恣晏然，未可诎以礼羁縻而使也。"《汉书·陈汤传》："中国与夷狄有羁縻不绝之义。"《汉书·西域传》说康居国"汉为其新通，重致远人，终羁縻而未绝"。凡此种种，都是指对戎狄"羁縻"而治。

诚如班固在《汉书·匈奴传》中所总结的，"羁縻"而治，乃"圣王制御蛮夷之常道"。这种思想在汉代政治家、军事家的头脑里是根深蒂固的。而这种思想是基于王畿之外，分为"五服"，而最外的是戎狄聚居的"荒服"，因而用"羁縻"而治。汉代中央统治者总结和吸收先秦时代对边疆戎狄"羁縻"而治的经验教训，制定了因时、因地、因人而异的"羁縻"政策。西汉中央政权对南越国的治理，正是这种"羁縻"而治的具体表现。赵佗也是一位杰出的政治家、军事家，他对南越国，对南越国内少数民族势力强的地区，也"羁縻"而治。汉代的这种"羁縻"思想，包括三点内容：第一，反对放弃边疆地区，必须坚持中国与其周边民族之间的政治联系，即《汉书·陈汤传》所谓"中国与夷狄有羁縻不绝之义"；第二，进行适度而治，即"羁縻"而治，有限度地加以控制，保持名义上统治与隶属的关系，而不进行直接统治，由其首领"自治"，对南越国的统治即此种形式；第三，"羁縻"而治的最终目的还是要实现最高层次的治，即达到完全的统一①。如汉武帝元鼎六年（前111）平定南越国，即是更高层次上的统一。

因此，我们认为汉中央王朝对南越国的治理模式，源于先秦时代把王畿之外的地区分为"五服"，并对最外围的"荒服"实行"羁縻"而治。南越国统治之地正属"荒服"之地，因而用"羁縻"而治。这是汉朝中央继承和发展先秦时代治理边疆的经验教训的结果。而这一做法无疑是成功的。

三、 经济发展的新阶段

先秦时期的岭南地区，基本上还处于落后的原始农业耕作阶段，即"刀耕火种"或"火耕水耨"，生产工具十分落后，主要使用磨制石器。秦统一岭南后，随着大批中原人南下，先进的生产工具和生产技术才进入岭南，为经济的发展创造了条件。经过南越国近百年的经营，岭南地区经济的发展达到了一个崭新的阶段。

---

① 参阅刘逖《我国古代传统治边思想初探》，见马大正主编《中国古代边疆政策研究》，中国社会科学出版社1990年版。

（一）农业经济的发展

农业生产工具的进步为农业的发展创造了条件。铁制的农业生产工具在南越国已有不少，据不完全统计，属于南越国时期的铁器已出土 700 余件，与农业有关的铁器有锄、锸、铲、镢、镰、斧、凿、锤、锛、削、刀、弯刀、劈刀、铲刀等。其中，锸、锄、镢、镰等是农业生产的重要工具。锸，在南越王墓中出土三件，呈凹字形，刃口圆弧，两刃角向上微翘，内侧有空槽以纳木叶。出土时，槽内多残存木叶朽木，可见是用实用器陪葬。这是我国古代流行的一种农具，文献记载颇多。《盐铁论·国疾》云"秉耒抱锸"，《汉书·王莽传上》云"父子兄弟负笼荷锸，驰之南阳"。刘熙《释名·释用器》："锸，插也，插地起土也。"它可用来翻土、修埂、开渠、挖掘等，是一种使用非常方便而且广泛的农具。镢，在南越王墓东耳室中出土两件。《淮南子·精神训》："修干戚而笑镢插。"高注："镢，斫也。"这种农具对开荒造田，特别是刨树根等有极高的效率。锄，在南越王墓东耳室中出土一件。锄是中耕农具，刘熙《释名·释用器》："锄者，助也，去秽助苗长也。"可用它松土、除草、中耕、培土、间苗等，是农业生产中的"万能工具"。镰，是收割工具，在南越王墓西耳室中出土一件。这种铁镰为弯月形，它可能就是《方言》中所说的刈钩。刈钩可简称为钩。《汉书·龚遂传》："诸持刈钩田器者皆为良民。"颜师古注："钩，镰也。"

广西贵县罗泊湾一号墓属于南越国时期的墓葬，出土了两件计田器的木牍，其中一件自题为"东阳田器志"[①]。"田器"是汉人称农业生产工具的常见语。"田器志"就是墓中随葬农具的登记单。"东阳"是地名，所指何地，有不同的说法，总之，其不在南越国境内，而是在南越国以北的地方。一份南越国从中原地区引进农具的清单上，木牍所记农具的名称和数字，部分已漫漶不清，残存可辨的有"桔田八其一郎""钽一百廿具""钪十五具""钪一百二柚""楠五十三""钽一百一十六"等。桔即锸，钽即锄。钪，没有见到实物出土，《说文解字》释为"锸属"，应是和锸相近的一种起土农具。

铁农具的推广与使用是农业生产发展的重要标志。西汉时人们认为："农，天下之大业也；铁器，民之大用也。器用便利，则用力少而得作多，农夫乐事劝功。用不具，则田畴荒，谷不殖，用力鲜，功自半。"[②] "铁器者，农夫之死士也，死士用则仇雠灭，仇雠灭则田野辟，田野辟则五谷熟。"[③] 所以，南越国时期使用铁农具，意义非常深远，它标志着生产力水平发展到了一个新的台阶，使大面积地砍伐森林、开垦荒地、兴修水利、深耕细作成为可能，为农业经济的发

---

① 广西壮族自治区博物馆编：《广西贵县罗泊湾汉墓》，文物出版社 1988 年版，第 84–86 页。

② 《盐铁论·水旱》。

③ 《盐铁论·禁耕》。

展奠定了基础。

农作物品种的繁多，也是农业发展的重要标志。秦汉时期，人们把粮食作物通称为五谷。《吕氏春秋·审时》篇列举的主要农作物有六种：禾、黍、稻、麻、菽、麦，《任地》篇还首次提到大麦。西汉《氾胜之书》论及的粮食作物有禾、黍、大麦、小麦、稻、大豆、小豆、麻，其中，大小麦同属麦类，大小豆同属豆类，合计起来也是六种。《四民月令》、《淮南子·地形》篇、《淮南子·急就》篇等文献记载也大致相同。因此，可以断定，当时主要的粮食作物即《吕氏春秋》所列的六种。

从考古资料看，南越国时期的岭南已种上述六种粮食作物。广西罗泊湾一号汉墓中出土的两块木牍上写有"客秈米一石"和"客秈"等字。[①]"秈"即"籼"。籼稻，是属于栽培稻的一个亚种。与粳稻比较，籼稻分蘗力较强，米质黏性较弱，胀性大，比较耐热和耐阳光。这是南越国种稻的证据。在南越国的墓葬中，还出土有黍、粟、菽、薏米、芋、大麻子等。[②] 除粮食作物外，也发现了不少人工栽培的瓜果，在广州、贵县、梧州、合浦等地也时有发现，经鉴定的有柑橘、桃、李、荔枝、橄榄、乌榄、人面子、甜瓜、木瓜、黄瓜、葫芦、姜、花椒、梅、杨梅、酸梅等，这反映出南越国的园圃业之盛。《西京杂记》记载，赵佗曾将岭南佳果——荔枝进贡给汉高祖。据《汉书·地理志》和杨孚《异物志》载，汉代在南海郡设有圃羞官，岁贡龙眼、荔枝、橘、柚等珍贵果品。交趾羸娄有羞官，巴郡朐忍有橘官。《盐铁论·未通》说，汉武帝统一岭南，以其地为园圃，橘、柚被大量运到中原，出现了"民间厌橘柚"的现象。由此可见，这些果树在南越国时期就广泛种植了。

从铁农具的推广与广泛应用以及农作物的丰富多彩看，南越国的农业发展到了一个崭新的水平。

（二）手工业有了长足的发展

《汉书·货殖传》云："谚曰：'以贫求富，农不如工，工不如商，刺绣文不如倚市门。'此言末业贫者之资也。"这是说为了追求更多的财富，很多农民转化为手工业、商业人口。在南越国还有一种特殊的情况，在大批南迁的中原人中，有不少是身怀绝技的手工业生产者，这些能工巧匠大显身手，使南越国的手工业，如冶铸业、制陶业、纺织业、漆木器业、玻璃业、玉石业等行业，都获得了突破性的发展。

冶铸业中的青铜器制造业是手工业的重要分支。南越国时期墓葬中出土的青

---

① 广西壮族自治区博物馆编：《广西贵县罗泊湾汉墓》，文物出版社 1988 年版，第 85 页。
② 张荣芳、黄淼章：《南越国史》，广东人民出版社 1995 年版，第 189 页。

铜器包括生产工具、生活用具、娱乐品、兵器、明器、装饰品、杂器等，器型多种多样，丰富多彩。这些青铜器有些是从中原传入的，但南越国自己制造的数量也比较多，主要有铜鼓、越式铜鼎、铜壶、铜钫、铜提筒、铜鉴、铜编钟、铜勾鑃、竹节铜筒、铜靴形钺、铜烤炉等。广州南越王墓和广西罗泊湾一号墓出土的颇具特色的青铜器，代表了南越国青铜冶铸业所达到的最高技术水平。其中的铜鼓、铜提筒、铜钫、铜烤炉等，器型硕大而胎壁较薄，上面还铸出各种复杂的花纹，表明南越国已有很高的青铜冶铸技术。据专家研究鉴定，南越国的青铜器分为铸造、锻造两种，其中铸造的数量最多。铸造铜器分为范铸法和失蜡铸造法。越式铜器主要是二分式铸出，如越式铜鼎和铜提筒等，器体均为两范合铸，铜器底部还留有合铸的痕迹。比较复杂的器物则采取分铸法，即先分铸出各个附件，然后再与器物本体合铸为一。更令人惊奇的是，南越国部分铜器已采取了"失蜡铸造法"。失蜡法是中国的一大发明。用失蜡法可以制出非常精细复杂的花纹图案。南越王墓出土的屏风的铜转角构件，造型为力士操蛇，既为支撑屏风之用，亦具有装饰意义。力士和蛇的形体均为自然的浑圆体，没有任何范缝的痕迹。缠绕扭曲的蛇体是无法分铸（范）制范的。在蛇与蛇、蛇与人缠绕处，均有蜡模的接痕和修痕，证明为失蜡法所铸。[①] 这些铸造技术均源于中原，或者铸造工匠中不少就是来自中原的汉人。有些技术与同时期的中原相比，或许还有一些差距，但是，与先秦时期的岭南相比，南越国的青铜铸造业有了飞跃的发展。

关于铁器，从墓葬出土铁器的数量和品种来看，南越国时期使用铁器已经十分普遍。北京科技大学冶金史研究室曾对南越王墓出土的九件铁器进行检验鉴定，得出结论："在西汉早期，铁器在岭南地区尤其在手工业中已得到广泛应用，并掌握了铁器的加工及淬火处理技术。"[②] 那么，南越国本身有没有铸铁生产呢？回答是肯定的。南越王墓出土的一件大铁鼎，高 48 厘米，腹径 47.5 厘米，重26.5 千克。此铁鼎为岭南地区目前所见的最大的铸铁鼎，采用泥范法用生铁铸造而成。其造型与广州西汉前期墓中出土的越式陶鼎类似，可称为"越式大铁鼎"。由于其造型颇具地方特色，因此可以肯定是在南越国当地铸造的。由此可见，南越国已有铸铁生产了。南越国自己能够生产制造铁器，使落后的岭南地区迅速进入铁器时代，促进了岭南的开发，意义十分重大。

金银器的铸造也是铸造业发展的重要表现。金银器是以贵重金属——黄金和白银（汉代文献称为白金）为原料加工制成的器皿和饰件。南越国有无金银器的铸造和加工，史书无征。但在南越国时期的墓葬中，出土过金银器，例如，广

---

① 参阅广州市文物管理委员会等编《西汉南越王墓》（上），附录五《西汉南越王墓出土铜器、银器及铅器鉴定报告》、附录六《南越王墓出土金属器制造技术试析》，文物出版社 1991 年版。

② 参阅广州市文物管理委员会等编《西汉南越王墓》（上），附录四《西汉南越王墓出土铁器鉴定报告》，文物出版社 1991 年版。

西罗泊湾一号墓出土了一件金耳挖、一件银戒指和三件银针，二号墓出土了一块金饼；广州先烈路西汉前期 1182 号墓出土一件金带钩，1120 号墓出土一件银镯。[1]但单凭这些出土文物还不能说明这些金银器是从外地传入的还是南越国自造的。南越王墓出土的不少金银器及金银服饰品和金银配饰等，为解决南越国是否可以制造金银器及其制作工艺水平问题提供了直接的证据。该墓出土了三枚金印，即"文帝行玺"龙钮金印、"泰子"龟钮金印和"右夫人玺"龟钮金印。从铭文分析，这些金印当是南越国自己制造的。此外，一些金银器如玉龙衔金钩、漆杯金座、小金羊等，其造型、纹饰、制作工艺等均具有岭南地方特色，也应是南越国自己制造。至于制造工艺水平，从两方面可以说明。

一是含金量高。有关部门对南越王墓出土的两枚金印进行检验，结果见表7：

表7　金印（D79、D81）化学成分表[2]

器号	测试部位	Au（金）%	Ag（银）%	Cu（铜）%	Fe（铁）%	合计	附注
D79（文帝行玺）	前侧面	98.52	0.93	0.19	0.37	100.01	铁锈污染
	右侧面	98.19	1.17	0.30	0.34	100	
	左侧面	68.15	/	/	31.85	100	
D81（泰子）	前侧面	98.18	1.33	0.40	0.09	100	
	右侧面	98.18	1.42	0.31	0.09	100	

从表7可以看出，此两金印的含金量达到98%以上。而据现有的发掘资料看，北京平谷县刘家河商代中期墓葬中出土的金器含金量仅85%[3]；战国时期的金"郢爰"含金量不稳定，有的仅70%，90%以下的并不少见；西安上林苑发掘出土的西汉马蹄金和麟趾金，含金量最高为97%[4]；汉代金饼和马蹄金、麟趾金含金量一般都在95%以上，最高达99.3%[5]；河北满城西汉中山靖王刘胜及其妻窦绾墓出土的"金缕玉衣"，用作"金缕"的金丝含金量为96%。南越王墓两枚金印的含金量均达98%以上，如果没有较高的冶炼和提纯工艺，是不可能有如此高的纯度的。

二是制作精美，工艺比较成熟。如虎头金钩衔玉龙，由一青玉镂雕的玉龙和

①　参阅广州市文物管理委员会等编《广州汉墓》（上），文物出版社1981年版。
②　广州市文物管理委员会等编：《西汉南越王墓》（上），文物出版社1991年版，第207页。
③　北京市文物管理处：《北京市平谷县发现商代墓葬》，载《文物》1977年第11期。
④　李正德等：《西安汉上林苑发现的马蹄金和麟趾金》，载《文物》1977年第11期。
⑤　安志敏：《金版与金饼——楚、汉金币及其有关问题》，载《考古学报》1973年第2期。

一个金质虎头带钩组合而成，虎头金钩为铸成，器表打磨光滑，钩尾为一虎头，双眉上扬，额顶刻一"王"字，金钩和钮后面有一长方形銎孔，玉龙尾部套在銎孔中，构成金碧辉煌的龙虎斗图像。这是国内罕见的珍品。另外，在南越王墓西耳室中还发现银锭四块，应是制作银器的原料。以上材料可说明南越王廷内设有金银器手工业作坊。

制陶业是与国计民生关系最密切的手工业部门之一。在南越国墓葬和遗址中，出土器物中最大宗的是陶器，数量以万计。有时一座墓中出土数百件。南越王墓共出土陶器 991 件，占出土器物总数的 70%～80%，器型共计有 58 种之多。南越陶器烧制火候高，胎质坚硬，胎骨硬度一般为摩氏 3～5 度，有的达到6 度（与普通玻璃相同）。广州市文物管理委员会曾选取南越泥质硬陶罐由广东佛山石湾陶瓷研究所做重烧试验，在倒焰窑中烧成温度达 1280℃，其胎骨并无显著的变化，表明南越国陶器已接近原始瓷的烧成温度了。[①] 可见制陶工艺水平之高。

南越陶器主要是日常生活用具。另外还有砖、瓦等建筑材料。近年来，在广州南越国宫署遗址中发现大量砖瓦。这些砖瓦足以反映南越国制陶工艺之高：①能制造体形巨大的砖瓦。"秦砖汉瓦"向为人们所称道，南越国的砖瓦之巨，是前所未有的。砖型规格多样，其中方砖最多，常见的为 70 厘米×70 厘米，小的为 36 厘米×36 厘米，大的为 95 厘米×95 厘米，这是已知的汉代最大方砖的实例。②制造技术精良。有的砖型厚重，在侧面和背面都戳出圆洞，以利烧透，因此可见其胎质坚硬。还有根据建筑的需要而制成的各种形状的砖，如梯形、三角形、扁平弧形和带榫卯的砖；还有包角砖，置于宫殿台基的转角处，内包檐柱；还有长方形空心砖，做宫署台基的踏步用。瓦有板瓦、筒瓦、连当瓦和折腰瓦。有的瓦两面都有刺（钉），呈三角锥形或圆锥形。③压印花纹和戳记文字多，令人耳目一新。砖压印花纹多为几何图案，大多为菱形纹；瓦表印绳纹。戳记文字，砖文有"左官奴兽""公""气"等，瓦文有"左官卒犁""左官卒窑""左官□最""左官俈忌""左官奴兽""官节""右官""右冢""官伎""奴利""祐""右贫""忠""善""居室""官""公""官富""官□""官库""乔乐""□乐""梦""官梦""官桥""□东""曹""宁""可""工□""鲜""污""九""木""工""有""赖""营""蜚""阅""强""莫""扇""姑""长""左工""留""仲有""年"等数十种。还有一种戳印人面纹瓦。瓦当分云纹当和"万岁"当两种，其中以"万岁"瓦当的数量最多。有少数瓦当涂朱或施釉。当面的直径最大 18 厘米，最小 13 厘米，一般为 16～17 厘米。南越瓦常带瓦

---

① 张荣芳、黄淼章：《南越国史》，广东人民出版社 1995 年版，第 221 页。

文，这是一种进步。"文字当的大量出现应被视为汉代工艺史上的重要成就。"①
秦汉时期中国的纺织业已达到很高的水平，以湖南长沙马王堆汉墓出土的大量纺织品最具代表性。南越王墓出土一大批丝织品，其数量和品类之多，不亚于马王堆汉墓，但保存状况甚差，全部炭化。经专家的认真加固和科学检测，丝织物的组织、结构在放大镜下还比较清晰，印染的各种花纹图案也可分辨清楚。织物的原料大多是蚕丝，少数是苎麻纤维。按质地可分为绢、罗、纱、锦、麻类织物，还有手工编织的组带。②绢可分为普通绢、超细绢、砑光绢、绣绢、黑油绢、朱绢等。罗可分为菱纹罗、朱染菱纹罗。纱分为绉纱、朱纱、縪纱、绣花纱和印花纱等。锦有素面锦、朱黑两色锦和绒圈锦三种。从织造工艺来看，这批织物的制作水平是相当高的。"平纹织物中，每平方厘米（J）320×（W）80根的超细绢，为目前所见汉代绢中经纬密度最高的织物。"③这些织物的来源很难说得清楚，但南越国有自己的纺织业是可以肯定的。其理由有四。

第一，在罗泊湾汉墓中，发现了一些实用织机和模型织机的部件。由于该墓被盗严重，出土的织机的木构件与其他木器混杂在一起，已无法辨认出自哪一种织机。但经整理可辨出器型的有打纬刀、卷布轴、经轴、梭、引经杆、分经杆、挑经刀、提综杆和"马头"（织机上的一种部件）。更难能可贵的是，在南越王墓出土丝织品最多的西耳室发现两件青铜印花凸版，说明南越国宫廷作坊已掌握印花工艺，至少墓中的印花纱是在当地印染的。这是到目前为止世界纺织史上最早的一套铜制彩色套印工具。④

第二，从工艺水平看，砑光工艺和砑光后涂以云母粉末的加工方法在汉代织物中不多见。南越王墓出土的云母砑光丝绢，就目前所知，尚属首见。用植物油类涂在织物上以防雨，是中国纺织工匠的一大发明。南越王墓出土的"黑油绢"是这种工艺的最早实证。刺绣是汉代高级织物之一。南越王墓出土有绣绢、绣纱两种。其中，绣绢纹样与马王堆汉墓所出相似，而绣纱所用"丝线"与一般刺绣用线迥然有别，似为南越国工匠自制。因此，南越王墓出土超细绢、云母砑光绢、黑油绢、绣绢等，目前尚未见于其他地区，它们应是南越国所自制。⑤

第三，根据对丝织品的鉴定报告，发现有丝绵，用以包垫铜镜或其他器物。丝绵是把缫丝后的碎丝集中梳理，打制成绵。这说明南越国有缫丝工匠和作坊。

第四，南越王墓出土的大小器物几乎全部用丝绢包裹捆扎，西耳室丝绢整匹叠

① 广州市文化局等编：《广州秦汉考古三大发现》，广州出版社 1999 年版，第 78－80 页。

② 孙机：《汉代物质文化资料图说》，文物出版社 1991 年版，第 168 页。

③ 参阅广州市文物管理委员会等编《西汉南越王墓》（上），附录一六《象岗南越王墓出土丝织品鉴定报告》，文物出版社 1991 年版。

④ 参阅广州市文物管理委员会等编《西汉南越王墓》（上），附录一六《象岗南越王墓出土丝织品鉴定报告》，文物出版社 1991 年版。

⑤ 广州市文物管理委员会等编：《西汉南越王墓》（上），文物出版社 1991 年版，第 484 页。

置，数量巨大，耗费惊人，如果没有自己的纺织业，生产如此大量的绢是难以想象的。由此可见，南越国有自己的纺织业，而且其工艺已达到相当高的水平。

漆器制造业是汉代重要的手工业部门。漆具有耐高温、耐碱、耐腐蚀等功能。将漆涂于器物表面，干燥后能结成坚韧而美观的保护膜，光彩照人。漆器既美观又轻巧，受到汉代统治阶级的喜爱。迄今为止，南越国时期墓葬中出土的漆器已经超过1000件。其中较重要的五批是：20世纪50年代在广州发掘的182座南越国墓葬中，有11座墓共出土漆器89件；① 1976年，广西贵县罗泊湾一、二号墓出土漆器800余件；② 1980年，广西贺县金钟一号汉墓出土漆器一批；③ 1982年，在广州柳园岗南越国墓群中，11号墓和17号墓出土漆器40件；④ 1983年，在广州南越王墓出土不少漆器，但腐朽严重，能分辨出外形的漆器有43件。⑤ 上述墓葬出土的漆器种类繁多，包括日常用具、乐器和兵器等，还有漆画铜镜、漆画铜筒、漆画铜盆等。

南越国漆器的来源虽然很复杂，但这批漆器说明南越国有漆器制造业是可以肯定的。其理由如下：第一，在漆器中发现不少烙印戳记、针刻和漆书文字。广州西村石头岗1号墓出土的漆奁上印有"蕃禺"⑥，还有朱漆书"高乐""龙中"等。广西罗泊湾有"布山""市府草""市府□"等烙印文字。漆奁上烙"蕃禺"印，"蕃"即"番"。秦统一岭南后，设桂林、南海、象郡，郡下设县，其中南海郡治为番禺县。赵佗立南越国后，以番禺为都城，即今广州。这件漆奁烙印即说明它是由番禺市府经营的漆器作坊所造。"布山"烙印发现于罗泊湾出土的耳杯外底⑦，字外加方框，表明为布山市府漆器作坊所造。"市府草"和"市府□"烙印有数个，据考证，这是一种省文——省略了"市府草"戳印前面的市名，应是布山市府的漆器作坊制造。"布山"，据《汉书·地理志》记载是郁林郡的首县。旧说布山是汉武帝时置的，此墓的发现，证明"布山"至迟在汉初，即南越国早期就有了。而布山县治就是今之贵县。这说明南越国早期便已有漆器制造作坊。第二，南越国漆器有自己的特色，于铜器上用漆绘画，是南越国漆工的一大杰作。罗泊湾一号墓出土了一件具岭南特色的铜提筒，器表满绘漆彩画。画面分四段，均作人物、禽兽、花木、山峦、云气。每段自成一个完整的画

① 广州市文物管理委员会等编：《广州汉墓》（上），文物出版社1981年版，第174—177页。

② 广西壮族自治区博物馆编：《广西贵县罗泊湾汉墓》，文物出版社1988年版，第69—78页。

③ 广西壮族自治区文物工作队等：《广西贺县金钟一号汉墓》，载《考古》1986年第3期。

④ 黄淼章：《广州瑶台柳园岗西汉墓群发掘纪要》，见广州博物馆、香港中文大学文物馆编《穗港汉墓出土文物》，香港中文大学文物馆，1983年。

⑤ 参阅广州市文物管理委员会等编《西汉南越王墓》（上），器物总表，文物出版社1991年版。

⑥ 广州市文物管理委员会等编：《广州汉墓》（上），文物出版社1981年版，第175页。

⑦ 广西壮族自治区博物馆编：《广西贵县罗泊湾汉墓》，文物出版社1988年版，第36—38页，图版一四至一六，彩版三、四。

面，整体似在描述一个长篇的神话故事。① 漆绘铜盘的口沿上和腹壁内外都有精美漆画，口沿上绘菱形图案，腹壁内绘龙、鱼和卷云，两条巨龙构成整个图案的主体。龙口含珠。外壁似为战争叙事画。② 这两件漆画所绘人物图像线条流畅，形象生动，是难得的艺术珍品。广州南越王墓出土三件绘漆画的铜镜，最大的一件是 C145－73。③ 镜中的一圈凹面宽带纹分割为两区，内区绘卷云纹，外区绘人物，中间有斗剑表演的人物，也有拢手而立的旁观者。这是目前已知中国考古发掘最大的一面西汉绘画镜。南越王墓还出土一件漆木折叠式大屏风，这是中国首次发现的西汉前期的实用漆屏风。此屏风规模大，结构复杂奇巧，将铸铜、镏金、镶嵌和漆木工艺等集于一体，光彩夺目，异常华丽。此屏风体现了汉文化、楚文化、南越文化融为一体的特征。④ 这种独具特色的漆器应是南越国自己制造的。

玻璃制造业也是南越国重要的手工业部门。南越国能否自己制造玻璃，这是近年来学术界关注的一个问题。两广地区南越国时期的墓葬出土大量玻璃器，器型有耳珰、鼻塞、璧、蜻蜓眼珠、小串珠、平板玻璃、玻璃贝饰等。这批玻璃是岭南目前已知的出土最早的玻璃。考古工作者把出土于南越王墓的平板玻璃（C181、C211）、乳白色玻璃璧（C192）、蓝色珠串（D140）等样品送有关部门进行科学检验，检验内容以成分分析为主。同时测定平板玻璃的密度和光谱透过率。其结论如下。

（1）成分：四件玻璃样品中均有大量氧化铅（PbO）和氧化钡（BaO）。"在世界古代玻璃中，只有中国的玻璃成分具有同时兼含大量 PbO 和 BaO 的特点，这是目前世界古玻璃专家所公认的，因此，这批玻璃无疑是中国自制的。"⑤

（2）密度：两件平板玻璃密度相似，这与其化学组成相接近的结果是一致的。

（3）光谱透过率：玻璃在可见光波长 4340～5500 埃范围内的透过率为 70% 以上，在波长 5000 埃左右的透过率为 77% 左右，其透明度虽低于近代平板玻璃，但在可见光范围内，已具有较好的透光、透视的功能。南越王墓出土蓝色小平板玻璃有 22 件之多，这在汉代考古发掘中是首次发现。这批小平板玻璃嵌入长方

① 广西壮族自治区博物馆编：《广西贵县罗泊湾汉墓》，文物出版社 1988 年版，第 36－38 页，图版一四至一六，彩版三、四。

② 广西壮族自治区博物馆编：《广西贵县罗泊湾汉墓》，文物出版社 1988 年版，第 41－42 页，彩版五、六、七。

③ 广州市文物管理委员会等编：《西汉南越王墓》（上），文物出版社 1991 年版，第 84 页，图 58、彩版二一。

④ 参阅广州市文物管理委员会等编《西汉南越王墓》（上），附录一一《南越王墓出土屏风的复原》，文物出版社 1991 年版。

⑤ 参阅广州市文物管理委员会等编《西汉南越王墓》（上），附录八《西汉南越王墓出土玻璃技术检验报告》，文物出版社 1991 年版。

形的铜框中，作为一种牌饰使用。平板玻璃内部光洁度较高，色泽浅蓝，晶莹透明，厚薄一致，可见其制作技术达到了很高水平。这批玻璃是目前已知时代最早的平板玻璃，其他地方未曾发现，应是南越国自己制造的，"为王国工官监造"①。

（三）商业和贸易方面

南越国时期是岭南历史上社会经济迅猛发展的时期，也是岭南地区商业和贸易取得长足发展的时期。先秦以来，岭南地区就是闻名全国的珍珠、犀、象产地。秦始皇经略岭南的一个重要原因就是"利越之犀角、象齿、翡翠、珠玑"②。在司马迁的《史记·货殖列传》中，南越国的首府番禺以其"珠玑、犀、玳瑁、果布之凑"，而成为西汉前期闻名全国的"都会"之一。雷州半岛一带是岭南最主要的珍珠产地，采珠业和商业贸易十分活跃。③ 由于种种原因，南越国的商品货币经济很不发达，目前尚未有确凿的证据证明南越国有自己的货币体系。在南越国时期的墓葬中，很少有铜钱和冥币出土，规模宏大的南越王墓和广西罗泊湾汉墓未有一枚铜钱出土，这与同时期中原地区的墓葬形成了鲜明的对比。④ 但这并没有影响南越国商业贸易和城市经济的繁荣发展。南越国与中原地区、闽越地区、西南夷地区和巴蜀地区以以货易货的方式进行的商业贸易往来十分频繁，各种各样的走私贸易异常活跃。吕后临朝时期，为削弱南越国的军事经济实力，曾经下令禁止向南越国出口"金铁田器"⑤，由此不仅引起了汉朝与南越国之间大规模的边境武装冲突，而且使南方地区的走私贸易更加猖獗。西汉前期，在南方地区活跃着一个巴蜀商人集团，他们充当了南方走私贸易的主角。与南越国的走私活动主要是这些蜀商所为。岭南地区成为蜀商走私行为滋生和蔓延的温床，成为蜀商非法贸易的乐土。汉武帝建元六年（前135）番阳令唐蒙出使南越国时所食的枸酱，就是蜀商千里迢迢经过西南夷地区走私贩运到南越国的。⑥ 在南越王墓出土的诸多铁器中，应该有不少是巴蜀商人的走私品。⑦

---

① 广州市文物管理委员会等编：《西汉南越王墓》（上），文物出版社1991年版，第340页。

② 《淮南子·人间训》。

③ 张荣芳、周永卫：《汉代徐闻与海上交通》，载《中山大学学报》（社会科学版）2002年第3期。

④ 广州市文物管理委员会等编：《西汉南越王墓》（上），文物出版社1991年版，第348页；张荣芳、黄淼章：《南越国史》，广东人民出版社1995年版，第272—273页。

⑤ 《汉书·西南夷两粤朝鲜传》。

⑥ 《史记·西南夷列传》。正如余英时先生所言，所谓的"走私"有两层含义，一是向蛮夷出口被汉朝法律所禁止出口的商品和物品，如粮食、武器、铁器、马牛羊等；二是在越境贸易或进行边境贸易时，未持有汉朝各级政府颁发的"符""传"或"过所"。枸酱虽然不是法律禁止出口的商品，但蜀商为了逃税，"多持窃出市夜郎"，未办理符传文书，避开官府设置的关隘，因此也属于走私行为。Ying-shih Yü, *Trade and Expansion in Han China*, Berkeley and Los Angeles: University of Califrnia Press, 1967, pp. 117—132.

⑦ 周永卫：《西汉前期的蜀商在中外文化交流史上的贡献》，载《史学月刊》2004年第9期。

四、 南越国时期岭南文明的形成

南越国时期岭南文明的形成，在岭南地区社会经济文化发展史上具有划时代的意义。在这个时期能出现如此灿烂的文明有五点原因。

第一，先进的社会制度代替了落后的社会制度。秦统一岭南前，岭南处于军事酋长制阶段（或者初期奴隶制制度）。秦统一岭南后，推行郡县制，与中原的政治文化同步。在当时，郡县制是一种先进的制度，它的建立必然使生产力获得很大的解放。在岭南实行民族区域自治保证了社会的相对稳定，为经济和文化发展提供了条件。

第二，大量中原人南迁，"与越杂处"，带来了先进的生产工具、生产技术和科学文化知识，对岭南地区的开发起了关键性的作用。

第三，南越国是各民族聚居之地，各个民族都创造了自己的文化，形成自己的传统文化；同时，在每种文化在发展的过程中，又不可避免地遭遇别的民族的文化，由此便形成民族之间的文化交流。这种文化交流推动了社会文化的发展。南越国是各民族文化交流的桥梁，各民族共同创造了岭南文明。

第四，南越国依山面海，交通便利，是大陆与海外进行文化交流的重要桥梁。当时的番禺是岭南的政治、经济、文化中心，《汉书·地理志》说"番禺其一都会也"，"处近海，多犀象、毒冒（玳瑁）、珠玑、银铜、果布之凑，中国往商贾者多取富焉"。地理环境的优势是经济文化发展不可或缺的条件。

第五，在指出南越国时期岭南地区发展迅速是一种历史的必然，是各族人民共同创造的结果的同时，我们也必须承认个别杰出人物的历史作用，应合理定位、科学评价任嚣、赵佗等人的历史地位。

综上所述，南越文王墓出土的文物是秦汉时期灿烂的岭南文明和岭南文化具有多元性、兼容性特质的有力见证。

第二章　世所罕见的出土文物

象岗南越文王墓是岭南地区规模最大、出土随葬品最丰富的一座汉墓，也是中国境内迄今发现最早的一座壁画石室墓。该墓出土文物达 1000 多件（套），计有铜、铁、金、银、铅、陶、玉、石、水晶、玛瑙、绿松石、玻璃、煤精、墨丸、丝、麻、木、漆、皮革、象牙、骨、角、中草药、药饼、药丸、五色药石、封泥、竹木牌签以及家禽、家畜、水产等动物遗骸和植物种实等，品类繁多，其中以铜、铁、陶、玉四者所占比重最大。南越文王赵眜墓展示了岭南这一时期独特的丧葬习俗，而其众多的出土文物也反映了这一时期经济、文化和科学技术等方方面面的情况。该墓包含大量的世所罕见的文物珍品，下文分六部分叙述。

一、印玺

南越王墓出土有金、铜、玉、绿松石等质料的印玺共 23 枚。墓主贴身随葬的有九枚，分盛于三个小漆盒中，置于胸部的有"文帝行玺"金印和两枚无字玉印；置于胸腹之间的有"泰子"金印和"泰子"玉印及一枚无字玉印；置于腹部的有"帝印"玉印、"赵眜"玉印及一枚无字绿松石印，印文皆阴刻篆书。这些印章为确定墓主身份、姓名及墓葬的年代提供了确切的物证。其他印章如"景巷令印"铜印、"右夫人玺"金印等为我们了解南越国的百官制度、殉葬制度等提供了极为重要的实物资料。

（一）"文帝行玺"金印

"文帝行玺"金印出土于墓主人的胸腹部位，印台长 3.1 厘米，宽 3.1 厘米，高 0.6 厘米，通高 1.8 厘米，重 148.5 克。经电子控针测定，其含金量达 98%。印面有田字界格，阴刻篆书"文帝行玺"四字，书体工整，刚健有力，它是南越文王的官印。印钮是一条三爪游龙，盘曲成"S"形，龙首伸向一角，鳞和爪是铸后凿刻的，龙腰隆起以系印绶。出土时，该金印印面沟槽及印台四壁均有使用和碰撞的痕迹，显然是墓主生前的实用物。

在我国已发现的 12 枚汉代金印中，南越王墓占了四分之一。"文帝行玺"金印是我国目前考古发掘所见最大的一枚西汉金印，也是唯一的汉代龙钮帝玺。它与先前发现的"皇后之玺"玉印和"皇帝信玺"封泥共同印证了史书记载的秦汉印玺制度。此外，它还是墓主人身份最可靠的物证，意义重大。

其主要特点是以龙为钮，黄金铸成，打破了秦汉时期天子用玺以白玉为材料、以螭虎为印钮的规制。僭用帝玺，且自尊为"文帝"，既反映了当时雄踞一方的南越王僭越称帝、"黄屋左纛"的史实，也反映了南越王对秦汉帝印制度的继承和发展。汉朝皇帝帝玺的印面尺寸为"方寸二"①，相当于今天的2.7～2.8厘米。"文帝行玺"金印的印面边长达3.1厘米，这就逾越了汉礼。史书记载，南越国第一代、第二代王生前僭越自封"武帝""文帝"，在位时私自铸玺，死后葬于陵寝。它们和汉朝皇帝的"文帝""景帝"等为死后追加的谥号有本质的区别。

《汉书·西南夷两粤朝鲜传》记载："……佗孙胡为南越王。婴齐嗣立，即藏其先帝、文帝玺。"这批印章与历史记载互相印证，从而让我们知道深埋象岗腹心深处的这座隐秘墓葬的主人就是第二代南越王、僭称文帝的赵眜。其中，"文帝行玺"金印是我国考古发掘中第一次出土的汉代"皇帝"印。这枚印章无论是从质地、印钮、规格等与秦汉官印均有迥异之处。以龙钮代螭虎，印面规格超过常规的方寸，印文不用"皇帝行玺"而用自尊号"文帝行玺"更具特色，充分反映了南越国在承袭秦汉之制的同时，还具有浓郁的本地区政治文化色彩。以龙为钮和秦始皇称"祖龙"相吻合，把作为皇帝象征的龙与代表最高权力的帝玺结合起来，可谓南越国的创举。它和其他几枚印章一起，为确定墓主人的身份、墓葬的绝对年代以及为研究墓中随葬器物奠定了极为重要的前提和基础。

（二）"泰子"金印、玉印

"泰子"金印和"泰子"玉印以及一枚无字玉印同出土于南越王玉衣之上的腹部位置。其中，"泰子"金印为方形、龟钮，印文为篆书"泰子"二字，有边栏和竖界，文道较深，沟道两壁光平且直，沟槽底有波浪形起伏的凿刻痕迹，印面光平如镜，十分精致。印钮龟背上有点和线组成的鳞状纹。经电子探针分析，其含金量为98%。印台长2.6厘米，宽2.4厘米，台高0.5厘米，通高1.5厘米，重74.7克。

"泰子"玉印为方形，覆斗钮，钮下横穿一小孔以系印绶，印文阴刻，与同出的"泰子"金印的印型、印文书体风格迥异。印台的长和宽均为2.05厘米，台高0.7厘米，通高1.25厘米，重12克。

这两枚"泰子"印为目前首见的古代"泰子"官印实物，"泰"通"太"，"泰子"即"太子"。古代称册立嗣位的皇帝之子和诸侯王之子为太子。《史记·南越列传》记载："（佗）至建元四年卒。佗孙胡为南越王。"这说明了南越王赵眜此前被立为太子的史实。《史记·秦本纪》："四十八年，文公太子卒，赐谥为

① 陕西省地方志编纂委员会编：《陕西省志·文物志》，三秦出版社1995年版，第469页。

下编　西汉南越王墓多元文化研究

诤公。诤公之长子为太子，是文公孙也。五十年，文公卒，葬西山。诤公子立，是为宁公。"这说明父立己子可以称为"太子"，祖立己孙亦可以称为"太子"。"泰子"金印、玉印的出土和历史记载相印证，具有重要的历史价值。而且，按照汉制，官印不得用于随葬，要用明器代替，故后人很难见到官印的实物。南越王墓中的"泰子"印章和其他的一些官印以实物入葬，反映了"婴齐嗣立，即藏其先武帝、文帝玺"的历史背景，也使后人因此机缘而目睹南越国官印的实物。因而弥足珍贵。

（三）"帝印"玉印

"帝印"玉印出土于墓主人腹部，玉印边长2.3厘米，印台高0.9厘米，通高1.7厘米。玉印以螭虎为钮，螭虎周围雕刻云气纹以衬托；印台侧面刻有勾连雷纹，印面有边栏和界格，阴刻小篆，印文的沟槽内还留有朱砂的痕迹。另有两枚出土于西耳室的"帝印"封泥，封泥的"帝"字结体与这枚玉印的"帝"字不同，可知墓主生前钤印的"帝印"最少也有两枚，是南越王僭越称帝的重要物证。

在秦朝以前，无论尊卑贵贱，印章均可以称"玺"。秦始皇统一六国后，规定，只有天子的印章可以称"玺"，臣下的印章称"印"。汉武帝时开始有"印章"之称。南越王僭越帝制，所用印章的印文应该如"文帝行玺"金印一样称"玺"，但在这里偏偏用"印"，这种不按常规办事的情况，值得研究。

这种只书"帝印"的文物为国内首见，为我们了解秦汉印章制度提供了十分宝贵的资料。

（四）夫人印

南越王墓东侧室出土了四枚夫人印，分别为"右夫人玺"金印、"左夫人印""泰夫人印""部夫人印"鎏金铜印。其中，"右夫人玺"为金印龟钮；其余为鎏金铜印，龟钮。四印大小基本相同，阴刻篆书，印文均极为工整。

"夫人"称谓因时代而异。《汉书·外戚传》："汉兴，因秦之称号，适称皇后，妾称夫人。"诸侯王妻称王后，妾亦称"夫人"，这在《史记》《汉书》中屡见。如《史记·淮南衡山列传》的"淮南王王后荼""衡山王赐，王后乘舒"；《史记·南越列传》《汉书·西南夷两粤朝鲜传》均载南越王婴齐嗣位，"上书请立樛氏女为后"；《汉书·武五子传燕王旦传》载"旦命后姬诸夫人之明光殿"。由此可推知，印文所见四位夫人皆南越王后宫的姬妾。

汉时贵右卑左，故称所尊者为右。据《汉书·灌夫传》载："夫为人刚直，使酒，不好面谀。贵戚诸势在己之右，欲必陵之；士在己左，愈贫贱，尤益礼敬，与钧。"颜注："右，尊也；左，卑也。"南越国的宫室百官司礼仪制度皆仿效汉朝，当以右为尊。再从四枚夫人印来看，右夫人是金印，印文称"玺"；其他三位夫人皆鎏金铜印，印文称"印"，可见右夫人在诸夫人中应居首位。

汉代的印文称玺，仅见于帝、后或部分诸侯王，右夫人印文称"玺"，确属孤例，应是南越国后宫制度的一种特殊现象。该印是反映古代印章制度的珍罕之物。

"泰"通"太"，泰夫人即太夫人，位次似在左夫人之下，部夫人应为少夫人，在四位夫人中位居末位。

出土的四枚夫人印章以及其他随葬遗物，是研究南越国时期的丧葬制度、后宫制度以及风俗习惯的重要资料。

（五）"景巷令印"铜印

"景巷令印"铜印出土于前室殉葬人身上，方形，边长 2.4 厘米，印台高0.6 厘米，通高 1.8 厘米，重约 27.97 克，印钮为鱼形，鱼腹下中空，可系绶带。印面阴刻篆书"景巷令印"四字，有田字格。"景"为"永"的通假字，"景巷令"即汉之"永巷令"，为前室殉葬人的官职。

《汉书·百官公卿表》载少府、詹事属官皆有永巷令，且皆以宫中宦者充任。少府"掌山海池泽之税"，詹事"掌皇后，太子家"。南越国也应有少府、詹事。如此，在前室身佩"景巷令印"的殉人当是南越国詹事属官"景巷令"，职掌南越王室家事之宦者。前室放置车马器，以"景巷令"为殉，象征着作为骖乘的"景巷令"在为南越王备车马。

"景巷令印"铜印是南越国仿效汉朝设置官制的一个重要物证，此以鱼为钮尤为特别，为国内所见不多的鱼钮铜印之一。这枚印章和"右夫人玺"金印等均说明南越王墓殉葬者的身份都是较高的。这种用身份较高者殉葬的情况在同期诸侯王墓中是十分罕见的。

二、玉器

南越王墓共出土玉器 244 件，包括玉衣、鼻塞、觿、璧、璜、环、组玉佩、舞人、佩饰小件、玉具剑饰、带钩、印章、六博棋子、铜框镶玉卮、铜框镶玉盖杯、角形杯、玉盒、铜承盘高足玉杯等种类，按传统分类方法，可分为礼仪用玉、丧葬用玉、装饰用玉和器用玉四大类。该墓出土玉器数量之多、品类之广以及雕镂工艺之精美都是空前的。

这批玉器的制造工艺与中原玉器大致相同，有刻、凿、镶嵌、抛光、改制几种。琢刻手法有线刻、浮雕、透雕等。纹饰有蒲纹、谷纹、涡纹、云纹、动物纹等。动物纹饰中，龙凤纹较多，还有虎纹、熊纹、犀纹等。不少玉器的构图打破对称平衡，别具一格。这批玉器的原料产地尚难确认，目前可知的是墓主玉衣的部分玉片来自广东曲江。[①] 史书记载，南越王赵佗曾向汉文帝献"白璧一双"，墓中有未制作完的玉佩，因此我们有理由相信南越国宫廷中应有相当规模的玉雕作坊，且其玉器工艺水平已达到了一定的高度。

（一）丝缕玉衣

玉衣又称"玉匣"，是汉代帝王和高级贵族下葬时穿用的殓服。汉人迷信玉，以为玉衣可使尸体不腐。南越王的丝缕玉衣由 2291 片玉片、麻布和丝线粘贴编缀而成。分为头套、上衣、袖筒、手套、裤筒和鞋六部分，全长 1.73 米。玉片以长方形和方形为主，还有梯形、三角形、五边形等。头套、手套和鞋子用红色丝线穿缀打磨光滑的玉片边角钻孔做成，里面以丝绢衬贴加固。玉衣躯干部分则多把废旧玉器或边角玉料切成小玉片，贴在麻布衬里上，再用红色丝带在表面粘贴，十分规整鲜艳。

玉衣下面铺垫有五块玉璧，上衣里面贴体排列 14 块玉璧，分左、右肋和正中三行布列，另两块夹于双耳间。玉衣上面覆盖十块玉璧及组玉佩，两侧又有三璜三璧，两手握龙形玉觿，脚踏双连玉璧，头顶及两肩各置 1 件精美玉饰，这些玉器组成了南越王堂皇繁杂的玉殓葬。墓主裸体入殓，遗体的上下左右里外都裹以玉，反映出汉代贵族相信玉具可以保持尸体不腐的观念。

中国历史上以玉衣殓装的制度可上溯到东周的"缀玉面罩"和缀玉片。根据已知的考古材料，形制完备的玉衣出现在西汉文帝、景帝之际，皇帝和王侯等以玉衣作为殓服是从汉武帝时开始盛行的。根据《后汉书·礼仪志》记载，汉代皇帝死后使用金缕玉衣；诸侯王、列侯、始封贵人、公主使用银缕玉衣；大贵人、长公主使用铜缕玉衣。至东汉时期，玉衣已明确分为金缕、银缕、铜缕三个等级，确立了分级使用的制度。曹魏黄初三年（222），魏文帝（曹丕）为防盗墓，废除玉衣制度，到目前为止，尚未发现东汉以后的玉衣。

南越王赵眜的丝缕玉衣，当在汉武帝元狩元年（前 122）前制作，要早于河北满城汉墓中山靖王刘胜及其妻窦绾的金缕玉衣 10 年左右。这件丝缕玉衣是我国迄今为止所见年代较早的一套完整玉衣，而且是从未见于文献和考古发掘的新类型。其上衣采用对襟形式也是一大特色。这为研究中国古代玉衣制度的源流提供了新的材料。丝缕玉衣部分玉片的外观与广东曲江石峡遗址出土的玉器相似，它应是南越国宫廷所特制的。

（二）组玉佩

组玉佩又称玉佩组饰，是指由玉璧、玉璜、玉环等器件，配以玛瑙、水晶等

---

① 广州市文物管理委员会等编：《西汉南越王墓》（上），文物出版社 1991 年版，第 306、378 页。

饰物组合成的贵重装饰品。墓主组玉佩由 32 件玉、金、煤精、玻璃等不同质料的饰件组成，自胸至膝，长约 60 厘米，覆盖在玉衣上的组玉璧上。

南越王墓共出土组玉佩 11 套，有三套可根据出土位置复原。以墓主的这一套最为华丽。它以双凤涡纹璧、透雕龙凤涡纹璧、犀形璜、双龙蒲纹璜四件玉饰自上而下作为主件，将整串玉佩饰分为四个组段，中间配以四个玉人、五粒玉珠、四粒玻璃珠、二粒煤精珠、十粒金珠、壶形玉饰、兽头形玉饰各一件，玉套环居于最末端，形成了一套大小有别、轻重有序、色彩斑斓的华贵佩饰。

其中，双凤涡纹璧直径 6.9 厘米，厚 0.35 厘米。青玉雕成，灰黄色土沁，璧面为涡纹，璧下两侧各透雕一凤。玉璧的上下方各有一圆孔，双凤涡纹璧位居组玉佩最上端，上孔可用于佩挂，下孔串线以串连其他佩饰。

龙凤涡纹璧直径 7.2 厘米，通宽 10.2 厘米，厚 0.25 厘米。青玉雕成，灰黄色土沁。圆璧内透雕一游龙，身躯卷曲，张口露齿，挺胸翘尾，似欲腾飞疾驰。璧的两侧各透雕一凤，左右对称，好像攀缘于璧上，回首外望。

犀形璜通长 8.5 厘米，高 4 厘米，厚 0.45 厘米，以透雕、起突的方法刻画出一只张目怒视的犀牛形象，犀牛有双角，脊背如鞍形，背上有一圆孔，长尾下垂向上回卷，与头部对称，前后肢蹲曲。

双龙蒲纹璜外弦长 14.2 厘米，厚 0.35 厘米。青白玉雕成，圆弧形。璜的两端雕龙头，头上有角，璜的顶部上下沿饰两组透雕云纹，上沿顶尖如蒂形，中有一圆孔。

这是目前汉代组玉佩中最华丽、最繁杂的一套，为研究古代组玉佩的演变和组合情况提供了丰富的实物资料。

（三）透雕龙凤纹重环玉佩

该玉佩出土于墓主玉衣头罩的右眼位置，由青白玉雕成，土沁呈黄白色。玉佩直径 10.6 厘米，厚 0.5 厘米。玉佩呈圆璧形，以圆圈分隔为内外两圈。内圈透雕一游龙，两爪及尾伸向外圈；外圈透雕一凤鸟，站在游龙伸出的前爪之上。凤冠及尾羽延伸成卷云纹将外圈空间填满。凤鸟回眸凝望游龙，龙凤似喃喃细语，妙韵天成。这件玉佩雕镂精细，构图完美和谐、主次分明，充满动感和灵气，是汉玉中不可多得的艺术珍品。它的图案被选为西汉南越王博物馆的馆徽。

（四）玉容器

汉代玉制的容器十分罕见，用得也少。《史记》记载："未央宫成，高祖奉玉卮，起为太上皇寿。"汉高祖刘邦在长安称帝后，给他父亲祝酒时，使用一个玉卮，而非金卮、银卮。鸿门宴时，刘邦赠予亚父范曾"玉斗一双"，由此可见，玉容器在汉代是十分珍稀、高贵的。

在全国数以万计的汉墓中，出土的玉容器不过十余件。南越王墓随葬玉容器就有五件之多，其中的承盘高足杯、角形玉杯皆属首见，鎏金铜框玉盖杯和鎏金铜框玉卮是制玉工艺与金属、漆木细工相结合的产品，在考古发掘中也属首见。

这些玉容器，除鎏金铜框玉卮出于西侧室外，其余四件均出自主棺室。

1. 承盘高足杯

承盘高足杯放在南越王棺椁的头端。由高足青玉杯、金首银身游龙衔花瓣形玉托架、铜承盘三部分组成。玉杯下原有一圆台形木座，已朽。器物通高17厘米，玉杯高11.75厘米，铜盘外径23.6厘米。承盘高足杯由金、银、玉、铜、木五种材料制成，以玉杯为主体，呈三龙拱杯之势，工艺精巧，造型奇伟。

秦汉统治者迷信修仙之道，认为以甘露服食玉屑可以长生不死。承盘高足杯可能是南越王生前用来盛聚甘露的器具，因墓中同出有五色药石，而推测其可能与稍后的承露盘类似。史书记载，汉武帝于元鼎二年（前115）曾在长安建章宫修造一个仙人承露盘，矗立于高台之上，用来承接甘露和玉屑饮之以图长生。

2. 角形玉杯

角形玉杯出自墓主棺椁头箱，由一整块青玉雕琢而成，青白色，玉质温润致密，呈半透明状，口缘微损。

玉杯应是酒器，呈犀牛角造型，口椭圆，腹中空。高18.4厘米，口径5.8～6.7厘米，口缘厚0.2厘米，重372.7克。器表线刻一尖嘴兽，回环往复，生动逼真。

相传犀牛角的酒杯可以溶解毒物，玉虽不能解毒，但玉匠却借题发挥，匠心独运，就着玉石的开头施刀，综合运用玉雕的各种工艺（线雕、浅浮雕、高浮雕、圆雕、透雕），在器身巧妙布局各种纹饰，再经过细致的打磨，使得玉角杯在2000年后仍然放射出温和恬润的光泽。这表明该时期的玉雕在章法布局、材料运用、技巧发挥等方面已走向成熟。这件玉器既是一件美轮美奂的工艺品，又是一件融传说于现实，引人遐思的实用品，是中国汉玉中不可多得的稀世之宝。

3. 玉盒

玉盒由青玉雕琢而成，玉质温润，晶莹透亮。出自墓主棺椁头箱，盖与盒身有子母口相扣合。通高7.7厘米，盖高3.55厘米，口径9.8厘米，重203.1克。

盒盖面隆圆，上面的一个桥形钮里所套的玉环可以活动。盖面的纹饰分为三区，盖顶近钮处为浅浮雕的八片花瓣纹；中间一圈是凸起的连涡纹；最外圈共八组纹样，四组云雷纹与四组阴刻的花蒂纹两两相间。三圈纹饰之间有突起的宽带纹为隔界。

盒身像个圆碗，外壁装饰有三圈纹饰：上圈四组凸起的勾连涡纹与四组阴刻的花蒂纹两两相间；中圈为阴刻的勾连涡纹；下圈靠近圈足处是一道索形的斜线纹。

玉盒内外打磨光洁，雕镂精细。盖内有线刻的双凤纹饰，一凤回首，一凤朝前，相互缠绕，脚踩在一个圆圈上。盒盖原已破裂，在原有的钻孔旁加钻两个小孔，可以穿绳缝合，足见此玉盒在当时已属珍罕之物，破裂后仍然修补使用。

4. 鎏金铜框玉盖杯

该玉盖杯出自墓主棺椁头箱中，通高 16 厘米，口径 7.2 厘米，杯身高 14 厘米。杯身是一个窗棂形鎏金铜框架，框内有浅槽，分为上下两截，上截嵌入八块竹片状的薄青玉；下截嵌入 5 块心形青玉片。杯体为八棱筒形，座足呈喇叭状。杯盖面圆形隆起，外沿为鎏金铜框，盖顶镶嵌一块螺纹青玉。这件艺术品体现出汉代高超和成熟的镶嵌工艺。

5. 鎏金铜框玉卮

鎏金铜框玉卮出土于西侧室殉人周围，这说明了该殉人的身份之高。该器通高 14 厘米，身高 12.7 厘米，口径 8.6 厘米，底径 8.3 厘米，为古代的饮酒器。它由卮身和卮盖两部分组成，在制作工艺上利用了热胀冷缩的原理。卮身由九块独立玉片和一个鎏金铜框组成，先将铜框加热，然后再把打磨好的玉片镶嵌在铜框里，待铜框冷却后将玉片铆合牢固，形成一个九棱圆筒体。卮身的腹上部还镶嵌有一玉提梁，提梁成圆环形附尾。卮身的底部为一块圆玉片。卮身的下端附兽首形三短足。玉卮的口沿、底沿的九条壁框均为鎏金铜框，其上饰兽纹及几何图形，纹样锈蚀不清。卮盖为漆木圆盖，髹漆，上有朱漆线纹，但大部分已脱落。木盖周边还镶嵌有三个弯月形玉饰。整件器物有多层丝绢包裹的痕迹。

（五）玉剑饰

墓主身旁有 10 把铁剑，其中有五把是玉具剑，共有玉剑饰 15 件。西耳室的一个漆盒内盛有用朱绢包裹的剑饰 43 件，按首、格、璏、珌四件一套，可配为八套。上述玉剑饰均为青玉制造，雕刻技法有线刻、浅浮雕、高浮雕、圆雕、双面透雕，多种技法综合运用。最为突出的是采用高浮雕刻出的游龙、螭虎、瑞兽，雕工精湛，形象逼真，神态生动，惹人喜爱。而双面鸟纹剑格运用双面透雕的手法雕出鹦鹉，单脚伫立，回首对视，构图完美，雕工精巧，有鬼斧神工之妙，令人惊叹。

在同一个墓中出土款式众多、构图奇巧、工艺高超的玉剑饰，实为汉墓之冠。

（六）玉舞人

玉舞人出于西耳室，通高 3.5 厘米，最宽 3.5 厘米。舞人梳一右向横出螺髻，穿右衽的长袖衣，衣裙上刻有卷云纹，左手上扬至脑后，长袖下垂，右手向侧后方甩袖，头微右偏，张口做歌咏状。头顶有一小孔贯穿透底，应是用来穿系绶带的。

玉雕舞人在汉代诸侯王大墓中常有发现，但都是扁平玉块，两面线刻。这件圆雕玉舞人在汉代玉雕中尚属首见，为研究中国古代舞蹈史提供了重要的实物资料。

三、铜器

南越王墓共出土青铜器 500 余件，是南越国青铜冶炼水平的重要实证。在同一时期的中原内地，由于铁器和漆器的广泛使用，青铜器已逐渐居于次要地位，但在南越王墓和其他南越国高层统治者墓葬（如广西罗泊湾汉墓）中，青铜器仍占主要地位。南越王墓出土的青铜器，以乐器、酒器、炊器和服饰用器中的铜镜、熏炉最具特色。

（一）越式铜鼎

墓中出土越式铜鼎 17 件，其中西耳室两件，后藏室 15 件。有两件大铜鼎（G3、G4）出自后藏室。广口，口沿外折成盘形，腹壁较直，大平底，下有三条直形扁足，足面有三道棱，口沿上直立两耳，方形，镂空，双角略上翘。从口沿至腹部有合范痕，耳与器身同时铸出。

岭南越族在春秋战国时期仅有少数部族能铸造青铜器。秦统一岭南后，一些身怀技艺的中原匠人来到岭南，青铜器及其铸造工艺也随之传到了岭南。岭南越族吸收了汉以及与其毗邻的楚、滇的文化因素，创造了具有自身特征的越式青铜文化。

（二）铜印花版模

西耳室出土了两件铜印花凸版，是目前发现的年代最早的一套织物印花工具。由大小两件组成，形体为扁而略薄的板状，正面有凸起的图案，背面光平，有一穿孔的小钮，可以用绳系住，便于执握。大的凸版长 5.7 厘米，宽 4.1 厘米，整体图案像一棵小树，树顶部有旋曲的四簇火焰，为主纹板。小的凸版长 3.4 厘米，宽 1.8 厘米，像一个 "丫" 字，上面的两角也是火焰状，为定位板。两凸版出土时用丝织物包裹，附近还有大量碳化的丝织物。在这些丝绢物中，发现有与印版图案相同的印花织物。

长沙马王堆一号汉墓曾出土两件成幅的泥金银印花纱，花纹的外形为菱形，用二或三块印花板分金、银、朱色三次套印而成。其中两个印版一大一小，均由细曲线纹组成火焰纹样，印出银灰色或银白色。另有一版印出金色或朱色小圆点

（也可能是手绘而成），套叠在菱形花纹中。[①] 南越王墓出土印花纱局部花纹除火焰纹外，还有红色小圆点纹，与长沙马王堆所出花纹图案基本一致，应当也是用 2～3 套型版分次套印的。

据专家研究，马王堆出土的印花纱，每米织物上要打印 1200 余次，而南越王墓印花纱只要打印 600 多次。就目前所知，印花版模的使用多见于 7 世纪之后。南越王墓出土的铜印花凸版为公元前 2 世纪，它们在中国纺织印染史及世界科技史上都有非常重要的价值。

南越王墓出土的丝织物无论是在数量上还是在种类上都非常多。就出土实物统计，西耳室共出土绢、纱、罗、绵、绮六类织物。每一类中又分别有不同的品种，如："绢"中，有绣绢、云母硏绢、朱绢；"罗"类的有绛色纹罗、朱罗等。这些织物有的成批多层叠放，有的用于包裹陪葬器物，有的被做成铜镜、玉璧等的绶带。由于年代久远，这些丝织品已全部碳化，轻轻一碰就成齑粉。不过，借助显微镜还可以清楚地看到其纹理结构，这对我们研究汉代纺织工艺水平有着十分重要的意义。

《汉书》记载汉文帝派陆贾第二次出使南越国时，送给赵佗的礼物是"上褚五十衣，中褚五十衣，下褚二十衣"。褚衣是用丝绵做的衣服。赵佗答谢的礼物是白璧、翠鸟、紫贝和犀牛角等土特产。这似乎表示南越国在当时没有或者较少有高级丝织品。但从南越王墓出土的成批丝织物和印花版模看，其数量和种类均不亚于马王堆汉墓。所以南越国应该有丝织业，并且还有十分先进的彩色套印花技术。

（三）铜烤炉以及铜炊具

南越文王墓出土饮食器有 30 多种 400 多件，依质地分为铜、铁和陶。器物则有鼎、壶、钫、瓿、釜、甑、烤炉、煎炉、盆、鉴、提筒、挂钩、勺、姜礤等。这些珍贵的器物是 2000 多年前岭南饮食文化的集中体现。这些器物表明当时的烹饪方式至少有烤、煎、煮、蒸多种。铜烤炉出土有三件，其中 G40 烤炉的底边四角铸有四只小猪，小猪嘴朝天，四足撑起，中空，用以插放烧烤用具，似乎跟今天的烤乳猪有某种渊源。G41 烤炉铸造精致，并附有用以悬挂烤炉的铁链，炉底还附有可活动的圆轮，用以推动，同出的还有烧烤用的铁钎和铁叉，这是极为珍贵的汉代烧烤实物。另外，简易又实用的防蚁铜挂钩直至今天仍在沿用。

---

① 参阅湖南省博物馆等《长沙马王堆一号汉墓发掘简报》，文物出版社 1973 年版；湖南省博物馆等《长沙马王堆二、三号汉墓发掘简报》，载《文物》1974 年第 7 期。

（四）铜镜

春秋战国以来，青铜器逐渐为漆器所取代，铜镜却一枝独秀且有新的发展。南越文王墓出土铜镜达 39 面之多，按纹饰可分为七大类；就产地而言，有楚镜、秦镜、汉镜、齐镜等。其中绘画铜镜两面，其有一面的画面较为清晰，漆绘二人斗剑比武、有四人袖手旁观的图案。而山字纹镜是典型的楚镜，全国各地都有出土，境外的俄罗斯亦有出土。"山"字纹应是汉字"山"的变体，此类镜中有三山、四山、五山者，但六山纹镜，只有南越文王墓的这件为唯一的考古出土品，弥足珍贵。嵌绿松石带托铜镜在山东临淄战国墓曾出土一面，与南越王墓出土的大小、工艺完全一致。这种镜的镜面背分，再用黏合剂将镜面套入镜托的凹槽中，合二为一。背面以鎏金、错金银、镶嵌宝石做装饰，制作精细。经化验，镜面的含锡量高达 31.2%，镜面坚硬，亮度增强，利于照容，但质坚、易脆裂。镜托的含铅量高，柔软，不易断裂。这种巧妙地将刚（镜面）柔（镜托）粘合而成的复合镜是铜镜中的珍品。

四、铁器

南越王墓中各室都出土有铁器，共 44 种 246 件，这是南越国墓中出土铁器数量最多、品类最丰富的一例。其中，手工工具大多出于西耳室，农具出于东耳室，兵器放在墓主的棺椁内外，大铁鼎等出于后藏室。其他几室出土一些小工具和器物构件等。

西耳室出土铁器近 100 件，还有 500 枚铁针。81 件铁工具分装在一个木箱和一个竹笥中，这批工具多为制造竹木器的工具，种类繁多，有锤、锛、凿、铲、削、锉、刮刀、服刀、锥等。

其中的五件服刀十分少见，外套刻花骨鞘非常精致，是悬挂于腰间的刀具，发掘报告根据这一特点定名为"服刀"。此类刀出于木工具箱中，推测这可能是用于修治简牍的书刀。这两箱工具造型优美，结构合理，适于操作，木工各种工序的专用工具都有，工具的制造工艺比较精细，反映了当时锻铁的高超技艺。

西耳室还出土一件铁铠甲，经中国科学院考古研究所修整复原，其为一件无立领、无袖、无垂缘，形状近于坎肩的铁甲。[①] 推测共有 709 块铁片，用丝带编饰出的菱纹图案与咸阳杨家湾汉墓中出土的彩绘武俑铠甲上的菱纹图案相近，右胸现右肋系带开合的形式也沿袭和保存了秦甲遗风。这副铠甲与满城汉墓刘胜的

---

① 广州市文物管理委员会等编：《西汉南越王墓》（上、下），文物出版社 1991 年版，第 380 － 388 页。

铠甲大致相同，当为墓主人所穿。且其与中原地区的铠甲有差别，是一件很珍贵的标本。

东耳室出土铁器 12 件，其中六件为锸、锄等铁农具，均为实用器，有三件铁锸、一件铁锄呈凹字形。这几种农具在汉代使用非常广泛，对于采用火耕水耨的粗放耕作方式的岭南农业具有重要作用。

主棺室出土有铁兵器和日用的镊子、削刀、刀等，共计 44 件。铁兵器中剑、矛、戟均为实用器，主室共出铁剑 15 件。其中，有五件出于椁外，其余十件都出于棺椁内，它们均属于茎部特长的铁剑，在广州华侨新村汉墓，山东、山西汉墓中都出土过此式剑，可能是为上层贵族专制的。其中，在墓主身体左侧的一把铁剑长达 1.46 米，为最长的一把汉代铁剑。

后藏室出有铁器 20 余件，除一件铁鼎外，其余皆为炊煮器的附件，有三足架、提链、钩、叉等。这件铁鼎是墓中所出唯一的铁鼎。广西平乐银山岭二十一号墓也出土过一件铁鼎，但出土时已锈蚀残碎，[①] 因此，南越王墓出土的这件铁鼎是岭南遗存的唯一完整的铁鼎。铁鼎的造型与该墓出土的越式陶鼎类似，故名"越式铁鼎"，是岭南目前考古发现所见的最大的铸铁器。

五、 陶器

南越王墓出土陶器 50 多种，共 300 多件（套），主要是容器、炊煮器和日用器。主棺室仅有 1 件陶瓿，出于门楣西侧，不知何用，足箱中出土 139 件仿玉陶璧。其他各室出土陶器的数量较均衡，后藏室最多，有 66 件，东耳室最少，也有 20 余件。其中陶罐最多，有 85 件；陶瓮 30 件，17 件出于墓道外藏椁，其中三件肩部有"长乐宫器"的戳记；陶鼎 14 件，只有一件是汉式鼎，其余皆为越式鼎。西耳室一件陶鼎的肩下部也有"长乐宫器"戳记。西耳室和后藏室出有陶响鱼和陶响盒 16 件，西耳室出土了 620 个网坠和两件陶提筒。

南越墓出土的陶器有三个特点：其一，半数以上为灰白色硬陶，火候较高，叩之声响清脆，彩陶较少；其二，仿中原汉式与岭南越式器型共存；其三，纹饰以印纹和刻画为主，构图基本为几何形，器型变化较多、制作精细，一些陶器有戳印文字。纹饰的施制可分为模印、拍印、施压、刻画、镂孔、附加堆纹和彩绘七种。

（一）"长乐宫"器

"长乐宫器"陶瓮共出土三件，出土于墓道和墓室之间的外藏椁内。器表拍

---

① 广西壮族自治区文物工作队：《平乐银山岭战国墓》，载《考古学报》1978 年第 2 期。

印方格纹与几何纹，肩部打印"长乐宫器"四字篆文。另有一件陶鼎（C263），出土于西耳室，其上也戳印有"长乐宫器"四字，它们应是"长乐宫"用器的标识。

长乐宫原是西汉著名的宫殿。它位于汉代长安城的东南部，与其西的未央宫并列，是汉代太后的居所。

在以往发现的南越国官吏墓中也曾发现"食官""厨""居室"等戳印陶器。这些数量不少的带有汉朝宫官标识的陶器，是南越国宫室名称仿效汉朝的证明。

这些陶瓷应是贮存粮食和其他食品的器物。

（二）陶提筒

陶提筒共出土两件，均广口直身，器身修长，平底无盖。出土于西耳室，两器内均有黑色的炭化物遗存。提筒内壁有明显的泥条盘筑痕迹。C88 外壁中部饰弦纹，水波纹和刻划纹，高 23.5 厘米，口径 19 厘米，底径 17 厘米。C89 外壁中部饰弦纹、篦纹与水波纹，高 24.3 厘米，口径 21.5 厘米，底径 19.5 厘米。

提筒是越族的典型酒器，较多地出土于越南北部地区。这两件提筒器型大方，火候高，纹饰简洁，可以视为南越国陶器的代表。

六、 玻璃牌饰

玻璃牌饰由长方形铜框和一块浅蓝色透明平板玻璃构成。墓中出土这类玻璃牌饰共 11 对 22 件。铜框表面有穗状纹饰，鎏金，出土时均发现有丝织物的包裹痕迹。经鉴定，蓝色透明平板玻璃的成分以氧化铅（PbO）和氧化钡（BaO）为主，铅、钡含量分别高达 33% 和 12% 以上，属于中国铅钡玻璃系统[1]。

玻璃，古代又称琉璃、玻黎、颇黎等，应是外来译音。中国最早发现的玻璃始于春秋末、战国初期，这一时期的玻璃器数量少，品种单一，样式以蜻蜓眼珠类的装饰品居多，化学成分以氧化钙（CaO）、氧化钠（Na_2O）为主，属于典型的钙钠玻璃。如在湖北省随县擂鼓墩曾侯乙墓中出土的 73 颗蜻蜓眼式玻璃珠[2]就属此类。这时期的玻璃制品是中国自产还是"舶来品"，中外学者目前分歧很大，尚无定论。战国中后期，玻璃制品的数量及品种有所增加，这一时期玻璃制品的氧化铅、氧化钡含量较高，且多产自以长沙为中心的湖南地区。

牌饰是具有鲜明草原文化特色的腰间饰物。20 世纪 50 年代发掘的三座广州汉墓曾出土三对，[3] 现南越王墓共出土 16 对 32 件，其中双羊纹的三对，龙龟纹

① 参阅广州市文化局编《广州秦汉考古三大发现》，广州出版社 1999 年版。

② 参阅湖北省博物馆编《曾侯乙墓》，文物出版社 1989 年版。

③ 参阅广州文物管理委员会等编《广州汉墓》，文物出版社 1981 年版。

的 11 对。其中 11 对 22 件嵌平板玻璃牌饰应是仿匈奴牌饰制作而成，是南越国最高层贵族所特有的服饰佩件。

桓宽《盐铁论·力耕第二》载："璧、玉、珊瑚、琉璃成为国之宝。"足见玻璃是当时的贵重物品。汉王朝也有很多使用玻璃的记载，如汉武帝在"元鼎年起招仙阁于甘泉宫西，编以翠羽麟毫为帘，青琉璃为扇""赵飞燕女弟居昭殿……窗扉是绿琉璃""得白珠如花一枝，汉武帝以赐董偃，盛以琉璃之筐"。①

这些蓝色玻璃牌饰是中国迄今为止年代最早的平板玻璃，十分珍贵，对研究中国古代玻璃制造业具有极其重要的意义。

---

① 《汉武内传》。

第三章　岭南文化的多元性和兼容性（上）

一、秦汉时期文化区域的划分

所谓文化区域，一般是指具有相似文化特征的某个区域及其文化生成的历史空间。它不是一个简单的地理概念，而是一个文化时空概念。区域文化一般具有四个特征：一是文化的普遍性，每个区域都有其独特的文化标记，如行为方式、语言系统、经济体系、文化典籍、文化代表人物和一定的宗教信仰、价值观念等；二是文化的群体性，区域文化是区域群体的创造，其成员认同这种高度一致的群体文化，并对其有一种归属感；三是文化的继承性，每个文化区内的文化都在代代相传，如文化典籍、古代建筑、民风民俗等；四是文化的渗透性，各个文化区内的文化都在历史发展中不断接触、交流、相互影响和转化。① 中华文化是在中国这块古老的土地上产生、演化、发展起来的。在具体的演化、发展过程中，由于受历史、自然等因素的制约，在不同的地区形成不同的文化形态和文化特征，进而形成了诸多的文化区域。中华文化既有统一性，又有多元性和地域性。

中国文化区域的形成由来已久。有学者指出，中国最早的诗歌总集——《诗经》中的《国风》部分按周南、召南、邶、鄘、卫、王（东周）、郑、齐、魏、唐、秦、陈、邹、曹、豳等15个地区汇编诗歌，以显示各地风土人情之异，是倡导文化地域类分的先声。② 春秋时吴国公子季札观乐于鲁，已能准确辨别卫风、齐风、唐风等不同乐曲的地域格调。③ 学术界普遍认为，至春秋战国时期，中国的文化区域格局已基本形成。"地理差异，从经济上制约了文化的区域构成；

---

① 参阅蒋宝德、李鑫生主编《中国地域文化》，山东美术出版社1997年版。

② 冯天瑜：《中国文化史纲》，北京语言学院出版社1994年版，第45页。

③ 《左传·襄公二十九年》："吴公子札来聘……请观于周乐。使工为之歌周南、召南，曰：'美哉！始基之矣，犹未也，然勤而不怨矣。'为之歌邶、鄘、卫，曰：'美哉渊乎！忧而不困者也。吾闻卫康叔、武公之德如是，是其卫风乎！'为之歌王，曰：'美哉！思而不惧，其周之东乎！'为之歌郑，曰：'美哉！其细已甚，民弗堪也。是其先亡乎？'为之歌齐，曰：'美哉！泱泱乎！大风也哉！表东海者，其大公乎！国未可量也。'为之歌豳，曰：'美哉，荡乎！乐而不淫，其周公之东乎！'为之歌秦，曰：'此之谓夏声。夫能夏则大，大之至也，其周之旧乎！'为之歌魏，曰：'美哉，沨沨乎！大而婉，险而易行，以德辅此，则明主也。'为之歌唐，曰：'思深哉！其有陶唐氏之遗民乎！不然，何忧之远也？非令德之后，谁能若是？'为之歌陈，曰：'国无主，其能久乎！'自郐以下无讥焉。"

邦国林立，从政治上强化了文化的区域分野；大师并起，从学术上突出了文化的区域特色；而上古时代丰富多彩的民风遗俗的流播传扬，又形成了风格各异的区域文化氛围。"① 李学勤先生把文献材料和考古成果综合起来，进一步将东周列国分为中原文化圈、北方文化圈、齐鲁文化圈、楚文化圈、吴越文化圈、巴蜀滇文化圈、秦文化圈七大文化圈，并进一步指出战国晚期以后，楚文化的扩展是东周时代的一件大事，随之而来的是秦文化的传布。②

秦始皇统一六国以后，建立了高度集权的专制主义大一统政权。"六合之内，皇帝之土。西涉流沙，南尽北户。东有东海，北过大夏。人迹所至，无不臣者。"③ 整个中国被纳入一个庞大的政治经济文化共同体之中。但由于中国地大物博，各地的经济文化发展极不平衡，先秦以来经过长期历史积淀而形成的中华文化的地域特色并没有因为秦始皇的短暂统一而完全消失。在秦汉时代，中华文化在以中原文化为主体的前提下，依然呈现出多姿多彩的面貌，依然具有多元性、地域性的特点。"关西出将，关东出相"④ "荆楚僄勇轻悍"⑤ "齐俗宽缓阔达"⑥ "骏马秋风冀北，杏花春雨江南"⑦，是说吴越多细腻婉约之人，燕赵多慷慨悲歌之士。对从春秋战国时期沿袭积淀下来的各地区民俗民风的差异，当时的学者司马迁、班固等也已经有了清醒的认识。司马迁在《史记·货殖列传》中，将全国划分为"山西""山东""江南"和"龙门、碣石北"四大基本物产区："夫山西饶材、竹、穀、纑、旄、玉石；山东多鱼、盐、漆、丝、声色；江南出楠、梓、姜、桂、金、锡、连、丹砂、犀、玳瑁、齿革；龙门、碣石北多马、牛、羊、旃裘、筋角；铜、铁则千里往往山出棋置。"所谓"山西"，指崤山或华山以西的地区，主要包括关中和巴蜀地区；"山东"大致包括秦统一前的六国故地；"江南"是指地广人稀，经济发展较为落后的楚越之地；"龙门、碣石北"指以畜牧业为主的北方地区。在此基础上，司马迁又依据地理位置、农业生产条件、商业活动、重要都会、物产、民俗等诸多因素，将全国划分为关中、巴蜀、关中外围、河南、河东、河内、种和代、赵和中山、郑和卫、燕、齐、邹和鲁、梁和宋、南阳和颍川、西楚、东楚、南楚等 17 个区域。⑧ 班固的《汉书·地理

---

① 冯天瑜、何晓明、周积明：《中国文化史》（第 3 版），上海人民出版社 1990 年版，第 404 页。

② 李学勤：《东周与秦代文明》（增订本），文物出版社 1991 年版，第 11、12 页。

③ 《史记·秦始皇本纪》。

④ 《汉书·赵充国传》。

⑤ 《史记·淮南衡山列传》。

⑥ 《史记·货殖列传》。

⑦ 原为徐悲鸿 1944 年所题联"白马秋风塞上，杏花春雨江南"，后被吴冠中改为"骏马秋风冀北，杏花春雨江南"。

⑧ 侯甬坚：《区域历史地理的空间发展过程》，陕西人民教育出版社 1995 年版，第 201、202 页；葛剑雄认为《史记·货殖列传》中提到的是 16 个区域，无郑和卫，参阅谭其骧主编《中国历代地理学家评传·司马迁》，山东教育出版社 1990 年版。

志》中记录了西汉末期颍川人朱赣对各地风土人情的不同描述。朱赣把全国划分为秦地、魏地、周地、韩地、赵地、燕地、齐地、鲁地、宋地、卫地、楚地、吴地和粤地等 13 个区域。这种划分主要是按诸侯国故地所做的叙述。司马迁、班固二人对秦汉时期区域文化的划分方式见仁见智，难分高下。

区域文化的研究有助于我们更好地了解我国的社会文化结构，有助于我们更好地把握中华民族时代精神的特质，有助于我们更真切地认识中国传统文化的全貌。因此，近年来，区域文化研究越来越引起学术界的关注。有关秦汉时期区域文化的研究也取得了长足的进展。卢云先生的《汉晋文化地理》和王子今先生的《秦汉区域文化研究》堪称这一方面的力作。[①] 王子今先生根据秦汉时期的地域文化特征，将全国划分为 12 个文化区，即关中文化、齐鲁文化、赵地文化、滨海文化、江南文化、河洛文化、北边军事文化、巴蜀文化、陈夏地区、西南夷、南越文化、西北边地，并对这 12 个文化区的人文社会面貌和民俗文化构成作了富有新意的概括和论述。

纵观数千年来对中国秦汉时期地域文化的认识和研究，不难发现，岭南文化，或者称南越文化、粤地文化，一直是中华文化的重要组成部分，一直是中国地域文化大家庭中的重要成员。"南越地区，是秦汉时期与中原文化保持密切文化联系又存在一定文化距离的特殊的文化区。南越文化的特殊个性，是我们在考察丰富多姿的秦汉文化时不能不予以特别注意的。"[②] 20 世纪 80 年代南越王墓的惊人发现，使我们对岭南文化的认识有了质的飞跃。当岭南文化的神秘面纱被逐渐揭开，其独特魅力开始展现的时候，"南蛮不蛮"的呼声从此日益高涨。我们从南越王墓的出土文物可以看出，该墓具有多种文化因素。除以中原文化占主导地位的文物之外，还有带有南越文化、吴越文化、楚文化、秦文化、齐鲁文化、巴蜀文化、匈奴文化等诸多文化因素的文物。分析这些文化因素，对我们更好地把握岭南文化多元性、兼容性的重要特征，更好地认识岭南文化在中国地域文化中的地位和作用，更好地把握南越文化与中国其他地域文化的关系，进而更好地理解中国传统文化，无疑有着十分重要的意义。

二、 秦文化因素遗物

所谓秦文化，指存在于一定时间、分布于一定空间，主要由秦族、秦人及相关人群创造的具有自身特点的考古学文化遗存。它包括目前发现的相关遗存及其所反映的物质文化和精神文化两方面的内容。

---

① 参阅卢云《汉晋文化地理》，陕西人民教育出版社 1991 年版；王子今《秦汉区域文化研究》，四川人民出版社 1998 年版。

② 王子今：《秦汉区域文化研究》，四川人民出版社 1998 年版，第 204 页。

秦始皇为征服岭南的越人，命尉屠睢将兵 50 万，兵分五路，"三年不解甲弛弩"①，付出了惨重代价。与此同时，大规模的移民来到岭南，其中见诸史书的移民活动就有四次之多。《史记·秦始皇本纪》载："三十三年（前 214），发诸尝逋亡人、赘婿、贾人略取陆梁地，为桂林、象郡、南海，以適遣戍……三十四年，適治狱吏不直者，筑长城及南越地……三十五年……益发谪徙边。"《史记·淮南衡山列传》载："又使尉佗逾五岭攻百越。尉佗知中国劳极，止王不来，使人上书，求女无夫家者三万人，以为士兵衣补。秦始皇可其万五千人。"有学者推测，秦帝国的这四次移民岭南的活动，移民总人数究竟多少，不得而知，但从第四次遣送 15000 名女子的规模来看，移民总数当不会少于六万人。②这些移民中既有文化水平较高的犯罪官吏，又有善于贸易活动的商贾，亦不乏掌握先进生产技术的农民与手工业者。他们的到来，给岭南地区输入了秦文化的新鲜血液。南越国的创立者赵佗是秦朝征服岭南地区的主要将领之一，他手下的将士和百官中有很多秦人。在这些秦人中，今可考的就有陕西关中人王道平，以及唐代龙川人韦昌明的先祖等。③有学者研究发现，南越国的官制基本上是仿秦而设。④南越国深受秦文化影响的事实是众所周知的，并为以南越王墓为代表的岭南地区的众多考古发现所证实。

在秦文化的丧葬习俗中，殉人现象一直是学术界关注的一个焦点。殉人现象出现于母系氏族向父系氏族过渡的时期。上古时期，在世界范围内，如埃及、西亚地区、印度、中国、日本等地，都普遍存在着殉人现象。在我国，这种野蛮落后、丑陋残忍的习俗延续到春秋战国时，因遭到社会舆论的谴责，虽在列国中仍广泛存在，但与夏商周相比，已大大减少。与此同时，以陶俑、木俑来代替活人殉葬的现象越来越普遍。在秦国却不然。东周时期，秦国墓葬的人殉数量、人殉规模、人殉比例均高于其他诸侯国。⑤秦国墓葬殉人之风十分盛行，时代愈早，殉人愈多。⑥公元前 678 年，"（秦）武公卒，葬雍平阳。初以人从死，从死者六十六人……穆公卒，葬雍。从死者百七十七人"⑦。这 177 人中，就有《诗经·秦风·黄鸟》所歌颂和怀念的"三良"——奄息、仲行和针虎。20 世纪 80 年代

① 《淮南子·人间训》。

② 黄留珠：《秦汉历史文化论稿》，三秦出版社 2002 年版，第 250 页。

③ 张荣芳、黄淼章：《南越国史》，广东人民出版社 1995 年版，第 41 页。

④ 参阅余天炽《南越国的官制沿革初探》，载《学术研究》1986 年第 3 期。该文指出，"就目前已知的南越国二十八个官名中，除有三个未可划定归属外，其余二十五个官名中，仿秦的占了二十个"，"就类别而论，南越国的中央和地方的政务官、军事官，全部仿照秦制"。

⑤ 黄展岳：《中国古代的人牲人殉》，文物出版社 1990 年版，第 214 页。

⑥ 王学理、尚志儒、呼林贵等：《秦物质文化史》，三秦出版社 1994 年版，第 320 页。

⑦ 《史记·秦本纪》。

下编　西汉南越王墓多元文化研究

发掘的秦公一号大墓（秦景公墓），亦有殉人 166 人①。殉人数量之多，在山东诸国还未曾见到②。秦始皇死后，"二世曰：'先帝后宫非有子者，出焉不宜。'皆令从死，死者甚众。……尽闭工匠臧者，无复出者"③。"多杀宫人，生埋工匠，计以万数"④，更是把中国古代的殉人恶习推向了极致。西汉统一后，人殉制度趋于衰落，人殉现象大为减少。中华人民共和国成立后，发掘的十余座诸侯王墓和列侯墓中均未发现人殉⑤。但割据岭南的南越国政权却仍然保留了人殉的习俗。在南越王墓中，共发现殉人 15 具。属于南越王国贵族的广西贵县罗泊湾一号汉墓中有殉人七具，二号汉墓有殉人一具。⑥ 在南越王墓东耳室之中，有随葬木俑两个，说明南越国统治者已经注意到了木俑代替殉人的必要性。南越国一般官吏的墓葬中只有陶俑和木俑，并未见有人殉。如前所述，南越国上层多系秦将秦官，对秦制颇为熟悉，诸事和政令多行秦制。笔者以为，南越国上层墓葬中所使用的殉人制度，无疑是受了秦文化的影响，而不是有学者所说的仿效殷周遗制。

南越王墓中出土的剑、矛、戈、戟等众多兵器中，就有不少是秦国制造，由秦人带入岭南的。南越王墓东耳室出土的戈中有一件上有"王四年相邦张义……"字样的铭文。⑦ "王四年"当为秦惠文王后元四年，即公元前 321 年。此戈当属秦平岭南时传入无疑，入葬时距制造之年已有 200 年左右。⑧ 这件戈的背面刻有一个"錫"字，据李学勤先生考证，"錫"是地名，在今陕西白河县东，紧邻湖北，原属楚国，是秦国于后元十三年（前 312）从楚国夺取的。戈上这个置用地名应是后刻的⑨。据学者统计，迄今为止出土的秦统一前的带铭文的秦国铜兵器已有 46 件，其中秦惠文王时期的有六件。⑩ 这 46 件带铭文的兵器中，岭南地区出土了两件，除上述南越王墓中的一件外，还有一件"十四年属邦"戈，是秦始皇十四年（前 233）制造的，出土于广州东郊萝岗的秦墓中。⑪

一般认为，蒜头壶起源于秦，最早可追溯至战国晚期，为秦人所创造，是秦

① 一说殉人为 186 人。今采用黄展岳先生说，人殉 166 人，人牲 20 人，见《中国古代的人牲人殉》，文物出版社 1990 年版，第 214 页。人殉与人牲有质的区别。人殉是供"用"的，一般是与死者关系亲密的"故旧"。人牲是供"食"的，一般用仇人、敌人和俘虏。

② 王学理、梁云：《秦文化》，文物出版社 2001 年版，第 197 页。

③ 《史记·秦始皇本纪》。

④ 《汉书·楚元王传》。

⑤ 黄展岳：《中国古代的人牲人殉》，文物出版社 1990 年版，第 242 页。

⑥ 黄展岳：《中国古代的人牲人殉》，文物出版社 1990 年版，第 241、242 页。

⑦ 广州市文物管理委员会等编：《西汉南越王墓》（上），文物出版社 1991 年版，第 57 - 60 页。

⑧ 广州市文物管理委员会等编：《西汉南越王墓》（上），文物出版社 1991 年版，第 316 - 317 页误为 110 年，特此纠正。

⑨ 李学勤：《缀古集》，上海古籍出版社 1998 年版，第 140 页。

⑩ 王学理、梁云：《秦文化》，文物出版社 2001 年版，第 203 - 207 页。并请参阅陈平《试论战国秦兵的年代及有关问题》，见《中国考古学研究论集——纪念夏鼐先生考古五十周年》，三秦出版社 1987 年版。

⑪ 麦英豪：《广州东郊罗冈秦墓发掘简报》，载《考古》1962 年第 8 期。

文化的典型器物。① 南越王墓后藏室出土了一件铜蒜头瓶②，亦可称其为蒜头壶。这件蒜头壶是秦文化对岭南文化影响的又一实物证明。

南越王墓的东侧室，出土有四叶龙凤纹铜镜两面，均为内向连弧纹缘，当中以宽带纹绕成十字如四叶形，把纹样分割成内外两区，外区四组龙纹，内区四组凤纹。有学者发现这两面铜镜与陕西凤翔县秦墓出土的铜镜的纹饰大小都十分近似，进而认定其为秦文化的器物。③

南越王墓中出土了陶响盒七件、陶响鱼九件，这些陶制乐器内装砂粒，摇动时"沙沙"作响，功能类似今天的"沙锤"。类似的陶制乐器，在秦都咸阳古城遗址中曾有出土。这批陶响器应与秦文化有直接的渊源关系。④

三、 巴蜀文化因素遗物

巴蜀文化，是指春秋战国时期在今四川和重庆境内的以巴、蜀两国（部族）人民为主体所创造的文化。

巴蜀文化与岭南文化的交流与碰撞由来已久。在四川广汉曾经出土了商代的玉制端刃器——牙璋，它的形制与越南北部同时期出土的牙璋十分相似。有学者进而指出，远在商代，就已经存在一条由巴蜀地区到越南北部地区的文化交往的通道。⑤

公元前 316 年，秦灭蜀。蜀王子率残众南逃至今越南北部的红河下游地区，征服了那里的骆越部族，建立了自己的政权。⑥ 后来这个蜀国流亡政权被南越国赵佗所灭。《水经注》卷三七《叶榆河注》引《交州外域记》对这段史实有较为详尽的记载：

> 交州西昔未有郡县之时，土地有雒田。其田从潮水上下，民垦食其田，因名为雒民。设雒王、雒侯，主诸郡县。县多为雒将，雒将铜印青绶。后，蜀王子将兵三万来讨雒王、雒侯，服诸雒将，蜀王子因称为安阳王。后，南越王尉佗举众攻安阳王。安阳王有神人名皋通，下辅佐，为安阳王治神弩一张，一发杀三百人。南越王知不可战，却军住武宁县。按晋《太康记》，县

① 李陈奇：《蒜头壶考略》，载《文物》1985 年第 4 期。
② 广州市文物管理委员会等编：《西汉南越王墓》（上），文物出版社 1991 年版，第 285 页。
③ 麦英豪：《西汉南越王墓随葬遗物的诸文化因素》，见香港博物馆编《岭南古越族文化论文集》，香港市政局，1993 年，第 133 页。参阅广州市文物管理委员会等编《西汉南越王墓》（上），文物出版社 1991 年版，第 226、227 页。
④ 广州市文化局编：《广州秦汉考古三大发现》，广州出版社 1999 年版，第 240 页。
⑤ 李学勤：《比较考古随笔》，广西师范大学出版社 1997 年版，第 196－204 页。
⑥ 关于蜀王子南迁交趾的具体路线，请参阅范勇《古蜀民族南迁略考》，见江玉祥主编《古代西南丝绸之路研究》第 2 辑，四川大学出版社 1995 年版。

属交趾。越遣太子名始，降服安阳王，称臣事之。安阳王不知通神人，遇之无道，通便去，语王曰：能持此弩王天下，不能持此弩者亡天下。通去，安阳王有女曰媚珠，见始端正，珠与始交通。始问珠，令去父弩视之。始见弩，便盗以锯截弩讫，便逃归报南越王。南越进兵攻之，安阳王发弩，弩折，遂败。安阳王下船逃出于海……越遂服诸雒县。

赵佗灭安阳王统治的蜀国流亡政权虽极富传奇色彩，但还是基本可信的。《交州外域记》已亡佚，徐中舒先生对这段记载有过缜密的考证。他认为该书成书于公元3世纪末，作者可能是东吴交趾太守士燮的幕僚，能看到交趾官府的旧档，所著史书信而有征。①

公元前135年，唐蒙奉汉武帝命令出使南越，南越国曾用蜀地的特产——枸酱招待他。唐蒙回到长安后，询问在长安的蜀商，才得知枸酱是由蜀商走私到今贵州境内的夜郎国，再从那里沿牂牁江（即西江）船运到南越国的。② 西汉前期，巴蜀商人的活动地域十分广泛，他们的足迹遍布长安、番禺等通都大邑。岭南和西南地区更是成为蜀商进行走私贸易的乐土。蜀商"窃出"到岭南地区的商品除枸酱外，还有僰僮、筰马、临邛铁器等。南越王墓出土的铁器就有不少是临邛制造的。《史记·货殖列传》中提到的临邛商人程郑，因"冶铸，贾椎髻之民"而"富埒卓氏"，司马贞《史记索隐》注释说"贾椎髻之民"就是"通贾南越也"。有学者指出，分布于越南北部地区，其时代在公元前3世纪至1世纪之间的东山文化，它的汉文化因素主要来自四川地区。③ 由此可见，南越国统治下的越南北部地区与四川有着悠久而密切的交往历史。

巴蜀地区与岭南地区的密切交往也为近年来的考古发现所证实。众多的考古发现表明，铜鍪最早出现于战国中期的巴蜀墓葬中，属于巴蜀文化的遗物，全国其他地方出土的鍪，应是秦人攻占巴蜀后，从巴蜀传播到那里的。④ 南越王墓出土铜鍪16件，其中西耳室四件，东侧室一件，后藏室11件。⑤ 南越王墓铜鍪的出土充分反映出巴蜀文化对岭南地区的影响。

---

① 参阅徐中舒《〈交州外域记〉蜀王子安阳王史迹笺证》，载徐中舒《论巴蜀文化》，四川人民出版社1982年版。

② 《史记·西南夷列传》；关于蜀枸酱流入岭南地区的具体路线，请参阅张荣芳《西汉蜀枸酱入番禺路线初探》，见广州市博物馆主编《镇海楼论稿——广州博物馆成立七十周年纪念》，岭南美术出版社1999年版。

③ 童恩正：《试谈古代四川与东南亚文明的关系》，载《文物》1983年第9期。

④ 叶小燕：《试论巴蜀文化的铜器——兼论巴蜀与中原的关系》，见《中国考古学研究——夏鼐先生考古五十年纪念论文集（二）》，科学出版社1986年版，第121-134页；李学勤：《东周与秦代文明》（增订本），文物出版社1991年版，第167页。

⑤ 广州市文物管理委员会等编：《西汉南越王墓》（上），文物出版社1991年版，第78、223、280页。

四、 匈奴文化因素遗物

匈奴文化，指以我国北方古老的游牧民族——匈奴为主体所创造的文化。匈奴文化是中国地域文化大家庭中重要而又特殊的成员。在司马迁《史记·货殖列传》中，匈奴文化虽然不在 17 个文化区域之列，但仍然属于"龙门、碣石北"这一大的基本物产区，即大文化区域的范畴。考古发现表明，匈奴与岭南虽然远隔千山万水，但也有着千丝万缕的联系。当然，绝大多数情况下这种联系是间接的联系。张骞出使西域，为匈奴所扣，"单于留之，曰：'月氏在吾北，汉何以得往使？吾欲使越，汉肯听我乎？'"① 可见，匈奴对南越国的地理位置是很清楚的。

秦汉时期，匈奴势力达到鼎盛，他们曾经建立了强大的政权与中原王朝对抗。他们东灭东胡、西平月氏，其势力东到辽东、西达西域、北及俄罗斯境内南西伯利亚地区。他们创造的以动物纹为特征的匈奴艺术驰名中外，影响波及整个欧亚草原。② 而动物纹样的匈奴艺术，以长方形青铜透雕牌饰最为典型，也最引人注目。这些青铜透雕牌饰是匈奴人衣服革带上的装饰物，在中华人民共和国成立前曾经大量流入欧美古玩市场，引起许多西方考古学家和东方学家的重视，并在他们的论著中多有著录。③ 这些青铜透雕牌饰在考古文献中通常被归入所谓的"鄂尔多斯铜器"之列，其图案题材有双马、双牛、双羊、双驼、双鹿、双鸭、双龙、三鹿、虎豹、虎马、虎羊、虎鹰、虎驴、犬马、犬鹿、龙虎等，种类繁多，制作精美。这种牌饰在匈奴活动过的广大区域，即我国北方、蒙古人民共和国、俄罗斯外贝加尔和叶尼塞河中游地区，都有大量出土，④ 但是在汉族活动地区较少出土⑤。这种铜牌饰在我国南方主要见于广东广州地区和广西平乐银山岭⑥以及云南境内西汉前期的墓葬中⑦。这应该是这种铜牌饰流传所及的最南的区域了。

南越王墓出土双羊纹牌饰三对，龙龟纹牌饰两对。这五对鎏金动物纹铜牌饰具有浓郁的匈奴文化色彩。⑧ 类似的铜牌饰在广州南越国时期的墓葬中还曾经发

---

① 《史记·大宛列传》。

② 田广金：《近年来内蒙古地区的匈奴考古》，载《考古学报》1983 年第 1 期。

③ 乌恩：《中国北方青铜透雕带饰》，载《考古学报》1983 年第 1 期。

④ 乌恩：《中国北方青铜透雕带饰》，载《考古学报》1983 年第 1 期。

⑤ 在陕西长安县客省庄 140 号墓中曾出土双人角斗纹铜牌饰 2 件。参阅《1955—57 年陕西长安沣西发掘简报》，载《考古》1959 年第 10 期。

⑥ 广西壮族自治区文物工作队：《平乐银山岭战国墓》，载《考古学报》1978 年第 2 期。

⑦ 张增祺：《云南青铜时代的"动物纹"牌饰及北方草原文化遗物》，载《考古》1987 年第 9 期。

⑧ 广州市文物管理委员会等编：《西汉南越王墓》（上），文物出版社 1991 年版，第 21、165、224 – 225 页。

现过三对。① 其图案与南越王墓中的三对双羊纹图案十分相似。双羊纹是匈奴铜牌饰中常见的图案，而南越王墓中的两对龙龟纹图案的铜牌饰至今在其他地方还较少发现，因而弥足珍贵。1983 年和 1985 年，在宁夏同心县倒墩子村发掘的一处匈奴墓，出土了许多铜牌饰，其中就有双羊纹和龙龟纹，而且大小、纹样都与两广地区所出土的相同。②

南越王墓还出土了嵌蓝色平板玻璃的牌饰 11 对，这种牌饰在其他地方尚未发现，一般认为是仿匈奴铜牌饰而来，也是受匈奴文化影响的产物。但这 11 对与另外五对动物纹铜牌饰的最大区别还是它们的实用功能。这 11 对玻璃牌饰中，有些每对其中一件的一侧有喙形钮，另一件的一侧有钮孔，表明它们不仅具有装饰意义，而且具有同带扣一样的作用，这种带扣，又可以称之为带镝。③

在南越王墓墓主的玉衣面罩上，发现有八片羊头纹杏形金叶装饰品。以动物纹为特征的金银装饰品在内蒙古地区多有发现，是匈奴文化遗物中很有代表性的艺术品。④ 这八片杏形金叶，可能是匈奴文化的遗物。

匈奴文化风格的文物特别是铜牌饰为什么会出现在南越王墓中呢？有学者指出，秦王朝统一六国后，曾经发动了两次大规模的军事行动，北劫匈奴，南平南越。南越国中的原秦军将士，有的参加过北劫匈奴的战争，这些匈奴文化风格的铜牌饰就是他们带到岭南地区的。⑤ 我们认为，匈奴文化因素的铜牌饰除在北方草原地区出现外，在岭南地区和西南夷地区也发现较多，而在广大的中原地区却很少出土，这一现象很值得注意和重视。除参加过北劫匈奴战役的秦军将士是这些匈奴文化因素的传播者外，应该还有更深层的原因值得我们研究。

（一）匈奴与岭南地区的密切交往

匈奴与岭南地区虽然远隔千山万水，但也有着千丝万缕的联系。

公元前 3 世纪末，几乎同时出现了汉朝、匈奴、南越三个强大的政权，呈现

① 广州市文物管理委员会等编：《广州汉墓》（上），文物出版社 1981 年版，第 148 页。
② 麦英豪、黎金：《考古发现与广州古代史》，见《镇海楼论稿——广州博物馆成立七十周年纪念》，岭南美术出版社 1999 年版，第 15 页。参阅宁夏文物考古研究所等《宁夏同心倒墩子匈奴墓地》，载《考古学报》1988 年第 3 期。
③ 孙机：《我国古代的带具》，见文物出版社编辑部编《文物与考古论集》，文物出版社 1986 年版，第 301 页。
④ 麦英豪：《西汉南越王墓随葬遗物的诸文化因素》，见香港博物馆编《岭南古越族文化论文集》，香港市政局 1993 年版，第 128 页。参阅田广金《近年来内蒙古地区的匈奴考古》，载《考古学报》1983 年第 1 期；伊克昭盟文物工作站《内蒙古东胜市碾房渠发现金银器窖藏》，载《考古》1991 年第 5 期。
⑤ 《广州市文物志》编委会编：《广州市文物志》，岭南美术出版社 1990 年版，第 101 页。

"三足鼎立"的局面。① 就汉朝而言，北有强胡，② 南有劲越，"北胡南越"的政治格局实在是他们不愿看到的，但迫于形势，只能听任许多亡命之徒或叛逆者"不北走胡即南走越耳"③。"北胡南越"的局面也为"七国之乱"提供了可乘之机。"七国之乱"中反叛的诸侯都想利用匈奴和南越的力量来达到他们的目的。④西汉时已有人总结："及汉兴，冒顿始强，破东胡，擒月氏，并其土地，地广兵强，为中国害。南粤尉佗总百粤，自称帝。故中国虽平，犹有四夷之患……诸侯郡守连匈奴及百粤以为逆者非一人也。"⑤ 许多西汉人以为，秦王朝速亡的重要原因就是因为南征劲越、北伐强胡。"昔秦常举天下之力以事胡、越。"⑥ "秦南擒劲越，北却强胡，竭中国以役四夷……"⑦ "（秦）遂失天下，祸在备胡而利越也。"⑧ "秦所以亡者，以外备胡、越而内亡其政也。"⑨ 因此，他们主张吸取秦亡的历史教训，反对对匈奴和南越用兵。就匈奴和南越而言，面对共同的敌人和对手，正可谓"同恶相助，同好相留，同情相成，同欲相趋，同利相死……"⑩ 这使得他们很容易走到一起，成为天然的盟友和战略上的伙伴。匈奴帝国的存在和强大，大大减轻和缓解了汉朝对南越国的军事压力，为南越国的生存和发展提供了广阔的空间。而南越国的创建者赵佗是正定人，其家乡毗邻匈奴活动区域，与匈奴有着很多直接与间接的接触机会。他对匈奴的强悍和强大应该有清醒的认识，他的孙子取名"赵胡"（赵眜），应该并非偶然。匈奴与南越国的官方交往，虽然史无记载，但我们有理由认为这种交往是完全有可能的。在岭南地区的南越国时期的墓葬中出土了多件具有匈奴文化因素的文物，就是这一时期两地密切交往的证明。

---

① 公元前 209 年，匈奴冒顿单于杀其父头曼单于自立，有"控弦之士三十万"，西破月氏，东破东胡，北服楼烦、白羊，统一大漠南北，建立强大的匈奴政权；公元前 203 年，秦南海尉赵佗在兼并秦桂林郡、象郡之后，自立为南越武王，建立了强大的南越国；公元前 202 年，刘邦在击败项羽后，称帝，建立汉朝。

② 陈直先生云："两汉人称胡为匈奴之专用名辞，汉瓦之'乐哉破胡'，汉镜之'胡虏殄灭天下复'，童谣之'丈夫何在西击胡'皆是也。"见《摹庐丛著七种》，齐鲁书社 1981 年版，第 248 页。林幹先生亦曰："两汉时期，'胡'是匈奴的专称，凡言'胡'者，大抵即指匈奴而言。"参阅林幹《匈奴通史》，人民出版社 1986 年版，第 156 页。

③ 《史记·季布列传》。

④ 《史记·吴王濞列传》："……赵王遂亦反，阴使匈奴与连兵……（吴王）发使遗诸侯书曰：'……寡人素事南越三十余年，其王君皆不辞分其卒以随寡人，又可得三十余万……越直长沙者，因王子定长沙以北，西走蜀、汉中。告越、楚王、淮南三王，与寡人西面。……燕王、赵王固与胡王有约，燕王北定代、云中，抟胡众入萧关，走长安……'"按：告越，《集解》如淳曰："告东越使定之。"《汉书·吴王刘濞传》颜师古注："此说非也。言王子定长沙已北，而西趣蜀及汉中，平定以讫，使报南越也。"又《集解》："吴芮后四世无子，国除。庶子二人为列侯，不得嗣王，志将不满，故诱与之反也。"

⑤ 《汉书·韦贤传》引王舜、刘歆廷议。

⑥ 《盐铁论·复古》。

⑦ 《盐铁论·结和》。

⑧ 《淮南子·人间训》。

⑨ 《盐铁论·备胡》。

⑩ 《史记·吴王濞列传》引应高语。

汉武帝即位后，开始着手解决"北胡南越"的问题。公元前133年，汉朝30万大军在马邑诱击匈奴失利，汉匈之间旷日持久的战争从此全面爆发。"孝武皇帝愍中国疲劳无安宁之时，乃遣大将军、骠骑、伏波、楼船之属，南灭百粤，起七郡；北攘匈奴，降昆邪十万之众，置五属国，起朔方……"① 公元前111年，汉朝消灭南越国，汉武帝更加不可一世，匈奴失去了一个战略伙伴，面临的军事压力陡然增加。《汉书·武帝纪》载："元封元年（前110）冬十月，诏曰：'南越、东瓯，咸伏其辜，西蛮、北狄，颇未辑睦。朕将巡边陲，择兵振旅，躬秉武节，置十二部将军，亲帅师焉。'行自云阳，北历上郡、西河、五原，出长城，北登单于台，至朔方，勒兵十八万骑，旌旗径千余里，威震匈奴。遣使者告单于曰：'南越王头已悬于汉北阙矣。单于能战，天子自将待边。不能，亟来臣服，何但亡匿幕北寒苦之地为！'匈奴詟焉。"

（二）与汉朝的战争——匈奴与岭南交往的一条可能途径

匈奴与岭南地区的交往很大可能主要以间接交往为主。而他们与汉朝的战争，则是匈奴与岭南地区交往的一条可能的途径。两汉出征岭南地区的两位最高统帅——西汉平定南越国的伏波将军路博德，东汉镇压交趾征侧、征贰起义的伏波将军马援，都有过与匈奴作战的经历。《史记·卫将军骠骑列传》载："将军路博德，平州人，以右北平太守从骠骑将军有功，为符离侯。骠骑死后，博德以卫尉为伏波将军，伐破南越，益封。其后坐法失侯。为强弩都尉，屯居延，卒。"《后汉书·光武帝纪》载："建武二十年（按：公元44年秋，马援自交趾还），会匈奴入右北平，诏以事示援，遂自击北边……十二月，伏波将军马援出定襄。"由此不难想象，他们的手下将士中，有不少人也应该和他们一样有着南征岭南、北伐匈奴的经历。在战争中，他们把缴获的匈奴物品带到岭南，或者把缴获的岭南地区的物品带到匈奴地区，这种事情是很可能发生的。这些汉朝将士不自觉地充当了匈奴与岭南文化交流的媒介。

（三）南迁的氐、羌——匈奴与岭南交往的桥梁

早在新石器时代，在今四川西部一带有一条自北而南的"民族走廊"。长期以来，在这条"民族走廊"上，民族迁徙十分频繁，特别是战国以后，氐、羌等南下的游牧民族，把许多北方草原文化因素带到云贵高原，传播给西南夷，再经西南夷东传到岭南地区。关于战国以后氐、羌民族的南迁，史书缺乏记载，马长寿先生也认为："羌族入云南，我们在历史上是找不到任何根据的。"② 但考古发现和许多学者研究表明，氐族和羌族是两个是非常悠久的民族，早在公元前16世纪至公元前11世纪就已经活跃在我国的北方，由于种种因素，他们不断向西、

① 《汉书·韦贤传》引王舜、刘歆廷议。

② 马长寿：《南诏国内的部族组成和奴隶制度》，上海人民出版社1961年版，第20页。

向南迁徙乃至蔓延于中国的整个西部。沿着"从东北至西南的边地半月形文化传播带"，我国北方民族很早就有向南迁徙的迹象。有研究者指出，氐、羌民族形成后，受到中原王朝的挤逼，亦不断地沿着此路线南下，并逐渐与云贵高原的土著民族与外来民族融合，形成了今天的云南各族。根据文献记载，氐族的迁徙似乎只局限于我国北方，特别是秦、雍一带，并不涉及云南。羌族虽然分布直至越巂，是否进入云南也没有直接的证据。但事实是，氐、羌民族不仅有迁入云南者，且人数、次数亦绝不可以等闲视之。越巂郡为汉时云南郡县。那么，把居于越巂境内的越巂羌视为羌族南迁云南的一个证据，应不为过。退而言之，即使以今天的云南地域论，不把它作为南迁云南的证据，以其与云南的地域之接近、关系之密切，当也定然有越巂境内的羌人自然扩散而至云南。① 有学者认为，根据云南古代民族和文化的分析，云南青铜时代的外来文化（按：指北方草原文化），主要是由石棺墓民族的"白狼"人及牦牛羌和巂人等北方游牧民族传播的。而最早接受这些文化并受其较大影响的云南土著民族，则是滇西地区的"昆明"人。随着"昆明"人和其他南迁游牧民族的东移，外来文化亦随之传入滇池区域。② 南越国曾"以财物役属夜郎，西至同师（今云南保山一带）"③，其势力曾影响到云贵高原地区，与夜郎、滇和昆明等都有十分密切的联系。④ 笔者在此基础上，进一步推断，以匈奴文化为主体的北方草原文化正是通过南迁的氐、羌民族和西南夷间接传播到岭南地区的。因此，民族迁徙，具体而言，就是氐、羌等游牧民族南迁，是匈奴文化因素间接传播到岭南地区的又一条可能的重要途径。

---

① 段玉明：《氐、羌民族南迁云南考》，见云南省社会科学院历史研究所编《中国西南文化研究(2)》，云南民族出版社1997年版。

② 张增祺：《云南青铜时代的"动物纹"牌饰及北方草原文化遗物》，载《考古》1987年第9期。关于云南青铜时代外来文化的传播者，日本学者白鸟芳郎有过系统的阐述（参阅《石寨山文化的担承者》，载《石棚》1976年第10期）。他认为，北方草原文化的传播者，即《史记·西南夷列传》上所说的"昆明"。张增祺先生认为，将北方草原文化或中亚地区文物带入云南的北方游牧民族，既不是同一时期或同一路线进入的，也不全都是羌人。根据文献记载和大量考古资料，北方草原文化的传播者，大致有三种民族：①石棺墓的主人——"白狼"羌人。考古学界普遍认为，川西及滇西北地区石棺墓的主人，就是游牧民族的"白狼"人及其先民。滇西北德钦、丽江等地石棺墓中发现不少北方草原文化遗物。"白狼"又称"白狼羌人"，属甘青高原古羌人的一支。根据放射性碳素测定，德钦纳古石棺墓的时代约为公元前9世纪。②牦牛羌人。据《后汉书·西羌传》记载，牦牛羌系古羌人的一支，于秦献公初立时（前384）南迁至今四川南部及云南北部，后来成为西南地区的游牧民族之一。③巂人。《史记·西南夷列传》载，云南古代民族中有巂人。巂人即中亚地区的"塞人"，他们和斯基泰人的关系最为密切。塞人原是锡尔河和伊犁河流域的游牧民族，主要分布在巴尔喀什湖和伊塞克湖一带。据说塞人在公元前8至前3世纪主要活动在阿尔泰山至帕米尔的一大片土地上，与周围的游牧民族有广泛的联系。约在公元前3世纪，由于蒙古草原匈奴的强盛，原居于敦煌及祁连山一带的大月氏人在冒顿单于的攻击下，不断逃入伊犁河流域。大月氏人大规模的向西移动，势必要挤走不少当地的塞人。他们中有的散居于"疏勒以西北"；有的被挤至今阿富汗、伊朗、巴基斯坦和印度等地；也有的"南走远徙"，通过青藏高原沿横断山脉河谷进入滇西地区。这些南迁的塞人就是《史记·西南夷列传》所说的"巂人"，《后汉书·西南夷传》上的"塞夷"。

③ 《史记·西南夷列传》。

④ 参阅周永卫《南越王墓银盒舶来路线考》，载《考古与文物》2004年第1期。

南迁到川西和云贵高原的羌族，由于与匈奴同属游牧民族，风俗习惯相似，因此与匈奴仍保持十分密切的关系，到西汉前期，这些羌族在匈奴的胁迫下与西域诸国一起成为匈奴的"右臂"，与汉朝对峙。这种情况直到公元前 121 年汉武帝控制河西走廊之后才彻底改变。《汉书·西域传》赞曰："孝武之世，图制匈奴，患其兼从西国，结党南羌，乃表河曲（王先谦《汉书补注》：王念孙谓"曲"当为"西"之误），列四郡，开玉门，通西域，以断匈奴右臂，隔绝南羌、月氏。单于失援，由是远遁，而幕南无王庭。"《后汉书·西羌传》亦载："至于汉兴，匈奴冒顿兵强，破东胡，走月氏，威震百蛮，臣服诸羌……及武帝征伐四夷，开地广境，北劫匈奴，西逐诸羌，乃度河湟，筑令居塞；初开河西，列置四郡，通道玉门，隔绝羌胡，使南北不得交关。"

对于汉朝隔绝羌人与匈奴的交通，羌人不甘心，匈奴人也不情愿。他们多次努力，想方设法恢复联系，但都被汉朝瓦解。《汉书·武帝纪》载："元鼎五年（前 112），……西羌众十万人反，与匈奴通使，攻故安，围枹罕。……六年……遣将军李息、郎中令徐自为征西羌，平之。"《汉书·赵充国传》载："元康三年（前 63），先零遂与诸羌种豪二百余人解仇交质盟诅。上闻之，以问充国，对曰：'……至征和五年（前 88），先零豪封煎等通使匈奴，匈奴使人至小月氏，传告诸羌曰："汉贰师将军众十余万人降匈奴。羌人为汉事苦，张掖、酒泉本我地，地肥美，可共击居之。"以此观匈奴欲与羌合，非一世也。……疑匈奴更遣使至羌中……宜及未然为之备。'后月余，羌侯狼何果遣使至匈奴借兵，欲击鄯善、敦煌以绝汉道。充国以为'狼何，小月氏种，在阳关西南，势不能独造此计，疑匈奴使已至羌中……宜遣使者行边兵豫为备……'。"

（四）匈奴与岭南交往的路线

考古发现证明，早在新石器时代，从我国西北的甘肃、青海到西南的西藏、四川、云南之间，存在着被学术界公认的一条"民族走廊"。[①] 童恩正先生进一步指出，在我国从东北至西南有一个半月形的文化传播带，从新石器时代后期直至青铜时代，活动于这一区域之内的为数众多的民族留下了许多共同的文化因素。[②]

西汉前期，汉朝继承了秦朝的疆域，最西部是陇西郡。在公元前 121 年匈奴浑邪王杀休屠王，并其众四万余人降汉之前，整个河西走廊都在匈奴人的控制之下，沿河西走廊南下，经今天四川西部地区，可以直达今日云南、贵州境内的西南夷地区，再经过西南夷地区到达南越国。从河西走廊到四川西部的路线就是蒙

---

① 费孝通：《关于我国民族识别问题》，载《中国社会科学》1980 年第 1 期。

② 童恩正：《试论我国从东北至西南的边地半月形文化传播带》，见《文物与考古论集》，文物出版社 1987 年版。

文通先生所指出的"自蜀郡经冉駹北出一道"[1]。巴蜀和西南夷地区是沟通匈奴与岭南地区的桥梁。在西汉前期，巴蜀商人异常活跃，他们把蜀地的商品远销至中亚、东北亚等地，他们充当了岭南和西南地区走私贸易的主角。[2] 他们把蜀地的特产——枸酱经夜郎国贩运至番禺。[3] 汉代的牂牁江就是今天的珠江（西江），蜀商就是通过牂牁江把枸酱经夜郎贩运至番禺的。[4] 可见，由匈奴到岭南地区，有一条畅通的道路。通过这条路线，匈奴与南越国之间曾经有过诸多直接与间接的联系。

① 蒙文通：《四川古代交通线路考略》，见《古地甄微》，巴蜀书社 1998 年版。蒙文通先生言："自张骞所言及遣使路线观之，显然当有自蜀郡经冉駹北出一道。"

② 周永卫：《西汉前期的蜀商在中外文化交流史上的贡献》，载《史学月刊》2004 年第 9 期。

③ 《史记·西南夷列传》。

④ 张荣芳：《西汉蜀枸酱入番禺路线初探》，见《镇海楼论稿——广州博物馆成立七十周年纪念》，岭南美术出版社 1999 年版。

第四章 岭南文化的多元性和兼容性 （下）

五、 南越文化因素遗物

秦汉时五岭以南的广大区域泛称南越，秦以前，两广地区除番禺、桂林、苍梧、博罗等小地名外，尚不见大的区域名词。《史记·秦始皇本纪》："三十三年，略取陆梁地，为桂林、象郡、南海，以適遣戍"，所谓"陆梁地"，应该是指居住着强悍越人的山陆地带①。《吕氏春秋·恃君览》虽然也提及"百越"——"扬、汉之南，百越之际，敝凯诸、夫风、余靡之地，缚娄、阳禺、欢兜之国，多无君"，显然这里的"百越"实泛指扬州和汉水以南的广泛的土著②，它包括吴、越、南蛮、百濮以及瓯骆等，并非专指五岭以南地区。

秦末大乱，赵佗封关自守，占据岭南，建立南越国，自号南越武王。为什么称南越，大概是缘于战国晚期大辩论家惠施的认识："我知天下之中央，燕之北，越之南。"③ 即以为地是圆的，燕国在中国（中原）的最北，越国在中国（中原）的最南，从燕国往北走，可以到达最南的越国。反之，从越国一直往南走，也可以到达燕国。赵佗建立的南越国，应该得之于这个地理知识，其认为五岭在越国（东越）之南，故称南越——广东新石器时代的石峡文化和江浙良渚文化有密切关系似乎可为这一说法找到依据。虽然我们现在知道岭南并不在越国的正南方。

南越在地域内至少还可分为西瓯和骆越，前者中心似在今广西贵县④，后者在今越南北部和云南南部⑤，其内部族群很多，他们应是今天苗、瑶、壮、黎等民族的祖先。

作为物质文化的遗存，陶器因为制作相对简便且易于保存下来，所以是我们今天所见的最具有地域特点、最能反映区域文化风貌的器物。1916 年，在广州东山龟岗发现了一座南越国时期的木椁墓，因椁板上刻有许多数字编号而轰动一时，国学大师王国维也为之专门写下跋语，现代考古学上的专有名词"几何印纹陶"最初就是用来命名该墓出土的陶器的。先秦越人的制陶工艺十分高超，陶器

---

① 〔唐〕张守节：《史记正义》。

② 于城：《古百越族的变迁》，载《岭南文史》1983 年第 1 期。

③ 参见《辞源》"惠施"条。

④ 参阅广西壮族自治区博物馆编《广西贵县罗泊湾汉墓》，文物出版社 1988 年版。

⑤ 参阅中国古代铜鼓研究会编《中国古代铜鼓》，文物出版社 1988 年版。

的火候高，胎质坚细，器型别致，纹饰美观，石峡文化[1]、博罗银岗遗址[2]等都出土有精美的陶器，南越国时期的陶器由它们发展而来，但风格明显简化，应是大的时代变革而引起的结果。彭适凡先生著有《中国南方几何印纹陶》一书[3]，对印纹陶的演变做了详细的分析。南越王墓的一批陶器具有鲜明的地区文化特色，类似的陶器曾出现于湖南长沙的西汉墓和福建武夷山的闽越国城址[4]中，其工艺应是受南越国的影响而在本地仿制的。

南越王墓出土陶器达300多件（套），从组合、制作工艺、器型及纹饰可以肯定均在本地制作，器形有瓮、罐、瓴、鼎、壶、提筒、盒、盆、釜、甑、熏炉等，现择其要而介绍。

（一）"长乐宫器"大陶瓮

墓中出土陶瓮达30件，可分为两种器型，其中Ⅰ型有18件，Ⅱ型有12件。器型特征为敛口、卷唇，器身较高，肩腹部鼓圆突出，腹下部收敛成小平底，器身用泥条盘筑后拍打成型。器底为后加，泥坯从口部往里塞入。器表拍打方格纹外加几何戳印，共有七种不同的图案。其中，有三件陶瓮的肩部印有"长乐宫器"四字篆文，这是"长乐宫"用器的标识。长乐宫为西汉时著名的宫殿，位处汉长安城东南部，原为秦的宫殿，先为皇帝所居，自汉惠帝居未央宫后，长乐宫便为太后之宫。[5] 这件器物从侧面反映南越国仿效汉长安城建置宫殿，但器物是典型的岭南器物，这在广州汉墓中有大量同类器物出土。[6]

瓮中所存物品已全朽无痕，在广州其他汉墓的同类器物中曾发现有黍、梅、橄榄等粮食和果品，也有鸡骨和猪骨。可见这种器物是墓主生前用于盛放粮食和其他食品的。

（二）匏壶

墓中出土匏壶三件，其中墓道出土的一件（H45）十分精致。该壶高15.3厘米，口径2.8厘米，腹径18厘米，底径13.7厘米。器身矮肥，小口微敛，短颈，扁圆腹，大平底，肩部附贴一对四线的半环形耳，耳座成卷曲形，自肩以下施精细的刻画纹，肩腹间为五周篦纹与弦纹相间，最上一周是垂直的，以下四周

---

① 曾骐：《石峡新石器遗址的文化因素分析》，见广东省博物馆、曲江县博物馆编《纪念马坝人化石发现三十周年论文集》，文物出版社1988年版。

② 广东省文物考古研究所：《广东博罗银岗遗址发掘简报》，载《考古》1998年第7期。

③ 参阅彭适凡《中国南方古代印纹陶》，文物出版社1987年版。

④ 参阅杨琮《闽越国文化》，福建人民出版社1998年版。

⑤ 参阅〔清〕顾炎武《历代宅京记》，中华书局1984年版。

⑥ 参阅广州市文物管理委员会等编《广州汉墓》（上、下），文物出版社1981年版。

均为斜纹，腹部最突出的位置刻画三线水波纹，体现了南越地域的近水特性[1]，西耳室出土的一件（C135）为外侈形小口，其余部位的特征和前述相似。在纹饰方面，由肩及腹排列多线弦纹 7 周，其间分布有斜刻篦纹以及水波纹。

（三）提筒

提筒为南越盛酒器皿，南越王墓出土有两件陶提筒（C88、C89），均在西耳室。出土时，两器内均有黑色的碳化物，由此可知，提筒也有其他用途。其特征为广口、直身，器身修长，平底无盖，为泥条盘筑法做成，腹部有两方形贯耳，腹外壁饰弦纹、篦纹与水波纹，十分精致秀美。其中，C88 高 23.5 厘米，口径 19 厘米，底径 17 厘米。

（四）瓿

墓中共出土瓿 14 件，可分四型。其中，C44 出土于西耳室，小口直唇，斜肩，扁圆腹，平底，肩部有双线半环形耳，带卷角形钮座，有盖，盖钮也为双线半环形。肩腹部有四组多线弦纹与四组刻划纹相间，最下为多线水波纹。C254，敛口，直唇，斜肩，鼓腹，平底，带盖。以中部为分界，其上部为七组三弦纹，近中部的三线绚纹为随手刻画，不甚规划。瓿体下部为拍印方格纹加菱形戳印纹。器盖面从钮座向外分五周匝，以三线凹弦纹相间隔，四周饰斜线点纹。出土时，里面盛有药物。

（五）熏炉

墓中出土陶制熏炉两件。其中，E28 出土于东耳室，喇叭形底座，子母口合盖，盖面较平，正中饰一鸟状立钮，盖面饰斜方格纹，中部有两圈三角形镂孔，器身饰篦纹和弦纹，通高 10.3 厘米。F19 出土于西侧室，为灰色硬陶，浅腹圜底，盖顶端有立鸟形钮，盖面镂几何形气孔，周边压印篦纹，炉身划水波纹，腹下部饰两周弦纹，通高 8.5 厘米。南越王墓还出土有铜熏炉（见本书第 53 页）。

除多种多样的器型外，南越王墓出土的陶器的纹饰十分具有地域特点，它们多以方格纹作地纹，用刻有多种几何图形的戳印陶拍在未干的器坯上逐层拍打，纹饰有菱形、四叶形、组合形等。这种戳印的几何图形在西汉初年涌现并在陶器纹饰中占主导地位，或许是受战国以来肖形印的影响而发展起来的。

除陶器外，南越王墓还出土了其他一些具有本地特色的器物。

---

① 参阅彭适凡《中国南方古代印纹陶》，文物出版社 1987 年版。

（六）珍珠枕

珍珠枕出土于墓主头部之下，重达 470 多克，珠不正圆，为天然珍珠，未加工，直径在 0.1～0.3 厘米。在头箱的一个大漆盒中还出土了 4117 克珍珠，珠粒较前者为大。南越境内的合浦盛产珍珠，据《淮南子·人间训》记载，秦始皇"利越之犀角、象齿、翡翠、珠玑，乃使尉屠睢发卒五十万"进军岭南。南珠一直为世所重，是南越地进贡中原的重要礼品。珍珠枕为考古首次发现，同期的其他汉墓中一般只出土铜枕、玉枕、药枕等。

（七）越式铜鼎

南越王墓出土的铜鼎，有类似中原的"汉式鼎"，上有"蕃"或者"蕃禺"等铭刻，显然是本地铸造的；也有楚式鼎（C265）和越式鼎。其中，越式鼎更具地域特色。以 C37 为例，其出土于西耳室，深圆腹，平底，三直足，足微向外撇，断面为半月形（"汉式鼎"为兽蹄形足），长方形附耳，是原汁原味的本地式样，这类鼎在南越王墓中共出土 17 件，数量和墓中出土的中原汉式鼎相当。

（八）铜挂钩

墓中共出土五件铜挂钩（C40、C41、C54、C55、C56），均出自西耳室，造型、大小相同，是当时越人的常用具，其中 C40 通长 25.5 厘米，钩长 12.5 厘米。器型为一倒置铃形，这种器物至今在广东农村地区仍有使用，俗称"气死蚁"，使用时，在铃形器内注水，可以防止蚂蚁爬到挂钩上而吃到悬挂的食物。南方多鼠蚁，在云南傣族的干栏式建筑物中，当地人常置一瓷碗在一层和二层的屋柱交界处以防鼠蚁，二者有异曲同工之妙。

（九）铜提筒

在越南同期遗址中出土有大量的陶、铜提筒，应为当地的生活用器。关于提筒的来源，黄展岳先生有专门的论述①。最值得一提的是纹饰，通过与铜鼓以及中国云南、贵州，及越南等地相近纹饰的比较，可以得知，在南越国内部，在岭南广袤的土地上，南越、骆越、西瓯关系密切，甚至与滇国、夜郎国都有相应的交往关系。

《史记·南越列传》云，吕后禁南越关市铁器时，赵佗叛汉自立为南越武帝，一面攻打北面的长沙国，一面用"财物赂遗闽越、西瓯、骆越，役属焉"；同时，"南越用财物役属夜郎，西至同师"；"夜郎侯始倚南越"。

---

① 黄展岳：《铜提筒考略》，载《考古》1989 年第 9 期。

另外，赵佗向中原汉朝输出翠羽、孔雀、犀角、象牙等，从生态环境看，当亦产自西南部。这说明南越国内部的贸易是有一定规模的。

由于越人处山行水，船亦可作为越文化的早期特征之一，《吕氏春秋·贵因》载"如秦者，立而至有车也；适越者，坐而至有舟也"；《淮南子·本经训》载"胡人便于马，越人便于舟"；《汉书·严助传》说越人"习于水斗，便于用舟"；《越绝书》载越人"以舟为车，以楫为马，往若飘风，去则难从"。至于铜提筒上的羽人、羽冠以及海龟、海鸟等无不具有地方特色。

南越王墓出土的铜提筒有可能是受骆越人的影响而在本土仿制，也有可能通过贸易交换得来，或者是骆越首领以提筒盛放方物进献于南越的。南越王墓铜提筒与越南北部的东山文化的提筒也相类同。

（十）铜熏炉

墓中共出土铜熏炉五件。以 C173 为例，炉体由四个方口圆底小盒组成，平面呈"田"字形，各小盒互不相通，四小盒共一方形炉盖，盖面顶尖隆起，并各有半环钮一个。盖顶及炉体上部的气孔均作菱形镂空，从浇铸的痕迹看，其盖、炉体和座足是分铸的，四个分离的炉体铸成后，嵌入座足的内范中，在浇铸足时才合成。可以说，这是一件十分精致的越式熏炉，铸为一体的四个小盒应是用来燃点四种香料的。其他如 F20、B60 等为单体，F20 炉体呈长方形，炉身下部折收，下边方柱形炉锅，锅体上粗下细，炉体四面镂空出相同的波折纹。从工艺及镂刻的纹饰看，亦应是本地熏炉无疑。湖南汉墓中曾有这类越式熏炉出土，应是双方文化交流的结果。熏炉所用的香料大部分来自东南亚、南亚及西亚，在岭南和西南边境地区也有出产。广州作为岭南百物聚集之地，这一时期的广州汉墓中大量出土熏炉不是偶然的。

（十一）铁环首刀

墓中共出土三件（A6、C123、C124），广西花山岩画上常有此类刀具图案，它是最具有骆越文化特色的器物之一。[①] 此外，云南江川李家山西汉中期墓出土环首刀 3 件；[②] 广州横枝岗西汉中期墓亦出土有一件铁质大环首刀；[③] 广西平乐银山岭战国墓 M26[④] 和贵县西汉墓也出土了不少环首刀。[⑤]

① 参阅王克荣、邱钟仑、陈远璋：《广西左江岩画》，文物出版社 1988 年版。
② 云南省博物馆：《云南江川李家山古墓群发掘报告》，载《考古学报》1975 年第 2 期。
③ 参阅广州市文物管理委员会等编《广州汉墓》（上、下），文物出版社 1981 年版。
④ 广西壮族自治区文物工作队：《平乐银山岭战国墓》，载《考古学报》1978 年第 2 期。
⑤ 广西壮族自治区文物工作队：《广西贵县罗泊湾一号墓发掘简报》，载《文物》1978 年第 9 期。

六、 吴越文化因素遗物

班固具有远见卓识，在他所撰写的《汉书·地理志》中，将汉成帝时丞相张禹的属员朱赣所罗列的各地风俗附在篇末，使今天的我们得以了解秦汉时的区域风俗及文化的划分。在此之前，《史记·货殖列传》虽已有相对完善的论述，但比起《汉书·地理志》，《史记·货殖列传》所载尚不够完善与系统。

依据《汉书·地理志》的描述，吴越地区包括临淮郡南部，会稽郡北部以及九江、六安、庐江、丹阳、豫章等郡国，相当于今天江苏、安徽两省淮水以南地区及江西省。[①]

朱赣是这样描述吴地的："吴东有海盐章山之铜，三江五湖之利……豫章出黄金，然堇堇物之所有，取之不足以更费。江南卑湿，丈夫多夭。"又云："寿春，合肥受南北湖皮革、鲍、木之输。"在这种环境下的吴人，其实并非徒"好用剑"而已，自春秋后期吴王阖闾、战国楚春申君以及汉初吴王刘濞相继"招致天下之娱游子弟"，文化有明显发展。

古代越族种姓复杂，号称百越，《汉书·地理志》引颜师古注曰："自交趾至会稽七八千里，百越杂处，各有种姓。"他们的显著特点是"文身断发，以避蛟龙之害"。浙江东部的越人在春秋时期建立了越国，战国之初越国强盛而灭吴，进入中原与齐、晋会盟，并受封为诸侯，这一地区的民俗与吴相类，多"轻死易发"，从《越绝书》的记载来看，吴越两国不但风俗相同，而且疆界很难区分。

南越王墓出土的吴越文化器物有三件，详情如下。

（一）勾鑃

一套八件，出土于南越王墓东耳室后壁，器型基本相同，器体硕重，胎壁较厚。其柄、身合体铸出。柄作扁方形实柱体，上粗下细，舞面平整呈橄榄状，器体上大下小，口部呈弧形，一面光素，另一面阴刻篆文"文帝九年，乐府工造"，分两行平等排列，每件分刻"第一"至"第八"的编号。其中"第一"号勾鑃最大，通高64厘米，重40千克，以下递减；"第八"号勾鑃最小，通高36.8厘米，重10.75千克。

勾鑃，最初是一种手持的打击乐器，最早出土于吴越地区，因有铭刻"勾鑃"而得名。这套勾鑃有"文帝九年，乐府工造"字样，应是南越国乐府所铸，"文帝"指的是南越王墓墓主赵眜，"文帝九年"为公元前129年。

勾鑃为古吴越乐器，流行于春秋战国时期，在安徽、江苏、浙江均有出土。

---

① 周振鹤主编：《中国历史文化区域研究》，复旦大学出版社1997年版，第125页。

南越王自制勾鑃，说明南越国时期该地区流行吴越地区的乐舞。传世的姑冯勾鑃，其铭云，"以乐宾客，及我父兄"；绍兴出土的三件配儿勾鑃，有铭"以宴宾客，以乐我诸父"，均说明了其宴享的作用。另外，绍兴战国墓中出土大小依次递减的 11 件青铜勾鑃，属于实用器，而且这 11 件器可能是战国勾鑃的最高组合。① 以上资料可以说明勾鑃在吴越地区的流行，而南越王墓出土的勾鑃是岭南地区目前所见唯一的勾鑃实物，也是目前所见形体最大者，因而十分珍贵。

（二）铜鉴

南越王墓共出土了三件铜鉴，均出自后藏室，可分为二型。Ⅰ型 2 件，子母口，微敛，鼓腹上有凸棱，凸棱上方近口沿处有对称双耳，并有套扣提链。其中，G38 腹上部两侧有双环形耳，双环形耳内各衔一节链环，链环上再扣上一个拱形提手；腹上部和口沿下加饰凸棱，二凸棱间饰一周躯体较宽的蟠螭纹，器体内装有鸡、猪、牛、羊的骨头以及鱼、龟等海产。G39 器壁素面无纹，腹上侧有对称耳，耳为两头蹲伏虎形兽，兽口做成环状，内装鸡、牛、猪的骨头和花龟等。Ⅱ型鉴底有三个短小方形足，耳、足系铸后焊接，底部有明显的合范痕，器腹上有四组纹饰，第一、三组是以蟠虺纹作地的细点圆纹，纹样如小珠突起，第二组是两条绹纹带，第四组为蝉纹，呈下垂三角形，做工精致。

《说文解字》："鉴，大盆也。"其用途是盛水或盛放食物。在铜镜未出现以前，古人常用它来盛水照容，《国语·吴语》："王其盍亦鉴于人，无鉴于水。"《庄子·德充符》："人莫鉴于流水，而鉴于止水。"但南越王墓出土的铜鉴应是用于盛放食物的。

G38 的造型、大小与江西清安出土的徐国盥盆相似，这说明南越和吴越两地有一定的文化交流。

（三）铜铎

南越王墓出土铜铎两件，一件出于西耳室，一件出于后藏室。后藏室的一件（G86），器壁厚重，铎身上狭下宽，两铣尖长，甬为实心长柄，柄端呈圆环状，钲部正面刻一"王"字。

铎是一种乐器，盛行于春秋战国时期，有舌，振之发声，铎的钲部短阔，口部呈凹弧形，顶部有长方内空的銎，用以纳木柄，器身内顶部正中有环，用以悬舌。铎以舌质的不同，可分为金铎和木铎，一般"文事奋木铎，武事奋金铎"。铎也可以作为舞具，马王堆汉墓就有执铎而舞的图案。

刻有"王"字的兵器过去多被认为是楚国的，但于 1981 年、1986 年、2003

---

① 参阅马承源主编《中国青铜器》，上海古籍出版社 1988 年版。

年发掘的浙江绍兴袍谷战国遗址中出土了一件属于越文化遗物的"王"字青铜矛。这对认定南越王墓的"王"字铎是有意义的。

南越文化和吴越文化的关系在石峡文化时期就见端倪，石峡文化具有相当多的江浙良渚文化因素，[①] 说明两地间的交往是密切且源远流长的。

七、 齐鲁文化因素遗物

齐鲁文化在春秋战国时代具有鲜明的地域文化特色，自古就以"蚕桑女红"闻名，而许多政治家、思想家、军事家都在这一地区施展过自己的雄才大略。春秋时期，齐桓公以管仲为相，实行改革，富国强兵，九合诸侯，一匡天下，成为春秋五霸之首。战国时期，齐国雄踞东方，为战国七雄之一。齐的都城临淄，"车毂击，人肩摩，连衽成帷，举袂成幕，挥汗成雨，家敦而富，志高而扬"[②]。齐鲁文化在当时的中国是处于领先水平的。

南越王墓出土了一件带托铜镜（C231），镜托直径 29.8 厘米，边厚 0.7 厘米，镜面与镜托先分铸，再用黏合剂将镜面套入镜托的凹槽中，合二为一。背面以鎏金、错金银、镶嵌宝石做装饰，制作精细。经化验，镜面的含锡量高达31.2%，所以质地坚硬，亮度很高，利于鉴容。而镜托的含铅量高达56.5%，质软，不易断裂，在铸铁柔化技术出现以前，这种刚柔相济的办法，实在是一种创举。

1964 年，在山东省临淄曾出土一件战国时期的金银错镶嵌绿松石铜镜，现藏于山东省博物馆。镜托直径 29.8 厘米，厚 0.7 厘米，镜背构图作四等分，饰云纹，在粗线条的云纹上错以金丝，地纹嵌绿松石，还嵌有银质乳钉九枚。[③] 与南越王墓出土的这件带托铜镜似是同一模子铸出，几乎一模一样的两件文物出土于不同时代的南北两地，可说明二者的渊源关系。

八、 楚文化因素遗物

楚文化因周代的楚国和楚人而得名，是一种区域文化，它同其东邻的吴越文化和西邻的巴蜀文化一起，曾是盛开在长江流域的三朵区域文化之花。[④] 从春秋中期开始，它便领导标新，与中原文化竞趋争先，并有后来居上之势。

---

① 参阅曾骐《石峡新石器遗址的文化因素分析》、黎家芳《石峡文化与东南沿海原始文化的关系》，见《纪念马坝人化石发现三十周年文集》，文物出版社 1988 年版。

② 《战国策·齐策一》。

③ 临淄文物志编辑组：《临淄文物志》，中国友谊出版公司 1990 年版，第 150 页。

④ 张正明：《楚文化史》，上海人民出版社 1991 年版，第 1 页。

按楚文化专家张正明先生的划分，楚文化有六个要素，其一是青铜器冶铸工艺，其二是丝织工艺和刺绣工艺，其三是髹漆工艺，其四是老子和庄子的哲学，其五是屈原的诗歌和庄子的散文，其六是美术和乐舞。[①] 前三者属物质文化的内容，后三者属精神文化的范畴。其中，第一点在南越王墓出土文物中表现最突出。第二、第三点因墓中文物的保存不充分不易说明。南越王墓的楚文化因素主要表现在两大方面。

（一）墓的形制

南越王墓正中是主棺室，周围有前室、东西耳室、东西侧室和后藏室。墓门外又设外藏椁室，显然是从楚墓的椁室设头箱、足箱和左右边箱的形制演变而来，主棺室内的一棺一椁、头箱、足箱等也显然是从楚制。墓室壁画上的卷云纹图案明显具有楚文化漆器纹饰的风格。

（二）墓内随葬物

1. 虎节

虎节铸成蹲伏虎状，但头、足的转折位置及脸部皱纹等均用粗线条勒，层次清楚。虎的毛斑以金片错出，具有极强的立体效果，下面有错金铭文"王命命车駓"五字，应释为"王命命车徒"，是用以征调车马的信符。

现出土的节多在楚地，有 1957 年安徽寿县发现的"鄂君启节"[②]；1946 年在长沙发现的铜龙节[③]。此外，唐兰先生曾记载"王命命传贳"铜虎节，与长沙出土的龙节铭文相同而造型却与南越王墓的虎节极为相近[④]，据传其出土于楚的最后的政治中心——寿春（今安徽寿县）。可以确定，南越王墓的虎节是典型的楚器。

2. 楚式铜鼎

楚式铜鼎出土于西耳室。其器型高大，敛口，深圆腹，圜底，长方形附耳，高蹄足。蹄足为高浮雕尖嘴兽，衬以卷云地纹，蹄足为 13 棱柱体，器表有丝绢、竹笥残片，应为入葬时的包裹物。该鼎通高 42 厘米，口径 31.5 厘米，腹径 35 厘米，腹深 17.5 厘米。

这是南越王墓中出土的唯一的东周楚式鼎，应该是战国时楚王室重器，同秦军的南下有密切关系。

---

① 张正明：《楚文化史》，上海人民出版社 1991 年版，第 3 页。

② 殷涤非、罗长明：《寿县出土的"鄂君启金节"》，载《文物参考资料》1958 年第 4 期。

③ 流火：《铜龙节》，载《文物》1960 年第 8、9 期合刊。

④ 唐兰：《王命传考》，载《国学季刊》1941 年 6 卷 4 号。又可参阅中国历史博物馆编《华夏文明史图鉴》第 2 卷，朝华出版社 2002 年版，第 17 页。

3. 铁器

南越国的铁器来自长沙国。吕后禁止铁器南运，导致赵佗对长沙国的报复战争。南越王墓的铁器除越式鼎、削刀和刮刀外，如斧、锛等均具有鲜明的战国楚器特点，应来自楚地。

4. 铜镜

南越王墓的大批铜镜和中原各地战国时期的铜镜在铸造工艺、纹饰图案等方面都基本相同，尤其和"楚式镜"更为相近。这些镜包括 C145－T3 绘画镜，其绘画风格与马王堆一号汉墓的帛画相似，此外还有 B35、F75 四山镜，F66 六山镜，F17、F33 缠绕式龙纹镜等。楚国是战国时期铜镜制造业最为发达的地区。在两广上百座战国墓中，除了南越王墓，只有肇庆北岭松山战国墓出土一面，而该墓许多随葬品直接来自楚国。由此看来，楚铜镜也是在秦末汉初开始大量输入岭南地区的。

九、 反映多种文化因素的单件遗物

(一) 玉舞人

南越王墓出土的六件玉舞人（C137、C259、C258、E135、E125、E158）中，有五件均为跳楚式长袖舞（除 C258 之外）的造型，这说明楚舞在南越宫廷中的盛行。

《史记·楚世家》记载，"楚庄王好美女，曾左抱郑姬，右抱越女，坐钟鼓之内"，古诗又云"楚女腰肢越女腮"，说明楚地曾有越之舞女。特别是 C137 号玉舞人，梳一右向横向螺髻，着右衽长袖衣、绣裙，扭胯并膝而跪，左手上扬至脑后，长袖下垂，右手向侧后方甩袖；头微右偏，张口做歌咏状。此为迄今首见的汉代圆雕玉舞人，是越女跳楚舞的形象，是一件楚越文化融合的精绝之作。

(二) 漆木大屏风

主棺室东壁竖放了一件座屏，因漆木朽坏，鎏金的青铜构件倒塌在东壁下，根据出土位置和痕迹，复原为一座高约 1.8 米，长 3 米的双面彩绘屏风。该屏风结构均衡，整体呈"一"形，在屏风的顶部、翼障下及转角处都有华丽的鎏金铜托座。这座折叠式屏风是目前我国考古发掘中年代最早的西汉实用屏风。

屏风顶由独具汉文化色彩的双面兽形饰和朱雀做装饰。两翼障下是蟠龙形铜托座，龙首高昂，足踏双蛇座；前两足做半蹲状，成行进姿态，瞪目张口，口内蹲一青蛙，耐人寻味。转角处有人操蛇托座，塑造了一个越人操蛇的形象，正中的托座亦以绞缠的蛇为装饰，充分显示出越文化的特色。屏风漆木虽朽，但从残存的漆片中仍可见屏风以黑漆为底，饰红色彩绘的卷云纹图案，极具楚文化色彩。它是汉代岭南地区汉、楚、越文化融合一体的典型实证。

其顶饰是具汉文化特色的双面兽和朱雀；漆木屏壁上绘有红黑两色的卷云纹图案，具有鲜明的楚文化特点；而人操蛇的鎏金铜托座为一跪坐的力士用口衔蛇，双手操蛇的造型，力士低鼻大眼、着短裤与短袖葛衣、跣足，从服饰、体态看为典型的越人无疑，而食蛇也是古代越人传统；至于蟠龙形托座，将龙、蛇、蛙三者结合在一起，是一件造型艺术的精品。蛇、蛙曾是古越人图腾，而龙是中原人崇拜的四神之一，蛇缠青蛙，龙踩住蛇保护青蛙，似乎在讲述某个传说中的图腾神话故事，反映了多民族的观念习俗走向一体化的过程。

十、 南越国时期多元文化融汇的根源和对岭南文化的影响

通过对南越王墓的多元文化因素进行分析，可以知道在南越王墓中有至少九种区域文化因素的器物并存，这其实是战国以来政权由纷争走向统一，文化由多元化走向一体化的必然结果。但是，在全国 40 余座诸侯王墓中，这么多文化因素的器物并存，南越王墓是唯一一例，这就不能不引起我们的思考：形成这种状况的人文根源何在？它对"得风气之先"的岭南人的文化性格又有何影响？

文化传统需要较长时间才能形成，而自然环境又是形成区域文化性格的重要因素之一。由此，时间和环境是形成传统的重要原因。

岭南地区北依五岭，南临辽阔的南中国海和太平洋，属亚热带季风气候。五岭地势由北向南逐渐变低，成为阻隔岭南与中原的天然屏障。在岭南区域内，水域纵横，舟楫便利；东江、西江、北江三大支流汇合成珠江向南浩浩入海，牂牁江把岭南和巴蜀地区紧密相连。秦始皇时修筑的灵渠又密切了岭南和楚地除陆路之外的联系。

就是在这种特定的地理环境下，形成了岭南地区的文化特色—— 一种扇形的以水为主要媒介的文化，且具有海洋文明的特点。同时，它又是内陆文明和海洋文化的桥梁——五岭成为阻隔岭南与中原的天然屏障，地形地貌使之成为相对独立的地区，为本地经济的长期稳定发展提供了条件。所以，在秦汉之际就有所谓"秦亡越霸之象"的说法，晋代就有"永嘉世，天下荒，余广州，皆平康"的民谣。这里远离中原的政治中心，较少受到政权更迭而导致的负面影响，逃避战乱、去国离乡的谪客等南迁之民必然带来他们所在区域文化的物品或生活模式进入岭南地区，和当地人民的融合不可能不对当地文化形成影响。另外，中原文化只要在外力的作用下（如秦军南下、汉设置九郡等）越过高高的五岭，就可以像冬季风一样，在辽阔的岭南大地畅通无阻。岭南地区便利的水路交通，也为各地越族文化间的交流提供了前提。岭南面向辽阔的海洋，地理环境决定了它是

出海口，也是中国和海外进行交往的一个"门户"，是大陆文明和海洋文明的桥梁。加之岭南出产的犀角、象牙、翡翠、珍珠等奇珍异宝一直受中原王朝的喜爱，除"利越之犀角、象牙……"而进行的战争外，大部分交流都是通过商业贸易进行的。所以，岭南的中心城市——番禺（今广州）也就自然而然地成了"一都会也"，于是"中国往商贾者，多取富焉"。因此，地理环境决定了岭南地区自古以来就是多种文化的融汇之地，是中外文化交流的桥梁。

这种特殊的地理环境，这种以水为主要交往媒介的文化，这种介于大陆文明和海洋文明之间的文化，使岭南人具有广阔的视野，既善于吸收，也善于融入其他文化（前面所提到的南越王墓出土的漆木大屏风就是一个十分典型的例子），同时也使他们具有敢想敢干的创新和冒险精神。

就时间而论，任何传统、任何文化性格的形成都需要长时期的培养。新石器时代的石峡文化开辟了岭南文化善于吸收和创造的先河，经过上千年发展，至秦汉时便形成了文化融汇的鼎盛之势，之后便长盛不衰——佛教禅宗的最早发源地之一、隋代始修建的南海神庙、民主革命的策源地等都在岭南。正是由于几千年来源源不断的文化融汇，促进了岭南地区的经济和文化发展，使岭南人获益良多，同时也为岭南文化的包容性提供了新鲜血液。赵佗、惠能、韩愈、苏轼、海瑞、容闳、孙中山等都成了历代岭南文化融汇的中介人物。这种良性循环使岭南文化一直充满生机和活力，而我们不能忽略有着承上启下作用的南越国时期。

林语堂先生有一段关于广东人的精彩描述，可以作为论证的注脚。他在《中国人》中这样写道："在中国正南的广东，我们又遇到另一种中国人。他们充满种族的活力，人人都是男子汉，吃饭、工作都是男子汉的风格。他们有事业心、无忧无虑、挥霍浪费、好斗、好冒险、图进取、脾气急躁，在表面的中国文化之下是吃蛇的土著居民的传统，这显然是中国南方粤人血统的强烈混合物。"多元文化的哺乳，造就了岭南人性格上的优势：开放、进取、大度、性格不稳定（可塑性强）、善吸收。岭南文化自始至终是一种务实文化，总体上可描述为：起点低，发展快，善吸收并且为我所用。

岭南人的性格在改革开放的形势下如鱼得水，其大度、进取表现得淋漓尽致，大量的外来语进入当地的口语，如英语中的"士多"（store）、"菲林"（film），以及"万宝路""万事发"这些译音都成了中西文化的融汇体。外国先进的管理体制，甚至一些生活方式也被吸收过来。另外，人员的大量流动也正是岭南人开放的表现，在打工族中就有"东家不打打西家"的说法，而传统的文化性格里还据守着"铁饭碗""把根留住"，甚至还有等吃救济粮而不愿劳动的保守性格。大量文化人南下以及其他类型人才的汇入虽然一部分原因是受经济利益的驱动，但我们不能忽视另一方面，那就是历史形成的传统和岭南人的群体性格使得岭南人能够把握住历史转变的契机，在改革开放的大好形势下走到中国的前面，使岭南成为"先富起来"的那一部分。文化的融汇推动了经济的发展，而发达的经济又成了文化融汇的巨大磁力，就是在这种良性的循环中，岭南地区的文化经济一直在蓬勃发展着。

文化的融汇有利于民族素质的提高，也有利于民族实力的增强。历史证明，一个开放、进取、善吸收的民族必是有前途的民族；反之，一个保守、自满、封闭的民族必是一个没落、没有前途的民族。我们要创造一个环境，培养一种广博大度、勤奋向上的性格，推动我们民族的进步，推动岭南地区的全面发展。

第五章 海外文化遗物

大汉帝国的盛世雄风远播域外。汉朝人掌握的关于西方世界的地理知识，甚至连后来的唐朝人也未能超越。[1] 曾经与西汉王朝鼎立对峙近一个世纪的南越国，利用自己海上交通的独特优势，与西方外部世界发生了颇为密切的联系。南越王墓出土的许多珍贵文物，就是南越国与海外交往的历史见证。

一、 银盒

南越王墓出土的文物中，尤以列瓣纹银盒倍受世人注目，其被认为是岭南发现的最早的"舶来品"。[2] 南越王墓银盒的造型及纹饰都与中国汉代器物风格迥异，而与伊朗波斯帝国时期（前 550—前 330）的器物类似。这件银盒的蒜瓣形花纹是用锤镍法压制而成的，一般认为，锤镍压制金银器起源于波斯文化。与此银盒同作花瓣形花纹的金银器皿，在西方多有发现。耐人寻味的是，山东临淄汉初齐王墓器物坑中出土的一件银盒，云南晋宁石寨山 11 号和 12 号墓中出土的两件铜盒，其造型与纹饰与南越王墓中的银盒几乎完全相同。[3] 南越王墓的年代是公元前 128—公元前 117 年，石寨山 11 号、12 号墓是公元前 175—公元前 118 年，齐王墓的年代是公元前 179 年左右，三处墓葬的年代大体相当。在同一时期，相距千里的三地竟会出现如此类似的海外珍品，实在令人惊叹。学者们一般认为，南越王墓银盒与齐临淄王墓银盒是从海路传入的。[4] 笔者以为，南越王墓银盒由滇缅印道或交趾陆道"舶来"的可能性也相当大。

在与晋宁石寨山 11、12 号墓处于同一时期的 13 号墓中，出土了蚀花的肉红

---

① 贺昌群：《汉代以后中国人对于世界地理知识之演进》，见《贺昌群史学论著选》，中国社会科学出版社 1985 年版，第 28－47 页。

② 广州市文化局编：《广州秦汉考古三大发现》，广州出版社 1999 年版，第 241 页。

③ 广州市文物管理委员会等编：《西汉南越王墓》（上），文物出版社 1991 年版，第 346 页。参阅贾振国《西汉齐王墓随葬器物坑》，载《考古学报》1985 年第 2 期；云南省博物馆《云南晋宁石寨山古墓群发掘报告》，文物出版社 1959 年版，第 69 页。孙机先生认为南越王墓出土的银盒属于安息银器，应是从安息输入的，参阅孙机《中国圣火——中国古文物与东西文化交流中的若干问题》，辽宁教育出版社 1996 年版，第 143 页。

④ 广州市文物管理委员会等编：《西汉南越王墓》（上），文物出版社 1991 年版，第 347 页；徐苹芳：《考古学上所见中国境内的丝绸之路》，载《燕京学报》1995 年新 1 期；孙机前揭书，第 143 页；林梅村：《汉唐西域与中国文明》，文物出版社 1998 年版，第 317 页；饶宗颐：《由出土银器论中国与波斯、大秦早期之交通》，见《华学》第 5 辑，中山大学出版社 2001 年版。

石髓珠一颗，在发掘报告中并未被提及，只当作一般的玛瑙珠。夏鼐先生最先发现它与一般玛瑙珠不同，其十道平行线纹是用化学方法人工腐蚀出来的。① 蚀花石髓珠在西亚地区有悠久的历史，据英国人培克（H. C. Beck）的研究，它盛行于三个时期：①早期（公元前 2000 年以前），花纹以眼形纹（即圆圈纹）为主要特征，仅见于伊拉克和印度河文化的遗存中；②中期（公元前 3 世纪—2 世纪），花纹以直线纹和十字纹为主，分布地域更为广泛，西到罗马时代的埃及，南到印度南部，东到我国新疆、西藏、云南等地，但以巴基斯坦的呾叉始罗（Taxila near Peshwar）发现得最多；③晚期（600—1000）。石寨山 13 号墓出土的这颗蚀花肉红石髓珠显然属于培克所说的中期类型。夏鼐先生认为它虽然与呾叉始罗出土的相似，但花纹过于简单，很可能是不同地区各自制造的，是否为本地制造，抑或系输入品，殊难断言。笔者同意张增祺、童恩正二位先生的观点，认为这颗蚀花肉红石髓珠是从西亚传入的。② 因为石寨山古墓群出土的玛瑙珠数量极多，无法以件计，但蚀花肉红石髓珠仅一颗，十分珍贵罕见，显然不会是本地产品，如果本地能造，为什么不用玛瑙珠蚀出更多的石髓珠呢？蚀花肉红石髓珠的传入路线，为探讨石寨山波斯风格铜盒的传入路线提供了十分重要的线索。

1972 年，在云南江川县李家山春秋晚期（公元前 5 世纪）24 号墓中出土了一颗蚀花肉红石髓珠，其表面有白色圆圈纹和曲线纹图案，属于培克所说是早期即公元前 2000 年以前类型③。张增祺、童恩正二位先生认为其输入路线就是古代印度—云南那条不太被人注意的商道，因为印度当时的制珠工艺非常发达，其蚀花肉红石髓珠等产品曾在苏美尔（Sumer）、埃及、西亚等地都有发现④。

李家山墓群的形制、葬式和随葬品种类、形制等与石寨山墓群非常接近，同属滇池地区所特有的滇文化墓群，地理位置上二者相距仅 40 多千米。二者关系非常密切。⑤

这种属于中期类型的以直线纹为主要特征的蚀花肉红石髓珠在广东也有出土，但时间比石寨山 13 号汉墓出土的这颗要晚。广州西汉后期墓曾出土两颗蚀花肉红石髓⑥。广东南海西汉晚期汉墓也出土过两颗蚀花肉红石髓珠⑦。

从蚀花肉红石髓珠来说，云南虽然只发现了两颗，但它代表了蚀花肉红石髓

① 作铭：《我国出土的蚀花肉红石髓珠》，载《考古》1974 年第 6 期。"作铭"为夏鼐先生字。
② 张增祺：《战国至西汉时期滇池区域发现的西亚文物》，载《思想战线》1982 年第 2 期；童恩正：《古代中国南方与印度交通的考古学研究》，载《考古》1999 年第 4 期。
③ 张增祺、王大道：《云南江川李家山古墓群发掘报告》，载《考古学报》1975 年第 2 期。
④ 张增祺：《战国至西汉时期滇池区域发现的西亚文物》，载《思想战线》1982 年第 2 期；童恩正：《古代中国南方与印度交通的考古学研究》，载《考古》1999 年第 4 期。
⑤ 张增祺、王大道：《云南江川李家山古墓群发掘报告》，载《考古学报》1975 年第 2 期。
⑥ 徐苹芳：《考古学上所见中国境内的丝绸之路》，载《燕京学报》1995 年新 1 期。
⑦ 曾广亿：《广东南海汉墓发掘简报》，见《文物资料丛刊（4）》，文物出版社 1981 年版。

珠发掘的两个不同时期。广东发现的蚀花肉红石髓珠虽多一些，但都属于中期类型，时间都比较晚。

考古发现表明，两广与云南地区在汉代以前就已经有了密切的交往。两地早在新石器时代就有不少共同的文化因素，如有肩石斧，本属于百越系统的文物，但在云贵高原上也有分布。近年来在两广地区发现一些属于春秋战国时期和西汉的青铜器，也与石寨山文化的青铜器相似。广西西林铜鼓葬与石寨山文化关系尤为密切。许多器物在石寨山文化中是大量存在的，在两广地区青铜器中则是个别的，这说明后者是在前者影响下制作的①。而在考古学上，两广地区受云南地区文化影响最大、最明显的莫过于船纹铜鼓了。

羽人船形纹饰在两广、云贵等地出土的青铜器特别是铜鼓上出现较多，学术界比较一致的看法是，铜鼓的发源地在云南中部偏西地区②。铜鼓脱离炊具而定型后有由西向东的发展趋势，在滇池地区成熟，同时沿着巨川大河向南、东、北三个方向流传开来，影响到我国南方和东南亚一大片地区。在这广大地区范围内，以云南中部、越南北部和两广地区南部发展得最充分，有的自成体系，成为当地土著文化的重要组成部分。据20世纪80年代初的统计，在我国当时存在的1400多面铜鼓中，只有27面饰有船纹；在越南还有13面船纹鼓。借助于伴出物和考古研究的成果，可以知道船纹铜鼓出现的年代上限在战国前期，下限在西汉末。船纹的大致分布情况如下：云南晋宁九面、江川三面，文山、广南、金平、麻栗坡、云县、腾冲各一面；广西西林、贵县各两面；四川会理及贵州赫章各一面。国外的船纹鼓，大都发现于越南北部，基本分布在红河三角洲，越南近邻老挝等国也偶有发现。③

这些船纹铜鼓的年代与南越王墓年代大体相当或略早，船纹中船的造型、船上人的数量及其形态举止打扮、船只首尾的动物均与南越王墓铜提筒上的船纹极为相似。

这些羽人究竟是何民族，船只是内河船还是海船，羽人船纹图究竟反映了什么样的文化内涵？冯汉骥先生认为，晋宁早期铜鼓（如M14:1）船纹的船形，船身狭长轻便，仅可在内河或滇池这种小水域中行驶，皆与海中航行装置不合，没有桅和帆，根据船纹推测，使用铜鼓的人为海滨民族是不合乎实际的。④ 笔者赞同此观点，认为船纹反映的是小船而非大船，船上一般只有 4 ～ 6 人，何大之

---

① 汪宁生：《试论石寨山文化》，见《中国考古学第一次年会论文集 1979》，文物出版社 1980 年版。

② 广西壮族自治区博物馆：《古代铜鼓学术讨论会纪要》，见《古代铜鼓学术讨论会论文集》，文物出版社 1982 年版。

③ 李伟卿：《铜鼓船纹的再探索》，见《中国铜鼓研究会第二次学术讨论会论文集》，文物出版社 1986 年版。

④ 冯汉骥：《云南晋宁出土铜鼓研究》，见《冯汉骥考古学论文集》，文物出版社 1985 年版。

有？因此其是内河船而非渡海船。船首尾前后的动物也并非海鸟、海龟、海鱼。

云南是铜鼓及船纹的发源地，南越王墓中出土的骆越人的船纹铜提筒，充分反映出滇文化对南越国的影响。

滇池地区古墓中曾发掘出大量的海贝。其中，江川李家山古墓群出土的海贝总数约 112000 余枚，重 300 余斤。晋宁石寨山古墓群出土海贝总数约 149000 余枚，重 400 余斤。关于这些海贝的用途，学术界也有不同意见。李家瑞先生认为是货币①，方国瑜先生认为是装饰品②。但他们都认为这些贝不产于内地江河湖泊，而产于深海之中。《马可·波罗游记》中说，元代云南使用的贝币，全部来自印度。"印度、印度支那、云南一带用贝币，正是成一系统的。云南所用贝也是产于印度洋及印度支那的南海中。"③正如江应樑先生所指出的："秦汉之时，永昌为通海要道，在交趾、广州尚未成为海上国际商埠时，西亚或南海船只东来的，都在缅甸、暹罗登岸而入云南。我们或者可以大胆地说，云南用贝是与暹罗有着密切的关系的，设立一个假想如下：①自汉唐以来，云南土著民族和暹罗必长时期发生着经济的关系。②暹罗用海贝巴，为着经济相互间的密切关系，所以云南也以海贝巴为货币。③暹罗与云南之关系，必较中国本土与云南之经济更为深切，故元明以前，中国虽也有铜钱入云南，但却不能使滇中废贝而用钱。"④这些海贝主要出土于春秋末期（公元前 6 世纪）至西汉中期的墓葬中。出土过蚀花肉红石髓珠的李家川 24 号墓和石寨山 13 号墓，出土过波斯风格铜盒的石寨山 11、12 号墓，都有大量海贝出土，其中石寨山 11 号墓出土海贝 2800 余枚、12 号墓 2 万余枚、13 号墓 25000 余枚，⑤反映出这一时期云南对外交往的频繁。

连接傣族的缅越地区的宗教、文字、风俗等和云南傣族相近，也用贝币进行贸易，与云南关系极为密切。这些海贝就是通过他们沿萨尔温江（怒江）、伊洛瓦底江（独龙江）、湄公河（澜沧江）、红河溯流而上，传至云南的。以今天的通航条件来看，这些河流在云南境内，奔流于深山峡谷之中，水流汹涌，险滩密布，不具备通航条件，但这些河流出境以后，进入平原地区，河床宽阔，水流和缓，均可行船。⑥

两汉时期，海贝特别是带有紫颜色的海贝在岭南地区也很受欢迎。赵佗献给汉文帝的礼物中就有"紫贝五百"。⑦三国时期吴国万震的《南州异物志》载："交趾北、南海中，有大文贝。质白而文紫，天姿自然，不假雕琢，磨莹而光色

---

① 李家瑞：《古代云南用贝币的大概情形》，载《历史研究》1956 年第 9 期。

② 方国瑜：《云南用贝作货币的时代及贝的来源》，载《云南社会科学》1981 年第 1 期。

③ 李家瑞前揭文。

④ 江应樑：《云南用贝考》，见《西南边疆民族论丛》，珠海大学 1948 年版。

⑤ 陆韧：《云南对外交通史》，云南民族出版社 1997 年版，第 65 页。

⑥ 陆韧：《云南对外交通史》，云南民族出版社 1997 年版，第 7 页。

⑦ 《汉书·西南夷两粤朝鲜传》。

焕烂。"① 约隋唐时出现的佚名《广州志》亦云："贝凡有八，紫贝最其美者，出交州。大贝出巨延州，与行贾贸易。"② 岭南的交趾和日南一带是紫贝的重要产地，那里出产的紫贝，有的被输入云南。紫贝在南越国时期备受青睐，应该是受了云南和中南半岛地区用贝的影响。

在历史上，两广与云南的交往是非常密切的。西江的上游南盘江和北盘江都发源于云南，珠江水系将云贵与两广地区联系起来。南越国和西南的滇、夜郎等国的交往更为频繁。南越国与滇池地区西南夷的交往，除通过牂牁江和夜郎以外，还通过西瓯、骆越等部族与之发生关系。西瓯族主要生活在今广西西江中游及灵渠以南的桂江流域。骆越族主要聚居于西瓯族的西部与南部，即今天广西的左、右江流域，越南的红河三角洲及贵州省的西南部。赵佗称帝后，率军征服了骆越族，并利用吕后对其用兵失利罢兵之机"以兵威边，财物赂遗闽越、西瓯、骆，役属焉，东西万余里"③。同时，骆越接近滇，受滇文化影响深，其有滇文化色彩的事实，④ 是得到学界认可的。

有学者认为，晋宁石寨山出土的两件铜盒，可能是按照舶来品的式样仿造的。⑤ 笔者以为仿造的可能性很小，如果是仿造的，那么它的原型从何处而来，是南越王墓中的那件银盒吗？从时间上看，这两件铜盒只会比银盒的出现时间早，至少是同时，而绝不会比它晚。笔者推测，铜盒和银盒，甚至包括临淄齐王墓中的银盒，均与蜀商的活动有关。西汉前期，蜀商在中国的经济舞台上扮演了举足轻重的角色，在岭南和西南地区更是异常活跃。因此，不仅石寨山铜盒的"舶来"路线是由滇缅印道而来，而且南越王墓银盒和临淄齐王墓银盒由滇缅印道或交趾陆道"舶来"的可能性也相当大。在当时，中国南方地区与印度的对外交往都是以中南半岛为桥梁，走的是陆路或内河水路，而不是海路。

二、 焊珠金花泡

在南越王墓墓主的上胸部位，发现了作为饰物的 32 枚焊珠金花泡。泡的直径约 1.1 厘米，呈半球形，制作工艺十分精湛，泡面用金丝焊接成圆形、心形、辫索形等多种立体图案，还有用四粒小金珠做三下一上焊接而成的圆锥形图案。在 20 倍的显微镜下，可清楚地看到焊接点。⑥ 据学者研究，这种焊珠工艺在西亚

① 《艺文类聚·贝》《太平御览·贝》。

② 《艺文类聚·贝》《太平御览·贝》。《御览》"贸易"误作"质易"。

③ 《史记·南越列传》。

④ 文物编辑委员会：《文物考古工作十年》，文物出版社 1990 年版，第 234 页。

⑤ 孙机：《中国圣火——中国古文物与东西文化交流中的若干问题》，辽宁教育出版社 1996 年版，第 144 页。这两件铜盒的发掘报告上说表面皆呈水银色，孙机先生认为是镀锡的。

⑥ 广州市文物管理委员会等编：《西汉南越王墓》（上），文物出版社 1991 年版，第 218 页。

两河流域乌尔第一王朝时期（公元前 4000 年）就已出现，随后流行于古埃及、克里特和波斯等地，公元前 4 世纪亚历山大东征以后流传到印度。在巴基斯坦公元前 3 世纪的呾叉始罗的遗址中，就有焊珠工艺的发现。[①] 从我国现有的考古发掘材料来看，这种焊珠工艺大多出现于东汉及魏晋时期的墓葬中，在西汉，特别是西汉前期的墓葬中还很少发现。[②] 相当于我国东汉魏晋时期的越南南部湄公河三角洲的奥高（Oc - eo）遗址中，以及印度东海岸的古马地都卢（Gummadiduru）遗址中，也都有焊珠工艺的多面金珠出土。有学者认为，零星散布在中国的焊珠工艺金珠与东西方的海上航路有关，它是以印度、巴基斯坦为中转站，而公元前 1600 年至公元前 1100 年的古希腊迈锡尼文化则是这种工艺的原始起源。[③] 这是很有道理的。南越王墓焊珠金花泡的出土，反映出早在 2000 多年前，岭南地区就已经与欧洲有了直接或间接的文化联系。

三、 象牙

南越王墓出土了五支平均长度达 120 厘米的象牙，经专家鉴定其形态特征与现代的非洲象牙较为接近，而与亚洲象牙区别较大[④]。这是一个激动人心的重大发现，是汉代岭南地区与外部世界贸易交往的又一实物见证。这表明早在公元前 2 世纪，我国的岭南地区就已经与非洲大陆有了间接的经济文化交往。在笔者看来，在当时，印度是中国南方地区与西方和非洲交往的中转站，这些非洲象牙应是经过印度辗转传入岭南地区的。

在远古时代大象在我国的分布十分广泛。大象的性格较为温顺，早已被用来为人类服务。上古传说中的人物舜就与象有着密切的关系。在东汉，舜葬后而象为之耕田的传说流行甚广，如王充《论衡·书虚篇》云："传书言舜葬于苍梧，象为之耕。"殷人、周人、春秋战国时期的楚人与象的关系也十分密切。《孟子·滕文公下》云："及纣之身，天下大乱，周公相武王，伐纣伐奄三年，讨其君，驱飞廉于海隅而戮之。灭国者五十，驱虎豹犀象而远之，天下大悦。"《吕氏春秋·古乐篇》亦云："商人服象，为虐于东夷，周公遂以师，逐之至江南。"

---

① 岑蕊：《试论东汉魏晋墓葬中的多面金珠用途及其源流》，载《考古与文物》1990 年第 3 期。

② 已经发现的西汉墓葬中的焊珠工艺除了南越王墓，还有河北满城刘胜墓出土的圆形饰片，河北定县 40 号西汉墓出土的马蹄金；东汉魏晋时期的焊珠工艺有西安出土的东汉金灶，江苏甘泉出土的东汉初年广陵王刘荆墓中的一件多面金珠，长沙五里牌东汉墓中出土的四件多面金珠，广州 4013 号东汉前期墓中出土的一件多面金珠，湖北公安县东晋墓出土的一件多面金珠，长沙黄泥塘三号墓出土的一件多面金珠。转引自齐东方《中国早期金银器研究》，载《华夏考古》1999 年第 4 期；岑蕊前揭文。

③ 岑蕊前揭文。

④ 广州市文物管理委员会等编：《西汉南越王墓》（上），文物出版社 1991 年版，第 138、139、466、467 页。

日本学者藤田丰八指出，《吕氏春秋》"商人服象"实为创闻，殷人驯象，用于战争，在中国古代实不多见。

到了两汉时期，大象的栖息地逐渐缩小至岭南和西南的部分地区。如上所述，舜死象耕的传说，就发生在岭南地区的苍梧郡。《盐铁论·力耕》篇云："珠玑犀象出于桂林。"许慎《说文解字》中甚至把象定义为"南越之大兽"。岭南地区的越人与大象更是有着不解之缘。武帝元狩二年（前121）"南越献驯象、能言鸟。"应劭注曰："驯者，教能拜起周章，从人意也。"① 西汉时，皇帝出行的仪仗队中已有"象车"。《西京杂记》卷五载："汉朝舆驾祠甘泉汾阴，备千乘万骑，太仆执辔，大将军陪乘，名为大驾……象车鼓吹十三人，中道。"这些"象车"中的象应是越人所献。魏晋时期，也有岭南越人献驯象伤人的记载。"晋时南越致训象，于皋泽中养之。为作车，黄门鼓吹数十人，令越人骑之。每正朝大会，皆入充庭。帝行则以象车导引。以试桥梁。后象以鼻击害人。有司祝之而杀象。垂鼻泣，血流地不敢动。自后朝议以象无益于事，悉送还越。"②

汉代还曾经风靡过一种称作"象舞"的百戏。③《汉书·礼乐志》云："楚鼓员六人，常从倡三十人，常从象人四人……秦倡象人员三人……朝贺置酒为乐。"关于这里的"象人"，孟康和颜师古均认为："象人，若今戏虾鱼师子者也。"这种在朝贺中以象人助兴的现象，应是战国时期的遗风。在最高统治者的倡导下，民间的"象舞"活动也十分活跃，"今富者祈名岳，望山川，椎牛击鼓，戏倡儛像"④。张衡《西京赋》云："大驾幸于平乐……临回望之广场，程角觝之妙戏……怪兽陆梁，大雀跂跂，白象行孕，垂鼻轔囷。"⑤ 这描述了西汉长安平乐观前百戏演出、白象助兴的盛况。李尤的《平乐观赋》中亦有对东汉洛阳平乐观前百戏演出、白象助兴盛况的生动描绘。⑥ 三国时期的"象舞"活动继续盛行，"贺齐为新都郡守，孙权出祖道，作乐舞象，权谓齐曰：'今定天下，都中国，使殊俗贡珍，百兽率舞，非君而谁！'"⑦ 直到西晋，江左仍然流行"巨象行孕"等节目。⑧ 考古材料中所见的汉代的"象舞"活动更是不胜枚举。俞伟超等

① 《汉书·武帝纪》。
② 《太平御览》卷八九〇引《晋诸公赞》。
③ 贾峨：《说汉唐间百戏中的"象舞"——兼谈"象舞"与佛教"行像"活动及海上丝路的关系》，载《文物》1982年第9期。以下凡引贾娥先生的观点，均出自此文，不再一一标注。
④ 《盐铁论》卷六。
⑤ 《全后汉文》卷五二。
⑥ 《全后汉文》卷五〇。
⑦ 《艺文类聚》卷九五引《吴志》。
⑧ 《晋书·乐志》。

搜集的有关驯象图案的汉代画像石就达九例之多①，其中大都与"象舞"有关。

象与佛教有着极为密切的关系。陈寅恪先生早就发现《三国志·魏书·曹冲传》中所记载的"曹冲称象"的故事属于佛教故事。"杂糅附益于期间，特迹象隐晦，不易发觉其为外国输入者耳。"② 山东滕县（今滕州）曾出土一幅汉画像石，上面的大象有六支牙齿，劳榦先生认为这显然是早期佛教对中国艺术影响的产物，其年代大约在东汉章帝建初年间（76—83）。滕县距离楚国都城——徐州不远。楚王英正是在章帝时期开始信奉佛教的。劳榦先生把佛教传统中的六齿象划分为三类：释迦牟尼的前生；天神 Indra 的坐骑；普贤菩萨的坐骑。而滕县画像石中的六齿象则属于第二类。中国艺术中的六牙象很可能是从印度传来的，但也不是完全照搬，而是有所改造。比如，印度艺术中的六齿象的六齿是每边各三齿，且这三齿都是平行的，而滕县的六齿象中，每边三齿中只有两齿是平行的。③ 在印度孟买市东北约 300 千米处的阿旃陀石窟（Ajanta Caves）中，有一幅作于公元前 1 世纪的"六牙象本生故事"壁画；位于印度中央邦博帕尔城东北约 45 千米处，始建于公元前 3 世纪的桑奇大塔（Sanchi Stupa），被视作印度早期佛塔建筑的典型代表，在公元前 1 世纪增设的石门上，雕刻有"六牙象本生故事"浮雕。④ 这些显然属于劳榦先生所言的第一类。这些发现都说明六牙象的题材在印度是十分普遍的。劳榦先生的观点是很正确的，滕县的六牙象汉画石，显然是受了印度文化的影响。贾峨先生认为，"六牙白象"的形象正是汉唐间传入我国的印度佛教中的"行像"活动。⑤ 杨衒之的《洛阳伽蓝记》在记述北魏洛阳的"行像"活动时，就有"六牙白象负释迦在虚空中"的描述⑥。据俞伟超先生的考证，内蒙古和林格尔东汉墓（约为 145—200 年）中的壁画上"仙人骑白象"的图像属于佛教题材。佛教最初在中国传播时，尚处于附庸道教的地位，尚未修行成佛的各种佛教徒往往借用道教的用语，称作"仙人"。⑦ 笔者认为，画面上的白象虽然画得不够形象逼真，头太小，腿太细，但画工把它和朱雀画在一起，均放在南面，代表南方，说明作者对大象来自南方是很清楚的。其与和林格尔东

① 俞伟超、信立祥：《孔望山摩崖造像的年代考察》，载《文物》1981 年第 7 期。这九例驯象图是山东孝堂山画像、南武阳皇圣卿阙画像、南武阳功曹阙画像、河南登封少室石阙画像、山东滕县宏道院画像石、滕县画像石、嘉祥吕村画像、南阳所出画像石、徐州洪楼画像石。

② 陈寅恪：《〈三国志〉曹冲、华佗传与佛教故事》，见《寒柳堂集》，上海古籍出版社 1980 年版，第 157 页。

③ 见 Lao Kan. *Six-Tusked Elephants on a Han Bas-Relief*, Harvard Journal of Asiatic Studies, 1954. Vol. 17, pp. 366 – 369. 又见《劳榦学术论文集甲编》（上、下），台北艺文印书馆 1976 年版，第 1391 – 1395 页。

④ 《中国大百科全书·考古学》，中国大百科全书出版社 1986 年版，第 10、431 页。

⑤ 贾峨先生解释，所谓"行像"就是佛教徒于每年四月举行盛会，庆祝释迦牟尼诞辰日（四月八日）。大象驮载着佛像或佛牙沿街串庙，表演百戏，展示佛像。而象舞则是"行像"活动中的一个重要节目。

⑥ 〔北魏〕杨衒之：《洛阳伽蓝记》卷一。

⑦ 俞伟超：《东汉佛教图像考》，载《文物》1980 年第 5 期。

汉墓大体属于同一时期的连云港孔望山佛教摩崖石刻和大型石象圆雕，已经成为佛教在东汉后期流行于东海地区的历史见证。[1]

　　大象在东南亚和印度地区较中国的岭南和西南地区更为普遍，两汉时期更是如此。东南亚地区贡献大象的传说甚至可追溯至西周时代。《尚书·大传》曰："交趾之南有越裳国。周公居摄六年制礼作乐，天下和平。越裳以三象重译而献白雉。"[2] 汉代人心目中的身毒（即今印度）是与象联系在一起的。《史记·大宛列传》云："身毒在大夏东南可数千里……其人民乘象以战……昆明之属无君长，善寇盗，辄杀略汉使，终莫得通。然闻其西可千余里有乘象国，名曰滇越。"东汉杨孚《异物志》云："金邻一名金陈，去扶南可二千余里，地出银，人民多好猎大象，生得乘骑，死则取其牙齿。"[3] 三国时《吴时外国传》曰："扶南王盘况少而雄杰，闻山林有大象，辄生捕取之，教习乘骑，诸国闻而伏之。"[4] 金邻和扶南都是当时东南亚地区的国家。

　　象牙亦是古人所喜爱的珍贵物品，犀角和象牙齐名且常常并称为"犀象之器"[5]。象牙的使用历史悠久。早在商、周时代，象牙与玉并相重用。《史记·宋微子世家》曰："纣始为象箸，箕子叹曰：'彼为象箸，必为玉杯。'"《诗经·卫风·淇奥》有"如切如磋，如琢如磨"之句，毛传云"治骨曰切，象曰磋，玉曰琢，石曰磨"。周时治骨器称为"切"，治象器称为"磋"。与象群在中原地区的消失相一致，象牙在春秋战国以后需要从南方输入。《淮南子·人间训》记秦始皇经略岭南的一个重要原因就是"利越之犀角、象齿、翡翠、珠玑"。正如藤田丰八指出汉人所重用之象牙，春秋以后，皆自东夷南蛮输入，在战国后，则概来自南海。岭南人获取象牙还有一套独特的方法。三国时期吴国万震的《南州异物志》曰："俗传象牙岁脱，犹爱惜之，掘地而藏之。人欲取，当作假牙潜往易之。觉则不藏故处。"[6]

　　在汉代，象牙的使用相当普遍。象牙常被用作印玺，"百石以至私学弟子皆以象牙"为印；诸侯王献酎金也可以用象牙代替黄金。《西京杂记》卷五载汉武帝曾"以象牙为簟，赐李夫人"。南越王墓除已经发现的五支非洲象牙外，还出土了龙首形象牙饰一件、象牙饰片九件、象牙饰物 40 余块、象牙卮一件、象牙算筹约 200 支、残象牙雕器两块、象牙筒一件、象牙印章一枚、象牙六博子约 18

---

　　① 这里主要采用俞伟超等人的观点，参阅俞伟超、信立祥《孔望山摩崖造像的年代考察》，载《文物》1981 年第 7 期。

　　② 《太平御览》卷七八五。

　　③ 《太平御览》卷七九〇《四夷部十一》。刘纬毅认为此《异物志》作者佚名，参阅刘纬毅《汉唐方志辑佚》，北京图书馆出版社 1997 年版，第 152 页。

　　④ 《艺文类聚》卷九五。

　　⑤ 《史记·李斯列传》，李斯上书中有"犀象之器不为玩好"之句。

　　⑥ 《初学记》卷二九。

枚、象牙耳钉四个、象牙残器一小堆等。在满城二号汉墓中，曾出土象牙勺一件、象牙碗两件、象牙器柄一件。① 属于西汉中期的云南晋宁石寨山 12 号墓也出土了碎象牙一只。② 与南越王墓大体处于同一时期的广州西汉前期的一座墓葬也曾出土陶象牙五件。③

两汉时期，象以及象牙是异域蛮夷朝贡贸易中的重要内容，在中外文化交流中发挥了巨大的作用。166 年，大秦王安敦遣使沿海路来华，④ 赠送的三样礼物中就有犀角和象牙，这绝非偶然。交趾地区与蛮夷比邻，交往频繁，是蛮夷来华的必经之地，又是犀象的产地，使得汉朝人对大秦使者的礼物十分熟悉，感到过于普通，毫无珍贵可言，进而对他们的身份也产生了怀疑。

南越王墓中的非洲象牙是以印度为中转站，辗转传入我国的。中印两大文明古国有着悠久的交往历史。藤田丰八说"舜象"之传说，含有印度文化之色彩。"印度文化的色彩之最浓厚者，乃商人（殷人）也"；"殷人驯象"，楚人用象于战争皆始自印度人。屈原《楚辞·天问》中有"灵蛇吞象，其大如何"之句。《山海经·海内南经》亦云："巴蛇食象，三年而出其骨，君子服之，无心腹之疾。"又《海内经》云："西南有巴国……又有朱卷之国。有黑蛇，青首，食象。"这些比喻亦传自印度，与希腊人所传"印度有吞牛之大蛇"类似。这是很有道理的。正如美国人类学家罗伯特·路威所言："倘若我们假定某一民族全凭自己的努力驯服了他们的家畜，培成了他们的农谷，这个假定多半靠不住。从别人手上转借过来比较简单得多……中国本土有一种野葡萄……倘若没有张骞将军，他们会至今没有葡萄，也许永久不会有葡萄。"⑤ 中印两大文明古国，其交流的历史，要比我们所想象的悠久得多；其交流的内容，要比我们所想象的丰富得多。⑥

张光直先生在论述中国文明在世界文明史上的地位时，曾经提出了一个震惊国际学坛的论点，他认为世界文明形成的方式主要有两种形态，一种是西方式的；一种是世界式的（非西方式的），也就是中国式的。而后者的贸易活动主要

① 中国社会科学院考古研究所等：《满城汉墓发掘报告》，文物出版社 1980 年版，第 333 页。
② 云南省博物馆：《云南晋宁石寨山古墓群发掘报告》，文物出版社 1959 年版，第 139 页。
③ 广州市文物管理委员会等编：《广州汉墓》（上），文物出版社 1981 年版，第 128 页。
④ 只有日本学者藤田丰八认为大秦使者是由缅甸沿伊洛瓦底江溯流而上，经云南来华的。参阅藤田丰八：《中国南海古代交通丛考》，何健民译，商务印书馆 1936 年版，第 539 页。
⑤ ［美］罗伯特·路威：《文明与野蛮》，吕叔湘译，生活·读书·新知三联书店 1984 年版，第 62、64 页。
⑥ 李零通过对中国境内有翼神兽的研究，认为古代中西方的传播与交流远比想象要发达，参见李零《论中国的有翼神兽》，载《中国学术》2001 年第 1 期。不过，他所关注的中西方交往主要是经过西域和北方地区的陆上交往，对经过南方地区的中西方交往未曾论述。他还认为有翼神兽在南方的发现都是从北方地区传入的。笔者对此不能认同。

限于宝货。① 可见以象牙等"宝货"为内容的贸易活动在中国文明形成过程中有着极为重要的作用。岭南地区象牙的贸易活动在汉代对外关系史上具有十分重要的地位。南越王墓中出土的非洲象牙，正是岭南地区对外贸易活动频繁的历史见证。

四、乳香

在南越王墓西耳室的一件漆盒内，发现一小堆树脂类的香料，疑为乳香，经广州分析测试中心做红外光谱分析，发现其成分与松香截然不同，与现代乳香稍异，经过 2000 多年的埋藏，其中有的成分可能已经分解了。这些已经分解的乳香，透露出香料贸易在汉代岭南地区异常活跃的重要信息。

乳香，又名薰陆，主要产于阿拉伯地区，东南亚地区也有出产，属于树脂类香料。《魏略·西戎传》中提到的大秦国出产的 12 种香料之中就有乳香。嵇含《南方草木状》曰："薰陆香，出大秦。在海边，有大树，枝叶正如古松，生于沙中。盛夏，树胶流出沙上，方采之。"② 晋郭义恭《广志》曰："薰陆出交州，又大秦海边人采与贾人易谷，若无贾人，取食之。"③ 从晋人的记载可以看出，岭南的交州地区也是乳香的产地，从大秦国进口的乳香主要是从南方地区输入的。

西方汉学家夏德认为："（薰陆）这种药绝非出于叙利亚，而是自远古时代以来由腓尼基人从阿拉伯和瓜达夫伊角（Cape Guardafui）附近输入，作为供奉神祇之用。但腓尼基和叙利亚以及印度商人必有采办此品，因此世人就认为他们是生产者。"④ 另一位汉学家谢弗指出"frankincense"（乳香）或称"olibanum"，是一种南阿拉伯树以及与这种树有种属关系的一种索马里树产出的树脂。这种树脂在中国以两种名称知名，一种可以追溯到公元前 3 世纪，是从梵文"kunduruka"翻译来的"薰陆"；另外一种是形容其特有的乳房状外形的，这个名称叫作"乳香"（teat aromatic）。无独有偶，普林尼也就乳状描述过这种香⑤。乳香是否在汉代就已经输入中国？虽无文献记载，但从南越王墓中出土的乳香来看，答案是肯定的。由于它被放置在漆盒中，而不是熏炉中，在当时它可能只是作为药物使用，可以称之为香药，还未用于焚烧。

---

① 徐苹芳：《悼念张光直》，载《读书》2002 年第 2 期，第 59 - 66 页。并请参阅徐苹芳、张光直《中国文明的形成及其在世界文明史上的地位》，载《燕京学报》1999 年新 6 期。

② 〔清〕梁廷枏等著，杨伟群校点：《南越五主传及其它七种》，广东人民出版社 1982 年版，第 62 页。

③ 《太平御览》卷九八二。

④ 〔德〕夏德：《大秦国全录》，朱杰勤译，商务印书馆 1964 年版，第 117 页。

⑤ 〔美〕爱德华·谢弗：《唐代的外来文明》，吴玉贵译，中国社会科学出版社 1995 年版，第 362 - 363 页。

两汉是香料在中国社会开始受到重视的时期。香料在两汉对外关系史上，乃至中外文化交流史上扮演着十分重要的角色。早在二十世纪三四十年代，陈竺同、王鞠侯等学者就已经对此问题有过比较系统的研究；20 世纪 80 年代以来，陈连庆、吴焯等先生有更进一步的探讨。① 在长江流域、珠江流域的广大地区，由于气候和自然条件的原因，香料的种类繁多，先秦以来，香料的生产和使用要比北方发达得多。出生于南方的屈原在他的诗歌中就记载了许多种香料，如江蓠、辟芷、申椒、菌桂、蕙茝、木兰、宿莽、兰、蕙、留夷、揭车、杜衡、芳芷、桂、椒、辛夷等十余种香料。这些香料有的佩带在身用来除臭香身，有的用作调料，有的用来沐浴，有的用作建筑装饰或建筑材料。

《史记·货殖列传》云："番禺亦其一都会也，珠玑、犀、玳瑁、果、布之凑。"未提及香料②。《汉书·西域传》云："孝武之世……遭值文景玄默，养民五世，天下殷富，财力有余，士马强盛。故能睹犀布、玳瑁则建珠崖七郡，感枸酱、竹杖则开牂牁、越巂，闻天马、蒲陶则通大宛、安息。自是之后，明珠、文甲、通犀、翠羽之珍盈于后宫，蒲梢、龙文、鱼目、汗血之马充于黄门，巨象、师子、猛犬、大雀之群食于外囿。殊方异物，四面而至。"列举了许多东西，也未提及香料。笔者以为，《史记》《汉书》中香料的记载不多，主要原因是西汉时期香料在北方地区特别是关中地区的使用并不广泛，未能引起出身于关中地区的司马迁、班固等学者的注意。

西汉前期有关香料的文献资料虽然缺乏，但从中华人民共和国成立以来的考古发现，特别是南越王墓和马王堆汉墓的发现，在很大程度上弥补了这方面的不足，也为我们探讨西汉前期的香料问题提供了许多珍贵的实物资料。1972 年发掘的长沙马王堆一号汉墓中，就有许多与香料有关的考古发现，经鉴定，种类共九种，即茅香、高良姜、桂皮、花椒、辛夷、藁本、姜、杜衡、佩兰。③ 专家们认为这些药物大多含有挥发油，从加工和分装来看，可能有两种用途：一是用作香料，以茅香"辟秽"；一是用作药物。把香料当作药物，香料与药物之间并无严格的界限，这是古人的习惯。马王堆一号汉墓的年代是公元前 168 年稍后，所

---

① 请参阅陈竺同《汉魏以来海外输入奇香考》，载《南洋研究》1936 年第 6 卷第 2 期；王鞠侯《南海输入香料品类考》，载《南洋研究》1941 年第 9 卷第 4 期；陈连庆《汉晋之际输入中国的香料》，见《中国古代史研究　陈连庆教授学术论文集》，吉林文史出版社 1991 年版，第 611－630 页；吴焯《汉代人焚香为佛教礼仪说——兼论佛教在中国南方的早期传播》，载《西北第二民族学院学报》（哲学社会科学版）1999 年第 3 期。文中凡提到上述四位先生的观点，均出自上述四篇文章，不再一一注明。

② 韩槐准的《龙脑香考》（载新加坡《南洋学报》1941 年第 2 卷第 1 辑）认为，这里的"果布"并非水果和葛布，而是指龙脑香，"果布"一词是马来语"龙脑香"的音译。周连宽、张荣芳的《汉代我国与东南亚国家的海上交通和贸易关系》一文亦持此说，详见张荣芳《秦汉史论集》，中山大学出版社 1995 年版，第 100－124 页。

③ 参阅湖南省博物馆等《长沙马王堆一号汉墓》，文物出版社 1973 年版。

出土的 9 种药物基本上都可以称作香料。由于香料与药物的关系极为密切，当时往往又把香料称作"香药"。[①] 正如谢弗所言："在中国，有些进口的香料与其说是被当作焚香和香脂使用，倒不如说是被当成药物来使用了……中国的这种做法与其他地区的习惯形成了鲜明的对比。"[②] 汉代南方地区的对外香料贸易非常活跃。如果说南越王墓中的乳香是汉代进口异域香料的代表，那么马王堆汉墓中的生姜和桂皮则是汉代中国出口香料的典型。

生姜，既是药物，又是香料，在南方地区有着很长的种植历史。在马王堆汉墓中出土的九种香料中，就有生姜。与马王堆汉墓年代大体相当的广西贵县罗泊湾一号汉墓中也发现有生姜。[③] 直到今天，生姜在中国人的饮食中仍然发挥着十分重要的作用。西方学者米勒指出生姜从古至今都是重要的香料，在东南亚、中国、印度早已被种植。生姜的原始产地可能是东爪哇，那里气候干燥，有野生姜。在种植生姜的地方，鲜姜可以成为食品。苏联一位著名历史学家曾指出："有确凿的证据表明意大利的生姜是从东非索马里进口的……联系到 1 世纪生姜已经从索马里进口到西方，再联系到托勒密王朝时代（前 323—前 30）红海贸易的活跃，我们有理由认为这种产品贸易活动在托勒密王朝末期就已经出现了。在罗马时代，生姜作为调味品在餐桌上已经非常普遍了。"生姜在医药领域的运用也很广泛。印度尼西亚人和中国人把生姜种在罐子里带到船上吃，在漫长的航行过程中，用它来抵御疾病。阿拉伯人从他们那里学会了这种方法。[④]

桂皮，主要产于我国南方地区。《史记·货殖列传》曰"江南出桂"。嵇含《南方草木状》："桂出合浦，生必以高山之巅。冬夏常青。其类自为林，间无杂树。交趾置桂园。桂有三种：叶如柏叶，皮赤者，为丹桂；叶似柿叶者，为菌桂；其叶似枇杷叶者，为牡桂。"[⑤]《神农本草经》中所提到的 365 种药物中，就有牡桂、菌桂。[⑥] 至少在公元前 3 世纪，中国人就已经知道了桂树的香料价值。秦始皇平定岭南后设立的三郡，其中有一郡就命名为"桂林郡"，这绝非偶然。说明桂皮在当时是那一地区的重要产品。《说文解字》卷六云："桂，江南木，百药之长。"足见古人对桂香的重视。赵佗献给汉文帝的礼物中有"桂蠹一器"。

① 《三国志·吴书·薛综传》。

② 〔美〕爱德华·谢弗：《唐代的外来文明》，吴玉贵译，中国社会科学出版社 1995 年版，第 372 页。

③ 广西壮族自治区博物馆：《广西贵县罗泊湾汉墓》，文物出版社 1988 年版，第 87 页。

④ 见 J. I. Miller. *The Spice Trade of the Roman Empire*（*29B. C. to A. D. 641*）. Oxford at the Clarendon Press. 1969. pp. 53－57.

⑤ 〔清〕梁廷枏等著，杨伟群校点：《南越五主传及其它七种》，广东人民出版社 1982 年版，第 63 页。关于《南方草木状》的真伪问题，国内学术界有截然相反的两种意见，杨宝霖等认为该书是伪书，彭世奖等认为不伪。国内农史学界还于 20 世纪 80 年代在华南农业大学召开过关于《南方草木状》的国际学术会议。请详见《〈南方草木状〉国际学术讨论会论文集》，农业出版社 1990 年版；杨宝霖《自力斋文史农史论文选集》，广东高等教育出版社 1993 年版。

⑥ 〔清〕孙星衍、孙冯翼辑：《神农本草经》，丛书集成初编本，中华书局 1985 年版，第 2 页。

应劭注曰："桂树中蝎虫也。"颜师古曰："此虫食桂，故味辛，而渍之以蜜食之也。"看来桂蠹也与桂香有关。① 直到今天，桂皮仍然是中国人饮食调料中的"五香"之一。桂皮是汉代重要的出口香料。1 世纪末的西方名著《厄里特里亚海航行记》"以令人不容置辩的方式指出：'赛里斯'国的丝绸在印度港口装船，同时装船的还有同是来自中国的皮货、胡椒、桂皮、香料、金属、染料和医药产品"②。米勒指出"桂"这个词可能来源于越南北部和阿萨姆地区，在那里，有野生的桂树林。西方的古典作家狄奥佛拉斯塔（Theophrastus，前 371—前 287，希腊哲学家和博物学家）和普林尼（Pliny，23—79）的著作中经常提到桂香。这表明，从公元前 4 世纪起，桂香就已经成为地中海世界人人皆知的著名商品。中国人尽管在史前就已经种植桂树，但桂树的原产地是印度支那半岛。布尔努瓦指出，桂皮原产于印度、缅甸和中国，被波斯古史学家称之为"中国的树皮"。桂皮肉是美容品、医药品、香膏、香脂、油脂、香汁香精等工艺品中所使用的大量原料之一，在罗马出售时价格昂贵得惊人。③

中国的南方地区在汉代以前就和东南亚地区有着颇为密切的经济文化联系，东南亚地区的许多香料品种在岭南地区都有种植，只是因为岭南作为边疆地区，长期远离政治经济文化中心，中原学者未曾注意，因而缺乏记载罢了。

在盛产香料的中南半岛，包括汉代岭南的交趾、九真、日南等地，香料的贸易活动历史悠久，且非常活跃。至少在汉代，那里就已经出现了以采香为业的"香户"，以及以香料交易为主的"香市"。康泰《扶南土俗》载："扶南之西南有林阳国，去扶南七千里，土地奉佛，有数千沙门持戒只斋日，鱼肉不得入国。一日再市，朝市诸杂米、甘果、石蜜，暮市但货香花。"④《晋书·四夷·扶南国传》中亦有"扶南……人……贡赋以金银珠香"的记载。那里的贡赋也多用香料等当地的特产来交纳。三国吴黄龙三年（231），薛综向孙权上书称："县官羁縻，示令威服，田户之租赋，裁取供办，贵致远珍名珠、香药、象牙、犀角、玳瑁、珊瑚、琉璃、鹦鹉、翡翠、孔雀、奇物，充备宝玩，不必仰其赋入，以益中国也。"⑤ 主张把"香药"作为岭南贡赋的重要内容之一。

从东汉开始，岭南地区的香料生产和贸易日益繁荣也引起中原人士的重视。东汉灵帝时期，曾经担任交趾刺史的贾琮在向灵帝的上书中说道："旧交趾土多

---

① 《汉书·西南夷两粤朝鲜传》。

② 转引自［法］L. 布尔努瓦《丝绸之路》，耿昇译，新疆人民出版社 1982 年版，第 51 页。请参阅［法］戈岱司编《希腊拉丁作家远东古文献辑录》，耿昇译，中华书局 1987 年版，第 17 - 19 页中的《厄里特里亚海航行记》节本。

③ 布尔努瓦前揭书，第 51 页。

④ 《太平御览》卷七八七《四夷部八·林阳国》。

⑤ 《三国志·吴书·薛综传》。

珍产，明珠、翠羽、犀、象、玳瑁、异香美木之属，莫不自出。"① 东汉末年，士燮家族统治岭南，"燮兄弟并为列郡，雄长一州，偏在万里，威尊无上。出入鸣钟磬，备具威仪，笳箫鼓吹，车骑满道，胡人夹毂焚香者常有数十……燮每遣使诣权，致杂香细葛，辄以千数。"② 林梅村以为此"胡人"指中亚或波斯人③。在交趾地区聚集了大量躲避战乱的中原人士、胡商、佛教徒，这使得那里的香料贸易更为繁荣。

与北方相比，交趾地区的香料使用要广泛得多，谢弗把原因归结为那里的文化简朴，所以吸收外来文化的空间很大。"佛教与外来的印度文化为中国的寺庙带来了大量的新香料，而众多的有关焚香和香料的习俗和信仰也随之传入了中国，从而加强和丰富了中国古老的焚香传统。但是毫无疑问，这些新的方式和态度并没有能够像它们在印度支那④一样，对中国产生具有压倒优势的影响。由于印度支那的文化更为简朴，所以它吸收的东西也就要多得多。"⑤ 笔者以为，除此原因外，还有一个重要原因就是那里是香料的产地，香料的使用成本要比中原地区低得多。

正如沈光耀先生所言："香料是我国历史上长期大量进口的商品，也正为此而常受到一些史学家的非难，认为于民无利，纯属奢侈之物。这是在中国对外贸易史上需要澄清的一个问题。"⑥ 两汉时期，香料在中外文化交流史上扮演了非常重要的角色。汉代所使用的香料，虽然有一些是从西域和南海等地进口的，但更多是我国自己生产的，特别是岭南地区生产的。汉代不仅有香料的进口，而且有香料的出口。岭南地区是香料的重要产地，也是消费和使用香料最多的地方之一，又是香料贸易异常活跃的地方。岭南地区所生产的香料不仅输入内地和中原地区，而且与东南亚地区的香料一起，出口到印度、中东、埃及和西方等许多地区。南越王墓乳香的出土，只是显露出汉代岭南地区活跃的香料贸易活动的冰山一角。我们相信，随着考古工作的深入开展，一定会有更多的香料文物重见天日，一定会使我们对汉代岭南地区的香料贸易活动有更深刻、更全面的认识和了解。

①　《后汉书·吴书·贾琮传》。

②　《三国志·吴书·士燮传》。

③　林梅村：《汉唐西域与中国文明》，文物出版社 1998 年版，第 314 页。

④　编者注："支那"作为古代域外对中国的旧称之一，直到清末民初，使用时并无贬义。此后，随着日军国主义的兴起，"支那"一词演变为近代日本侵略者对中国的蔑称。本书为保持历史文献原貌，对此不作改动，特此说明。余同此。

⑤　［美］爱德华·谢弗：《唐代的外来文明》，吴玉贵译，中国社会科学出版社 1995 年版，第 343 页。

⑥　沈光耀：《中国古代对外贸易史》，广东人民出版社 1985 年版，第 139－140 页。

参考文献

一、 古籍类

［1］〔春秋·鲁〕左丘明. 左传［M］.

［2］〔春秋·鲁〕左丘明. 国语［M］.

［3］〔西汉〕司马迁. 史记［M］.

［4］〔西汉〕刘安等. 淮南子［M］.

［5］〔西汉〕桓宽. 盐铁论［M］.

［6］〔东汉〕班固. 汉书［M］.

［7］〔东汉〕赵晔. 吴越春秋［M］.

［8］〔西晋〕陈寿. 三国志［M］.

［9］〔南朝·宋〕范晔. 后汉书［M］.

［10］〔北魏〕杨衒之. 洛阳伽蓝记［M］.

［11］〔唐〕房玄龄等. 晋书［M］.

［12］徐坚. 初学记［M］. 北京：中华书局，2004.

［13］欧阳询，等. 艺文类聚［M］. 上海：上海古籍出版社，1982.

［14］李昉，等. 太平御览［M］. 北京：中华书局，1982.

［15］孙星衍，孙冯翼. 神农本草经［M］. 北京：中华书局，1985.

［16］顾炎武. 历代宅京记［M］. 北京：中华书局，1984.

［17］屈大均，李育中，等. 广东新语注［M］. 广州：广东人民出版社，1991.

［18］阮元. 十三经注疏：上，下［M］. 上海：上海古籍出版社，2007.

［19］严可均. 全后汉文：上，下［M］. 北京：商务印书馆，1999.

二、 论文类

［1］广东省文物考古研究所. 广东博罗银岗遗址发掘简报［J］. 文物，1998（7）.

［2］麦英豪. 广州东郊罗冈秦墓发掘简报［J］. 考古，1962（8）.

［3］曾广亿. 广东南海汉墓发掘简报［M］. //文物编辑委员会. 文物资料丛刊：4. 北京：文物出版社，1981.

　　［4］黄淼章. 广州瑶台柳园岗西汉墓群发掘纪要［M］.//广州博物馆，香港中文大学文物馆. 穗港汉墓出土文物. 香港：香港中文大学文物馆，1983.

　　［5］考古研究所沣西发掘队. 1955—1957 年陕西长安沣西发掘简报［J］. 考古，1959（10）.

　　［6］宁夏文物考古研究所，等. 宁夏同心倒墩子匈奴墓地［J］. 考古学报，1988（3）.

　　［7］伊克昭盟文物工作站. 内蒙古东胜市碾房渠发现金银器窖藏［J］. 考古，1991（5）.

　　［8］田广金. 近年来内蒙古地区的匈奴考古［J］. 考古学报，1983（1）.

　　［9］张增祺，王大道. 云南江川李家山古墓群发掘报告［J］. 考古学报，1975（2）.

　　［10］广西壮族自治区文物工作队. 平乐银山岭战国墓［J］. 考古学报，1978（3）.

　　［11］广西壮族自治区文物工作队. 广西贵县罗泊湾一号墓发掘简报［J］. 文物，1978（9）.

　　［12］广西壮族自治区文物工作队. 广西贵县罗泊湾二号汉墓［J］. 考古，1982（4）.

　　［13］广西壮族自治区文物工作队. 广西贺县金钟一号汉墓［J］. 考古，1986（3）.

　　［14］北京市文物管理处. 北京市平谷县发现商代墓葬［J］. 文物，1977（11）.

　　［15］李正德，等. 西安汉上林苑发现的马蹄金和麟趾金［J］. 文物，1977（11）.

　　［16］湖南省博物馆，等. 马王堆二、三号汉墓发掘简报［J］. 文物，1974（7）.

　　［17］于城. 古百越族的变迁［J］. 岭南文史，1983（1）.

　　［18］陈元甫. 绍兴袍谷战国遗址发掘进一步推动越文化研究［N］. 中国文物报，2003 – 11 – 14.

　　［19］陈平. 试论战国型秦兵的年代及有关问题［M］//《中国考古学研究论集》编委会. 中国考古学研究论集：纪念夏鼐先生考古五十周年. 西安：三秦出版社，1987.

　　［20］俞伟超，信立祥. 孔望山摩崖造像的年代考察［J］. 文物，1981（7）.

　　［21］李陈奇. 蒜头壶考略［J］. 文物，1985（4）.

　　［22］麦英豪. 西汉南越王墓随葬遗物的诸文化因素［M］//香港博物馆. 岭南古越族文化论文集. 香港：香港市政局出版，1993.

［23］叶小燕. 试论巴蜀文化的铜器：兼论巴蜀与中原的关系［M］. //"中国考古学研究"编委会. 中国考古学研究：夏鼐先生考古五十年纪念论文集. 北京：科学出版社，1986.

［24］乌恩. 中国北方青铜透雕带饰［J］. 考古学报，1983（1）.

［25］俞伟超. 东汉佛教图像考［J］. 文物，1980（5）.

［26］张增祺. 云南青铜时代的"动物纹"牌饰及北方草原文化遗物［J］. 考古，1987（9）.

［27］张增祺. 战国至西汉时期滇池区域发现的西亚文物［J］. 思想战线，1982（2）.

［28］孙机. 我国古代的带具［M］. //文物出版社编辑部. 文物与考古论集. 北京：文物出版社，1986.

［29］李零. 论中国的有翼神兽［J］. 中国学术，2001（1）.

［30］张光直. 中国文明的形成及其在世界文明史上的地位［J］. 燕京学报，1999（新6期）.

［31］黄展岳. 铜提筒考略［J］. 考古，1980（9）.

［32］蒋廷瑜. 贵县罗泊湾汉墓墓主族属的再分析［J］. 学术论坛，1987（1）.

［33］蓝日勇. 试论罗泊湾一号墓墓主身份及族属［J］. 广西民族研究，1986（2）.

［34］安志敏. 金版与金饼：楚、汉金币及其有关问题［J］. 考古学报，1973（2）.

［35］殷涤非，等. 寿县出土的"鄂君启金节"［J］. 文物，1958（9）.

［36］流火. 铜龙节［J］. 文物，1960（8/9）.

［37］唐兰. 王命传考［J］. 国学季刊，1941，6（4）.

［38］刘逖. 我国古代传统治边思想初探［M］//马大正. 中国古代边疆政策研究. 北京：中国社会科学出版社，1990.

［39］张荣芳，周永卫. 汉代徐闻与海上交通［J］. 中山大学学报，2002（3）.

［40］周永卫. 西汉前期的蜀商在中外文化交流史上的贡献［J］. 史学月刊，2004（9）.

［41］周永卫. 南越王墓银盒舶来路线考［J］. 考古与文物，2004（1）.

［42］余天炽. 南越国的官制沿革初探［J］. 学术研究，1986（3）.

［43］费孝通. 关于我国民族识别问题［J］. 中国社会科学，1980（1）.

［44］童恩正. 试论我国从东北至西南的边地半月形文化传播带［M］//文物出版社编辑部. 文物与考古论集. 北京：文物出版社，1986.

［45］童恩正. 古代中国与印度交通的考古学研究［J］. 考古，1999（4）.

［46］童恩正. 试谈古代四川与东南亚文明的关系［J］. 文物, 1983（9）.

［47］饶宗颐. 由出土银器论中国与波斯、大秦早期之交通［M］//华学：第5辑. 广州：中山大学出版社, 2001.

［48］徐苹芳. 考古学上所见中国境内的丝绸之路［J］. 燕京学报, 1995（新1期）.

［49］作铭. 我国出土的蚀花肉红石髓珠［J］. 考古, 1974（6）.

［50］贺昌群. 汉代以后中国人对于世界地理知识之演进［M］//贺昌群史学论著选. 北京：中国社会科学出版社, 1985.

［51］汪宁生. 试论石寨山文化［M］//中国考古学会. 中国考古学会第一次年会论文集：1979. 北京：文物出版社, 1980.

［52］广西壮族自治区博物馆. 古代铜鼓学术讨论会纪要［M］//中国古代铜鼓研究会. 古代铜鼓学术讨论会论文集. 北京：文物出版社, 1982.

［53］李伟卿. 铜鼓船纹的再探索［M］//中国古代铜鼓研究会. 中国铜鼓研究会第二次学术讨论会论文集. 北京：文物出版社, 1986.

［54］李家瑞. 古代云南用贝币的大概情形［J］. 历史研究, 1956（9）.

［55］方国瑜. 云南用贝作货币的时代及贝的来源［J］. 云南社会科学, 1981（1）.

［56］江应樑. 云南用贝考［M］. //江应樑. 西南边疆民族论丛. 珠海：珠海大学, 1948.

［57］岑蕊. 试论东汉魏晋墓葬中的多面金珠用途及其源流［J］. 考古与文物, 1990（3）.

［58］齐东方. 中国早期金银器研究［J］. 华夏考古, 1999（4）.

［59］贾峨. 说汉唐间百戏中的"象舞"：兼谈"象舞"与佛教"行像"活动及海上丝路的关系［J］. 文物, 1982（9）.

［60］陈竺同. 汉魏以来海外输入奇香考［J］. 南洋研究, 1936, 6（2）.

［61］王鞠侯. 南海输入香料品类考［J］. 南洋研究, 1941, 9（4）.

［62］陈连庆. 汉晋之际输入中国的香料［M］. //陈连庆. 中国古代史研究：陈连庆教授学术论文集. 长春：吉林文史出版社, 1991.

［63］吴焯. 汉代人焚香为佛家礼仪说：兼论佛教在中国南方的早期传播［J］. 西北第二民族学院学报（哲学社会科学版）, 1999（3）.

三、 专著论文集类

［1］广州市文物管理委员会, 等. 西汉南越王墓：上, 下［M］. 北京：文物出版社, 1991.

［2］广州市文物管理委员会，等. 广州汉墓：上，下［M］. 北京：文物出版社，1981.

［3］广州市文化局. 广州秦汉考古三大发现［M］. 广州：广州出版社，1999.

［4］张荣芳，黄淼章. 南越国史［M］. 广州：广东人民出版社，1995.

［5］张荣芳. 秦汉史论集［M］. 广州：中山大学出版社，1995.

［6］《广州市文物志》编委会. 广州市文物志［M］. 广州：岭南美术出版社，1990.

［7］中国社会科学院考古研究所. 新中国的考古发现和研究［M］. 北京：文物出版社，1984.

［8］文物编辑委员会. 文物考古工作十年（1979—1989）［M］. 北京：文物出版社，1991.

［9］湖南省博物馆，等. 长沙马王堆一号汉墓［M］. 北京：文物出版社，1973.

［10］云南省博物馆. 云南晋宁石寨山古墓群发掘报告［M］. 北京：文物出版社，1959.

［11］广西壮族自治区博物馆. 广西贵县罗泊湾汉墓［M］. 北京：文物出版社，1988.

［12］中国社会科学院考古研究所，等. 满城汉墓发掘报告：上，下［M］. 北京：文物出版社，1980.

［13］湖南省博物馆，等. 长沙马王堆一号汉墓发掘简报［M］. 北京：文物出版社，1972.

［14］湖北省博物馆. 曾侯乙墓：上，下［M］. 北京：文物出版社，1989.

［15］陕西省地方志编纂委员会. 陕西省志·文物志［M］. 西安：三秦出版社，1995.

［16］中国历史博物馆. 华夏文明史图鉴第二卷［M］. 朝华出版社，2002.

［17］日本东京国立博物馆. 东洋美术一五〇选［M］. 1998.

［18］王克荣，邱钟仑，陈远璋. 广西左江岩画［M］. 北京：文物出版社，1988.

［19］中国古代铜鼓研究会. 中国古代铜鼓［M］. 北京：文物出版社，1988.

［20］彭适凡. 中国南方古代印纹陶［M］. 北京：文物出版社，1987.

［21］周振鹤. 中国历史文化区域研究［M］. 上海：复旦大学出版社，1997.

［22］马承源. 中国青铜器［M］. 上海：上海古籍出版社，1988.

［23］广东省博物馆，曲江县博物馆. 纪念马坝人化石发现三十周年文集［M］. 北京：文物出版社，1988.

［24］广州市博物馆. 镇海楼论稿：广州博物馆成立七十周年纪念［M］. 广州：岭南美术出版社，1999.

［25］临淄文物志编辑组. 临淄文物志［M］. 北京：中国友谊出版公司，1990.

［26］张正明. 楚文化史［M］. 上海：上海人民出版社，1987.

［27］陶维英. 越南历代疆域［M］. 钟民岩，译. 北京：商务印书馆，1973.

［28］孙机. 汉代物质文化资料图说［M］. 北京：文物出版社，1991.

［29］孙机. 中国圣火：中国古文物与东西文化交流中的若干问题［M］. 沈阳：辽宁教育出版社，1996.

［30］蒋宝德，李鑫生. 中国地域文化：上，下［M］. 济南：山东美术出版社，1997.

［31］冯汉骥. 冯汉骥考古学论文集［M］. 北京：文物出版社，1985.

［32］冯天瑜. 中国文化史纲［M］. 北京：北京语言大学出版社，1994.

［33］冯天瑜，何晓明，周积明. 中国文化史［M］. 上海：上海人民出版社，1990.

［34］李学勤. 东周与秦代文明：增订本［M］. 北京：文物出版社，1991.

［35］李学勤. 比较考古学随笔［M］. 桂林：广西师范大学出版社，1997.

［36］李学勤. 缀古集［M］. 上海：上海古籍出版社，1998.

［37］侯甬坚. 区域历史地理的空间发展过程［M］. 西安：陕西人民教育出版社，1995.

［38］谭其骧. 中国历代地理学家评传·司马迁［M］. 济南：山东教育出版社，1990.

［39］卢云. 汉晋文化地理［M］. 西安：陕西人民教育出版社，1991.

［40］黄留珠. 秦汉历史文化论稿［M］. 西安：三秦出版社，2002.

［41］黄展岳. 中国古代的人牲人殉［M］. 北京：文物出版社，1990.

［42］王学理，尚志儒，呼林贵，等. 秦物质文化史［M］. 西安：三秦出版社，1994.

［43］王学理，梁云. 秦文化［M］. 北京：文物出版社，2001.

［44］王子今. 秦汉区域文化研究［M］. 成都：四川人民出版社，1998.

［45］江玉祥. 古代西南丝绸之路研究：第2辑［M］. 成都：四川大学出版社，1995.

［46］徐中舒. 论巴蜀文化［M］. 成都：四川人民出版社，1982.

［47］陈寅恪. 寒柳堂集［M］. 上海：上海古籍出版社，1980.

［48］陈直. 摹庐丛著七种［M］. 济南：齐鲁书社，1981，

［49］云南省社会科学院历史研究所. 中国西南文化研究：2［M］. 昆明：云南民族出版社，1997.

［50］蒙文通. 古地甄微［M］. 成都：巴蜀书社，1998.

［51］林幹. 匈奴通史［M］. 北京：人民出版社，1986.

［52］林惠祥. 中国民族史［M］. 上海：上海文艺出版社，1990.

［53］林梅村. 汉唐西域与中国文明［M］. 北京：文物出版社，1998.

［54］陆韧. 云南对外交通史［M］. 昆明：云南民族出版社，1997.

［55］劳榦学术论文集甲编：上，下［M］. 台北：艺文印书馆，1976.

［56］中国大百科全书：考古学［M］. 北京：中国大百科全书出版社，1986.

［57］刘纬毅. 汉唐方志辑佚［M］. 北京：北京图书馆出版社，1997.

［58］杨宽. 西周史［M］. 上海：上海人民出版社，1999.

［59］梁廷枏，等. 南越五主传及其它七种［M］. 杨伟群，校点. 广州：广东人民出版社，1982.

［60］杨宝霖. 自力斋文史农史论文选集［M］. 广州：广东高等教育出版社，1993.

［61］杨琮. 闽越国文化［M］. 福州：福建人民出版社，1998.

［62］沈光耀. 中国古代对外贸易史［M］. 广州：广东人民出版社，1985.

［63］L. 布尔努瓦. 丝绸之路［M］. 耿昇，译. 乌鲁木齐：新疆人民出版社，1982.

［64］戈岱司. 希腊拉丁作家远东古文献辑录［M］. 耿昇，译. 北京：中华书局，1987.

［65］藤田丰八. 中国古代南海交通丛考［M］. 何健民，译. 北京：商务印书馆，1936.

［66］罗伯特·路威. 文明与野蛮［M］. 吕叔湘，译. 北京：生活·读书·新知三联书店，1984.

［67］爱德华·谢弗. 唐代的外来文明［M］. 吴玉贵，译. 北京：中国社会科学出版社，1995.

［68］夏德. 大秦国全录［M］. 朱杰勤，译. 北京：商务印书馆，1964.

［69］Miller J. I. The Spice Trade of the Roman Empire：29B. C. to A. D. 641［M］. Oxford：Clarendon Press，1969.

［70］Yü Y. Trade and Expansion in Han China：A Study in the Structure of Sino-Barbarian Economic Relations［M］. Berkeley & Los Angeles：University of California Press，1967.

附 录

附录一

南越国史研究论著、论文资料索引

王川、唐浩中、吴凌云、李郁　编

说　　明

（一）本索引共收录研究南越国史的有关论著、论文 975 部（篇），以发表时间的先后顺序排列。

（二）本索引分为三大子目：

1. 1949 年前中国的研究论著、论文。

2. 1949 年后中国（含港、澳、台）的研究论著、论文。

3. 国外研究者的有关论著、论文。

（三）编本索引时参考了以下各书：

1.《百越民族史论集》，中国社会科学出版社 1982 年版。

2.《古南越国史》，广西人民出版社 1988 年版。

3.《广西少数民族文献目录》，广西人民出版社 1989 年版。

4.《全国报刊索引》，上海图书馆。

5.《南越国史》，广东人民出版社 1995 年版。

6.《岭南文物考古集》，广东省地图出版社 1998 年版。

7.《广东文物》（千年特刊），2000 年 8 月。

8.《广州文物考古集》，文物出版社 1998 年版。

9.《广州文物考古集　广州考古五十年文选》，广州出版社 2003 年版。

10.《华南考古 1》，文物出版社 2004 年版。

11.《南越国史迹研讨会论文集》，文物出版社 2005 年版。

（四）散见于古代文献、地方史志的有关南越国史的部分，一般不录入；题目似不相关，但对研究南越国史有重要关系的论文则酌情录入。

（五）本索引具体划分如下（括号内为篇、部数）：

1. 1949 年前中国（含港、澳、台）的研究论著、论文。

（1）论著（28）。

（2）论文（39）。

2. 1949 年后中国（含港、澳、台）的研究论著、论文。

（1）论著（49）。

（2）论文：（一）概论（146）；（二）秦平岭南（39）；（三）灵渠（35）；（四）南越国的建立及其疆域、都城（45）；（五）南越国的内政与外交（41）；（六）南越国的经济与文化（211）；（七）南越国的历史地位（7）；（八）有关历史人物（91）；（九）关于南越国史的考古材料（135）。

3．国外研究者的有关论著、论文。

（1）越南（60）。

（2）日本（35）。

（3）其他国家（18）。

本索引所录论著、论文等资料分为两部分，其中王川、唐浩中同志收录的部分未用★号，吴凌云、李郁同志收录的部分用★号标识。

第一节　1949 年前中国的研究论著、论文

一、论著

★1.〔汉〕刘安：《淮南子》，刘文典《淮南鸿烈集解》，中华书局 1989 年版。

2.〔汉〕司马迁：《史记·南越列传》《史记·陆贾列传》《史记·淮南衡山列传》。

3.〔汉〕班固：《汉书》卷四十四、四十七、五十九。

4.〔汉〕陆贾：《南越行记》，一卷，仅有部分残存，见《崇文总目》。

5.〔汉〕佚名：《三辅黄图》，一卷，陈直校订本，陕西人民出版社 1980 年版；何清谷校注本，三秦出版社 2006 年版。

6.〔汉〕杨孚：《异物志》，五卷，《南越五主传及其它七种》，广东人民出版社 1982 年版。

★7.〔汉〕荀悦：《两汉纪》卷三、卷四、卷六、卷十四，张烈点校本，中华书局 2002 年版。

8.〔汉〕袁康：《越绝书》，张宗祥校注本，上海古籍出版社 1985 年版。

9.〔汉〕赵晔：《吴越春秋》，苗麓点校本，江苏古籍出版社 1986 年版。

10.〔晋〕稽含：《南方草木状》，杨竞生考补本，云南民族出版社 1992 年版。

11.〔晋〕顾微：《广州记》，一卷，广东人民出版社 1982 年版。

12.〔刘宋〕王韶之：《始兴记》，一卷，广东人民出版社 1982 年版。

13.〔刘宋〕沈怀远：《南越志》，一卷，严可均辑本。

14.〔唐〕郑熊：《番禺杂记》，一卷，广东人民出版社 1982 年版。

15.〔宋〕陆承韫：《南越记》，一卷，《通志·艺文志》著录。

16.〔宋〕朱彧：《萍洲可谈》，一卷，广东人民出版社 1982 年版。

17.〔宋〕范成大：《桂海虞衡志》，一卷，台湾商务印书馆影印文渊阁四库全书之 589 册。

18. 〔明〕欧大任：《百越先贤志》，四卷，丛书集成初编本。

19. 〔清〕屈大均：《广东新语》，二十八卷，中华书局1985年版。

20. 〔清〕仇巨川：《羊城古钞》，新点校本，广东人民出版社1993年版。

21. 〔清〕梁廷枏：《南越五主传》，五卷，广东人民出版社1982年版。

22. 〔清〕吴应逵：《岭南荔支谱》，六卷，广东人民出版社1982年版。

23. 〔清〕李调元：《南越笔记》，丛书集成初编本。

24. 〔清〕周广、陈业崇：《广东考古辑要》，四十卷，光绪十九年刻本。

25. 〔清〕钱以垲：《岭海见闻》，程明点校本，广东高等教育出版社1992年版。

26. 吴越史地研究会：《吴越文化论丛》，1937年版。

27. 徐松石：《粤江流域人民史》，初版为1941年，《徐松石民族学研究著作五种》亦有收录，广东人民出版社1993年版。

28. 徐松石：《傣族僮族粤族考》，初版为1946年，《徐松石民族学研究著作五种》亦有收录，广东人民出版社1993年版。

二、 论文

1. 邹安：《南越文王冢黄肠木刻字及明器》，"广仓学宭丛书"临时增刊本，1918年。

2. 梁启超：《中国历史上之民族研究》，林志均《饮冰室合集》第11集。

3. 梁启超：《中华民族之成分》，《东北文化日报》1923年第2卷第9、10期；《史地丛刊》1923年第2卷第2、3期。

4. 龙灜：《中国与安南》，《燕大月刊》1927年第1卷第2、3期；1928年第2卷第1、2期。

5. 朱希祖：《中国古代铁制兵器先行于南方考》，《清华学报》1928年第5卷第1期。

6. 佛驮耶舍：《汉唐间西域及海南诸国地理书辑佚》，《史学杂志》1929年第1卷第1期。

7. 罗香林：《广东民族概论》，《民俗》1929年第63期。

8. 向达：《汉唐间西域及海南诸国古地理书叙录》，《北平图书馆馆刊》1930年第4卷第6期。

9. 佚名：《南越汉冢砖》，《艺林月刊》1931年第19期。

10. 卫聚贤：《中国初次征服安南考序》，《新亚细亚》1933年第6卷第1期。

11. 张宗芳：《越南臣服中国考》，《河北第一博物馆半月刊》1933年第9-28期。

12. 钟独佛：《粤省民族考》，《国立中山大学文史研究所月刊》1933年第1卷第2期。

13. 王辑生：《越南史述辑》，北平，1933年。

14. 郎擎霄：《中国南方民族源流考》，《东方杂志》1933年第30卷第1期。

15. 罗香林：《古代越族考》上篇，《国立中山大学文史研究所月刊》1933 年第 1 卷第 2 期。

16. 罗香林：《古代越族考》上篇（续），《国立中山大学文史研究所月刊》1933 年第 1 卷第 3 期。

17. 梁园东：《汉代中国民族之南迁》，《大夏年刊》1933 年第 6 期。

18. 闻宥：《评冯承钧译西域南海史地考证译丛及续编》，《禹南》1934 年第 1 卷第 10 期。

19. 郎擎霄：《中国历史上民族考》，《建国月刊》1934 年第 4 卷第 46 期。

20. 梁园东：《古交趾考》，《新亚细亚月刊》1934 年第 7 卷第 1 期。

21. 吕思勉：《〈秦代初平南越考〉之商榷》，《国学论衡》1934 年第 4 卷上。

22. 潘蔚：《汉初诸国越族考》，《文史汇刊》1935 年第 1 卷第 1 期。

23. 陆思源：《安南文化考原》，《金大文学季刊》1935 年第 2 卷第 1 期。

24. 潘蔚：《汉南海王织考》，《文史汇刊》1935 年第 1 卷第 2 期。

25. 童振藻：《越南民族之考察》，《民族》1935 年第 3 卷第 7 期。

26. 岑仲勉：《评〈秦代初平南越考〉》（书评），《史学专刊》1936 年第 1 卷第 3 期。

27. 朱希三：《广东民族源流考》，《粤风》1936 年第 3 卷第 1、2 期。

28. 谭其骧：《粤东初民考》，《禹贡》1937 年第 7 卷第 1、2 期。

29. 史念海：《秦县考》，《禹贡》1937 年第 7 卷第 6、7 期。

30. 卫聚贤：《中国文化起源于东南发达于西北的探讨》，《东方杂志》1937 年第 34 卷第 7 期。

31. 潘蔚：《汉南海王织考》，《东方杂志》1937 年第 34 卷第 10 期。

32. 吕思勉：《越之姓》，《江苏研究》1937 年第 3 卷第 5、6 期。

33. 罗香林：《古代越族方言考》，中国文化协进会《广东文物》，香港 1940 年版，1990 年上海书店影印再版。

34. 马小进：《西汉黄肠木刻考》，中国文化协进会《广东文物》，香港 1940 年版，1990 年上海书店影印再版。

35. 吕克由：《秦代移民论》，《齐鲁学刊》1941 年第 2 期。

36. 陈恭禄：《论秦疆域》，《斯文》1941 年第 1 卷第 9 期。

37. 史念海：《秦汉时代国内之交通路线》，《文史杂志》1944 年第 3 卷第 1、2 期。

38. 徐德麟：《秦代之国防建置及疆土之开拓》，《文化先锋》1946 年第 6 卷第 8 期。

39. 韩振华：《越南半岛古史钩沉》，《福建文化》1948 年第 3 卷第 3、4 期。

第二节 1949 年后中国（含港、澳、台）的研究论著、论文

一、 论著

1. 广州市文物管理委员会：《广州出土的汉代陶屋》，文物出版社 1958 年版。
2. 徐素：《南越武王越佗》，香港中华书局 1959 年版。
★3. 陈直：《汉书新证》《史记新证》，天津人民出版社 1959 年版。
4. 罗香林：《百越源流与文化》，台北"中华丛书编审委员会"，1978 年版。
5. 唐兆民：《灵渠文献粹编》，中华书局 1982 年版。
6. 广州市文物管理委员会、广州市博物馆：《广州汉墓》，文物出版社 1982 年版。
★7. 吕思勉：《吕思勉读史札记》，上海古籍出版社 1982 年版。
8. 蒙文通：《越史丛考》，人民出版社 1983 年版。
9. 余天炽、覃圣敏、蓝日勇等：《古南越国史》，广西人民出版社 1988 年版。
10. 广西壮族自治区博物馆：《广西贵县罗泊湾汉墓》，文物出版社 1988 年版。
★11. 陈国强、蒋炳钊：《百越民族史》，中国社会科学出版社 1988 年版。
★12. 蒋炳钊等：《百越民族文化》，学林出版社 1988 年版。
13. 吕烈丹：《南越王墓与南越王国》，广州文化出版社 1990 年版。
14. 林业强：《南越王墓玉器》，香港两木出版社 1991 年版。
15. 广州市文物管理委员会、中国社会科学院考古研究所、广东省博物馆：《西汉南越王墓》（上、下），文物出版社 1991 年版。
★16. 肖亢达：《汉代乐舞与百戏艺术研究》，文物出版社 1991 年版。
★17. 广州市文化局、广州市文物博物馆学会：《羊城文物博物研究》，广东人民出版社 1993 年版。
★18. 广州博物馆、香港中文大学文物馆：《穗港汉墓出土文物》，香港中文大学文物馆 1983 年。
★19. 张荣芳、黄淼章：《南越国史》，广东人民出版社 1995 年版。
★20. 张荣芳：《秦汉史论集》，中山大学出版社 1995 年版。
★21. 刘振东、谭青枝：《客死他乡的国王——南越王陵揭秘》，四川教育出版社 1996 年版。
★22. 巴东：《西汉南越王墓文物特展图录》，台湾"国立"历史博物馆 1996 年。
★23. 杨万秀：《广州简史》，广东人民出版社 1996 年版。

★24. 丘权政：《佗城开基客安家——龙川建县 2212 年纪念学术讨论会论文集》，中国华侨出版社 1997 年版。

★25. 刘纬毅：《汉唐方志辑佚》，北京图书馆出版社 1997 年版。

★26. 中国秦汉史研究会：《秦汉史论丛》第 7 辑，中国社会科学出版社 1998 年版。

★27. 陈乃良：《封中史话廿七》，广东省地图出版社 1998 年版。

★28. 广州市文化局：《广州秦汉考古三大发现》，广州出版社 1999 年版。

★29. 台北故宫博物院：《汉代文物大展》，艺术家出版社 1999 年版。

★30. 广州博物馆：《镇海楼论稿》，岭南美术出版社 1999 年版。

★31. 胡守为：《岭南古史》，广东人民出版社 1999 年版。

★32. 广州市文化局：《广州文物志》，广州出版社 2000 年版。

★33. 岳南：《岭南震撼——南越王墓发现之谜》，浙江人民出版社 2001 年版。

★34. 广州市文化局：《广州文物保护工作五年》，广州出版社 2001 年版。

★35. 徐恒彬：《华南考古论集》，科学出版社 2001 年版。

★36. 麦英豪、王文建：《岭南之光——南越王墓考古大发现》，浙江文艺出版社 2002 年版。

★37. 李林娜：《南越藏珍》，中华书局 2002 年版。

★38. 黄留珠：《秦汉历史文化论稿》，三秦出版社 2003 年版。

★39. 黄淼章：《南越国》，广东人民出版社 2004 年版。

★40. 林雅杰、陈伟武：《南越陶文录》，天津人民美术出版社 2004 年版。

★41. 麦英豪、黄淼章、谭庆芝：《广州南越王墓》，生活·读书·新知三联书店 2005 年版。

★42. 中国秦汉史研究会、中山大学历史系、西汉南越王博物馆：《南越国史迹研讨会论文集》，文物出版社 2005 年版。

★43. 吴凌云：《考古发现的南越玺印与陶文》，澳门民政总署文化康乐部出版社 2005 年版。

★44. 张荣芳：《秦汉史与岭南文化论稿》，中华书局 2005 年版。

★45. 胡守为：《南越开拓先驱——赵佗》，广东人民出版社 2005 年版。

★46. 李龙章：《岭南地区出土青铜器研究》，文物出版社 2006 年版。

★47. 古方：《白云生处的帝乡——图说南越王墓》，重庆出版社 2006 年版。

★48. 西汉南越王博物馆：《西汉南越王博物馆珍品选录》，文物出版社 2007 年版。

★49. 岳南：《考古中国——南越王墓神秘现世记》，海南出版社 2007 年版。

二、 论文

(一) 概论

1. 凌纯声：《南洋土著与中国古代百越民族》，台北《学术季刊》第 2 卷第 3 期，1954 年。

2. 施之勉：《南海八郡说》，台北《大陆杂志》1953 年第 6 卷第 1 期。

3. 饶宗颐：《华南史前遗存与殷墟文化》，台北《大陆杂志》1954 年第 8 卷第 3 期。

4. 吕士明：《安阳王王越与古代蜀越之关系》，台北《"中央"日报》，1957 年 10 月 13 日。

5. 林惠祥：《南洋民族与华南古民族的关系》，《厦门大学学报》1958 年第 1 期。

6. 关绿茵：《广东民族的构成及其性质》，《文史荟刊》1959 年第 1 辑。

7. 石钟健：《试证越和骆越出自同源》，《广西历史学会成立大会论文集》，1963 年。

8. 叶国庆、辛土成：《西汉闽越的居住地和社会结构初探》，《厦门大学学报》1963 年 4 期。

9. 上海交大"造船史话"组：《秦汉时期的船舶》，《文物》1977 年第 4 期。

10. 张勋燎：《广西贵县罗泊湾汉墓的"春塘"葬具和人殉问题》，《四川大学学报》1977 年第 4 期。

11. 梁钊韬：《西瓯族源初探》，《学术研究》1978 年第 1 期。

12. 陈智超：《关于中越关系史研究的若干问题》，《中国史研究动态》1979 年第 1 期。

13. 郁越祖：《论秦汉时期东越和南越的水路交通》，《史翼》第 1 卷第 2 期，1980 年。

14. 容观琼：《释"岛夷卉服，厥篚织具"——兼谈南方少数民族对我国古代纺织业的贡献》，《中央民族学院学报》1979 年第 3 期。

15. 蒋廷瑜：《从银山岭战国墓看西瓯》，《考古》1980 年第 2 期。

16. 叶国庆、辛土成：《居住我国大陆和台湾的古越族》，《厦门大学学报》1980 年 4 期。

17. 董其祥：《古代的巴与越》（上），《重庆师院学报》1980 年第 4 期。

18. 周振鹤：《古越族地名初探——兼与周先春同志商榷》，《复旦大学学报》1980 年第 4 期。

19. 陈国强：《我国东南古代越族的来源和迁移》，《民族研究》1980 年第 6 期。

20. 董其祥：《古代的巴与越》（下），《重庆师院学报》1981 年第 1 期。

21. 张荣芳：《略论汉初"南越国"》，《秦汉史论丛》第 1 辑，陕西人民出版社 1981 年版。

22. 张一民：《西瓯骆越考》，《广西民族研究参考资料》1981 年第 1 辑。

23. 吴绵吉：《古越族来源的考古考察》，《厦门大学学报》1981 年增刊。

24. 吕荣芳：《楚灭越年代考》，《厦门大学学报》1981 年增刊。

25. 周宗贤：《试论南越王国》，《贵州民族研究》1981 年第 1 期。

26. 卢兆荫：《试论两汉的玉衣》，《考古》1981 年第 1 期。

27. 蒋炳钊：《"越为禹后说"——兼论越族的来源》，《民族研究》1981 年第 3 期。

28. 嵇文公：《吕嘉之乱》，《桂林日报》1981 年 4 月 28 日。

29. 庄为玑：《建国以来对百越族的历史研究——关于东越与南越和西越的族源问题》，《百越民族史论集》，1982 年版。

★30. 罗庶长：《从西汉与南越的关系看历史上处理民族问题的得失》，《广西民族学院院报》1982 年 4 期。

31. 徐恒彬：《南越族先秦史初探》，《百越民族史论集》，1982 年版。

32. 韩振华：《秦汉西瓯骆越和骆越之研究》，《百越民族史论集》，1982 年版。

33. 陆明天：《秦汉前后岭南百越主要支系的分布及其族称》，《广西地方民族史研究集刊》1982 年第 1 辑。

34. 韦庆稳：《试论百越民族的语言》，《百越民族史论集》1982 年版。

35. 余天炽：《〈史记·南越尉佗列传〉笺证》，《华南师范学院学报》1982 年第 1 期。

36. 李江浙：《先秦中原与南越》，《中国地方史志》1982 年第 2 期。

37. 徐恒彬：《"断发文身"考》，《民族研究》1982 年第 4 期。

38. 周宗贤：《试论秦瓯战争》，《学术论坛》1982 年第 4 期。

39. 石钟健：《论西瓯的族源和几个有关问题》，《百越史研究》，1983 年版。

40. 杨立冰：《评越南史学界对越南古代史的"研究"》，《学术论坛》1983 年第 2 期。

41. 吕名中：《秦汉通南越要道考略》，《中南民族学院学报》1983 年第 2 期。

★42. 于城：《古百越族的变迁》，《岭南文史》1983 年第 1 期。

43. 李延凌：《"瓯雒国"辨》，《印支研究》1983 年第 3 期。

44. 吕名中：《秦瓯战争的始年问题》，《学术论坛》1983 年第 5 期。

45. 杨德春：《黎族的先民为南越浅说》，《吉首大学学报》1984 年第 1 期。

46. 路丹：《南越国兴亡》，《广东文博》1984 年第 1 期。

47. 周宗贤：《试论秦汉时期岭南越族与汉族的关系》，《中央民族学院学报》1984 年第 2 期。

48. 梁肇池：《试论秦汉之际岭南经济文化与中原的关系》，《玉林师专学报》1984 年第 3 期。

49. 邢丙彦：《秦汉时期北方与岭南交通的发展变化》，《上海师范学院学报》1984 年第 3 期。

50. 黄展岳：《从南越王墓看南越王国》，《文史知识》1984 年第 4 期。

51. 吕名中：《汉族南迁与岭南百越地区的早期开发》，《中国史研究》1984 年第 4 期。

52. 蒋廷瑜：《高山之国——句町》，《三月三》1984 年第 4 期。

53. 周宗贤：《岭南越族源流浅析》，《三月三》1984 年第 5 期。

54. 韩振华：《秦汉西瓯骆越和骆越之研究》，《百越民族史论丛》，广西人民出版社 1985 年版。

★55. 朱杰勤：《古代的广东》（上），《广州研究》1985 年第 2 期。

56. 张荣芳：《南越王墓解开了千古之谜》（一），《历史大观园》1985 年第 1 期。

57. 张荣芳：《南越王墓解开了千古之谜》（二），《历史大观园》1985 年第 2 期。

58. 耕沙：《秦城——岭南最早的城堡》，《广西日报》1985 年 1 月 7 日。

59. 蒋廷瑜：《先秦越人的青铜钺》，《广西民族研究》1985 年第 1 期。

60. 潘雄：《"百越"仅指五岭以南古代土著考》，《贵州文史丛刊》1985 年第 2 期。

61. 李学勤：《关于楚灭越的年代》，《江汉论坛》1985 年第 7 期。

★62. 蔡永华：《略论西汉的随葬制度》，《考古与文物》1985 年第 2 期。

63. 张一民、何英德：《从出土文物探骆越源流及其分布》，《中南民族学院学报》1986 年增刊。

64. 邱钟仑：《骆越与铜鼓》，《中国铜鼓学会第二次学术讨论会文集》，1986 年版。

65. 张修桂：《马王堆驻军图主要范围辨析与论证》，《历史地理研究》1986 年第 1 辑。

66. 蒋炳钊：《闽越史几个问题的探讨》，《中南民族学院学报》1986 年第 1 期。

67. 张雄：《汉初越人北徙及其江淮、河北苗裔考》，《中南民族学院学报》1986 年第 1 期。

68. 李安民：《汉初"南越国"社会性质试探》，《广西民族学院学报》1986 年第 3 期。

69. 辛土成：《汉越民族关系史上一件大事——吕嘉事件剖析》，《广西民族学院学报》1986 年第 3 期。

70. 蒋炳钊：《百越族属中的几个问题的探讨——兼论南越及其来源》，《百越史研究》，1987 年版。

71. 王振庸：《百越考辨》，《百越史研究》，1987 年版。

72. 朱俊明：《西瓯骆古今议》，《百越史研究》，1987 年版。

73. 傅举有：《内越、外越考》，《百越史研究》，1987 年版。

74. 邹君孟：《南越国史论证两则》，《华南师范大学学报》1987 年第 1 期。

75. 韦东超：《关于南越国的几个问题》，《中南民族学院学报》1987 年第 1 期。

76. 甘叔：《岭南文化的宝库》，《岭南文史》1987 年第 2 期。

77. 李如森：《战国秦汉漆器综述》，《史学集刊》1987 年第 4 期。

78. 徐仁瑶：《"蛮""越"关系浅谈》，《吉首大学学报》1987 年第 4 期。

79. 林蔚文：《古代东南越地水陆交通的开拓》，《广西民族研究》1988 年第 1 期。

80. 路百占：《陈涉戍边是走向南越——兼说陈涉的籍贯》，《许昌师专学报》1988 年第 2 期。

81. 罗庆康：《西汉詹事考略》，《安徽史学》1988 年第 3 期。

82. 马头发掘组：《武鸣马头墓葬与古代骆越》，《文物》1988 年第 12 期。

83. 李东华：《秦汉变局中的南越国——岭南地区对外发展史研究之一》，《中国海洋发展史论集》，系台湾"中央研究院"中山人文社会科学研究所丛刊第 24 辑，1988 年第 12 期。

84. 苏建灵：《秦汉时期岭南的郡县——兼论岭南土司制度的渊源》，《广西民族研究》1989 年第 2 期。

85. 吕士朋：《中国文化与越南文化》，联合报文化基金会国学文献馆《第二届中国域外汉籍国际学术会议论文集》，联经出版事业公司，1989 年 2 月。

★86. 黄展岳、麦英豪：《从南越墓看南越国》，《庆祝苏秉琦考古五十五年论文集》1989 年 3 月。

★87. 梁庭望：《西瓯骆越关系考略》，《广西民族研究》1989 年第 4 期。

★88. 麦英豪：《古广州的若干史实问题》（上），《羊城今古》1989 年第 6 期。

★89. 麦英豪：《古广州的若干史实问题》（下），《羊城今古》1990 年第 1 期。

★90. 梶山胜：《春秋战国时代的广东省》，《广州文博》1989 年第 4 期。

91. 黄汝训：《秦汉时期骆越社会经济概况试述》，《贵州师范大学学报》1990 年第 3 期。

92. 叶文宪：《试论古越族》，《民族研究》1990 年第 4 期。

93. 朱俊明：《中越两国古代文化和民族的主体关系》，《百越民族研究》，江西教育出版社 1990 年版。

94. 吴国富：《试论南越国在岭南地区早期开发中的贡献》，《百越民族研究》，江西教育出版社 1990 年版。

95. 杨琮：《西汉"越骑"考辨》，《中国史研究动态》1991 年第 2 期。

96. 宋蜀华：《试论古代云贵高原的濮、僚族及其和百越的关系》，《中央民族学院学报》1991 年第 5 期。

★97. 陈代光：《秦汉时代岭南地区城镇历史地理研究》，《暨南学报》1991 年第 3 期。

★98. 莫伯治、何镜堂等：《西汉南越王墓博物馆规划设计》，《广州文博》1991 年第 3 期。

★99. 林齐华：《西汉南越王墓博物馆建筑正面的艺术效果》，《广州文博》1991 年第 3 期。

100. 司徒尚纪：《广东地名的历史地理研究》，《中国历史地理论丛》1992 年第 1 辑。

101. 李秀国：《瓯骆关系新论》，《中山大学学报》1992 年第 1 期。

102. 冼光位：《南越国记述探讨》，《广西地方志》1992 年第 5 期。

103. 王文光：《秦汉时期百越民族群体的分化与融合述论》，《云南教育学院学报》1993 年第 6 期。

★104. 王明亮：《西瓯骆越三题》，《岭南文史》1993 年第 3 期。

★105. 蒋廷瑜：《南越王国人殉试探》，《广西民族研究》1994 年第 1 期。

★106. 杨东晨：《论先秦至秦汉时期岭南的民族及其经济》，《深圳大学学报》（人文社会科学版）1994 年第 4 期。

★107. 王川：《南越国史研究概述》，《中国史研究动态》1995 年 11 月。

★108. 陈泽泓：《岭南早期历史试探》，《广东史志》1996 年第 1 期。

★109. 梁允麟：《岭南古史商榷》，《广东史志》1996 年第 2 期。

★110. 梁雁庵：《汉代交州州治沿革》，《广东史志》1996 年第 2 期。

★111. 李庆新：《南越丰碑　大块文章——〈南越国史〉》读后，《广东社会科学》1997 年第 3 期。

★112. 刘汉东：《评〈南越国史〉》，《历史研究》1997 年第 4 期。

★113. 曹国庆：《论台岭在客家先民首批南迁中的地位与作用》，《佗城开基客安家》，中国华侨出版社 1997 年版。

★114. 赖雨桐：《客家先民南迁始于秦与赵佗建龙川县》，《佗城开基客安家》，中国华侨出版社 1997 年版。

★115. 何福添：《龙川先民源流初探》，《佗城开基客安家》，中国华侨出版社1997年版。

★116. 高凯：《从性比例失调看南越国的建立与巩固》，《佗城开基客安家》，中国华侨出版社1997年版。

★117. 宋超：《"癣疥之疾"与"心腹之患"——南越匈奴与秦汉王朝关系比较研究》，《佗城开基客安家》，中国华侨出版社1997年版。

★118. 杨式挺：《试从考古发现探索百越文化源流的若干问题》，《文物考古论集》，广东省地图出版社1998年版。

★119. 麦英豪、林齐华、王文建：《岭南文化之光——南越王墓与南越王墓博物馆》，台北《历史文物》1998年7月。

★120. 黄留珠：《秦汉对粤战争与岭南开发》，《秦汉史论丛》第7辑，中国社会科学出版社1998年版。

★121. 彭年：《南越国新论》，《秦汉史论丛》第7辑，中国社会科学出版社1998年版。

★122. 彭曦：《从长安看南越》，《秦汉史论丛》第7辑，中国社会科学出版社1998年版。

★123. 区家发：《秦汉时的香港》，《秦汉史论丛》第7辑，中国社会科学出版社1998年版。

★124. 骆伟：《〈南越志〉辑录》，《广东史志》2000年第3期。

★125. 王文建：《二千年前的南越王陵揭秘》，《中华文化画报》2000年4月。

★126. 李林娜：《南越王墓综述》，台北《历史月刊》2000年第141期。

★127. 越宫文：《20世纪世界建筑精品——西汉南越王墓博物馆馆舍解说》，《广东文物》（千年特刊）2000年8月。

★128. 魏华：《〈水经注〉记述的古代岭南》，《广州文博》2001年第1期。

★129. 卢本珊：《从出土文物看番禺古代早期的开发》，《广州文博》2001年第3期。

★130. 张荣芳：《西汉蜀枸酱入番禺路线初探》，《秦汉史论丛》第8辑，云南大学出版社2001年版。

★131. 张强禄：《秦汉时期岭南地城发展格局的演变》，《广州文博》2002年第1期。

★132. 沈荣嵩：《汉代古港徐闻兴衰的历史原因》，《岭南文史》2002年第4期。

★133. 唐贞全：《南越王墓十大最》，《文物天地》2003年5月。

★134. 唐贞全：《南越王墓十大谜》，《文物天地》2003年5月。

★135. 吴凌云：《秦皇·汉武·南越王——在秦汉帝国的边缘》，《文物天地》（重返南越王国——"秦皇·汉武·南越王"特展特辑）2003年5月。

★136. 张荣芳：《汉代治理南越国模式探源》，《南越国史迹研讨会论文选集》，文物出版社 2005 年版。

★137. 刘瑞：《南越国非汉之诸侯国论》，《南越国史迹研讨会论文选集》，文物出版社 2005 年版。

★138. 刘敏：《"开棺"定论——从"文帝行玺"看汉越关系》，《南越国史迹研讨会论文选集》，文物出版社 2005 年版。

★139. 田静：《关于南越国史迹申遗的分析》，《南越国史迹研讨会论文选集》，文物出版社 2005 年版。

★140. 雷依群：《南越国遗迹与申遗研究》，《南越国史迹研讨会论文选集》，文物出版社 2005 年版。

★141. 肖华：《南越国遗迹申报世界文化遗产的可行性研究》，《南越国史迹研讨会论文选集》，文物出版社 2005 年版。

★142. 陶正刚、郭红：《悠久的历史古老的文化英勇的城市广州》，《南越国史迹研讨会论文选集》，文物出版社 2005 年版。

★143. 张龙春：《秦汉时期中原移民对岭南的开发及影响》，《乌鲁木齐职业大学学报》（人文社会科学版）2005 年第 4 期。

★144. 郑君雷：《北江上游的南越国墓及秦汉岭南的族群分布》，《四川文物》2006 年第 3 期。

★145. 吴海贵：《南越与东越的诸侯王陵墓》，《华夏考古》2006 年第 4 期。

★146. 何海龙：《走出蛮荒——交通与秦汉时期的岭南越族社会浅析》，《贵州民族研究》2006 年第 4 期。

（二）秦平岭南

1. 岑仲勉：《评〈秦代初平南越考〉》，《中外史地考证》，中华书局 1962 年版。

2. 萧璠：《秦汉时期中国对南方的经营》，《史原》1973 年第 4 期。

3. 梁国光、麦英豪：《秦始皇统一岭南地区的历史作用》，《考古》1975 年第 4 期。

4. 顾维金：《秦始皇统一岭南的进步作用》，《中山大学学报》1975 年第 5 期。

5. 徐硕如：《试论秦始皇平岭南开灵渠的功过》，《学术论坛》1978 年第 1 期。

6. 余天炽：《秦通南越"新道"考》，《华南师范学院学报》1980 年第 2 期。

7. 吕思勉：《秦营岭南》（上、下），《吕思勉读书札记》上册，上海古籍出版社 1982 年版。

8. 余天炽：《秦统一南越战争始年诸说考订》，《百越民族史论丛》第 2 辑，1982 年版。

9. 何维鼎：《秦统一岭南投放了多少兵力?》，《华南师范学院学报》1982 年第 1 期。

★10. 何维鼎：《论西汉前期的形势及岭南的回归》，广东省社会科学院《学术论文选 1979—1982》（历史学·上卷）。

11. 余天炽：《"陆梁"地名试释》，《华南师范大学历史系论文集》，1983 年版。

12. 余天炽：《广东秦关考订》，《秦汉史论丛》第 2 辑，陕西人民出版社 1983 年版。

13. 郭在忠：《秦始皇经略南越人地区述议》，《民族研究》1983 年第 4 期。

14. 覃圣敏：《有关"陆梁"的几个问题》，《文史》第 24 辑，中华书局 1984 年版。

15. 田久川：《关于蒙恬伐匈奴暴师于外及秦民与越人杂处的时间问题》，《辽宁师大学报》1984 年第 6 期。

16. 何清谷：《试论秦对岭南的统一与开发》，《人文杂志》1986 年第 1 期。

17. 文锡进：《关于秦统一岭南的战争问题》，《中山大学学报》1986 年第 2 期。

18. 罗开玉：《论秦汉道制》，《民族研究》1987 年第 5 期。

19. 王昭武：《秦末岭南地区"和辑百越"政策述论》，《思想战线》1987 年第 6 期。

20. 张焯：《秦"道"臆说——兼向罗开玉先生请教》，《民族研究》1989 年第 1 期。

21. 杨盛让：《关于秦统一岭南百越的两个年代》，《广西民族学院学报》1989 年第 2 期。

22. 龚鹏九：《谈秦始皇"南取百越之地"》，《广西民族研究》1990 年第 2 期。

★23. 袁进：《先秦岭南民族迁徙史的一面镜子——"五羊神话"新解》，《广东史志》1997 年第 2 期。

★24. 梁允麟：《秦辟岭南与秦汉造船工场遗址》，《广东史志》1997 年第 2 期。

★25. 龙显昭：《论汉晋时期的岭南开发》，《秦汉史论丛》第 7 辑，中国社会科学出版社 1998 年版。

★26. 李庆新：《秦汉时期谪戍、徙迁的实施及其对岭南开发的影响》，《秦汉史论丛》第 7 辑，中国社会科学出版社 1998 年版。

★27. 李默：《秦略定南越》，《羊城今古》1999 年第 2 期。

★28. 吴凌云：《秦对岭南的三次大行动》，《羊城今古》1999 年第 3 期。

★29. 李默：《〈淮南子〉没有伪造岭南历史》，《羊城今古》1999 年第 4 期。

★30. 袁钟仁：《应客观公正研讨岭南古史——答李默〈秦略定南越〉》，《羊城今古》1999 年第 4 期。

★31. 锦鸿：《坚持学术平等，提倡百家争鸣——〈羊城今古〉"争鸣园地"近期情况述评》，《羊城今古》1999 年第 4 期。

★32. 袁钟仁：《彻头彻尾的大骗局——再论〈淮南子·人间训〉伪造岭南历史》，《羊城今古》1999 年第 6 期。

★33. 庞海清：《始兴是中原文明南进的主要中转站》，《广东省博物馆集刊1999》，广东人民出版社 1999 年版。

★34. 廖晋雄：《论始兴烽火台》，《广东省博物馆集刊 1999》，广东人民出版社1999 年版。

★35. 李默：《研讨岭南古史不能主观武断》，《羊城今古》2000 年 1 期。

★36. 秦文玉：《岭南古史考辩》，《羊城今古》2000 年第 3 期。

★37. 袁钟仁：《建立学术规范，开展学术打假——对秦军进驻岭南讨论中伪造史料等问题的澄清》，《羊城今古》2000 年第 2 期。

★38. 陈泽泓：《秦平南越问题争鸣随感》，《羊城今古》2000 年第 3 期。

★39. 徐恒彬：《泰平岭南及赵佗事迹考疑》，《华南考古论集》，科学出版社2001 年版。

（三）灵渠

1. 唐光民：《关于灵渠》，《光明日报》1954 年 6 月 10 日。

2. 黄增庆：《广西兴安县灵渠陡堤调查》，《文物参考资料》1958 年第 12 期。

3. 中共兴安县委宣传部等：《兴安运河参考资料汇集》，1960 年 8 月。

4. 陈天辉：《灵渠》，《南宁晚报》1961 年 3 月 10 日。

5. 壮民：《古代水利建设的光辉成就——灵渠》，《南宁晚报》1962 年 7 月18 日。

6. 杨丙章：《兴安灵渠的飞来石是从哪里飞来的》，《广西日报》1962 年 9 月25 日。

7. 黄立业：《灵渠探古》，《广西日报》1962 年 10 月 14 日。

8. 张世铨：《兴安灵渠修建考略》，《文物博物馆通讯》1963 年第 1 期。

9. 曾乐民：《谈〈兴安运河参考资料汇编〉的蒐集和编辑》，《文物博物馆通讯》1963 年 1 期。

10. 盛元乐、张益明、陈亚江：《灵渠》，《广西画报》1973 年第 5 期。

11. 广西教育学院《兴安灵渠》写作组：《兴安灵渠》，广西人民出版社 1974年版。

12. 钟建星：《灵渠的开凿及其在历史上的作用》，《光明日报》1974 年 2 月6 日。

13. 戴子庄：《二千年前我国开凿之灵渠航运工程》，《台湾水利》1978 年第26 卷第 4 期。

14. 林岗：《英雄伟业费疑猜——记灵渠》，《思想解放》1980 年第 2 期。

15. 吕梁：《灵渠——古代科学技术的精华》，《广西日报》1980 年 2 月 29 日。

16. 莫杰：《灵渠》，广西人民出版社 1981 年版。

17. 周红兴、唐承荣、彭源重：《广西古运河——灵渠》，《文物天地》1981 年第 4 期。

18. 嵇文公：《灵渠的故事》，《桂林日报》1981 年 4 月 21 日。

19. 官建中、王奇：《灵渠——古老的运河》，《中国风貌》中国旅游出版社 1982 年版。

20. 李肇隆：《灵渠》，《桂林日报》1982 年 4 月 21 日。

21. 李肇隆、蒋太福：《铧嘴观潮》，《桂林日报》1982 年 5 月 29 日。

22. 洵进：《一部有学术性的旅游读物——介绍〈灵渠〉》，《广西日报》1982 年 6 月 16 日。

23. 木思森：《兴安古运河——灵渠》，《历史知识》1983 年第 1 期。

24. 唐兆民：《灵渠文献粹编》，《广西日报》1983 年 5 月 9 日。

25. 黄振南：《关于北宋李师中所修灵渠陡门数问题》，《广西师范大学学报》1984 年第 1 期。

26. 周山：《古灵渠》，《南宁师范学院学报》1984 年第 3 期。

27. 于如：《唐代灵渠》，《南宁晚报》1984 年 10 月 22 日。

28. 唐廷论：《灵渠万里桥凉亭修复》，《桂林日报》1985 年 7 月 6 日。

29. 高言弘：《灵渠现状与历史真相》，《学术论坛》1986 年第 1 期。

30. 黄本和：《千古灵渠添锦绣》，《广西日报》1986 年 6 月 4 日。

31. 刘英：《灵渠风光》，广西人民出版社 1986 年版。

32. 农夫、罗雄强：《灵渠传说故事》，广西人民出版社 1986 年版。

★33. 李珍、蓝日勇：《秦汉时期桂东北地区的交通开发与城市建设》，《广西民族研究》2001 年第 4 期。

★34. 丁矛、苏杰：《中国秦汉时期的交通》，《交通与信息》2002 年第 6 期。

★35. 杨炳：《秦始皇的灵渠决策》，《决策与信息》2005 年第 1 期。

（四）南越国的建立及其疆域、都城

1. 谭其骧：《马王堆汉墓出土地图所说明的几个问题》，《文物》1975 年第 6 期。

2. 覃圣敏：《秦汉象郡位置考略》，《印支研究》1981 年第 4 期。

3. 傅举有：《有关马王堆古地图的几个问题》，《文物》1982 年第 2 期。

4. 余天炽：《秦象郡南界的辨正》，《印支研究》1982 年第 3 期。

5. 余天炽：《关于象郡的南界》，《印支研究》1982 年第 4 期。

6. 吴壮达：《"番禺之都"的历史地位》，《岭南文史》1983 年第 1 期。

7. 覃圣敏：《秦汉象郡考》，《历史地理》1983 年第 3 期。

8. 麦英豪、黎金：《汉代的番禺——广州秦汉考古举要》，《穗港汉墓出土文物》，1983 年版。

9. 周振鹤：《象郡考》，《中华文史论丛》第 3 辑，上海古籍出版社 1984 年版。

★10. 邓炳权：《南国古都广州简论》，《广州文博》1985 年第 1、2 期合刊。

★11. 袁祖亮：《吴氏长沙国封域问题的商榷》，《求索》1986 年第 1 期。

12. 周世荣：《马王堆汉墓帛书古地图城邑要塞调查记》，《文物天地》1986 年第 6 期。

★13. 曾昭璇：《汉初番禺城址考略》，《广州史志》1987 年第 6 期。

14. 徐俊鸣：《从马王堆出土的地图中试论"南越国"北界》，《岭南文史》1987 年第 2 期。

★15. 司徒彤：《番禺得名之"四说"》，《广州史志》1987 年第 4 期。

16. 麦英豪：《广州城始建年代及其它》，《中国考古学会第五次年会论文集》，文物出版社 1988 年版。

17. 黄淼章：《番禺——广州最早的都市》，《广东外事》1988 年第 2 期。

★18. 冼剑民：《汉代番禺的造船业》，《广东史志》1988 年第 1 期。

19. 黄淼章：《汉代广州——名符其实的"羊城"》，《岭南文史》1989 年第 2 期。

20. 麦英豪：《古广州的若干史实问题（下）》，《羊城今古》1990 年第 1 期。

★21. 龙庆忠：《广州南越王台遗址研究》，《羊城今古》1990 年第 6 期。

22. 魏平：《赵佗龙川故城考辨》，《广东史志》1991 年第 2 期。

23. 曾一民：《广州赵佗故城考》，《羊城今古》1991 年第 3 期。

24. 陈代光：《秦汉时代岭南地区城镇历史地理研究》，《暨南大学学报》1991 年第 3 期。

★25. 麦英豪：《名城广州与文物保护》，《广州文博》1991 年第 4 期。

★26. 冼建民：《南越国边界考》，《广东社会科学》1992 年第 3 期。

★27. 杨式挺：《广州古城始建于何时》，《羊城今古》1992 年第 6 期。

★28. 李龙章：《"楚国南界越过南岭"说商榷》，《广东社会科学》1992 年第 3 期。

★29. 袁进：《南海郡得名新解》，《广东史志》1994 年第 4 期。

★30. 李龙章：《番禺城始建年代及相关问题探讨》，《广州文博》1993—1995 集刊。

★31. 《一个"蕃"字疑团尽释价值连城》，《羊城晚报》1995 年 8 月 27 日。

★32. 张鉴林、魏平：《岭南古城龙川佗城》，《广东史志》1996 年第 3 期。

★33. 骆伟：《岭南地名辑录》，《广东史志》1997 年第 3 期。

★34. 陈泽泓：《四会始置县朝代小考》，《广东史志》1998 年第 3 期。

★35. 黄兆星、周南杰：《湟溪古关究竟在何处?》，《广东史志》1998 年第 4 期。

★36. 吴凌云：《也谈秦"一军处番禺之都"》，《羊城今古》1998 年第 4 期。

★37. 朱玲玲：《南越国的北界》，《佗城开基客安家》，中国华侨出版社 1997 年版。

★38. 谢重光：《南越国的东北边疆所届及历史影响》，《佗城开基客安家》，中国华侨出版社 1997 年版。

★39. 陈泽泓：《南海国地望考——兼证南海国存在时间》，《广东史志》1999 年第 1 期。

★40. 黎显衡：《关于赵佗城问题之探讨》，《广东文物》（千年特刊）2000 年 8 月。

★41. 吴凌云：《关于番禺》，《广州文博》2001 年第 3 期。

★42. 锦鸿：《〈山海经〉中"番禺"的史学意义及其他——古粤征微之二》，《羊城今古》2001 年第 3 期。

★43. 黄少敏：《两千多年前广州古城区有过半岛和河汉吗——与〈广州秦汉考古三大发现〉作者商榷》，《热带地理》2002 年第 2 期。

★44. 吴宏岐：《南越国都番禺城毁于战火考实》，《暨南学报》（哲学社会科学版）2006 年第 5 期。

★45. 赵善德：《论东周秦汉岭南的对外交往与商业意识》，《肇庆学院学报》2007 年第 1 期。

（五）南越国的内政与外交

1. 张效乾：《西汉时期的中越关系》，台湾《"中央"日报》1960 年 3 月 8 日。

2. 何光岳：《苍梧族的源流与南迁》，《学术论坛》1982 年第 4 期。

3. 罗庶长：《从西汉与南越的关系看历史上处理民族问题的得失》，《广西民族学院学报》1982 年第 4 期。

4. 蒋廷瑜：《一个古老的地名——苍梧》，《地名知识》1983 年第 5 期。

★5. 林齐华：《反映古代广州海上交通发达的文物、遗址和古迹》，《广州文博通讯》1983 年第 1 期。

6. 黄庆昌：《试论西汉对南越国的政策》，《广州文博通讯》1984 年第 1 期。

7. 周宗贤：《试论秦汉时期岭南越族与汉族的关系》，《中央民院学报》1984 年第 2 期。

8. 余天炽：《南越国地方政制略论》，《广州研究》1984 年第 4 期。

★9. 黄鸿光：《广州象岗大墓"赵眜"印释》，《学术研究》1984 年第 5 期。

10. 余天炽：《南越国"和辑百粤"民族政策初探》，《华南师大学报》1985 年第 2 期。

11. 余天炽：《广州南越王墓印文释》，《学术论坛》1985 年第 3 期。

12. 叶其峰：《西汉官印丛考》，《故宫博物院院刊》1986 年第 1 期。

13. 余天炽：《南越国的官制沿革初探》，《学术研究》1986 年第 3 期。

★14. 覃圣敏：《秦至南朝时期岭南民族及民族关系刍议》，《广西民族研究》1987 年第 1 期。

15. 李安民：《汉初"南越国"社会性质试探》，《广西民族学院学报》1986 年第 3 期。

★16. 李东华：《秦汉变局中的南越国——岭南地区对外发展史研究之一》，台北《中国海洋发展史论集》，1988 年 12 月。

17. 张修桂：《赵佗犯长沙的路线与龁道县置废的年代》，《历史地理》1988 年第 6 期。

18. 冼剑民：《汉代对岭南的经济政策》，《暨南大学学报》1989 年第 4 期。

★19. 黄庆昌：《古代广州的对外交通贸易》1988 年第 3 期。

20. 吴荣曾：《西汉王国官制考实》，《北京大学学报》1990 年第 3 期。

21. 王人聪：《西汉越族官印试释》，《东南文化》1991 年第 1 期。

22. 饶宗颐：《从浮滨遗物论其周遭史地与南海国的问题》，香港博物馆《岭南古越族文化论文集》，香港市政局 1993 年。

★23. 萧亢达：《从南越国"景巷令印""南越中大夫"印考释蠡测南越国的官僚政体》，《广东社会科学》1994 年第 5 期。

★24. 于兰：《秦汉时期岭南越人与外界的交往》，《暨南学报》（哲学社会科学版）1994 年第 4 期。

★25. 袁钟仁：《古代广州的对外开放述略》，《暨南学报》（哲学社会科学版）1995 年第 2 期。

★26. 萧亢达：《关于汉代官印随葬制度的探讨》，《广州文博》1996—1997 合刊。

★27. 傅举有：《南越王与长沙王》，《中国文物世界》1996 年第 88 期。

★28. 萧亢达：《汉代印绶制度与随葬官印问题》，《广州文物考古集》，文物出版社 1998 年版。

★29. 王子今：《秦汉时期"中土"与"南边"的关系及南越文化的个性》，《秦汉史论丛》第 7 辑，中国社会科学出版社 1998 年版。

★30. 葛晓舒：《80 年代以来秦汉吏治研究综述》，《中国史研究动态》1999 年第 3 期。

★31. 吴凌云：《"秦后"印戳和"苍梧"印戳——两件反映南越国内部关系的新物证》，《广东史志》1999 年第 3 期。

★32. 廖国一：《论古代南越与中原的关系》，《广西师范大学学报》（哲学社会科学版）2000 年第 4 期。

★33. 向晋艳:《汉代广州的海上交流》,《广东民俗》2000 年第 1 期。

★34. 冯雷:《南越国与海外交流》,《岭南文史》2000 年第 3 期。

★35. 吴凌云:《广州海交史上的几则新材料》,《羊城今古》2002 年第 2 期。

★36. 黄庆昌:《论西汉王朝与南越国的关系》,《南方文物》2003 年第 3 期。

★37. 王文建:《古印传奇》,《文物天地》2003 年 5 月。

★38. 周永卫:《南越王墓银盒舶来路线考》,《考古与文物》2004 年第 1 期。

★39. 冼剑民、周智武:《从纺织业看古代岭南少数民族的发展状况》,《广西社会科学》2004 年第 10 期。

★40. 陈松长:《西汉南越王墓出土"泰子"印浅论》,《南越国史迹研讨会论文选集》,文物出版社 2005 年版。

★41. 方铁:《南越国的内外关系及其政策》,《文山师范高等专科学校学报》2006 年 2 期。

(六) 南越国的经济与文化

1. 吕士明:《秦汉六朝时期越南的开发》,台湾《东海学报》1963 年 5 月。

★2. 陈直:《广州汉墓群西汉前期陶器文字汇考》,《学术研究》1964 年第 2 期。

3. 蒋廷瑜:《从考古发现看汉代广西的农业》,《广西日报》1980 年 9 月 28 日。

4. 蒋廷瑜:《广西汉代农业考古概述》,《农业考古》1981 年第 2 期。

5. 徐恒彬:《汉代广东农业生产初探》,《农业考古》1981 年第 2 期。

6. 覃彩銮:《从考古资料看西瓯的青铜冶铸业》,《广西民族研究参考资料》1982 年第 1 辑。

7. 黄淼章:《广州汉墓出土玻璃》,《北京国际玻璃学术会议论文集》,1984 年。

8. 梁肇池:《试论秦汉之际岭南经济文化与中原的关系》,《玉林师专学报》1984 年第 3 期。

★9. 越博:《广州西汉第二代南越王墓》,《广东文博》1984 年第 1 期。

★10. 黄展岳:《南越"文帝"金印小考》,《广东文博》1984 年第 1 期。

★11. 黄鸿光:《广州象岗大墓"赵眜"印释》,《学术研究》1984 年第 5 期。

★12. 黄越:《南越王墓揭秘》,《瞭望》1984 年第 6 期。

★13. 黄杰玲:《象岗南越王墓动物食品初探》,《广州文博》1985 年第 1、2 期合刊。

14. 林蔚文:《古代越人的纺织业》,《民族研究》1985 年第 2 期。

15. 林蔚文:《古代东南越人建筑业述略》,《中南民族学院学报》1985 年第 4 期。

★16. 黄淼章:《近年来广州发现的汉代铜镜——兼谈广州汉镜分期》,《广州文博》1985 年第 1、2 期合刊。

★17. 黄庆昌：《古代广东地区的珍禽异兽》，《广州文博》1985 年第 1、2 期合刊。

★18. 余勤文：《南越"文帝行玺"金印钮式小考》，《广州文博》1985 年第 3 期。

★19. 余天炽：《广州南越王墓》，《历史教学问题》1985 年第 4 期。

★20. 南博筹建文物修复室：《保护和修复南越王墓出土文物的体会》，《广州文博》1985 年第 4 期。

21. 黄淼章：《两广地区与中原出土秦汉铸币比较研究》，《广东钱币学会论文集》1986 年第 1 期。

22. 梁勉达：《论秦汉时期岭南越人和汉族的文化交流和民族融合》，《贵州民族研究》1986 年第 1 期。

23. 余天炽：《南越国时期岭南经济文化的开发》，《广州研究》1986 年第 2 期。

24. 陈剩勇：《百越民族原始宗教研究》，《广西民族研究》1989 年第 1 期。

★25. 黄淼章：《广州东山西汉木椁墓发掘记》，《广州文博》1986 年第 4 期。

★26. 张雄：《东、南"越"文化同源试证——兼论"越"文化同中原文化相互交融》，《中南民族学院学报（社会科学版）》1987 年第 1 期。

27. 李秀国：《湘赣两广东周青铜墓与扬越文化的关系》，《东南文化》1987 年第 2 期。

★28. 麦英豪：《汉代番禺的水上交通与考古发现》，《广州文博》1987 年第 4 期。

★29. 黎金：《考古随笔》（一），《广州文博》1987 年第 2 期。

★30. 黎金：《考古随笔》（二），《广州文博》1987 年第 3 期。

★31. 甘叔：《岭南汉代文化宝库——广州象岗南越王墓》，《岭南文史》1987 年第 2 期。

★32. 冼剑民：《岭南地区的封建化过程》，《学术研究》1987 年第 4 期。

★33. 冼剑民：《汉代番禺的造船业》，《广东史志》1988 年第 1 期。

★34. 冼剑民：《汉代岭南的商业萌芽》，《岭南文史》1988 年第 1 期。

★35. 罗庆康：《西汉詹事考略》，《安徽史学》1988 年第 3 期。

★36. 黎金：《考古随笔》（三），《广州文博》1988 年第 1 期。

★37. 黄淼章：《西汉南越王墓探胜》，《广东外事》1988 年第 5 期。

38. 陈伟明：《汉初南越国农业生产述评》，《广西民族研究》1989 年第 3 期。

★39. 冼剑民：《秦汉时期的岭南农业》，《中国农史》1988 年第 1 期。

★40. 陈代光：《简论南海丝绸之路》，《羊城今古》1989 年第 2 期。

★41. 袁钟仁：《"海上丝绸之路"释疑》，《羊城今古》1989 年第 6 期。

★42. 卢兆荫：《再论两汉的玉衣》，《文物》1989 年第 10 期。

★43. 黄展岳：《铜提筒考略》，《考古》1989 年第 9 期。

44. 冼剑民：《汉代对岭南的经济政策》，《暨南大学学报》1989 年第 4 期。

★45. 叶小燕：《西汉时期的黄金》，《庆祝苏秉琦考古五十五年论文集》1989 年 3 月。

★46. 冯兆娟：《南越王墓出土铁器保护浅谈》，《广州文博》1990 年第 4 期。

★47. 陈代光：《对古代"海上丝绸之路"诸问题的商榷》，《羊城今古》1990 年第 2 期。

★48. 袁钟仁：《〈古代"海上丝绸之路"释疑〉续述》，《羊城今古》1990 年第 6 期。

49. 李少明：《古代东南越人的造船业》，《中国社会经济史研究》1990 年第 2 期。

★50. 吕烈丹：《战国秦汉的绘画铜镜》，《广州文博》1990 年第 1 期。

★51. 冼剑民：《汉代岭南地区纺织业考略》，《羊城古今》1990 年第 2 期。

★52. 梁荣沛：《古广州手工业琐话》，《羊城今古》1990 年第 1 期。

★53. 杨琮：《论西汉东、南两越考古学文化的关系》，《东南文化》1990 年第 5 期。

★54. 陈梦白：《也谈西汉南海丝路起航点》，《羊城今古》1991 年第 2 期。

★55. 曾昭璇、曾宪珊：《汉代中国"海上丝绸之路"》，《广东史志》1991 年第 2 期。

★56. 曾新、曾宪珊：《汉代番禺都会主要商品浅论》，《羊城今古》1991 年第 2 期。

★57. 麦英豪：《广州西汉南越王墓及出土珍品小记》，《广州文博》1991 年第 1 期。

★58. 麦英豪、黄淼章：《神秘的南越王墓——广州象岗西汉赵眜墓发掘记》，《广州文博》1991 年第 3 期。

★59. 卢兆荫：《〈西汉南越王墓〉读后》，《考古》1992 年第 10 期。

★60. 翁齐浩：《南越族的文身史实与文化生态现象》，《羊城今古》1992 年第 1 期。

★61. 冼光位：《南越国技术探讨》，《广西地方志》1992 年第 5 期。

★62. 翁齐浩：《广州地区稻作生产源于何时何地》，《羊城今古》1992 年第 6 期。

★63. 邱立诚：《广东秦汉时期建筑遗址初探》，《东南文化》1993 年第 1 期。

★64. 黄展岳：《南越国六夫人印》，《文物天地》1993 年第 2 期。

★65. 黎金：《西汉南越王的"文帝行玺"与玉印》，《广州文博》1993—1995 集刊。

66. 黄展岳：《从出土遗物看南越王的饮食》，《文物天地》1993 年第 1 期。

★67. 翁齐浩：《南越国时期的珠江三角洲文化》，《广东史志》1993 年第 2 期。

★68. 王赛时：《古代岭南酿酒史略》，《广东史志》1993 年第 2 期。

69. 商志䂀、黎晓云：《从岭南地区出土西汉初期墓葬出土物看岭南越文化的特点》，香港博物馆《岭南古越族文化论文集》，香港市政局 1993 年。

70. 麦英豪：《西汉南越王墓随葬遗物的诸文化因素》，香港博物馆《岭南古越族文化论文集》，香港市政局 1993 年。

★71. 徐卫民：《秦汉园林特点琐议》，《秦文化论丛》第 2 辑，西北大学出版社 1993 年版。

★72. 吴凌云：《文化融汇和岭南人——从南越王墓谈起》，《广州文博》1993—1995 集刊。

★73. 李龙章：《试论两广先秦青铜文化的来源》，《南方文化》1994 年第 1 期。

★74. 李龙章：《"楚国南界越过南岭"质疑——兼谈两广青铜文化的来源》，《广东社会科学》1994 年第 3 期。

★75. 张荣芳、王川：《汉代岭南的青铜铸造业》，《秦汉史论丛》第 6 辑，江西教育出版社 1994 年版。

★76. 黄留珠：《秦文化的南播》，《秦汉史论丛》第 6 辑，江西教育出版社 1994 年版。

★77. 骆腾：《从广州秦船台遗址看秦汉时岭南船文化》，《岭南文史》1995 年第 1 期。

★78. 李龙章：《湖南两广青铜时代越墓研究》，《考古学报》1995 年第 3 期。

79. 张荣芳、王川：《述论两汉时期苍梧郡之文化》，《华学》第 1 期，中山大学出版社 1995 年版。

★80. 王晓：《略谈"南海丝绸之路"的作用和影响》，《广东省博物馆集刊》，广东人民出版社 1996 年版。

★81. 黄展岳：《南越国出土铁器的初步考察》，《考古》1996 年第 3 期。

★82. 傅举有：《考古发现的汉代玉器》，《中国文物世界》1996 年第 100、101、103、106 期。

★83. 陈泽泓：《秦汉时期的岭南建筑》，《广东史志》1996 年第 4 期。

★84. 李龙章：《广州西汉南越王墓出土青铜器研究》，《考古学报》1995 年第 3 期。

★85. 李龙章：《广州西汉南越王墓出土青铜容器研究》，《考古》1996 年第 10 期。

★86. 曾骐、邱立诚、吴雪彬：《仙桥石璋——兼论先秦中原文化对岭南的影响》，《华学》第 2 辑，中山大学出版社 1996 年版。

★87. 张荣芳：《从西汉南越王墓出土的玉器看秦汉时期岭南文化与中原文化的融合》，《华学》第 2 辑，中山大学出版社 1996 年版。

★88. 刘晓明：《象岗南越王墓出土铜镜概述》，《广州文博》1996—1997 合刊。

★89. 徐杰舜：《中国古代海洋文化特质试析》，《岭峤春秋——海洋文化论集》，广东人民出版社 1997 年版。

★90. 李天平：《浅谈中国海洋文化的涵盖与主流》，《岭峤春秋——海洋文化论集》，广东人民出版社 1997 年版。

★91. 刘美菘：《古百越族及其后裔的海洋文化》，《岭峤春秋——海洋文化论集》，广东人民出版社 1997 年版。

★92. 陈摩人：《"海上丝路"史事拾撷》，《岭峤春秋——海洋文化论集》，广东人民出版社 1997 年版。

★93. 邓聪：《海洋文化起源浅释》，《岭峤春秋——海洋文化论集》，广东人民出版社 1997 年版。

★94. 陈乃刚：《海洋文化与岭南文化随笔》，《岭峤春秋——海洋文化论集》，广东人民出版社 1997 年版。

★95. 司徒尚纪：《赵佗经略龙川与东江流域早期开发》，《佗城开基客安家》，中国华侨出版社 1997 年版。

★96. 黄展岳：《汉代诸侯王墓论述》，《考古学报》1998 年第 1 期。

★97. 钟少异：《汉式铁剑综论》，《考古学报》1998 年第 1 期。

★98. 袁钟仁：《〈岭南文化〉节选——"伟大的和平进军"》，《羊城今古》1998 年第 6 期。

★99. 全洪：《南越国铜镜论述》，《考古学报》1998 年第 3 期。

★100. 黎金、麦英豪：《谈虎》，《广东文物》1998 年第 1 期。

★101. 谭庆芝、王文建：《〈西汉南越王墓出土文物特展〉在台北展出情况汇报》，《广东文物》1998 年第 2 期。

★102. 吴凌云：《谈谈西汉南越王墓博物馆的虎文物》，《广东文物》1998 年第 2 期。

★103. 刘良佑：《广州南越王墓出土玉饰动物造型之探讨》，台北《历史文物》1998 年 5 月。

★104. 卢兆荫：《南越王墓玉器与满城汉墓玉器比较研究》，《考古与文物》1998 年第 1 期。

★105. 邱立诚：《粤闽地区汉代建筑遗址的研究》，《广东文物》1998 年第 2 期。

★106. 杨式挺：《岭南先秦青铜文化考辨》，《文物考古论集》，广东省地图出版社 1998 年版。

★107. 杨式挺：《再论岭南先秦青铜文化遗存的年代与分期——兼评〈论广东青铜时代三个基本问题〉》，《文物考古论集》，广东省地图出版社 1998 年版。

★108. 陈泽泓：《秦汉岭南建筑简论》，《秦汉史论丛》第 7 辑，中国社会科学出版社 1998 年版。

★109. 王承文：《汉晋岭南道教"丹砂灵药"考》，《秦汉史论丛》第 7 辑，中国社会科学出版社 1998 年版。

★110. 刘晓明：《南越国时期汉越文化的并存与融合》，《东南文化》1999 年第 1 期。

★111. 覃义生：《战国秦汉时期瓯骆宗教性青铜器探微》，《广西民族研究》1999 年第 1 期。

★112. 邱立诚：《广东青铜文化的土著特色》，《考古与文物》1999 年第 2 期。

★113. 李克勤：《丝绸之路：中国走向世界之路》，《广东省博物馆集刊 1999》，广东人民出版社 1999 年版。

★114. 陈佳荣：《西汉南海远航之始发点》，《广东省博物馆集刊 1999》，广东人民出版社 1999 年版。

★115. 林琳：《论秦汉时期越族船舶制造业的发展》，《贵州民族研究》1999 年第 4 期。

★116. 刘庆柱：《关于中国古代宫殿遗址考古的思考》，《考古与文物》1999 年第 6 期。

★117. 李龙章：《西汉南越王墓"越式大铁鼎"考辩》，《考古》2000 年第 1 期。

★118. 麦英豪：《广州地区的两汉文明——广州秦汉考古发现与研究》，《广东文物》（千年特刊）2000 年 8 月。

★119. 李雄坤：《五华狮雄山南越国长乐台遗址初探》，《广东文物》（千年特刊）2000 年 8 月。

★120. 陈泽泓：《秦汉番禺考古三题》，《广东史志》2000 年第 3 期。

★121. 何东红：《南越文王墓出土的玉璧及其研究》，《广州文博论丛》第 1 辑，广州出版社 2000 年版。

★122. 冯兆娟：《铁足铜鼎修复与保护问题的探索》，《广州文博论丛》第 1 辑，广州出版社 2000 年版。

★123. 黄淼章：《南越王国的丧葬习俗》，《广东文物》（千年特刊）2000 年 8 月。

★124. 陈鸿钧：《"越"为音译说》，《广州文博论丛》第 1 辑，广州出版社 2000 年版。

★125. 黎显衡：《岭南古代造船史的探讨》，《广州文博论丛》第 1 辑，广州出版社 2000 年版。

★126. 岳庆平：《汉代岭南农业发展的地域差异》，《史学月刊》2000 年第 4 期。

★127. 高凯：《秦代谪戍岭南商人对中原商业经济意识的传播》，《史学月刊》2000 年第 4 期。

★128. 陈文：《岭南地区铸造古代铜鼓略考》，《社会科学家》2000 年第 1 期。

★129. 欧燕：《古代广州饮水历史的探讨》，《广州文博》2001 年第 1 期。

★130. 赵善德：《广东先秦文化与秦汉文化的比较研究》，《岭南文史》2001 年第 2 期。

★131. 麦英豪：《保护名城　突出个性与特色——广州历史文化名城之我见》，《广州文博》2001 年第 2 期。

★132. 魏志刚：《南越王墓出土的四件文物与印刷术的发明》，《广东印刷》2001 年第 2 期。

★133. 吴凌云：《一件南越国青铜器之谜》，《炎黄纵览》2001 年第 2 期。

★134. 刘金顺：《岭南对伏波将军的崇拜风俗》，《羊城今古》2001 年第 3 期。

★135. 吴凌云：《"儋耳"与"椎髻"——从一幅拍印人头像说起》，《羊城今古》2001 年第 3 期。

★136. 吴凌云：《铜灯上所反映的远古神话》，《广州文博》2001 年第 3 期。

★137. 向晋艳：《浅谈南越时期的饮食风貌》，《广州文博》2001 年第 3 期。

★138. 钟海鸥：《百越人的依水情节——从出土材料及文献论环境对越人文化的影响》，《广州文博》2001 年第 3 期。

★139. 麦英豪、黎金：《二千年前岭南人的衣食住行——考古发现纵横谈》，《广东文物》2001 年 2 月。

★140. 锦鸿：《〈岭南摭怪〉初探——古粤征微之三》，《羊城今古》2001 年第 4 期。

★141. 黄今言：《汉朝与边境少数民族的关市贸易》，《秦汉史论丛》第 8 辑，云南大学出版社 2001 年版。

★142. 彭年：《"束发椎髻"非南越之俗——兼论"束发之俗"的起源及其他》，《秦汉史论丛》第 8 辑，云南大学出版社 2001 年版。

★143. 高凯：《从秦代商人及子孙的谪戍岭南看商业经济意识的南播与影响》，《秦汉史论丛》第 8 辑，云南大学出版社 2001 年版。

★144. 徐恒彬：《汉代广东农业初探》，《华南考古论集》，科学出版社 2001 年版。

★145. 丁蕾：《浅谈秦汉宫苑的特点》，《广州文博》2001 年第 2 期。

★146. 吴凌云：《南越国宫苑遗址出土文字辨释》，《广州文博》2001 年第 2 期。

★147. 李灶新：《广州西汉南越国宫苑园林艺术》，《广州文博》2001 年第 3 期。

★148. 曾骐：《说广州秦代造船工场遗址》，《岭南考古论文集》第 1 期，岭南美术出版社 2001 年版。

★149. 徐恒彬：《论岭南出土的"王"字形符号青铜器——兼谈苍梧及西瓯国地望问题》，《广东省文物考古研究所十周年论文集》，岭南美术出版社 2001 年版。

★150. 黎显衡：《南越国祓禊与广东曲水流觞遗迹探讨》，《广州文博》2002 年第 3 期。

★151. 王川：《汉、三国时期岭南地区园艺业发展对社会的影响》，《羊城今古》2002 年第 2 期。

★152. 远应棋：《汉代徐闻港在海上丝绸之路历史中的地位》，《岭南文史》2002 年第 4 期。

★153. 黄淼章：《广州"海上丝路"文物建筑的保护和开发》，《广州文博》2002 年第 3 期。

★154. 杨晓东：《雷州半岛与海上丝绸之路的文物》，《岭南文史》2002 年第 4 期。

★155. 黄伟宗：《应当重视"海上丝绸之路"的开发》，《岭南文史》2002 年第 4 期。

★156. 丘明章：《从海上丝绸之路的古文明到 21 世纪的新辉煌》，《岭南文史》2002 年第 4 期。

★157. 司徒尚纪、李燕：《汉徐闻港地望历史地理新探》，《岭南文史》2002 年第 4 期。

★158. 黄启臣：《徐闻是西汉南海丝绸之路的出海港》，《岭南文史》2002 年第 4 期。

★159. 陈学爱：《南海丝绸之路见证物》，《岭南文史》2002 年第 4 期。

★160. 陈立新：《海上丝路话徐闻》，《岭南文史》2002 年第 4 期。

★161. 崔勇：《徐闻二桥村汉代遗址与汉代徐闻港的关系》，《岭南文史》2002 年第 4 期。

★162. 邱立诚：《粤西"陶瓷之路"考识》，《岭南文史》2002 年第 4 期。

★163. 彭全民：《汉盐官"东官"考》，《岭南考古论文集》第 2 期，岭南美术出版社 2002 年版。

★164. 全洪：《关于汉代徐闻港的若干问题》，《岭南考古论文集》第 2 期，岭南美术出版社 2002 年版。

★165. 黄启善：《论两广地区古玻璃的来源问题》，《岭南考古论文集》第 2 期，岭南美术出版社 2002 年版。

附录

★166. 黄贵贤：《广西梧州出土的青铜器及有关问题的探讨》，《广西民族研究》2002 年第 3 期。

★167. 黎金：《西汉南越王的"文帝行玺"与玉印》，广州市文物考古研究所《广州文物考古集——广州考古五十年文选》，广州出版社 2003 年版。

★168. 冯永驱：《广州发现的汉代玻璃器》，广州市文物考古研究所《广州文物考古集——广州考古五十年文选》，广州出版社 2003 年版。

★169. 李郁：《我为玉狂》，《文物天地》2003 年 5 月。

★170. 向晋艳：《粤菜风起于南越？——南越国的饮食》，《文物天地》2003 年 5 月。

★171. 吴凌云：《多元文化汇南越》，《文物天地》2003 年 5 月。

★172. 解冰：《南越王：中西合璧求长生》，《文物天地》2003 年 5 月。

★173. 王芳：《南越王的木匠情结》，《文物天地》2003 年 5 月。

★174. 赵焕庭：《广州是华南海上丝绸之路最早的始发港》（Ⅰ），《热带地理》2003 年第 3 期。

★175. 赵焕庭：《广州是华南海上丝绸之路最早的始发港》（Ⅱ），《热带地理》2003 年第 4 期。

★176. 曾昭璇、曾新、曾宪珊：《论中国古代以广州为起点的"海上丝绸之路"的发展》，《中国历史地理论丛》2003 年第 2 期。

★177. 周智武、聂小燕：《古代岭南少数民族纺织业与岭南经济发展》，《广东财经职业学院学报》2003 年第 5 期。

★178. 古方：《从两汉诸侯王墓出土玉器看汉玉艺术风格》，《文物春秋》2004 年第 1 期。

★179. 赵善德：《论广东先秦秦汉的航运》，《华南考古 1》，文物出版社 2004 年版。

★180. 李龙章：《南越王墓出土陶器与两广战国秦汉遗存年代序列》，《华南考古 1》，文物出版社 2004 年版。

★181. 朱海仁：《岭南汉墓仿铜陶礼的考察》，《华南考古 1》，文物出版社 2004 年版。

★182. 全洪：《广州出土海上丝绸之路遗物源流初探》，《华南考古 1》，文物出版社 2004 年版。

★183. 蒋廷瑜：《先秦两汉时期岭南的青铜冶铸业》，《广西民族学院学报》（自然科学版）2004 年第 2 期。

★184. 黎雄峰：《西汉武帝征南越与汉族入琼》，《海南师范学院学报》（社会科学版）2004 年第 6 期。

★185. 区家发：《"干栏建筑基础说"商榷——妄谈广州秦造船遗址的性质》，《南越国史迹研讨会论文选集》，文物出版社 2005 年版。

★186. 崔锐、付文军：《从考古发现看南越国在岭南地区开发方面的历史地位》，《南越国史迹研讨会论文选集》，文物出版社 2005 年版。

★187. 王子今：《西汉南越的犀象——以广州南越王墓出土资料为中心》，《南越国史迹研讨会论文选集》，文物出版社 2005 年版。

★188. 后德俊：《从南越王墓出土文物看楚国科学技术对南越国的影响》，《南越国史迹研讨会论文选集》，文物出版社 2005 年版。

★189. 王学理：《南越王墓"外藏椁"设置之我见》，《南越国史迹研讨会论文选集》，文物出版社 2005 年版。

★190. 蓝日勇、蒋廷瑜：《广西汉墓的发掘与南越国史研究》，《南越国史迹研讨会论文选集》，文物出版社 2005 年版。

★191. 杨式挺：《略说南越王墓是岭南考古名符其实的重大发现》，《南越国史迹研讨会论文选集》，文物出版社 2005 年版。

★192. 高大伟、岳升阳：《南越国宫苑遗址的文化价值研究》，《南越国史迹研讨会论文选集》，文物出版社 2005 年版。

★193. 王健：《南越国百年史的精神文化寻踪》，《南越国史迹研讨会论文选集》，文物出版社 2005 年版。

★194. 夏增民：《由广州南越王墓所见文化遗存透视岭南文化变迁》，《南越国史迹研讨会论文选集》，文物出版社 2005 年版。

★195. 王芳、陈莉：《浅谈南越王赵眜"巫""术"并行的医治观念》，《南越国史迹研讨会论文选集》，文物出版社 2005 年版。

★196. 陈春会：《南越王墓出土Ⅳ型镞考》，《南越国史迹研讨会论文选集》，文物出版社 2005 年版。

★197. 白芳：《南越王墓出土玉舞俑舞姿刍议》，《南越国史迹研讨会论文选集》，文物出版社 2005 年版。

★198. 曹旅宁：《广州南越王墓出土铜提筒图像试释》，《南越国史迹研讨会论文选集》，文物出版社 2005 年版。

★199. 吴凌云：《南越文物研究三题》，《南越国史迹研讨会论文选集》，文物出版社 2005 年版。

★200. 古方：《从南越王墓出土的玉璧谈汉代的玄璧》，《南越国史迹研讨会论文选集》，文物出版社 2005 年版。

★201. 刘春华、王志友：《西汉南越王前室壁画意义试析》，《南越国史迹研讨会论文选集》，文物出版社 2005 年版。

★202. 李龙章：《句鑃浅谈》，《南越国史迹研讨会论文选集》，文物出版社 2005 年版。

★203. 梁云、赵曼妮：《南越国铁器与秦国铁器之比较》，《南越国史迹研讨会论文选集》，文物出版社 2005 年版。

附录

★204. 杨东晨：《论楚庭至南越国文化遗存的重要价值和意义》，《南越国史迹研讨会论文选集》，文物出版社 2005 年版。

★205. 李林娜：《南越王丧葬观探析》，《南越国史迹研讨会论文选集》，文物出版社 2005 年版。

★206. 闫晓青：《南海神庙——中国古代海上丝绸之路的重要遗迹》，《南方文物》2005 年第 3 期。

★207. 李庆新：《从考古发现看秦汉六朝时期的岭南与南海交通》，《史学月刊》2006 年第 10 期。

★208. 罗康宁：《粤语与岭南文化的形成》，《学术研究》2006 年第 2 期。

★209. 张涛光：《论古代岭南地区科技的特色》，《华南师范大学学报》（社会科学版）2006 年第 4 期。

★210. 李翰：《广州建城年代新考——兼与麦英豪先生商榷》，《华中建筑》2006 年第 12 期。

★211. 李郁：《西汉南越王墓出土之国宝美玉》，《艺术市场》，艺术市场出版社 2007 年版。

（七）南越国的历史地位

1. 余天炽：《南越国时期岭南经济文化的开发》，《广州研究》1986 年第 2 期。

2. 吴国富：《试论南越国在岭南地区早期开发中的贡献》，《百越民族研究》，江西教育出版社 1990 年版。

★3. 苏启明：《南越王文物的历史意义》，台北《历史文物》1998 年 5 月。

★4. 黄淼章：《南越王墓的史学价值及地位》，《广州文物考古集》，文物出版社 1998 年版。

★5. 张荣芳：《秦汉时期岭南地区社会发展的划时代意义》，《秦汉史论丛》第 7 辑，中国社会科学出版社 1998 年版。

★6. 徐恒彬：《南越王墓的发现及其重要意义》，《华南考古论集》，科学出版社 2001 年版。

★7. 彭年：《中国海洋文化的先驱——从南越国遗迹看南越文化及其历史地位》，《南越国史迹研讨会论文选集》，文物出版社 2005 年版。

（八）有关历史人物

Ⅰ. 赵佗

1. 黄沫沙：《开拓岭南的功臣赵佗》，《羊城晚报》1962 年 8 月 3 日。

2. 欧阳熙：《赵佗与南越国》，《广州师院学报》1980 年第 1 期。

3. 黄良：《汉代统一岭南功臣赵佗》，《广东画报》1980 年 5 月号。

4. 杨拯、吴永章：《论南越国赵佗的历史作用》，《中南民族学院学报》1981年第 1 期。

5. 吕思勉：《赵佗年寿》，《吕思勉读史札记》上册，上海古籍出版社 1982 年版。

6. 如煌：《赵佗·赵陵铺》，《河北日报》1982 年 1 月 9 日。

7. 李炳东：《赵佗传论》，《广西大学学报》1982 年第 1 期。

8. 尹家俊：《岭南地区的开拓者——赵佗》，《历史知识》1983 年第 5 期。

9. 张维：《试谈南越王赵佗的历史地位》，《广东文博》1984 年第 2 期。

10. 吕名中：《南越王赵佗入越及称王年代辨疑》，《中南民族学院学报》1984年第 4 期。

11. 何维鼎：《赵佗在岭南的文治武功》，《学术研究》1984 年第 6 期。

12. 黄钺：《赵佗轶闻》（上），《广州日报》1985 年 4 月 28 日。

13. 黄淼章：《赵佗与四台》，《广州日报》1986 年 2 月 14 日。

14. 黄淼章：《广州朝汉台实为乌有》，《广州研究》1986 年第 2 期。

★15. 龙庆忠：《广州南越王台遗址研究》，《羊城今古》1990 年第 6 期。

16. 正经：《论赵佗归汉及汉初的经济政治与南越王国的兴亡》，《广东社会科学》1986 年第 2 期。

17. 于城：《南越武王（帝）与南越文王（帝）》，《岭南文史》1987 年第 2 期。

18. 孙仲文：《论赵佗和南越王国》，《云南师大学报》1988 年第 2 期。

★19. 徐恒彬：《论南越王赵佗》，《广东省博物馆建馆三十周年论文集：1959—1989》，紫禁城出版社 1989 年版。

20. 黄淼章：《赵佗陵墓考》，《岭南文史》1991 年第 1 期。

21. 朱凤祥：《论赵佗经略岭南的作用》，《黄淮学刊》1992 年第 2 期。

★22. 张诚：《试论赵佗对开发岭南的贡献》，《史学月刊》1997 年第 2 期。

★23. 吴凌云：《作为政治家的赵佗——兼谈史学评论的误区》，《广东文物》1997 年第 2 期。

★24. 李吉奎：《佗城开基客安家》，《佗城开基客安家》，中国华侨出版社 1997年版。

★25. 史为乐：《龙川古城的历史价值》，《佗城开基客安家》，中国华侨出版社1997 年版。

★26. 钱林书：《历史上的龙川县及河源县》，《佗城开基客安家》，中国华侨出版社 1997 年版。

★27. 王子今：《龙川秦城的军事交通地位》，《佗城开基客安家》，中国华侨出版社 1997 年版。

★28. 杨东晨：《岭外明珠南越国——论龙川令越佗创立南越国和对岭南社会发展的贡献》，《佗城开基客安家》，中国华侨出版社 1997 年版。

★29. 黄淼章：《赵佗建都番禺对广州早期城市发展的影响》，《佗城开基客安家》，中国华侨出版社 1997 年版。

★30. 蒋炳钊：《南越·赵佗·龙川客家——龙川客家来源初探》，《佗城开基客安家》，中国华侨出版社 1997 年版。

★31. 黄留珠：《从龙川令到南粤王——岭南早期中土移民变迁史考察》，《佗城开基客安家》，中国华侨出版社 1997 年版。

★32. 赵明：《南越王赵佗的立国心态》，《佗城开基客安家》，中国华侨出版社 1997 年版。

★33. 刘敏：《赵佗的历史功绩与局限》，《佗城开基客安家》，中国华侨出版社 1997 年版。

★34. 丁毅华：《从赵佗看移民的文化特征》，《佗城开基客安家》，中国华侨出版社 1997 年版。

★35. 吴建华、刘佐泉：《岭南开拓者——赵佗》，《佗城开基客安家》，中国华侨出版社 1997 年版。

★36. 邱涛：《赵佗职掌沿革与南越的开发》，《佗城开基客安家》，中国华侨出版社 1997 年版。

★37. 刘汉东：《秦代征戍岭南与任嚣、赵佗的经营》，《佗城开基客安家》，中国华侨出版社 1997 年版。

★38. 田人隆：《龙川·赵佗·南越国·客家——"客家先民首批南迁与赵佗建龙川 2212 年学术讨论会"侧记》，《中国史研究动态》1998 年第 3 期。

★39. 覃益敬：《赵佗在南越》，《羊城今古》1998 年第 4 期。

★40. 陈乃良、梁元：《果真"早已解决"了吗？——与吴凌云先生商榷》，《羊城今古》1998 年第 6 期。

★41. 丁毅华：《赵佗的功业、为人和心态》，《秦汉史论丛》第 7 辑，中国社会科学出版社 1998 年版。

★42. 凌云：《由"老夫"想到赵佗的年寿》，《羊城今古》1999 年第 1 期。

★43. 吴凌云：《还得再议这"四十九年"》，《羊城今古》1999 年第 2 期。

★44. 梁树勋：《访越王台故址记》，《广东史志》1999 年第 3 期。

★45. 吴凌云：《作为政治家的赵佗》，《史学集刊》2000 年增刊。

★46. 吴凌云：《赵佗墓在新乡吗？——说说河南新乡"越王冢"》，《羊城今古》2001 年第 1 期。

★47. 方正、甘超强：《从西汉南越王博物馆走向历史深处　赵佗是岭南开发第一功臣　整合南越国历史文化资源时不我待》，《南方日报》2004 年 3 月 29 日。

Ⅱ. 赵佗之后的南越国王、王后

1. 于城：《南越武王（帝）及南越文王（帝）》，《岭南文史》1987 年第 2 期。

2. 麦英豪、吕烈丹：《广州象岗南越王墓墓主、葬制、人殉诸问题刍议》，《广州研究》1984 年第 4 期。

3. 黄新美：《南越文王墓葬的人殉》，《中山大学学报》1984 年第 4 期。

4. 黄鸿光：《广州象岗大墓"赵"眜印释》，《学术研究》1984 年第 5 期。

5. 余天炽：《南越文王的名字、卒年辨》，《岭南文史》1985 年第 2 期。

6. 朱纪敦：《赵胡、赵眜试推敲》，《广州研究》1986 年第 2 期。

7. 麦英豪：《广州象岗南越王墓墓主考》，《考古与文物》1986 年第 5 期。

★8. 饶宗颐：《南越王墓墓主及相关问题》，《明报月刊》1986 年第 4 期。

★9. 黄展岳：《关于广州南越王墓的墓主问题》，《明报月刊》1986 年第 10 期。

★10. 黄文宽：《南越文帝是谁》，《广州史志》1987 年第 1 期。

★11. 张建寅：《试论汉文帝南睦南越北和匈奴的政策》，《中南民族学院学报》（哲学社会科学版）1987 年第 2 期。

12. 许国彬：《南越王墓佚名夫人是谁？》，《羊城今古》1989 年第 4 期。

★13. 吕烈丹：《"右夫人"考》，《广州文博》1990 年第 3 期。

★14. 黄淼章：《谈谈五色药石与南越王赵眜之死因》，《广州文博》1996—1997 合刊。

★15. 王文建、刘晓明：《赵眜与"龙"——从西汉南越王墓出土龙纹玉器谈起》，台北《历史文物》1998 年 8 月。

★16. 吴海贵：《象岗南越王墓主新考》，《考古与文物》2000 年第 3 期。

★17. 刘瑞、冯雷：《广州象岗南越王墓的墓主》，《考古与文物》2002 年增刊。

★18. 吴孝斌：《广州西汉南越王墓墓主探讨》，《羊城今古》2002 年第 1 期。

★19. 吴凌云：《关于南越王墓墓主问题》，《羊城今古》2002 年第 4 期。

★20. 吴凌云：《再谈南越王墓墓主问题》，《羊城今古》2003 年第 2 期。

★21. 龚留柱：《南越国建德考辨》，《南越国史迹研讨会论文选集》，文物出版社 2005 年版。

★22. 吴浪平、任晓方：《南越王的长剑》，《故事大王》2007 年第 1 期。

★23. 余林：《纳入文化记忆的〈南越王〉》，《中国文化报》2007 年 6 月 7 日。

Ⅲ. 陆贾

1. 李春光：《评陆贾〈新语〉》，《辽宁大学学报》1984 年第 2 期。

2. 吕锡生：《论陆贾在汉初的功绩》，《浙江师大学报》1985 年第 3 期。

3. 赵捷：《从〈新语〉看陆贾的政治思想》，《辽宁大学学报》1985 年第 4 期。

★4. 王利器：《新语校注·前言》，中华书局 1986 年版。

5. 林炳文：《浅谈陆贾"文武并用"的治国思想》，《苏州大学学报》1986 年第 2 期。

6. 王兰锁：《试论陆贾的治国之道》，《齐鲁学刊》1986 年第 5 期。

7. 林凤江：《陆贾与汉初政治》，《史学月刊》1988 年第 5 期。

8. 林凤江：《略论陆贾》，《呼兰师专学报》1989 年第 2 期。

9. 林凤江：《陆贾思想三论》，《齐齐哈尔师院学院》1989 年第 4 期。

10. 汤其领：《汉初"无为之治"源于陆贾论》，《史学月刊》1991 年第 4 期。

★11. 吴凌云：《南越国史上的重要人物——陆贾》，《羊城今古》2000 年第 3 期。

★12. 锦鸿：《也谈西场与陆贾城及彩虹桥》，《羊城今古》2002 年第 2 期。

Ⅳ. 其他人物

1. 张敬原：《立功南越的汉将杨仆》，台湾《中国一周》1956 年第 311 期。

2. 龚鹏九：《梅鋗封十万户侯辩》，《江汉论坛》1982 年第 1 期。

3. 杨盛让：《从民族关系看南越相吕嘉的抗汉行动》，《广西民族学报》1984 年第 4 期。

4. 汪廷奎：《汉初"南海王"织的史事考评》，《广州研究》1985 年第 2 期。

5. 徐勇：《秦代开发南方的重要人物史禄》，《中学历史教学》1985 年第 6 期。

6. 罗镇邦：《任嚣墓碑简介》，《岭南文史》1990 年第 1 期。

7. 陈光谭：《吕嘉奋起抗汉》，《历史研究》1974 年第 49 期。

★8. 魏华：《略述南越国赵始》，《广州文博》2002 年第 2 期。

★9. 杨兆荣：《西汉南越相吕嘉遗族入滇及其历史影响试探》，《南越国史迹研讨会论文选集》，文物出版社 2005 年版。

（九）关于南越国史的考古材料

1. 麦英豪：《广州华侨新村西汉墓》，《考古学报》1958 年第 2 期。

2. 商承祚：《我国古代漆器与广州出土汉代漆器初探》，《学术研究》1962 年第 1 期。

3. 陈直：《广州汉墓群西汉前期陶器文字汇考》，《学术研究》1962 年第 2 期。

4. 广州市文物管理委员会：《广州淘金坑的西汉墓》，《考古学报》1974 年第 1 期。

5. 《广州发现一处秦汉造船工场遗址，为研究我国古代造船技术对外交通状况提供了重要资料》，《人民日报》1977 年 2 月 27 日。

6. 《贵县罗泊湾修建工程施工发现西汉墓葬，出土漆绘青铜器等珍贵文物一千多件》，《广西日报》1977 年 7 月 16 日。

7. 《广西发现西汉初期大型木椁墓》，《人民日报》1977 年 8 月 8 日。

8. 广州市文物管理处：《广州秦汉造船工场遗址试掘》，《文物》1977 年第 4 期。

9. 广东农林学院林学系木材学小组：《广州秦汉造船工场遗址的木材鉴定》，《考古》1977 年第 4 期。

10. 《广西贵县发掘西汉大型木椁墓，出土漆绘青铜器、木尺等大量珍贵文物》，《文物特刊》1977 年第 30 期。

11. 汪宁生：《试论中国古代铜鼓》，《考古学报》1978 年第 2 期。

12. 广西壮族自治区文物工作队：《广西平乐银山岭汉墓》，《考古学报》1978 年第 4 期。

13. 广西壮族自治区文物工作队：《广西贵县罗泊湾一号汉墓发掘简报》，《文物》1978 年第 9 期。

14. 周世荣：《"陆暴侯印"应为"陆梁侯印"》，《考古》1979 年第 4 期。

15. 蒋廷瑜：《从考古发现看汉代广西的农业》，《广西日报》1980 年 9 月 28 日。

16. 广西壮族自治区文物工作队等：《广西贺县河东高寨西汉墓》，《文物资料丛刊（4）》，文物出版社 1981 年版。

17. 高至喜：《湖南发现的几件越族风格的文物》，《文物》1980 年第 12 期。

18. 广西壮族自治区文物工作队：《广西贵县罗泊湾二号汉墓》，《考古》1982 年第 4 期。

19. 小马：《广州出土的鸠杖》，《羊城晚报》1982 年 9 月 5 日。

20. 《广州发现西汉第二代南越王墓》，《羊城晚报》1983 年 11 月 10 日。

21. 余章瑞：《我国考古发掘又一重大收获，广州发现西汉南越王墓》，《人民日报》1983 年 11 月 11 日。

22. 《广州发现西汉南越王墓，其科学价值可与满城汉墓中同靖王墓和长沙马王堆汉轪侯墓相比》，《光明日报》1983 年 11 月 11 日。

23. 潘耀华：《广州考古史上空前的重大发现，象岗汉墓发掘队负责人就南越王墓发掘答本记者问》，《广州日报》1983 年 11 月 11 日。

24. 苏桂芬：《南越王陵被发现之后》，《羊城晚报》1983 年 12 月 4 日。

25. 《广州发现西汉南越王墓》，《考古》1983 年第 12 期。

26. 吕烈丹：《南越王墓的人殉——兼论封建社会的人殉问题》，《广州文博通讯》1984 年第 1 期。

27. 广西壮族自治区文物工作队：《广西贵县风流岭三十一号西汉墓清理简报》，《文物》1984 年第 1 期。

28. 杨豪：《谈西汉南越王国和最近发现的南越王墓》，《光明日报》1984 年 3 月。

29. 广州象岗汉墓挖掘队：《西汉南越王墓发掘初步报告》，《考古》1984 年第 3 期。

30. 吕烈丹：《南越王墓和墓中出土的珍宝》，《文物天地》1984 年第 3 期。

31. 黄森章：《重大考古发现——广州南越王墓发掘记》，《中国建设》1984 年第 3 期。

32. 王广田：《试论南越王赵眜及其墓之发现》，台北《中报月刊》1984 年第 58 期。

33. 余勤文：《"文帝行玺"为何以龙为纽式》，《广州研究》1985 年第 2 期。

34. 黄淼章：《神秘的南越王陵》，《历史大观园》1985 年第 9 期。

35. 蓝日勇：《试论罗泊湾一号墓墓主身份及族属》，《广西民族研究》1986 年第 2 期。

36. 广西壮族自治区文物工作队：《广西贺县金钟一号汉墓》，《考古》1986 年第 3 期。

37. 黄展岳：《论两广出土的先秦青铜器》，《考古学报》1986 年第 4 期。

38. 蒋廷瑜：《贵县罗泊湾汉墓墓主族属的再分析》，《学术论坛》1987 年第 1 期。

39. 龙川县博物馆：《龙川县发现战国、西汉时期遗址》，《广东文博》1987 年第 1、2 期合刊本。

40. 麦英豪：《象岗南越王墓反映的诸问题》，《岭南文史》1987 年第 2 期。

41. 黄淼章：《象岗探秘——广州南越王墓发掘散记》，《岭南文史》1987 年第 2 期。

42. 林齐华、吕烈丹：《象岗南越王墓珍品选录》，《岭南文史》1987 年第 2 期。

★43. 李光军：《两广出土西汉器物铭文官名考》，《文博》1987 年第 3 期。

44. 杨豪：《南越王墓发掘述评》，《广西民族研究》1987 年第 4 期。

45. 中国社科院考古所技术室等：《广州西汉南越王墓出土铁铠甲的复原》，《考古》1987 年第 9 期。

46. 蓝日勇：《广西战国至汉初越人墓葬的发展与演变》，《广西民族研究》1988 年第 1 期。

47. 高崇文：《西汉长沙王墓和南越王墓葬制初探》，《考古》1988 年第 4 期。

48. 广西壮族自治区文物工作队：《广西武鸣马头安等秧山战国墓群发掘简报》，《文物》1988 年第 12 期。

49. 吕烈丹：《南越王墓出土的青铜印花凸版》，《考古》1989 年第 2 期。

50. 黄淼章：《广州西汉南越王墓》，台湾《历史月刊》1990 年第 31 期。

51. 罗镇邦：《任嚣墓碑简介》，《岭南文史》1990 年第 1 期。

52. 杨琮：《论西汉东、西两越考古学文化的关系》，《东南文化》1990 年第 5 期。

★53. 麦英豪、黎金：《考古发现与广州古代史》，《广州文博》1990 年第 3 期。

54. 刘彬徽：《两广先秦青铜器研究》，《东南文化》1991 年第 1 期。

55. 黄展岳：《新发现的南越国虎节》，台北《故宫文物》1991 年第 94 卷第 8 期。

56. 何琳仪：《南越王墓虎节考》，《汕头大学学报》1991 年第 3 期。

57. 广州市文物管理委员会等：《西汉南越王"丝缕玉衣"的清理与复原》，《文物》1991 年第 4 期。

58. 闻广：《中国古玉地质考古学研究：西汉南越王墓玉器》，《考古》1991 年第 11 期。

59. 广东省文物考古研究所等：《广东五华狮雄山汉代建筑遗址》，《文物》1991 年第 11 期。

60. 程存洁：《广州西汉南越王墓研究综述》，《中国史研究动态》1994 年第 7 期。

★61. 麦英豪：《发掘·保护·使用广州田野考古例举》，《东南亚考古论文集》，香港大学美术博物馆，1995 年 3 月。

★62. 《广州发现西汉南越国宫署遗址》，《人民日报》1995 年 9 月。

★63. 全洪：《广州市福今路西汉墓椁墓》，《中国考古学年鉴 1993》，文物出版社 1995 年版。

★64. 广州市文物管理委员会：《广州凤凰岗西汉墓发掘简报》，《广州文物考古集》，文物出版社 1998 年版。

★65. 广州市文物考古研究所：《广州狮带岗西汉土坑墓发掘简报》，《广州文物考古集》，文物出版社 1998 年版。

★66. 广州市文物考古研究所：《广州梅花村八号墓发掘简报》，《广州文物考古集》，文物出版社 1998 年版。

★67. 广州市文物考古研究所：《广州市东山猫儿岗大型木椁墓》，《广州文物考古集》，文物出版社 1998 年版。

★68. 广州市文物考古研究所：《广州市南越国宫署遗址的发掘》，《广州文物考古集》，文物出版社 1998 年版。

★69. 杨式挺：《略论封开先秦历史文物在岭南的地位》，《文物考古论集》，广东省地图出版社 1998 年版。

★70. 广州市文物考古研究所：《广州东山发现西汉南越国大型木椁墓出土大批珍贵漆木器》，《广州文物考古集》，文物出版社 1998 年版。

★71. 全洪：《战国秦汉时期的玉制容器考略》，《广州文物考古集》，文物出版社 1998 年版。

★72. 麦英豪：《地下"文帝"殿，世上越王宫——记南越王墓的发掘》，台北《历史文物》1998 年 5 月号。

★73. 麦英豪：《广州西汉南越国宫署遗址发现的启示》，《广东文物》1998 年第 1 期。

★74. 杨光冶：《保真打假，净化历史文化——从南越国御苑遗址的保护谈起》，《广东文物》1998 年第 1 期。

附录

★75. 越宫文：《广州发现南越王的御花园——南越国御苑遗址发掘记述》，《广东文物》1998 年第 1 期。

★76. 越宫文：《'97 全国十大考古发现之一——广州南越国御花园遗址发掘记》，《中国文化报》1998 年 4 月 9 日。

★77. 广州市文物考古研究所：《广州西汉南越国宫署遗址的发掘》，《广州文物考古集》，文物出版社 1998 年版。

★78. 麦英豪：《广州地区秦汉考古的发现与收获》，《秦汉史论丛》第 7 辑，中国社会科学出版社 1998 年版。

★79. 王文建：《独一无二的丝缕玉衣》，台北《历史文物》1999 年 7 月。

★80. ［美］马丽林著，欧艳译：《神弩与古螺城的问题》，《广东省博物馆集刊1999》，广东人民出版社 1999 年版。

★81. 陈伟汉、陈春丽：《广州市南越国宫署遗址》，《中国考古学年鉴 1996》，文物出版社 1998 年版。

★82. 陈伟汉：《南越国宫署遗址发掘记述》，《岭南文史》2000 年第 3 期。

★83. 冯永驱、陈伟汉、全洪：《广州秦代造船遗址考辨——兼评杨鸿勋〈南越王宫殿辩〉》，《中国文物报》2000 年 7 月 26 日。

★84. 龚伯洪：《一部雅俗共赏的文物考古精品集——评〈广州秦汉考古三大发现〉》，《广东文物》千年特刊 2000 年 8 月。

★85. 南越王宫博物馆筹建处：《迎难而上，保护"广州历史文化名城的精华"——南越国宫署遗址发掘、保护工作的初步总结》，《广东文物》千年特刊 2000 年 8 月。

★86. 麦英豪：《广州秦汉考古三大发现随感笔录》，《广东文物》千年特刊 2000 年 8 月。

★87. 越宫文：《赵佗王宫　今朝面世——2000 年南越宫署试掘的重大收获》，《广东文物》千年特刊 2000 年 8 月。

★88. 广州市文物考古研究所、南越王宫博物馆筹建办公室：《广州南越国宫署遗址 1995—1997 年发掘简报》，《文物》2000 年第 9 期。

★89. 谢日万：《论两广战国汉代墓的腰坑习俗》，《广西民族研究》2001 年第 2 期。

★90. 陈泽泓：《广州秦造船工场遗址废置说质疑——以赵佗执政时期南越国的水上军事活动为证》，《岭南文史》2001 年第 1 期。

★91. 广州秦汉造船遗址试掘办公室：《广州秦汉造船遗址试掘报告》，《广州文物考古集——广州秦汉造船遗址论稿专辑》，广州出版社 2001 年版。

★92. 杨檑：《对广州秦代造船遗址考古学术争论的一些看法》，《广州文博》2001 年第 1 期。

★93. 南越王宫博物馆筹建处：《建设以南越国宫署遗址为中心的文化商业旅游区》，《广州文博》2001 年第 1 期。

★94. 吴凌云：《百年兴衰的见证——说说南越宫苑遗址出土的巨鳖残骸》，《广州文博》2002 年第 2 期。

★95. 李灶新：《南越国宫署遗址 2000 年发掘出土瓦当研究》，《广州文博》2002 年第 2 期。

★96. 刘瑞、李灶新：《广州南越国宫署遗址 2000 年发掘报告》，《考古学报》2002 年第 2 期。

★97. 林强：《岭南汉代夫妻合葬墓有关问题的探讨》，《广西民族研究》2002 年第 1 期。

★98. 麦英豪、黎金：《考古发现与广州古代史》，广州市文物考古研究所《广州文物考古集——广州考古五十年文选》，广州出版社 2003 年版。

★99. 麦英豪、冯永驱：《广州秦造船遗址论稿专辑序论》（存目，参见专刊之二），广州市文物考古研究所《广州文物考古集——广州考古五十年文选》，广州出版社 2003 年版。

★100. 冯永驱、陈伟汉、全洪：《广州秦代造船遗址考辨》（存目，参见专刊之二），广州市文物考古研究所《广州文物考古集——广州考古五十年文选》，广州出版社 2003 年版。

★101. 黄展岳、麦英豪：《从南越墓看南越国》，广州市文物考古研究所《广州文物考古集——广州考古五十年文选》，广州出版社 2003 年版。

★102. 麦英豪：《广州西汉南越一墓及出土珍品小记》，广州市文物考古研究所《广州文物考古集——广州考古五十年文选》，广州出版社 2003 年版。

★103. 麦英豪：《关于广州石马村南汉墓的年代与墓主问题》，广州市文物考古研究所《广州文物考古集——广州考古五十年文选》，广州出版社 2003 年版。

★104. 郭德焱：《南越国遗迹组合：文物价值观》，《文物天地》2003 年 5 月。

★105. 王文建：《南越王墓发掘二十年》，《文物天地》2003 年 5 月。

★106. 陈伟汉、李灶新、何民本：《南越国宫署遗址》，《文物天地》（重返南越王国——"秦皇·汉武·南越王"特展特辑）2003 年 5 月。

★107. 冯永驱：《世界上最早的木构水闸》，《文物天地》2003 年 5 月。

★108. 麦英豪、冯永驱：《广州秦造船遗址论稿专辑》，《广州考古五十年文选》，广州出版社 2003 年版。

★109. 冯永驱：《南越宫苑　中华瑰宝》，《广州考古五十年文选》，广州出版社 2003 年版。

附录

★110. 萧亢达、陈伟汉：《试谈西汉南越国的商品经济与宫署遗址出土的鎏金半两铜钱》，广州市文物考古研究所《广州文物考古集——广州考古五十年文选》，广州出版社 2003 年版。

★111. 广州秦汉造船遗址试掘办公室：《秦代造船遗址试掘简报》，广州出版社 2003 年版。

★112. 李灶新：《广州秦代造船遗址第三次发掘》，广州出版社 2003 年版。

★113. 全洪：《广州市中山五路南越国建筑遗迹清理简报》，广州出版社 2003 年版。

★114. 广州市文物管理委员会：《广州东郊罗岗秦墓发掘简报》，广州市文物考古研究所《广州文物考古集——广州考古五十年文选》，广州出版社 2003 年版。

★115. 邝桂荣：《广州东山农林下路南越瓦片坑清理记》，广州市文物考古研究所《广州文物考古集——广州考古五十年文选》，广州出版社 2003 年版。

★116. 广州市文物管理委员会：《三年来广州市古墓葬的清理和发现》，广州市文物考古研究所《广州文物考古集——广州考古五十年文选》，广州出版社 2003 年版。

★117. 麦英豪：《广州华侨新村西汉墓》，广州市文物考古研究所《广州文物考古集——广州考古五十年文选》，广州出版社 2003 年版。

★118. 广州市文物管理处：《广州淘金坑的西汉墓》，广州市文物考古研究所《广州文物考古集——广州考古五十年文选》，广州出版社 2003 年版。

★119. 黄淼章：《广州瑶台柳园岗西汉墓群发掘纪要》，广州博物馆、香港中文大学文物馆，《穗港汉墓出土文物》，香港中文大学文物馆 1983 年。

★120. 广州市文物管理委员会：《广州西村皇帝岗西汉木椁墓发掘简报》，广州市文物考古研究所《广州文物考古集——广州考古五十年文选》，广州出版社 2003 年版。

★121. 广州市文物管理委员会：《广州三元里马鹏岗西汉墓清理简报》，广州市文物考古研究所《广州文物考古集——广州市考古五十年文选》，广州出版社 2003 年版。

★122. 陈伟汉：《掀开王宫的"面纱"》，《广州文史》第 62 辑，广州出版社 2004 年版。

★123. 陈伟汉、刘瑞：《广州南越国宫署遗址发掘又获重大成果》，《中国文物报》2004 年 12 月 8 日。

★124. 广州市文物考古研究所：《广州市农林东路南越国"人"字顶木椁墓》，《羊城考古发现与研究》（一），文物出版社 2005 年版。

★125. 南越王宫博物馆筹建处：《南越木简》（内部资料），2005 年 5 月。

★126. 韩维龙、章昀：《大遗址的保护与展示——南越国宫署遗址》，《广州2005 年国际博物馆日馆长论坛论文集》，广东人民出版社 2005 年版。

★127. 广州市文物考古研究所：《南越国宫署遗址出土木简》，《羊城考古发现与研究》（一），文物出版社 2005 年版。

★128. 韩维龙、刘瑞、莫慧旋：《广州出土西汉南越国木简》，《文物报》2005年 7 月 20 日。

★129. 李灶新：《广州西汉南越国宫苑园林艺术》，《广州文博论丛》第 2 辑，广州出版社 2005 年版。

★130. 温敬伟：《试论遗址公园是地下文物保护在城市建设中的一种可行方式》，《广州文博》2005 第 4 期。

★131. 广州市文物考古研究所、中国社会科学院考古研究所、南越王宫博物馆筹建处：《广州市南越国宫署遗址西汉木简发掘简报》，《考古》2006 年第 3 期。

★132. 胡建：《南越国都番禺建筑的美学特征》，《华中建筑》2006 年第 11 期。

★133. 胡建：《南越国熊纹饰的寓意》，《广州文博》2006 年第 4 期。

★134. 胡建：《南越国陶质建筑材料的地域特征》，《中国文物报》2006 年 11 月10 日。

★135. 广州市文物考古研究所、中国社会科学院考古研究所、南越王宫博物馆筹建处：《广州市南越国宫署遗址 2003 年发掘简报》，《考古》2007 年第 3 期。

第三节　国外研究者的有关论著、论文

一、越南

1. 陶维英：《东山文化和雒越文化》，《文史地研究》1954 年第 1 期。

2. 陶维英：《越南古代史》，河内，科学出版社 1957 年版（中译本 1959 年出版）。

3. 陶维英：《铜器文化和雒越铜鼓》，河内，科学出版社 1957 年版。

4. 阳明：《试分析古螺发现的铜箭头》，《历史研究》1960 年第 4 期。

5. 文物管理处：《关于古螺出土的铜箭头的具体报告》，《历史研究》1960 年第 14 期。

6. 陶维英：《古螺铜箭头》，《历史研究》1960 年第 16 期。

7. 文新：《文郎国和瓯雒国社会》，《历史研究》1960 年第 18 期。

8. 文新：《文郎国社会与瓯雒国社会》，《历史研究》1960 年第 20 期。

9. 阮文义、范文耿：《越南在前进·关于绍阳的发掘结果》，河内，1960 年。

10. 叶庭华:《关于〈文郎国社会与瓯雒国社会〉一文的一些意见》,《历史研究集刊》1961 年第 26、27 期。

11. 陶子凯:《关于陶盛铜缸和青铜文化的几点意见》,《历史研究》1961 年第 27、29 期。

12. 文新:《有关文郎国和瓯雒社会的若干问题》,《历史研究》1961 年第 28 期。

13. 黎文兰:《关于东山文化的几点意见》,《历史研究》1961 年第 30、31 期。

14. 越南田野工作队:《关于绍阳遗址发掘的初步报告》,河内,1961 年。

15. 叶庭华、范文耿:《海防越溪发现的一些古墓》,河内,1961 年。

16. 文物保管司:《青铜时代遗迹的档案》,河内,1961—1962 年。

17. 黎文兰:《关于我国古代斧的一点材料》,《历史研究集刊》1962 年第 37 期。

18. 黄兴:《评陶子凯先生〈关于陶盛铜缸和青铜文化的几点意见〉一文》,《历史研究集刊》1962 年第 40 期。

19. 叶庭华、范文径:《越溪的一些古墓》,《历史研究》1963 年第 44 期。

20. 阮良璧:《雒侯、雒将是我国越人的祖先还是其他许多民族共同的祖先》,《历史研究》1963 年第 56 期。

21. 越南历史博物馆:《收藏于越南历史博物馆的越溪古墓实物》,河内,科学出版社 1965 年版。

22. 陈辉燎:《越中两国间的历史关系》,《历史研究》1966 年第 88 期。

23. 黄荣:《青铜时代的美术》,《美术杂志》1968 年第 1 期。

24. 《历史研究》编辑部:《安阳王蜀泮和瓯雒国问题》,《历史研究》1968 年第 107 期。

25. 黎文兰、范文敬:《峰州的考古遗迹,雄王的地盘》,《历史研究》1968 年第 107 期。

26. 陈辉伯:《雄王朝玉谱和雄王的人境》,《历史研究》1968 年第 107 期。

27. 阮维:《对越族起源的几点意见》,《历史研究》1968 年第 107 期。

28. 阮灵、黄兴:《雄王问题和考古学》,《历史研究》1968 年第 108 期。

29. 陶子凯:《对研究古城和瓯雒社会的意见》,《历史研究》1968 年第 109 期。

30. 文新:《越族形成和发展过程》,《历史研究》1968 年第 111 期。

31. 阮灵:《雄王属神农宗教吗?》,《历史研究》1986 年第 111 期。

32. 阮灵:《文郎国的存在》,《历史研究》1968 年第 112 期。

33. 黄氏珠:《通过语言资料看文郎国》,《历史研究》1969 年第 120 期。

34. 范文敬:《对越南北方新发掘的考古遗迹的几点意见》,《历史研究》1969 年第 120 期。

35. 苏明中:《根据南越部分史学工作者的观点来看雄王问题》,《历史研究》1969 年第 121 期。

36. 文新：《继续研究雄王时代》，《历史研究》1969 年第 123 期。

37. 黄兴：《在古代书籍中的雄王时代》，《历史研究》1969 年第 123 期。

38. 丁肇庆：《确定研究雄王时代历史传说的价值》，《历史研究》1969 年第 123 期。

39. 阮董之：《关于雄王时代的考古资料》，《历史研究》1969 年第 123 期。

40. 黎文兰：《关于研究雄王时代的考古资料》，《历史研究》1969 年第 124 期。

41. 阮灵：《谈关于蜀泮的蜀国》，《历史研究》1969 年第 124 期。

42. 黎文好：《与北越史学工作者用民族学观点研究雄王问题交换几点意见》，《历史研究》1969 年第 125 期。

43. 阮廷科：《从人种学资料看越 — 芒的关系》《历史研究》1969 年第 125 期。

44. 高辉项：《董村的英雄》，河内，科学出版社 1969 年版。

45. 张黄珠：《有关古螺城旧址的问题》，《历史研究》1969 年第 129 期。

46. 黎文兰：《雄王时代的火葬习惯》，《历史研究》1970 年第 132 期。

47. 陈国旺：《在历史意义的古螺土地上》，河内，文化局 1970 年。

48. 越南社科委员会编：《越南历史》，河内，社会科学出版社 1971 年版。

49. 阮文煊：《探讨关于雄王时代的农业几个方面》，《文物管理杂志》1971 年第 20 期。

50. 阮玉章：《试谈玉缕铜鼓上的部分花纹》，《历史研究》1971 年第 141 期。

51. 阮明章：《关于铜器文化和越南民族的建国时期》，《雄王建国》，1972 年。

52. 阮克谭：《吕嘉奋起抗汉》，《历史研究》1973 年第 149 期。

53. 永富省文化司：《雄王时代·永富的雄王传统》，河内，科学出版社 1973 年版。

54. 阮文兄：《在老街发现的东山文化的遗址》，《历史研究》1974 年第 159 期。

55. 黎量：《资料：荣福省雄山上雄王时期历史遗址区的形成过程》，《历史研究》1975 年第 160 期。

56. 文新：《雄王时代》，河内，科学出版社 1976 年版。

57. 丁文日：《探讨蜀泮王安阳的旧故乡》，《历史研究》1976 年第 166 期。

58. 邓严方：《统一的越南民族形成的过程》，《历史研究》1978 年第 179 期。

59. 丁文日：《雄王时期的雒田》，《历史研究》1978 年第 180 期。

60. 黎清盛著，袁仕仑译：《交趾名称起源探索》，《印度支那研究》1980 年第 2 期。

二、 日本

1. 佐伯义明：《关于秦代象郡的位置》，《史学杂志》1927 年第 39 编第 10 号。

2. 松本信广：《越南王室所藏安南本书目》，《史学》1935 年第 14 卷第 2 号。

3. 和田清：《秦の闽中郡について》，《东洋史研究》1936 年第 1 卷第 5 号。

4. 小林知生：《印度支那北部平原的古文化》，东京，1937 年。

5. 小林知生：《南支那的过去及广东人的体质》，《地理教育》1938 年第 28 卷第 5 期。

6. 小林知生：《安南出土的铜矛》，《人类学杂志》1940 年第 52 卷。

7. 北山康夫：《五岭考》，《东洋史研究》1940 年第 6 卷第 1 期。

8. 松本信广：《支那南方古代文化的系统》，《日本诸学振兴委员会研究报告》1940 年。

9. 吉田敬节：《连结中国中部和南部的内陆水运与灵渠水运》，《地理学》1940 年第 9 卷第 11 期。

10. 吉田敬节：《连结中国中部和南部的灵渠水运》，《地理学评论》1941 年第 17 卷第 6 期。

11. 和田清：《南越建国始末》，《史林》1941 年第 26 卷第 1 期。

12. 松本信广：《越人考》，《史学杂志》1942 年第 53 卷第 7 期。

13. 梅原末治：《法属印度支那北部发现的铜戈》，《东洋史论丛》，1942 年。

14. 浅海正三：《交趾と呼ぶ呼称》，《历史》1943 年第 18 卷第 2 期。

15. 梅原末治：《安南清化省东山出土的同类铜器》，《东亚考古学论考》1945 年第 1 卷。

16. 杉木直治郎：《关于秦汉两代的中国南境》，《史学杂志》1950 年第 59 卷第 11 期。

17. 驹井义明：《象郡论》，《东洋学报》1954 年第 38 卷第 2 期。

18. 河原正博：《秦始皇的岭南经略》，《政法大学文学部纪要——史学》，1954 年。

19. 驹井义明：《象郡再论》，《东洋学报》1955 年第 38 卷第 3 期。

20. 栗原朋信：《南越君王名号小考》，《史观》1956 年第 50、51 卷。

21. 宫川尚志：《汉民族的南进及儒教的南方住教化》，《冈山史学》1958 年第 4 期。

22. 镰田重雄：《秦郡考》，《秦汉政治制度的研究》，日本学术振兴会 1962 年。

23. 藤原利一郎：《安阳王与西呕：越南古代史小考》，《国文学——语言及文艺》，1967 年。

24. 后藤均平：《古代中国文明及越族》，《历史教育》1967 年第 15 卷第 5、6 号。

25. 后藤均平：《后汉书所见越南三郡反乱记事小考（上）—— 二世纪的越南》，《人文科学研究》1967 年第 33 号。

26. 白鸟芳郎：《华南土著居民的种族：民族分类及那些历史背景》，《上智史学》1967 年第 12 号。

27. 片仓穰：《中国支配下のベトナム（1）（2）—中国諸王朝の収奪に関する試論の考察》，《历史研究》1972 年第 380、381 号。

28. 片仓穰：《ベトナム・中国の初期外交関係に関する問題——交趾郡王、南平王、安南国王などの称号について》，《东方学会》1972 年第 44 号。

29. 町田章：《汉代南越国墓葬考》，《桐朋学报》1974 年第 46 号。

30. 池田雄一：《论中国古代的小陂、小渠、井户灌溉——马王堆出驻军图介绍》，《亚洲史研究》1977 年第 1 卷。

★31. 吉开将人：《岭南史中的秦与越》，《东洋学报》1984 年第 4 期。

★32. 梶山胜著，黎丽明译：《关于西汉南越王墓出土金印"文帝行玺"的考察》，《广州文博》，1986 年第 1、2 期合计本。

★33. 每日新闻社：《南越王之至宝——前汉时代广州的王朝文化》，1996 年。

★34. 吉开将人：《南粤印章二题》，《中国古玺印学国际研讨会论文集》，香港中文大学文物馆 2000 年。

★35. 滕田胜久：《司马迁的旅行与〈史记·西南夷列传〉》，《秦汉史论丛》第 8 辑，云南大学出版社 2001 年版。

三、 其他国家

1. G. 迪穆蒂埃：《关于瓯雒王国的首都古螺城的历史和考古研究》，《报道、科学与文学考察团的档案》第 3 卷，巴黎，1893 年。

2. 马司帛洛：《秦汉象郡考》，《法国远东学校校刊》1916 年，冯承钧《西城南海史地考证译丛四编》有译文。

3. 鄂卢梭：《秦代初平南越考》，《法国远东学校校刊》1924 年，亦收入冯承钧《西域南海史地考证译丛四编》。

4. V. 戈鹭波：《北圻和北中圻的铜器时代》，《法国远东博古学院集刊》1929 年第 29 期。

5. J. 普齐吕斯基：《关于印度支那青铜器时代的笔记》，《亚洲艺术杂志》，巴黎，1931 年第 7 期。

6. R. 郎蒂埃：《关于戈鹭波〈北圻和北中圻的铜鼓时代〉一文的说明》，《人类学家》，巴黎，1931 年第 41 卷第 3、4 期。

7. O. 阳士：《东南亚的一批古铜器》，《远东古物陈列馆集刊》第 3 辑，斯德哥尔摩，1931 年。

8. 汉漫生译：《华南的古代民族》，《新亚细亚》1932 年第 4 卷第 1、2 期。

9. 鄂卢梭：《中国初次征服安南考》，《新亚细亚》1933 年第 6 卷第 1、2 期，有江应樑、马骏合译本。

10. 鄂卢梭：《安南民族之由来》，《新亚细亚》1933 年第 6 卷第 3 期，有江应樑、马骏合译本。

11. V. 戈鹭波：《东京的考古和东山的发掘》，河内，1937 年。

12. V. 戈鹭波：《东山的房屋》，《法国远东博古学院杂志》1938 年第 15 期。

13. R. 德斯皮涅系：《古螺、瓯雒王国的都城》，河内，1940 年。

14. R. 马里奥尼：《华南考古发现的若干问题》，《第一次远东学术会议的记录》，新加坡，1940 年。

15. B. 高本汉：《早期东山文化的年代》，《远东古物陈列馆集刊》，斯德哥尔摩，1942 年。

16. H. Q·韦尔斯：《早期东山铜鼓的宗教含义》，《太平洋学会第 23 届会议的记录》，伦敦，1956 年。

17. O. 阳士：《越南，各民族和文化的汇合处》，《法国——亚洲文选》，东京，1961 年第 165 期。

18. 法兰克福舒恩艺术馆：《赵眜王的珍宝——公元前 122 年中国南越王墓》，1998 年 11 月。

南越丰碑 大块文章①
——《南越国史》读后

李庆新

　　秦汉之际，正当二世胡亥在为其父子的残暴统治种下的"天下畔秦""外内骚动"苦果而穷于应付、岌岌可危之际，万里之外的南海郡尉任嚣却密锣紧鼓地酝酿据岭自治的计划，他的继任者赵佗绝关自守，击并桂林、象郡，实现岭南政令归一，建立起岭南历史上第一个封建割据政权。这个政权仿照秦汉之制，遵从百越之俗，推动自秦代开始的汉化和封建化进程，国力不断增强，传五世93年：一段时间内还树立起号令百越、役属东起闽越、西至夜郎万里越疆的盟主地位，与北方匈奴合称"强胡劲越"。这一切赋予南越国岭南历史上显要的地位，使其在秦汉史上也占有一席不可忽视的位置，司马迁的《史记》、班固的《汉书》均为之立传，历代史家讨论秦汉岭南历史，鲜有不提及南越政权的。然而，毕竟年代过于久远，文献资料有限，系统、深入研究者凤毛麟角，19世纪广东学者梁廷枏即慨叹"欲为南越载记，更极难而无当矣"。他对历代记述兼收并蓄，仿《五国故事》体例著《南越五主传》，总体水平始终没有超过《史记》《汉书》。古人研究历史，往往受正统思想局限，视赵氏政权为僭伪偏看，动辄贬斥，评价常失公允。二十世纪一二十年代，梁启超、罗香林、徐松石、吕思勉等一批学者相继涉足南越史事，引入新的史观和方法；同时，法国学者马司帛洛、鄂卢梭，日本学者佐伯义明等亦探讨了秦平百越、秦汉象郡等问题，南越历史研究始见改观。50年代以来，广东广州，广西平乐、贺县、贵县等地发现了大批南越国时期的墓葬，出土大批珍贵文物，特别是贵县罗泊湾一号汉墓和广州象岗南越王墓的重大发现，为南越政治、经济、文化研究提供极为丰富的实物资料。80年代，南越国史研究在历史学、考古学、民族学等领域不断升温，多有创获。1988年，余天炽教授等编撰的《古南越国史》由广西人民出版社出版，是国内第一部系统全面研究南越历史的力作。1995年，张荣芳、黄淼章二先生合著的《南越国史》由广东人民出版社推出，在史料占有和理论体系方面大大超越前人，把南越国史研究提升到一个新的高度，成为该领域最重要的新成果。

---

① 原载《广东社会科学》1997年第3期，第139－141页。

与 20 世纪 80 年代以前相比，南越国史研究不再是少人问津的撂荒地，如何在前人基础上有所突破、有所超越，需要研究者有足够的胆识，另辟蹊径，挖掘新资料，发现新问题，开拓新领域，在思想观念上不囿成说，大胆创新，以新的视角做理论重构工作。笔者拜读张、黄二先生的洋洋 27 万字的《南越国史》后，深感本书在宏观把握、建构体系、理论建树上都有独到之处，以深厚的功力，审慎的眼光，抓住重点，推陈出新，颇具创意。

秦平南越是研究南越国史定会触及的第一个重要问题，它揭开了岭南首次纳入中原王朝版图和封建化进程的开端，意义重大。明清以来一直受到中外学者的关注。这场战争结束于秦始皇三十三年（前 214），《史记》《汉书》都有明确的记载，史学界没有分歧，问题是战争始于何年，史书阙载，令中外学者争论了几个世纪，出现了秦始皇"二十五年""二十六年""二十八年""二十九年"四种说法。本书讨论这一众说纷纭的问题时，介绍了各家观点和论据，逐一予以辨析，比较研究，发现前三说都有可以推敲之处：根据《淮南子·人间训》关于秦军入岭后"三年不解甲驰弩"的记述，从秦始皇三十三年统一岭南上推三年，即三十年，这一年，《史记·秦始皇本纪》明确记录为"无事"，从而推断秦征百越始于始皇二十九年。这一判断以史实为依据，论证充分，分析精辟透彻，且合乎逻辑，具有很强的说服力。

秦统治岭南的时间不长，二世元年，陈胜、吴广在大泽乡揭竿起义，敲响了暴秦崩溃的丧钟，对南海诸郡逐渐失控，任嚣和赵佗前亡后继，完成了划岭而治、裂土而王的计划。史书对当时岭南局部的描述并不明朗，对任、赵成功割据的原因亦语焉不详。现代学者一般从岭南山高水远、偏处一隅且地理环境复杂、易守难攻，秦朝自顾不暇、鞭长莫及等因素考虑。这当然是有道理的，但并不全面，亦不透彻。本书除注意上述因素外，采取多维视角，分析四个要素：（1）历史传统因素。离秦不远的春秋战国诸侯分立的历史不可避免会对任嚣产生影响，滋生据岭而立念头。（2）政治因素。秦朝设置南海郡尉掌岭南军政大权。"视他尉为尊，非三十六郡之比"，号称"东南一郡"（清代屈大均《翁山文钞》《晋书·地理志》），权势很大，任、赵担任此职，有号令他郡、专制一方便利。（3）军事因素。秦遭 30 万谪戍卒入岭，大多居留南疆，成为南越割据的军事凭靠和政权基础。《史记·南越列传》即引任嚣语谓"颇有中国人相辅"。（4）个人因素。任嚣、赵佗吸取屠睢覆亡教训，"和辑粤众"，"抚绥有道"。不仅在百越社会树立起威望，而且培养了深厚的群众基础。这些分析视野广阔，眼光独到，发前人之所未发，把复杂多变的历史背景和南越割据的必然趋势条分缕析成立体的画面清晰地展示在人们面前。

本书以相当大的篇幅描述南越国的政治制度，这是非常必要的，也是非常有眼光的，因为这套制度是南越立国的基础和南越文明的体现。作者充分发挥精通群汉典章制度的优势，结合考古资料，娴熟地把宏观与微观、全国与地方结合起来，不仅考察静态的律令条文，而且注意动态的演变分析。

在书中，我们可以看到南越的郡国建制、户籍制度、预立太子制度，与中原相仿的度量衡制度、礼仪葬俗、尊老政策，还有以越治越的自治政策，吸收越人进入政权中心，提倡汉越通婚、尊重越俗，等等，这些制度有南越独创，亦有仿照秦汉。毫无疑问，这是迄今为止国内外关于南越政治制度最完整、最系统的表述。由此，我们就有把握断言南越国是一个封建割据政权。它对秦汉政制的承袭，体现了这个政权的封建性；它的独创性和自行其是，体现了这一政权的独立性。

由于赵氏政权是个割据政权，长期以来，史学界存在两种截然相反的评价。一种观点认为，赵氏"倔强一隅，乘机僭越"，是"秦之贼也"，又"强以苦汉"，破坏统一，是搞分裂的罪人，应该全盘否定。另一种观点则认为赵佗为岭南社会进步作出了巨大贡献，是开发岭南的功臣，值得肯定。评价历史人物应从实际出发，充分考虑具体的历史背景和时代条件，还要注意其阶级的局限性，关键要看他对社会进步究竟是起积极促进作用还是起消极作用。本书以客观的态度，从秦汉之际天下大乱形势入手，结合汉初政局和国力，分析南越割据实为历史之必然。它削弱了秦朝，加速其灭亡，并且使岭南维护安定，免遭战乱，其积极作用是值得肯定的。汉朝建立后，赵佗一方面对汉称臣，"奉职贡"，另一方面保持实际割据，虽有损于中央集权，但这是历史的局限性，与陈胜喊出"王侯将相宁有种乎"属同一心态。其实，南越政权并没有给汉朝带来多少实质性威胁，与北方匈奴不可等同视之。即使赵佗在吕后执政时期一度称帝，"与中国侔"，那也是汉朝推行"别异蛮夷"错误政策激变的，责任主要不在南越一方。所以，不宜离开具体历史条件过多地苛责古人。本书还指出，赵氏政权采取积极措施和政策推动岭南汉化和封建化，促进汉越民族融合，使岭南迅速告别落后，在不少方面接近或赶上中原，建立起岭南开发史上的第一个丰碑。应该说，这样的分析是实事求是的，评价也是恰当的。

本书在总体结构上突出重点，但并没有忽视具体问题的精雕细刻，注意从小处着眼，以小见大，揭示出一些具有全国意义的观点，丰富了秦汉史研究的内容。

象郡位于秦朝最南端，其辖境的定位直接关系到秦朝和南越国南部疆界的界定，所以这既是一个区域性的小问题，又是一个全国性大问题。1916 年，法国学者马司帛洛提出象郡相当于汉郁林、牂柯二郡之地，秦朝南疆没有包括今越南中北部。越南学者陶维英，中国学者蒙文通、谭其骧等赞同其说。本书作者则持另一观点，根据《汉书》《通典》《寰宇通志》等史书记载，秦象郡实即汉交趾、九真、日南三郡之地，包括今越南中北部。《汉书·南粤传》谓秦军斩西瓯君之地，亦在今越南北部。另外，越南北部和中部出土过大量秦代文物，证明秦政治势力到达这一地区。所以，秦象郡即汉交趾三郡，秦南疆实包括今越南中北部。南越击并象郡，南部边界与秦同。这一观点是以充分的文献资料和考古资料作为根据的。

"越骑校尉"为汉代军职，"越骑"是否由越人组成，历来有争议。本书胪列了秦末汉初越人有骑兵将领、越族善骑射等史实，结合考古发现，证明南越国确有骑兵，有力支持了三国魏人如淳的观点，"越人内附，以为骑也"，同时解决了汉朝军事制度中一个久悬未决的问题。

本书运用考古材料，也提出不少有价值的观点。作者根据广西贵县罗泊湾汉墓出土的竹尺、木尺，刻有重量的铜鼓、铜桶、铜钟和刻有容量单位的铜鼎，与同期中原的度量衡相印证，发现两者基本一致，说明南越国推行了中原的度量衡制度。根据广州南越王墓出土资料，提出南越国不仅冶铁业发达，铁器亦被广泛使用。青铜冶铸业采取了先进的"失蜡铸造法"。纺织业采用了彩色套印技术，研光工艺、人工刺绣相当精湛。玻璃、玉石制造颇具规模，造船业、商业贸易也很发达。诸如此类，不一而足，令人对南越国经济有耳目一新的感觉。

史学大师陈寅恪先生在 20 世纪 30 年代曾指出："一时代之学术，必有其新材料与新问题。取用此材料，以研求问题，则为此时代学术之新潮流。治学之士，得预于此潮流者，谓之预流（借用佛教初果之名）。其未得预者，谓之未入流"。（《陈垣敦煌劫余录序》）本书作者早已"入流"，深谙前辈学者治学之精义，对史料搜集用力极勤。从书末所附 480 余种有关论著目录看，作者对正史、方志、金石、文物资料及中外学者研究成果的占有确实周全备至。本书资料宏富，厚重丰满，集前人之大成而后来居上，谓张、黄二先生领先于南越国研究之"新潮流"，不亦宜乎！

南越国史研究方兴未艾，大有可为，许多问题在深化、拓展之中，同时也暴露出一些薄弱环节，如岭南各族的社会形态、广州地区之外各地经济状况、考古资料蕴藏着丰富的文化内涵等，都有待深入研究。本书在这些方面也略显单薄，一些具体问题的论述值得斟酌。不管怎样，这是一部难得的成功之作，它的出版，必定会对南越国史研究起积极的推动作用。

李庆新，时为广东省社科院历史所副研究员。现为中国海外交通史研究会会长，广东历史学会会长，研究员。

《史记·南越列传》

〔西汉〕司马迁

南越王尉佗者，真定人也，姓赵氏。秦时已并天下，略定杨越，置桂林、南海、象郡，以谪徙民，与越杂处十三岁。佗，秦时用为南海龙川令。至二世时，南海尉任嚣病且死，召龙川令赵佗语曰："闻陈胜等作乱，秦为无道，天下苦之，项羽、刘季、陈胜、吴广等州郡各共兴军聚众，虎争天下，中国扰乱，未知所安，豪杰畔秦相立。南海僻远，吾恐盗兵侵地至此，吾欲兴兵绝新道，自备，待诸侯变，会病甚。且番禺负山险，阻南海，东西数千里，颇有中国人相辅，此亦一州之主也，可以立国。郡中长吏无足与言者，故召公告之。"即被佗书，行南海尉事。嚣死，佗即移檄告横浦、阳山、湟谿关曰："盗兵且至，急绝道聚兵自守！"因稍以法诛秦所置长吏，以其党为假守。秦已破灭，佗即击并桂林、象郡，自立为南越武王。高帝已定天下，为中国劳苦，故释佗弗诛。汉十一年，遣陆贾因立佗为南越王，与剖符通使，和集百越，毋为南边患害，与长沙接境。

高后时，有司请禁南越关市铁器。佗曰："高帝立我，通使物，今高后听谗臣，别异蛮夷，隔绝器物，此必长沙王计也，欲倚中国，击灭南越而并王之，自为功也。"于是佗乃自尊号为南越武帝，发兵攻长沙边邑，败数县而去焉。高后遣将军隆虑侯灶往击之。会暑湿，士卒大疫，兵不能逾岭。岁余，高后崩，即罢兵。佗因此以兵威边，财物赂遗闽越、西瓯、骆，役属焉，东西万余里。乃乘黄屋左纛，称制，与中国侔。

及孝文帝元年，初镇抚天下，使告诸侯四夷从代来即位意，喻盛德焉。乃为佗亲冢在真定，置守邑，岁时奉祀。召其从昆弟，尊官厚赐宠之。诏丞相陈平等举可使南越者，平言好畤陆贾，先帝时习使南越。乃召贾以为太中大夫，往使。因让佗自立为帝，曾无一介之使报者。陆贾至南越，王甚恐，为书谢，称曰："蛮夷大长老夫臣佗，前日高后隔异南越，窃疑长沙王谗臣，又遥闻高后尽诛佗宗族，掘烧先人冢，以故自弃，犯长沙边境。且南方卑湿，蛮夷中间，其东闽越千人众号称王，其西瓯骆裸国亦称王。老臣妄窃帝号，聊以自娱，岂敢以闻天王哉！"乃顿首谢，原长为藩臣，奉贡职。于是乃下令国中曰："吾闻两雄不俱立，两贤不并世。皇帝，贤天子也。自今以后，去帝制黄屋左纛。"陆贾还报，孝文帝大说。遂至孝景时，称臣，使人朝请。然南越其居国窃如故号名，其使天子，称王朝命如诸侯。至建元四年卒。

佗孙胡为南越王。此时闽越王郢兴兵击南越边邑，胡使人上书曰："两越俱为藩臣，毋得擅兴兵相攻击。今闽越兴兵侵臣，臣不敢兴兵，唯天子诏之。"于是天子多南越义，守职约，为兴师，遣两将军往讨闽越。兵未逾岭，闽越王弟余善杀郢以降，于是罢兵。

天子使庄助往谕意南越王，胡顿首曰："天子乃为臣兴兵讨闽越，死无以报德！"遣太子婴齐入宿卫。谓助曰："国新被寇，使者行矣。胡方日夜装入见天子。"助去后，其大臣谏胡曰："汉兴兵诛郢，亦行以惊动南越。且先王昔言，事天子期无失礼，要之不可以说好语入见。入见则不得复归，亡国之势也。"于是胡称病，竟不入见。后十余岁，胡实病甚，太子婴齐请归。胡薨，谥为文王。

婴齐代立，即藏其先武帝玺。婴齐其入宿卫在长安时，取邯郸樛氏女，生子兴。及即位，上书请立樛氏女为后，兴为嗣。汉数使使者风谕婴齐，婴齐尚乐擅杀生自恣，惧入见要用汉法，比内诸侯，固称病，遂不入见。遣子次公入宿卫。婴齐薨，谥为明王。

太子兴代立，其母为太后。太后自未为婴齐姬时，尝与霸陵人安国少季通。及婴齐薨后，元鼎四年，汉使安国少季往谕王、王太后以入朝，比内诸侯；令辩士谏大夫终军等宣其辞，勇士魏臣等辅其缺，卫尉路博德将兵屯桂阳，待使者。王年少，太后中国人也，尝与安国少季通，其使复私焉。国人颇知之，多不附太后。太后恐乱起，亦欲倚汉威，数劝王及群臣求内属。即因使者上书，请比内诸侯，三岁一朝，除边关。于是天子许之，赐其丞相吕嘉银印，及内史、中尉、太傅印，余得自置。除其故黥劓刑，用汉法，比内诸侯。使者皆留填抚之。王、王太后饬治行装重赍，为入朝具。

其相吕嘉年长矣，相三王，宗族官仕为长吏者七十余人，男尽尚王女，女尽嫁王子兄弟宗室，及苍梧秦王有连。其居国中甚重，越人信之，多为耳目者，得众心愈于王。王之上书，数谏止王，王弗听。有畔心，数称病不见汉使者。使者皆注意嘉，势未能诛。王、王太后亦恐嘉等先事发，乃置酒，介汉使者权，谋诛嘉等。使者皆东乡，太后南乡，王北乡，相嘉、大臣皆西乡，侍坐饮。嘉弟为将，将卒居宫外。酒行，太后谓嘉曰："南越内属，国之利也，而相君苦不便者，何也？"以激怒使者。使者狐疑相杖，遂莫敢发。嘉见耳目非是，即起而出。太后怒，欲铍嘉以矛，王止太后。嘉遂出，分其弟兵就舍，称病，不肯见王及使者。乃阴与大臣作乱。王素无意诛嘉，嘉知之，以故数月不发。太后有淫行，国人不附，欲独诛嘉等，力又不能。

天子闻嘉不听王，王、王太后弱孤不能制，使者怯无决。又以为王、王太后已附汉，独吕嘉为乱，不足以兴兵，欲使庄参以二千人往使。参曰："以好往，数人足矣；以武往，二千人无足以为也。"辞不可，天子罢参也。郏壮士故济北相韩千秋奋曰："以区区之越，又有王、太后应，独相吕嘉为害，原得勇士二百人，必斩嘉以报。"于是天子遣千秋与王太后弟樛乐将二千人往，入越境。吕嘉等乃遂反，下令国中曰："王年少。太后，中国人也，又与使者乱，专欲内属，尽持先王宝器入献天子以自媚，多从人，行至长安，虏卖以为僮仆。取自脱一时之利，无顾赵氏社稷，为万世虑计之意。"乃与其弟将卒攻杀王、太后及汉使者。遣人告苍梧秦王及其诸郡县，立明王长男越妻子术阳侯建德为王。而韩千秋兵入，破数小邑。其后越直开道给食，未至番禺四十里，越以兵击千秋等，遂灭之。使人函封汉使者节置塞上，好为谩辞谢罪，发兵守要害处。于是天子曰："韩千秋虽无成功，亦军锋之冠。"封其子延年为成安侯。樛乐，其姊为王太后，首愿属汉，封其子广德为龙亢侯。乃下赦曰："天子微，诸侯力政，讥臣不讨贼。今吕嘉、建德等反，自立晏如，令罪人及江淮以南楼船十万师往讨之。"

元鼎五年秋，卫尉路博德为伏波将军，出桂阳，下汇水；主爵都尉杨仆为楼船将军，出豫章，下横浦；故归义越侯二人为戈船、下厉将军，出零陵，或下离水，或柢苍梧；使驰义侯因巴蜀罪人，发夜郎兵，下牂柯江：咸会番禺。

元鼎六年冬，楼船将军将精卒先陷寻陿，破石门，得越船粟，因推而前，挫越锋，以数万人待伏波。伏波将军将罪人，道远，会期后，与楼船会乃有千余人，遂俱进。楼船居前，至番禺。建德、嘉皆城守。楼船自择便处，居东南面；伏波居西北面。会暮，楼船攻败越人，纵火烧城。越素闻伏波名，日暮，不知其兵多少。伏波乃为营，遣使者招降者，赐印，复纵令相招。楼船力攻烧敌，反驱而入伏波营中。犁旦，城中皆降伏波。吕嘉、建德已夜与其属数百人亡入海，以船西去。伏波又因问所得降者贵人，以知吕嘉所之，遣人追之。以其故校尉司马苏弘得建德，封为海常侯；越郎都稽得嘉，封为临蔡侯。

苍梧王赵光者，越王同姓，闻汉兵至，及越揭阳令定自定属汉；越桂林监居翁谕瓯骆属汉：皆得为侯。戈船、下厉将军兵及驰义侯所发夜郎兵未下，南越已平矣。遂为九郡。伏波将军益封。楼船将军兵以陷坚为将梁侯。

自尉佗初王后，五世九十三岁而国亡焉。

太史公曰：尉佗之王，本由任嚣。遭汉初定，列为诸侯。隆虑离湿疫，佗得以益骄。瓯骆相攻，南越动摇。汉兵临境，婴齐入朝。其后亡国，征自樛女；吕嘉小忠，令佗无后。楼船从欲，怠傲失惑；伏波困穷，智虑愈殖，因祸为福。成败之转，譬若纠墨。

附录四

《汉书·西南夷两粤朝鲜传》（节选）

〔东汉〕班固

南粤王赵佗，真定人也。秦并天下，略定扬粤，置桂林、南海、象郡，以適徙民与粤杂处。十三岁，至二世时，南海尉任嚣病且死，召龙川令赵佗语曰："闻陈胜等作乱，豪桀叛秦相立，南海辟远，恐盗兵侵此。吾欲兴兵绝新道，自备待诸侯变，会疾甚。且番禺负山险阻，南北东西数千里，颇有中国人相辅，此亦一州之主，可为国。郡中长吏亡足与谋者，故召公告之。"即被佗书，行南海尉事。嚣死，佗即移檄告横浦、阳山、湟谿关曰："盗兵且至，急绝道聚兵自守。"因稍以法诛秦所置吏，以其党为守假。秦已灭，佗即击并桂林、象郡，自立为南粤武王。

高帝已定天下，为中国劳苦，故释佗不诛。十一年，遣陆贾立佗为南粤王，与剖符通使，使和辑百粤，毋为南边害，与长沙接境。

高后时，有司请禁粤关市铁器。佗曰："高皇帝立我，通使物，今高后听谗臣，别异蛮夷，隔（隔）绝器物，此必长沙王计，欲倚中国，击灭南海并王之，自为功也。"于是佗乃自尊号为南武帝，发兵攻长沙边，败数县焉。高后遣将军隆虑侯灶击之，会暑湿，士卒大疫，兵不能逾领。岁余，高后崩，即罢兵。佗因此以兵威财物赂遗闽粤、西瓯骆，役属焉。东西万余里。乃乘黄屋左纛，称制，与中国侔。

文帝元年，初镇抚天下，使告诸侯四夷从代来即位意，谕盛德焉。乃为佗亲冢在真定置守邑，岁时奉祀。召其从昆弟，尊官厚赐宠之。召丞相平举可使粤者，平言陆贾先帝时使粤。上召贾为太中大夫，谒者一人为副使，赐佗书曰："皇帝谨问南粤王，甚苦心劳意。朕，高皇帝侧室之子，弃外奉北藩于代，道里辽远，壅蔽朴愚，未尝致书。高皇帝弃群臣，孝惠皇帝即世，高后自临事，不幸有疾，日进不衰，以故悖暴乎治。诸吕为变故乱法，不能独制，乃取它姓子为孝惠皇帝嗣。赖宗庙之灵，功臣之力，诛之已毕。朕以王侯吏不释之故，不得不立，今即位。乃者闻王遗将军隆虑侯书，求亲昆弟，请罢长沙两将军。朕以王书罢将军博阳侯，亲昆弟在真定者，已遣人存问，修治先人冢。前日闻王发兵于边，为寇灾不止。当其时，长沙苦之，南郡尤甚，虽王之国，庸独利乎！必多杀士卒，伤良将吏，寡人之妻，孤人之子，独人父母，得一亡十，朕不忍为也。朕欲定地犬牙相入者，以问吏，吏曰'高皇帝所以介长沙土也'，朕不得擅变焉。吏曰：'得王之地不足以为大，得王之财不足以为富，服领以南，王自治之。'虽然，王之号为帝。两帝并立，亡一乘之使以通其道，是争也；争而不让，仁者不为也。愿与王分弃前患，终今以来，通使如故。故使贾驰谕告王朕意，王亦受之，毋为寇灾矣。上褚五十衣，中褚三十衣，下褚二十衣，遗王。愿王听乐娱忧，存问邻国。"

陆贾至，南粤王恐，乃顿首谢，愿奉明诏，长为藩臣，奉贡职。于是下令国中曰："吾闻两雄不俱立，两贤不并世。汉皇帝贤天子。自今以来，去帝制黄屋左纛。"因为书称："蛮夷大长老夫臣佗昧死再拜上书皇帝陛下：老夫故粤吏也，高皇帝幸赐臣佗玺，以为南粤王，使为外臣，时内贡职。孝惠皇帝即位，义不忍绝，所以赐老夫者厚甚。高后自临用事，近细士，信谗臣，别异蛮夷，出令曰：'毋予蛮夷外粤金铁田器；马、牛、羊即予，予牡，毋与牝。'老夫处辟，马、牛、羊齿已长，自以祭祀不修，有死罪，使内史藩、中尉高、御史平凡三辈上书谢过，皆不反。又风闻老夫父母坟墓已坏削，兄弟宗族已诛论。吏相与议曰：'今内不得振于汉。外亡以自高异。'故更号为帝，自帝其国，非敢有害于天下也。高皇后闻之大怒，削去南粤之籍，使使不通。老夫窃疑长沙王谗臣，故敢发兵以伐其边。且南方卑湿，蛮夷中西有西瓯，其众半赢，南面称王；东有闽粤，其众数千人，亦称王；西北有长沙，其半蛮夷，亦称王。老夫故敢妄窃帝号，聊以自娱。老夫身定百邑之地，东西南北数千万里，带甲百万有余，然北面而臣事汉，何也？不敢背先人之故。老夫处粤四十九年，于今抱孙焉。然夙兴夜寐，寝不安席，食不甘味，目不视靡曼之色，耳不听钟鼓之音者，以不得事汉也。今陛下幸哀怜，复故号，通使汉如故，老夫死骨不腐，改号不敢为帝矣！谨北面因使者献白璧一双，翠鸟千，犀角十，紫贝五百，桂蠹一器，生翠四十双，孔雀二双。昧死再拜，以闻皇帝陛下。"

陆贾还报，文帝大说。遂至孝景时，称臣遣使入朝请。然其居国，窃如故号；其使天子，称王朝命如诸侯。

至武帝建元四年，佗孙胡为南粤王。立三年，闽粤王郢兴兵南击边邑。粤使人上书曰："两粤俱为藩臣，毋擅兴兵相攻击。今东粤擅兴兵侵臣，臣不敢兴兵，唯天子诏之。"于是天子多南粤义，守职约，为兴师，遣两将军往讨闽粤。兵未逾领，闽粤王弟余善杀郢以降，于是罢兵。

天子使严助往谕意，南粤王胡顿首曰："天子乃兴兵诛闽粤，死亡以报德！"遣太子婴齐入宿卫。谓助曰："国新被寇，使者行矣。胡方日夜装入见天子。"助去后，其大臣谏胡曰："汉兴兵诛郢，亦行以惊动南粤。且先王言事天子期毋失礼，要之不可以怵好语入见。入见则不得复归，亡国之势也。"于是胡称病，竟不入见。后十余岁，胡实病甚，太子婴齐请归。胡薨，谥曰文王。

婴齐嗣立，即臧其先武帝、文帝玺。婴齐在长安时，取邯郸摎氏女，生子兴。及即位，上书请立摎氏女为后，兴为嗣。汉数使使者风谕，婴齐犹尚乐擅杀生自恣，惧入见，要以用汉法，比内诸侯，固称病，遂不入见。遣子次公入宿卫。婴齐薨，谥曰明王。

太子兴嗣立，其母为太后。太后自未为婴齐妻时，曾与霸陵人安国少季通。及婴齐薨后，元鼎四年，汉使安国少季谕王、王太后入朝，令辩士谏大夫终军等宣其辞，勇士魏臣等辅其决，卫尉路博德将兵屯桂阳，待使者。王年少，太后中国人，安国少季往，复与私通，国人颇知之，多不附太后。太后恐乱起，亦欲倚汉威，劝王及幸臣求内属。即因使者上书，请比内诸侯，三岁一朝，除边关。于是天子许之，赐其丞相吕嘉银印，及内史、中尉、太傅印，余得自置。除其故黥、劓刑，用汉法。诸使者皆留填抚之。王、王太后饬治行装重资，为入朝具。

相吕嘉年长矣，相三王，宗族官贵为长吏七十余人，男尽尚王女，女尽嫁王子弟宗室，及苍梧秦王有连。其居国中甚重，粤人信之，多为耳目者，得众心愈於王。王之上书，数谏止王，王不听。有畔心，数称病不见汉使者。使者注意嘉，势未能诛。王、王太后亦恐嘉等先事发，欲介使者权，谋诛嘉等。置酒请使者，大臣皆侍坐饮。嘉弟为将，将卒居宫外。酒行，太后谓嘉："南粤内属，国之利，而相君苦不便者，何也？"以激怒使者。使者狐疑相杖，遂不敢发。嘉见耳目非是，即趋出。太后怒，欲锋嘉以矛，王止太后。嘉遂出，介弟兵就舍，称病，不肯见王及使者。乃阴谋作乱。王素亡意诛嘉，嘉知之，以故数月不发。太后独欲诛嘉等，力又不能。

天子闻之，罪使者怯亡决。又以为王、王太后已附汉，独吕嘉为乱，不足以兴兵，欲使庄参以二千人往。参曰："以好往，数人足；以武往，二千人亡足以为也。"辞不可，天子罢参。郏壮士故济北相韩千秋奋曰："以区区粤，又有王应，独相吕嘉为害，愿得勇士三百人，必斩嘉以报。"于是天子遣千秋与王太后弟摎乐将二千人往。入粤境，吕嘉乃遂反，下令国中曰："王年少。太后中国人，又与使者乱，专欲内属，尽持先王宝入献天子以自媚，多从人，行至长安，虏卖以为僮。取自脱一时利，亡顾赵氏社稷为万世虑之意。"乃与其弟将卒攻杀太后、王，尽杀汉使者。遣人告苍梧秦王及其诸郡县，立明王长男粤妻子术阳侯建德为王。而韩千秋兵之入也，破数小邑。其后粤直开道，给食，未至番禺四十里，粤以兵击千秋等，灭之。使人函封汉使节置塞上，好为谩辞谢罪，发兵守要害处。于是天子曰："韩千秋虽亡成功，亦军锋之冠。封其子延年为成安侯。摎乐，其姊为王太后，首愿属汉，封其子广德为枀（龙）侯。"乃赦天下，曰："天子微弱，诸侯力政，讥臣不讨贼。吕嘉、建德等反，自立晏如，令粤人及江淮以南楼船十万师往讨之。"

元鼎五年秋，卫尉路博德为伏波将军，出桂阳，下湟水；主爵都尉杨仆为楼船将军，出豫章，下横浦；故归义粤侯二人为戈船、下濑将军，出零陵，或下离水，或抵苍梧；使驰义侯因巴、蜀罪人，发夜郎兵，下牂柯江；咸会番禺。

六年冬，楼船将军将精卒先陷寻陿，破石门，得粤船粟，因推而前，挫粤锋，以粤数万人待伏波将军。伏波将军将罪人，道远后期，与楼船会乃有千余人，遂俱进。楼船居前，至番禺，建德、嘉皆城守。楼船自择便处，居东南面，伏波居西北面。会暮，楼船攻败粤人，纵火烧城。粤素闻伏波，莫，不知其兵多少。伏波乃为营，遣使招降者，赐印绶，复纵令相招。楼船力攻烧敌，反驱而入伏波营中。迟旦，城中皆降伏波。吕嘉、建德以夜与其属数百人亡入海。伏波又问降者，知嘉所之，遣人追。故其校司马苏弘得建德，为海常侯；粤郎都稽得嘉，为临蔡侯。

苍梧王赵光与粤王同姓，闻汉兵至，降，为随桃侯。及粤揭阳令史定降汉，为安道侯。粤将毕取以军降，为瞭侯。粤桂林监居翁谕告瓯骆四十余万口降，为湘城侯。戈船、下濑将军兵及驰义侯所发夜郎兵未下，南粤已平。遂以其地为儋耳、珠崖、南海、苍梧、郁林、合浦、交阯、九真、日南九郡。伏波将军益封。楼船将军以推锋陷坚为将梁侯。

自尉佗王凡五世，九十三岁而亡。